BECK'SCHE SONDERAUSGABEN

GORDON A. CRAIG

Geschichte Europas im 19. und 20. Jahrhundert

Band 1

Vom Wiener Kongreß bis zum Ausbruch
des Ersten Weltkrieges 1815–1914

VERLAG C. H. BECK MÜNCHEN

Der Übersetzung liegt folgende Ausgabe zugrunde:
Gordon A[lexander] Craig, Europe since 1815.
Alternate Edition. New York 1974
© The Dryden Press, New York 1974
Lizenzausgabe mit freundlicher Genehmigung des Verlages
Holt, Rinehart and Winston, Inc., New York
Aus dem Amerikanischen übersetzt von Marianne Hopmann

Mit 39 Abbildungen auf 24 Tafeln.

CIP-Kurztitelaufnahme der Deutschen Bibliothek

Craig, Gordon A.:
Geschichte Europas im 19. [neunzehnten] und 20.
[zwanzigsten] Jahrhundert / Gordon A. Craig. [Aus
d. Amerikan. übers. von Marianne Hopmann]. –
München : Beck.
  Einheitssacht.: Europe since eighteen hundred
  and fifteen ⟨dt.⟩
Bd. 1. Vom Wiener Kongreß bis zum Ausbruch des
Ersten Weltkrieges 1815–1914. – 1978.
  (Beck'sche Sonderausgaben)
  ISBN 3 406 07214 3

ISBN 3 406 07214 3

Für die deutsche Ausgabe:
© C. H. Beck'sche Verlagsbuchhandlung (Oscar Beck) München 1978
Satz und Druck: Georg Appl, Wemding
Printed in Germany

Vorwort zur deutschen Ausgabe

Dieses Buch wurde während eines Studienjahres im Center for Advanced Studies in the Behavioral Sciences in Stanford, Kalifornien, verfaßt. In diesem Jahr war ich frei von den üblichen beruflichen Verpflichtungen meines Faches und wurde zu dem Gedanken angeregt, eine umfassende Darstellung der europäischen Geschichte seit Waterloo zu schreiben. Sie sollte nicht nur die Ergebnisse der neueren Geschichtsforschung beinhalten, sondern auch die wichtigsten Beiträge der verwandten Fachrichtungen in den Geistes- und Gesellschaftswissenschaften zur Geschichtsanalyse einschließen und sich nicht an den Experten wenden, sondern an den allgemein gebildeten Leser, der sich für die Bedeutung der europäischen Vergangenheit im Hinblick auf sein eigenes Leben interessiert.

Dieser Gedanke bewog mich, nicht dem Vorbild einiger früherer Geschichtsüberblicke zu folgen, die das Schwergewicht unter Vernachlässigung der früheren Vergangenheit auf die jüngere Geschichte legen. Ich war der Ansicht, damit würde den Wissenschaftlern der letzten Generation, die soviel getan haben, um unser Wissen über das 19. Jahrhundert zu erweitern, nicht genügend Achtung entgegengebracht, und es widerspräche dem eigentlichen Zweck des Buches. In einem Zeitalter, in dem die weit verbreitete Meinung herrscht, all unsere Probleme und Verwirrungen seien einzigartig und noch nie dagewesen, schien es mir wichtig, in einem allgemein erzählenden Bericht aufzuzeigen, daß einige von ihnen tiefe Wurzeln haben und daß, wenn dies nicht verstanden wird, wenig Hoffnung besteht, Lösungen oder erträgliche Kompromisse für sie zu finden.

Es liegt im Charakter unserer Zeit begründet, daß dem Krieg und der Diplomatie auf diesen Seiten mehr Aufmerksamkeit geschenkt wird, als es vielleicht in einem früheren Zeitalter der Fall gewesen wäre, in dem liberale Historiker dem optimistischen Glauben anhängen konnten, der Krieg sei eine Verirrung, mit der sich der Wissenschaftler nicht zu befassen brauche. Wir alle haben schmerzlich erfahren, daß man auch aus dem Krieg lernen kann, und diese Erkenntnis ist in die vorliegende Darstellung eingeflossen. Ich habe mich jedoch bemüht, diesen Teil unserer gemeinsamen Erfahrung nicht überzubetonen und immer wieder auf die enge Beziehung zwischen Politik und Militär und anderen Aspekten der Geschichte hinzudeuten. Dies betrifft insbesondere die Wirtschafts- und Sozialgeschichte, die in den letzten zwanzig Jahren eine bemerkenswerte Renaissance erlebt hat, nicht zuletzt dank der Pionierarbeit der jüngeren Generation von Historikern in der Bundesrepublik Deutschland.

Obgleich die Arbeiten dieser Wissenschaftler ebenso wie die der Behavioristen, in deren Umgebung das Buch entstanden ist, einen spürbaren Einfluß auf mein Verständnis der europäischen Geschichte und selbst auf meine Betrachtungsweise ihrer Probleme ausgeübt haben, hänge ich der altmodischen Auffassung an, daß die Historie letzten Endes die Geschichte von Persönlichkeiten ist, die unter bestimmten Gegebenheiten handeln. Ich habe mich daher bei meiner Aufzeichnung der Geschichte bemüht, den Eindruck zu vermeiden, daß die Menschen in einem Wirrwarr von Tendenzen und Entwicklungen, Triebkräften und Basisfaktoren untergegangen seien.

Da viele der hier zum Ausdruck gebrachten Ansichten in angeregten Diskussionen mit Freunden und Kollegen im Gästehaus der Freien Universität Berlin Gestalt angenommen haben, freue ich mich ganz besonders, daß das Buch nun in deutscher Ausgabe erscheint.

Gordon A. Craig
Stanford, Kalifornien
Januar 1978

Inhalt

Erster Teil: 1815–1850

Zweiter Teil: 1850–1871

Napoleon III. und die deutsche Frage 191 – Die Hohenzollern-Kandidatur 193 – Der französisch-preußische Krieg 194 – Die Reorganisation Mitteleuropas 195

Dritter Teil: 1871–1914

Erster Teil

1815–1850

Allgemeine Bemerkungen

Kennzeichen unserer Zeit sind eine erbitterte Rivalität der Staaten und die ständige Beunruhigung durch Krieg. Dies macht vielleicht verständlich, daß wir, rufen wir uns die allgemeinen charakteristischen Merkmale eines früheren Zeitabschnitts in Erinnerung, unser Augenmerk zunächst einmal auf den Status der internationalen Politik richten. Von diesem Standpunkt aus gesehen, erwecken die Jahre von 1815 bis 1848 im Vergleich mit unserer Zeit beinahe den Anschein eines goldenen Zeitalters der Harmonie. Es gab keinen größeren Konflikt zwischen den Großmächten Europas – in der Tat keinen Krieg, in dem sich die Großmächte als Feinde gegenüberstanden –, und es starben innerhalb dieser dreieinhalb Jahrzehnte weniger Europäer infolge eines zwischenstaatlichen Krieges als in jedem vergleichbaren Zeitraum nach 1848.

Warum gelang es den europäischen Staaten in den Jahren nach dem Wiener Kongreß, über ihre Interessenkonflikte und ideologischen Differenzen hinauszuwachsen und ihre Kontroversen ohne kriegerische Mittel auszutragen? Zum Teil lag es daran, daß sie sich in ihrem langen Kampf gegen Napoleon physisch und psychisch verausgabt hatten und bereitwillig übereinkamen, daß der Krieg eine unerfreuliche und unnütze, wenn irgend möglich zu vermeidende Angelegenheit sei. Aber dies ist kaum eine erschöpfende Erklärung; denn Kriege sind ebensooft die Folge von Fehlern wie von sorgfältigen Planungen. Zutreffender ist, daß der Friede zwischen den Großmächten das Resultat einer glücklichen Kombination zwischen der Entschlossenheit, Krieg zu vermeiden, der Selbstbeherrschung gegenüber Gelegenheiten zu einseitiger Gebietserweiterung und einer geschickten Diplomatie war. Was den letzten Punkt betrifft, so zeugten die Jahre von 1815 bis 1848 vielleicht zum letzten Mal in der neueren Zeit von der Überlegenheit der Feder gegenüber dem Schwert. Die Staatsmänner des 20. Jahrhunderts täten gut daran, die Methoden der Diplomaten dieses Zeitabschnitts sorgfältig zu studieren.

Freilich, auch wenn Europa von Kriegen unbehelligt blieb, so heißt das nicht, daß diese Jahre völlig friedlich verliefen. Die politische und territoriale Regelung des Wiener Kongresses von 1814–1815 fand letzten Endes nicht die allgemeine Bewunderung. Ihre hartnäckigsten Gegner behaupteten, sie verletze das, was wir heute als Prinzip der nationalen Selbstbestimmung bezeichnen würden. Aus der Überzeugung heraus, daß Menschen mit einer gemeinsamen Geschichte, Sprache und Kultur die Errichtung einer selbständigen Einheit (oder Nation) unter einem Herrscher ihrer Wahl zugestanden werden müsse, führten diese Kritiker an, daß die Wiener Regelung Völkern

wie den Belgiern, Deutschen, Italienern, Polen und Griechen dieses Recht
verweigere. Waren sie zufällig selbst Belgier, Deutsche, Italiener, Polen oder
Griechen, so versuchten sie häufig, die Zustände, die sie als Mängel der
Verträge betrachteten, mittels Propaganda, Agitation oder auch Gewalt zu
beheben.

Der Nationalismus, aus dem diese Bestrebungen erwuchsen, hatte wenig
gemeinsam mit der engstirnigen Arroganz oder dem frenetischen Chauvinismus der nationalistischen Bewegungen in der zweiten Hälfte des Jahrhunderts. Der Nationalismus des frühen 19. Jahrhunderts war beseelt von einer
inbrünstigen, wenn auch idealistischen Überzeugung, daß ein nach wirklich
nationalen Gesichtspunkten geordnetes Europa ein gesünderes und fried-
licheres Europa sein würde als eines, in dem unterworfene Nationalitäten
weiterhin unter fremder Herrschaft lebten. Bei aller Aufgeklärtheit dieser
Philosophie – die von so ungleichen Persönlichkeiten wie Mazzini und Napoleon III. verkündet wurde – hatten Versuche, sie in die Tat umzusetzen,
normalerweise gewaltsamen Charakter und traurige Folgen.

Eine weitere, eng verwandte Quelle für die Turbulenz dieses Zeitabschnitts war der fortwährende Kampf zwischen dem Konservativismus der
herrschenden Schichten der verschiedenen europäischen Staaten und dem
Liberalismus der gebildeten Schicht von Akademikern und Kaufleuten. Der
Liberalismus war, wie das Wort bereits andeutet, eine Philosophie der Freiheit, und seine Anhänger – ob in Spanien oder England, in Österreich oder
Frankreich – wollten den einzelnen der absoluten Kontrolle durch seine Regierung entziehen, grundlegende Freiheiten (wie die Rede- und Versammlungsfreiheit) für alle Bürger sichern und eine größere Anzahl von Bürgern
an der politischen Macht beteiligen, als es unter den alten Regimen der Fall
war. Den herrschenden Schichten des Europa nach dem Wiener Kongreß
waren diese liberalen Ziele zu widerwärtig, um einen Kompromiß zuzulassen. Ihr Konservativismus bestand zum größten Teil in einer vollständig
negativen Philosophie, die auf einer panischen Angst vor Revolutionen und
einer Abneigung gegen jedwede Veränderung beruhte. Dieser unerbittliche
Widerstand – selbst gegen gemäßigte Reformvorschläge und die häufig damit einhergehenden Versuche, die Reformwilligen gerichtlich zu belangen –,
zwangen die Liberalen (wie sie schließlich genannt wurden) in die Untergrundtätigkeit, zur Konspiration und letztlich in die Revolution. In der Tat
fand über diesen gesamten Zeitabschnitt hinweg alle zwei bis drei Jahre
irgendwo in Europa irgendein „coup de main" oder Aufruhr statt, während
es in den Jahren 1820, 1830 und 1848 zu großen Explosionen kam, die auf die
Hauptstädte mehrerer Länder übergriffen. Diese Aufstände brachten die Sache der Freiheit nicht immer vorwärts und gefährdeten, da sich ihre Rückwirkungen nicht immer auf die Ursprungsländer eingrenzen ließen, häufig
den Frieden, zu dessen Erhaltung die Diplomatie so fest entschlossen war.

Eine andere, zur Agitation dieser Zeit beitragende Entwicklung stellte die stetige Expansion der Maschinenindustrie dar. Das Tempo, mit dem die Maschine Europa eroberte, darf freilich nicht überschätzt werden. Den gesamten hier beschriebenen Zeitraum hindurch blieb die Wirtschaft – auch in England – in erster Linie agrarisch ausgerichtet, wie die Tatsache beweist, daß die Wirtschaftskrisen vor 1850 ihren Ursprung in irgendwelchen landwirtschaftlichen Störungen nahmen. In den zwei Jahrzehnten nach 1815 befand sich das einzige größere Industriegebiet außerhalb Englands in Belgien, dessen Textilindustrie englische Methoden und Techniken einführte und dessen Grundstoff- und metallverarbeitende Industrie sich auch durch diese Neuerungen allmählich wandelte. In Frankreich setzte die eigentliche industrielle Entwicklung erst nach 1830 ein und in den östlicheren Ländern noch später.

Dennoch wurde die industrielle Expansion im Laufe dieses Zeitabschnitts durch mehrere Faktoren vorangetrieben. Aus Gründen, die dem Historiker noch verborgen bleiben, fand zwischen 1750 und 1850 eine regelrechte Bevölkerungsexplosion statt. (W. L. Langer führte sie vor kurzem auf die höhere Heiratsquote infolge der Kontrollockerungen im Feudal- und Gildensystem und auf das hauptsächlich durch den Kartoffelanbau vermehrte Lebensmittelangebot zurück. Weitere Faktoren siehe Kap. 4, S. 83.) In der ersten Hälfte des 19. Jahrhunderts wuchs die Bevölkerung um vierzig Prozent, von 188 Millionen im Jahr 1800 auf 266 Millionen im Jahre 1850. Dies schuf eine Unmenge an Problemen, brachte aber auch der Industrie die nötigen Arbeitskräfte und eine große Anzahl an Käufern. Gleichzeitig sorgten Währungsreformen, zur Überwachung des Papiergeldumlaufs gegründete Zentralbanken und neue, investitionsfördernde Firmen- und Versicherungsgesetze für die Bereitstellung des zum Wirtschaftswachstum erforderlichen Kapitals. Die Revolution im Transportwesen durch die Verbesserung und den Ausbau von Straßen und Wasserwegen, die in den 40er Jahren in ganz Europa in großem Maßstab einsetzende Verlegung von Eisenbahnschienen unter staatlicher Förderung und die zunehmende Nutzung der Dampfschiffahrt auf den Flüssen, in Küstengewässern und auf hoher See erleichterte den Zugang zu Rohstoffen und Absatzmärkten.

Schließlich kam die Beseitigung der künstlich geschaffenen Handelsschranken, z. B. durch die Gründung des Deutschen Zollvereins und die Aufhebung der Getreideschutzzollgesetze durch die britische Regierung im Jahre 1846, dem Wirtschaftswachstum zugute. Dank dieser Entwicklungen waren die Bedingungen für die industrielle Expansion in allen europäischen Ländern – selbst in Rußland, das vom technischen Fortschritt des Westens praktisch noch unberührt war – am Ende dieses Zeitabschnitts unendlich viel günstiger als im Jahre 1815.

Überdies war die Industrialisierung – wenn auch, gemessen an Maßstäben des 20. Jahrhunderts, noch begrenzt – bereits weit genug fortgeschritten, um zur Unruhe dieses Zeitalters beizutragen. Der Mensch wurde bereits, wie der größte Historiker der Romantik, Jules Michelet, voraussagte, „zum demütigen Diener dieser Stahlriesen". Dieser Wandel trat selbst in der Außenpolitik zutage, in der die industrielle Entwicklung manches bestehende Problem in der Diplomatie verschärfte oder neue erzeugte. Es besteht kaum ein Zweifel darüber, daß sowohl der Widerstand der Belgier gegen die Herrschaft der Holländer in den Jahren vor 1830 als auch der Widerstand der Lombarden gegen die Herrschaft der Österreicher über den gesamten Zeitabschnitt hinweg maßgeblich unter dem Einfluß von Interessenkonflikten zwischen den Industriellen des unterworfenen und denen des regierenden Staates standen.

Ebenso bedeutsam war der Wandel in der Gesellschaftsstruktur, den die Expansion der industriellen Wirtschaft unweigerlich nach sich zog. Der Landbesitz, die frühere Grundlage der Gesellschaftsordnung in allen europäischen Staaten, verlor mit der fortschreitenden Industrialisierung an Bedeutung, und das Kapital rückte allmählich an seine Stelle. Gleichzeitig damit brach die alte Einteilung der Gesellschaft zusammen. Eine aufstrebende, selbstbewußte Bourgeoisie, die sich durch Geldakkumulation und -manipulation behauptete und der Überzeugung war, daß ihre wirtschaftliche Macht durch die politische und gesellschaftliche ergänzt werden müsse, machte dem Adel und dem mit ihm im Bunde stehenden Klerus die Stellung streitig. Der Unterschied zwischen Groß- und Kleinbürgertum oder dem gehobenen und dem unteren Mittelstand, dem später in diesem Jahrhundert eine entscheidende Bedeutung zukommen sollte, trat noch nicht in Erscheinung, und bis in die 40er Jahre hinein war das auffallendste Merkmal der Bourgeoisie die Einigkeit in Ansichten und Zielen. In politischer Hinsicht war sie vorwiegend militant liberal. In gesellschaftlicher Hinsicht vertrat sie einmütig die Ansicht, daß die Oberschicht – d. h. die alteingesessene Schicht – gestürzt werden müsse. Und dies war der Grund, warum die Bauern, Handwerker und Industriearbeiter sie unterstützten. Wirtschaftlich anfällig und ohne Zielrichtung, akzeptierten diese Gruppen die Führung des Mittelstands und beteiligten sich an allen politischen Auseinandersetzungen dieses Zeitabschnitts. Es ist zweifelhaft, ob die Julirevolution in Frankreich oder der Kampf um die „Great Reform Bill" in England ohne ihre Unterstützung hätte erfolgreich sein können.

Diese Kräftekombination sollte nicht von Dauer sein. Die Arbeiterschicht stellte fest, daß ihre Siege dem Mittelstand größere materielle Vorteile gebracht hatten als ihr selbst, und diese Entdeckung führte zu Enttäuschung und Verbitterung. Die Bourgeoisie hingegen, immer schon unzufrieden mit ihren Unterschichts-Verbündeten, schreckte mehr und mehr vor dem zunehmend radikalen Charakter ihrer Reformwünsche zurück. Wie die Revolutionen von 1848 zeigen sollten, bestand keine echte Interessengemeinschaft zwischen der Mittel- und Unterschicht. Die Unterschicht glaubte instinktiv an eine Art von Demokratie, die jedermann das Wahlrecht zugestehen würde, sowie an einen rudimentären Sozialismus, der es als die Pflicht des

Staates erkannte, das Los der Unterschicht durch wirtschaftliche und soziale Reformen zu erleichtern. Diese Ideen bedeuteten für die Liberalen des Mittelstands ein Anathema. Sie waren der Überzeugung, daß sich die politische Macht auf die besitzenden und gebildeten Schichten beschränken müsse und daß die Gesellschaft die gesündeste sei, in der die Regierung möglichst wenig in Wirtschaft und Gesellschaft eingreife. Es war kein Zufall, daß Gesellschaftsschichten, die derartig gegensätzliche Überzeugungen vertraten, ihren Bund lösten.

Mit diesem Bruch zwischen Mittel- und Unterschicht schwand auch die Homogenität des Mittelstands, und seine wohlhabendsten Mitglieder begannen – aus Furcht vor der Arbeiterschicht, aber auch infolge der gesellschaftlichen Chancen, die ihnen ihr Reichtum bot –, ihre ehemals feindliche Haltung gegenüber der alten Aristokratie zu ändern. Um 1848 zeichnete sich bereits eine künftige Allianz ab, wenn nicht gar eine Verschmelzung der alten herrschenden Schicht mit der gehobenen Bourgeoisie und die Einordnung der weniger wohlhabenden Bourgeoisie als mittlere Gruppe zwischen der Arbeiterschicht und einer neuen Aristo-Plutokratie. In jedem Fall war die Schichtung der Gesellschaft in allen Ländern komplizierter geworden und weniger klar gegliedert als im Jahre 1815, während der Konflikt zwischen den Klassen – den Karl Marx in seinem „Kommunistischen Manifest" im Jahre 1848 so sehr hervorhob – tiefer geworden war.

Dennoch erschöpften sich die Energien der Völker Europas in den nationalistischen Erhebungen und liberalen Agitationen und den aus der Industrialisierung erwachsenden wirtschaftlichen und gesellschaftlichen Erschütterungen nicht vollständig. Diese Jahre boten eine reichhaltige und aufregende Literatur und Kunst, denn in diesem Zeitabschnitt erreichte die als Romantik bekannte Bewegung ihren Höhepunkt. Es wäre schwierig, eine allgemein zufriedenstellende Erklärung dieses Begriffes zu finden, der zur Charakterisierung der Werke derartig verschiedener Menschen wie Chateaubriand, Coleridge, Mendelssohn, Puschkin, Manzoni und Delacroix verwendet wird. Vielleicht ist es besser, einfach der Erklärung Irving Babbitts zu folgen, der einmal sagte, in der Literatur und der Kunst sei die Romantik eine Rebellion gegen den Klassizismus, der (zumindest aus der Sicht der Romantiker) jeden Ausdruck künstlerischer Kreativität und Spontaneität zu unterdrücken schien, und im weiter gefaßten Sinne sei sie eine intellektuelle Reaktion auf den Rationalismus und die manchmal sterile Logik des 18. Jahrhunderts. Die Romantik zeichnete sich durch eine übersteigerte Emotionalität aus; und in Anbetracht der großen Anzahl von Romantikern, die Visionen hatten oder einem religiösen Wahn verfielen, Erscheinungen hatten, von einem Doppelgänger verfolgt wurden oder sich zum Satanismus bekannten, ist es gut verständlich, daß konservative Kritiker die Romantik für eine Krankheit hielten, ähnlich wie Schlafwandeln oder Epilepsie. Weitere Merkmale waren der übertriebene Naturkult und eine außerordentliche Ehrfurcht

vor der sehr fernen Vergangenheit sowie eine Unmenge verschwommener
Andeutungen über die Lösung des Rätsels Universum und die Überbrük-
kung der Kluft zwischen Realität und Ideal.

Bei all diesen Phänomenen war die Romantik eine lebhafte und fruchtbare
Bewegung, die eine Vielfalt guter Werke in der Malerei, in der Musik und in
der Dichtung hervorbrachte und auch auf Gebiete außerhalb von Kunst und
Literatur einen positiven Einfluß ausübte. Es kann z. B. kaum ein Zweifel
darüber bestehen, daß das durch die Romantik geweckte Interesse an der
Vergangenheit eine Neubelebung der historischen Forschung zur Folge
hatte. Die neue Aufgeschlossenheit gegenüber der organischen Entwicklung
der Gesellschaft erregte die Wißbegierde der Menschen über die Ursprünge
ihrer Institutionen und Sitten; und dies trieb die Erforschung der Vergangenheit voran und regte gleichzeitig die Archäologie, die Philologie, die Rechtswissenschaften und die Philosophie an. Es ist sicherlich bezeichnend, daß der
einflußreichste Philosoph dieses Zeitabschnitts, Georg Friedrich Hegel, und
sein berühmtester Schüler, Karl Marx, der historischen Evolution und deren
Gesetzen in ihren systematischen Abhandlungen eine so große Bedeutung
beimaßen.

Die Reichhaltigkeit und Vielfältigkeit der romantischen Bewegung zeigt
sich auch in den politischen Ansichten ihrer Vertreter. Diese Bewegung war
einer der wichtigsten Impulse für die Entwicklung des Nationalismus dieses
Zeitalters: aus dem neu erwachten Interesse an der Vergangenheit erwuchsen
der Nationalstolz und das Nationalbewußtsein. Dennoch war die Romantik
auch eine europäische Bewegung, die, sich über alle Nationalitäten hinwegsetzend, eine enge Verbundenheit zwischen ihren Anhängern bewirkte und
somit ebensoviel zur Verbreitung des Internationalismus beitrug wie zu deren Gegenteil. Und obwohl viele der bekanntesten Repräsentanten dieser
Bewegung in den ersten Jahren nach dem Wiener Kongreß konservativ, ja
sogar reaktionär in ihren Ansichten waren, bemerkte Stendhal im Jahre 1827
in seinem Tagebuch, daß die Romantik sich zum Kult der liberalen und
demokratischen Jugend zu entwickeln beginne.

Die Wendung gegen den Rationalismus des 18. Jahrhunderts, die wir in
der romantischen Bewegung ausgedrückt finden, wird auch deutlich in dem
ausgesprochenen Wiederaufleben der Religion unter den Intellektuellen und
den gehobenen Schichten dieses Zeitalters. Begeistert von den gotischen
Kathedralen, entflammte aufs neue der Glaube, zu dessen Ausübung sie errichtet worden waren. Gleichzeitig war die Aristokratie, deren Stellung
durch die Französische Revolution nahezu tödlichen Erschütterungen ausgesetzt worden war, gegenüber dem Freidenkertum nicht mehr so tolerant wie
im vorhergehenden Jahrhundert, sondern neigte eher dazu, in der religiösen
Orthodoxie eine wertvolle – in der Tat, eine notwendige – Untermauerung
der bestehenden Institutionen zu sehen.

Es ist fraglich, ob die Rückkehr dieser beiden Gruppen zum Glauben den

Kirchen auf die Dauer nützlich war. Die ihren neuen Glauben lautstark verkündenden intellektuellen Romantiker legten mehr Wert auf das Beiwerk als auf das Wesentliche der Religion, und ihr Enthusiasmus war so übersteigert, daß der Glaube, dem er galt, der Lächerlichkeit preisgegeben wurde. Weitaus gravierender jedoch war die Tatsache, daß die Religiosität bei Hofe und in aristokratischen Kreisen den Kirchen einen konservativen, wenn nicht reaktionären Stempel aufdrückte, den sie später, als sie sich gegen Angriffe zur Wehr setzen mußten, nur schwer wieder abschütteln konnten. Dies war bedauerlich, da die Kirchen in Wirklichkeit, wie die heftigen Kontroversen zwischen liberalen und konservativen Gruppen sowohl in der römisch-katholischen als auch in der protestantischen Kirche bewiesen, in dem Zeitabschnitt vor 1848 nicht einseitig konservativ waren.

Im allgemeinen strahlten die großen Religionen Stärke und Lebenskraft aus, und die Mehrheit der Bevölkerung waren praktizierende Gläubige. Industrialisierung und Verstädterung waren noch nicht so weit fortgeschritten, daß sie die Bindung der Massen an ihren traditionellen Glauben geschwächt hätten. Was die Bourgeoisie anbetrifft, so bestand sie zum größten Teil noch aus Kirchgängern; und selbst die doktrinärsten Liberalen darunter, die sich im Trommelfeuer der Kritik gegen religiösen Obskurantismus und den Einfluß der Kirche in der Erziehung ergingen, sprachen den Kirchen nicht ihre legitime und wichtige Rolle in der Gesellschaft ab.

Im Erziehungswesen zeichnete sich dieser Zeitabschnitt nicht durch bemerkenswerte Fortschritte aus. Von einigen Ausnahmen abgesehen, insbesondere in den deutschen Staaten, machten die europäischen Regierungen weder eine Grundschulerziehung zur Pflicht, noch ermöglichten sie den Kindern der Armen den Besuch der bestehenden Schulen. Noch im Jahre 1835 konnten drei von zehn Engländern weder lesen noch schreiben. In Frankreich befanden sich im Jahre 1830 153635 von 294975 zum Militärdienst gemeldeten Rekruten in der gleichen mißlichen Lage. Noch schlimmer war die Situation in Süd- und Osteuropa. Im Laufe der Jahre machte die sich ausdehnende Industrialisierung eine breitere Volkserziehung notwendig (da die Bedienung von Maschinen Lesekenntnisse erforderte) und möglich (durch die Herstellung billiger Bücher und die Konzentration der Massen in den Städten). Noch war es aber nicht so weit. Angesichts der erschreckenden Unwissenheit der Massen in diesen Jahren wird verständlicher, daß sowohl die Aristokratie als auch der Mittelstand die Demokratie fürchteten und sich ihr widersetzten.

Dieses düstere Bild wird ein bißchen durch den blühenden Zustand der höheren Bildungseinrichtungen in diesem Zeitabschnitt erhellt. Einige der älteren Universitäten – z. B. Oxford und Cambridge und die Provinzuniversitäten Frankreichs – schienen sich zwar auf ihren Lorbeeren auszuruhen, die schottischen Universitäten aber, die neugegründeten Universitäten in Berlin und München, das Collège de France in Paris und viele andere nennenswerte

Universitäten bildeten Zentren der intellektuellen Vitalität, der leidenschaftlichen Lehre und der begeisterten Forschung. Insbesondere in den Naturwissenschaften wurden von Universitätsgelehrten in diesen Jahren revolutionäre Leistungen erbracht: in der Mathematik und der Astronomie, wo die Arbeiten von Wissenschaftlern wie K. F. Gauss (Göttingen) und Urbain Leverrier (Paris) das menschliche Wissen über die Natur und die Dimensionen des Universums erweiterten (Leverriers Positionsbestimmung des neuentdeckten Neptun war eine der großen wissenschaftlichen Glanzleistungen der Jahrhundertmitte); in der Physik, wo die Deutschen Julius Mayer und Hermann Helmholtz das Prinzip der Energieerhaltung erkannten und die Grundlagen für die Thermodynamik schufen und wo die ersten grundlegenden Arbeiten für die praktische Anwendung von Elektrizität von Hans Christian Oersted (Kopenhagen), André Marie Ampère (Paris) und insbesondere dem Engländer Michael Faraday durchgeführt wurden, dessen Theorie über die elektromagnetische Induktion einen weiteren höchst entscheidenden Durchbruch des Jahrhunderts bedeutete; in der Chemie, wo Jöns Jakob Berzelius (Stockholm) die erste einigermaßen genaue Tabelle der Atomgewichte aufstellte und Justus Liebigs Forschungen in der Pflanzenphysiologie und der Bodenanalyse die Bedeutung von Chemikalien zur Steigerung der Nahrungsmittelproduktion deutlich machten. In der Geologie und der Biologie und ihren verwandten Wissenschaften gab es weniger grundlegende Entdeckungen, aber auch hier wurde eine systematische und energische Forschung betrieben.

Einer besonderen Erwähnung bedarf die Medizin; denn dieser Zeitabschnitt wird als derjenige bezeichnet, in dem die moderne Medizin aufkam. Diese Auffassung mag übertrieben erscheinen angesichts der Verwüstungen durch Krankheiten wie Pocken, Tuberkulose und insbesondere Cholera, die im Jahre 1831 in ganz Europa wütete und der Tausende zum Opfer fielen, darunter so bekannte Männer wie der Philosoph Hegel, der ehemalige preußische Stabschef und große Gegner Napoleons, Gneisenau, der Kriegsphilosoph Clausewitz und Großherzog Konstantin von Rußland. Der fortwährend erfolglosen Suche nach den Ursachen dieser Krankheit und einer wirksamen Behandlung stehen derartig beständige Errungenschaften gegenüber wie der Fortschritt auf dem Gebiet der lokalisierenden Pathologie, die Verbesserung der Diagnosemethoden z. B. durch die Erfindung des Stethoskops, Pierre Louis' überzeugender Beweis für den Wert medizinischer Statistiken, die Entdeckung der Anwendungsmöglichkeiten von Morphium und die Isolierung von Strychnin und Chinin, der Anfang ernsthafter wissenschaftlicher Experimente in der klinischen Thermometrie und der Anästhesie und die intensive Untersuchung des Zellaufbaus, die durch die Einführung des achromatischen Mikroskops in den 30er Jahren ermöglicht worden war.

Diese Erkenntnisse der europäischen Wissenschaft und ihre praktische Anwendung wurden, ebenso wie andere europäische Ideen und Sitten und Gebräuche, an die Außenwelt vermittelt und regten die Entwicklungen an, die den Globus im Laufe des Jahrhunderts europäisieren sollten. Die europäischen Ideen wurden nicht nur durch Kaufleute und Missionare verbreitet, sondern auch durch koloniale Tätigkeit. Gewiß war die Ausdehnung der europäischen Besitzungen in Übersee in diesem Zeitabschnitt nicht im entferntesten mit derjenigen vergleichbar, die im letzten Viertel des Jahrhunderts stattfinden sollte. Die Begeisterung für koloniale Erwerbungen war nicht groß. Spanien und Portugal verloren sogar in diesen Jahren ihre Kolonialreiche in Amerika. Die Briten und Russen hingegen drängten im Mittleren und Fernen Osten weiter vor, und die Franzosen errichteten ein Kolonialreich in Nordafrika.

Der alte, enttäuschte Chateaubriand schrieb in seinen Memoiren über sein Zeitalter: „Nach Napoleon nichts!" Dennoch bot diese Epoche eine Fülle von Entwicklungen, die ebenso erwähnenswert sind wie die Siege Napoleons. Glücklicherweise unbehelligt von Verwüstungen durch einen großen Krieg, stand sie im Zeichen der politischen und intellektuellen Gärung, des wirtschaftlichen Wachstums, des wissenschaftlichen Fortschritts und der literarischen und künstlerischen Vitalität. Treffender dürfte die Beschreibung Victor Hugos sein: „eine großartige Epoche ... das virile Zeitalter der Menschheit".

Erstes Kapitel

Die Großmächte und die Politik des Gleichgewichts 1815–1848

Der Wiederaufbau Europas 1814–1815

Die Großmächte und die Nachkriegsentscheidungen. Im März 1814 trabte die österreichische Kavallerie über das Kopfsteinpflaster von Paris, und preußische Grenadiere biwakierten auf den Höhen von Montmartre. Eine ungewohnte Ruhe senkte sich über Frankreich. Nach einem feurigen, aber kurzen Kampf am Clichytor war der organisierte Widerstand französischer Armeen zusammengebrochen. Napoleon sollte noch zu einem letzten verzweifelten Schlag ausholen, aber im Grunde genommen war seine Zeit vorbei. Nach einem Vierteljahrhundert fast ununterbrochenen Krieges war das revolutionäre und imperialistische Frankreich, das unter Führung Napoleons den Kontinent beherrscht hatte, von Europa besiegt worden.

Aber was – oder vielmehr, wer – war Europa? Praktisch gesehen bedeutete Europa die vier Staaten, die wie Frankreich – aufgrund ihrer militärischen, wirtschaftlichen und anderen Ressourcen – als Großmächte angesehen wurden und die am meisten zur Niederlage Napoleons beigetragen hatten: Österreich, Preußen, Rußland und Großbritannien. Sie und die Große Allianz, die zu gründen ihnen schließlich im Frühjahr 1813 gelungen war, hatten im wesentlichen den Sieg errungen. Und jetzt, bei der Entscheidung über die heiklen Fragen, die der Prozeß zur Wiederherstellung des Friedens auf dem kriegszerrissenen Kontinent mit sich brachte, ergriffen eben diese Großmächte die Initiative und übten einen beherrschenden Einfluß aus.

Der Erste Pariser Friede. Von Anfang an erkannten die Mächte, daß zwei verschiedene Aufgaben zu erledigen waren, bevor Europa wieder zu einem sicheren Frieden gelangen konnte. Sie mußten durch ein Übereinkommen mit Frankreich den Feindseligkeiten ein unwiderrufliches Ende setzen. Außerdem mußten sie die Verwirrung und Unordnung bezwingen und die dynastischen und territorialen Probleme lösen, die durch den Zusammenbruch des Napoleonischen Reiches in ganz Europa geschaffen worden waren.

Die erste dieser Aufgaben war die leichtere und wurde schnell erledigt. Die Alliierten Mächte waren nicht länger bereit, Napoleon auf dem Thron Frankreichs zu dulden. Sie mußten einen Nachfolger für ihn finden, und entschieden – nachdem sie die Erwägung solcher Kandidaten wie seines

Sohnes und des schwedischen Prinzen Bernadotte, der die Gunst des Zaren von Rußland erlangt hatte, fallengelassen hatten –, es sei das Einfachste und Logischste, die alte Dynastie, das Haus Bourbon, in der Person von Ludwig XVIII. zu restaurieren.

Die Bedingungen des im Mai 1814 mit Ludwig XVIII. abgeschlossenen Vertrages, – des sogenannten Ersten Pariser Friedens – waren milde. Frankreich verlor seine neuen Erwerbungen in Italien, Deutschland und den Niederlanden sowie koloniale Besitzungen wie Tobago, Santa Lucia und Ile de France, die an Großbritannien abgetreten wurden, und einen Teil von San Domingo, der Spanien übergeben wurde. Die Verluste waren jedoch nicht größer als erwartet. Andererseits ließ man Frankreich nicht nur seine Grenzen von Januar 1792, sondern es durfte außerdem bestimmte Enklaven übernehmen, die ihm vorher nicht gehört hatten. Überdies machte der neue französische König deutlich, daß er sich jeglichen finanziellen Forderungen widersetzen und eher einer Haft beugen würde, als zu zahlen, obwohl die Briten ihr Interesse an einer Entschädigung für die Kriegskosten zum Ausdruck brachten und die Preußen energisch forderten, Frankreich müsse gezwungen werden, gewisse Gelder, die Napoleon aus den deutschen Staaten herausgepreßt hatte, zurückzuzahlen. Diese Entschlossenheit beeindruckte die Alliierten so sehr, daß sie den Gedanken an finanzielle Reparationen fallen ließen. Sie bestanden nicht einmal auf einer Rückgabe der Kunstschätze, die die Beauftragten Napoleons in den Museen und Palästen Europas systematisch geplündert hatten.

Die Unterzeichnung des Vertrages bedeutete den erfolgreichen Abschluß der ersten Phase des Wiederaufbaus von Europa. Die zweite Phase begann, als sich die Vertreter der verschiedenen Mächte zu Verhandlungen über die allgemeine Regelung in Wien versammelten.

Der Wiener Kongreß: Organisation. Zunächst muß in Erinnerung gebracht werden, daß der Wiener Kongreß sich nie als beratendes Gremium versammelt hat. Die Bezeichnung Wiener Kongreß sagt nur insofern etwas aus, als sie sich auf die Gesamtheit der Verhandlungen bezieht, die nach dem 1. Oktober 1814 acht Monate lang in der österreichischen Hauptstadt stattfanden.

Diese Verhandlungen wurden von den Großmächten geführt, während sich die kleineren Staaten mit der Arbeit in Ausschüssen über besondere Probleme zu begnügen hatten. Die großen Fragen waren ihren größeren Brüdern vorbehalten, deren starken Delegationen einige der fähigsten Unterhändler des 19. Jahrhunderts angehörten. Die Hauptrolle spielte Clemens Fürst Metternich, der österreichische Außenminister, dessen zeitlich sorgfältig eingerichtete Wendung von der Allianz mit Napoleon zur Vereinigung mit seinen Feinden den Erfolg der Großen Allianz gesichert und gleichzeitig sein Land zu deren Anführer gemacht hatte. Metternich war ein außerordentlich eitler Mann, für den es unvorstellbar war, daß er Fehler machen könne. Außerdem war er 1809 im Alter von 36 Jahren Außenminister geworden und bekleidete das Amt bis 1848, eine beispiellose Amtsdauer eines europäischen Diplomaten in der neueren Zeit und Beweis dafür, daß er ein ungewöhnliches politisches Talent besaß.

Metternichs Interesse an einer europäischen Ordnung und einem Ausgleich der Interessen der Mächte teilte der britische Hauptdelegierte, Außenminister Viscount Castlereagh. Seinen unermüdlichen Bemühungen war es zum großen Teil zu verdanken, daß die Große Allianz die Mißgunst und das gegenseitige Mißtrauen hatte überleben können, das sie zu zerstören gedroht hatte, noch bevor Napoleon endgültig geschlagen war. Nun wollte er ein Gleichgewicht der Mächte herstellen, das den Mitgliedern Sicherheit und Frieden geben würde.

Sowohl Metternich als auch Castlereagh hatten mehr Entscheidungsfreiheit als ihre russischen und preußischen Kollegen; denn jene Diplomaten mußten den Wünschen und Voreingenommenheiten ihrer in Wien anwesenden und aktiven Landesherren Rechnung tragen. So mußte der russische Außenminister, Graf Nesselrode, dessen Ansichten gleichermaßen „europäisch" waren wie die Castlereaghs und Metternichs, sich fortwährend den Launen seines Monarchen, Zar Alexanders I., beugen, eines neurotischen und möglicherweise schizophrenen Herrschers.

Den Vorsitz der preußischen Delegation hatte Fürst Hardenberg, dem wegen seines fortgeschrittenen Alters und seiner zunehmenden Taubheit Wilhelm von Humboldt, der frühere Kultusminister, zur Seite stand. Ihre Bemühungen, preußische Interessen zu fördern, indem sie während des Kongresses eine unabhängige Rolle spielten, wurden durch die Anwesenheit ihres Landesherrn, Friedrich Wilhelms III., ernsthaft behindert, der aus Dankbarkeit für Zar Alexanders Beistand zur Befreiung Preußens im Jahre 1813 stärker Partei für die Russen ergriff, als politisch klug war.

Der Leiter der französischen Delegation schließlich, mit seinem schlecht gepuderten Haar und seinem Klumpfuß, seinen hängenden Lippen und glanzlosen aber spöttischen Augen, war Charles Maurice de Talleyrand-Périgord, Fürst von Benevent, der sich in Wien bei allen Empfängen und Bällen auf dem Zuschauerplatz aufhielt, jedoch niemals fehlte, wenn große Dinge zu entscheiden waren. Dies war der Mann, der alle gefährlichen Stürme der Revolution dadurch überstanden hatte, daß er genau wußte, wann es nötig war, die Seiten zu wechseln, der Napoleon gedient und ihn verraten hatte, der die Alliierten entscheidend beeinflußt hatte, Ludwig XVIII. die Thronfolge zu übertragen, und der seine phantastisch abwechslungsreiche Karriere schließlich 1830 als Botschafter von Louis Philippe in London beenden sollte.

Die Wiener Regelung: Grundlegende Prinzipien. Es heißt, daß die in Wien erzielte territoriale Regelung, auf drei Prinzipien beruhte: Entschädigung für

die Sieger, Legitimität und Gleichgewicht der Mächte. Vorausgesetzt, daß
nicht zuviel in diese Etiketten hineingelegt wird, sind sie nützlich zur Veran-
schaulichung der charakteristischen Züge der Verträge.

Trotz ihrer Bereitschaft, auf finanzielle Reparationen von seiten Frankreichs zu verzichten, erwarteten die Großmächte irgendeine Art von Entschädigung für ihre kostspieligen Anstrengungen gegen Napoleon, und sie
dachten hauptsächlich an territoriale Expansion. Großbritannien bildete dabei keine Ausnahme. Wenn seine Repräsentanten in Wien weniger interessiert schienen als andere Delegierte, so lag das nur daran, daß sie wußten,
ihrem Land waren die meisten Wünsche schon erfüllt worden, bevor die
Verhandlungen überhaupt begonnen hatten. Im Laufe der Kriege hatten die
Briten sich strategische Vorposten angeeignet wie Helgoland in der Nordsee,
Malta und die Ionischen Inseln im Mittelmeer, Kapland in Südafrika und
Ceylon, Ile de France, Demerara, Santa Lucia, Tobago und Trinidad. Diese
behielten sie.

Die britischen Zugewinne wurden durch die Österreichs bei weitem übertroffen. Metternich nutzte die allgemeine territoriale Neuordnung zur Aufgabe bestimmter früherer Besitzungen seines Landes in Belgien und Süddeutschland, die für eine funktionstüchtige Verwaltung oder militärische
Verteidigung zu weit entfernt waren, erhielt aber statt dessen die beiden
reichen und günstig gelegenen Provinzen Lombardei und Venetien in Norditalien. Außerdem gewann Österreich seine polnischen Besitzungen zurück
und bekam Gebiete in Tirol und Illyrien an der Ostküste zum Adriatischen
Meer. Am Ende der Wiener Verhandlungen war Österreichs Bevölkerung
um 4 oder 5 Millionen größer als 1792.

Rußland waren Finnland, das es von Schweden erobert hatte, Bessarabien
und andere den Türken abgenommene Territorien, bereits sicher; aber Alexander wollte noch mehr. Er brannte darauf, in Europa als Restaurator des
alten Königreiches Polen dazustehen und damit neuen Ruhm zu erlangen.
Die Preußen waren bereit, ihr polnisches Territorium aufzugeben, wenn sie
anderswo entschädigt würden. Als geeignete Entschädigung schlugen sie das
Königreich Sachsen vor, ein bevölkerungsreiches und wohlhabendes Land,
das in günstiger Nähe lag.

Weder Österreich noch Großbritannien war darüber sehr glücklich. Alexanders polnisches Projekt, das die russische Macht in Mitteleuropa erheblich
verstärken würde, beunruhigte beide Mächte. Überdies fürchtete Metternich
die Kritik seiner Feinde in Wien, die ihm – wenn er Preußen die Annexion
Sachsens gestattete – vorwerfen würden, er habe den preußischen Einfluß auf
die Angelegenheiten Deutschlands auf Kosten seines eigenen Landes vergrößert. Castlereagh hatte keine eigentlichen Einwände gegen Zugewinne Preußens, wollte sie aber lieber am Rhein sehen, wo preußische Streitkräfte notfalls eingesetzt werden konnten, um neuen Abenteuern von seiten Frankreichs vorzubeugen.

Diese Situation gab Talleyrand die Gelegenheit zu einem Überraschungs-coup. Angesichts des Zusammenschlusses der anderen Mächte lag ihm daran, Frankreichs Isolierung zu beenden, und er machte sich jetzt deren Differenzen zunutze, um eine geheime Allianz zwischen England, Österreich und Frankreich vorzuschlagen, durch die die drei Mächte notfalls mit Waffengewalt preußisch-russischen Ansprüchen Widerstand leisten würden. Zunächst zauderte Castlereagh, aber als die Preußen in ihrer Unnachgiebigkeit auf Sachsen beharrten, besann er sich anders und entwarf den Dreimächtevertrag, der am 3. Januar 1815 abgeschlossen wurde.

Von seiten Metternichs war der Vertrag wahrscheinlich ein Täuschungsmanöver, aber in dem Falle funktionierte es. Alexander war nicht in der Lage, Krieg zu führen, da seine Truppen zerrüttet und unzufrieden waren und viele seiner Offiziere seinen europäischen Plänen keine Sympathien mehr entgegenbrachten. So wurde die Krise zwischen den Mächten überwunden, und ein sorgfältiges Ausflicken begann. Dem Zaren wurde erlaubt, den größeren Teil des Großherzogtums Warschau einzunehmen, Preußen und Österreich behielten jedoch einige ihrer polnischen Gebiete, und Krakau wurde eine freie Stadt. Preußen bekam nur die Hälfte von Sachsen (der Rest blieb unabhängiges Königreich), erhielt aber den schwedischen Teil Pommerns und ausgedehnte Besitzungen im Rheinland.

Nachdem die polnisch-sächsische Krise nun überwunden war und die Mächte ihre eigenen Ambitionen befriedigt hatten, richteten sie ihre Aufmerksamkeit auf die in den anderen befreiten Gebieten erforderlichen Regelungen. Hier beachteten sie das Prinzip der Legitimität, wenn es ihnen zweckdienlich erschien. Der Begriff Legitimität war von Talleyrand eingeführt worden und besagte im weitesten Sinne, daß die Rechte der vornapoleonischen Herrscher europäischer Staaten respektiert und ihr Thron restauriert werden sollte, wenn sie ihn im Lauf der Kriege verloren hatten. Dieses Prinzip wurde jedoch nicht automatisch oder konsequent angewandt. Die Mächte erkannten, daß es wenig Sinn hatte, die deutschen Staaten wiederherzustellen, die schon seit 1803 nicht mehr existierten, und sie ignorierten die Legitimität bei italienischen Staaten, die vor 1798 verschwunden waren. Auch ließen sie sich durch dieses Prinzip nicht beunruhigen, wenn es um ihre eigenen Erwerbungen ging.

Konsequenter waren sie bei der Anwendung des Prinzips des Gleichgewichts der Mächte, dessen ergebene und eloquente Verfechter Metternich, Castlereagh und Talleyrand waren. Gleichgewicht der Mächte bedeutete für jeden von ihnen das, was es im allgemeinen im 18. Jahrhundert bedeutet hatte: ein Gleichgewicht der Streitkräfte zwischen den Großmächten, das von jeglichem einseitigen Angriff abschreckte. Die Möglichkeit, daß jemals mehr erreicht werden könne als ein unsicheres Gleichgewicht, beurteilte Talleyrand skeptischer als seine beiden Partner; er glaubte, daß nur ein Geist der Mäßigung und Gerechtigkeit auf seiten der Mächte Aggressionen verhindern könne. Metternich und Castlereagh hingegen neigten zu einem fast mathematischen Denken und suchten nach einem Ausgleich von Territorium, Bevölkerung und Ressourcen, der die Kriegsgefahr auf ein Minimum reduzieren würde.

Gegen ihren Willen wurden die Belgier in den Niederlanden mit ihren nördlichen Nachbarn vereinigt und unter die Herrschaft der Oranier gebracht, wohl in der Hoffnung, daß diese Regelung als zusätzliche Barriere gegen ein möglicherweise sich wieder erhebendes Frankreich dienen könne. Deutschland blieb in 38 Einzelstaaten aufgeteilt, da jede andere Lösung die Beziehungen der Mächte untereinander erschwert hätte. Es herrschte die Meinung, daß ein gespaltener territorialer Block in Mitteleuropa als eine Art Puffer dienen könne. Während schließlich in Italien der König von Piemont und der Papst ihre Gebiete wiedererlangten und erweiterten und prinzipiell entschieden wurde, daß das Königreich beider Sizilien den Bourbonen wieder zugesprochen werden sollte, erhielt Österreich nicht nur die Lombardei und Venetien, sondern konnte seinen Einfluß auch auf die nördlichen Herzogtümer Parma, Modena, Lucca und Toscana ausdehnen. Hierbei war wiederum Sinn der Sache, einerseits die Stärke Österreichs ins Gleichgewicht mit der der anderen Mächte zu bringen und andererseits es in die Lage zu versetzen, einen erneuten Übergriff Frankreichs auf Italien unmöglich zu machen.

Früher war es üblich, die Diplomaten des Wiener Kongresses als Reaktionäre zu betrachten, die den Zeiger der Uhr zurückdrehen wollten und die Prinzipien des Nationalismus verhöhnten. Es wäre logischer, sie als Männer zu beurteilen, die eine überaus schwierige Aufgabe zu bewältigen hatten und sie zur Zufriedenheit der großen Mehrheit der politisch bewußten Menschen lösten, die durch ihre Entscheidungen betroffen waren. Bei der Bewältigung dieser Aufgabe zeigten sie sich oft erstaunlich aufgeklärt (z. B. bei der Anordnung, daß alle Mitglieder des Deutschen Bundes Ständeversammlungen konstituieren sollten, bei der Garantie der Neutralität und Unabhängigkeit der Schweiz und bei der Verurteilung des Sklavenhandels). Wenn sie das Nationalitätenprinzip nicht anerkannten, so deswegen, weil sie fürchteten, daß auf jeden Versuch, die Italiener zu befreien oder die Deutschen im Jahre 1815 zu vereinigen, ein Chaos folgen würde; und damit hatten sie wahrscheinlich recht. Schließlich gelang es ihnen auch, ein vernünftiges Gleichgewicht zwischen den Großmächten herzustellen, so daß keine der Mächte ernsthaft benachteiligt wurde. Damit dienten sie der Sache des Friedens.

Die Hundert Tage und der Zweite Pariser Friede. Während die letzten Details der Regelung ausgearbeitet wurden, wurde die Welt aufgerüttelt durch die Neuigkeit, daß Napoleon seinem Exil auf Elba entkommen, in Frankreich gelandet war und den Thron bestiegen hatte, nachdem Ludwig XVIII. bei der ersten Nachricht von Napoleons Ankunft geflohen war. Napoleon hoffte zweifellos, die Alliierten zu spalten und sie einzeln zu besiegen; in diesem Falle jedoch wurde er enttäuscht. Die schlimmsten Differenzen unter den Alliierten waren überstanden, bevor sein Abenteuer begann, und seine Rückkehr erneuerte die Waffenbruderschaft, durch die er 1813 bei Leipzig besiegt worden war. Der Korse vermochte sich nur hundert Tage seiner wiedererlangten Macht zu freuen, und dann folgte die vernichtende Niederlage bei Waterloo am 18. Juni 1815 und ein neues, endgültiges Exil auf Sankt Helena. Für Frankreich waren die Folgen sehr viel ernster. Napoleons letzter Feldzug machte fast alles, was Talleyrand in Wien erreicht hatte, zunichte.

Auf seiten der Alliierten war nun keine Bereitschaft mehr vorhanden, Frankreich die Strafen zu ersparen, die besiegten Mächten gewöhnlich auferlegt wurden; sie fragten auch nicht weiter nach den Empfindungen Ludwigs XVIII. Der Monarch wurde wieder auf den Thron erhoben, regierte jedoch dieses Mal über ein kleineres Reich. Der Zweite Pariser Vertrag (20. November 1815) beraubte Frankreich vieler strategischer Posten im Norden und Osten und verkleinerte sein Gebiet so sehr, daß es über eine halbe Million Untertanen verlor. Außerdem mußte es nun eine Kriegsentschädigung von 700 Millionen Franken zahlen – nach zeitgenössischen Maßstäben eine schwere Last – und eine Besatzungsarmee für mindestens drei Jahre unterhalten. Trotz aller Bemühungen Talleyrands in Wien war sein Land nun wiederum isoliert und wurde mit Mißtrauen und Furcht betrachtet.

Die Heilige Allianz und das Europäische Konzert. Ende 1815 unterzeichneten die Mächte zwei weitere Bündnisse, die für die Zukunft von Bedeutung waren: Die Heilige Allianz und die Viererallianz.

Die Heilige Allianz wurde von Alexander I. ins Leben gerufen, und in ihrer ursprünglichen Form scheint sie ein Versuch gewesen zu sein, eine neue internationale Ordnung zu errichten, die sich nicht auf die traditionelle Diplomatie gründete, sondern auf die Grundsätze des Christentums. Bei ihrer Gründung verkündete die Heilige Allianz, daß die „erhabenen Wahrheiten, durch die ewige Religion von Gott unserem Erlöser gelehrt" nicht nur die Beziehungen der Völker untereinander leiten sollten, sondern ebenso deren innere Angelegenheiten. Nunmehr, so lautete der Vertrag, würden die Unterzeichneten sich als Vertreter von Gottes Gnaden betrachten, „die sich in ihrem Verhältnis zu ihren Untertanen und Armeen als Familienväter sehen, und diese in dem Geiste, der sie beseelt, lenken, zum Schutze von Religion, Frieden und Gerechtigkeit."

Das zweite Bündnis, der Vertrag der Viererallianz, wurde am 20. November 1815 unterzeichnet. Mit diesem Dokument verpflichteten sich die vier Großmächte, alle ihre Kräfte aufzubieten, um zu verhindern, daß die allgemeine Ruhe erneut von Frankreich gestört wurde, Napoleon und seine Familie dem französischen Thron fernzuhalten und Frankreich vor neuen revolutionären Erschütterungen zu bewahren. Außerdem kamen sie überein, regel-

1. Der Wiener Kongreß 1814/1815

2. Nikolaus I. bei einem Neujahrsempfang 1848 im Zarenpalast in Petersburg

3. Nikolaus I., russischer Zar (1796–1855)

4. Franz II. (I.), Kaiser von Österreich (1768–1835)

5. Klemens Lothar Wenzel Fürst von Metternich (1773–1859)

mäßige Versammlungen abzuhalten, „zum Zwecke der Beratung ihrer Interessen oder zur Abwägung von Maßnahmen, die in dem jeweiligen Zeitraum für die segensreichsten zur Förderung der Ruhe und des Wohlstands der Völker und zur Aufrechterhaltung des Friedens in Europa angesehen werden".

Das einzige Problem lag darin, daß zwischen ihnen keine Einigung darüber erzielt worden war, was eine Gefahr für ihre Regelung darstellte und was nicht und inwieweit sie verpflichtet waren, gemeinsame Maßnahmen zu ergreifen, wenn revolutionäre Situationen auftraten.

Vom Wiener Kongreß bis zu den Revolutionen von 1830

Das Konferenzsystem. Die Zusammenarbeit der Mächte nach dem Krieg funktionierte ausgezeichnet, solange sie das revolutionäre Frankreich zum Gegenstand hatte. Schwerwiegende Unstimmigkeiten traten bereits nach 1818 auf, als die Besatzung Frankreichs aufgehoben wurde und andere, gefährlichere Dinge in den Vordergrund rückten.

Anzeichen hierfür gab es auf der ersten großen Nachkriegskonferenz im Herbst des Jahres 1818 in Aachen. Dieser Kongreß war angeblich einberufen worden, um das Abkommen mit Frankreich durch eine endgültige Festsetzung der Reparationen und die Genehmigung zum Abzug der Besatzungstruppen zum Abschluß zu bringen. Aber nun, da Frankreich offenbar keine Bedrohung für den Frieden mehr darstellte, nahmen die Russen diese Gelegenheit wahr, um die Frage nach der Zukunft der Allianz aufzuwerfen. Zar Alexander unterbreitete der Konferenz ein Memorandum, das die Aufforderung an alle Teilnehmer enthielt, klarzustellen, daß sie „rechtlich und praktisch gebunden" seien an eine allgemeine Vereinigung, deren Ziel erstens die Aufrechterhaltung der in Wien beschlossenen territorialen Regelung und zweitens die Garantie aller bestehenden legitimen Regime sei.

Der Antrag verärgerte und beunruhigte die Briten. Alexander schien die bestehende politische Lage durch das Gelöbnis der Mitglieder, alle etablierten Regierungen zu stützen, einfrieren zu wollen. Ein solches Versprechen konnte eine britische Regierung nur in Einzelfällen geben – und dann auch nur nach Überprüfung des betreffenden Regimes.

Alexander nahm Militärrebellionen und Volkserhebungen in Spanien zu Beginn des Jahres 1820 zum Anlaß, das Thema wieder aufzugreifen. Während dieser durch die Mißwirtschaft König Ferdinands VII. herbeigeführten Krise erzwang das spanische Volk eine Verfassung. Der Zar bestand auf einer sofortigen Intervention der Viererallianz in Spanien, um die Revolutionswelle einzudämmen, bevor sie Europa überrollen würde. Castlereagh lehnte wiederum ab. In einem heute berühmten Memorandum vom 5. Mai 1820 ermahnte er seine Verbündeten, daß der ursprüngliche Zweck ihrer

Allianz die Aufrechterhaltung des Friedens in Europa und des Gleichgewichts der Mächte gewesen sei. In Verfolgung dieses Zieles sei Großbritannien immer zur Kooperation bereit, würde aber weder in die inneren Angelegenheiten anderer europäischer Staaten eingreifen noch die Intervention anderer Mächte gleichgültig mitansehen.

Doch Alexander konnte von seinem Vorhaben nicht abgebracht werden; denn alle Vorgänge um ihn herum im Jahre 1820 bestärkten ihn in seiner Überzeugung. Die Unruhen in Spanien hielten an, und im Juli fand eine Militärerhebung in Neapel statt, die den König zwang, eine Verfassung zu gewähren, und der revolutionären Agitation auf der gesamten italienischen Halbinsel einen enormen Auftrieb gab. Im August brach dann noch ein Aufstand in Portugal aus. Nun war auch Metternich alarmiert. Hatte er bisher eine Parteinahme für Alexander oder Castlereagh zu meiden gesucht, so drängte er nun auf gemeinsame Maßnahmen der Mächte zur Bekämpfung des europäischen Notstands. Auf einer Konferenz in Troppau im Oktober legte er ein von den Russen und Preußen bereits gebilligtes Memorandum vor, in dem er das Prinzip der Nichtanerkennung revolutionsbedingter Veränderungen und das Interventionsrecht der Mächte zur Unterdrückung derartiger Veränderungen darlegte.

Castlereagh verweigerte seine Zustimmung zu diesem Troppauer Protokoll. Das hinderte die drei östlichen Mächte nicht daran, die Konferenz nach Laibach zu vertagen. Dort bevollmächtigten sie die österreichische Armee zur Intervention in Neapel, um den einfältigen und hinterhältigen Ferdinand I. wieder auf den Thron zu erheben und die ihm aufgezwungene Verfassung zu widerrufen. Diese Aufgabe und einige Monate später die Niederwerfung der Revolution in Piemont vom März 1821 bereitete den Österreichern keinerlei Schwierigkeiten.

Nach dem Erfolg in Italien waren die östlichen Mächte zum Handeln in Spanien entschlossen, und hier erhielten sie die Unterstützung der französischen Regierung. Nach dem Mord an dem Neffen des Königs, dem Herzog von Berry, im Februar 1820 (s. S. 69) war diese nahezu fanatisch konservativ geworden und hielt es sowohl für angemessen als auch für vorteilhaft, bei der Unterdrückung von Unruhen so nahe an ihrer Grenze mit der Heiligen Allianz zu kooperieren. Der Fall Spanien wurde im Oktober 1822 auf der Konferenz von Verona geregelt. Trotz britischer Proteste wurde die französische Regierung bevollmächtigt, die Ordnung in Spanien wiederherzustellen. Im April 1823 erlebte Europa französische Truppen wieder im Aufmarsch. Sie stießen auf keinen ernsthaften Widerstand. Innerhalb von sechs Monaten saß Ferdinand VII. wieder auf dem Thron, und Spanien ging unter in einer Welle der brutalen Reaktion.

Weitere der im Vertrag der Viererallianz vorgesehenen Konferenzen fanden nicht statt; denn die in Verona unterlegenen Briten beschlossen, an künftigen Versammlungen dieser Art nicht teilzunehmen. Das bedeutete nicht, daß Britannien sich vom Europäischen Konzert losgesagt hätte. Die britischen Regierungen waren im Falle einer echten Bedrohung des europäischen Friedens zu ad-hoc-Treffen mit den anderen Mächten bereit. Doch sie wollten nicht länger einer Organisation angehören, die jetzt zu einer Institution der Hexenjagd entartet zu sein schien.

Überdies demonstrierten sie bald, daß die Heilige Allianz, nachdem sie die englischen Wünsche in Verona übergangen hatte, nicht damit rechnen durfte, sich immer durchsetzen zu können. Es kann kein Zweifel darüber bestehen, daß Alexander und Metternich gern die Rückgabe der Neuen Welt an Spanien veranlaßt hätten. Doch den Briten lag nichts an einer Wiederherstellung der spanischen Herrschaft. Sie verfügten über bedeutende Handelsverbindungen zu den ehemaligen spanisch-amerikanischen Kolonien und hatten zwischen 1821 und 1825 22 Millionen Pfund an privaten Investitionen dorthin fließen lassen. Der Nachfolger Castlereaghs, George Canning, machte daher allen beteiligten Parteien klar, daß Spanien zwar zweifellos das Recht habe, seine Herrschaft wieder geltend zu machen, daß Großbritannien aber Interventionsversuchen der anderen Mächte entgegentreten würde. Cannings Standpunkt erhielt eine ungeheure Unterstützung durch die Monroe-Doktrin (Dezember 1823), in der die Regierung der Vereinigten Staaten erklärte, daß jeder Versuch von seiten der Heiligen Allianz, ihr System auf irgendeinen Teil der westlichen Hemisphäre auszudehnen, als ,,unseren Frieden und unsere Sicherheit gefährdend" und als ,,Manifestation einer unfreundlichen Haltung gegenüber den Vereinigten Staaten" aufgefaßt werde. Die Entschlossenheit der beiden Mächte setzte der Krise ein Ende und sicherte die Unabhängigkeit Lateinamerikas.

Dieser Zwischenfall zeigte, daß die Macht der Heiligen Allianz über die Meeresküste nicht hinausging. Überdies waren ihr trotz ihrer Siege in Spanien und Italien noch andere Grenzen gesetzt, die im Laufe der Revolution in Griechenland sichtbar wurden.

Der Aufstand in Griechenland. Die blutigen Ereignisse in Griechenland während der 1820er Jahre kennzeichneten den Beginn einer langen Kette von Unruhen auf dem Balkan und im Nahen Osten. Sie ergaben sich zwangsläufig aus dem inneren Zerfall des Osmanischen Reiches. Zu Beginn des 19. Jahrhunderts erstreckte sich dieses Reich noch von Kleinasien über Ägypten, an der Südküste des Mittelmeers entlang, bis nach Tunis und Algerien und im Nordwesten über die Dardanellen bis zu den südlichen Grenzen des Österreichischen und des Russischen Reiches. In Europa allein behaupteten die Türken ihre Macht noch über ein Gebiet von ca. 238000 Quadratmeilen mit etwa acht Millionen, zumeist christlichen Einwohnern. Doch in vielen Teilen dieses großen Reiches besaß der Sultan keine wirkliche Autorität mehr, sondern nur noch eine nominelle.

Dies war einer der wesentlichen Gründe für die nun in den europäischen

Provinzen des Sultans einsetzenden Schwierigkeiten. Bei einer funktionstüchtigeren türkischen Verwaltung hätten die christlichen Untertanen jener Provinzen wenig Grund zur Klage gehabt. Rechtlich stand ihnen die freie Religionsausübung und die Kindererziehung ohne staatliche Einmischung zu. Sie übten ein nicht unwesentliches Maß an Selbstverwaltung aus und waren vom Militärdienst befreit. Aber mit dem Verfall des Reichssystems schwand selbst der Anschein einer Verbesserung der wirtschaftlichen Situation; und das machte die unterworfenen Völker widerspenstig und bestärkte sie in ihrer Auflehnung gegen die zahlreichen diskriminierenden Steuern. Noch schlimmer waren die Belästigungen der unterworfenen Völker durch die Provinzgouverneure oder Garnisonstruppen – die gefürchteten, aber immer undisziplinierter werdenden Janitscharen –, deren Offiziere Sonderabgaben erpreßten oder zu sinnlosen Brutalitätsausbrüchen gegenüber Christen und Juden neigten, seitdem die Regierung in Konstantinopel sie nicht mehr recht unter Kontrolle halten konnte.

Der Anlaß für den ersten Aufstand der Christen auf dem Balkan im Jahre 1804 war der Unmut über das Verhalten der Janitscharengarnison in Belgrad. Die serbischen Bauern erhoben sich unter Kara (Schwarz) George und vertrieben ihre Unterdrücker. Die Türken schlugen zurück, und im Jahre 1813 gelang es ihnen, Kara George zu verbannen und die Ordnung wiederherzustellen. Doch zwei Jahre später wurde der Kampf unter Führung von Milos Obrenowitsch wieder aufgenommen, und die Serben erlangten innerhalb von zwei Jahren ihre Freiheit.

Der griechische Aufstand erwuchs zum Teil wie der der Serben aus der Erbitterung über die Mißwirtschaft türkischer Beamter, doch kam hier noch ein zusätzlicher Faktor ins Spiel. Die führenden Köpfe der revolutionären Bewegung waren Kaufleute von den Ägäischen Inseln und die sogenannten „capitani" – Schiffskommandeure oder Anführer von Räuberbanden aus den Bergen des Peloponnes. Während der Französischen Revolution waren sie aufgrund ihrer Tätigkeit im Transporthandel mit französischen Ideen in Berührung gekommen und durch sie tiefgreifend beeinflußt worden.

Für die Großmächte war der Aufstand nicht nur wegen der Bedrohung des allgemeinen Friedens von Interesse, sondern auch deswegen, weil alle mit Ausnahme Preußens wirtschaftliche und politische Interessen im Nahen Osten verfolgten. Für die meisten von ihnen war die Lage in Griechenland jedoch so kompliziert, daß sie zögerten, einen festen Standpunkt einzunehmen, und schließlich ergriffen die Briten die Initiative. George Canning verkündete im März 1823 die britische Anerkennung des Kriegszustands in Griechenland. Canning befürchtete, daß die Russen den Griechen früher oder später zur Hilfe kommen müßten und daß ein Alleingang Rußlands die Überführung Griechenlands in einen russischen Satellitenstaat und die Auflösung des Türkischen Reiches zur Folge haben könnte. Er wollte beiden Möglichkeiten vorbeugen.

Metternich wollte einen russischen Eingriff in Griechenland vermeiden, da er Rußlands Einfluß auf dem Balkan verstärken und damit das Gleichgewicht der Mächte verändern würde. Überdies, so erklärte er dem Zaren, würde Rußlands Hilfe an Griechenland einen Verrat an der Heiligen Allianz bedeuten und die Sicherheit aller Monarchien gefährden, denn – was immer man vom Sultan hielt – er war ein legitimer Herrscher, während die Griechen unbestreitbar Rebellen waren. Dieses Argument hielt Alexander zurück, hatte aber nur geringe Wirkung auf Nikolaus, der den Thron im Dezember 1825 bestieg. Zu diesem Zeitpunkt war zu erwarten, daß die starke ägyptisch-türkische Armee unter Ibrahim Pascha, die im Februar 1825 auf dem Peloponnes gelandet war, den Aufstand niederwerfen würde; und dies erregte die öffentliche Meinung in Rußland, die aus religiösen und anderen Gründen progriechisch war. Trotz der Einwände Metternichs gab Nikolaus allmählich der Volksstimmung nach, löste sich vorübergehend von der Heiligen Allianz und schloß sich der britischen Aufforderung an den Sultan an, den Griechen die Autonomie zu gewähren. Als dieser ablehnte, ging Nikolaus mit Britannien und Frankreich eine Allianz ein (6. Juli 1827), deren erklärtes Ziel die Sicherstellung der griechischen Unabhängigkeit war. Der darauf folgende Krieg zog sich über zwei Jahre hin. Französische Truppen befreiten den Peloponnes von Ibrahims Streitkräften, während eine russische Armee in Kleinasien einfiel und eine zweite die Gebirge des Balkan überquerte, um sich den Weg nach Adrianopel zu bahnen. Daraufhin ersuchte die türkische Regierung um Frieden.

Die russisch-türkischen Beziehungen wurden durch den Vertrag von Adrianopel vom 14. September 1829 geregelt. Er zwang die Türken zur Aufgabe der Donaumündung, der Abtretung eines Teils der Schwarzmeerküste an Rußland und zur Zahlung einer hohen Entschädigungssumme innerhalb von zehn Jahren. Bis zur vollständigen Zahlung sollten die Donaufürstentümer (das Gebiet des heutigen Rumänien) durch russische Truppen besetzt werden. Rumänien wurde praktisch russisches Protektorat.

Was Griechenland betraf, so verpflichtete der Vertrag die türkische Regierung zur Anerkennung der Entscheidungen einer Gesandtenkonferenz in London, auf der man bereits übereingekommen war, Griechenland versuchsweise die Autonomie zu gewähren. Im Laufe des Jahres 1830 wurde diese in eine völlige Selbständigkeit umgewandelt; doch dem Versuch der Konferenz, die Grenzen des neuen Staates festzulegen, stellten sich die Griechen entgegen. Der Streit zwischen den Beteiligten zog sich hin, bis die Mächte im März 1832 die Landesgrenzen weiter faßten und Prinz Otto von Bayern als ersten König von Griechenland wählten. Die Befreiung Griechenlands bedeutete die erste wesentliche Veränderung auf der Landkarte Europas seit dem Wiener Kongreß.

Was die Beziehungen der Großmächte untereinander anbelangte, so hatte der lange Streit in Griechenland die Heilige Allianz einer erheblichen Belastung ausgesetzt. Die Stärkung der russischen Macht in Osteuropa infolge des Vertrags von Adrianopel erregte nun Befürchtungen in Wien wie in London und gab Anlaß zu besorgten Spekulationen über ihre Auswirkungen auf das Gleichgewicht der Mächte.

Die Jahre von 1830 bis 1848

Die Revolution in Frankreich und ihre Folgen. In der letzten Juliwoche des Jahres 1830 brach in Paris ein Bürgerkrieg aus; nach dreitägigen Kämpfen wurde der Bourbonenkönig Karl X. entmachtet, und der Herzog von Orléans bestieg den Thron unter dem Titel Louis Philippe, roi des Français. (Ein ausführlicher Bericht über die Hintergründe und den Verlauf der Revolution in Frankreich findet sich in Kap. 3.)

Die Julirevolution zerstörte das absolutistische System, um dessen Konsolidierung Karl X. sich bemüht hatte, und Frankreich wurde zu einem Staat, in dem die wohlhabendere Bourgeoisie die politische Macht ausübte. Zwei Jahre nach den Ereignissen in Paris fand eine ähnliche Entwicklung in England statt, wo der gehobene Mittelstand durch die Verabschiedung der „Great Reform Bill" (das Große Reformgesetz) das Wahlrecht erhielt. (Einzelheiten und Analyse s. Kap. 4.)

Britannien und Frankreich kamen einander nun ideologisch näher, während sich der Unterschied zwischen ihnen und den Mitgliedern der Heiligen Allianz deutlicher ausprägte. In diesen Jahren schienen sich die Großmächte also in zwei festgefügte, gegeneinander gerichtete Lager zu teilen.

Diese beiden Lager dürfen jedoch nicht als in sich zusammenhaltende Bündnisse angesehen werden, die sich gegenseitig ausschlossen. Von der Julirevolution bis 1848 blieben ideologische Differenzen ebensohäufig unbeachtet, wie ihnen Beachtung geschenkt wurde. Dies kann durch eine kurze Betrachtung der belgischen Revolution veranschaulicht werden.

Die belgische Revolution. Im Jahre 1815 hatte man das belgische Volk aus internationaler Zweckmäßigkeit unter die holländische Herrschaft gebracht. Die Wünsche der Belgier waren ebensowenig berücksichtigt worden wie die Tatsache, daß kaum eine Interessengemeinschaft zwischen ihnen und den Holländern bestand. Die beiden Länder hatten verschiedene geschichtliche Entwicklungen durchgemacht. Sie unterschieden sich in Sprache und Religion – die Belgier waren vorwiegend römisch-katholisch, die Holländer militant calvinistisch. Ihre wirtschaftlichen Interessen standen gegeneinander; die Holländer schworen als Agrar- und Handelsvolk auf den Freihandel, während die meisten führenden Unternehmer in Belgien, der Heimat blühender, aber noch junger Industrien, überzeugte Schutzzollanhänger waren. Mit der Unterwerfung der Belgier unter die Herrschaft des Königs der Niederlande bewirkten die Mächte die Entfremdung der liberalen Intellektuellen, die stolz waren auf die Vergangenheit ihres Landes, des katholischen Klerus und der Unternehmer sowie anderer Gruppen, einschließlich derer, die gern in den Staatsdienst eingetreten wären, aber all die besten Positionen durch holländische Beamte besetzt vorfanden.

Mit der Zeit wuchs ihr Unmut. Zur Explosion fehlte nur noch das auslösende Moment; und das bot der Aufstand in Paris. Am 25. August 1830 begann in Brüssel der Aufruhr. Truppen kamen in die Stadt, konnten aber die Ordnung nicht wiederherstellen und wurden im September zurückgeschlagen. Zu der Zeit hatte die revolutionäre Agitation schon auf andere Städte übergegriffen. Der König, Wilhelm I., der zunächst eine völlig unnachgiebige Haltung eingenommen hatte, versuchte nun, Konzessionen zu machen. Es war zu spät. Eine provisorische Regierung hatte sich bereits konstituiert und erklärte Belgien am 4. Oktober für unabhängig.

Am 1. Oktober hatte der Zar von Rußland seinen Verbündeten seine Bereitschaft zur Entsendung einer 60000 Mann starken Armee mitgeteilt, um den revolutionären Virus auszumerzen und Belgien wieder unter die holländische Herrschaft zu bringen. Es war bekannt, daß der König von Preußen seine Armee in Kriegsbereitschaft versetzt hatte, vermutlich zu demselben Zweck. Dies beschwor die Gefahr eines Krieges zwischen den Großmächten herauf, und die britische Regierung war so sehr alarmiert, daß sie die östlichen Mächte dringend aufforderte, von jeglicher Aktion Abstand zu nehmen, bis die Vertreter aller Großmächte in London zur Erörterung der belgischen Situation zusammentreffen konnten. Die östlichen Mächte nahmen die Einladung an, vielleicht in der Hoffnung, die Briten für ihren Standpunkt gewinnen zu können. Aber nun war Henry Temple, Viscount Palmerston (1784–1865), für die britische Politik verantwortlich; er bedauerte zwar die Auflösung der Union der Niederlande, die er als „vorteilhaft für die allgemeinen Interessen Europas" ansah, war aber der Ansicht, daß es für eine Wiederherstellung zu spät sei. Als Sprecher für den Frieden und das Gleichgewicht der Mächte betonte Palmerston, daß ein Versuch, Belgien wieder unter die holländische Herrschaft zu bringen, unrealistisch und, vom Standpunkt der Harmonie der Großmächte her gesehen, gefährlich wäre. Eine bessere Lösung sei die Anerkennung der belgischen Unabhängigkeit unter Bedingungen, die soweit wie möglich den Schaden im System von 1815 wieder in Ordnung bringen würden. Seine Argumente erhielten eine unerwartete Unterstützung durch den plötzlichen Aufstand der Polen im November 1830 und Unruhen in Deutschland und Italien am Ende des Jahres; sie schränkten die Interventionsmöglichkeiten aller östlichen Mächte im Westen ein. Jedenfalls hatten bis Ende Dezember 1830 alle Mächte der belgischen Unabhängigkeit zugestimmt.

Schließlich wurde Belgien durch den Vertrag vom 15. November 1831 (der im Mai 1832 ratifiziert, aber vom holländischen König erst im April

1839 anerkannt wurde) als selbständiger Staat unter einem Herrscher seiner Wahl, Leopold von Sachsen-Coburg, in die Familie der Nationen aufgenommen. In Übereinstimmung mit dem Wunsch Palmerstons, den der Wiener Regelung zugefügten Schaden wiedergutzumachen, wurde die neue Nation als neutraler Staat errichtet, und alle Großmächte verpflichteten sich, gegen jede Integritätsverletzung Belgiens einzuschreiten.

Die Aufstände in Italien, Deutschland und Polen. Die Bereitschaft der östlichen Mächte, der belgischen Unabhängigkeit zuzustimmen, war zweifellos dadurch gefördert worden, daß die britische und die französische Regierung Zurückhaltung gegenüber den Unruhen in Süd- und Mitteleuropa geübt hatten.

In Italien hatte die Unterdrückung der Aufstände von 1820–1821 der revolutionären Agitation kein Ende gesetzt. Die Zahl der Geheimbünde war gestiegen, und die Koordination untereinander war besser geworden. Ende des Jahres 1830 brachen Unruhen in Mittelitalien aus. In einer Art Kettenreaktion griff die Revolution von Modena auf Parma und den Kirchenstaat über und hatte provisorische Regierungen und neue Verfassungen zur Folge. Aber die revolutionäre Bewegung war noch nicht stark genug, um die österreichische Macht ohne Hilfe von außen zu zerschlagen. Die westlichen Mächte beschieden, daß dem Frieden und dem Gleichgewicht der Mächte am besten gedient sei, indem Metternich freie Hand gelassen würde, die Regelungen von 1814 in Italien durchzusetzen; und Metternich setzte sie durch.

Die radikale Bewegung in Deutschland wurde gleichfalls ohne Einmischung und selbst ohne große Interessenbekundung des Westens unterdrückt (s. S. 59). Was Polen betrifft, so gewann es im Jahre 1831, ebenso wie zu verschiedenen späteren Anlässen, die Sympathien des Westens, aber keine greifbare Hilfe.

Zar Alexander I. hatte den russischen Teil Polens in ein Land mit unbestreitbar liberalen Institutionen verwandelt. In Personalunion mit Rußland verbunden (der Zar war König von Polen), besaß es eine Verfassung, die ein Zweikammer-Parlament, religiöse Toleranz und bürgerliche Freiheiten vorsah. Die Amtssprache war Polnisch, und alle staatlichen Stellen mußten durch Polen besetzt werden. In der Tat hatten die Polen alles, was sie vernünftigerweise erwarten konnten, bis auf die Unabhängigkeit; das höchste Ziel der politisch bewußten Schicht aber war die Unabhängigkeit, und ohne sie fand sie sie auch in allen anderen Privilegien keine Befriedigung.

Der polnische Aufstand von 1830–1831 war ein Aufstand der Aristokraten und Intellektuellen. Sie schenkten den Bedürfnissen der polnischen Massen wenig Beachtung; daher standen diese dem revolutionären Anliegen teilnahmslos gegenüber. Das Resultat war die Aufhebung der seit 1815 bestehenden Autonomie Polens und die Unterwerfung des Landes unter eine Militärherrschaft.

Zwei Krisen in Ägypten. Abschließend kann etwas Licht in das Wirken der Großmachtpolitik gebracht werden durch die kurze Betrachtung zweier Krisen im Nahen Osten. Beide Krisen hatte der Pascha von Ägypten, Mehmed 'Ali, sicherlich einer der fähigsten Herrscher dieses Zeitabschnitts, heraufbeschworen. Als albanischer Geschäftsmann war er zur Zeit der Expedition Napoleons nach Ägypten in den türkischen Militärdienst eingetreten und sehr schnell aufgestiegen; im Jahre 1805 ernannten ihn die Scheichs von Kairo zum Pascha. In dieser Eigenschaft hatte er Alexandria wieder errichtet und den Kanal zwischen der Stadt und dem Nil gebaut. Er hatte eine Reihe von Reformen auf dem Agrarsektor und im Gesundheitswesen durchgeführt und schließlich mit französischer Hilfe die ägyptische Armee modernisiert. Es ist verständlich, daß ein Mann, der so hoch emporgestiegen war, es noch weiter bringen wollte, und daß jemand, der soviel Sorgfalt auf den Aufbau des Militärs verwendet hatte, dessen Leistungsfähigkeit erproben wollte. Es gelüstete Mehmed 'Ali schon lange nach der Macht über Palästina, Syrien und Arabien. In der letzten Hälfte des Jahres 1831 schickte er sich an, sie zu erobern. Da sich der türkische Widerstand als völlig unwirksam erwies, drohten seine Truppen bald ganz Kleinasien zu überrollen und auch Konstantinopel einzunehmen.

Metternich erkannte die Gefahr in dieser Situation und versuchte, die Großmächte dahinzubringen, den legitimen Herrscher der Türkei gegen seinen rebellischen Vasallen zu schützen. Aber die britische Regierung war sich seltsamerweise über ihre Interessen in diesem Gebiet im unklaren, und die Franzosen sympathisierten mit Mehmed 'Ali. Metternichs Bemühungen blieben ohne Erfolg. Der Sultan rief Britannien vergeblich um Hilfe und wandte sich dann verzweifelt an die Russen. Nikolaus reagierte sofort und entsandte eine Armee und eine Flotte zur Pforte. Dank dieser Intervention war im Mai 1833 der Friede wiederhergestellt. Mehmed 'Ali durfte Syrien behalten, und – was unendlich viel wichtiger war – die Türken und die Russen hatten den Vertrag von Hunkiar Skelessi (8. Juli 1833) unterzeichnet, mit dem sie sich für den Fall eines Angriffs durch andere Staaten gegenseitige Hilfe versprachen, aber (in einem Geheimartikel) übereinkamen, daß die Türkei in Kriegszeiten keine militärische Hilfe nach Rußland zu entsenden brauche, vorausgesetzt, daß sie die Dardanellen für alle ausländischen Flotteneinheiten schließen würde.

Eine zweite Krise setzte im Jahre 1839 in Ägypten ein, als Sultan Machmud II. in der Befürchtung eines neuen Angriffs Mehmed 'Alis einen Präventivkrieg gegen Ägypten startete und zu Lande und zu Wasser vernichtend geschlagen wurde. Wiederum standen die Ägypter vor den Toren Konstantinopels. Es sah aus, als würde sich die Situation von 1833 wiederholen. Dies sollte jedoch nicht geschehen. Die britische Regierung stand nicht mehr so abseits wie im Jahre 1833. Seither hatten erfolgreiche Experimente mit der Dampfschiffahrt im Roten Meer und im Euphrat die Bedeutung der Überlandwege nach Indien in britischen Augen erhöht, und aus diesem Grunde war Palmerston entschlossen, weder Rußland noch Mehmed 'Ali, den er als französische Marionette betrachtete, die Beherrschung dieses Gebietes zu überlassen. Der britische Außenminister wollte Mehmed 'Ali durch eine Aktion des Europäischen Konzerts in seine Schranken verweisen und das Abkommen von Hunkiar Skelessi durch eine allgemeine Garantie der türkischen Unabhängigkeit ersetzen.

Metternich war selbstredend mit dieser Idee einverstanden. Überraschender ist vielleicht, daß auch der Zar seine Zustimmung gab. Aber Nikolaus scheint zu dem Schluß gekommen zu sein, daß Hunkiar Skelessi ein lästiges Abkommen sei, das im Anwendungsfalle nur den Zusammenschluß der anderen Mächte gegen ihn bewirken würde. Im September schloß er ein Abkommen mit den Briten, um Mehmed 'Ali zur Aufgabe des größten Teils seiner errungenen Gebiete zu veranlassen und nach Beendigung der Feindseligkeiten die Schließung des Bosporus und der Dardanellen für die Kriegsschiffe aller Mächte zu bewirken. Die Österreicher und Preußen schlossen sich an, ebenso Frankreich, wenn auch zögernd und nur auf den Druck der anderen Mächte hin. Die Krise endete im Juli 1841 mit der Unterzeichnung des berühmten Dardanellen-Vertrages, der die anglo-russischen Beziehungen regelte.

Der Konsensus der Großmächte. Die letzten Jahre vor der Explosion von 1848 verliefen relativ ungestört durch internationale Komplikationen. Die faszinierendste Entwicklung vom Standpunkt der Diplomatiegeschichte her gesehen war die merkwürdige Tendenz zu einer Umkehrung der Allianzen. Auf der einen Seite kühlte die Freundschaft zwischen Britannien und Frankreich infolge politischer Differenzen über Spanien und wirtschaftlicher Reibungen in allen Teilen der Welt ab, und Louis Philippe schloß sich näher an Österreich an. Auf der anderen Seite suchten die konservativsten Mächte die Freundschaft Britanniens. Nachdem Zar Nikolaus im Jahre 1840 versucht hatte, Britannien zum Eintritt in die Heilige Allianz zu bewegen, stattete er England im Jahre 1844 einen Besuch ab und drängte auf eine gemeinsame künftige Politik beider Länder im Osten.

Diese Entwicklung dürfte hinreichend verdeutlichen, daß es eine irrige Vorstellung ist zu meinen, die Mächte seien in ein liberales und ein konservatives Lager geteilt gewesen. Die ideologischen Differenzen hatten nicht die Bedeutung, die man ihnen beimessen möchte. Die diplomatischen Bündnisse wechselten. Die einzelnen Mächte änderten ihre Standpunkte und ihren Einfluß in kritischen Augenblicken, wenn ihre Interessen bedroht waren oder Krieg möglich schien. Und sie konnten so verfahren, weil trotz aller Differenzen ein bemerkenswerter Konsensus unter ihnen bestand.

Alle Mächte, vielleicht mit Ausnahme Frankreichs, das sein Ausscheren aber nicht zuzugeben wagte, akzeptierten das Gleichgewicht der Mächte –

d. h. die Wiener territoriale Regelung und das umfassendere Prinzip, daß kein Staat ohne Zustimmung der anderen seine Besitzungen ausdehnen durfte. Und die Anerkennung dieses Prinzips schloß bestimmte andere Dinge mit ein: ein hohes Maß an Selbstbeherrschung auf seiten der einzelnen Mächte, eine Bereitschaft zur Einhaltung bestehender Verträge und zu gemeinsamen Aktionen zur Verhinderung einseitiger Gebietserweiterungen.

Schließlich bestand auf seiten der Mächte eine allgemeine Bereitschaft, an der Erhaltung des Friedens und des Gleichgewichts mitzuwirken. Dies traf selbst auf Großbritannien zu, dessen geographische Lage und weltweiten Interessen die Berührungspunkte mit Europa spärlicher ausfallen ließen als die anderer Mächte. Im Jahre 1852 konnte Lord John Russell die treffende Feststellung machen: „Wir sind und waren seit mehr als einem Jahrhundert mit dem allgemeinen System Europas verbunden, und kein territorialer Zuwachs einer Macht, keine Ausdehnung, die das allgemeine Gleichgewicht der Mächte in Europa stört, ... könnte diesem Land gleichgültig sein ...“ Das Europäische Konzert war in diesem Zeitabschnitt eine Realität, und der allgemeine Friede wurde gewahrt, weil auch anderen Mächten Veränderungen im europäischen System, wie es in Wien im Jahre 1815 festgelegt worden war, nicht gleichgültig sein konnten.

Zweites Kapitel

Die östlichen Mächte: Der Absolutismus und seine Grenzen

Der Absolutismus und seine Apologeten

Wenn die Außenpolitik es verlangte, konnten die Mitglieder der Heiligen Allianz mit dem Liberalismus und der Revolution Kompromisse, die sich auf die Zusammenarbeit mit den liberalen Mächten Britannien und Frankreich erstreckten, ja sogar bis zur Anerkennung von revolutionären „faits accomplis", wie im Falle der belgischen Unabhängigkeit, eingehen. Innerhalb ihres Territoriums aber duldeten sie keinerlei Kompromiß. Die Innenpolitik des Russischen und Österreichischen Kaiserreiches und des Königreiches Preußen war geprägt von dem unerbittlichen und aktiven Widerstand gegen die Revolution. Geheime Polizeisysteme z. B. gelangten in diesen östlichen Reichen zu ihrer vollsten Entfaltung und zu größtem Einfluß, indem sie wirkliche Revolutionäre oder als solche Verdächtigte jagten.

Doch die Furcht vor der Revolution ging über die Verfolgung von Rebellen und Verschwörern noch hinaus. Sie brachte auch eine Ehrfurcht vor bestehenden Institutionen mit sich und die Ablehnung von Veränderungen, da Veränderungen die bestehende Ordnung untergruben, des Denkens, da dieses zu Veränderungen führte, und von Bildung, da diese zum Denken anregte. „Zuviel Bildung verdirbt den Charakter", schrieb der reaktionäre preußische Landedelmann Marwitz. Die Tage, da Monarchen die Schirmherrschaft über Gelehrte ausübten und ein preußischer König stolz war auf die Freundschaft Voltaires, waren vorbei.

Der moderne Leser wird bei den Autoren dieser Zeit wenig Anregung finden. Eine Ausnahme bildet vielleicht Joseph de Maistre (1753–1821), der 14 Jahre lang als sardinischer Gesandter am Hofe von St. Petersburg diente. Seine Essays tragen in ihrer Ablehnung der Vernunft, ihrem Respekt vor der Tradition und ihrer Ehrfurcht vor der anerkannten Religion den Stempel der romantischen Schule. Ihr faszinierendstes Merkmal aber ist die Leidenschaft, die aus ihnen spricht; de Maistre ergeht sich in Schimpftiraden über die Anmaßung der Menschen, die sündhaft Hand an eine zivile Ordnung legen wollen, die er für gottgewollt hält. Der Widerstand gegen die instituierte Autorität war nicht nur ein politisches Vergehen; er war ein Akt der Blasphemie.

Zu seiner Zeit fand de Maistre wahrscheinlich weniger Bewunderung als

der schweizerische Theoretiker Karl Ludwig von Haller (1768–1854), der
den politischen Ideen der Höfe des Ostens vollendeten Ausdruck verlieh; er
pries den Staat als ideal, der sich auf romantischen Feudalismus und christliche Frömmigkeit gründete und einen absoluten König als Stellvertreter Gottes an der Spitze hatte. Kurz, Hallers vollkommene Gesellschaft war autori-
tär und völlig erstarrt. Auf die Dauer aber ist „quieta non movere" kein sehr
praktisches Prinzip der Politik. Durch Zensur, Gesinnungskontrolle und polizeiliche Verfolgung lassen sich nicht alle neuen Ideen ausmerzen.

Das Russische Reich bis 1848

Das Land und die Bevölkerung. Dank einer beharrlichen Politik der territorialen Expansion reichte das Russische Reich im Jahre 1815 vom Baltikum bis
zum Pazifik, vom Nördlichen Eismeer bis zum Schwarzen Meer, dem Kaspischen Meer und dem Aralsee. Es war ein riesiges Reich mit allen Möglichkeiten zur Machtentfaltung.

Am Vorabend der Revolutionen von 1848 grenzte die Bevölkerungszahl
des Russischen Reiches an 70 Millionen, von denen nur 3,5 Millionen Städter
waren. Die russische Wirtschaft war also in erster Linie agrarisch ausgerichtet. Über die baltischen Häfen wickelte sich ein blühender Exporthandel ab;
die Ausfuhren bestanden im wesentlichen aus Getreide, Fetten, Flachs, Hanf
und Fellen. Ebenso wie im Importhandel wurden die Waren nahezu ausschließlich auf ausländischen Schiffen transportiert. Überdies war der Handel durch hohe Schutzzölle behindert. Was die Industrie betrifft, so waren im
Jahre 1825 210600 Arbeiter in 5261 Produktionsunternehmen beschäftigt,
aber selbst in der bedeutenden Textilindustrie waren Maschinen praktisch
unbekannt. Und ein Großteil der industriellen Produktion wurde von Arbeitern, die auch in der Landwirtschaft tätig waren, in Heimarbeit erstellt.

Die auf dem Land lebende Mehrheit der Bevölkerung war in zwei Schichten geteilt, den landbesitzenden Adel und die Masse der Leibeigenen, die
dessen Ländereien bewirtschafteten. Die Institution der Leibeigenschaft
stammt aus der Mitte des 16. Jahrhunderts. Vor dieser Zeit waren die Bauern
frei gewesen. Etwa im 17. Jahrhundert gerieten sie in ein festes Abhängig-
keitsverhältnis zum Gutsherrn, dessen Land sie bewirtschafteten, und es dauerte nicht lange, bis die Leibeigenschaft kaum noch von der Sklaverei zu
unterscheiden war.

In der ersten Hälfte des 19. Jahrhunderts bedeutete die Leibeigenschaft für
die russische Gesellschaft eine drückende Last. Diese Institution bildete zwar
die Hauptstütze der russischen Landwirtschaft, hielt sie aber auch in einem
chronischen Zustand der Leistungsunfähigkeit, denn ein reichliches Angebot
an manuellen Arbeitskräften hemmte die Entwicklung eines modernen Ak-
kerbaus. Gleichzeitig führten die erbarmungswürdigen Lebensbedingungen

vieler Leibeigenen und ihre tyrannische Behandlung zu sporadischen, blutigen Erhebungen. Zwischen 1825 und 1854 gab es Hunderte von heftigen Aufständen auf dem Land, darunter derartig starke, daß zu ihrer Niederschlagung ein erheblicher Kräfteaufwand erforderlich war. Die herrschende Schicht Rußlands war nie völlig frei von der Furcht vor Massenaufständen, doch nur die Aufgeklärtesten glaubten, daß die Befreiung der Leibeigenen diese Gefahr bannen würde. Der Adel fühlte genau, daß sein Lebensunterhalt von der Leibeigenschaft abhing. Die Regierung war dazu übergegangen, sich dieser Institution zu bedienen, um genügend Rekruten für die Armee und Arbeitskräfte für militärisch wichtige Industriezweige zu haben, wie die Metallverarbeitung und die Bekleidungsindustrie. Die Unterdrückung schien die einzige Sicherheit vor Aufständen zu bieten.

Die politische und die soziale Pyramide waren in Rußland identisch. An der Spitze standen der Zar, seine Minister und sein Militärstab und direkt darunter der landbesitzende Adel und diejenigen, die für den Militär- oder Staatsdienst in den Adelsstand erhoben worden waren. Diese herrschende Schicht war oft in sich gespalten, denn in einem Land, dessen Geschichte von häufigen Palastrevolutionen gezeichnet war, herrschten unweigerlich Spannungen zwischen dem Zaren und dem hohen Adel. Gegen die unteren Klassen und gegen andersdenkende Aristokraten und Intellektuelle, die die bestehende Ordnung verändern wollten, bildeten Zar und Adel jedoch im allgemeinen eine geschlossene Front.

An der Basis der Pyramide befand sich die große Masse der Bauern. Zwischen ihnen und der herrschenden Schicht stand die noch kleine Gruppe der Bourgeoisie.

Die letzten Jahre Alexanders I. Bei seiner Thronbesteigung im Jahre 1801 enttäuschte Alexander jene, die gehofft hatten, er würde liberale politische und soziale Veränderungen einführen. Alexander sprach von Reform, umgab sich mit aufgeklärten Ratgebern, und in seinen ersten Regierungsjahren erließ er tatsächlich Gesetze, die den Anbruch eines neuen Zeitalters anzukündigen schienen. Aber in den meisten Fällen blieb es bei diesen Gesten.

Die Kriege gegen Frankreich machten es Alexander freilich schwer, sich auf die Innenpolitik zu konzentrieren, aber das erklärt nur einen Teil. Entscheidender war sein sprunghafter Charakter, der ihn dazu verleitete, neuen Enthusiasmen nachzujagen, bevor seine alten konkrete Formen annahmen. Im Jahre 1815 war er durch seine internationalen und seine Polenpläne (s. S. 29) abgelenkt. In den folgenden Jahren veranlaßte ihn die Sorge über die in Westeuropa anrollende Revolutionswelle zur Abkehr vom verworrenen Liberalismus seiner Jugend. Seine engsten Ratgeber waren Reaktionäre, und vor seinem Tode im Dezember 1825 vollzog er eine schnelle Wendung zum Absolutismus seiner Vorgänger. Dieser Trend sollte sich unter dem neuen Zaren fortsetzen.

Der Dekabristenaufstand. Alexanders mutmaßlicher Nachfolger war sein Bruder, Großherzog Konstantin; mit seiner Genehmigung war aber beschlossen worden, daß die Krone dem jüngeren Bruder Nikolaus zufallen sollte. Alexanders plötzlicher Tod ließ die Thronfolge ungeklärt, denn beide Brüder protestierten dagegen, daß der andere Zar werden sollte. Noch bevor Nikolaus zur Amtsübernahme entschlossen war, hatte der traurige Dekabristenaufstand stattgefunden.

Die Anführer dieses unglücklichen Aufstands waren Offiziere adliger Abstammung, unter anderen Verwandte der mächtigsten Familien in Rußland. Viele von ihnen hatten nach Waterloo der Besatzungsarmee in Frankreich angehört und etwas aufgeklärtere politische und soziale Ideen aufgegriffen, als sie in ihrem eigenen Land vorfanden. Sie waren jung, romantisch und idealistisch und haßten das Regime, das sie bei ihrer Heimkehr vorfanden: das verbrauchte, korrupte Verwaltungssystem, die Meinungszensur, die strenge Überwachung der Universitäten, die Mißbräuche der Leibeigenschaft und, am allerschlimmsten, die nach 1815 eingeführten „Militärkolonien", in denen die Soldaten und ihre Familien Soldatentum mit landwirtschaftlicher Arbeit verbinden mußten.

Schon 1816 bildeten sich Verschwörungsgruppen unter den Offizieren. Nach 1820 gab es drei große Vereinigungen, die sich der Veränderung der bestehenden Bedingungen verschrieben hatten: den Nordbund, angeführt von Fürst Trubezkoj und dem Dichter Konratij Rylejew, den Südbund, angeführt von Sergej Murawjew-Apostol, Alexej Bestuschew-Rjumin und Oberst Paul Pestel, und eine kleinere Gruppe unter dem Namen „Vereinigte Slaven". Diese Gruppen waren untereinander kaum koordiniert, und Übereinstimmung innerhalb jeder einzelnen bestand nur in der Vorstellung, daß Veränderungen herbeigeführt werden müßten. Lediglich Pestel hatte sich die Mühe gemacht, ein detailliertes Programm aufzustellen. Er war radikaler Republikaner und wußte, was er wollte. Die meisten anderen hatten keine klare Vorstellung von ihren augenblicklichen oder letztlichen Zielen. Als die Thronfolgekrise einsetzte, begannen sie dennoch, fieberhaft einen Aufstand zu planen.

Am 14. Dezember 1825 meuterten 3000 Soldaten, darunter ein Teil des Moskauer Regiments, der Leibgarde und der Marine, und marschierten zum Senatsplatz. An diesem Punkt machte sich der Mangel an Planung bemerkbar. Vier Stunden lang standen die Truppen zitternd auf dem Platz, während die Anführer ihnen und sich gegenseitig leidenschaftliche Reden hielten – und nichts unternahmen. Bei Einbruch der Dunkelheit griff Regierungskavallerie die Reihen der Rebellen an und wurde zurückgeschlagen. Daraufhin fuhr sie vier Feldgeschütze auf und eröffnete das Feuer direkt auf die Meuterer. Diese flohen nach der dritten Salve, und der Aufstand in der Hauptstadt war zu Ende.

Der Südbund hatte sich am 14. nicht gerührt, vielleicht aufgrund der

Verhaftung Pestels und anderer am Tage vorher. Aber am 30. Dezember stifteten Murawjew-Apostol und Bestuschew Truppen des Tschernigow-Regiments zur Meuterei an und marschierten – nach einer Zeremonie, in der sie feierlich Jesus Christus als König des Universums proklamiert hatten – auf Kiew. Diese „christliche Armee" wurde jedoch bei ihrem ersten Zusammenstoß mit Regierungstruppen besiegt, und ihre Offiziere wurden gefangengenommen.

Nach diesem Fehlschlag ergaben sich die meisten Anführer des Dekabristenaufstands; und in der darauf folgenden Untersuchung berichteten viele mit Begeisterung Dinge, die an russische Gerichtsverfahren jüngeren Datums erinnern. Die Bekenntnisse wurden nicht mit Milde belohnt. Obgleich die Todesstrafe Mitte des 18. Jahrhunderts durch Zarin Elisabeth abgeschafft worden war, verhängte Nikolaus über fünf der Rädelsführer die Todesstrafe durch Erhängen und verurteilte mehr als hundert andere zu Zuchthausstrafen und Verbannung nach Sibirien.

Der Dekabristenaufstand schuf eine Legende, die künftige Revolutionäre inspirierte. Im Augenblick jedoch förderte sie eine Verschärfung der Repressionen von seiten der Regierung.

Die Unterdrückung unter Nikolaus I. Bis zu seiner Thronbesteigung hatte Nikolaus I. eine Wachbrigade befehligt, die ihn nach Aussage eines Kritikers wegen „seiner kalten Strenge, seiner kleinlichen Pedanterie und seines nachtragenden Charakters" (Alexander Herzen) haßte. Als Kaiser demonstrierte er bald, daß sein Ideal ein disziplinierter Staat war, in dem alle Untertanen den Gehorsam gegenüber der Autorität als ihre erste Pflicht erkannten. Ebenso wie Metternich glaubte Nikolaus, daß Veränderungen an sich verwerflich seien. Er lehnte selbst Reformen von Institutionen ab, die er persönlich für schlecht hielt, wie zum Beispiel die Leibeigenschaft. Er fürchtete die Massen; er fürchtete den russischen Adel (in der Tat so sehr, daß er sich lieber auf deutsche Verwalter verließ); er fürchtete die Intellektuellen. Seine Ängste wuchsen ständig – durch den Dekabristenaufstand, durch die Revolutionen in Westeuropa und durch die Erhebung in Polen im Jahre 1831 (s. S. 40).

Das Symbol der Regierung Nikolaus' war die geheime Staatspolizei, jene notorische Dritte Abteilung der höchsteigenen Kanzlei Seiner Majestät, die angeblich „außerhalb des Gesetzes und über dem Gesetze stand, die das Recht hatte, sich überall einzumischen" (Herzen). Die Dritte Abteilung operierte mittels einer uniformierten Gendarmerie und eines ungeheuren Netzes an Geheimagenten; Ziel der Überwachungen sowie der Regierungsverordnungen, kraft derer Auslandsreisen genehmigungspflichtig waren, die Einfuhr subversiver Literatur verboten war oder gefährlichen Radikalen die Einreise verwehrt werden konnte und Zeitungen, Zeitschriften und Universitätsvorlesungen einer Zensur unterstanden, war in erster Linie die Intelligenzija von Schriftstellern, Journalisten und Lehrern.

Eine bittere Schilderung der Auswirkungen all dieser Maßnahmen gab Alexander Herzen, ein Intellektueller, der selbst aufgrund seiner politischen Ansichten in Perm eine Haftstrafe von fünf Jahren verbüßte und schließlich im Jahre 1848 nach London entkommen konnte. Herzen beschuldigte Nikolaus der moralischen Vernichtung einer Generation und der „geistigen Abtötung" der russischen Jugend, deren beste Impulse er vereitelt habe und die „krank, verrückt [wurde] ... [bei der] eine gewisse Entmutigung Wurzel [faßte], ein Bewußtsein der Kraftlosigkeit, eine Müdigkeit jeglicher Arbeit gegenüber".

Innenpolitik und territoriales Wachstum. Bei Nikolaus' Mißtrauen gegenüber Ideen und den Menschen, die sie hatten, ist es verständlich, daß seine Regierung kaum innere Reformen hervorbrachte. In der Tat waren die einzigen bemerkenswerten Neuerungen vor 1848 die erfolgreiche Kodifizierung der russischen Gesetze im Jahre 1833 und die Stabilisierung der Währung. Beide Reformen waren lange überfällig, aber leider war letztere nicht von Dauer.

Auf anderen Gebieten gab es keinerlei Anzeichen für Reformen oder Verbesserungen. Die einzige Veränderung in der Regierungsstruktur war eine stetige Erweiterung der Exekutivabteilung (Die höchsteigene Kanzlei Seiner Majestät), die mit der Weiterentwicklung der autokratischen Tendenzen Nikolaus' kontinuierlich neue Funktionen übernahm und damit die gesamte Regierung gefährlich kopflastig machte. Im Hinblick auf die Leibeigenschaft gab der Zar den Wünschen der Großgrundbesitzer nach und vermied geflissentlich alles, was einer Reform ähnlich war. Im Bildungswesen verschlechterten sich die Bedingungen. Graf S. S. Uwarow, Erziehungsminister von 1833 bis 1849, war der Überzeugung, das russische Erziehungssystem müsse auf „Orthodoxie, Autokratie und Nationalität" basieren – mit anderen Worten, auf Frömmigkeit, Achtung vor dem Zaren, und Patriotismus –, und es müsse dem bestehenden sozialen System zu Diensten sein, indem es die unteren Schichten davon abhalte, höhere Bildung zu suchen.

Waren Nikolaus' innenpolitische Leistungen nicht beeindruckend, so erzielte er doch in der Außenpolitik Erfolge. Rußlands internationales Ansehen wuchs aufgrund des Beistands, den es den Griechen leistete, obgleich diese Tat ein wenig getrübt wurde durch Nikolaus' Rolle bei den beiden ägyptischen Krisen der 30er Jahre. Rußlands territorialen Gewinne unter Nikolaus ließen erkennen, daß das Reich noch keine saturierte Macht war. Ein kurzsichtiger Angriff persischer Truppen auf Rußland im Jahre 1826 führte zu einem kurzen Feldzug, der Rußland die Provinzen Nachitschewan und Eriwan in Nordpersien und Seerechte im Kaspischen Meer einbrachte; und der Krieg gegen die Türkei im Jahre 1827 vergrößerte die russischen Besitzungen im Kaukasus und an der Schwarzmeerküste, während er seine Position in Rumänien festigte.

Preußen bis 1848

Das Land und die Bevölkerung. Die Wiener Regelung hatte bedeutsame Veränderungen im preußischen Staat herbeigeführt. Mit der Abtretung des größten Teils seiner polnischen Besitzungen an Rußland und seiner Entschädigung in Sachsen und Rheinland-Westfalen verlagerte sich der Mittelpunkt des preußischen Interesses von Ost- auf Mitteleuropa, und seine vorwiegend deutsche Bevölkerung wurde betont mitteleuropäisch.

Noch vor Ende des Jahrhunderts sollte Preußen Deutschland unter seiner Herrschaft vereinigen, doch im Jahre 1815 hätte das kaum jemand vermutet. Von den östlichen Mächten war Preußen bei weitem die schwächste, selbst im Hinblick auf die Bevölkerungszahl, die 1815 elf Millionen betrug und 1848 über sechzehn Millionen nicht hinausging. Überdies bildeten die neuen Territorien Preußens keinen zusammenhängenden Block, denn die rheinischen Provinzen waren von den älteren Gebieten und der Hauptstadt der Nation, Berlin, getrennt. Auch aus der Neuzusammensetzung der Bevölkerung durch die vielen fremden Untertanen ergab sich eine Schwäche. Zu den verbliebenen, immer schon widerspenstigen polnischen Untertanen kamen nun die vielen mit Ressentiments belasteten Sachsen und Tausende von Rheinländern hinzu, die sich in Religion, geschichtlicher Entwicklung und Temperament von ihren neuen Herrschern unterschieden.

Der Erwerb des Rheinlands ermöglichte Preußen den Aufstieg zur stärksten Industriemacht Deutschlands; denn die reichhaltigen Erdvorkommen dieses Gebietes kamen zu denen von Oberschlesien hinzu. Im Jahre 1815 gab es erst sehr wenige Industrieunternehmen, doch wurden in den folgenden dreißig Jahren bemerkenswerte Fortschritte gemacht. Die ersten entscheidenden Schritte zum Aufbau der deutschen Industrie unternahm der westfälische Hersteller Friedrich Harkort mit seinen Bemühungen um die Einführung englischer Methoden in der Textil- und Eisenproduktion, die Mechanisierung dieser Industriezweige und die Vereinheitlichung der Verfahren zur Verarbeitung von Rohmaterialien zu Fertigwaren. Unter dem Einfluß Harkorts nahmen kleine alte Familienbetriebe revolutionierende Veränderungen in ihren Methoden vor und traten in den Exporthandel ein. In denselben Jahren setzte die Mechanisierung der Textilindustrie ein. Man darf diese Entwicklungen natürlich nicht überschätzen. Im Vergleich mit den westlichen Nachbarstaaten war die Entwicklung der Industrie Preußens noch weit im Rückstand und die Wirtschaft noch im wesentlichen agrarisch.

Nachteilig für den preußischen Handel wirkte sich die Tatsache aus, daß das Land keinen direkten Zugang zur Nordsee hatte und die Mündungen von Elbe, Weser und Rhein nicht beherrschte. Überdies gab es bis 1818 schätzungsweise 67 verschiedene Zollgebiete innerhalb der Grenzen Preußens. Um die Zölle im ganzen Königreich zu vereinheitlichen, den Warenschmuggel zu unterbinden und um annehmbare Staatseinkünfte zu erzielen, führte die Regierung im Jahre 1818 ein neues Zollgesetz ein, das alle Binnenzölle abschaffte und einen mäßigen Zoll für die von außen hereinkommenden Waren erhob. Die Auswirkungen dieses Gesetzes waren so vorteilhaft, daß die anderen deutschen Staaten dem Beispiel folgten. Um hohe Zölle für den Warentransport durch preußisches Gebiet zu vermeiden, begannen sie außerdem, mit der preußischen Regierung Wirtschaftsabkommen auszuhandeln. Dies führte 1834 zur Gründung des Deutschen Zollvereins unter Führung Preußens, der alle deutschen Staaten außer Hannover, die Hansestädte, Mecklenburg, Oldenburg, Holstein und Österreich umfaßte. Die politische Bedeutung dieses Vereins ist offenkundig. Er brachte die Mitgliedstaaten in zunehmende Abhängigkeit von Preußen, untergrub allmählich den österreichischen Einfluß in Deutschland und ebnete so den Weg für die im Jahre 1866 durch Waffengewalt erlangte Hegemonie Preußens (s. Kap. 9). Das Zollgesetz von 1818 und die Handelsabkommen von diesem Zeitpunkt an bis 1834 regten den preußischen Handel enorm an. Dieser wurde auch gefördert durch den Bau neuer Straßen, den beginnenden Ausbau des Eisenbahnnetzes und im Jahre 1831 durch einen Vertrag mit Holland, der den Niederrhein für preußische Waren öffnete.

Die politische und soziale Hierarchie war in Preußen ähnlich wie in Rußland, nur die Bindung zwischen Krone und Adel war vielleicht enger. Seit dem 17. Jahrhundert hatten die preußischen Könige die wirtschaftlichen Privilegien ihres Landadels geschützt, während die Adligen ihrer Pflicht nachgekommen waren, ihre Söhne in den Staatsdienst zu schicken. Der Krieg gegen Napoleon hatte die Übernahme von Angehörigen des Mittelstands in den Offiziersdienst notwendig gemacht, nach 1815 wurde ihre Beförderung jedoch nicht mehr forciert, und man isolierte sie zum größten Teil in den technischen Branchen des Militärs. Der Adel behielt sein faktisches Monopol im Offizierskorps und übte in den höchsten Staatsgremien einen beherrschenden Einfluß aus.

Das System der sozialen Schichtung in Preußen unterschied sich aufgrund der weiter fortgeschrittenen wirtschaftlichen Entwicklung von dem in Rußland in zweifacher Hinsicht: erstens war die Schicht der Industriearbeiter größer und wuchs schneller als die entsprechende Schicht in Rußland und brachte am Ende dieses Zeitabschnitts bereits ein Element der Gewalt in das preußische Gesellschaftssystem; zweitens war die Bourgeoisie zahlenmäßig größer, wohlhabender und selbstbewußter als die Schicht der Kaufleute in Rußland.

Die Rückkehr zur Reaktion. In den schwermütigen Jahren nach dem Sieg Napoleons über Preußen bei Jena im Jahre 1806 rückte in der preußischen Politik eine bemerkenswerte Führungsgruppe nach vorn. Diese Männer, unter denen Stein, Scharnhorst, Gneisenau und Humboldt die prominentesten waren, wollten den patriotischen Geist der Nation wecken und die französische Herrschaft abschütteln. Das beste Mittel, dieses Ziel zu erreichen, sahen sie – mit Gneisenaus Worten – darin, jeden preußischen Untertan „frei und edel und selbständig [zu machen] ... als den der sich fühlt auch ein Theil des Ganzen zu seyn und für sich selbst eine Würde zu haben".

Zwischen 1807 und 1813 veranlaßten sie den König zur Billigung einer Reihe von Erlassen zur Befreiung der Leibeigenen, Erweiterung der städtischen Verwaltungsvollmachten und der Schuleinrichtungen, Öffnung des Offizierskorps für Bürgerliche, Einführung eines auf Leistung beruhenden Beförderungssystems und anderer grundlegender Veränderungen in der Struktur von Staat und Gesellschaft. Um 1815 schien Preußen auf dem Weg zu einem Staat mit liberalen repräsentativen Institutionen zu sein, denn am 22. Mai versprach Friedrich Wilhelm III., seine Untertanen für ihre erfolgreichen Bemühungen um die Vertreibung der Franzosen mit einer schriftlich niedergelegten Verfassung zu belohnen.

All dies war irreführend. Friedrich Wilhelm war ein ehrenwerter, aber kein resoluter Mensch, und er mißtraute Neuerungen. Er hatte sich auf den Weg der Reformen drängen lassen, aber er hatte die Methode oder die Männer, die ihn gedrängt hatten, nicht gemocht. Mit Stein, den er einmal „einen widerspenstigen, trotzigen, hartnäckigen und ungehorsamen Staatsdiener" genannt hatte, war er nie ausgekommen, und um 1815 grollte er, Gneisenau, der begabteste Militärstratege Preußens und leidenschaftliche Verfechter einer Verfassung, sei zu klug, als daß es zu seinem Vorteil sei.

Der König war in seiner Haltung durch die Meinung der Monarchen in Osteuropa und die Kritik seiner eigenen Adligen beeinflußt. Unter diesem zweifachen Druck wandte er sich gegen seine Minister und ihre Ideen, entließ einige von ihnen und merzte den Einfluß der Reformergruppe praktisch aus.

In den folgenden Jahren war die Regierung ziemlich effektiv. 1817 hatte Friedrich Wilhelm einen Staatsrat gegründet, der sich aus Prinzen des Königshauses, Führern des Provinzialadels und hohen Beamten zusammensetzte; dieses Organ verbesserte die Regierung der verstreuten Provinzen und entwickelte allmählich eine zentrale Verwaltung. Aber die Hoffnungen der Reformära waren nun zerstört. Als die Bürger des Rheinlandes dem König im Jahre 1818 eine Petition zur Erinnerung an sein Verfassungsversprechen schickten, wurde ihnen schroff mitgeteilt, daß sie sich durch mutwilliges Anzweifeln der Unverbrüchlichkeit des königlichen Wortes des Vergehens der „lèse majesté" schuldig machten.

In diesen Jahren der Reaktion wurden die Reformen ernstlich verwässert. Jeder zur Ergänzung der Bauernbefreiung von 1807 bestimmte Erlaß schien zugunsten der Landbesitzer und zum Schaden der ehemaligen Leibeigenen auszufallen. Die Städteordnung wurde in konservativer Richtung revidiert und das Leistungsprinzip bei der Beförderung in der Armee stillschweigend fallengelassen. Der liberale Geist der Reformen Humboldts fehlte im Amt Altensteins, des Erziehungsministers von 1817 bis 1838, und Universitäten und Schulen gerieten unter strenge bürokratische Aufsicht.

Der Einfluß Friedrich Hegels (1770–1831) erreichte nun seinen Höhepunkt. Altenstein war glühender Hegelianer, und es war kein Zufall, daß nun viele Hegelschüler an Gymnasien und Universitäten lehrten. Sie unternahmen alle Anstrengungen, den Studenten die extremeren Hegelschen Lehren einzudrillen – die Personifizierung des Staates, den Standpunkt, daß das Leben des einzelnen nur dann Bedeutung erlange, wenn er im Staat aufgehe, die Überzeugung, daß die Macht Wesen und Rechtfertigung des Staates sei und die These: „Was vernünftig ist, das ist wirklich, und was wirklich ist, das ist vernünftig" – in der Hoffnung, sie von den Werten des bestehenden Regimes zu überzeugen. Diese Bemühungen blieben nicht ohne Erfolg. Hegels Philosophie formte das politische Denken in Preußen, das lange anhalten sollte, denn sie – wie Hajo Holborn schrieb – „entsprach der Situation von Menschen, die fest an die Macht der Vernunft über die Wirklichkeit glaubten, sich aber gern überzeugen ließen (nachdem die Hoffnungen der Reformperiode einmal enttäuscht worden waren), daß der Fortschritt zur Freiheit innerhalb einer autoritären politischen Ordnung möglich sei".

Die Reaktion unter Friedrich Wilhelm III. hatte ihre lächerlichen Seiten. In der Hoffnung, Verschwörungen gegen die Regierung aufzudecken, wurde eine unglaubliche Mühe auf die Überwachung von Mitgliedern der Reformpartei verwendet. Zeitungen wurden unterdrückt aus Gründen, die weder logisch noch untereinander vereinbar waren; Journalisten konnten unter geringstem Vorwand vor Gericht geschleppt und wegen mangelnden Respekts vor der Person des Königs angeklagt werden, wie der unglückselige Verleger, der eine Heringsreklame zu nahe neben der Spalte, die der königlichen Familie vorbehalten war, angebracht hatte. Preußen, das in den Jahren von 1807 bis 1813 als Vorhut des deutschen Liberalismus aufgetreten war, erschien nun als das, was es in der Vergangenheit immer gewesen war – ein autokratischer, militaristischer Staat, dessen leistungsfähige Verwaltung keinen Ausgleich bot für die fehlende Freiheit innerhalb seiner Grenzen.

Auch mit dem Tod des Königs im Jahre 1840 erhellte sich das Bild nicht. Sein Sohn Friedrich Wilhelm IV. war ein Mann von großem persönlichen Charme und Intellekt. Diese Eigenschaften wurden aufgewogen durch eine Tendenz zu abstrusen Ideen, abwegigen Methoden und eine Unentschlossenheit in Krisensituationen. Seine entscheidendste Schwäche war das unglückliche Talent, bei anderen falsche Vorstellungen über seine Absichten zu erwecken. Der neue König erließ eine Reihe von Dekreten zur Freilassung politischer Häftlinge, Mäßigung der Pressezensur und Wiedereinsetzung Liberaler ins Amt. Es verwundert nicht, daß viele daran die Erwartung knüpften, Preußen werde nun, unter einem liberalen Monarchen, repräsentative Institutionen und eine schriftlich niedergelegte Verfassung erhalten.

Aber Friedrich Wilhelm war kein Liberaler, sondern ein Romantiker. Wahrscheinlich war er der letzte Souverän, der wirklich an das Gottesgnadentum glaubte und den Untertanengehorsam als Selbstverständlichkeit voraussetzte. Er hatte keinerlei Absicht, die Hoffnungen seines Volkes zu erfüllen. Nach starkem Zögern berief er im Jahre 1847 eine gemeinsame Versammlung der Landtage ein, warnte sie aber: „Keiner Macht der Erde [soll es] je gelingen, Mich zu bewegen, das natürliche . . Verhältnis zwischen Fürst und Volk in ein konventionelles, konstitutionelles zu verwandeln; Ich [werde es] nun und nimmer zugeben, daß sich zwischen unserm Herrn Gott im Himmel und dieses Land ein beschriebenes Blatt gleichsam als zweite Vorsehung eindränge, um Uns mit seinen Paragraphen zu regieren und durch sie die alte heilige Treue zu ersetzen."

Angesichts dieser kompromißlosen Verteidigung des autoritären Prinzips gab es keine Hoffnung auf verfassungsmäßigen Fortschritt oder eine Gesellschaftsreform. Preußen blieb ein Zentrum der Reaktion, bis der Sturm von 1848 über das Land fegte.

Das Österreichische Kaiserreich bis 1848

Das Land und die Bevölkerung. Nach 1815 umfaßte das Österreichische Kaiserreich das eigentliche Österreich, Böhmen, Galizien, das Königreich Ungarn, Illyrien an der Küste Dalmatiens und die norditalienischen Provinzen Lombardei und Venetien. Die Wiener Regelung hatte das Reich gegenüber der vornapoleonischen Zeit enger zusammengefügt, aber dieser territoriale Zusammenhang führte nicht zur inneren Einheit. Die 30 Millionen umfassende Bevölkerung der Habsburger Länder unterschied sich in ihrem rassischen Ursprung, ihrer historischen Entwicklung, ihrer Sprache und ihren Sitten. Die österreichischen Herzogtümer waren zum größten Teil von Deutschen bevölkert, doch Böhmen war bewohnt von Tschechen und Slowaken, Galizien von Polen und Ruthenen, Ungarn von Madjaren, aber ebenso von Kroaten, Ruthenen, Rumänen und Slowaken, Illyrien von Kroaten, Serben und Slowenen, und die Lombardei und Venetien von Italienern. Diese Völker hatten außer der Bindung an das Kaiserhaus und die katholische Kirche wenig gemeinsam.

Innerhalb des Reiches dominierte die deutsche Bevölkerung. Das Herrscherhaus war deutsch, die Amtssprache, die Handelssprache und die Sprache der Städte (nicht nur von Wien, sondern auch von Budapest und Prag) waren deutsch und die meisten Posten der Reichsbürokratie von Deutschen besetzt. Österreichs größtes Problem, das zu einer Frage über Leben und Tod wurde, war die Anpassung und der Ausgleich der Wünsche seiner verschiedenen Völker, so daß die Bindung an das Reich aufrechterhalten blieb. Das Rückgrat der österreichischen Wirtschaft bildete die Landwirtschaft.

Es gab einige, jedoch noch sehr geringfügige Anzeichen für eine industrielle Entwicklung in den westlichen Städten und der Lombardei. Die Regierung versuchte durch den Ausbau des Hafens von Triest als Öffnung zum Mittelmeer den Exporthandel zu steigern und machte Ansätze zu einer Förderung des Eisenbahnbaues. Die Handelspolitik war weniger einfallsreich als die Politik, die zur Gründung des Deutschen Zollvereins führte, wie das Fortbestehen einer Zollschranke zwischen Österreich und Ungarn zeigte. Und das Handelsvolumen wuchs nicht merklich.

Ebenso wie in Rußland befanden sich der größte Teil des Grund und Bodens, die örtliche Rechtsprechung und die Gemeindeverwaltung in den Händen des Adels, aus dem auch die Offiziere der Reichsarmee, die Diplomaten und die Minister hervorgingen. Unter der Bedingung, daß seine wirtschaftlichen Vorrechte durch die Krone geschützt wurden, unterstützte er diese, wachte allerdings eifersüchtig über die Wahrung seiner ererbten Feudalrechte. Die Bauern lebten unter ähnlichen Bedingungen wie die Leibeigenen in Rußland. Sie unterstanden der Rechtsprechung des Gutsbesitzers und wurden zu erdrückenden Abgaben und Arbeitsleistungen gezwungen. Die große Masse der Bevölkerung war unterdrückt und verelendet und durch ihre Lebensbedingungen vom politischen Leben ausgeschlossen.

Besondere Erwähnung verdient vielleicht die Reichsbürokratie, die zwar keine Schicht im wirtschaftlichen Sinne, aber doch einen bedeutenden Faktor im politischen und gesellschaftlichen Leben darstellte. Obgleich dieser Dienst ungarische und tschechische Aristokraten, ja Männer aller Nationalitäten umfaßte, waren die meisten Beamten Deutsche, und zwar im allgemeinen aus dem niederen Adel. Sie fühlten sich berufen zum Kampf gegen die Dezentralisation, den Lokalpatriotismus und aristokratische Privilegien. Die Anstrengungen, die die Bürokratie unternahm, hielten das Reich funktionstüchtig, beschworen aber gleichzeitig Konflikte mit den örtlichen Magnaten und nationalen Gruppen herauf.

Der innenpolitische Kurs. Bis 1835 wurde Österreich von Kaiser Franz I. regiert, einem Monarchen, der manchmal als kindisch oder frivol abgetan wird. In der Reichspolitik jedoch erwies er sich keineswegs als so unbedeutend. Wie Metternich im Jahre 1820 schrieb, wußte der Kaiser genau, was er wollte, und war Autokrat genug, es auch durchzusetzen. Seine wirkliche Schwäche war die Engstirnigkeit. In einem Reich, das durch Bürokraten zusammengehalten wurde, war er der Bürokrat par excellence – angetan von Protokoll und Paragraphen, mißtrauisch gegenüber neuen Ideen und Methoden, gegenüber auffallend intelligenten Menschen und ein Erzfeind von Reformen.

Gegen Vernunft und Urteilsvermögen war Franz immun. Zweifelsohne wäre die Reichsverwaltung sehr viel leistungsfähiger gewesen, wenn der Wust an überflüssigen Kanzleien, Gerichtshöfen, Direktorien und Räten hätte entweder völlig abgeschafft oder zumindest durch eine Art Reichsrat ersetzt werden können. Metternich, der genügend Einsicht besaß, um zu erkennen, daß selbst Autokratien eine leistungsfähige Verwaltung brauchten, schlug wiederholte Male eine Reorganisation vor. Seine Vorschläge wurden nie ausgeführt und nach 1826 nicht einmal mehr ernsthaft in Erwägung gezogen. In diesem Jahr wurde Graf Kolowrat Staatsminister. Dieser tschechische Aristokrat haßte Metternich und unterminierte seine Position, so daß dieser sich auf die Außenpolitik beschränken mußte. Auch Kolowrat erkannte die Notwendigkeit von Reformen, war aber nicht stark genug, um gegen die Trägheit des Kaisers anzukommen.

Folglich gab es auf keinem Gebiet irgendwelche wesentlichen Veränderungen, und in einigen Fällen, besonders in der Armee, wurden Modernisierungsprogramme, die vor 1815 eingesetzt hatten, drastisch gekürzt. Anstatt eine dringend notwendige Finanzreform durchzuführen, ließ man die Reichsschulden noch ansteigen. „Regiere und verändere nichts", sagte Franz im Jahre 1831.

In der Innenpolitik waren sowohl Metternich als auch Kolowrat weniger einflußreich als der nach 1817 zum Polizeiminister ernannte Graf Sedlnitzky. Seine Agenten öffneten selbst Metternichs Briefe und zeigten kaum Respekt vor weniger bedeutenden Personen. Spionage, Denunziation, Geheimprozesse und willkürliche Strafen gehörten in Österreich ebenso zum täglichen Leben wie im Rußland unter Nikolaus I. Die österreichische Presse wurde noch strenger zensiert als die preußische. Professoren und Lehrer standen unter ständiger Überwachung, ihre Lektüre und die ihrer Studenten mußte von der Regierung genehmigt werden, und die Schulbehörden waren strikt angewiesen, jede subversive Äußerung zu melden.

1835 trat Ferdinand, der älteste Sohn Franz' I., die Nachfolge an. Er besaß eine so schwache Intelligenz, daß ihm nachgesagt wurde, seine einzige vernünftige Bemerkung nach seiner Thronbesteigung sei gewesen: „Ich bin der Kaiser, und ich will Knödel!" Die folgenden dreizehn Jahre hindurch wurde die Regierung durch einen aus drei Männern bestehenden „Staatsrat" ausgeübt: Erzherzog Ludwig, einem Bruder Franz' I., Metternich und Kolowrat. Ludwig wollte ebenso wie sein verstorbener Bruder keine Veränderung. Metternich und Kolowrat waren mit derartig verwickelten Intrigen gegeneinander beschäftigt, daß sie keine Zeit fanden, an Reformen zu denken.

Entwicklungen in Ungarn vor 1848. Indessen gab es in Ungarn Anzeichen von Leben. Trotz der Germanisierungs- und Zentralisierungsbestrebungen hatten die Madjaren ihre mittelalterlichen Ortsversammlungen beibehalten, die einen Resonanzboden für die Beschwerden des Adels bildeten. Der starke Widerstand dieser Organe gegen Reichssteuer- und Rekrutierungserlasse veranlaßte die Wiener Regierung im Jahre 1825, einen zentralen ungarischen Landtag einzuberufen. Diese Versammlung verlief so stürmisch und regimekritisch, daß der Kaiser zu dem Zugeständnis gezwungen war, in Zukunft ohne Billigung dieses Organs keine Steuern zu erheben.

Auf der Landtagsversammlung von 1825 trat ein bemerkenswerter Vorsitzender hervor – István Széchenyi, ehemaliger Offizier und einer der reichsten Männer Ungarns. Széchenyi träumte von einem Ungarn, in dem der Adel bestimmte Vorrechte aufgeben und bei den Bemühungen, das Schicksal der Bauern zu erleichtern, mitwirken würde. Durch die Modernisierung der Landwirtschaft, die Bildung von Kapitalfonds zur Stimulierung der Industrie, die Verbesserung von Verkehrswegen, die Aufhebung der Zollschranke zwischen Ungarn und Österreich und den Anschluß Ungarns an das österreichische Eisenbahnnetz sollte ein wirtschaftlicher Wandel herbeigeführt werden. Zwischen 1825 und 1832 konnte Széchenyi die anderen Magnaten zu einigen wirtschaftlichen Verbesserungen veranlassen, nicht aber die Unterstützung des niederen Adels erlangen, der sich gerade an die Privilegien klammerte, die Széchenyi abschaffen wollte. Im Jahre 1832 fand diese Gruppe einen begabten und eloquenten Sprecher in dem Journalisten Ludwig Kossuth. Kossuths immer radikaler werdenden Ansichten und seine heftige Sprache spalteten den ungarischen Adel bald in zwei Lager und entfachten einen Aufruhr, der auch die bäuerlichen Massen ergriff. In den späten 40er Jahren befand sich Ungarn in einem gefährlichen Zustand der Unruhe.

Die österreichische Mission. Einer von Metternichs ausländischen Kollegen bemerkte einmal, Österreich sei das Oberhaus Europas, und meinte damit, daß es dessen Aufgabe sei, die Leidenschaften zu zügeln und die Fehler der kleineren europäischen Staaten zu korrigieren. Seine Lage machte Österreich logischerweise zu der Macht, die die Ordnung in Mitteleuropa aufrechterhalten mußte; es besteht kein Zweifel, daß Metternich dies nach 1815 als Mission seines Landes betrachtete.

Deutschland bis 1848

Die deutschen Staaten und der Bund. Einer der größten Dienste, die Napoleon Bonaparte dem Gebiet, das wir als Deutschland betrachten, erwies, war die Vereinfachung seiner politischen Struktur. In der vornapoleonischen Zeit umfaßte Deutschland über 300 verschiedene politische Einheiten. Der französische Kaiser reduzierte diese Zahl auf weniger als 50. Der Wiener Kongreß setzte Napoleons Werk fort. Als es vollendet war, setzte sich Deutschland aus 38 Staaten zusammen, die in ihrer Größenordnung und Bedeutung sehr unterschiedlich waren, wie z. B. die fünf Königreiche Preußen, Hannover, Bayern, Württemberg und Sachsen und die kleinen Staaten wie Lippe und die freien Städte des Nordens.

All diese Staaten und der deutsche Teil des Österreichischen Kaiserreiches waren Mitglieder des in Wien gegründeten Deutschen Bundes. Das zentrale Organ dieser Vereinigung bildete der regelmäßig in Frankfurt am Main zusammentretende Bundestag. Er setzte sich zusammen aus Vertretern, die von den Herrschern der verschiedenen Mitgliedstaaten ausgewählt wurden. Der Bundestag war kein Parlament, sondern eine in verschiedener Hinsicht den Vereinten Nationen ähnliche diplomatische Organisation. Sein kompliziertes Abstimmungssystem erschwerte Maßnahmen jeder Art. Abgesehen davon hatte der Wiener Kongreß die Zuständigkeiten und die Rechtsprechung des Bundestags nicht festgelegt; und der deutschen partikularistischen Tradition getreu, waren die Mitgliedstaaten nicht geneigt, ihm eine wesentliche Autorität zuzubilligen.

Artikel XIII der in der Schlußakte des Wiener Kongresses enthaltenen Bundesverfassung bestimmte, daß alle Mitgliedstaaten eine Verfassung erhalten sollten, die Ständeversammlungen vorsähe. Eine derartige Verfassung war vom Großherzog von Sachsen-Weimar bewilligt worden, und ihm folgten die Herrscher Bayerns, Württembergs, Badens und Hessen-Darmstadts. Aber, wie wir oben bereits gesehen haben, folgte Preußen, trotz des feierlichen Versprechens seines Königs, diesem Beispiel nicht; und andere Herrscher machten sich nicht einmal die Mühe, leere Versprechungen zu machen. Sie mißachteten die Bestimmung des Artikel XIII ganz offenkundig, doch der Bundestag erwies sich als machtlos, dagegen einzuschreiten. Ebensowenig war er in der Lage, andere ihm übertragene Aufgaben zu erfüllen, wie die Errichtung einer zuständigen Bundesarmee oder eines zentralen Gerichtshofes zur Beilegung von Streitigkeiten zwischen Mitgliedstaaten.

Freilich konnte der Bund Deutschland nicht vereinigen, wenn er sich schon in kleinen Dingen gegenüber den Mitgliedstaaten nicht durchzusetzen vermochte. Wahrscheinlicher war, was der preußische General Karl von Clausewitz mit den Worten ausdrückte: „Deutschland kann nur auf einem Wege zur politischen Einheit gelangen; dieser ist das Schwert, wenn einer seiner Staaten alle anderen unterjocht." Österreich und Preußen waren die einzigen Staaten, die zu einer solchen Eroberungstat imstande waren.

Der Liberalismus und der Nationalismus in Deutschland. Der Historiker Sybel schrieb über den Bund, er sei von der deutschen Nation als Ganzes teils mit kalter Gleichgültigkeit, teils mit patriotischer Empörung aufgenommen worden. Es ist immer ein Irrtum, davon auszugehen, daß die Mehrheit eines Volkes an der Politik interessiert sei; und dies waren die Jahre der deutschen Biedermeier-Epoche, eine Zeit der relativen Stabilität und des relativen Friedens, in der die normale Bevölkerung über die Angelegenheiten ihrer Gemeinde nicht weit hinausblickte und sowohl die politischen als auch die sozialen Gegebenheiten des Lebens akzeptierte. In den Handels- und Industriestädten und an den Universitäten der deutschen Staaten jedoch bildeten sich fortschrittliche Bewegungen. Die Studenten, die in den Befreiungskriegen gekämpft hatten, kehrten zurück an die Universitäten, um Organisationen zu gründen, die sich der moralischen und politischen Regeneration Deutschlands und der deutschen Einheit verschrieben. Um 1816 vereinigten sich diese Burschenschaften zu einem nationalen Bund.

Die Burschenschaft der Universität Jena berief 1817 eine nationale Versammlung ein und hielt auf der Wartburg eine dramatische Konferenz ab. Hier wurden Reden gehalten über Einheit und Freiheit und die Enttäuschung der großen Hoffnungen aus der Zeit der Befreiungskriege. Die Fürsten, die ihrem Volk keine Verfassung gewährt hatten, wurden verdammt. Zur zunehmenden Verärgerung der Behörden und Fürst Metternichs setzten sich sporadische Agitationen dieser Art in den beiden folgenden Jahren fort. Im Jahre 1819 schließlich wurde ein Bühnenautor, der für einen zaristischen Spion gehalten wurde, von einem geistesgestörten, verworrene Ziele verfolgenden Studenten erstochen. Metternich berief unverzüglich eine Konferenz der größten deutschen Staaten ein, und im August 1819 arbeitete diese in Karlsbad eine Reihe von – später durch den Bundestag gebilligten – Beschlüssen aus, die die Auflösung der Burschenschaften sowie eine strenge Zensur von Presse und Universitäten beinhalteten und eine Kommission mit der Untersuchung der Unzufriedenheit in Deutschland und der Einführung von Verfahren gegen subversive Personen und Organisationen beauftragten.

Nun hatte Metternich die Mittel zu einer ähnlichen Überwachung in Deutschland, wie seine Geheimpolizei sie in Österreich ausübte. Neue Vorkommnisse und Agitationen konnten sie dennoch nicht verhindern. Der Ausbruch der Revolution in Frankreich im Jahre 1830 z. B. erweckte auch in Deutschland Begeisterung. Den liberalen Bewegungen in Braunschweig, Hannover, Sachsen und Hessen-Kassel gelang es, ihren Herrschern das Zugeständnis einer Verfassung abzuringen. Zwei Jahre später fanden in Hambach, im rheinischen Bayern, noch radikalere Redner als auf dem Wartburgfest mindestens 30000 begeisterte Zuhörer. Und im Jahre 1837 versetzte ein ungewöhnliches Schauspiel von sieben berühmten Professoren in Göttingen ganz Deutschland in Erregung. Sie trotzten auf Kosten ihrer Position ihrem Souverän, um ihre Loyalität gegenüber der Verfassung zu demonstrieren, die dieser widerrufen wollte.

Aber die Begeisterung über diese Ereignisse wurde übertroffen durch die plötzliche Kriegspsychose im Jahre 1840, als es eine Zeitlang schien, als könnten die Franzosen durch einen Marsch über den Rhein Rache suchen für ihre Isolierung in der Nahostpolitik. Die drohenden Töne aus Paris bewirkten ein derartig heftiges patriotisches Echo, daß der Historiker Treitschke später schrieb, hier seien die Deutschen der politischen Zersplitterung zum Trotz zum ersten Mal eins gewesen.

Kurz danach schrieb Hoffmann von Fallersleben „Deutschland, Deutschland über alles ", was nach „Einigkeit und Recht und Freiheit" rief. Ohne Zweifel gehörten die ersehnten Ziele zu der Zeit, als diese Worte geschrieben wurden, zusammen. Dennoch wuchs bereits, selbst unter denen, die aufrichtig von einer verfassungsmäßigen Freiheit überzeugt waren, die Ungeduld über die Verzögerung der deutschen Einheit, und diese führte manche von ihnen zu der Überlegung, ob nicht vorübergehend der Einheit der Vorrang gegenüber den liberalen Zielen und den materiellen Erwägungen der Vorrang gegenüber hohen Idealen eingeräumt werden müsse. Die Hegelianer hatten gute Arbeit geleistet.

Einer der interessantesten süddeutschen Politiker, Paul Pfizer, war der Überzeugung, daß Preußen vorangehen müsse, wenn Deutschland je vereinigt werden sollte, und auch die Erkenntnis der preußischen Engherzigkeit brachte ihn von dieser Vorstellung nicht ab: „Mit den bloßen Grundsätzen bürgerlicher Freiheit, so verdienstlich und nothwendig ihre Verbreitung auch seyn mag, ist Deutschland noch lange nicht geholfen. Mit allem Freiheitsdrang der Einzelnen werden die Deutschen ewig eine armselige Rolle spielen ..., solange sie nicht als *Nation* die Freiheit wollen ... Es ist freilich eine Thorheit zu verlangen, daß die Deutschen die innere Freiheit ganz vergessen sollen, bis sie die äußere Unabhängigkeit gesichert haben; es ist aber ebenso verkehrt oder noch verkehrter, die letztere der erstern aufopfern zu wollen."

Pfizer war nicht ganz repräsentativ für seine Zeit. Nur wenige deutsche Intellektuelle waren vor 1848 zu dieser Art von Realismus gelangt. Für die meisten von ihnen gingen Nationalismus und Liberalismus Hand in Hand, und da sie Metternich beidem entgegenwirken sahen, richteten sich ihre Bemühungen auf die Untergrabung des Systems, das er aufrechtzuerhalten suchte. Das Beispiel der Göttinger Sieben ermutigte sie ebenso wie der patriotische Enthusiasmus von 1840, und als das Jahr 1848 herannahte, waren sie voller Zuversicht, daß die Zeit für sie arbeitete.

Religion und Kunst unter dem Absolutismus

Thron und Altar. Welche Unstimmigkeiten auch immer zwischen den anerkannten Kirchen und den Regierungen der östlichen Mächte auftraten, sie erwuchsen nicht aus politischen Differenzen. Die Kirchen, die während der Aufklärung und der Französischen Revolution stark gelitten hatten, stellten sich den liberalen Bewegungen noch unerbittlicher entgegen als die politischen Institutionen: dies schuf eine Basis für die Zusammenarbeit zwischen Thron und Altar.

Man darf jedoch nicht davon ausgehen, daß zwischen diesen beiden Institutionen eine vollkommene Harmonie herrschte, vielleicht mit Ausnahme Rußlands, wo die orthodoxe Kirche völlig der Kontrolle der Regierung unterstand. In Preußen war die Situation komplexer. Die protestantische Mehrheit dieses Landes war durch die hinzugekommenen vorwiegend katholischen Rheinprovinzen stark verringert worden; dadurch wurde Friedrich Wilhelm III. zu einer Politik getrieben, die seine letzten Regierungsjahre mit Kontroversen zwischen Staat und Kirche erfüllte. Um die zahlenmäßige Stärke der Katholiken auszugleichen und vielleicht auch um den protestantischen Glauben zu einem stärkeren Bollwerk gegen den Liberalismus zu machen, ordnete der König im Jahre 1817 die Vereinigung der lutherischen und der reformierten Kirche an, und er erreichte, was er wollte. Danach wurde er in einen langen Streit mit der katholischen Kirche verwickelt, in dem er 1837 so weit ging, die Erzbischöfe von Köln und Posen zu inhaftieren, um sie zur Befolgung der Regierungserlasse zur staatlichen Erziehung und zur Mischehe zu zwingen. Dieser Streit mußte durch seinen Nachfolger beigelegt werden.

Die Haltung Friedrich Wilhelms III. gegenüber dem Katholizismus war zweifellos beeinflußt durch die Verbreitung des Ultramontanismus nach 1815. Diese Bewegung – religiöses Äquivalent zum weltlichen Absolutismus – hatte die Stärkung der Autorität des Papsttums zum Ziel. Dies zeigte sich auch in der Rückkehr der Jesuiten, jener couragierten Verfechter päpstlicher Autorität, nach Rom im Jahre 1814 und im folgenden Jahrzehnt in die anderen Länder. Die Vehemenz ihrer Anhänger versetzte die meisten weltlichen Regierungen in Alarmbereitschaft, und die Preußen standen nicht allein in ihrem Kampf gegen diese Bewegung. Die österreichische Regierung z. B. lehnte ein Konkordat mit dem Vatikan ab und verweigerte die Erlaubnis zur Rückkehr der Gesellschaft Jesu. Metternich erhob hingegen keine Einwände gegen die zunehmende Verbreitung des Ultramontanismus in Süddeutschland, wo er ihm als nützliches Gegengewicht zum Liberalismus erschien. Sowohl in der katholischen als auch in der protestantischen Kirche gab es einige progressive Tendenzen, doch deren Vertreter hatten weniger Einfluß als jene, die die reaktionären Ansichten der Regierungen teilten.

Literatur und Kunst. Aus dem, was bisher in diesem Buch über den allgemeinen Charakter des absolutistischen Regierungssystems gesagt wurde, geht bereits hervor, daß kreative Künstler, die versuchten, etwas über die Gesellschaft auszusagen, in der sie lebten, auf Schwierigkeiten stießen. Die Tatsache, daß dieser Zeitabschnitt bemerkenswert produktiv war, führt zu der Überlegung, was die Literaten bei einer vollständigen Freiheit hätten hervorbringen können. In Rußland z. B. entstand in diesen Jahren mit den Fabeln von Krylow, der Verskomödie „Verstand schafft Leiden" (1823) von Gribojedow, den lyrischen Werken und Dramen des größten russischen Dichters Alexander Puschkin (1799–1837), den Gedichten und Romanen von Michail Lermontow (1814–1841) und den Erzählungen und Dramen von Nikolaj Gogol (1809–1852) zum ersten Mal eine echte nationale Literatur. Indessen erlebte Gribojedow nicht mehr die ungekürzte Aufführung seiner Satire über die Moskauer Gesellschaft, denn Teile daraus erregten das Mißfallen des

Zensors. Puschkin, der des Kontakts mit den Dekabristen verdächtigt wurde, mußte sich schützen, indem er eine Position bei Hofe annahm und sich der Schirmherrschaft Nikolaus' unterstellte, eine Situation, die er als unerträglich empfand. Und Gogol unterlag trotz seiner konservativen politischen Ansichten einer scharfen Kritik wegen seiner Satire über verarmte Gutsbesitzer in „Tote Seelen" (1842).

Ähnliche Beispiele gibt es für die deutschen Staaten. In Österreich mußten sogar die Werke des verstorbenen Schiller gekürzt werden, bevor sie in den Wiener Theatern aufgeführt wurden.

In Deutschland erreichte die romantische Bewegung in diesem Zeitabschnitt ihren Höhepunkt und begann abzuklingen. In den Werken der romantischen Schriftsteller gab es wenig, was den Zensor beunruhigte, da ihre Themen im allgemeinen der fernen Vergangenheit, der Natur oder der Welt der Phantasie entsprangen. Auch das Werk des größten deutschen Schriftstellers dieses und des vorhergehenden Zeitalters, Johann Wolfgang von Goethe (1749–1832), unterlag keiner Zensur, denn Goethes politischer Instinkt war niemals sehr stark entwickelt, und er bewahrte sich eine olympische Objektivität gegenüber den Ereignissen seiner Zeit.

Diese Haltung machte Goethe zur Zielscheibe der Kritik und gar der Verachtung für eine Gruppe junger Schriftsteller, die in den ersten Jahren nach 1830 die sogenannte Bewegung Junges Deutschland gründeten. Ihre hervorragendsten Vertreter waren Heinrich Heine (1797–1856), der für die lyrische Neigung in seiner Dichtung ebenso bekannt ist wie für seine meisterhafte Satire, und Ludwig Börne, dessen „Briefe aus Paris" (1830–1834) den Beginn eines kritischen Journalismus in Deutschland mit anregten. Die Anhänger dieser Bewegung waren der Überzeugung, daß Schriftsteller eine Verantwortung gegenüber der Gesellschaft tragen und eine politische Rolle spielen müssen; doch die meisten von ihnen hatten keine klare Vorstellung darüber, wie diese Philosophie in die Tat umzusetzen sei, und verloren sich in einem Wust von Zielen, die von der Befreiung Polens bis zur Emanzipation der Frau reichten. Es zeugt von einem grundlegenden Mangel an Perspektive im Absolutismus, daß die Werke des Jungen Deutschland so ernst genommen wurden, daß man sie durch formellen Beschluß des Deutschen Bundes im Jahre 1835 verbot. Die Verfolgung von Heine und Börne, die sich zu dieser Zeit von der Bewegung gelöst hatten, ist verständlicher. Sie waren gefährliche Gegner; und es überrascht nicht, daß sie im Exil in Paris starben. Verbannung war auch das Schicksal Georg Büchners, des Autors zweier Dramen, die erst im 20. Jahrhundert ein anerkennendes Publikum finden sollten, „Dantons Tod" und „Woyzeck". Büchner wurde wegen revolutionärer Aktivitäten unter der hessischen Bauernschaft polizeilich gesucht, mußte nach Straßburg und später nach Zürich fliehen, wo er im Februar 1837 im Alter von 24 Jahren an einem Fieber starb.

Die Malerei, Bildhauerei und Musik konnten sich freier entfalten, da ihre

Themen weniger offenkundig politisch und ihre Botschaft schwieriger zu vermitteln waren. Für die Musik war diese Zeit besonders fruchtbar. In Rußland komponierte Michail Glinka (1804–1867) seine beiden Opern „Ein Leben für den Zaren" (1836) und „Ruslan und Ludmilla" (1842) und die Orchesterwerke, die einen nachhaltigen Einfluß auf Tschaikowskij und Rimskij-Korssakow ausüben sollten. In Deutschland zeigte das letzte Werk Beethovens, ebenso wie die Lieder von Schubert und das Werk Webers, den Übergang von der Klassik zur Romantik. Und auch die ersten Opern des jungen Richard Wagner, „Rienzi" und „Der fliegende Holländer" (1841), handelten nach dem Vorbild der Romantik von Leidenschaft und Tugend, von den wunderbaren und den dämonischen Kräften der Natur, von der Verantwortlichkeit und der Bestechlichkeit der Macht, von Knechtschaft und Freiheit und waren getragen von einer Musik, die entweder mystisch, sinnlich oder melancholisch und immer dramatisch war. Die absolutistischen Regime, die so vieles, was in ihrem Machtbereich lag, entstellten und zerstörten, ließen diese Ausdrucksformen kreativen Geistes zum größten Teil unangetastet. Einer der Minister des sächsischen Königs grollte jedoch, als er erfuhr, daß Weber die Musik für verschiedene Lieder des verstorbenen Soldatendichters Theodor Körner komponiert hatte: Man habe nicht gewußt, daß Weber einen solchen dämagogischen Unsinn komponiert habe, sonst hätte man ihn nicht nach Dresden geholt.

Drittes Kapitel

Frankreich: Die Restauration und die Julimonarchie

Die wirtschaftliche und gesellschaftliche Ordnung des Landes

Die Auswirkungen der Revolution. Der 1814 beginnende Zeitabschnitt der französischen Geschichte wird gewöhnlich als Restauration bezeichnet, doch außer der Bourbonendynastie wurde sehr wenig restauriert. Frankreich hatte seit 1789 25 Jahre der revolutionären Veränderung hinter sich, und es war offenbar unmöglich, die Institutionen und Gesetze des alten Regierungssystems wiedereinzuführen. Die Gebräuche des Feudalismus und die Vorrechte des Adels waren hinweggefegt worden, das alte Verwaltungssystem mit seiner Überfülle an Provinzialämtern und Bezirksgrenzen war durch ein funktionsfähiges, zentralisiertes logisches System ersetzt worden; und das alte Rechtsprechungssystem mit seinen vielen widersprüchlichen Instanzen und Gesetzessammlungen war einer einheitlichen, für alle Landesteile geltenden Gerichtsbarkeit und Kommunalordnung gewichen.

Nur wenige Franzosen wollten die Wiedereinsetzung der überholten Institutionen nur um der Tradition willen. Der Wiederherstellung des kirchlichen Einflusses auf die Erziehung stand man eher wohlwollend gegenüber; doch die Vorteile der Napoleonischen Zentralisierung des gesamten Erziehungssystems unter der Université de France waren augenfällig. Die meisten gaben sich mit dem Argument zufrieden, daß weder Staat noch Kirche ein Erziehungsmonopol haben dürfe. Die tiefgreifendsten Veränderungen, nämlich die der wirtschaftlichen und gesellschaftlichen Ordnung, waren zu vielen Menschen direkt zugute gekommen, als daß Wiedereinführungsversuche des alten Systems möglich gewesen wären. Die Veränderungen waren also dauerhaft, und insbesondere auf wirtschaftlichem und gesellschaftlichem Gebiet bewirkten sie einen tiefgreifenden Unterschied zwischen Frankreich und den oben erörterten Ländern.

Die wirtschaftliche Ordnung. 1815 lebte die große Mehrheit der Franzosen noch von der Landarbeit. Im Jahre 1850 gab es in Frankreich erst fünf Großstädte mit 100000 oder mehr Einwohnern. Die größten waren Paris mit 1420000 und Marseille mit 195000 Einwohnern. Die Landwirtschaft befand sich in einem gesunden Zustand. Dank der Abschaffung des Feudalsystems war Frankreich jetzt eine Nation freier Bauern, und die Teilung und der Verkauf von Kircheneigentum und großen Adelsgütern hatten die intensive

Bodenbebauung stark begünstigt. Der Anbau aller Feldfrüchte wurde in diesem Zeitabschnitt kontinuierlich gesteigert; die Weintraubenerträge hatten sich bis 1835 gegenüber dem Jahre 1815 verdoppelt, und im allgemeinen waren Getreideüberschüsse für den Export vorhanden.

Die Regierung und auch private landwirtschaftliche Vereinigungen bemühten sich ernsthaft um wissenschaftliche Anbaumethoden; doch der Erfolg war gering aufgrund des Analphabetentums und des extremen Konservativismus der französischen Bauern, die selbst so nützliche Neuerungen wie die Zuchtauswahl und künstliche Düngung ablehnten. Auch die Abschaffung des Erstgeburtsrechts während der Revolution ist in diesem Zusammenhang entscheidend; denn die Aufteilung des Grund und Bodens auf alle Familienmitglieder bedeutete im allgemeinen kleine Ackerflächen, so daß wissenschaftliche Methoden eine geringere Wirkung erzielten, als sie eventuell auf größeren Bauernhöfen hätten haben können. Die Folge war, daß die französische Landwirtschaft gegenüber Naturkatastrophen überaus empfindlich blieb.

Die industrielle Entwicklung war in Frankreich weiter vorangeschritten als in den östlichen Nachbarstaaten. Während des Krieges war sie mittels staatlicher Hilfe und aufgrund der Notwendigkeit, Waren, die normalerweise eingeführt wurden, selbst herzustellen, angekurbelt worden. Zur Zeit des Friedensschlusses besaß Frankreich daher eine blühende Baumwollindustrie. Ebenso wie die Leinenindustrie wurde sie durch Zölle geschützt und produzierte für den Binnenmarkt. Insbesondere in der Seidenindustrie, mit dem Zentrum Lyon, begann man die Fertigung in Fabriken zu konzentrieren. In diesem Industriezweig war auch die Mechanisierung sehr ausgeprägt; zu dieser Zeit fanden sowohl Jacquard- als auch dampfangetriebene Webstühle weit verbreitete Anwendung.

Die bedeutendsten Industriezweige neben der Textilindustrie waren die Metall- und Maschinenindustrie. Energie wurde noch durch Wasserkraft gewonnen, aber um 1846 besaß Frankreich insgesamt 5000 Dampfmaschinen.

Der Binnenhandel wurde durch die Verbesserung der Straßen und Wasserwege und die Gründung eines eigenen Ministeriums für Öffentliche Arbeiten im Jahre 1831 gefördert, das mit dem Straßen- und Kanalbau und deren Instandhaltung betraut war. Der französische Fortschritt kann an der Tatsache gemessen werden, daß man im Jahre 1848 innerhalb von 36 Stunden über eine Landstraße von Paris nach Bordeaux fahren konnte, während man für dieselbe Reise im Jahre 1814 noch 68 Stunden gebraucht hatte. In demselben Zeitraum wurde das Kanalnetz in seiner Länge verdreifacht, und alle größeren Flüsse Frankreichs wurden in dieses Netz einbezogen. Die Entwicklung der Eisenbahn verlief relativ langsam, aber um 1848 stand ein Eisenbahnnetz von ca. 1000 Meilen zur Verfügung, und weitere 1500 Meilen waren im Bau befindlich.

Die Kriege hatten den Außenhandel zum Erliegen gebracht, und zu Beginn dieses Zeitabschnitts waren die älteren Häfen dem Verfall preisgegeben. Das größte Hindernis für die Wiederbelebung des Außenhandels bildete wahrscheinlich der generell protektionistische Charakter der europäischen Zollpolitik.

Die gesellschaftliche Ordnung. Die Gesellschaftsordnung des „ancien régime" war durch die Revolution völlig zerschlagen worden. König und Hof hatten im neuen Frankreich erheblich an Bedeutung verloren und waren im allgemeinen unbeliebt. Der Adel sah sich außerstande, sein früheres Machtmonopol in Politik und Gesellschaft wiederzuerlangen. Um diese Stellung bemühte sich die wohlhabende Bourgeoisie, und nach 1830 hatten die Großbankiers, Kaufleute, Spekulanten und Industriellen, die diese Schicht bildeten, sie erobert. Mit der Zeit entwickelte sich ein Trend zur Zusammenarbeit zwischen Adel und gehobener Bourgeoisie, wenn nicht zur Verschmelzung dieser beiden Schichten; zugleich tendierten die Söhne der Bourgeoisie zur Abkehr vom Geschäftsleben und wählten eher akademische Berufe, den Staatsdienst oder die Armee.

Unter dem Adel und der gehobenen Bourgeoisie stand die untere Bourgeoisie, jene solide, ehrbare, Abenteuern abgeneigte Schicht städtischer Geschäftsleute, wohlhabender Bauern, „Rentiers" und Pensionäre, die in den Werken Balzacs und Flauberts so gut beschrieben sind. Ihr Horizont beschränkte sich meistens auf die Ereignisse ihrer eigenen kleinen Welt; sie waren nicht sehr belesen und politisch nur insoweit interessiert, als ihr finanzielles Wohlergehen betroffen war. Aber sie bildeten die Schicht, die jede Regierung einkalkulieren mußte; denn um an der Macht zu bleiben, brauchte sie ihre Unterstützung.

Am unteren Ende der Skala rangierten der ärmere Bauernstand und die Arbeiterschicht. Die Mehrheit der französischen Bauern besaß nun etwas eigenes Land, aber ein Großteil dessen war mit Hypotheken belastet, und die Spekulanten, die ihnen das Land verkauft hatten, verlangten ruinierende Zinssätze. Das Schicksal der französischen Bauern war weitaus besser als das der österreichischen, preußischen und russischen, aber ihr Lebensstandard lag oft nicht wesentlich über dem Existenzminimum. Die meisten waren Analphabeten und in ihrer Haltung konservativ, neigten aber in Zeiten wirtschaftlicher Not zur Gewalt.

Die Arbeiterschicht in den städtischen Zentren umfaßte Handwerker in kleinen Werkstätten, Fabrikarbeiter, Bauarbeiter, Tagelöhner und Bettler. Selbst die fest angestellten Arbeiter waren wirtschaftlich anfälliger als unter dem alten Zunftsystem. Aufgrund des Organisationsverbots stand ihnen kein Mittel zur Verfügung, um sich gegen Lohnminderung und schlechte Arbeitsbedingungen zur Wehr zu setzen. Es steht fest, daß sich ihre Lebensbedingungen zwischen 1815 und 1848 kontinuierlich verschlechterten, da die

Zahl der Arbeiter aufgrund der Abwanderung vom Lande stark anschwoll. Sie wurden immer rebellischer. Trotz Verbots gab es in diesen Jahren zahlreiche gewaltsame Streiks.

Dank der Revolution und des industriellen Fortschritts war also die alte, relativ statische Gesellschaftsordnung durch eine viel kompliziertere ersetzt worden. Sie war zum Teil auch deshalb durchlässiger geworden, weil die Franzosen die Gleichheitsdoktrin der Revolution ernstnahmen und daher nicht bereit waren, das Schicksal, in das sie hineingeboren waren, zu akzeptieren, dagegen zur Gewaltanwendung neigten, wenn andere Methoden zur Verbesserung ihrer Lage scheiterten.

Die Letzten der Bourbonen 1814–1830

Der König und die „Charte constitutionnelle". Die französischen Historiker haben Ludwig XVIII. im allgemeinen mit Hochachtung behandelt, und zwar wahrscheinlich aufgrund des nüchternen Wirklichkeitssinnes, den er in seinen ersten Regierungsjahren bewies. Eine seiner ersten Amtshandlungen war die Bewilligung der „Charte constitutionnelle" gegenüber seinen Untertanen, die bis 1848 in Kraft blieb.

Diese Urkunde wurde von einer Präambel eingeleitet, die das Königtum von Gottes Gnaden zu rechtfertigen suchte und die Wahrung der königlichen Prärogative als notwendig betonte. Weiterhin übertrug sie dem König das Recht zu Vertragsabschlüssen, Kriegserklärungen und Friedensschlüssen, Befehligung der Streitkräfte und Ernennung der Minister; und sie fuhr fort mit der Erklärung, daß die Legislative zwischen dem König und den beiden Parlamentskammern aufgeteilt werde, der König das alleinige Recht auf Einbringung und Änderung von Gesetzen und das Parlament das Recht zur Annahme oder Ablehnung habe. Das Parlament sollte aus einer Pairskammer bestehen, die sich aus erblichen Adligen und vom König auf Lebenszeit ernannten Mitgliedern zusammensetzte, und einer Deputiertenkammer, gebildet aus Abgeordneten, die für einen Zeitraum von fünf Jahren gewählt wurden, falls der König die Kammer nicht auflöste und Neuwahlen anordnete. Ein Parlamentskandidat mußte mindestens vierzig Jahre alt sein und soviel Eigentum besitzen, daß er 1000 Franken jährlich an direkten Steuern zahlte. Die Wähler mußten mindestens dreißig Jahre alt sein und eine Jahressteuer von 300 Franken entrichten. Das bedeutete, daß aus einer Bevölkerung von 28 Millionen nur ca. 100 000 Männer wählen durften und nur 12 000 als Wahlkandidaten zur Verfügung standen.

Die „Charte constitutionnelle" sah zwar keine demokratieähnliche Regierungsbeteiligung vor, gewährte aber gegenüber den Systemen der östlicheren Länder einem größeren Teil der Bevölkerung eine gewisse Teilnahme an der Politik. In anderer Hinsicht war sie verhältnismäßig aufgeklärt: sie verkündete die Gleichheit aller Franzosen vor dem Gesetz, den Zugang zu allen zivilen und militärischen Positionen, den Schutz vor willkürlicher Verhaftung und Gefängnisstrafe ohne gerichtliches Verfahren, die Glaubensfreiheit und die Pressefreiheit. Insgesamt war dies eine Verfassung, die Freiheiten gewährte, die in Osteuropa unbekannt waren. In der Tat stellte sie eine Anerkennung der durch die Revolution herbeigeführten grundlegenden Veränderungen dar.

Einigen Franzosen widerstrebte die „Charte constitutionnelle". Im großen und ganzen kann man in Frankreich vier politische Hauptgruppierungen unterscheiden: die Ultraroyalisten, die Doktrinären, die Liberalen und die Radikalen. Die erste und die letzte dieser Gruppen lehnten die Verfassung und alles, für das sie einstand, ab. Die Ultraroyalisten waren so ausschließlich reaktionär, daß Ludwig XVIII. einmal grollte: „Wenn diese Herren ihren Willen bekämen, würden sie mich schließlich absetzen." Die Radikalen bildeten eine verworrene Gruppe mit unterschiedlichen Ansichten, einig nur in ihrem Wunsch, das bestehende Regime umzustürzen, so daß entweder das Kaiserreich wiederhergestellt oder eine Republik errichtet werden könne. Die beiden mittleren Gruppen akzeptierten die „Charte constitutionnelle", vertraten aber verschiedene Standpunkte ihr gegenüber. Die Doktrinären meinten, sie schaffe das größtmögliche Gleichgewicht zwischen Regierungsmacht und individueller Freiheit. Die Liberalen hingegen hielten sie für unzureichend und wollten sie dahingehend ändern, daß die bürgerlichen Freiheiten erweitert würden und die Macht der Deputiertenkammer durch Verantwortlichkeit der Minister des Königs ihr gegenüber vergrößert würde. In anderen Dingen bestand zwischen diesen beiden Gruppen eine allgemeine Übereinstimmung. Keine der beiden wollte eine wirkliche Erweiterung des Wahlrechts; beide lehnten die Demokratie ebenso beharrlich ab wie den Absolutismus; beide waren der Überzeugung, daß Frankreich vom wohlhabenden, gebildeten Mittelstand geführt werden müsse.

Die Innenpolitik unter Ludwig XVIII. Die politische Geschichte dieses Zeitabschnitts begann insbesondere in den südlichen Departements mit Aufruhr, Raubzügen und politischen Morden, die von Royalisten angezettelt waren. Während der ersten Abgeordnetenwahl im Jahre 1815 schüchterte diese Weiße Schreckensherrschaft liberal denkende Wähler ein, und die aus dieser Wahl hervorgehende Kammer war so reaktionär, daß der König sie als „eine Kammer ohnegleichen" bezeichnete. Dieses Organ bestärkte die rechtsextremen Ausschreitungen noch, indem es die Hinrichtung von Soldaten forderte, die sich während der Hundert Tage für die Sache Napoleons eingesetzt hatten. Die repressiven Maßnahmen der Kammer waren so offenkundig von Rachsucht bestimmt, daß es die anderen Großmächte beunruhigte. Der Herzog von Wellington schrieb an Ludwig XVIII., dieser ungehobelte Provinzroyalismus könne ihn sehr wohl seine Krone kosten. Der König war für eine solche Ermutigung nicht unempfänglich. Im September 1816 löste er die Kammer auf und erzwang Neuwahlen.

Diese Maßnahme leitete den konstruktivsten Abschnitt der Regierungszeit Ludwigs XVIII. ein. In den vier darauffolgenden Jahren verabschiedeten die Minister Decazes und Richelieu, unterstützt von der Kammermehrheit der Doktrinären und Liberalen, die Gesetze, die zur Vervollkommnung der Wahlrechts- und Pressebestimmungen der „Charte constitutionnelle" notwendig waren. Auch die Finanzhoheit Frankreichs stellten sie wieder her, indem sie die Kriegsentschädigung aufbrachten und dadurch Frankreich nicht nur von ausländischen Truppen befreiten, sondern es außerdem in die Familie der Nationen zurückführten. Im Jahre 1818 wurde das berühmte, von Gouvion St. Cyr entworfene Gesetz zur Reorganisation der Armee verabschiedet.

Diese und andere konstruktive Maßnahmen versetzten die Ultras in Empörung; ihre Kritik hätte eventuell keine Wirkung gezeigt, wenn nicht ein unerwartetes Unglück eingetreten wäre. Am 13. Februar 1820 wurde der Herzog von Berry durch einen Fanatiker namens Louvel erstochen, als er seiner Frau vor der Oper in eine Equipage half. Der Herzog war der jüngste Sohn des Grafen von Artois und wurde als der einzige Bourbone angesehen, der einen Sohn bekommen und damit die Thronfolge sichern konnte. Der Mörder gestand, daß er aus dem Motiv gehandelt habe, diese Möglichkeit auszuschalten; doch sein Versuch kam zu spät, die Herzogin war bereits schwanger.

Die Bedeutung des Mordes an Berry lag darin, daß er eine neue Periode der Reaktion einleitete. Das nachfolgende Ministerkabinett war ultraroyalistisch und peitschte mit Hilfe vieler durch den Mord schockierter Doktrinärer Gesetze durch, welche die Freiheit des Staatsbürgers aufhoben, eine rigorose Pressezensur wiedereinführten und das Wahlverfahren dahingehend änderten, daß die Kammerwahlen praktisch von den Großgrundbesitzern und dem alten Adel bestimmt wurden. Dieses neue Gesetz war so wirksam, daß die Liberalen bei den Wahlen von 1820 in einer Kammer von 450 Abgeordneten zu einer Gruppe von achtzig zusammenschrumpften und den Ultras und ihren doktrinären Verbündeten die Macht in der Kammer vollständig überlassen mußten.

Ludwig XVIII. machte jetzt nur noch wenige Anstrengungen, sich ihren Forderungen zu widersetzen. Die Ermordung Berrys und die kompromißlos ultraroyalistische Haltung seiner neuen Mätresse hatten ihn den Ultras nähergebracht. Überdies hatte seine Neigung zur Trägheit mit den Jahren zugenommen, und er war nun in den meisten Dingen bereit, die Initiative seinem Erben, dem Grafen von Artois, zu überlassen. Die letzten Jahre Ludwigs XVIII. waren gekennzeichnet von zahlreichen Versuchen seitens frustrierter Liberaler und Radikaler, mittels Geheimverschwörungen und „coups de mains" ihrer Ohnmacht zu entfliehen. Das Scheitern dieser Anschläge brachte die Linke noch stärker in Mißkredit, und im Jahre 1823 waren nur noch fünfzehn Liberale in der Kammer. Als Ludwig XVIII. im September 1824 starb und der Graf von Artois die Thronfolge antrat, wußten die Ultras, daß die Erfüllung ihrer kühnsten Träume nahe bevorstand.

Die Regierung Karls X. Der neue König war ein freundlicher, charmanter Mann mit begrenztem Verständnis für Politik. Ihm voraus ging der Ruf von Feigheit und einer zur Schau gestellten Frömmigkeit, die seine Untertanen verärgerte und bald das Gerücht aufkommen ließ, er sei Jesuit. Zu einer Zeit, da gewisse Sakrilegien mit der Todesstrafe geahndet wurden, die Kirchen eine Kampagne gegen die Zivilehe führten und die Universität von Paris dem Erzbischof von Paris unterstand, erschien diese Behauptung plausibel.

Die Begünstigung der Kirche war jedoch im Volk nicht so unbeliebt wie die beharrlichen Versuche, die Macht des Adels wiederherzustellen. Eine der ersten Amtshandlungen Karls X. war ein ausgeklügelter Finanztrick mit den Nationalschulden, der dem Staat eine Milliarde Franken ersparte, indem die Regierung diese Summe den „émigrés" als Entschädigung für ihre Verluste während der Revolution übertrug. Dies bedeutete nicht nur für die großen Banken – die Inhaber der Staatsanleihen, deren Zinssatz zur Herbeiführung dieser Ersparnis gesenkt worden war – einen ernstlichen Nachteil, sondern es versetzte auch das Volk in Empörung, das die Angelegenheit voll durchschaute, nämlich als eine Sondergesetzgebung zugunsten einer Schicht, deren Angehörige Frankreich verlassen und gegen ihr Land gekämpft hatten.

Die Geschichte bietet zweifellos eine Fülle von Beispielen politischer Dummheit, aber es gibt sicherlich wenige, die so schlecht zu rechtfertigen sind wie die, die sich der letzte Herrscher der Bourbonen in Frankreich erlaubte. Seine markanteste Eigenschaft war die Halsstarrigkeit, und diese kostete ihn die Krone; denn sie hinderte ihn daran, aus seinen Niederlagen zu lernen. Seine Verbissenheit bei der Verfolgung von Zielen, in denen nur der Adel und der konservative Klerus Vorteile finden konnten, führte bald alle anderen politisch einflußreichen Gruppen zur Zusammenarbeit gegen das Regime. Die Erfolge des Königs auf dem Gebiet der Außenpolitik – als bemerkenswertester darunter die Vorbereitung und der geglückte Start der Expedition von 1829–1830, die zur Eroberung Algeriens führen und den Beginn des französischen Kolonialreiches kennzeichnen sollte – blieben in Frankreich praktisch unbeachtet; denn hier konzentrierte sich die gesamte Aufmerksamkeit auf die reaktionären Maßnahmen der Minister des Königs.

Eine Krise war unvermeidlich, und den Weg dorthin ebnete Karl Ende des Jahres 1829 durch die Umbildung seines Kabinetts, das er nahezu ausschließlich mit extremen Royalisten besetzte. Leiter dieser neuen Gruppe war Graf Polignac, ehemaliger „émigré", erbitterter Gegner der „Charte constitutionnelle" und fanatischer Anhänger der Kirche. Polignac war politisch so unfähig, daß er es nicht einmal verstand, seine wahren Absichten zu verbergen.

Sein Ziel, so gab er offen zu, war, „die Gesellschaft neu zu ordnen, das frühere Übergewicht des Klerus im Staat wiederherzustellen und eine mächtige Aristokratie zu schaffen und mit Privilegien auszustatten".

Aus den Wahlen von 1827 waren die Liberalen in der Abgeordnetenkammer deutlich gestärkt hervorgegangen, und im März 1830 waren sie stark genug, um eine Eingabe an den Thron durchzubringen mit der Forderung nach Auflösung des Kabinetts. Der König reagierte mit der Auflösung der Kammer und Ausrufung von Neuwahlen, zweifellos in der Erwartung, daß die Wähler ihn unterstützen würden. Darin wurde er enttäuscht; die Wähler stimmten für eine Kammer, deren überwältigende Mehrheit sich gegen die Regierung stellte.

An diesem Punkt rieten jene geschickteren Reaktionäre, Nikolaus I. und Metternich, Karl anscheinend zum Einlenken. Statt dessen versuchte dieser am 26. Juli 1830, den Widerstand durch vier Verordnungen zu brechen: die Pressefreiheit wurde aufgehoben, die Kammer wiederum aufgelöst, das Wahlrecht dahingehend geändert, daß die Wählerschaft um ca. drei Viertel reduziert und die gesamte Bourgeoisie ausgeschlossen wurde, und ein Datum für Neuwahlen wurde festgesetzt.

Nach Unterzeichnung dieser Verordnungen fuhr Karl nach Rambouillet zur Jagd. Als er zurückkam, war er nicht mehr König. Die liberalen Zeitungsverleger von Paris hatten unter Führung von Adolphe Thiers (1797–1877) von der Zeitung „Le National" eine Protestkampagne gegen die Erlasse gestartet. Diese wurde von den durch das neue Pressegesetz arbeitslos gewordenen Druckern, anderen Arbeitern, Studenten, Intellektuellen und ähnlich Gesinnten aufgegriffen. Am 28. Juli wurde mit dem Bau der großen Barrikaden begonnen, für die Paris berühmt wurde; es waren fünfzig bis achtzig Fuß hohe Barrieren aus Pflastersteinen, Kisten, Möbeln, Bäumen, Wagen und allem, was greifbar war. Am selben Tag brachte General Marmont Truppen in die Stadt, die die Barrikaden stürmen sollten, aber nur leidlichen Erfolg hatten. Die Soldaten waren für Straßenkämpfe weder ausgebildet noch sachgerecht ausgerüstet. Sie kannten die engen, gewundenen Straßen nicht, in denen sie kämpften, und waren nur mit halbem Herzen bei dem Kampf, während die Aufrührer jede Abkürzung und jede kleine Gasse kannten.

Nach drei Tagen harter Kämpfe war selbst dem König klar, daß er den Aufstand nicht niederschlagen konnte. Er entschloß sich, die Verordnungen zurückzuziehen; doch es war zu spät. Es ging jetzt nur noch um die Frage, was an die Stelle von Karls diskreditiertem und geschlagenem Regierungssystem treten und wer, wenn überhaupt jemand, seinen Thron einnehmen sollte. Die müden Kämpfer auf den Barrikaden hätten wahrscheinlich für eine Republik gestimmt; nun aber ergriffen die liberalen Zeitungsverleger, Geschäftsleute und Abgeordneten die Initiative, wieder unter Führung Thiers'. Nach geschicktem Manöver brachten sie ein Rumpfparlament dazu,

Louis Philippe, den Herzog von Orléans, aufzufordern, als Vizegouverneur des Königreichs nach Paris zu kommen. Schließlich bot die vollbesetzte Deputiertenkammer Louis Philippe am 3. August 1830 den Thron an, und er folgte der Aufforderung.

Eine Woche später stach Karl X. in See zu seinem Exil in Schottland. Er kehrte nicht zurück, und aus seiner Linie bestieg keiner jemals wieder den französischen Thron.

Die Julimonarchie

Die Regierung des Mittelstands. In den postum veröffentlichten Memoiren von Alexis de Tocqueville (1805–1859) findet sich die schärfste Anklage gegen das Regierungssystem nach der Julirevolution. Tocqueville schrieb, diese Revolution kennzeichne die endgültige Eroberung der Macht durch den Mittelstand, der nun, in Ausübung dieser Macht, darangehe, die anderen Schichten von jeder Teilnahme auszuschließen.

„Der besondere Geist des Mittelstands wurde zum allgemeinen Geist der Regierung; er beherrschte die Außen- sowie die Innenpolitik der letzteren: ein aktiver, emsiger Geist, oft niederträchtig, im allgemeinen ordentlich, gelegentlich aus Eitelkeit oder Egoismus leichtfertig, aber von Natur aus zaghaft, in allen Dingen gemäßigt, nur nicht in seiner Liebe zur Ruhe und Bequemlichkeit, und mittelmäßig ... Der Mittelstand, an die Regierung gekommen, nahm das Gebaren eines Privatunternehmens an.“

Es war nicht allein aristokratischer Hochmut, der diese Empfindungen wachrief. Tocqueville sah deutlich, was viele Franzosen nach 1830 empfanden: die Kleinlichkeit ihrer neuen Herrscher, die Engstirnigkeit und etwas, was man als Mangel an politischem Stil bezeichnen könnte. Sein Vorwurf, die Bourgeoisie habe versucht, die Macht zu monopolisieren und zu ihrem eigenen Vorteil zu nutzen, ist berechtigt. Bevor die siegreichen Liberalen Louis Philippe die Krone anboten, hatten sie die Verfassung dahingehend geändert, daß die Position der anderen Schichten oder Institutionen geschwächt wurde. Sie strichen die Präambel und verwarfen damit die gesamte Konzeption des Königtums von Gottes Gnaden. Sie schafften den Paragraphen ab, der die römisch-katholische Kirche zur offiziellen Religion Frankreichs erklärte, und untergruben so die Position des Klerus. Hingegen erweiterten sie durch das Gesetz von 1831 das Wahlrecht geringfügig, indem sie die Eigentumsbestimmung von 300 auf 200 Franken jährlicher Steuer senkten und außerdem Akademikern wie Rechtsanwälten, Ärzten und Professoren, die eine Mindeststeuer von 100 Franken zahlten, das Stimmrecht erteilten. Durch diese Änderung und die Senkung des Wahlalters auf 25 Jahre verdoppelte sich die Wählerschaft, war aber immer noch auf etwa 200000 Menschen aus einer Bevölkerung von nahezu 32 Millionen begrenzt. Der überwiegende Teil der Bourgeoisie war nun wahlberechtigt, doch die gesamte Arbeiterschicht blieb von der Macht ausgeschlossen. Schließlich wurde die Nationalgarde – die Organisation zum Schutz der „Charte constitutionnelle" und zur Aufrechterhaltung von Recht und Ordnung – durch ein Gesetz, das durchaus bezeichnend ist für den Klassencharakter des neuen Regimes, auf eine Weise reorganisiert, daß eine Dienstpflicht nur für Bürger bestand, die direkte Steuern zahlten und selbst für Uniform und Ausrüstung aufkommen konnten.

Im allgemeinen nahm die neue herrschende Schicht gegenüber der Regierung eine für den Mittelstand typische Haltung ein; sie betrachtete sie als notwendiges Übel, deren Funktionen auf das bloße Minimum beschränkt bleiben müßten. Abgesehen von dem Schutz des Eigentums vor bürgerlichen Unruhen sollte die Regierung nichts unternehmen. Vor allem durfte sie sich nicht auf auswärtige Abenteuer einlassen, denn nichts war schädlicher für das Geschäftsleben als das. François Guizot (1787–1874), der eloquenteste Sprecher der Bourgeoisie, sagte einmal: „Laßt uns nicht davon reden, daß unser Land Territorium erobern, große Kriege führen oder kühne Racheakte unternehmen muß. Wenn es Frankreich wirtschaftlich wohlergeht, wenn es frei bleibt, reich, friedlich und vernünftig, so brauchen wir uns nicht zu beklagen, daß wir in der übrigen Welt nur geringen Einfluß ausüben."

Diesen Standpunkt der Bourgeoisie teilte der neue König. Louis Philippe war der Sohn jenes Herzogs von Orléans, der Philippe Egalité genannt wurde, der die Revolution unterstützt hatte und dann durch sie hingerichtet worden war. Louis Philippe hatte bei Valmy und Jemappes für sein Land gekämpft, war dann ins Exil gegangen, sehr viel gereist und hatte sogar die Vereinigten Staaten besucht. Dieser romantische Hintergrund änderte nichts an der Tatsache, daß er keine großen Interessen hatte oder ein Temperament, das sein Volk hätte begeistern können. Bei seiner Thronbesteigung war er 57 Jahre alt und gab sich informiert, redselig, aber vorsichtig, mißtrauisch gegenüber Begabungen, solange sie sich nicht im Geschäftsleben bewährt hatten, und voller Ehrfurcht vor der Industrie- und Finanzwelt, so daß es ans Lächerliche grenzte.

Die politischen Prinzipien Louis Philippes und der Bourgeoisie wirkten auf wichtige Gruppen der Bevölkerung befremdend. Die Anhänger der Bourbonen lehnten Louis Philippe aus einsichtigen Gründen ab, aber auch der Hang zur Republik wurde in diesem Zeitraum deutlich stärker, und der demokratische Geist von 1793 lebte wieder auf. Die Arbeiterschicht empfand das bestehende System als erdrückend. Die Patrioten stimmten mit General Lamarques bitterer Beschreibung der Julimonarchie als ein „Feststecken im Morast" überein, und die Intellektuellen und die romantisch gesinnte Jugend des Landes waren mit Stendhal der Überzeugung, daß dies ein Regime der „Scharlatanerie ohne Talent" sei.

Verschiedene Aufstände. Dieser Widerstand nahm gewalttätige Formen an, und in den ersten Regierungsjahren Louis Philippes gab es zahlreiche Verschwörungen, Aufstände und Mordanschläge. Z. B. unternahm die Herzogin von Berry im Jahre 1832 den Versuch einer legitimistischen Konterrevolution. Schon vorher hatte es in Paris Unruhen gegeben, und im Juni 1832 fand in der Hauptstadt ein blutiger Aufstand der Republikaner statt. Anlaß hierfür war die Beerdigung des populären und erklärtermaßen republikanischen Kommandeurs General Lamarque. Als der Leichenzug die Place de la Bastille erreichte, schloß sich ihm eine Gruppe von Männern an, die rief: „Es lebe die Republik!" Die Wut der Menge wurde durch republikanische Reden geschürt. Es wurden Versuche unternommen, die Beerdigung zu einem Sturm auf das Rathaus umzufunktionieren, und die Menge wurde von Dragonern angegriffen. Die Unruhen breiteten sich aus, es wurden Barrikaden errichtet, und zwei Tage lang wurde in den Straßen von Paris offen Krieg geführt, bevor die Ordnung wiederhergestellt wurde.

Die Regierung schlug zurück, indem sie eine Reihe von Maßnahmen beschloß, die alle politischen Vereinigungen unter Regierungskontrolle stellten und die Restriktionen für die republikanische Presse verschärften. Durch diese Maßnahmen und die Verfolgung der Anführer des Aufstands wurde die republikanische Bewegung eine Zeitlang beeinträchtigt, aber dennoch hatte der französische Republikanismus in dem Aufstand von Juni 1832 – der so aufwühlend vergegenwärtigt wurde in Hugos „Les Misérables" – ein neues Symbol gefunden, seine Anhänger anzuspornen.

Neben diesen Massenbewegungen gab es verschiedene Einzelaktionen gegen die instituierte Autorität, darunter eine Reihe von Mordanschlägen auf den König. Alles in allem wurden über achtzig Attentate auf Louis Philippe verübt, ein schlagender Beweis sowohl für seine Unverletzbarkeit als auch für die in seiner Regierungszeit vorherrschende Gewalt.

Arbeiteraufstände und die Anfänge des Sozialismus. Noch ernster und historisch bedeutender als diese Vorfälle waren die Vorkommnisse, die deutlich eine zunehmend aufrührerische Stimmung in der Arbeiterschicht zum Ausdruck brachten. Im November 1831 erhoben sich die verzweifelten Seidenweber von Lyon, die für einen Hungerlohn achtzehn Stunden täglich arbeiten mußten, und besetzten die Stadt einige Tage lang, bis ihr Aufstand durch Militäreinsatz niedergeschlagen wurde. Drei Jahre später erhoben sich die Weber wiederum und lösten damit aufrührerische Sympathiekundgebungen unter der Arbeiterschaft von Paris und anderen Großstädten aus. In dieser Zeit der rapiden industriellen Expansion und der Erschütterung der alten wirtschaftlichen Ordnung zwang die feindselige Haltung der Bourgeoisie gegenüber einer sozialen Gesetzgebung die Arbeiter, blind loszuschlagen in der Hoffnung, ihr Los irgendwie zu erleichtern.

Das waren die Umstände, unter denen der Sozialismus in Frankreich sich zu entfalten begann. Die progressivere Bourgeoisie und die Intellektuellen im allgemeinen schenkten nun Werken von Theoretikern wie Henri de Saint-Simon (1760–1825) ihre ernstgemeinte Aufmerksamkeit. Saint-Simon und seine Anhänger zeigten auf, daß das Industriezeitalter nur verstanden werden könne, wenn man seine wirtschaftlichen Grundlagen untersuche, und daß der künftige soziale Friede von dem Gelingen einer Regelung der Beziehungen zwischen den verschiedenen Schichten abhänge.

Die Saint-Simonianer hofften, daß Moralreform und Volkserziehung auf die Dauer ein gegenseitiges Verständnis der Schichten fördern und allmählich die wirtschaftlichen Bedingungen der Arbeiterschicht verbessern würden. Sie waren Gesellschaftsingenieure, die an eine nach Fähigkeiten und Aufgaben geordnete Gesellschaft glaubten. Das gleiche traf zu für Charles Fourier (1772–1837), der die Dezentralisation durch Förderung kleiner landwirtschaftlicher Produktionsgenossenschaften oder Phalansterien für den geeigneten Weg zur Regeneration der modernen Gesellschaft hielt.

Es gab zu dieser Zeit auch revolutionärere Sozialisten in Frankreich. Philippe Buonarroti (1767–1837) predigte die Notwendigkeit einer politischen Revolution als Mittel, um zu einer Gesellschaftsreform zu gelangen. Extremer in seinen Ansichten war August Blanqui (1805–1881), der von „dem tödlichen Duell zwischen Dividenden und Löhnen" sprach und den neuen Arbeiter, „den mechanisierten Menschen", aufforderte, unablässig Krieg gegen die Bourgeoisie zu führen, da es keine Interessengemeinschaft zwischen den Schichten geben könne. Indem er das Schwergewicht auf Untergrundtätigkeit und revolutionäre Strategie legte, wurde Blanqui zum Vorläufer jener professionellen Revolutionäre, die Lenin als unentbehrlich für das Gelingen eines Umsturzes der bürgerlichen Gesellschaft betrachten sollte. Doch der Enthusiasmus, mit dem er selbst die hoffnungslosesten Verschwörungen und „émeutes" unterstützte, läßt den Verdacht aufkommen, daß er an die Gewalt um der Gewalt willen glaubte und daß seine Einordnung in die Gruppe der frühen Anarchisten nicht unlogisch wäre. Dem Wesen nach anarchistisch war auch das Werk Pierre Joseph Proudhons (1809–1865), dessen berühmtes Buch „Was ist Eigentum?" im Jahre 1840 erschien mit der kühnen Behauptung, Eigentum sei Diebstahl, und seinen Ausführungen der Theorie, der Wertmaßstab sei die in das gemessene Produkt eingehende Arbeit.

Der einflußreichste aller französischen Sozialisten dieser Zeit aber war Louis Blanc (1811–1882). Sein Buch „L'Organisation du Travail" erschien im Jahre 1840 und wurde rasch eines der meistdiskutierten Bücher des gesamten Zeitabschnitts. Das Werk stellte einen Frontalangriff gegen das Wettbewerbssystem dar, das die Kapitalisten des frühen 19. Jahrhunderts so hoch in Ehren hielten. Blanc wollte den Beweis antreten, daß der Wettbewerb nicht nur das gemeine Volk, sondern auch die Bourgeoisie zum Ruin führe, da er ständige Verschwendung bedeute und Dauerkrisen hervorbringe. Daher hätten alle Schichten ein Interesse an seiner Abschaffung.

Blanc wollte das Wettbewerbssystem des freien Unternehmertums durch eine nationale Wirtschaft ersetzen. Er träumte von einer demokratischen Republik, in der die Regierung in den wichtigsten Industriezweigen Nationalwerkstätten oder Gemeinschaftsfabriken errichten würde. In diesen Organisationen wären Produktionsregelung und Aufgabenverteilung so beschaffen, daß sie das Elend der Arbeiterschicht lindern würden. Sowohl die Notlage der Arbeiter als auch die durch sie angeregten sozialistischen Theorien sollten im Jahre 1848 Folgen nach sich ziehen.

Der Nationalismus und das Wiederaufleben des Bonapartismus. Zu diesen Regimegegnern müssen jene hinzugezählt werden, die der Überzeugung waren, die Niederlage von 1815 müsse gerächt werden und Frankreich müsse Europa demonstrieren, daß es noch ebenso stark sei, wie es unter Napoleon gewesen war. Sie fanden wenig Bewunderungswürdiges an der vorsichtigen Außenpolitik der ersten Regierungsdekade Louis Philippes. Zwar kämpften französische Truppen in Algerien, wo sie versuchten, die von Karl X. begonnene Kampagne zu Ende zu führen. Doch der Kampf in Afrika gab wenig Anlaß zu nationalem Stolz; denn er wurde gegen ein Volk von Eingeborenen geführt, dem die Franzosen immer mehr Sympathien entgegenbrachten. In jedem Fall aber wurde er wettgemacht durch die diplomatische Niederlage während der Krise in Ägypten von 1840 (s. S. 41–42), die deutlich zu machen schien, daß die anderen Mächte glaubten, Frankreich verdiene nicht mehr Beachtung als unmittelbar nach Waterloo.

Es überrascht vielleicht nicht, daß unter diesen Umständen bei vielen Menschen die Erinnerung an Napoleon wach wurde und daß man seine ruhmreiche Regierung mit der Eintönigkeit des Regimes Louis Philippes verglich.

Der wachsende Napoleonkult in der Julimonarchie wurde durch die Werke von Männern wie Victor Hugo und Adolphe Thiers gefördert. Mit seiner hervorragenden „Ode à la Colonne" von 1831 und seinem nach dem Tod des Sohnes Napoleons verfaßten Buch „Napoleon II" weckte Hugo (1802–1885) die Erinnerung an den Kaiser. Thiers (1797–1877) schrieb eine zwanzig Bände umfassende Geschichte des Konsulats und des Kaiserreiches, die in jeder Zeile Bewunderung für Napoleons politisches und militärisches Genie ausstrahlte. Und es war Thiers, der als Minister Louis Philippes den Arc de Triomphe, den Napoleon unvollendet hinterlassen hatte, fertigstellte, Straßen und Brücken nach den Siegen Napoleons benannte und im Jahre 1840 schließlich in einer ehrfürchtigen Zeremonie die Gebeine des Kaisers von St. Helena zurückholte.

Inzwischen gab es in Frankreich zahlreiche junge Männer, die sich wie Julien Sorel in Stendhals Werk „Rot und Schwarz" gelangweilt fühlten durch „die Art von Eloquenz, die die Aktionsschnelligkeit des Kaiserreiches ersetzt hatte". Sie trieben mit dem Korsen einen Personenkult, der sich selbst unter dem gemeinen Volk ausbreitete. Es ist gesagt worden, jedes volkstümliche Jahrbuch zwischen 1840 und 1848 habe zu der Apotheose Napoleons beigetragen. Dem dürfte hinzugefügt werden, daß die enorme Anzahl von Pfeifen, Taschentüchern, Marmeladengläsern und Bierkrügen mit seinem Porträt, die in den Dorfläden verkauft oder durch umherziehende Höker feilgeboten wurden, das gleiche bewirkten.

Nutznießer dessen war Louis Napoleon Bonaparte, der Sohn des Bruders Napoleons, Louis, und nach dem Tod des Kaisersohnes Thronanwärter der Bonapartes. Louis Napoleon war ein energischer, ehrgeiziger Mann mit einem starken Willen; er war entschlossen, den Thron seines Onkels zu erobern, und im Jahre 1836 versuchte er es. Er erschien mit einigen Kameraden in der Straßburger Festung und rief die Garnison auf, ihm bei einem Versuch der Machtergreifung zu folgen. Ein wachsamer Kommandeur verhaftete ihn und brachte ihn nach Paris, wo der König über ihn entscheiden sollte. Louis Philippe hielt es schließlich für klug, den Prinzen freizulassen, und ließ ihn nach New York abreisen, zweifellos in der Hoffnung, dort würde er bleiben. Doch nach einem kurzen Besuch der Vereinigten Staaten kehrte Napoleon nach Europa zurück. Er landete im August 1840 mit sechzig Kameraden in Boulogne, erklärte das Haus Orléans für abgesetzt, rief noch einmal zu seiner Unterstützung auf – und wurde wiederum verhaftet.

Dieses Mal war die Regierung nicht so nachsichtig. Der Prinz wurde vor die Pairskammer geführt und zu lebenslänglicher Haft in der Hamer Festung verurteilt. Das Verfahren aber gab ihm Gelegenheit zu einer tönenden Rede, in der er ausrief: „Ich vertrete vor Ihnen ein Prinzip, eine gerechte Sache, eine Niederlage. Das Prinzip ist die Souveränität des Volkes; die gerechte Sache ist die des Kaiserreiches; die Niederlage ist Waterloo." Die Gefangenschaft, in der er politische Flugschriften verfaßte, konnte seine Sehnsucht nach der Macht nicht zum Erlöschen bringen. Eines Morgens im Frühjahr 1846 floh er, und einen Tag später landete er sicher in England. Dort blieb er zwei Jahre lang, zufrieden in dem Bewußtsein, daß sein Name jetzt unlösbar mit der napoleonischen Legende verbunden war, und in der Zuversicht, daß jedes Scheitern der Regierung Louis Philippes den Tag näher brachte, an dem er in der Lage sein würde, das Französische Kaiserreich wiederherzustellen.

Das System Guizot. Auf dem Höhepunkt der Krise in Ägypten war die französische Regierung von Adolphe Thiers geführt worden; doch seine offenkundige Bereitschaft, das Risiko eines Krieges einzugehen, und seine Tendenz, Handlanger des Pariser Mob zu sein, führte den König dazu, ihn zum Rücktritt zu zwingen. An seine Stelle trat François Guizot, der von 1840 bis 1848 im Amt bleiben sollte.

Die Außenpolitik der Regierungszeit Guizots war durch eine stärkere persönliche Intervention des Königs gekennzeichnet. Es war weitgehend seinem Einfluß zuzuschreiben, daß sich die Beziehungen zu England abkühlten und

Kontakte mit Wien aufgenommen wurden in der Hoffnung auf eine österrei-
chisch-französische Allianz. An der innenpolitischen Front schlug Guizot
einen kompromißlos negativen Kurs ein. Er hatte wenig Verständnis für
soziale Fragen und war von einer außerordentlichen Angst ergriffen, daß er
Gruppen, die ihm wichtig waren, verärgern könne. Daher wurde eine vor-
teilhafte Umstellung der Zinssätze für Staatsanleihen vermieden, um die
Inhaber der Anleihen nicht vor den Kopf zu stoßen, eine dringend notwendige Zollsenkung nicht vorgenommen, weil die Großindustriellen sie ableh-
nen würden, die Sklaverei in den Kolonien nicht abgeschafft aus Furcht, den
Plantagenbesitzern zu nahe zu treten.

Guizots größter Fehler aber war seine Selbstgerechtigkeit; er war so überzeugt von der Großartigkeit seiner Politik, daß er selbst vor Niederträchtig-
keiten nicht zurückschreckte, nur um sich zu vergewissern, daß sie auch
unterstützt würden. So ging er in zunehmendem Maße zu Bestechung und
Korruption über. Da er sich nur um eine sehr begrenzte Wählerschaft zu
bemühen brauchte und ein stark zentralisiertes Verwaltungssystem zur Verfügung hatte, konnte er sich in den Wahlmännerausschüssen der Gemeinden
mit Zuckerbrot und Peitsche die Wahl von loyalen Abgeordneten sichern;
und die geschickte Verteilung seiner Gunst innerhalb der Kammer sorgte für
die bequemen Mehrheiten, die er sich wünschte.

Der große Erfolg, den er mit diesen Methoden erzielte, erwies sich als
Bumerang, denn er brachte das gesamte Regime in Mißkredit. Wenn die
Deputiertenkammer nur ausführte, was Guizot befahl, so folgerten viele,
dann mußte mit der Kammer etwas nicht in Ordnung sein. Immer größere
Teile der Bevölkerung gelangten zu der Überzeugung, daß eine radikale
Änderung des Wahlsystems notwendig war, und gegen Ende der 40er Jahre
war eine Kampagne zu diesem Zweck im Gange.

Inzwischen wuchsen die wirtschaftlichen Schwierigkeiten Frankreichs.
Die Ernte des Jahres 1846 war schlecht, und es herrschte eine große landwirtschaftliche Not. Im selben Jahr zwang eine internationale Finanzkrise die
Unternehmer zu Produktionsdrosselungen um etwa ein Drittel und verursachte damit einen starken Anstieg der Arbeitslosenzahlen, die bereits hoch
waren. Infolgedessen hungerte im Jahre 1847 etwa ein Drittel der arbeitenden Bevölkerung von Paris oder wurde durch Wohltätigkeit unterhalten.
Die Regierung verfügte über keinerlei Mechanismus zur Bewältigung dieser
Krise und lehnte es auch ab, einen solchen zu errichten; es überrascht daher
nicht, daß der Ruf Louis Blancs nach einer demokratischen, sozialen Republik von einer wachsenden Anzahl der Stadtbewohner aufgegriffen wurde.
In einer Rede in der Deputiertenkammer im Januar 1848 warnte Tocqueville
seine Kollegen vor der aufkommenden Unzufriedenheit der Arbeiterschicht
und hob hervor, daß ihre „Leidenschaften, anstatt politisch zu sein, sozial
geworden" und immer mehr auf die Zerstörung des gesamten bestehenden
Systems ausgerichtet seien. „Ich glaube", sagte er schicksalschwer, „in die-

sem Augenblick schlafen wir auf einem Vulkan ... Ändert in Gottes Namen
den Geist der Regierung; denn ... dieser Geist führt euch in den Abgrund."

Religion und Kunst 1815–1848

Kirche, Bourgeoisie und Arbeiterschicht. Die beiden bemerkenswertesten Entwicklungen dieses Zeitabschnitts in der Religion waren die Versöhnung zwischen der Bourgeoisie und der römisch-katholischen Kirche und – parallel
dazu – die Verringerung des kirchlichen Einflusses auf die Massen.
Während der ersten Nachkriegsjahre war der Antiklerikalismus innerhalb
des Mittelstands noch sehr stark ausgeprägt. Die Aktivitäten der Jesuiten, die
sich nach der Restauration der Monarchie in Frankreich wieder eingefunden
hatten, der Ultramontanismus (s. S. 61), der wachsende politische Einfluß der
mächtigen katholischen Laienorganisation, der „Congrégation", das erfolgreiche Eindringen der Kirche in die Kommissionen der Université de France
und die daraus erfolgende Zensur der Universitätslehre brachten die Kirche
in Verruf.
Das Zusammenwirken all dieser Dinge erregte die Feindschaft der gebildeten Gesellschaftsschichten. Es entstand ein plötzlicher Boom an Büchern
von antireligiösen Schriftstellern, und zwischen 1814 und 1824 wurden 1,5
Millionen Exemplare der verschiedenen Werke von Voltaire verkauft.
Gleichzeitig zirkulierten antiklerikale Witze und Lieder. Nach der Thronbesteigung Karls X. wuchs diese Feindschaft so stark, daß die Revolution von
1830 nicht nur als Angriff auf die Monarchie, sondern beinahe ebensosehr als
Angriff auf die Kirche gewertet werden kann.
Im darauffolgenden Zeitabschnitt vollzog sich jedoch ein Wandel. Die
neuen Herrscher Frankreichs, die Bourgeoisie, betrachteten die Religion
schließlich als nützlichen Schutz gegen die sozialen Theorien des Republikanismus und die radikaleren Philosophien, die ihre Stellung bedrohten. Es
kam aus der Mode, unreligiös zu sein, und die ehemals antiklerikale Bourgeoisie strömte nun in Scharen in die Kathedrale Notre Dame, wo sie Prediger hören konnte wie Lacordaire und Montalembert, die feierlich erklärten,
das Eigentum sei „eines der Fundamente der Gesellschaft ... Hüter der
Freiheit und der Menschenwürde", und Armut sei die Folge der Sorglosig-
keit der Massen.
Doch als Ersatz für den überkommenen Antiklerikalismus des Mittelstands zog sich die Kirche die Feindschaft anderer Gruppen zu. Da sie dem
Elend der Massen zu wenig Aufmerksamkeit schenkte, herrschte in Teilen
der Arbeiterschicht und selbst unter den Bauern, wie Lacordaire bemerkte,
„ein nahezu totaler Unglaube ... und eine immense Geringschätzung des
Priesters".

Andere Kirchen. Zu Anfang der Restauration hatten sich einige der fanatischeren Kirchenanhänger einen neuen Kreuzzug gegen die Heresie erhofft – d. h. gegen den Protestantismus. Doch die Regierung wirkte ihm entgegen und schützte die Rechte der nichtkatholischen Gläubigen. Im ersten Teil dieses Zeitabschnitts war die reformierte Kirche durch innere Desorganisation und Uneinigkeit in der Lehre geschwächt; doch mit dem Übergang des „Réveil", oder der Erweckungsbewegung, von Genf nach Frankreich ab 1830 vollzog sich eine starke Entwicklung zur Einheit und Konsolidierung und eine Rückkehr zu den grundlegenden Reformationslehren. Unter dieser Entwicklung wuchs die Mitgliederzahl stark an. Auch innerhalb des Judentums herrschten einige Differenzen im Hinblick auf die Lehre, weil Modernisten die Riten ändern wollten; sie hatten aber keinen Einfluß auf die Orthodoxie der Mehrheit. Abgesehen davon verschwanden in diesem Zeitabschnitt viele der Beschränkungen, unter denen die 60000 Juden in Frankreich früher gelitten hatten.

An dieser Stelle sollten vielleicht die Versuche zur Gründung neuer Religionen als Ersatz für die anerkannten Kirchen Erwähnung finden. Die Anhänger Saint-Simons gründeten beispielsweise eine „Kirche" mit Dogmen, Riten und Priestern, die der Vergöttlichung von Wissenschaft und Humanität dienen sollte. Einen systematischeren Versuch in dieser Richtung unternahm Auguste Comte (1798–1857), der Vater der modernen Soziologie, der der Überzeugung war, Wissenschaftler und Industrielle müßten sowohl die Herrscher als auch die Priester der modernen Gesellschaft sein. Hier genügt es zu sagen, daß diese Experimente nur wenige Anhänger fanden.

Literatur und Kunst. Für Literatur und Kunst war dies ein Zeitabschnitt, in dem die Romantik zu ihrer vollsten Entfaltung gelangte und abzuklingen begann. Gerade weil diese Bewegung mit der Vergangenheit brach, wurde sie von einem Schwung und einer Begeisterung angetrieben, die ihresgleichen seither kaum wiedergefunden haben. Ihre Vertreter setzten einen kriegerischen Stolz in ihren Ikonoklasmus. Ein Schauspiel im romantischen Stil war nicht einfach ein Schauspiel, sondern eine Art militärischer Angriff auf die gefestigten Positionen des Klassizismus, und seine Aufführung bot meistens das Bild heftiger Wortwechsel und erregter Kundgebungen.

Die getreuesten Vertreter der Romantik waren vielleicht François-René de Chateaubriand (1768–1848), dessen populäre „Naturepen", „Atala" und „René", bereits geschrieben worden waren, bevor unser Zeitabschnitt beginnt; Alphonse de Lamartine (1790–1869), dessen „Méditations" (1820) mit ihren im Gedächtnis haftenden Melodien, ihrer extremen Einfachheit und ihrer starken Gefühlsbetontheit Frankreich im Sturm eroberten; der junge Hugo, dessen Vorwort zu seinem Schauspiel „Cromwell" (1827) das romantische Manifest in der dramatischen Dichtkunst war; Alfred de Vigny (1797–1863), dessen schwermütige Dichtung eine der größten Leistungen

6. Ein Leibeigener beim Kotau vor einem Dworjanin (1789)

7. „La Liberté" (Die Freiheit führt das Volk)

8. Königin Victoria von England (1819–1901) inmitten ihrer zahlreichen und weitverzweigten Familie gegen Ende ihrer Regierungszeit

9. Industrialisierung im 19. Jahrhundert: Kinder als Arbeitskräfte in einem englischen Kohlenbergwerk

dieses Zeitabschnitts bleibt; Alfred de Musset (1810–1857), dessen Schauspiele mit ihrer wundervollen Mischung von Phantasie und Realität die erfolgreichsten Werke des romantischen Dramas darstellen, und schließlich George Sand (1804–1876), die den Roman nicht nur zur Vermittlung von seelischen Empfindungen, sondern auch von sozialistischen und humanitären Idealen einsetzte.

Nach 1830 verlor die Romantik an Vitalität und etwa ab 1840 verlangte die Öffentlichkeit von ihren Schriftstellern weniger Einfühlungsvermögen, sondern mehr Realismus. Im Werk Stendhals (Henri Beyle, 1785–1842) und Honoré de Balzacs (1799–1850) fand sie den Realismus aufs eindrucksvollste; doch diese Autoren wurden noch nicht von vielen verstanden oder geschätzt. Vielleicht repräsentiert der Mann, über den Louise Varèse äußerte, er sei der „geistige Bruder der politischen und finanziellen Raffer, jener alte Scharlatan, Alexandre Dumas, mit seiner Ghostwriterfabrik, seinem schamlosen Plagiat und seiner völlig unromantischen Liebe zum Geld – das Ein-Mann-Hollywood seiner Zeit", den Geist der letzten Jahre der Julimonarchie am ehesten.

So wie die Romantik in der Literatur die einschränkenden Formen der Vergangenheit durchbrochen und ihr neues Leben eingehaucht hatte, so gelang ihr das auch in der Malerei und der Musik. Die Anerkennung für den Beginn des Aufstands gegen die Tyrannei der David-Schule in der Malerei gebührt wahrscheinlich Jean Louis Géricault, dessen realistisches Gemälde „Das Floß der Medusa" die Klassizisten im Jahre 1819 schockierte; zum Durchbruch aber verhalf der Romantik der sicherlich größte Maler dieses Zeitabschnitts, Eugène Delacroix. In der Bildhauerei war die Revolution weniger stark und der Bruch mit dem Klassizismus weniger ausgeprägt, wie aus den Werken solcher Künstler wie David d'Angers und François Rude ersichtlich ist, dem Bildhauer, der das herrliche Steinrelief „Départ des Volontaires de 1792" (allgemein genannt „Marseillaise") hervorbrachte, das auf der einen Seite des Arc de Triomphe steht.

Die französische Musik fand in Hector Berlioz (1803–1869) einen überaus virtuosen Komponisten, der zu Recht der Begründer der Romantik in der Musik genannt wird, sowohl aufgrund der Wahl seiner Themen – wie in der „Sinfonie phantastique" (1830) mit ihrem Hexensabbat und den Hinrichtungsszenen – als auch wegen seiner überschwenglichen Ablehnung der klassizistischen Ideale von Ordnung und Selbstbeherrschung. Berlioz war ein Bindeglied zwischen Beethoven, den er dem französischen Publikum verständlich zu machen suchte, und Wagner, dessen Oper „Tristan und Isolde" (1859), wie dieser selbst erklärte, stark beeinflußt war durch die neue Klangfarbenmischung, die sich ihm zwanzig Jahre zuvor durch Berlioz' dramatische Sinfonie „Romeo et Juliette" eröffnet hatte. Auf die Oper seiner Zeit übte Berlioz nur geringen Einfluß aus.

Der große polnische Pianist und Komponist Frédéric Chopin (1810–1849) hatte seit 1831 in der französischen Hauptstadt gelebt und die liebreizenden

Nocturnen und Etüden komponiert, die der geglückteste Ausdruck seines Genies waren, während George Sand über ihn wachte und seine schwache Gesundheit pflegte. In diesen Jahren war Paris auch die Heimat von Franz Liszt (1811–1886), der Klavierunterricht erteilte, Versammlungen der Saint-Simonianer besuchte und sein Publikum durch die virtuose Ausnutzung der Klaviatur blendete. Schließlich wurde Paris während der Julimonarchie zum Zentrum des europäischen Balletts.

Die Künstler dieser Epoche blieben nicht unberührt von den politischen und sozialen Fragen der Zeit, und eines der auffallendsten Merkmale der letzten Jahre der Julimonarchie war, daß selbst die berühmtesten Künstler im öffentlichen Leben der Nation eine aktive Rolle übernahmen. Victor Hugo widmete nach 1841 zehn Jahre lang praktisch seine ungeteilte Aufmerksamkeit der Politik, und Lamartine wurde nach seinem Eintritt in die Deputiertenkammer im Jahre 1834 als Politiker so bekannt, daß er die Poesie nahezu völlig aufgab. Was George Sand betrifft, so verwandte sie um die 40er Jahre den größten Teil ihrer überquellenden Energie auf die Linderung des Elends der Arbeiterschicht; und sie war es, die Alexis de Tocqueville im Januar 1848 die Informationen über die Gesinnung der Arbeiter vermittelte, mit denen dieser vergeblich versuchte, die Kammer zu beeindrucken.

Viertes Kapitel

Großbritannien: Gesellschaftliche Unruhe und gesellschaftlicher Kompromiß 1815–1848

Die wirtschaftlichen und gesellschaftlichen Bedingungen nach 1815

Die Welle der Veränderungen. Im Vergleich zu allen bisher erörterten Ländern besaß Großbritannien in der ersten Hälfte des 19. Jahrhunderts unbestreitbare materielle Vorteile. Die industrielle und kommerzielle Überlegenheit Englands war für jeden offenkundig. Aber gerade die Umstände, die zu seinem Wirtschaftswachstum und seiner Überlegenheit in Handel und Industrie führten, verursachten schwerlich lösbare gesellschaftliche und politische Probleme und stellten eine äußerst ernste Bedrohung der bestehenden Ordnung dar.

Alle gesellschaftlichen Veränderungen in Großbritannien beruhten auf dem außerordentlichen demographischen Wachstum in diesem Zeitabschnitt. Zwischen 1700 und 1801 hatte sich die Bevölkerung verdoppelt; 1801 betrug sie 10,5 Millionen, und im Laufe der folgenden hundert Jahre sollte sich diese Zahl verdreifachen. Dieser gewaltige Bevölkerungsanstieg wurde ermöglicht durch eine bessere medizinische Versorgung, die ersten Schimmer eines allgemeinen Hygieneverständnisses und unter anderem durch gesundheitsfördernde wirtschaftliche Entwicklungen (z. B. der Herstellung leicht waschbarer Kleidung). Wie auch in anderen Ländern mit jäh ansteigender Bevölkerung hatte dieses Wachstum tiefgreifende und dauerhafte Rückwirkungen.

Vor allem verurteilte es das alte landwirtschaftliche System Englands zum Untergang. Als der Lebensmittelbedarf die Preise in die Höhe trieb, begannen die Landbesitzer kleine, einzeln bewirtschaftete Parzellen zu großen, den Bedürfnissen des erweiterten Marktes angepaßten Bauernhöfen zu konsolidieren; früheres Gemeindeland wurde eingehegt und für die Landwirtschaft nutzbar gemacht – insbesondere während des Krieges gegen Napoleon, als eine Vergrößerung des einheimischen Lebensmittelangebots dringend notwendig wurde.

Mit diesen Veränderungen überwand man weitgehend die dem alten System eigene Ineffizienz. Sie ermöglichten die vollständige Nutzung neuer Ackerbaumethoden, Bodenverbesserungen und Produktionssteigerungen. Doch diese Fortschritte brachten erhebliche gesellschaftliche Erschütterungen und menschliches Leid mit sich. Im allgemeinen beherrschten nun die

Großgrundbesitzer und wohlhabenderen Hofpächter (die langfristige Pachtverträge für 100 bis 500 Morgen große Bauernhöfe hatten) die landwirtschaftliche Szene Englands. Die ärmsten Pächter und Freisassen konnten
durch Exmittierung oder durch Konkurrenz aus ihrem Besitz verdrängt
werden. Für viele bedeuteten die ungleichmäßigen Ernten und die starken
Preisschwankungen während der Kriegsjahre den Ruin und den Abstieg auf
den Stand des Landarbeiters oder zwangen zur Abwanderung vom Lande.
Während des Krieges mit Frankreich konnten diese Entwicklungen aufge-
fangen werden. Hielt der Bedarf an Landarbeitern auch nicht Schritt mit dem
Wachstum der Landbevölkerung, so nahm er in den Jahren von 1793 bis 1815
doch stetig zu. Überdies fanden die Abwanderer aus den ländlichen Gebieten
andere Beschäftigungen. Die Kriegsjahre bedeuteten für die schnell expandierende Industrie Englands Jahre der wirtschaftlichen Hochkonjunktur.
Neue städtische Zentren wuchsen fieberhaft; und da englische Firmen die
Armeen Englands, Rußlands, Preußens und Schwedens mit Waffen, Mänteln
und Decken belieferten, standen in den Gießereien und Fabriken zahlreiche
Arbeitsplätze zur Verfügung. Das expandierende Wirtschaftssystem konnte
sogar Scharen irischer Einwanderer aufnehmen.

Die Depression der Nachkriegsjahre. Nach Kriegsende aber wandelte sich die
Situation; denn der Friede brachte eine allgemeine wirtschaftliche Flaute mit
sich, und im folgenden Jahrzehnt – die Exporte nach Europa und Amerika
fielen um ein Drittel – litten Landwirtschaft, Schwer- und Textilindustrie
gleichermaßen unter einer schweren Depression. Diese bedeutete in den
ländlichen Gebieten Härten für alle Schichten und für Hofpächter und Freisassen, die ihre Betriebe übermäßig erweitert hatten, den Ruin. Der Landarbeiter fand sich vor die Wahl gestellt zwischen dem Elend auf dem Land und
der Landflucht.

Der zweite Weg bot nicht etwa bessere Aussichten. Die Bergwerke und
Fabriken hatten nach 1815 Tausende von Arbeitern entlassen, und diejenigen, die bleiben konnten, mußten bei langen Arbeitszeiten gegen einen er-
bärmlichen Lohn unter erschreckenden Bedingungen arbeiten. Zwei weitere
Faktoren trugen zu der vorherrschenden Misere bei. Den ersten bildete die
Auflösung der Bürgerwehr und die Verringerung der regulären Streitkräfte,
was eine zusätzliche Belastung des bereits übersättigten Arbeitsmarktes um
Hunderttausende von Männern bedeutete. Der zweite Faktor war der Kampf
der alten Heimindustrien um die Aufrechterhaltung ihres Systems gegenüber
dem vordringenden Fabriksystem – ein Kampf, der zum Scheitern verurteilt
war und bereits viele arbeitslos machte. Während die Bevölkerungskurve
noch anstieg und sich noch kein Rückgang der irischen Immigration abzeich-
nete, wurden die Industriestädte Englands in den ersten Friedensjahren zu
Zentren des Schmutzes und der Armut.

Alle, die von diesen Bedingungen direkt oder indirekt betroffen waren, blickten erwartungsvoll auf die Regierung, daß sie Abhilfe schaffe. Aus mehreren Gründen war die Regierung auf derartige Maßnahmen schlecht vorbereitet.

Jahre der Gewalt 1815–1819. Die Monarchie stand traurig da. Der König, George III., war hoffnungslos dem Wahnsinn verfallen. Sein Sohn, der Prinzregent, war völlig unbedeutend; sein Interesse galt lediglich der Malerei und Architektur, der Mode und den Frauen. Die eigentliche Macht lag bei den Parlamentshäusern und wurde vom Kabinett ausgeübt. Premierminister war Lord Liverpool, ein geduldiger, phlegmatischer Mann, der seit 1793 Ministerposten bekleidet hatte. Seine wichtigsten Mitarbeiter waren Staatskanzler Eldon, Außenminister Castlereagh, Innenminister Sidmouth und der Tory-Führer im Oberhaus, Herzog von Wellington, – alles Männer mit konservativen Ansichten. Dennoch waren sie nicht die herzlosen Tyrannen, als die sie manchmal geschildert worden sind. Sie waren dem Parlament gegenüber verantwortlich, das die wohlhabendsten Gesellschaftsschichten repräsentierte und zur Panik neigte, sobald gesellschaftliche Mißstände zu gesellschaftlichen Unruhen führten. Schon vor 1789 hatte die Gewalt der Massen die reichen Schichten in England das Fürchten gelehrt – was in einem Land ohne reguläre Polizei durchaus verständlich ist –, und ihre Ängste waren durch die Ereignisse in Frankreich während der Schreckensherrschaft verstärkt worden. Nach 1815 stellten sie bei den geringsten Anzeichen von Volksaufruhr die Gefahr übertrieben dar und forderten extreme Maßnahmen zu ihrer Abwendung. Leider kam die Regierung ihren Wünschen normalerweise nach und begegnete Forderungen nach Linderung allzuoft mit Repression anstatt mit Reform.

Man darf jedoch nicht davon ausgehen, daß die Bedrohung der bestehenden Ordnung nur in ihrer Vorstellung existierte. Mit der fortschreitenden Depression setzten in den östlichen Grafschaften sporadische Erhebungen ein, und in Nottinghamshire zerstörten aufrührerische Arbeiter zahlreiche Maschinen. Weit und breit brachen Streiks aus. Noch furchterregender für die reichen Oberschichten war das Auftreten einer Anzahl von Volkstribunen und Agitatoren. Darunter waren einige verantwortungsvolle Männer mit gemäßigten Ansichten, deren Mitgefühl durch das Schicksal der Armen erregt wurde. Sie glaubten an eine Verbesserung durch legale Mittel, im allgemeinen durch eine Reform, die das Parlament zu einer landesweiten Volksvertretung machen würde. Unter ihnen befanden sich der unermüdliche, eloquente William Cobbett, vielleicht der mächtigste Pamphletist seiner Zeit, und der „Vater der Reform", der 75jährige Major John Cartwright. Einige waren blendende „poseurs", andere harmlose Fanatiker. Doch es gab auch gefährlichere Agitatoren wie den immer wieder auftauchenden Arthur Thistlewood, der vom gewaltsamen Umsturz der Monarchie sprach.

Die Extremisten erlangten unglücklicherweise im Vergleich zu ihrer Anzahl eine unproportional große Bedeutung. Im Dezember 1816 drangen Thistlewood und seine Mitstreiter zum Beispiel in eine Reformversammlung in den Londoner Spa Fields ein, führten einen Teil der Menge mit sich fort, brachen in eine Waffenhandlung ein und verübten einen Anschlag auf die Londoner City. Diese törichte Geschichte, die ihre Anstifter ins Gefängnis brachte, und ein vermeintlicher Mordanschlag auf den Regenten einige Tage später lösten in Regierungskreisen eine derartige Nervosität aus, daß das Kabinett nach Anhörung der Zeugenaussagen von bezahlten Informanten, die behaupteten, Beweise für eine umfassende Verschwörung gegen die Regierung zu haben, die Zustimmung des Parlaments zur Aufhebung der Habeas-Corpus-Akte und zum Verbot aufrührerischer Versammlungen erlangte. Diese Maßnahmen waren in der Bevölkerung nicht populär und haben möglicherweise neue Zwischenfälle begünstigt, die das Unbehagen der besitzenden Schichten verstärkten.

Ihren Höhepunkt erlangte die unglückliche Lage der Dinge im August 1819. Etwa 50 000 Menschen versammelten sich in St. Peter's Fields in Manchester, um Reden über die Notwendigkeit einer Reform der Regierung anzuhören. Einige der zur Schau gestellten Fahnen waren zwar mit revolutionären Parolen beschriftet, die Menge aber, bestehend aus ehrbaren Handwerkern und Arbeitern und ihren Familien, verhielt sich ordentlich. Der Magistrat jedoch, alarmiert durch den Umfang und die bemerkenswerte (ihm zweifellos bedrohlich erscheinende) Disziplin der Versammlung, befahl der berittenen Bürgerwehr von Manchester und Salford, in die Menge einzudringen und die Redner zu verhaften. Die freiwillige Kavallerie war eine schlecht ausgebildete Truppe, die sich aus städtischen Notabeln zusammensetzte. Bei dem Versuch, ihre Befehle auszuführen, blieb sie inmitten der nun aufgebrachten Menge stecken. Daraufhin reagierte der Magistrat vollends kopflos und befahl sechs anwesenden Truppen des Fünfzehnten Husarenregiments, die Bürgerwehr zu befreien; und diese Berufstruppen gingen mit gezogenen Säbeln vor und räumten den Platz – dabei töteten sie elf und verletzten Hunderte von Menschen. Samuel Bamford, der diese Schreckensszene miterlebte, berichtete in seinen „Passages in the Life of a Radical":

„Innerhalb von zehn Minuten war der Platz eine leere, nahezu verlassene Fläche … Die Rednertribünen und ein paar zerbrochene und abgeschlagene Fahnenstangen blieben stehen, die eine oder andere zerrissene und zerfetzte Fahne hing herunter, während über den ganzen Platz Kappen, Mützen, Hüte, Tücher, Schuhe und andere Teile von Männer- und Frauenkleidung zertrampelt, zerrissen und blutig umherlagen. Die berittene Miliz war abgesessen – einige lockerten die Gurte ihrer Pferde, andere ordneten ihre Uniform, und einige wischten ihre Säbel ab."

Die Husaren hatten zuletzt bei Waterloo gekämpft. Ihr Einsatz gegen die eigenen Landsleute schockierte die Menschen aller Schichten und führte zu der bitteren Bezeichnung dieses Zwischenfalls als „Massaker von Peterloo".

Die Regierung blieb ungerührt. Prinzregent und Innenminister gaben ihrer Zufriedenheit über das Verhalten der amtlichen Stellen in Manchester Ausdruck, und im Herbst 1819 verabschiedete das Parlament die „Six Acts", die unter anderem Versammlungen zum Zwecke der Erstellung und Unterzeichnung von Petitionen einschränkten, den Magistraten das Recht zur Beschlagnahmung von Literatur, die sie für blasphemisch oder aufwieglerisch hielten, einräumten und die Verbreitung von Zeitungen und Flugschriften durch eine Erhöhung der Stempelgebühr behinderten.

Diese Art von Maßnahmen drohte politisch Andersdenkende in den Untergrund und zu geheimen verschwörerischen Mitteln zu treiben, wie auf dem Kontinent. In der Tat verbrachte Arthur Thistlewood, wieder auf freiem Fuß, die letzten Monate des Jahres 1819 mit der Planung eines Komplotts zur Ermordung des gesamten Kabinetts und zur Errichtung einer Britannischen Republik. Die Verschwörer wurden durch einen Spion verraten und bei der Vorbereitung ihres Anschlags verhaftet; doch die Angelegenheit erschien bedrohlich.

Diese Konspiration fand glücklicherweise keine Nachahmung, und die Zeit der Gewalt und der Gegengewalt nahm ein Ende. Durch eine Verbesserung der wirtschaftlichen Bedingungen wurde das Elend, das Hauptmotiv für die Unruhen, gemildert. Diese waren jedoch nicht ohne Wirkung geblieben. Das Scheitern der Gewalt zur Erlangung positiver Ziele brachte eine Vielzahl von Menschen zu der Überzeugung, daß der beste Weg zu einer Verbesserung der sozialen Bedingungen eine Parlamentsreform sei. Und selbst die Tory-Partei schien gewillt, eine Abhilfe schaffende, progressive Gesetzgebung in Erwägung zu ziehen.

Die Reformbewegung 1820–1832

Tory-Reformen. Die Tories, die sich der Loyalität der meisten großgrundbesitzenden Familien sowie des Landadels, der Universitäten, der Beamtenschaft und des Militärs sicher waren, hatten seit 1793 ununterbrochen die Macht in Händen gehabt, weitgehend aufgrund der fortwährenden Uneinigkeit ihrer Gegner, der Whigs. Ihr wenig anregendes Erfolgsverzeichnis in den ersten Friedensjahren schien den Beginn jener fatalen Trägheit aufzuzeigen, die die politischen Organe nach einer langen Amtszeit häufig befällt. Nach 1820 bewies die Partei jedoch ihre natürliche Vitalität, indem sie plötzlich eine Gruppe junger, energischer Führer hervorbrachte. Liverpool blieb Premierminister, aber seine wichtigsten Amtskollegen waren jetzt George Canning (1770–1827) im Außenministerium, F. J. Robinson (1782–1859) im Schatzamt, William Huskisson (1770–1830) im Handelsministerium und Robert Peel (1788–1850) im Innenministerium. Während Canning (s. S. 35–36) die Außenpolitik mit neuem Leben erfüllte, wandten sich seine Kollegen den

Problemen an der innenpolitischen Front mit Elan und Entschlossenheit zu; und zumindest ein paar Jahre lang war die Politik der Tories so progressiv, daß sie selbst die Zustimmung der Anhänger von Jeremy Bentham (1748–1832) gewann.

Bentham, der exzentrische und leidenschaftliche Analytiker des politischen Systems in England, hatte schon lange gepredigt, die politischen und gesellschaftlichen Institutionen müßten fortwährend am Maßstab der Nützlichkeit gemessen werden, ihr Fortbestehen dürfe nur bei leistungsfähiger Funktion gebilligt und alle überkommenen Institutionen und Anomalien der Feudalzeit müßten rücksichtslos ausgemerzt werden. Weitgehend in Übereinstimmung mit dieser Philosophie machte sich die Tory-Gruppe nun an die Arbeit.

Die Bemühungen Robinsons und Huskissons z. B. waren beseelt von dem Wunsch, das Land von den Einschränkungen durch ein überaltertes Handels- und Fiskalsystem zu befreien. Während Robinson das Steuersystem und die Nationalschulden revidierte, nahm Huskisson die vielen den englischen Handel behindernden Abgaben und Rückvergütungen in Angriff und schloß auf Gegenseitigkeit beruhende Handelsabkommen, die innerhalb von zehn Jahren eine Steigerung der britischen Transporte um fünfzig Prozent bewirkten.

Peel befaßte sich mit den vielen überkommenen, im englischen Strafrecht geltenden Verfahren und unmenschlichen Strafen. Seine bekannteste Reform dürfte wohl die Aufstellung einer ausgebildeten Polizei in der Hauptstadt gewesen sein. Diese „peelers" oder „bobbies" traten bald auch in anderen Großstädten auf und verringerten die Abhängigkeit der lokalen Behörden in Zeiten bürgerlicher Unruhen von der Bürgerwehr oder den regulären Streitkräften. Ihre Wirksamkeit zeigte sich auch in dem nahezu schlagartigen Rückgang der Kriminalität.

Aber noch vor Vollendung dieser letzten Reform schwand der Einfluß der Reformer im Kabinett. Das Ausscheiden Liverpools aus dem öffentlichen Leben und der frühzeitige Tod Cannings im August 1827 brachten den Herzog von Wellington an die Spitze der Regierung, und das Kabinett war ab sofort nicht mehr geneigt, Veränderungen durchzuführen.

Dennoch war die Regierung gezwungen, weitere Reformen zu dulden. Gemäß den „Test and Corporation Acts" blieben englischen Staatsbürgern öffentliche Ämter verschlossen, sofern sie nicht bereit waren, die Kommunion nach dem Ritus der Kirche von England zu empfangen. In bezug auf die protestantischen „dissenters" waren diese Gesetze seit Jahren umgangen worden, doch ihr Fortbestehen bedeutete einen Affront gegen Nichtanglikaner, und im Jahre 1828 hob die Regierung sie unter dem Druck der Opposition auf.

Dies warf unweigerlich die viel schwierigere Frage nach der Gleichberechtigung der Katholiken auf. Die Aufhebung der „Test and Corporation Acts" machte römisch-katholischen Bewerbern die meisten öffentlichen Ämter zugänglich, doch vom Parlament blieben sie aufgrund eines Gesetzes von 1679 weiterhin ausgeschlossen; danach waren alle Parlamentsabgeordneten verpflichtet zu erklären, daß sie die Transsubstantiationslehre und die Verehrung der Jungfrau Maria ablehnten. Aufgrund dessen war die katholische Mehrheit Irlands gezwungen, Protestanten zu wählen, um im Parlament vertreten zu sein.

Die Iren waren nicht bereit, das länger zu dulden. Im Jahre 1823 hatte Daniel O'Connell (1775–1847), ein Rechtsanwalt aus Dublin, eine unter dem Namen „Catholic Association" bekannte Vereinigung gegründet, um für die Abschaffung der politischen Einschränkungen der Katholiken zu kämpfen. Ihre Versammlungen versetzten ganz Irland in Erregung und beunruhigten die Regierung in hohem Maße. Diese versuchte vergeblich, die Vereinigung zu behindern und gar aufzulösen. Ihre Sorge wuchs im Jahre 1828, als O'Connell sich entschloß, für eine parlamentarische Nachwahl in der Grafschaft Clare zu kandidieren, und einen triumphalen Wahlsieg errang. Es war unverkennbar, daß – wenn nichts unternommen würde – bei der nächsten allgemeinen Wahl in allen Wahlkreisen Irlands Katholiken gewählt würden und daß der Versuch, ihnen das Recht auf einen Parlamentssitz streitig zu machen, zu bürgerkriegsähnlichen Auseinandersetzungen führen könnte. Wellington und Peel lehnten die Gleichberechtigung der Katholiken ab, aber sie waren realistisch genug einzusehen, daß sie der Herausforderung O'Connells nicht entgegentreten konnten. Daher brachten sie ein Gesetz zur Abschaffung der letzten Einschränkungen bezüglich der politischen Betätigung von Katholiken ein, und im März 1829 wurde es vom Parlament verabschiedet.

Der junge John Stuart Mill begrüßte dieses Votum als „eines jener großen, periodisch auftretenden Ereignisse, durch die die Institutionen eines Landes mit dem geistig überlegenen Teil der Bevölkerung in Einklang gebracht werden – durch die das, was vorher nur in den Köpfen des intelligenteren Teils der Gemeinschaft existierte, Landesgesetz wird und folglich die gesamte Gemeinschaft auf dessen Niveau emporhebt". Dennoch hinterließ die Verabschiedung dieses Gesetzes die Tories in einem stark gespaltenen Zustand und wenig geneigt, sich mit der heiklen Frage der drängenden Parlamentsreform zu befassen.

Die „Great Reform Bill". Das Problem lag darin, daß das parlamentarische System Englands nicht Schritt gehalten hatte mit den neuen gesellschaftlichen und wirtschaftlichen Gegebenheiten des Lebens; und dies wurde schmerzlich bewußt, wenn man sah, wie die Abgeordneten für das 660 Mitglieder umfassende Unterhaus gewählt wurden. Die Vertreter der Grafschaftswahlkreise (190 aus der Gesamtzahl) wurden durch die Vierzig-Schilling-Freisassen gewählt – d. h. durch Männer, die soviel Land besaßen, daß sie daraus ein Einkommen von mindestens vierzig Schilling pro Jahr erzielten. Doch aufgrund der Konzentration des Landbesitzes und der sinkenden Anzahl unabhängiger Eigentümer bestimmten die wenigen Wohlhabenden über die Parlamentssitze der Grafschaften.

Zumindest war das Wahlrecht in den Grafschaften einheitlich. In den städtischen Wahlbezirken (boroughs), die 465 Abgeordnete ins Unterhaus entsandten, war dies keineswegs der Fall. In dem einen „borough" konnten alle Steuerzahler wählen, im anderen nur die Bewohner bestimmter Häuser, im dritten nur der Bürgermeister und sein Gemeinderat. In den meisten Fällen war die Anzahl der Wähler so gering, daß die Regierung oder vielmehr die örtlichen Magnaten sie leicht beeinflussen konnten; und es gab Fälle, in denen die Wahl eine rechtliche Fiktion war und die Mitglieder einfach durch die Peers, in deren Herrschaftsbereich das „borough" sich befand, ernannt wurden.

Als ebenso verwerflich wie den aristokratischen Charakter des Systems empfanden die Kritiker die offensichtliche Ungleichheit der Vertretung. Schottland hatte bei einer achtmal so großen Bevölkerung weniger Vertreter im Parlament als Cornwall. Die zehn Grafschaften Südenglands hatten nahezu ebenso viele Vertreter wie die dreißig übrigen, obwohl ihre Bevölkerung nur ein Drittel der der anderen ausmachte. Der Notstand der Industriestädte war noch auffälliger. Birmingham, Bradford, Halifax, Leeds, Manchester und Sheffield waren im Parlament überhaupt nicht vertreten.

Die Verteidiger des Status quo reagierten immer wieder mit einer Vielzahl von Argumenten auf die Kritik: das bestehende System ermögliche es, begabte Männer, die nicht ins Parlament gewählt werden könnten, zu Abgeordneten zu ernennen, jedes Parlamentsmitglied vertrete alle Teile des Landes, und jede Änderung störe das Gleichgewicht der Verfassung, schmälere den Einfluß der Krone und beschwöre eine Unmenge von nicht spezifizierten Gefahren herauf. Ab 1830 büßten diese letzten Argumente jedoch bei den gebildeten Schichten an Wirkung ein; sie erkannten, daß keine Regierungsreform durchgeführt würde, solange die Zusammensetzung des Parlaments unverändert bliebe. Und sie machten überhaupt keinen Eindruck auf das Volk, das nach Taten schrie.

Hatte die Verabschiedung des Gesetzes über die Gleichberechtigung der Katholiken zu dieser Agitation beigetragen, so gaben zwei andere Ereignisse einen zusätzlichen Anstoß: der Sturz der Bourbonenmonarchie in Frankreich und das Zusammentreffen einer plötzlichen Rezession im Handel und einer Mißernte im Jahre 1830. Kurz, alle Ereignisse verschworen sich zugunsten einer Reform; und als die Tory-Regierung die Augen davor verschloß, wurde sie abgesetzt. Im Herbst 1830 lobte Wellington in Fehleinschätzung der Dinge die englische Regierung als den Gipfel der Vollkommenheit und erklärte, daß er „nicht nur nicht bereit sei, irgendeine Maßnahme zur [Parlamentsreform] durchzuführen", sondern daß er, „solange er irgendeinen Rang in der Regierung des Landes innehabe, es immer für seine Pflicht halten werde, sich derartigen Maßnahmen zu widersetzen, wenn sie von anderen vorgeschlagen würden". Es folgten prompt Attacken auf die Regierung aus allen Lagern, und der Herzog wurde zum Rücktritt gezwungen.

Die neue Regierung unter Führung von Lord Grey setzte sich vorwiegend aus Whigs zusammen. Sie hatte sich der Reform verpflichtet und nahm sie unverzüglich in Angriff. Im März 1831 brachte Lord John Russell im Unterhaus eine Reformvorlage ein. Als sie aufgrund eines technischen Details scheiterte, trug Grey den Streit an die Öffentlichkeit und gewann durch Neuwahlen eine Mehrheit von 100 Sitzen. Daraufhin brachte er die Vorlage erneut ein, und nach monatelangen Debatten, in denen die Opposition alle Möglichkeiten der Verzögerungstaktik ausschöpfte, wurde sie mit einer Mehrheit von 106 Stimmen verabschiedet. Das Oberhaus, zu der Zeit wie später Zentrum eines engherzigen Konservativismus, brachte das Gesetz prompt zu Fall.

Dies löste weit und breit Empörung aus, die sich in Volkserhebungen und Demonstrationen in ganz Großbritannien niederschlug. Als es praktisch sicher war, daß die Lords wiederum den Volkswunsch nach einer Reform mißachten würden, nachdem die Vorlage das dritte Mal eingebracht und im März 1832 vom Unterhaus verabschiedet worden war, trat Grey zurück.

Der tote Punkt in der Verfassungsfrage war jedoch überwunden. Wellington, den der König zur Amtsübernahme bewegen konnte, war nicht in der Lage, ein Kabinett zu bilden. Sein Scheitern war vermutlich zum Teil auf einen Run auf die Banken und einen von Mittelstandsagitatoren, insbesondere dem Bentham-Anhänger Francis Place, organisierten Steuerstreik zurückzuführen. Als Preis für seine Rückkehr ins Amt forderte Grey, was ihm vorher verweigert worden war, nämlich das Versprechen des Königs, genügend neue Peers zu ernennen, um die Verabschiedung der Reformvorlage im Oberhaus sicherzustellen. Es bedurfte keiner Ernennungen, die Drohung reichte aus. Am 4. Juni 1832 wurde die „Great Reform Bill" verabschiedet.

Das Gesetz beseitigte nicht alle Mißstände, die zu seiner Einbringung geführt hatten. Nach 1832 gab es ebenso „rotten boroughs" („verfaulte" städtische Wahlbezirke, in denen die Abgeordneten durch die Grundbesitzer ernannt, anstatt durch die Einwohner gewählt wurden) wie vorher; es gab „boroughs", in denen fünfzig Stimmen über die Wahl eines Abgeordneten entscheiden konnten; und es gab immer noch erschreckende Ungleichheiten in der parlamentarischen Vertretung. Doch die Mißstände waren weniger geworden. 143 Sitze wurden umverteilt mit dem Ziel, bevölkerungsarmen Zentren parlamentarische Vertreter zu entziehen, die Vertretung der größeren Grafschaften Schottlands und Irlands zu verstärken und den Industriestädten überhaupt die Möglichkeit zu geben, Vertreter ins Unterhaus zu schicken.

Gleichzeitig wurde das Wahlrecht erweitert. In den Grafschaften war das Wahlrecht nicht mehr auf diejenigen beschränkt, denen ihr Land gehörte. In den „boroughs" wurden alle Sonderwahlrechte abgeschafft, und jeder Eigentümer oder Mieter eines Hauses, dessen Jahresmietwert zehn Pfund betrug, erhielt das Stimmrecht. In ganz England und Wales besaß jetzt jeder Fünfte der Männer das Stimmrecht, in Schottland jeder Achte, in Irland jeder Zwanzigste. Das war keine Demokratie – eine Tatsache, die verständlicher wird, wenn man bedenkt, daß die Parlamentsabgeordneten noch keinerlei Bezahlung erhielten und daß ein Eigentumszensus für die Wahlkandidaten bestand –, aber es war der erste hoffnungsvolle Schritt in diese Richtung.

In der Geschichte der politischen Organisation Englands kommt der Reformkampagne eine große Bedeutung zu. In ihr lassen sich die ersten Anfänge der in unserem Zeitalter alltäglich gewordenen Propagandataktik und der Interessenvertretung erkennen. Und die Verabschiedung der „Reform Act" kennzeichnet den eigentlichen Beginn der modernen Parteiorganisation in England. Politische Clubs setzten den Mechanismus der Parteien in Gang, einen Mechanismus, der als Folge der Bestimmungen der „Reform Act" weiter entwickelt wurde. Die gesetzliche Bestimmung, daß die Wahlberechtigten ins Wählerverzeichnis aufgenommen werden mußten, regte die Gründung örtlicher Parteiverbände zur Förderung von Eintragungen an, die Errichtung zentraler Eintragungskomitees, ein Anwachsen der Zahl von Wahlorganisatoren und Parteigeschäftsführern und andere für die moderne politische Partei charakteristische Dinge. In diesem Sinne stammt das gegenwärtige politische System Englands aus dem Jahre 1832.

Die Politik des Volkes

Die Unzufriedenheit des Volkes über die „Reform Act". Die „Reform Act" gewährte dem Mittelstand das Wahlrecht. Der Arbeiterschicht, die zur Verabschiedung des Gesetzes beigetragen, das Wahlrecht aber nicht erhalten hatte, brachte es weniger greifbare Vorteile. Und die vernehmbare Reaktion der Arbeiter war Enttäuschung und Unmut.

Im neuen Unterhaus herrschten die Whigs und ihre Benthamschen Koalitionspartner, die Radikal-Liberalen. Indem sie von ihrer Macht nur begrenzten Gebrauch machten, zeigten sie bald, daß sie keine echten Freunde ihrer ehemaligen Helfer aus der Arbeiterschicht waren. Die Stabilität der Gesellschaft erforderte ihrer Ansicht nach die Einschränkung des Wahlrechts auf diejenigen, die ein wirtschaftliches Interesse an der Gesellschaft nahmen und genügend Bildung besaßen, um das Stimmrecht vernünftig anzuwenden.

Die Whigs und Radikal-Liberalen ruhten sich nach 1832 nicht nur auf ihren Lorbeeren aus; doch bei aller Bereitschaft, greifbare Mißstände zu beseitigen und Maßnahmen zur Leistungssteigerung und Wirtschaftlichkeit in der Regierung gemäß ihren Benthamschen Vorschriften durchzuführen, war ihre Haltung gegenüber den gesellschaftlichen Bedürfnissen der Arbeiterschicht nahezu gänzlich negativ. Die „Factory Act" von 1833, mit der die Kinderarbeit und die Beschäftigung von Jugendlichen in den Textilfabriken reduziert und geregelt wurde, verdankt ihre Verabschiedung weniger ihnen als den energischen Bemühungen von Tory-Reformern wie Lord Ashley. Viele Whigs und Radikal-Liberale lehnten sie ab, weil sie ihnen als unbotmäßiger Eingriff in die Gewerbefreiheit erschien.

Die Vertreter der industriellen Interessen waren in der Tat nur allzu bereit, die Bevölkerungsstudien von Thomas Malthus (1766–1834) und die wirtschaftlichen Analysen David Ricardos (1772–1823) zur Untermauerung des Standpunktes heranzuziehen, daß die Masse der Bevölkerung immer auf dem bloßen Existenzminimum leben werde und daß ihr Schicksal nicht durch Regierungsmaßnahmen, sondern nur durch Selbsthilfe, Enthaltsamkeit und Selbstdisziplin verbessert werden könne. Wenn sie Gesetze auf sozialem Gebiet unterstützten, so nahmen diese daher im allgemeinen strenge Formen an, wie die neue „Poor Law" von 1834. Mit diesem Gesetz, das der Philosophie Benthams entsprang, versuchte man, die den Steuerzahlern der Gemeinden aufgebürdete Last der Armenunterstützung zu mildern, indem alle Unterstützungsempfänger gezwungen wurden, in Arbeitshäusern zu leben, in denen ihnen das Recht, mit ihren Familien zusammenzuleben, versagt war (damit sie sich nicht fortpflanzten). Man braucht nur die Beschreibung der Verhältnisse in den Arbeitshäusern von Charles Dickens in dem 1837 veröffentlichten Buch „Oliver Twist" zu lesen, um das menschliche Leid zu verstehen, das dieses System erzeugte.

Der Geist und die politischen Maßnahmen der Regierung nach 1832 entfremdete die Arbeiterschicht und zwang sie gleichzeitig zu der Erkenntnis, daß ihr Schicksal nur durch ihre eigenen Anstrengungen verbessert werden konnte. Diese Erkenntnis rief zwei Bewegungen ins Leben: das Gewerkschaftswesen und den Chartismus.

Die Gewerkschaftsbewegung. In den ersten Jahren nach dem Krieg war die Entwicklung einer starken Gewerkschaftsbewegung aufgrund der „Combination Acts" von 1790 und 1800 und anderer Gesetze, die Vereinigungen innerhalb der Arbeiterschicht als gewerbebehindernde, kriminelle Verschwörungen verboten, mit Ausnahme reiner Wohltätigkeitsvereine, unmöglich gewesen. Im Jahre 1824, während der Canningschen Reformperiode, hatte das Parlament die „Combination Acts" jedoch aufgehoben und den Zusammenschluß von Arbeitern zur friedlichen Verhandlung über Löhne und Arbeitszeiten unter der Voraussetzung gestattet, daß derartige Zusammenschlüsse nicht zu Vertragsbrüchen ermutigen oder zu „Belästigung" oder „Behinderung" von Arbeitgebern führen würden. Die Bestimmungen des neuen Gesetzes – obgleich im Jahre 1825 geändert – erschwerten den Arbeitern den Streik weiterhin, und die Gerichte waren sehr beflissen, den Beweis für Obstruktionismus zu liefern. Immerhin konnten die Gewerkschaften ihre Tätigkeit nun offen ausüben, ohne sich als Wohltätigkeitsvereine zu tarnen. In den Jahren von 1825 bis 1832 wuchs die Mitgliederzahl der Gewerkschaften stetig, und es begannen systematische Versuche, die örtlichen Gewerkschaften auf nationaler Ebene zu vereinigen.

Die Ernüchterung der Arbeiter nach der Verabschiedung der „Reform Act" bewirkte nicht nur ein Anwachsen der Gewerkschaftsbewegung, sondern erhöhte auch ihre Kampfbereitschaft. In der zweiten Hälfte des Jahres 1832 setzte ein allgemeiner Anstieg der Mitgliederzahlen ein, die Streikaktivität nahm zu, und die vorher gescheiterten Bemühungen um eine Vereinigung aller Gewerbezweige lebten wieder auf. Ein Beispiel dafür stellte die „Grand National Consolidated Trades Union" dar, die schon bald nach ihrer Gründung im Jahre 1833 die Mitgliedschaft von einer halben Million Fach- und Hilfsarbeitern verzeichnete.

Der führende Kopf dieser Bewegung war Robert Owen (1771–1858). Als „self-made man", der im Alter von zwanzig Jahren eine der größten Baumwollfabriken in Lancashire leitete, war er ein geborener Sozialreformer. Er hatte seine Fabrik in New Lanark zu einem Modellbetrieb gemacht, in dem gute Löhne gezahlt wurden, das Arbeitsverhältnis geregelt war, den Arbeitern hygienische Wohnungen und Erholungsstätten zur Verfügung standen und für eine ganztägige Schulerziehung ihrer Kinder gesorgt war. Seine in den Vereinigten Staaten gegründete Modellgemeinde „New Harmony" war zwar kein Erfolg, aber sie regte das dauerhafteste seiner Experimente an: die Errichtung selbstverwalteter, gemeinnütziger Produktionsgenossenschaften und Genossenschaftsläden zur Versorgung der Arbeiter. Schon im Jahre 1830 gab es über 300 solcher Genossenschaften.

Owens Idee hatte sich von einer einfachen Philanthropie zu einem ziemlich unsystematischen Sozialismus entwickelt, und er war an dem Punkt angelangt, wo er das Gewinnsystem ablehnte und für alles kämpfte, was eine Verringerung der Ausbeutung der Arbeiter versprach. Der überwältigende Enthusiasmus, mit dem er seine Bemühungen anging, ließ die Gewerkschaftsbewegung viel stärker erscheinen, als sie war. In der Realität brachen die Gewerkschaften außerordentlich schnell auseinander, sobald sie ihre Stärke unter Beweis stellen mußten.

Finanzielle Mißwirtschaft, eine unkluge Streikpolitik, der gemeinsame Widerstand der Unternehmer, die Verfolgung seitens der Regierung und schließlich persönliche Differenzen zwischen Owen und seinen wichtigsten Mitarbeitern machten die militante Gewerkschaftsbewegung der 30er Jahre des 19. Jahrhunderts zunichte. Um 1835 war die „Grand National" auseinandergebrochen, und ihre Mitgliedsgewerkschaften befanden sich im Rückzug. Im folgenden Zeitabschnitt überlebten vorwiegend die Gewerkschaften in den Fachberufen, die alle ehrgeizigen Organisationsschemen ablehnten und sich auf ihre eigenen Probleme und auf Wohltätigkeitszwecke konzentrierten. Die gewerkschaftliche Organisation in den Berufen, die keine besondere Ausbildung erforderten, kam zum Stillstand, und in der folgenden Jahrhunderthälfte wurden nur geringfügige Fortschritte gemacht. Das Scheitern der Owenschen Gewerkschaftsbewegung hatte jedoch ein weiteres, positives Ergebnis. Die Arbeiter gelangten zu der Erkenntnis, daß keine gesellschaftliche Reformmaßnahme erzielt werden konnte, solange die Arbeiter kein Stimmrecht hatten. Sie nahmen Abstand von der wirtschaftlichen Waffe und gingen nun zu politischen Druckmitteln über in der Hoffnung, die neue herrschende Schicht zwingen zu können, ihre Macht mit den Arbeitern zu teilen. Einen Versuch in dieser Richtung stellte die Agitation für die Volkscharta dar.

Der Chartismus. Im Jahre 1836 gründete eine Gruppe von Arbeiterführern unter der Leitung William Lovetts, eines ehemaligen Ladenbesitzers in der ersten Owenschen Genossenschaft in London, die „London Working Men's Association", „um den intelligenten und einflußreichen Teil der Arbeiterschicht in Stadt und Land in einem einheitlichen Bund zusammenzufassen und mit allen legalen Mitteln zu versuchen, alle Gesellschaftsschichten in den Besitz gleicher politischer und gesellschaftlicher Rechte zu bringen." Zur Erlangung dieses glücklichen Zustands waren sechs Dinge notwendig, und diese wurden in der im Mai 1838 veröffentlichten Volkscharta dargelegt. Die Forderungen lauteten: jährliche Parlamente, allgemeines Wahlrecht für Männer, gleichgroße Wahlbezirke, Abschaffung der Eigentumsbestimmung für Abgeordnete im Unterhaus, geheime Wahl und Bezahlung der Parlamentsmitglieder. Unter dem Einfluß der „Political Union" von Birmingham, die während der Reformkampagne von 1831–1832 eine bedeutende Rolle gespielt hatte und nun wieder auflebte, wurde diese Charta in eine nationale Petition eingearbeitet.

Die Londoner und Birminghamer Führer wollten diese neue Kampagne zweifellos systematisch, rechtschaffen und friedlich fortsetzen. Doch Lovett und seinen Mitarbeitern wurde die Führung bald durch gewaltsamere Geister streitig gemacht. Unter ihnen befanden sich James Bronterre O'Brien, ein unverdrossener Prediger des Klassenhasses, und Feargus O'Connor, ein gewalttätiger, prinzipienloser Raufbold und Herausgeber einer radikalen Zeitung in Leeds namens „Northern Star".

Auf einem „Allgemeinen Konvent der gewerbefleißigen Klassen" in London im Februar 1839 überwanden O'Connor und O'Brien den Einfluß der Gemäßigten und veranlaßten die Anwesenden nicht nur, die Charta zu akzeptieren, sondern auch das Recht des Volkes auf Bewaffnung anzuerkennen und einem Generalstreik zuzustimmen für den Fall, daß das Parlament ihre Forderungen ablehnte. Dies löste ein gefährliches Maß an Erregung aus. Als die von 1,2 Millionen Bürgern unterzeichnete Petition und Charta im Juli vom Unterhaus abgelehnt wurde, brach in Newport in Monmouthshire ein bewaffneter Aufstand aus, bei dem vierzehn Männer getötet wurden und zehn Menschen ihren Verletzungen erlagen.

Dieser tragische Vorfall und die Verhaftung einer Reihe von Chartistenführern setzten der ersten Phase dieser Bewegung ein Ende, doch der Chartismus bestand noch zehn Jahre lang fort und wurde in Zeiten wirtschaftlicher Not aktiv. Im Winter 1841–1842 lebte er wieder auf, als infolge einer schlechten Ernte und einer Flaute im Binnen- und Außenhandel fast ein Zehntel der Bevölkerung arbeitslos war. Unter Führung O'Connors wurde erneut eine nationale Petition in Umlauf gebracht und dem Unterhaus im Mai 1842 mit 3317752 Unterschriften vorgelegt.

Bei dieser Gelegenheit fand tatsächlich eine Debatte über die Charta statt, doch beide Parteien widersetzten sich der Schlüsselforderung, dem allgemeinen Wahlrecht, das jener Inbegriff des Mittelstandsliberalismus, Thomas Babington Macaulay (1800–1859), als „fatal für jede Regierungsausübung und gänzlich unvereinbar mit dem Bestehen einer Zivilisation überhaupt" bezeichnete. Das Haus lehnte die Petition mit 287 zu 49 Stimmen ab. Dies hatte die gleiche Wirkung wie die vorherige Ablehnung: es löste Unruhen in ganz Großbritannien aus.

Unter der Führung O'Connors war der Chartismus zu einer antiindustriellen Bewegung geworden. O'Connor haßte Fabriken und Städte und träumte insgeheim davon, England den kleineren Landbesitzern zurückzugeben. Diese Vorstellung fand bei Tausenden Anklang, die noch von der Rückkehr in die Vergangenheit träumten; doch sie stand im Widerspruch zu den Realitäten des Zeitalters. Sie bewirkte ein allmähliches Abbröckeln der ursprünglich starken Anhängerschaft des Chartismus in den Gewerkschaften und machte gleichzeitig jede Zusammenarbeit mit jener Mittelstandsbewegung, die vielleicht einen wirksamen Bündnispartner abgegeben hätte, nämlich der „Anti-Corn Law League", unmöglich. Aus diesem Grunde ging der Chartismus nach 1842 stetig zurück.

Der Weg zum Kompromiß

Königin Victoria. Während der turbulenten Jahre gewerkschaftlicher und chartistischer Agitation hatte ein neuer Souverän den Thron bestiegen. William IV., der zur Zeit der ersten Kabinettsbildung Lord Greys König geworden war, starb im Jahre 1837, und seine Nichte Victoria trat die Thronfolge an. Zur Zeit ihrer Thronbesteigung achtzehn Jahre alt, wenig vertraut mit dem höfischen Leben, besaß die neue Monarchin Energie und Entschlossenheit sowie die Einsicht, daß die Politik eine Kunst ist, die ebenso erlernt werden muß wie alles andere. Ihre Regierungszeit (1837–1901) sollte die längste in der englischen Geschichte und, vom Standpunkt des materiellen

Wohlstands, der politischen Macht, des wissenschaftlichen Fortschritts und der kulturellen Leistungen her gesehen, auch die prosperierendste sein.

Die ersten Regierungsjahre Victorias waren gekennzeichnet durch wirtschaftliche Not und soziale Unruhen, doch vollzog sich in dieser Zeit auch ein politischer Wandel von grundlegender Bedeutung: die Übertragung der politischen Führung des Landes von der Aristokratie auf den Mittelstand. Diese begann, wie wir gesehen haben, mit der Verabschiedung der „Reform Act" fünf Jahre vor Victorias Thronbesteigung; konsolidiert aber hat sich die Vorherrschaft des Mittelstands durch die Aufhebung der „Corn Laws" im Jahre 1846.

Die Aufhebung der „Corn Laws". Die Agitation für die Aufhebung der „Corn Laws" begann in den Jahren der landwirtschaftlichen und wirtschaftlichen Depression, in denen der Chartismus aufkam. Mit der Gründung der „Anti-Corn Law League" im Jahre 1839 nahm sie organisierte Formen an. Diese stellte den wirksamsten Propagandaapparat auf, den England jemals erlebt hatte, mit Ortsverbänden in ganz England und einer aus Spenden der kapitalistischen Schicht bestehenden Kampfkasse, die die Veröffentlichung und den Umlauf von Zeitungen und Flugschriften, unzählige Versammlungen und verschiedene Arten der Druckausübung auf das Parlament ermöglichte. Die Anführer der Liga waren die beiden Fabrikanten und Anhänger des Freihandels Richard Cobden (1804–1865) und John Bright (1811–1889). Beide waren der aufrichtigen Überzeugung, daß das bestehende Schutzzollsystem die Entwicklung der englischen Produktion gefährde. Der Schlüssel zu diesem Schutzzollsystem waren die „Corn Laws", und die Anhänger des Freihandels glaubten, deren Abschaffung bringe das gesamte System zu Fall.

Die Argumente der Freihandelsanhänger bildeten eine eigenartige Mischung. Viele Fabrikanten unterstützten die Liga, weil sie glaubten, die Aufhebung der „Corn Laws" würde Lohnsenkungen ermöglichen, doch ebenso viele glaubten wahrscheinlich aufrichtig, daß die Aufhebung dieses Gesetzes der Arbeiterklasse durch die Senkung der Brotpreise direkte Vorteile verschaffen und die Härten der Industrialisierung etwas mildern würde. Aus manchen Reden für die Aufhebung des Gesetzes sprach ein evangelistischer Eifer und die Überzeugung, daß der Freihandel eine gegenseitige Abhängigkeit der Nationen und den internationalen Frieden mit sich bringen würde. In anderen entdeckt man den Wunsch nach Zerschlagung der politischen Macht der Aristokratie durch die Beseitigung ihrer wirtschaftlichen Vorteile. Im Jahre 1845 sagte Cobden: „Je eher die Macht in diesem Lande von der landbesitzenden Oligarchie, die sie so sehr mißbraucht hat, übergeben und absolut – wohlgemerkt, ich sage, absolut – in die Hände der intelligenten Mittelschicht und der gewerbefleißigen Klassen gelegt wird, desto besser für die Beschaffenheit und das Schicksal dieses Landes."

Die Regierung konnte die Argumente der Liga nicht auf die leichte Schulter nehmen. Im Jahre 1841 wurden die Whigs durch ein Tory-Kabinett unter Sir Robert Peel ersetzt, der von Anfang anerkannte, daß das Wirtschaftsgefüge des Landes reformbedürftig war. „Wir müssen dieses Land", so schrieb er an seinen Freund, „zu einem Land machen, in dem man billig leben kann." Dies versuchte er durch eine Senkung der Einfuhrzölle in der Hoffnung, damit den Handel anzuregen, und zum Ausgleich für den Einkommensverlust des Staates erhob er eine Einkommensteuer; weiterhin festigte er das Währungssystem, verstärkte die Kreditmöglichkeiten des Landes (durch die „Bank Charter Act" von 1844) und führte andere Finanzmaßnahmen durch.

Peel war Vorsitzender einer Partei, die landwirtschaftliche Interessen vertrat, und zu normalen Zeiten hätte ihn diese Position davon abgehalten, die „Corn Laws" anzutasten. Doch im August 1845 setzte in Irland die Kartoffelfäule ein, und diese übervölkerte Insel war mit einer Hungersnot konfrontiert. Auch die englische Ernte war schlecht. Die „Anti-Corn Law League" nahm diese Gelegenheit eiligst wahr, um erneut einen Angriff auf das Schutzzollsystem zu starten; und Peel besaß genügend Mut, den Realitäten ins Auge zu sehen und sich zur Abschaffung der „Corn Laws" zu entschließen. Im Mai 1846 wurde das Gesetz durch das Parlament aufgehoben. Dies erzeugte Unversöhnlichkeit und Empörung unter den Tories, und die Mehrheit der Partei verstieß daraufhin, angeführt von Lord George Bentinck und einem jungen, ehrgeizigen Politiker namens Benjamin Disraeli, ihren größten Staatsmann, indem sie ihn des Verrats beschuldigte.

Die direkten wirtschaftlichen Folgen der Aufhebung der „Corn Laws" waren nicht so eklatant wie erwartet. Der Normalpreis für Getreide war nicht merklich gefallen und blieb über die nächsten zwei Jahrzehnte stabil. Da in diesen Jahren die Preise auf dem Weltmarkt anzogen, kann man behaupten, daß Getreide und Brot in England eine wesentliche Preissenkung erfuhren. Soweit dies zutraf, trug die Aufhebung des Gesetzes zur Verbesserung des Schicksals der Armen und zur Stärkung des sozialen Friedens bei.

Indem die Aufhebung der „Corn Laws" die wirtschaftliche Vorrangstellung der landbesitzenden Aristokratie zunichte machte, demonstrierte sie die politische Vorherrschaft jener Schicht, die im Jahre 1832 das Wahlrecht erhalten hatte. Die Aristokratie behielt weiterhin große gesellschaftliche Macht und das Monopol im Oberhaus, und sie beherrschte nach wie vor die Streitkräfte, den diplomatischen Dienst und die Staatskirche. Im Zentrum der Macht aber, dem Unterhaus, hatte der Mittelstand die Führung übernommen.

Dem sozialen Frieden entgegen. Die Philosophie des „laissez-faire", die den Anstoß zur Aufhebung der „Corn Laws" gegeben hatte, begünstigte keineswegs eine positive Gesellschaftsreform. Maßnahmen zur Verbesserung der Lebensbedingungen der Armen erschienen als unbotmäßiger Eingriff in die Gesetze der Wirtschaft. Und doch konnten diejenigen, die die Losungsworte des Manchester-Liberalismus mit der größten Inbrunst immer wieder vortrugen, ihr Gewissen nicht völlig zum Schweigen bringen. In den 40er Jahren deckten eine Reihe von Berichten verschiedener königlicher Kommissionen einige Folgen der ungeregelten industriellen Expansion auf: die beklagenswerten Verhältnisse in den Industriestädten, von denen viele kein Abwassersystem, keine ausreichende Wasserversorgung und keine Wohnungen für die Arbeiterschicht besaßen, sondern nur sehr leicht gebaute, unhygienische Elendsquartiere; die beschämende Situation in den Bergwerken, in denen Frauen und Kinder wie die Tiere arbeiteten; den elendigen Zustand vieler Fabriken, wo „laissez-faire" oft Verantwortungs- und Gefühllosigkeit auf seiten der Unternehmer bedeutete.

Diese bewunderungswürdigen Berichte regten in allen Parteien die Forderung nach einer grundlegenden Reform an und führten wirksame Maßnahmen zur Beseitigung der gröbsten Mißstände herbei. Die eingefleischten Manchesterianer konnten die Verabschiedung einer Reihe von Gesetzen zur Verbesserung der Arbeitsbedingungen der Armen nicht verhindern. Diese Gesetze waren insofern von Bedeutung, als sie die erste Erkenntnis der Verantwortung einer Regierung für das Wohlergehen ihrer Bürger darstellten, und sie trugen erheblich zur Milderung des gesellschaftlichen Hasses bei, der den ersten Teil dieses Zeitabschnitts gekennzeichnet hatte.

Auch die allgemeine Verbesserung der wirtschaftlichen Bedingungen in den späten 40er Jahren leistete hier ihren Beitrag. Die Zahl der Beschäftigten stieg stetig an, und der Exporthandel hatte sich seit 1832 verdoppelt. Unter anderem ging in diesen Jahren die Entwicklung des Eisenbahnnetzes stark voran. Zwischen 1843 und 1849 verlegten 200000 Arbeiter ein Schienennetz von 5000 Meilen, und weitere 7000 Meilen wurden in Angriff genommen.

Die Wirtschaft war nun so gekräftigt und ausgeglichen, daß sie auf Getreidemißernten und plötzliche Marktschwankungen weniger empfindlich reagierte. Dies ist möglicherweise ein Grund dafür, daß in England trotz wirtschaftlicher Unbeständigkeit und erheblicher Arbeitslosigkeit in den Jahren 1847 und 1848 kein ernstlicher Versuch unternommen wurde, dem Beispiel der Volkserhebungen auf dem Kontinent zu folgen. Thomas Babington Macaulay konnte am Schluß des zweiten Bandes seiner „History of England" inmitten beunruhigender Revolutionsnachrichten vom Kontinent mit Befriedigung schreiben:

„Überall um uns herum erlebt die Welt die Todeskämpfe großer Nationen. Regierungen, die vor kurzem noch den Anschein erweckten, daß sie Generationen überdauern würden, sind plötzlich Erschütterungen und dem Umsturz ausgesetzt ... Währenddessen war der gleichmäßige Regierungsablauf auf unserer Insel nicht einen Tag lang unterbrochen ... Inmitten der Anarchie herrscht bei uns Ordnung."

Religion, Erziehung und Kunst

Die Kirchen. England war noch ein Land von Kirchgängern, und die Kirchen waren mächtige Institutionen mit hohen Mitgliederzahlen. Die Kirche von England fand die Unterstützung der Mehrheit der gehobenen Schichten und der Masse der ländlichen Bevölkerung. Eine große Minderheit von protestantischen „dissenters" oder Nonkonformisten gab es insbesondere in Wales und in Schottland, das mehr Presbyterianer als Mitglieder der Staatskirche verzeichnete. In Irland waren natürlich die Katholiken in der Überzahl, und dank der Immigration wuchs ihre Anzahl in Städten wie Glasgow und Liverpool.

Trotz der zahlenmäßigen Stärke wurden die Religionsgemeinschaften schwächer. Die Gründe dafür lagen in den Trends der Zeit und der Haltung der Kirchen gegenüber sozialen Problemen. Wie wir schon im Falle Frankreichs gesehen haben, zerstörte das Vordringen der Industrie die religiösen Bindungen der Landarbeiter oft dauerhaft dadurch, daß sie diese in die Industriestädte zog. Das Fabrikleben war der religiösen Reflexion oder der Wahrnehmung religiöser Pflichten wenig förderlich.

Abgesehen davon nahmen die Kirchen einen nahezu völlig negativen Standpunkt gegenüber den politischen und sozialen Problemen der Massen ein. Der ziemlich geschlossene Widerstand der Bischöfe der Kirche von England gegen eine Parlamentsreform vor 1832 war kaum dazu geeignet, dem Volk Achtung vor der Kirche einzuflößen, und ihre unverhüllte Gleichgültigkeit gegenüber den Mißständen in den Fabriken führte zu einer Entfremdung der Massen. Insbesondere nach 1832 bildete die Kirche von England ein Zentrum der lebhaften intellektuellen Aktivität, die aber keinerlei Bezug auf die Probleme der Zeit zu haben schien. In den 40er Jahren geriet die Oxforder Bewegung – die vielleicht am ehesten dadurch bekannt ist, daß sie John Henry Newman (1801–1890) und seine Anhänger zum Eintritt in die römisch-katholische Kirche veranlaßte – mit der Kirche von England in eine Kontroverse über Ritus und Dogma, zu einer Zeit, da sie gut beraten gewesen wäre, der gewerkschaftlichen und chartistischen Bewegung etwas Aufmerksamkeit zu schenken.

Die stärkste Dissidentensekte in England war der von Wesley begründete Methodismus, der im Jahre 1840 eine halbe Million Mitglieder zählte. Diese Sekte war von der Wirklichkeit des zeitgenössischen Lebens nicht ganz so weit entfernt. Normalerweise stand sie auf seiten der Autorität, doch der Einfluß des Radikal-Liberalismus und des Chartismus ging an ihren Mitgliedern nicht spurlos vorüber. Viele der verantwortungsbewußteren Gewerkschafts- und anderen Arbeiterführer erhielten in dieser Zeit und später in diesem Jahrhundert in den methodistischen Kapellen und den Kirchen anderer Dissidentensekten ihre erste Unterweisung in Verwaltung, Führung und öffentlichen Ansprachen.

Die Schulen. Sowohl die Staatskirche als auch die Nonkonformisten hatten Interesse an der Erziehung, und die für die Massen bestehenden Grundschulen wurden von kirchlichen Vereinen unterhalten. Gegen sehr geringe Gebühren wurden Schülern Bibel- und Katechismuskenntnisse und eine Grundausbildung im Lesen, Schreiben und Rechnen vermittelt.

Man hätte denken können, daß eine industrielle Gesellschaft mit einem Bedarf an ausgebildeten Mechanikern, Büroangestellten, Führungskräften und Kaufleuten ernsthafte Anstrengungen in Richtung auf eine Grundschulpflicht bei unentgeltlichem Schulbesuch unternehmen würde. Mit der Zeit geschah das natürlich, doch im hier beschriebenen Zeitraum verband sich der für den Manchester-Liberalismus charakteristische Argwohn gegenüber staatlichen Eingriffen in neue Bereiche mit der Animosität der Konfessionen und blockierte alle Bemühungen um eine umfassende Reform des Erziehungswesens, so daß bis 1870 keine konstruktiven Versuche unternommen wurden. Die Folge war, daß England in den heftigen Rivalitätskampf der Periode nach 1870 mit einer schlechter ausgebildeten Handwerkerschicht und mit weniger gebildeten Geschäftsleuten als viele seiner Konkurrenten eintrat.

Die höhere Schulbildung beschränkte sich aus ersichtlichen Gründen auf die mittleren und gehobenen Schichten, die ihre Söhne auf die verschiedenen Privatschulen und anschließend zu den Universitäten schickten. Die höhere Schulbildung wurde zwar generell durch die Gründung neuer Universitäten und Polytechnika erweitert, doch die Qualität der älteren Zentren ließ viel zu wünschen übrig. Oxford und Cambridge hatten noch klerikalen Charakter und wurden nach überkommenen Statuten geführt („dissenters" wurden zum Examen nicht zugelassen), und es bedurfte dringend einer Studienreform. Dennoch blockierten die Opposition des Klerus und die konservativen Leitungsgremien der angeschlossenen Colleges alle neuen Ideen. Freilich ist es möglich, daß diese Verschlossenheit gegenüber Veränderungen nicht insgesamt schlecht war. Zumindest gelang es den älteren Universitäten aufgrund ihres Widerstands gegen den Trend, alles Lernen „nützlich" zu gestalten, als Zentren einer liberalen Erziehung in einer zunehmend materialistischen Gesellschaft zu überleben.

Erwähnenswert sind auch jene ernsthaften Versuche, der Arbeiterschicht Bildung zu vermitteln, die von Organisationen wie der „Society for the Diffusion of Useful Knowledge" (1827) (Gesellschaft zur Verbreitung nützlichen Wissens) mit der Veröffentlichung billiger technischer Hand- und Lehrbücher über umfassende Themen und von den handwerklichen Instituten unternommen wurden.

Die Kunst. Diese Jahre der wirtschaftlichen Expansion und sozialer Unruhen waren auch Jahre von bemerkenswerter literarischer Aktivität und Leistung. 1815 befanden sich die Romantiker noch auf der Höhe ihrer Macht, und die

Größen der Literatur waren Wordsworth, Coleridge, Keats, Byron, Shelley, Southey, Lamb, Austen, Hazlitt, Landor, Blake und Scott. Um 1832 waren sie entweder verstorben oder hatten ihre besten Werke bereits geschrieben, und es setzte eine Epoche ein, in der die Akzente sich von der Dichtung auf die Prosaliteratur verschoben. Tennyson und Browning begannen in den 30er Jahren zu schreiben, fanden aber erst später größeren Anklang. Die angesehensten Schriftsteller in der Zeit nach der „Reform Act" waren Prosaschriftsteller, und zwar keineswegs nur Autoren einer fiktiven Literatur: Dickens, dessen „Sketches by Boz" 1834–1835 erschien und der seinen ersten großen Erfolg in den Jahren 1836–1837 mit „The Posthumous Papers of the Pickwick Club" verbuchte; J. H. Newman und Thomas Carlyle; Macaulay mit dem herausragenden Bestseller „History of England", dessen ersten beiden Bände im Jahre 1848 erschienen; John Stuart Mill, dessen „System of Logic" (1843) einen ungeheuren Anklang fand, und ganz am Ende dieser Periode Thackerey und die Brontës, obgleich die meisten ihrer Werke erst später entstanden.

Es war ein Zeichen für die Vitalität der englischen Literatur, daß die meisten dieser literarischen Größen sich mit den Problemen ihrer Zeit befaßten. Der Liberalismus Byrons und Shelleys brachte vielleicht nicht deren beste Dichtung hervor, und die politischen Schriften Coleridges sind oft zu germanisch, als daß sie verständlich wären, aber es ist kaum zu leugnen, daß Blake zu Beginn und Dickens gegen Ende dieses Zeitabschnitts eloquente und überzeugende Gesellschaftskritiker waren. Belebt wurde dieser Zeitabschnitt auch durch die Entwicklung einer energischen Presse und eine Reihe ausgezeichneter kritischer Zeitschriften wie den „Edinburgh Review" der Whigs, den „Quarterly Review" der Tories und den radikal-liberalen „Westminster Review", den John Stuart Mill herausgab.

Obwohl sich Theater und Konzerthallen einer starken Beliebtheit erfreuten, brachte England in diesen Jahren keine großen Dramatiker oder Komponisten hervor. In der Malerei entstanden im ersten Teil dieses Zeitabschnitts die letzten Werke von Lawrence, Raeburn, Constable und Turner. Nach ihrem Ableben konnten nur konventionelle Maler wie Landseer und Maclise ihren Platz einnehmen.

Das Empire

Emigration und koloniale Expansion. Bevölkerungswachstum und wirtschaftliche Misere führten während des Zeitabschnitts vor 1848 zu einem Ansteigen der Emigration, vorwiegend in die Vereinigten Staaten und die kanadischen Provinzen, aber auch in andere Gebiete. Zu Beginn dieses Zeitabschnitts verließen England jährlich nur etwa 30000 Männer und Frauen; um 1832 betrug diese Zahl mehr als 100000, und aufgrund der Schwierigkeiten der

40er Jahre verdoppelte sie sich noch. Die Nutzung Australiens als Abladeplatz für Häftlinge fand im Jahre 1840 ein Ende, und die weiße Bevölkerung wuchs sehr schnell von 130000 in diesem Jahr auf weit über eine Million zwanzig Jahre später. 1837 gingen die ersten englischen Siedler nach Neuseeland, und am südafrikanischen Kap befanden sich schon im Jahre 1820 5000 Siedler.

Unter denen, die im Mutterland blieben, bestand erstaunlich wenig Interesse an den Kolonien. Zu dieser Zeit waren die Engländer keineswegs stolz auf ihr Empire, und diejenigen, die den Kolonien Aufmerksamkeit schenkten, betrachteten sie wahrscheinlich als unnütze Anhängsel. Sie waren nicht bereit, sich mit den Problemen der Kolonialpolitik ernsthaft zu befassen. Sowohl in Südafrika als auch in Indien wurden Eroberungen gemacht und Verpflichtungen eingegangen, ohne daß die Regierung voll in Kenntnis gesetzt wurde oder ihre Zustimmung gegeben hatte. In Südafrika trug der unablässige Druck der englischen Siedler auf die bereits angesiedelten holländischen Bauern und auf die Eingebornenstämme den Keim künftiger Probleme schon in sich. In Indien, wo eine stetige britische Expansion betrieben wurde, führte die Inkonsequenz der Zielsetzungen zu verschiedenen Rückschlägen.

Die Abschaffung der Sklaverei und der Durham Report. Trotz der vorherrschenden negativen Haltung der Engländer gegenüber kolonialen Angelegenheiten unternahm die britische Regierung in diesem Zeitabschnitt zwei positive, wünschenswerte Schritte. Im Jahre 1833 wurde die Sklaverei in den Kolonien abgeschafft. Wenig später fand man in Kanada eine Lösung für Schwierigkeiten im Verhältnis zwischen der dortigen Regierung und der Krone, die einen Präzendenzfall schuf.

Im Jahre 1838 gingen Lord Durham (1792–1840) und der berühmte Kritiker der britischen Kolonialpolitik, Gibbon Wakefield (1796–1862), nach Kanada, um das Problem zu untersuchen; und im darauffolgenden Jahr erstellten sie den „Durham Report", der darauf drängte, daß die kanadische Exekutive sich nicht der Krone sondern dem dortigen Parlament gegenüber verantworten sollte. Dieses Prinzip der Regierungsverantwortlichkeit bewährte sich und fand in Neuseeland (1854), Australien (1856) und der Kapkolonie (1872) Nachahmung. Der Kurs für die Errichtung des „British Commonwealth of Nations" im Jahre 1931 war eingeschlagen (Bd. 2).

Fünftes Kapitel

Die Revolutionen von 1848

Die Revolutionswelle

Zu Beginn des Jahres 1848 hatten große Teile der Bevölkerung in den Ländern zwischen dem Ärmelkanal und den Grenzen Rußlands Grund zur Unzufriedenheit über ihre Regierungen. Der Mittelstand sehnte entweder die Erlangung oder die Erweiterung der bürgerlichen und politischen Rechte herbei, und in Deutschland und Italien war dieser Wunsch mit einer wachsenden Sehnsucht nach nationaler Einheit und Unabhängigkeit verbunden. Die Avantgarde der Mittelstandsreformbewegung waren Kaufleute und Industrielle, Professoren und Journalisten, Juristen, Intellektuelle und Studenten.

Gleichzeitig litt das Gros des gemeinen Volkes in allen Ländern unter wirtschaftlicher Not. Der Zeitabschnitt nach 1815 war geprägt von einer gewaltigen industriellen Expansion, aber ebenso von den Mißgeschicken, die die Verdrängung des alten handwerklichen Systems durch neue Produktionsmethoden mit sich brachte, und von periodischen Erschütterungen aufgrund von Überexpansion und unbesonnener Spekulation. Die Kartoffelmißernte von 1845 und die Kartoffel- und Getreidemißernte von 1846 machten sich von Irland bis Polen bemerkbar und schlugen sich in einer starken Erhöhung der Lebensmittelpreise nieder. Im letztgenannten Jahr befand sich die belgische Leinenindustrie in einem bedauerlichen Zustand, die schlesischen Weber waren dem Hungertode nahe, jede dritte Familie im rheinischen Solingen litt Not, und überall nahmen Kriminalität, Prostitution und Gesetzlosigkeit zu. Diese Lage der Dinge sollte sich Mitte des Jahres 1848 zum Besseren wenden, als sich wieder eine Hochkonjunktur in der Industrie anbahnte; doch zu Beginn des Jahres war eine solche Entwicklung nicht vorauszusehen.

Überdies waren die Bedingungen in den verschiedenen Ländern einander so ähnlich, daß eine revolutionäre Explosion in einem Zentrum Explosionen an anderen Stellen auslösen mußte. Genau das geschah im März.

Die Revolution in Frankreich. Der Ausgangspunkt für die Unruhen von 1848 war Paris; doch der Erfolg der dortigen Revolution lag weniger an der Stärke der revolutionären Kräfte als vielmehr an der Schwäche und dem Hinauszögern der Julimonarchie.

In den späten 40er Jahren wuchs in Frankreich die Opposition gegen die

Maßnahmen der Regierung Guizot (s. S. 77–79), und im Jahre 1847 versuchten die Reformgruppen des Mittelstands sie zu dramatisieren und durch eine Reihe von „Reformbanketten" zu verstärken, bei denen eine regierungsfeindliche Rhetorik als Hauptgericht auf der Speisekarte stand. Durch rechtzeitige Reformen hätte die Regierung diese Bewegung vielleicht unschädlich machen können. Statt dessen unternahm sie nichts, bis diese wortreichen Festmahle eine breite Aufmerksamkeit erlangt hatten. Dann schließlich griff sie ein, um weitere Bankette zu verhindern, und betrieb damit Werbung für die Bewegung, die sie zerschlagen wollte. Als die Erregung sich ihrem Gipfel näherte, planten die Reformer ein Riesenbankett in Paris für den 22. Februar 1848. Zunächst verweigerte die Regierung die Genehmigung, dann versuchte sie, die Veranstaltung durch Festlegung der Bedingungen, unter denen sie stattfinden dürfte, zu entschärfen. In den Straßen versammelten sich Studenten- und Arbeitergruppen, es kam zu Zusammenstößen mit der Polizei und eine feindselige Stimmung verbreitete sich über die Stadt. Plötzlich aufgeschreckt, wandte sich Louis Philippe gegen Guizot, der schon seit langem die Zielscheibe des Volkshasses gewesen war, und entließ ihn.

Sechs Monate früher hätte diese Maßnahme eventuell weitere Schwierigkeiten verhindert. Jetzt spornte sie an. Am Abend des 23. Februar brach eine lärmende, aber friedlich gesinnte Menge zum Amtssitz Guizots auf, zweifellos in der Absicht, dort eine Demonstration abzuhalten. Auf dem Wege dorthin rannte sie in der Rue des Capucines in ein Soldatenspalier, das ihr den Weg versperrte. Die Menge war empört, es herrschte ein Drängen und Zerren, jemand ergriff eine Fackel und stieß sie in das Gesicht eines Offiziers. Ein Schuß fiel, gefolgt von einer Feuersalve der Truppen, die etwa vierzig Personen tötete.

Die Nachricht vom „Massaker" in der Rue des Capucines verbreitete sich wie ein Lauffeuer über die Stadt. Noch vor dem Morgengrauen waren in den Hauptdurchgangsstraßen und in engen Gassen 1500 Barrikaden errichtet, und aufgeregte Studentengruppen drangen in Polizeiämter ein, um in den Besitz von Waffen zu gelangen. Gegen Morgen war überall der Ruf zu hören: „Es lebe die Republik!" Wenn Louis Philippe seinen Thron retten wollte, so mußte er nun mit Entschlossenheit handeln. Dazu schien er nicht mehr in der Lage. Vor dem Gedanken, zur Wiederherstellung der Ordnung uneingeschränkt Gewalt anzuwenden, schreckte er zurück und erteilte vielmehr seinen regulären Streitkräften den Befehl, die Stadt zu räumen. Er verließ sich auf die Nationalgarde, lange nachdem deutlich geworden war, daß sich die Bürgerwehr mit den Rebellen verbrüderte. Den ganzen Vor- und Nachmittag des 24. Februar hindurch hielt der König endlose Konferenzen mit Politikern, Soldaten und Mitgliedern seiner Familie ab, während die Situation mehr und mehr außer Kontrolle geriet. Schließlich unterzeichnete er gegen den ausdrücklichen Willen seiner Gattin und seiner Schwiegertochter eine Abdankungsurkunde und floh nach England.

Die Macht in Frankreich wurde von einer provisorischen Regierung übernommen, deren Mitglieder in den Büros zweier radikaler Zeitungen („Le
National" und „La Réforme") ausgewählt wurden. Diese Gruppe machte
sich eiligst an die Arbeit. Ihre erste Amtshandlung war die Ausrufung der
Republik. Danach kündigte sie Parlamentswahlen für April an und begab
sich an die Wiederherstellung der Ordnung und die Konsolidierung der
Regierungsautorität. Zur Abwehr einer eventuellen Intervention des Auslands wurden die Streitkräfte verstärkt und afrikanische Truppen nach
Frankreich zurückbeordert. Innerhalb der Armee und der Marine wurden
seit langem notwendige Verbesserungen der Lebensmittelrationen und des
Solds und Militärrechtsreformen durchgeführt. Um erneuten Gewaltaktio-
nen des Pöbels vorzubeugen, führte man für alle männlichen Erwachsenen
die Dienstpflicht in der Nationalgarde ein – vorher Bürgerwehr des Mittelstands – und stellte in Paris eine 15000 Mann starke Reitergarde auf.
    Das ärgste Hindernis für den sozialen Frieden bildete die fortdauernde
wirtschaftliche Not. In den ersten Monaten des Jahres 1848 stieg die Arbeitslosigkeit in Paris stetig an, und die Forderungen nach staatlichen Unterstüt-
zungsmaßnahmen mehrten sich.
    Am 25. Februar hatte das neue Kabinett seine Überzeugung von dem
Recht aller Bürger auf Arbeit proklamiert. Es stellte sich das Problem, wie
man danach handeln konnte. Ein Kabinettsmitglied, Louis Blanc, hatte
schon lange vorher einen sozialistischen Entwurf für den nationalen Wohlstand verfaßt; doch die Mehrheit der Minister, mit dem Dichter Alphonse
Lamartine an der Spitze, waren treue Verfechter des Eigentums und lehnten
Blancs Programm zur Nationalisierung und Dezentralisierung der Industrie
durchweg ab. Sie versuchten der Arbeitslosigkeit mit einem Mittel zu begegnen, das nur als Karikatur der ursprünglichen Vorstellung Blancs von Nationalwerkstätten bezeichnet werden kann (s. S. 76).
    Die Nationalwerkstätten von 1848 waren lediglich halbmilitärische Orga-
nisationen, die versuchten, ihren Mitgliedern Arbeit zu beschaffen, und ihnen bei Beschäftigung zwei Franken, bei Nichtbeschäftigung einen Franken
täglich zahlten. Diese Zahlungsgewähr genügte, um sie populär zu machen,
und Tausende von Arbeitslosen strömten nach Paris, um ihnen beizutreten.
Das Endergebnis war, daß die Mehrheit der Mitglieder entlohnt wurde fürs
Nichtstun.
    Der Zorn darüber innerhalb der konservativen und sparsamen Bauern-
schaft auf dem Lande spiegelte sich in den Wahlergebnissen vom April wider. Die durch allgemeines Stimmrecht der Männer gewählte, am 4. Mai in
Paris zusammentretende Verfassunggebende Nationalversammlung war in
ihrer politischen Haltung republikanisch, in ihrer Gesellschaftsphilosophie
aber vorwiegend konservativ. Die Arbeiterschicht von Paris nahm die Wahlergebnisse mit Argwohn auf, die radikalen Clubs der Stadt mit Empörung.
Es drohten neue Unruhen.

Die Revolution im Österreichischen Kaiserreich. Die Nachricht von der Abdankung Louis Philippes erreichte Wien am 29. Februar und löste eine starke Erregung aus, die sich durch die Meldung von Demonstrationen in Stuttgart, Mannheim und anderen deutschen Städten noch steigerte. In den Cafés der österreichischen Hauptstadt versammelten sich Menschenmengen, um die neuesten Nachrichten aus dem Ausland in Erfahrung zu bringen. Die Nervosität führte zu einem Ansturm auf die Banken, die Lebensmittelpreise schnellten in die Höhe, und gleichzeitig damit wurde Kritik an der Regierung laut. Am 3. März schließlich prangerte Ludwig Kossuth in einer Rede in Budapest die Mißstände des absolutistischen Systems an und forderte eine konstitutionelle Regierung für Ungarn. Dies sei unmöglich, räumte Kossuth ein, solange „ein verderblicher Windstoß, der unsere Sinne betäubt und den Schwung unseres Geistes lähmt, vom Leichenhaus des Wiener Kabinetts zu uns herüber weht." Diese Rede wurde sofort ins Deutsche übersetzt und in der westlichen Reichshälfte weit verbreitet. Ihre Heftigkeit fand Anklang bei den dortigen Kaufleuten des Mittelstands, die sich durch die Rückständigkeit der Regierung in wirtschaftlicher Hinsicht eingeengt fühlten, den Handwerkern, die trotz mangelnder Beschäftigung von einem Existenzminimum noch Umsatzsteuer zahlen mußten, den Bauern, für die noch Feudalbestimmungen galten, und den Intellektuellen, die der polizeilichen Überwachung schon lange überdrüssig waren. Es wurden Petitionen mit der Forderung nach Änderungen in der Verwaltung, Erweiterung der Ständeordnung und sofortiger Einberufung eines Parlaments, Abschaffung der Zensur und wirtschaftlicher Reform in Umlauf gebracht.

Die Regierung in Wien wies alle Petitionen zurück und verweigerte jegliches Zugeständnis. Am 13. März setzten Demonstrationen innerhalb der Studentenschaft ein. Eine Menschenmenge marschierte auf das Landhaus, in dem die niederösterreichischen Stände eine Versammlung abhielten, und stürmte nach langen einleitenden Reden das Gebäude. Am Nachmittag waren in der Innenstadt Kämpfe zwischen Kommandotrupps der Wiener Garnison und den Studenten ausgebrochen, denen sich Arbeiter angeschlossen hatten.

Die erste Reaktion bei Hofe war Verblüffung. Von Kaiser Ferdinand wird berichtet, er habe bei der Nachricht über die Zusammenstöße ausgestoßen: „Ja derfn s'denn das?" Als die Situation sich verschlimmerte, sagte er sich abrupt von Metternich los, indem er um 21 Uhr verkündete, der Mann, der 39 Jahre lang im Amt gewesen war, sei zurückgetreten.

Der Sturz des Kanzlers gab den revolutionären Strömungen in Ungarn erneuten Auftrieb. Am 15. März verlieh der ungarische Landtag den seit einer Generation genährten Ambitionen der madjarischen Patrioten deutlich und lebhaft Ausdruck. Er verkündete eine neue ungarische Verfassung, die ein von allen Ungarn, die Eigentum im Werte von 150 Dollar besaßen, gewähltes Nationalparlament, bürgerliche und religiöse Freiheit für alle Untertanen, die Pressefreiheit und die Abschaffung der traditionellen Vorrechte des Feudaladels vorsah. Ungarn sollte weiterhin dem Reich angehören, aber über ein eigenes Kriegs-, Finanz- und Außenministerium verfügen. Im wesentlichen wollten die Ungarn die vollständige Autonomie. Am 31. März stimmte die entmutigte Regierung in Wien diesen umwälzenden Reformen, die ohne Blutvergießen, ja ohne jede physische Gewaltanwendung erlangt worden waren, zu.

Wo die Ungarn vorangingen, da folgten die Tschechen. Im März sandten sie Abordnungen nach Wien mit der Forderung nach einem auf demokratischem Wahlrecht basierenden böhmischen Parlament, bürgerlichen und religiösen Grundfreiheiten und insbesondere der Gleichberechtigung der tschechischen und der deutschen Sprache in den Schulen und Behörden. Am 8. April mußte der Kaiser auch die meisten dieser Forderungen erfüllen.

Selbst im eigentlichen Österreich war die Regierung gegenüber Forderungen machtlos. Alle verfügbaren Truppen waren nach Italien geschickt worden, wo heftige Aufstände die österreichischen Streitkräfte aus den reichen Provinzen Lombardei und Venetien vertrieben hatten. Unter diesen Umständen war der Kaiser zu Maßnahmen gezwungen, die für ihn ein Anathema bedeuteten – wie die Einberufung einer verfassunggebenden Versammlung –, und dem Zugeständnis einer Reihe innenpolitischer Reformen. Die bemerkenswerteste darunter war das Kaiserliche Manifest vom 11. April, das die Befreiung der Bauern von allen Dienst- und Abgabeverpflichtungen versprach. Diese neue Freiheit sollte am 1. Januar 1849 nach der Ausarbeitung eines entsprechenden Gesetzes durch das Parlament eingeführt werden, konnte aber durch private Übereinkunft unter der Voraussetzung, daß die Eigentümer eine angemessene Entschädigung erhielten, schon vorher gewährt werden.

Der Erlaß vom April war wahrscheinlich die bedeutendste positive Maßnahme der gesamten österreichischen Revolution. Noch vor der Bestätigung durch das österreichische Parlament im September übte er einen mäßigenden Einfluß aus. Von den Bauern enthusiastisch begrüßt, verwandelte er diese nahezu schlagartig in eine konservative Kraft, die ein stärkeres Interesse an Recht und Ordnung hatte als an revolutionärer Agitation. Ebenso wie in Frankreich wuchs jetzt die Skepsis der Bauernschaft gegenüber den fortgesetzten Unruhen in der Hauptstadt. Eine solche Haltung nahm auch der wohlhabendere Mittelstand in Wien ein, der durch die bereits erreichten Ziele zufriedengestellt war und die Ausschreitungen der Studenten und Arbeiter und einiger Intellektueller mehr und mehr fürchtete. Der bedeutendste österreichische Dichter dieses Zeitabschnitts, Adalbert Stifter, schrieb 1848 schwermütig: „Gebe Gott, daß man anfange einzusehen, daß nur Rath und Mäßigung zum Baue führen kann; denn bauen, nicht stets einreißen, thut noth ... Ich bin ein Mann des Maßes und der Freiheit – beides ist jetzt gefährdet ..."

So setzte schon im April eine Spaltung der revolutionären Bewegung ein – nicht nur aufgrund wirtschaftlicher und sozialer Unterschiede. Auch die Nationalität spielte eine Rolle, da die Deutschösterreicher auf die von Tschechen, Ungarn und Madjaren erlangten Zugeständnisse empfindlich reagierten und die wachsenden Ambitionen ihrer slawischen Nachbarn fürchteten. Das Kaiserhaus, im April und Mai noch ohnmächtig, sollte letztlich den Sieg über die Revolution davontragen, indem es sich diese Spaltung zunutze machte.

Die Revolution in Preußen und den deutschen Staaten. Der bekannte, in die Vereinigten Staaten ausgewanderte Carl Schurz beschrieb in seinen Memoiren die Revolutionsstimmung in den anderen deutschen Staaten und die Wirkung der Nachricht vom Sturz Louis Philippes auf ihn und andere Studenten in Bonn. „Das Wort Demokratie", schreibt er, „war bald vielen Zungen geläufig, und ebenso hielten viele es für selbstverständlich, daß, wenn die Fürsten versuchen sollten, dem Volke die geforderten Rechte und Freiheiten vorzuenthalten, Gewalt an die Stelle der Petition treten müßte." Die Fürsten machten keinerlei Anstalten dazu. Im allgemeinen beeilten sie sich, ihren Untertanen Zugeständnisse zu machen.

In Preußen kamen die Konzessionen jedoch zu spät. Die Haltung Friedrich Wilhelms IV. gegenüber einer konstitutionellen Reform hatte sich seit 1847 nicht geändert, und auch angesichts der im Lande um sich greifenden wirtschaftlichen Depression, der Handwerkeraufstände in Provinzstädten wie Köln und Breslau und agitatorischer Reden vor aufgebrachten Menschenmengen im Berliner Tiergarten weigerte er sich immer noch beharrlich, Konzessionen in Erwägung zu ziehen, und verließ sich darauf, daß seine Truppen Demonstrationen sprengten. Erst als er die erschütternde Nachricht vom Sturz Metternichs erhielt, versprach er, den preußischen Landtag einzuberufen, eine Verfassung zu gewähren, ein innenpolitisches Reformprogramm voranzutreiben und den preußischen Einfluß zugunsten einer konstitutionellen Reorganisation des Deutschen Bundes geltend zu machen.

Da schließlich ereignete sich einer jener unglücklichen Zwischenfälle, die sich in revolutionären Situationen immer abzuspielen scheinen. Am Mittag des 18. März drängte eine große Menschenmenge auf den Schloßplatz, vermutlich in der Absicht, dem König für seine Zugeständnisse Beifall zu spenden. Aus Angst um die Sicherheit des Königs entsandte der Kommandeur der königlichen Reitergarde Truppen, die den Platz räumen sollten. Zunächst war die Menge hartnäckig, dann geriet sie in Wut. In dem sich ergebenden Handgemenge gab jemand – ähnlich wie in Paris – zwei Schüsse ab, und die Truppen reagierten mit einer auf die Menge gerichteten Feuersalve. Die Demonstranten flohen mit dem Ruf „Verrat"; innerhalb von einer Stunde waren alle Straßen, die zum Schloß führten, verbarrikadiert, und der Kampf wurde aufgenommen.

Die preußische Armee war seit Waterloo nicht mehr im Einsatz gewesen und hatte noch nie auf Kopfsteinpflaster, in Straßen gegen Feinde gekämpft, die von den Dächern schossen und Schornsteinaufsätze hinunterwarfen oder kochendes Wasser aus Dachfenstern gossen. Bei Anbruch der Nacht waren die Truppen verausgabt. Gegen Morgen waren sie demoralisiert, und der Kommandeur drängte den König zur Rückzugserlaubnis aus der Stadt, um sie zu umzingeln und von außen zu bombardieren. Der König war entsetzt über die Vorstellung, daß seine Stadt durch die Artillerie dem Erdboden gleichgemacht werden könnte. Er befahl den Truppen die Räumung Berlins und weigerte sich mitzugehen. Auf lange Sicht gesehen, war diese Maßnahme wahrscheinlich klug, in der augenblicklichen Situation aber machte sie Friedrich Wilhelm zum Gefangenen der Revolution. Ebenso wie die Souveräne in Wien und in den kleineren deutschen Hauptstädten, mußte er liberale Kaufleute und Akademiker ins Kabinett aufnehmen und die baldige Einberufung einer preußischen Nationalversammlung versprechen.

Das Frankfurter Parlament. Seit den ersten Märztagen hatten sich die Anführer der Verfassungsbewegung in Süddeutschland untereinander beraten, wie eine Umformung des gebrechlichen alten Deutschen Bundes in eine wirksame Organisation der nationalen Einheit zu bewerkstelligen sei. Am Ende des Monats schlossen sie sich mit liberalen Anführern anderer Staaten zusammen, um ein vorläufiges Aktionsprogramm aufzustellen. Sie veranlaßten den Bundestag, die Regierungen aller deutschen Staaten einschließlich Preußens und Österreichs aufzufordern, Delegierte für eine verfassunggebende Versammlung zu wählen. Dieses Organ, das erste Nationalparlament Deutschlands, trat am 8. Mai in Frankfurt am Main zusammen.

Das Frankfurter Parlament ist oft als eine Versammlung praxisferner Intellektueller bezeichnet worden, die über theoretische Fragen debattierten und damit die Probleme, die eine unmittelbare Aufmerksamkeit erforderten, vernachlässigten. Die 586 Mitglieder, von denen viele hoch gebildete Männer waren, verwandten in der Tat von Mai bis Dezember viel Zeit auf die Erörterung abstrakter Fragen; denn in dieser Zeit entwarfen sie die Grundrechte des deutschen Volkes. Doch nach einer Vergangenheit des ungeschmälerten Absolutismus mußten derartige Dinge sicherlich klar definiert werden. Die Deklaration war der unmißverständliche Ausdruck der Philosophie des Mittelstands. Sie legte die Rede- und Religionsfreiheit und die Gleichheit vor dem Gesetz als Grundrechte aller Deutschen fest, sicherte die Unverletzbarkeit des Privateigentums zu und stellte Regeln auf für eine repräsentative Regierung und Ministerverantwortlichkeit in den einzelnen Staaten.

Man hoffte, diese Verfassung würde in einem föderativen Deutschland in Kraft treten mit einem Erbkaiser an der Spitze, aber mit einem starken, die gebildeten und besitzenden Schichten vertretenden Parlament und einem ihm gegenüber verantwortlichen Kabinett. Die genaue Zusammensetzung

und Österreichs Stellung innerhalb des Kaiserreiches bildeten das Thema
langer Debatten; schließlich stimmte die Mehrheit für einen Ausschluß ganz
Österreichs, trat aber zugleich für eine enge künftige Verbindung zwischen
dem neuen Deutschland und dem Habsburger Reich ein.

Noch bevor diese Fragen geregelt waren, hatten die Ereignisse eine Wendung genommen, die die Annahme dieser Beschlüsse durch die deutschen
Staaten unwahrscheinlich machte. Dies lag nicht, wie manchmal argumentiert wird, an der Langatmigkeit der Frankfurter Parlamentarier. In Anbetracht der Vielfältigkeit der zu bewältigenden Probleme erledigten sie ihre
Aufgabe schnell. Doch schon während der Beratungen schwand die Übereinstimmung in den Zielen, die der Märzrevolution zum Erfolg verholfen
hatte, und Argwohn und Mißstimmung zwischen den Schichten und Nationalitäten verbreiteten sich. Die reaktionären Kräfte machten sich diese Spaltung nun zunutze, um das in Frankfurt geschaffene Werk und die Errungenschaften der Revolution im allgemeinen zunichte zu machen.

Diese Reaktion trat nicht nur in Deutschland auf. Ebenso wie die Revolution, war sie in ihrer Reichweite europäisch und verbuchte ihren ersten entscheidenden Erfolg in Frankreich.

Das Scheitern der Revolution

Der Juni-Aufstand in Frankreich. Die Mehrheit der neugewählten Mitglieder
der französischen Nationalversammlung kamen Anfang Mai 1848 mit dem
ernstlichen Anliegen nach Paris, neue revolutionäre Experimente oder Unruhen zu verhüten. Ihre Gesinnung offenbarten sie, als sie das Kabinett Lamartine zwangen, Louis Blanc zu entlassen, dem aufgrund seiner sozialistischen
Ansichten in den Provinzen Mißtrauen entgegengebracht wurde. Danach
richtete sich ihre Aufmerksamkeit auf die Nationalwerkstätten, in denen sie
die Ursache aller Pariser Unruhen erblickten.

Am 24. Mai betraute ein Exekutivausschuß der Nationalversammlung
Emile Thomas mit der Auflösung der Werkstätten. Die jüngeren Mitglieder
sollten für die Armee rekrutiert, den Mitgliedern vom Lande sollte die Rückkehr in ihre Heimat bezahlt werden, – und die übrigen sollten entweder
gezwungen werden, eine Beschäftigung in der Privatindustrie anzunehmen
oder öffentliche Arbeiten außerhalb von Paris auszuführen. Thomas versuchte, den Auftrag hinauszuzögern; doch um Mitte Juni wurde deutlich,
daß die Versammlung bald Maßnahmen zur vollständigen Auflösung der
Werkstätten ergreifen würde. Dieses Vorhaben trieb die Anführer der Nationalwerkstätten und anderer Arbeitergruppen zur Gegenaktion. Am 18. Juni
erging ihr Aufruf zur Gründung einer demokratischen, sozialen Republik,
und am 23. Juni, dem Stichtag für die Aushebung der Rekruten in den Werkstätten, versammelten sich Arbeiterscharen auf der Place de la Bastille, ver-

schworen sich dem Kampf um ihre Rechte und begannen, Barrikaden zu errichten. Angesichts des nunmehr heraufbeschworenen Konflikts griff die Regierung erbarmungslos durch. Die Nationalgarde wurde unverzüglich mobilisiert, und die Mehrheit ihrer Kräfte trat für das Anliegen der Versammlung ein. Andere Städte reagierten prompt auf Rufe nach Verstärkung. Das provinzielle Frankreich schien nur allzu bereit, Ordnung in das radikale Paris zu bringen.

Noch bevor der 23. Juni vorbei war, verfügte die Versammlung über genügend Truppen, um gegen die Barrikaden einzuschreiten, und in General Cavaignac, dem neuen Kriegsminister, hatte sie einen skrupellosen, unerbittlichen Kommandeur. Es dauerte vier Tage, bis Cavaignacs Streitkräfte die Erhebung niedergeschlagen hatten. Bereits vor Ende der Kämpfe hatte es 1460 Tote gegeben, und nachher wurden über 3000 Rebellen verfolgt und getötet und 12000 Personen festgenommen. Der Sieg der Regierung war endgültig und hinterließ eine Arbeiterschaft, deren Wille zu weiterem Widerstand gebrochen war; doch der Preis für diese blutige Wiederherstellung der Ordnung war ein Vermächtnis von Klassenhaß, der sich zu einem dauerhaften Wesenszug des französischen Lebens in der zweiten Jahrhunderthälfte ausprägen sollte.

Nach dem Juni-Aufstand spornte der Wunsch nach Ordnung und Stabilität die Versammlung zur schnellen Verwirklichung ihrer Pläne für eine neue Verfassung an. Diese wurde im Oktober fertiggestellt und angenommen und sah vor, daß die Republik einen Präsidenten haben sollte, der für vier Jahre durch allgemeines Stimmrecht der Männer gewählt wurde. Die Präsidentschaftswahl von Dezember offenbarte den wahren Nutznießer des Juni-Aufstands. Es war der nach der Märzrevolution nach Frankreich zurückgekehrte und im Juni in die Versammlung gewählte Prinz Louis Napoleon, der jetzt bei den Menschen aller Schichten und Meinungen Anklang fand. Napoleons Wahl mit 5434266 Stimmen gegenüber 1448107 für Cavaignac und nur 17910 für Lamartine bedeutete das Ende der französischen Revolution von 1848 und den Auftakt zur Errichtung eines neuen autoritären Regimes.

Die Wiederherstellung der königlichen Macht in Preußen. Das Scheitern der preußischen Revolution kann ebenso wie das Scheitern der Revolution in Frankreich auf zunehmende Uneinigkeit und wachsenden Argwohn der verschiedenen Schichten untereinander zurückgeführt werden, doch spielten hier noch zwei weitere Faktoren eine Rolle. Der erste war die Unnachgiebigkeit Friedrich Wilhelms IV. gegenüber einer grundlegenden Reform des preußischen Staates und der zweite das Unvermögen der preußischen Versammlung, seine Absichten zu ergründen und sich ihm gegenüber durchzusetzen.

Im Mai 1848 war durch allgemeines Stimmrecht der Männer eine Nationalversammlung gewählt worden – die erste in der preußischen Geschichte.

10. Die Aufbahrung der Märzgefallenen in Berlin 1848

11. Sitzungssaal der Deutschen Reichsversammlung in der Paulskirche (1848)

Sie widmete sich der Aufgabe, eine neue Verfassung für das preußische Königreich auszuarbeiten, zeigte dabei aber keine Eile. Es gelang ihr nicht, sich die Kontrolle über die eigentlichen Hebel der preußischen Macht – Armee und Polizei – zu sichern, und sie verschwendete Zeit und Energie in endlosen Debatten zwischen liberalen Reformern und Radikalen, von denen letztere auf die Errichtung einer Republik hofften. Der fortwährende Disput verhinderte jeglichen direkten Angriff auf die königliche Prärogative, verärgerte die, die gemäßigter Meinung waren, und erweckte Sympathien für den Souverän. Die Unfähigkeit der neuen Regierung, Unruhen in Berlin zu verhüten, wo ein plötzlicher Gewaltausbruch der Massen am 14. Juni ehrbaren Bürgern Furcht einflößte, verstärkte diese Tendenz.

All das spielte dem König die Trümpfe in die Hände, und noch vor Jahresende setzte er darauf, daß er einen Coup gegen die Versammlung starten könne, nachdem diese so stark in Mißkredit geraten war. Im November verkündete er, daß die Sitzungen bis zur Verlegung an einen anderen Versammlungsort außerhalb Berlins suspendiert würden. Gleichzeitig befahl er die Rückkehr der Armee in die Kasernen der Hauptstadt, die sie im März hatte räumen müssen. Der Wiedereinzug der Armee in Berlin bedeutete das Ende der Revolution in Preußen.

Zum Entsetzen seiner höchst konservativen Berater beschloß der König nun von sich aus – unberechenbar wie immer –, seinem Volk eine Verfassung zu gewähren. Die durch königlichen Erlaß Ende des Jahres 1848 bekanntgemachte, 1850 revidierte Urkunde garantierte den preußischen Untertanen Freiheiten und sicherte dem Land eine Zweikammer-Legislative zu, die einmal im Jahr zusammentreten sollte. Selbstverständlich war die Wahrscheinlichkeit gering, daß das neue Parlament jemals ein radikales Organ werden würde. Die erste Kammer sollte sich aus erblichen Mitgliedern (Prinzen des Königshauses und Oberhäuptern bestimmter Adelsfamilien) und einer kleineren Anzahl vom König auf Lebenszeit ernannter Persönlichkeiten zusammensetzen. Die zweite Kammer wurde durch allgemeines Stimmrecht der Männer gewählt, allerdings in einem komplizierten Verfahren, das zwei Drittel der Sitze für die wohlhabendsten fünfzehn Prozent der Bevölkerung sicherstellte. Dieses System, das bis 1918 bestehenbleiben sollte, würde als Barriere gegen demokratische Reformen und eine soziale Gesetzgebung zugunsten der Massen dienen. Dennoch war es besser als das vorherige. Preußen konnte jetzt zumindest als konstitutioneller parlamentarischer Staat bezeichnet werden.

Die Wiederherstellung der königlichen Macht in Preußen hatte in ganz Deutschland merkliche Auswirkungen, insbesondere aber in Frankfurt. Dort hatte das Nationalparlament nun den Entwurf der Grundrechte fertiggestellt (der übrigens weiterreichende Grundfreiheiten gewährleistete als die Verfassung Friedrich Wilhelms) und die geographischen Grenzen des vereinigten Deutschen Kaiserreiches definiert. Nun blieb noch die Wahl eines erblichen

Herrschers zu seiner Gründung. Im März 1849 entsandte die Nationalversammlung eine Delegation nach Berlin, um Friedrich Wilhelm IV. die Krone
anzubieten.

Wieder sicher auf seinem Thron, wies der König dieses Angebot voll
Verachtung zurück mit dem Argument, ein preußischer König könne die
Krone nicht aus den Händen von Intellektuellen und Kaufleuten entgegen-
nehmen, die den Anspruch erhöben, das Volk zu vertreten. Diese enttäu-
schende Nachricht bewirkte eine hoffnungslose Spaltung des Frankfurter
Parlaments. Während die Mehrheit zauderte, befürwortete eine Gruppe von
Extremisten den bewaffneten Aufstand als das wirksamste Mittel zur Erlangung der parlamentarischen Ziele. Diese Hitzköpfe wurden bestärkt durch
die Auswirkungen der Ablehnung des Königs in ganz Deutschland, insbesondere in Sachsen, Rheinland-Pfalz und Baden, wo Gewaltausbrüche der
Massen die Regierung lähmten und eine neue Welle der revolutionären Aktivität anzukündigen schienen.

Doch nach Wiederherstellung der Ordnung im eigenen Reich war Friedrich Wilhelm nicht geneigt, Agitationen auf benachbartem Territorium zu
dulden. Im Mai 1849 wurden preußische Truppen zur Unterdrückung des
Aufstands und zur Wiedereinsetzung des Königs von Sachsen nach Dresden
entsandt. In Baden und der Pfalz waren die Schwierigkeiten ernster. Dort
war der Einsatz von zwei preußischen Armeekorps notwendig, die unter
dem Kommando des Bruders Friedrich Wilhelms, des späteren Königs und
Kaisers Wilhelms I., kämpften, und die Rastatter Festung mußte durch Bombardierung erobert werden. Spätere Generationen erinnerten sich voll Stolz
dieses Kampfes und argumentierten, daß er von einem, besonders in Süddeutschland starken, aufrichtig demokratischen Geist im Jahre 1849 zeuge.
Zu ihrer Zeit hatte die Volkserhebung in Baden eher die Wirkung, daß der
Mittelstand sich noch stärker beunruhigte und nicht nur den preußischen
Sieg willkommen hieß, sondern auch die unweigerlich daraus erfolgende
Auflösung des Frankfurter Parlaments einige Monate später.

Auch nach der Niederlage in Frankfurt war der Wunsch nach der Vereinigung Deutschlands noch immer so stark, daß der König von Preußen sich
veranlaßt sah, auf dieses Ziel hinzuarbeiten. Sein Plan forderte die deutschen
Fürsten auf, ihre Länder unter Führung Preußens und Ausschluß Österreichs
zu einer Union zusammenzuschließen, die allerdings in der Außen- und
Wirtschaftspolitik ein Dauerbündnis mit dem Habsburger Staat eingehen
würde. Doch bevor die Idee einer preußischen Union verwirklicht werden
konnte, hatten sich die Österreicher von der Revolution erholt und intervenierten.

Die Wiederbelebung Österreichs. Aufgrund der revolutionären Bewegung in
Böhmen, Ungarn und Italien brauchte die österreichische Krone länger als
die Franzosen und die Preußen, um in ihrem Reich wieder Ordnung zu

schaffen. Dank der spaltenden sozialen und nationalen Vorurteile, der starken österreichischen Armee und ihrer Kommandeure Radetzky, Windischgrätz und Jellačič meisterte sie die Situation dennoch rechtzeitig.

Die Wende setzte im Juni 1848 in Böhmen ein, wo sich die deutsche und die tschechische Revolutionsbewegung nach ihrem gemeinsamen Sieg im März hoffnungslos entzweit hatten. Unter der Führung von Männern wie František Palacký (1798–1876), dem Autor der großartigen „Geschichte von Böhmen" (1836–1848), verfielen die Tschechen dem Traum von einer eigenen Nation. Sie lehnten die Entsendung einer Delegation in das Frankfurter Parlament ab und übernahmen eine führende Rolle bei der Einberufung eines panslawistischen Kongresses, der Anfang Juni in Prag abgehalten wurde und wo der Ruf nach einer Umwandlung des Habsburger Reiches in „einen Bund von gleichberechtigten Völkern" laut wurde. Daran entzündete sich die Stimmung der deutschen Bevölkerung. Zänkereien zwischen Tschechen und Deutschen führten zu ernsteren Unruhen. Um Mitte Juni wurden Barrikaden errichtet, und tschechische Studentenscharen marschierten durch die Straßen und schlugen auf der Suche nach Waffen Schaufenster ein. Diese Gewalt, erzeugt durch nationalistische Leidenschaften, hatte ein blutiges Nachspiel; denn nach einigen Tagen der Verhandlung über die Wiederherstellung der Ordnung zog der Kaiserliche Militärkommandant von Prag, General Windischgrätz, seine Truppen aus der Stadt ab und bombardierte diese. Gegenüber dieser Form von Gewalt hilflos, kapitulierten die tschechischen Studenten am 17. Juni. Die im März erlangten Freiheiten wurden aufgehoben, und die Befürworter der monarchischen Autorität über das gesamte Reich hatten Grund zur Zuversicht, daß die Situation nicht so hoffnungslos sei, wie es vorher den Anschein gehabt hatte.

Diese Zuversicht wurde durch die Ereignisse in Italien bestärkt. Ihre ersten Siege über die Österreicher hatten die Rebellen der Lombardei mit Hilfe der Armee von Piemont und Abordnungen aus Rom, der Toskana und Neapel erkämpft. Gegen Mitte des Jahres aber wurden diese letzten Einheiten zur Bewältigung der Schwierigkeiten in ihren eigenen Staaten abberufen, und der Enthusiasmus der Piemontesen und Lombarden schwand allmählich. Unter diesen Umständen konnte Radetzky die Lombardei nach Überwältigung der Piemontesen bei Custoza im Juli innerhalb von zwei Wochen wiedereinnehmen. In den folgenden Monaten eroberte er systematisch die Toskana und auch Venetien zurück. Diese Siege erzeugten ein Ausmaß an Begeisterung für Armee und Kaiser, das für die Sache der Revolution Unheil bedeutete.

In Ungarn wurde der von den Madjaren erstrittene Sieg im Hinblick auf die Autonomie nun von Nichtmadjaren angefochten – insbesondere von den Kroaten, Serben und Rumänen, die das Recht beanspruchten, ihre Amtsgeschäfte in ihrer Sprache und unter Führern ihrer Wahl auszuüben. Die auf eine Politik der Zentralisation und der kulturellen Einheit bedachten Madjaren lehnten diese Forderungen ab. Ihre unnachgiebige Haltung führte zu einem Sturm der Empörung auf seiten der anderen Volksgruppen. Die Wiener Regierung verstärkte diese Leidenschaften durch die Ernennung eines eingefleischten Anti-Madjaren, Oberst Jellačič, zum Gouverneur von Kroatien. Seine auf Provokation der madjarischen Autorität angelegte Politik gipfelte schließlich in einer offenen Revolution gegen die ungarische Regierung, die wiederum die radikale antislawische und antiösterreichische Partei Kossuths in Budapest an die Macht brachte und jeden politischen Kompromiß unmöglich werden ließ. Daß die österreichische Krone diese Situation begrüßte, zeigte sich in der Bereitwilligkeit, mit der der Kaiser nun die ungarische Versammlung auflöste und Jellačič das Kommando über alle kaiserlichen Streitkräfte in Ungarn übertrug.

Diese provokativen Maßnahmen waren ziemlich verheerend; denn sie erregten eine Welle des Mitgefühls für die Madjaren, die eine neue, blutige Volkserhebung in Wien auslöste und den Hof und die Regierung am 7. Oktober zur Flucht aus der Stadt zwang. Die Erhebung war jedoch zum Scheitern verurteilt. Ihre Anführer besaßen kein politisches Talent, und ihre Gewalttätigkeit befremdete nicht nur den größten Teil des Mittelstands, sondern auch die Bauern. Inzwischen bewies die Regierung, daß sie ihre Lektion von Prag gelernt hatte. Am 15. Oktober erteilte der Kaiser Windischgrätz in Ölmütz alle Vollmachten zur Beendigung der „Schreckensherrschaft" in Wien, und nach einem Sperrfeuer der Artillerie leiteten seine Truppen am 28. Oktober den Angriff ein. Am folgenden Tag überwand Windischgrätz den Widerstand der letzten Extremisten und verhängte das Kriegsrecht über die Stadt.

Die Einnahme der Hauptstadt brachte einschneidende Veränderungen in der Regierung mit sich. Der Schwager Windischgrätz', Fürst Felix Schwarzenberg (1800–1852), bildete eine Regierung und besetzte sie mit Männern, die wie er selbst, Reformen ablehnten, es sei denn, sie würden von oben erlassen und hätten in erster Linie die Wiederherstellung der kaiserlichen Macht zum Ziel. Anfang Dezember veranlaßten sie den törichten, untauglichen Ferdinand zur Abdankung zugunsten seines Neffen Franz Joseph. Dieser Achtzehnjährige, der sein Amt mit den traurigen Worten „Nun adieu, meine Jugend!" antrat, besaß ein starkes Verantwortungsgefühl und den Willen zu harter Arbeit. Die Umstände seiner Thronbesteigung und die Anleitung durch Schwarzenberg machten ihn jedoch voreingenommen gegen liberale Reformen und gegen die Wünsche der ihm untertanen Nationalitäten, veranlaßten ihn zur übertriebenen Wahrung seiner Prärogative und führten zu einer allzu starken Abhängigkeit von Soldaten und Bürokraten. Dies war kaum die beste Vorbereitung für eine Regierung, die bis 1916 währen sollte.

Das Augenmerk des neuen Kaisers und seiner Minister richtete sich natürlicherweise in den ersten Monaten ihrer Macht auf die Situation in Ungarn.

Nicht einen Augenblick lang zogen sie einen Kompromiß mit den Madjaren in Erwägung. Sie hoben Ferdinands Zugeständnisse auf und erklärten den Krieg. Es war kein glorreicher Krieg für die Österreicher. Unter Arthur Görgey, einem ziemlich unbekannten Offizier, der sich im Kampf gegen Jellačičs Kroaten derartig ausgezeichnet hatte, daß Kossuth ihn zum General ernannt hatte, waren die ungarischen Streitkräfte zu einer begeisterten und leistungsfähigen Armee herangebildet worden. In den ersten Monaten des Jahres 1849 drängte Görgey die österreichischen Streitkräfte Windischgrätz' bis an die Grenzen ihres Landes zurück. Die ungarische Versammlung erklärte offiziell ihre Unabhängigkeit von Österreich, und Kossuth wurde Präsident des neuen Staates.

Doch Franz Joseph und Schwarzenberg waren bereit, alles zu tun, um die Rebellen zu unterwerfen. Sie riefen nun den Zaren von Rußland um Hilfe, und Nikolaus entsandte Truppen von 140000 Mann Stärke gegen die Ungarn. Am 13. August ergaben sich Görgeys Truppen den Russen bei Világos. Kossuth und sein Kabinett flohen mit mehreren Tausenden von Soldaten auf türkischen Boden und entgingen so dem Schicksal vieler ihrer Mitstreiter, die in einer Welle von Erhängungen, Erschießungen und öffentlich vollzogenen Prügelstrafen starben, mit denen die Österreicher unter heftigen Protesten der erschütterten britischen und amerikanischen Regierung und selbst der russischen Feldkommandeure ihren Sieg feierten. Schwarzenberg, der die österreichische Politik in diesen Jahren in Wirklichkeit lenkte, war immun gegen diese Mißbilligung. Österreich hatte sich von der Revolution vollständig erholt. Ungarn und Norditalien waren bezwungen. Die einzige verbleibende Gefahr für die Position Österreichs lag in den deutschen Staaten, die Friedrich Wilhelm IV. in einer Union unter preußischer Führung hatte zusammenschließen wollen. Und Schwarzenberg war nun bereit, sich damit zu befassen.

Seit der Mitte des Jahres 1849 hatte er alle diplomatischen Möglichkeiten ausgeschöpft, um die preußischen Bemühungen zu sabotieren. Nun schritt er zu Drohungen, und im Laufe des Jahres 1850 stellte er die Preußen eindeutig vor die Wahl, ihr Projekt fallenzulassen oder einen Krieg zu führen. Im November 1850 unterzeichneten preußische Minister in Ölmütz einen Vertrag, mit dem sie den Plan des Königs zur Reorganisation Deutschlands aufgaben und der Wiederherstellung des alten Deutschen Bundes zustimmten.

Schwarzenberg entledigte sich kurzerhand noch eines weiteren Ärgernisses. Dies war die österreichische Verfassunggebende Versammlung, die nach der Wiener Volkserhebung im Oktober ins böhmische Kremsier gegangen war; dort hatten ihre Mitglieder geduldig an einer Verfassung gearbeitet. Die Verfassung von Kremsier versuchte das Nationalitätenproblem zu lösen, indem sie eine weitgehende Autonomie der Provinzen vorsah und gleichzeitig den Städten und Dörfern die Selbstverwaltung gewährte, so daß z. B.

einem deutschen Dorf in Böhmen Minderheitsrechte zugestanden wurden. Diese Regelung war sicherlich vernünftiger als alle, die im folgenden Zeitabschnitt ausprobiert wurden; doch Schwarzenberg, der jegliche Dezentralisierung ablehnte, wollte nichts dergleichen. Im März konfiszierte er alle Abschriften des Verfassungsentwurfs und löste die Versammlung auf.

Schlußbemerkung

Um 1850 waren alle Revolutionsfeuer ausgebrannt, und die Siege vom März 1848 erschienen als eine ferne, unwirkliche Erinnerung. Der Versuch, das Habsburger Reich zu liberalisieren und zu föderalisieren, war ebenso kläglich gescheitert wie die Schritte zur Einigung Deutschlands. Die Regierung des Habsburger Staates war noch ebenso autokratisch wie die Rußlands, und nahezu das gleiche ließ sich von Preußen sagen; denn trotz ihrer neuen Verfassung kehrten die Preußen zu ihrem alten Bündnis mit den östlichen Mächten zurück und äfften deren Methoden nach. Die einzige Nation, deren Regierungsstruktur einen deutlichen Wandel zeigte, war Frankreich.

Die psychologischen Auswirkungen der gescheiterten Revolution waren tiefgreifend. Am auffälligsten wurde dies auf dem Gebiet der Außenpolitik, wo die Prinzipien und Taktiken der Großmächte durch die Erinnerungen der Regierenden an die Revolutionen bestimmt wurden. Die Ziele dieser Männer zerstörten bald das europäische System, das im Jahre 1850 noch intakt schien.

Zweiter Teil

1850–1871

Allgemeine Bemerkungen

Die allgemeine Stimmung nach 1850 war beherrscht von einer nüchternen Beurteilung der Werte und Methoden der Vergangenheit, einer Abneigung gegen Ideale und abstrakte Begriffe und einer übertriebenen Hochschätzung des Gegenständlichen und Sachlichen. Ermutigt und bestärkt durch den Gegensatz zwischen dem im Jahre 1848 gescheiterten politischen Idealismus und den Triumphen von Wissenschaft und Industrie in den darauffolgenden Jahren, rühmte sich die neue Generation ihres Realismus. Der wissenschaftliche Fortschritt konnte die europäische Öffentlichkeit kaum unbeeindruckt lassen; denn seine Nützlichkeit wurde ihr täglich vor Augen geführt, z. B. auf dem Gebiet der Metallurgie, wo Chemiker die Methoden zur Abspaltung von Phosphor und Eisenerzen entdeckten, und der Medizin, wo die Keimtheorie Listers die Todesgefahr bei Blutvergiftung senkte; auch in so praktischen Nebenprodukten der wissenschaftlichen Forschung wie Linoleum (1860), Zelluloid (1863), Zement (1850) und vulkanisiertem Gummi (1869) zeigte sich der Nutzen des wissenschaftlichen Fortschritts.

Die Achtung vor diesen Leistungen machte die Öffentlichkeit empfänglich für die Verallgemeinerungen, die die Wissenschaftler nun über das menschliche Leben und das Universum vorbrachten. Die Auffassung von der Unvernichtbarkeit der Materie fand bei einer desillusionierten, in konkreten Dingen Trost suchenden Generation sofort Anklang. Sie war so beeindruckend, daß sie als elementare Wirklichkeit angesehen wurde, von der aus alle Dinge zu erklären waren. Ähnlich verlockend war Charles Darwins (1809–1882) Theorie vom Ursprung der Arten, die das Überleben der Arten durch natürliche Auslese aufgrund ihrer Fähigkeit, sich den Lebensbedingungen anzupassen, betonte, so daß diejenigen, die sie akzeptierten, geneigt waren, sie nicht nur auf die Biologie, sondern auch auf die Soziologie, die Politik, das Wirtschaftsleben und die internationale Diplomatie anzuwenden. Eines der hervorstechendsten Merkmale dieses und des darauffolgenden Zeitabschnitts war daher ein sich vertiefender Materialismus, der teilweise gefährliche Formen annahm.

Dieser Materialismus wurde durch die nahezu ununterbrochene wirtschaftliche Expansion in diesem Zeitabschnitt gefördert; Produktions-, Handels- und Finanzindex zeigten eine stetige Akzeleration auf. In der Landwirtschaft war der Ertragszuwachs großenteils auf die Verwendung von Kunstdünger zurückzuführen, die durch die chemischen Forschungen von Liebig, Chevreul und Dumas, durch die in den 50er Jahren rasch ansteigenden Einfuhren von chilenischen Nitraten und Guano und durch die Entdeckung europäischer Phosphatvorräte ermöglicht wurde. All dies förderte einen intensiven Ackerbau, der die Getreideproduktion in Großbritannien innerhalb von zehn Jahren um zwanzig Prozent und in Frankreich in demselben Zeitraum um zehn Prozent erhöhte und der Europa, zusammen mit der einsetzenden Getreideeinfuhr aus Amerika und Australien, von der ständigen Bedrohung durch Hungersnöte befreite. Gleichermaßen beeindruckend waren die Mechanisierung des Ackerbaus und die zunehmende Viehzucht, während Louis Pasteurs (1822–1895) Forschungsarbeiten über die Gärung gegen Ende der 50er Jahre die Weiterentwicklung und gewinnbringende Ausdehnung der Milchwirtschaft, des Weinanbaus und der Bierbrauerei begünstigten.

Noch spektakulärer war der Fortschritt der industriellen Produktion, der selbst bei kürzester Betrachtung des Fortschritts in der Textilindustrie und den Zweigen der Schwerindustrie deutlich wird. Die Textilindustrie zeichnete sich in diesen Jahren durch eine zunehmende Mechanisierung aus, und die Einführung von Geräten wie der Nähmaschine (in den 40er Jahren zunächst mit Erfolg in den Vereinigten Staaten angewandt, im darauffolgenden Jahrzehnt aber in Europa weitverbreitet) führte zwischen 1850 und 1860 bei Baumwollerzeugnissen zu einer Produktionssteigerung von 25 Prozent. Gleichzeitig verdoppelte sich die französische und verdreifachte sich die deutsche Kohlenförderung, und ähnliche Zugewinne verzeichneten die anderen Industrieländer, aufgrund des Einsatzes von Maschinen im Kohlenbergbau in Form von verbesserten Bohrern, Wasser- und Ventilationspumpen und hydraulischen Extraktionsgeräten in den zehn Jahren nach der Revolution. Diese Expansion wirkte sich wiederum direkt auf die Metallverarbeitung aus, die gegen Ende dieses Zeitabschnitts nicht mehr vom Holz abhängig war, sondern nahezu ausschließlich Kohle und Koks verwendete. Die Überlegenheit des neuen Hochofens und die allgemeine Einführung des Bessemer-Verfahrens (1856), das Kohlenstoff und andere Unreinheiten mittels Luftstrom durch das geschmolzene Eisen entfernte, und das Siemens-Martin-Verfahren des offenen Hochofens (1865), das diese Trennung effektiver durchführte und die Verwendung von Alteisen und minderwertigen Erzen möglich machte, schlugen sich in einer Verdopplung der europäischen Eisen- und Stahlproduktion innerhalb der zwanzig Jahre nach 1860 nieder.

Diese Fortschritte wurden durch Veränderungen im Transportwesen begünstigt. Die verstärkte Nutzung von Stahl und Dampf, die Einführung der Schiffsschraube in den 50er Jahren und der Verbundmaschine in den 60er Jahren und derartig bemerkenswerte Errungenschaften wie die Eröffnung des Suezkanals im Jahre 1869 revolutionierten die Ozeanschiffahrt. Die neuen, in den 40er und 50er Jahren gegründeten britischen, französischen, deutschen und amerikanischen Schiffahrtsgesellschaften beförderten ein zunehmendes Handelsvolumen. Die gesamte internationale Fracht betrug im Jahre 1840 etwa zehn Millionen Tonnen; im Jahre 1870 betrug sie 25 Millionen Tonnen. Nicht weniger beachtlich waren die Fortschritte im Eisenbahntransport. Das europäische Schienennetz wuchs von etwa 14.000 Meilen im Jahre 1850 auf etwa 32.000 Meilen im Jahre 1860 und 78.000 Meilen im Jahre 1870. Infolge der Weiterentwicklungen im rollenden Material, der Normung der Spurweite in allen europäischen Ländern mit Ausnahme Rußlands und Spaniens, der zunehmenden Verwendung von Stahlschienen und der Einführung neuer Signal- und Bremsvorrichtungen wurde die Eisenbahn über den gesamten Zeitabschnitt hinweg sicherer, schneller und stärker genutzt. Die Bedeutung dessen für die Anregung der industriellen und landwirtschaftlichen Produktion ist offenkundig.

Zwei weitere Faktoren förderten die starke Ausweitung von Produktion und Warenaustausch: die Expansion der Geldwirtschaft aufgrund der Entdeckung von Goldvorkommen in Kalifornien und Australien, die die monetären Goldbestände in diesem Zeitraum von zwanzig Jahren verdoppelten, und die Einführung von Kreditmöglichkeiten und neuen Gesetzen, die dem Finanzsystem eine größere Flexibilität verliehen. In letzterer Hinsicht war keine Neuerung oder Reform von größerer Bedeutung als die allgemeine Anerkennung des Prinzips der beschränkten Haftung. Zunächst in den Statuten der Eisenbahngesellschaften angewandt, sicherte dieses Prinzip private Investitionen ab, so daß die Investoren nicht Gefahr liefen, im Falle des Bankrotts der Gesellschaft ihr gesamtes Vermögen zu verlieren; und seine Ausdehnung auf andere Formen rechtlich erlaubter Spekulation bewirkte eine enorme Expansion von Firmeninvestitionen. Dies wiederum förderte die Errichtung von Emissionsbanken, wie des Crédit Mobilier (1852) und der Berliner Handelsgesellschaft (1856), die Aktien an private Investoren verkauften und ihre Einnahmen durch Gewährung langfristiger Darlehen zur Gründung neuer Gesellschaften einsetzten. Das kurzfristige Kreditwesen expandierte gleichzeitig durch die Gründung neuer Depositen- und Diskontbanken, die die Ausbeutung von Rohmaterialquellen, Fabrikerweiterungen und das Wachstum an Produktionsvielfalt und -volumen förderten.

Angesichts all dieser Aktivitäten und der unbestreitbaren Errungenschaften des technischen und wirtschaftlichen Fortschritts ist es nicht verwunderlich, daß die neue Generation beeindruckt war und ihre Ziele und Werte sich änderten. Werner Sombart schrieb einmal, die jungen Deutschen hätten sich nach der Enttäuschung von 1848 in ihrer Berufswahl bereitwilliger dem Geschäftsleben zugewandt als der Politik, da das Abenteuer ebenso aufregend zu werden versprach und der Gewinn sicherer. Und damit stand die deutsche Jugend nicht allein. Die jungen Männer aller Länder lasen den internationalen Bestseller „Self Help" (1859) und wurden aufgestört durch Dutzende von Beispielen, die Samuel Smiles ihnen darin vor Augen führte, von Männern, die von Lumpen zu Reichtümern aufgestiegen waren, indem sie in der aufregenden Welt voller Gelegenheiten für geschäftlichen Unternehmungsgeist das beste aus ihren Talenten gemacht hatten. (Auch ihre Söhne scheinen ihn gelesen zu haben. Der Protagonist in George Orwells

„Coming Up for Air" (1939) sagt: „Vater hatte in seinem Leben nie ein Buch gelesen, bis auf die Bibel und Smiles' ‚Self Help'".) In einem früheren Zeitabschnitt könnten sie, wie Stendhals Helden, davon geträumt haben, Napoleon nachzueifern. Jetzt war es wahrscheinlicher, daß sie, wie der Protagonist in Gustav Freytags Roman „Soll und Haben" (1855), an kommerzielle Erfolge dachten.

Das Buch Freytags veranschaulicht mit seinen ausführlichen Beschreibungen kommerzieller Aktivitäten den deutlichen Wandel dieser Jahre in Literatur und Kunst. War die Romantik auch nicht tot, so war sie doch nicht mehr in Mode. Die Betonung lag nun auf jener Art von Realismus, die das Leben nicht darstellte, wie es sein könnte oder sollte, sondern wie es war. In den Romanen Gustave Flauberts ist die Treue zur Detailschilderung und -charakterisierung beeindruckend, und die Charaktere, die die Gegebenheiten des Lebens nicht anerkennen oder gegen sie rebellieren, machen entweder einen schmerzlichen Wandlungsprozeß zur Realität hin durch, wie Frédéric Moreau in „L'Education sentimentale" (1870), oder zerbrechen daran, wie Emma in „Madame Bovary" (1856). Der neue Realismus kennzeichnete die Werke von Turgenjew, George Eliot und Emile Zola, dessen erste Meisterwerke „Thérèse Raquin" und „La Fortune des Rougon" in den letzten Jahren dieses Zeitabschnitts erschienen. In den letzten Romanen von George Sand überstrahlte dieser Realismus den tragenden Idealismus ihrer früheren Werke und verband sich mit Sozialkritik und Reformeifer. Dies traf auch auf die letzten großen Romane von Charles Dickens zu: „Bleak House", „Harte Zeiten", „Klein-Dorrit", „Große Erwartungen" und „Unser gemeinsamer Freund", die alle zwischen 1852 und 1865 entstanden. In den Werken der russischen Schriftsteller Dostojewskij und Tolstoi lebten einige ältere Themen der Romantik weiter fort – z. B. das Problem der Isolation des einzelnen in der Gesellschaft und die Tendenz zur Idealisierung des Rebellen –, und in den späteren Werken beider Autoren sollte das Irrationale eher noch stärker betont werden. Doch kaum jemand würde die in „Krieg und Frieden" (1869) gezeigte meisterhafte Beherrschung des realistischen Details in Frage stellen oder bestreiten, daß Dostojewskij insbesondere in „Schuld und Sühne" (1866) eine ebensolche Fähigkeit zur wahrhaft naturalistischen Darstellung der modernen Metropole zum Ausdruck bringt wie Dickens und Balzac.

Im Schauspiel, in der Dichtung und der Musik war der Übergang von der Romantik zum Realismus weniger stark ausgeprägt, obgleich angemerkt werden muß, daß die Schauspiele der ungeheuer populären französischen Dramatiker Dumas und Augier den Optimismus und den Materialismus des Mittelstands verkündeten, der in die Aufführungen strömte, und die Werte und Institutionen hervorhoben, die jene Art von gesellschaftlicher Stabilität abstützten, die die Bourgeoisie für wünschenswert hielt. Unter den Dichtern konnten Tennyson und Heine dem vorherrschenden Materialismus gelegentlich Seitenhiebe versetzen, doch im allgemeinen kultivierten sie – und

Dichter wie Swinburne, Baudelaire, Verlaine, Mallarmé, Mörike und Conrad Ferdinand Meyer – die Losgelöstheit von den Problemen der Zeit und blieben einer älteren lyrischen Tradition treu. Ähnlich war es in der Musik: die hervorragende Harmonie von Berlioz und die vehementen Crescendos von Rossini klangen die gesamten 60er Jahre hindurch wider; sowohl Gounod („Faust", 1859, „Romeo et Juliette", 1867) als auch Verdi („Aida", 1869) fanden im wesentlichen Gefallen an romantischen Themen; und Wagners Musikdramen („Tristan und Isolde", 1859, „Die Meistersinger von Nürnberg", 1868, „Das Rheingold", 1869, „Die Walküre", 1870) schockierten das Publikum und versetzten es in Entrückung. In der Malerei jedoch wurde der Wandel durch die nahezu brutale Direktheit Gustave Courbets deutlich (nach dessen „Begräbnis in Ornans", 1850, zum ersten Mal das Wort Realismus zur Beschreibung einer Stilrichtung in der Malerei auftauchte) und durch die Feinheit und Bildhelligkeit der Werke der impressionistischen Schule, die in den 60er Jahren mit Gemälden wie Manets „Frühstück im Freien" (1863) und „Olympia" (1865) hervortrat, Gemälden, die in der Öffentlichkeit ihrer Zeit Anstoß erregten, heute aber zu den besten Leistungen der modernen Kunst zählen.

In drei Lebensbereichen der Menschen – der Religion, den zwischengesellschaftlichen Beziehungen und der internationalen Politik – hatten der sich vertiefende Materialismus und die zunehmende Betonung des Realismus ausgeprägte und im allgemeinen unglückliche Auswirkungen. Die anerkannten Kirchen verloren in diesen Jahren an Stärke und Ansehen. Diese Einbußen waren teilweise auf die Abwanderung der arbeitenden Bevölkerung in die Städte zurückzuführen, wo die Lebens- und Arbeitsbedingungen sich kaum förderlich auf die Bewahrung oder Ausübung des Glaubens auswirkten; sie waren aber auch dem Einfluß der vom Realismus bestimmten Werke zeitgenössischer Philosophen, Historiker und Populärwissenschaftler auf die gebildeten Gesellschaftsschichten zuzuschreiben. Besonders die wissenschaftlichen Autoren gingen voll Begeisterung zum Frontalangriff auf religiöse Dogmen über und behaupteten, die Entdeckungen der Astronomie, Geologie, Physik und Biologie entkräfteten die theologischen Erklärungen des menschlichen Lebens. Ohne die entsprechend leidenschaftliche Reaktion führender Kirchenvertreter hätten sich diese Angriffe möglicherweise allein aufgrund ihrer Maßlosigkeit totgelaufen. Allzuoft stürzten sich prominente Theologen in Kontroversen, für die sie unzulänglich vorbereitet waren, und leisteten in aller Öffentlichkeit einen als Starrsinn erscheinenden Widerstand nicht nur gegen Veränderungen, sondern auch gegen den gesunden Menschenverstand. Es gab keinen Grund, warum die von den wissenschaftlichen Bibelkritikern der 60er Jahre empfohlenen Richtigstellungen und Neuinterpretationen nicht hätten in demselben Geiste akzeptiert werden können, wie es seither geschieht. Statt dessen kämpften protestantische Kirchenführer oft erbittert gegen jede nicht ganz wörtliche Interpretation der Heiligen Schrift;

und diese Haltung erklärt ihre erstaunlich heftige Ablehnung der Evolutions-
theorie Darwins, wodurch ihr Anliegen mehr Schaden nahm als vorangetrieben wurde.

Gleichzeitig war der Einfluß der römisch-katholischen Kirche auf die intelligenten Gruppen der Gesellschaft gefährdet durch den systematischen
Angriff Papst Pius' IX. auf die geistigen Hauptströmungen des Zeitalters in
der Enzyklika „Quanta cura" vom September 1864 und dem sie begleiten-
den „Syllabus", in dem Dinge wie Rationalismus, religiöse Indifferenz, die
Vorstellung, das Heil könne außerhalb des römischen Glaubens erlangt werden, das Prinzip nichtkirchlicher Erziehung, die Trennung von Staat und
Kirche, politischer Liberalismus und die Idee des Fortschritts als Irrtümer
angeprangert wurden, die die Gläubigen zu meiden hätten. Liberale katholische Theologen wie die Bischöfe Döllinger und Ketteler in Deutschland
waren durch diese radikale, alles umfassende Verurteilung beunruhigt. Sie
waren es auch sechs Jahre später, als das Dogma über die Unfehlbarkeit des
Papstes verkündet wurde, das den Anspruch erhob, das Wort des Papstes sei
in Fragen des Glaubens und der Lehre endgültig. Der Widerstand dieser
Kritiker blieb im großen und ganzen ohne Wirkung, doch sie waren von
einem gesunden Instinkt geleitet; denn die Politik des Papstes erschien vielen
als vergeblicher Versuch, sich dem Vormarsch des Intellekts zu widersetzen,
und hatte daher die Abkehr der Intelligenzschicht Europas von der Kirche
zur Folge.

Diese Kontroversen und inneren Stürme verbrauchten den größten Teil
der Energien der anerkannten Kirchen und nahmen ihnen die Möglichkeit,
im gesellschaftlichen Leben der Zeit eine reformierende oder vermittelnde
Rolle zu spielen. Das war bedauerlich, da die gegenseitigen Beziehungen der
Schichten mehr und mehr unter den Einfluß der Materialismus- und Evolu-
tionstheorien gerieten, die den gesellschaftlichen Frieden zu untergraben
drohten. Klassische Ökonomen wie John Stuart Mill (1806–1873), Verehrer
der Wissenschaft wie Herbert Spencer (1820–1903) und Anhänger von Karl
Marx waren allesamt im Grunde ihres Herzens Materialisten und glaubten,
das Phänomen, das sie erforschten, unterliege natürlichen Gesetzen (Angebot
und Nachfrage, Existenzkampf, der unvermeidliche Übergang vom Kapitalismus zur proletarischen Gesellschaft), die der menschlichen Kontrolle nicht
zugänglich seien. Die Argumente, die diese Anführer lieferten, machten es
dem Mittelstand, der die westliche Gesellschaft beherrschte, leicht, sich der
gesellschaftlichen Verantwortung zu entziehen, machte es dem Fabrikbesit-
zer leicht, seine Arbeiter mit der Hartherzigkeit des Mr. Bounderby in Dik-
kens' „Harte Zeiten" zu behandeln, und machte es auch den Organisatoren
der Arbeiterbewegungen leicht, in den Kategorien eines unvermeidlichen
Klassenkampfes zu denken. Sowohl die kapitalistischen als auch die sozialistischen Theorien dieses Zeitabschnitts gingen davon aus, daß der Mensch in
erster Linie vom Erwerbsinstinkt geleitet sei, eine Vorstellung, die zu ande-

ren Zeiten als niedrig und als Verleugnung der Geschichte abgelehnt worden wäre; und diese Art des Denkens führte dazu, daß die Gewalt als legitimes Mittel zur Bewältigung gesellschaftlicher und wirtschaftlicher Probleme anerkannt wurde, was in den letzten Jahren des Jahrhunderts erschreckend deutlich werden sollte.

Die Gesellschaftsschichtung der meisten europäischen Länder unterschied sich in diesem Zeitabschnitt in mancher Hinsicht deutlich von der des vorherigen. Der Adel behauptete noch die gesellschaftlichen Positionen, die das größte Ansehen besaßen, einige seiner Vorrechte aber waren durch die Revolutionen von 1848 hinweggefegt worden. Östlich der Elbe, in Ungarn und Rußland, verband er immer noch den Besitz großer Landgüter mit der Rechtsprechung und anderen Rechten gegenüber seinen Landarbeitern (obwohl die Abschaffung der Leibeigenschaft in Rußland im Jahre 1861 die Vorrechte des Adels merklich verringerte), und auch in anderen Ländern hatten die Aristokraten ein faktisches Stellenmonopol in bestimmten Zweigen der Armee. Im allgemeinen geriet die Politik jedoch zunehmend unter die Kontrolle derjenigen, die das wirtschaftliche Leben Europas beherrschten – des wohlhabenderen Mittelstands –, und die politische Philosophie und die Staatspolitik spiegelte immer mehr deren Ansichten wider.

Charakteristisch für diesen Zeitabschnitt waren der wachsende Unterschied zwischen dem oberen und dem unteren Mittelstand, der im Zusammenbruch der Revolutionen von 1848 zum ersten Mal eklatant wurde, sowie die Ausdehnung des unteren Mittelstands. Das Kleinbürgertum, gebildet aus unteren Beamten, kleinen Geschäftsleuten und denen, die wir heute als „white-collar workers" bezeichnen, profitierte in Großbritannien von den demokratischen Reformen der 60er Jahre; in anderen Ländern aber entwikkelte es sich zu einer unbeständigen, desorganisierten Schicht mit einem starken Verlangen nach Sicherheit und Führung, einer bedeutenden politischen Kraft, die gefährlich werden konnte. An der Basis der Gesellschaftspyramide befanden sich die Land- und Industriearbeiter. Die Anzahl der Landarbeiter nahm während des ganzen Zeitabschnitts ab (1860 waren es sechzig Prozent der Bevölkerung Europas, zwanzig Jahre später sollten sie weniger als die Hälfte ausmachen). Der anschwellenden Zahl an Industriearbeitern versprachen Gewerkschaftsbewegungen und Sozialismus Schutz gegen die soziale Ungerechtigkeit, die als dem Kapitalismus inbegriffen empfunden wurde, und die Arbeiterbewegung machte in diesem Zeitabschnitt ihre ersten bedeutenden Fortschritte.

Der Zeitabschnitt, eingeleitet von der Hoffnung auf internationale Solidarität und Harmonie und Verkündigungen von Freihandelsaposteln wie Richard Cobden, daß die Ausdehnung des „laissez-faire"-Prinzips in der internationalen Wirtschaft nur den allgemeinen Frieden vorantreiben könne, endete dennoch mit einer Reihe heftiger Konflikte. Diese wurden von Staatsmännern vorbereitet, die dieselben Werte in die internationale Politik einbrachten, die so viele andere Bereiche der europäischen Gesellschaft dieser Zeit durchdrangen: den Realismus, die Bereitschaft, Moral als unwichtig anzusehen, die Weigerung, andere Kriterien zur Beurteilung von Taten heranzuziehen als lediglich die Zweckmäßigkeit, und die beharrliche Betonung, daß die Politik ein unablässiger Kampf sei, in dem nur Machtfakten zählten. In diesen Jahren büßte auch der Nationalismus den Idealismus der unschuldigen Vormärz-Tage ein und entartete häufig zu einem Chauvinismus, während sich das Verhältnis zwischen nationalem Begehren und liberalem Ehrgeiz zu verschieben neigte. Die mazzinischen Nationalisten hatten für die Einheit und Größe ihres Landes gekämpft, damit es die Vorhut für konstitutionellen Fortschritt, Menschenrechte und die allgemeine Freiheit werden könnte. Der Liberale der 60er Jahre war insbesondere in Italien und Deutschland nicht abgeneigt, seine konstitutionellen und humanitären Bestrebungen über Bord zu werfen, damit sein Land anderen seine Größe demonstrieren könne.

Zurückschauend auf den Zeitabschnitt von 1850–1871 fällt es uns nicht schwer, Tendenzen innerhalb des Systems zu erkennen, die später Verwüstung und Leid verursachen sollten. Die Gabe des Vorhersehens war damaligen Zeitgenossen nicht gegeben, und sie glaubten nicht, daß der Realismus, auf den sie so stolz waren, und der materielle Fortschritt, der so offenkundig war, etwas anderes hervorbringen könne als Gutes. Man kann ihnen kaum zum Vorwurf machen, daß sie sich von den gewaltigen Triumphen ihrer Zeit beeindrucken ließen: von der Konstruktion von Kunstwerken wie dem Suezkanal, dem Alpentunnel und dem Transatlantikkabel, von dem Vordringen des europäischen Handels in jeden Hafen der bekannten Welt und der Errichtung europäischer Handelsstützpunkte im Fernen Osten sowie von der Verbreitung europäischer Ideen und Institutionen in den Vereinigten Staaten, Kanada, Australien, Neuseeland und Lateinamerika durch die 200000 bis 300000 Emigranten, die Europa in diesem Zeitabschnitt jährlich verließen. Die europäische Kultur schien ihre höchste Blüte zu erreichen, und es schien aller Grund zu der Annahme zu bestehen, daß sich diese Kultur durch Handel und Emigration zum Segen aller verbreiten würde.

Sechstes Kapitel

Der Zusammenbruch des Konzerts und der Krimkrieg

Die Schwächung des Europäischen Konzerts

Die Zeit der Revolutionen. Einer der bemerkenswertesten Aspekte der Revolutionen von 1848 war der, daß sie keinen Krieg zwischen den Großmächten herbeiführten. Dies war ein Erfolg der seit 1815 entwickelten Gepflogenheiten der Zusammenarbeit und Zurückhaltung der Mächte. Doch die Aufrechterhaltung des internationalen Friedens in dieser schwierigen Zeit war auch der vorsichtigen Diplomatie der beiden Mächte zu verdanken, die selbst nicht durch Revolutionen belastet waren, Großbritannien und Rußland.

Gleich zu Anfang der Unruhen in Wien und Berlin hatte Zar Nikolaus der britischen Königin in einem Schreiben ein enges Bündnis zwischen ihren beiden Ländern nahegelegt, um eine allgemeine Katastrophe abzuwenden. Obgleich Lord Palmerston nicht bereit war, eine offizielle Verbindung zwischen den beiden Ländern als unabdingbar anzuerkennen, schrieb er: „Unsere Haltung und unsere Empfindungen gegenüber Rußland sind genau die gleichen wie jene [die Rußland ausdrückt] gegenüber England. Wir sind gegenwärtig die beiden einzigen Mächte in Europa ..., die unangefochten bleiben, und wir sollten vertrauensvoll aufeinander blicken."

Den Briten bereiteten zu Beginn der revolutionären Unruhen in erster Linie zwei Möglichkeiten Sorgen: nämlich, daß die Tradition von 1792 die französischen Republikaner zu dem Versuch anregen könnte, das Revolutionsanliegen der Italiener zu unterstützen, und daß die preußischen Liberalen, angespornt durch ihren ersten Sieg in Berlin, eventuell bestrebt sein könnten, Polen zu befreien in der Absicht, einen Krieg mit Rußland heraufzubeschwören, um Nationalgefühle zu wecken und die Einigung Deutschlands voranzutreiben. Letzterer Plan lag im März 1848 durchaus im Bereich der praktischen Politik; preußische Gesandte ersuchten tatsächlich um französische Unterstützung für einen Coup zugunsten der Polen. Daraus wurde nichts, wahrscheinlich aufgrund einer energischen Depesche Lord Palmerstons an die preußische Regierung, die Friedrich Wilhelm IV. in seinem Widerstand gegen die Pläne seiner Minister bestärkte und zweifellos auch in Paris Zurückhaltung bewirkte.

Auch die Gefahr einer umfassenden französischen Intervention in Italien, sowohl im Jahre 1848 als auch 1849, wurde großenteils durch Palmerstons

Diplomatie abgewendet. In der Anfangsphase der italienischen Unruhen, in der Österreich Venetien und die Lombardei verlor, bemühte sich der britische Außenminister, die Österreicher zu überreden, den Verlust jener Provinzen zu akzeptieren, um einer französischen Intervention den Anreiz zu nehmen. Als die Österreicher sich weigerten und sich das Blatt zu ihren Gunsten wendete, zügelte Palmerston die Franzosen durch die bloße Aufforderung, gemeinsam mit ihm auf die Österreicher einzuwirken, gegenüber ihren rebellischen Untertanen die gebührende Nachsicht zu üben.

Palmerston ging es in seiner Politik ausschließlich um die Belange des Gleichgewichts der Mächte, dem Begehren italienischer Nationalisten schenkte er kaum Beachtung. Das galt auch für seine Haltung gegenüber der ungarischen Krise. Er lehnte alle Bitten der Anhänger Kossuths um Hilfe ab, und als die Russen zur Niederschlagung der ungarischen Revolution intervenierten, teilte er dem russischen Botschafter mit, er stimme diesem Schritt zu, hoffe aber, daß sie diese Aktion „so schnell wie möglich beenden" würden. Mit dieser Ermutigung übernahm der Zar die Rolle des Hüters des Gleichgewichts der Mächte in Ost- und Mitteleuropa, eine Rolle, die er auch im Jahre 1850 spielte, als sich der preußisch-österreichische Konflikt zuspitzte. Eine der wesentlichsten Ursachen für Friedrich Wilhelms Kapitulation vor Ölmütz und die Bereitschaft, seinen geliebten Plan einer preußischen Union fallenzulassen, war die unverblümte Warnung des Zaren, daß er die Veränderung europäischer Verträge ohne Zustimmung der Mitunterzeichneten als aggressive Handlung betrachten würde.

Daß die Revolutionen von 1848 nicht zu einem internationalen Krieg führten, war weitgehend den Bemühungen Britanniens und Rußlands um die Wahrung der diplomatischen Prinzipien des vorhergehenden Zeitabschnitts und der stillschweigenden Zustimmung der anderen Mächte zu verdanken.

Die Zeit nach der Revolution. Jene Prinzipien aber sollten nicht mehr lange unangefochten bleiben und ebenso wenig die durch sie geschützte territoriale Regelung. Die Revolutionen hatten eine Erschütterung aller bisher geltenden Werte bewirkt, und dies bestätigte sich auf dem Gebiet der Diplomatie ebenso wie in allen anderen Bereichen.

Zum einen brachten die Revolutionen eine neue Generation von Staatsmännern an die politische Macht Europas, die für Argumente zugunsten von Zurückhaltung und Kompromiß viel weniger empfänglich und in ihren Methoden rücksichtsloser waren als ihre Vorgänger. War Schwarzenberg mit seiner Vorliebe für Gewaltlösungen der Begründer des neuen diplomatischen Stils, so fand er viele Anhänger. Die begabtesten darunter waren Graf Camillo di Cavour von Piemont (1810–1861) und Otto von Bismarck von Preußen (1815–1898), der während der Revolutionsjahre in die Politik eintrat und im folgenden Jahrzehnt zur führenden Persönlichkeit aufstieg. Ihr zielstrebiger Einsatz für die Interessen ihrer Länder und ihre Bereitschaft, jedes

Mittel, einschließlich der gewaltsamen und zynischen Verletzung des öffentlichen Rechts, zu nutzen, um die Interessen zu fördern, wurden bekannt als „Realpolitik". Der Aufstieg dieser Männer bildete eindeutig eine Gefahr für die vorhandene Vertragsstruktur, aus dem einfachen Grunde, weil die bestehenden Verträge der Erfüllung ihrer Wünsche im Wege standen. Dasselbe galt für den Mann, der sich im Jahre 1852 zum Kaiser der Franzosen machte, Louis Napoleon.

Darüber hinaus hatten die Revolutionen ein Erbe des Mißtrauens zwischen den Mächten hinterlassen, das ihnen ein gemeinsames Handeln viel schwerer machen sollte als in der Vergangenheit. Rußland und Großbritannien beunruhigte der Übergang Frankreichs von der Republik zum Kaiserreich. Den Österreichern bereitete die Tatsache Verdruß, daß sie zur Lösung ihrer Probleme in Ungarn von russischer Hilfe abhängig gewesen waren. Die meisten preußischen Konservativen akzeptierten den Rückschlag von Ölmütz und förderten die Zusammenarbeit mit Österreich (s. S. 169), obgleich sie ihnen durch die anmaßende Art, mit der die Österreicher ihnen nun im Deutschen Bundestag begegneten, erschwert wurde. Die Haltung der Österreicher setzte die preußisch-österreichischen Beziehungen einer fortwährenden Belastung aus und brachte den preußischen Abgeordneten im Bundestag, Otto von Bismarck, zu der Überzeugung, daß ein Krieg mit Österreich früher oder später unumgänglich sei.

Die neue internationale Atmosphäre beeinträchtigte selbst die beiden Mächte, die es fertiggebracht hatten, der Revolution von 1848 zu entrinnen. Die Verschlechterung der Beziehungen zwischen Großbritannien und Rußland führte zum Krimkrieg, dem ersten Konflikt zwischen Großmächten seit 1815. Der Krieg wiederum verstärkte die Spannungen zwischen den Mächten weiterhin und eröffnete den Realpolitikern neue Möglichkeiten.

Der Krimkrieg

Die Kriegsursachen. Seinen direkten Ursprung nahm der Krimkrieg in einem dem heutigen Leser belanglos erscheinenden Streit zwischen Christen verschiedener Konfessionen über ihre Rechte im Heiligen Land. Seine eigentlichen Ursachen lagen jedoch in dem taktischen Vorgehen Rußlands in diesem Streit und dem Unvermögen der britischen Regierung, während der kritischen Phase der Auseinandersetzung eine konsequente Linie zu verfolgen oder dem Druck einer erregten öffentlichen Meinung standzuhalten.

Unter dem Druck Frankreichs gestand die türkische Regierung den römisch-katholischen Orden im Jahre 1852 Vorrechte bezüglich bestimmter Heiligtümer im Heiligen Land zu. Dieses Zugeständnis schien Rechte zu verletzen, die vorher den griechisch-orthodoxen Orden zuerkannt worden waren, und die russische Regierung intervenierte zu ihren Gunsten. Dabei verlangte sie von der türkischen Regierung jedoch nicht nur die Revision ihrer vorausgegangenen Entscheidung bezüglich der Heiligtümer, sondern die offizielle Anerkennung des russischen Rechts, griechisch-orthodoxe Gläubige in allen türkischen Herrschaftsbereichen zu schützen. In ihrer vagen Formulierung erschien diese Forderung als eine potentielle Bedrohung, und die türkische Regierung weigerte sich, darauf einzugehen. Aus dem Empfinden heraus, sein persönliches Ansehen stehe auf dem Spiel, entsandte der Zar im Juni 1853 russische Truppen in die Donaufürstentümer in der Absicht, dieses türkische Territorium als Pfand einzubehalten, bis die Türken nachgäben.

Zar Nikolaus scheint diesen unklugen Schritt in der Überzeugung unternommen zu haben, daß er nichts anderes tue, als die ihm seit dem 18. Jahrhundert zustehenden Rechte zu schützen. Es war ihm nicht klar, daß seine anmaßende Intervention in den Streit um das Heilige Land im Westen als erster Schritt zu einem Versuch, das Türkische Reich zu zerstören und die Herrschaft an sich zu reißen, interpretiert würde. Er war der irrigen Meinung, die Männer, die er während seiner Englandreise im Jahre 1844 aufgesucht hatte, wüßten, daß er – so sehr ihm an der Auflösung des Türkischen Reiches gelegen sein mochte – niemals danach trachten würde, diese einseitig herbeizuführen, sondern nur in Zusammenarbeit mit den anderen Mächten. Er glaubte törichterweise, sein Freund, Lord Aberdeen, jetzt Premierminister von England, würde seine Haltung richtig einschätzen und könne die anderen Regierungsmitglieder von seiner Aufrichtigkeit überzeugen.

Aberdeen war dazu nicht imstande. Der Streit über die „Corn Laws" im Jahre 1846 hatte zu einer Spaltung der Tory-Partei geführt und damit in der britischen Politik eine Verwirrung gestiftet, die zur Folge hatte, daß das britische Kabinett im Jahre 1853 eine Koalition ohne einheitliche Führung darstellte. Für die Außenpolitik bedeutete das, daß zwei verschiedene Richtungen vertreten waren. Die eine, angeführt von Aberdeen und seinem Außenminister Lord Clarendon, vertraute auf die Geheimdiplomatie, die Zusammenarbeit mit anderen Mächten und die Beilegung von Streitigkeiten so schnell und ruhig wie möglich. Die andere stand unter Führung des ehemaligen Außen- und jetzigen Innenministers, Lord Palmerston, der immer schon impulsiv gewesen war und nun mehr und mehr zur Verantwortungslosigkeit neigte, eine energische Außenpolitik verfocht und grundsätzlich stärker zur Einschüchterung tendierte als zur Verhandlung. Aberdeen wollte eine Regelung der östlichen Streitigkeiten durch das Europäische Konzert der Mächte erreichen und diese den Türken auferlegen. Palmerston unterstellte den Russen offenbar bestimmte Absichten und glaubte, der Zar würde die Integrität des Türkischen Reiches nur respektieren, wenn er durch eine energische Machtdemonstration zu der Überzeugung gebracht werde, daß ihm keine andere Wahl bleibe. Er wollte den Streit daher durch eine offene Unterstützung Konstantinopels beilegen.

Bei konsequenter Verfolgung eines der beiden Kurse hätte ein Krieg vielleicht verhindert werden können. In der gegebenen Situation aber schwankte ein stark gespaltenes Kabinett zwischen den beiden Möglichkeiten. Außerdem standen Aberdeen und Clarendon mit ihrem Botschafter in Konstantinopel, Stratford Canning (Lord Stratford de Redcliffe), nicht im besten Einvernehmen. Stratford war insgesamt 25 Jahre lang als Diplomat in der Türkei gewesen. Die Türken bewunderten ihn, und er wiederum mochte sie. Hingegen hegte er eine persönliche Abneigung gegen Nikolaus I., der ihn im Jahre 1831 als Botschafter in St. Petersburg abgelehnt hatte. Clarendon und der Premierminister argwöhnten, daß er nicht im Sinne der ihm erteilten Instruktionen handele; Clarendon machte aber nicht den Versuch, Stratford abzuberufen, vielleicht aus der Befürchtung heraus, daß der Botschafter ein Bündnis mit Palmerston eingehen und das Land in einen Krieg stürzen könne.

Das Resultat dieser Hinhaltetaktik war eine Verdunklung der britischen Absichten. Der Zar wurde durch das diplomatische Verhalten Aberdeens und Clarendons zu der Annahme ermutigt, sie sympathisierten mit ihm, während die Türken durch Stratfords Haltung und britische Flottenbewegungen in der Nähe der Dardanellen zu der Überzeugung geführt wurden, die Briten (und die Franzosen, die, noch bevor die Russen den Pruth überquerten, eine Flotte nach Salamis entsandt hatten) stünden auf ihrer Seite.

In Wien versuchten Vertreter der Großmächte, eine Formel zu finden, die die Interessen des Zaren im Türkischen Reich und das Recht, seine Glaubensgenossen zu schützen, gewährleisten und gleichzeitig die gegenwärtige und künftige Integrität des Türkischen Reiches sicherstellen würde. Die von den Diplomaten vorgeschlagenen Lösungen scheiterten jedesmal an der entschiedenen Ablehnung der Türken oder an Erklärungen aus St. Petersburg, die Zweifel an dem guten Willen der Russen erweckten. Somit ließ man die Dinge treiben, bis die Türken im Oktober 1853 den sofortigen Rückzug der russischen Truppen aus den Donaufürstentümern verlangten und, als sie keine Antwort erhielten, dem Zaren den Krieg erklärten. Einen Monat später eröffneten sie die Feindseligkeiten, indem sie zur Bombardierung der russischen Küste eine Flotte ins Schwarze Meer schickten. Hinter Sinop wurden diese Streitkräfte durch eine gleich starke Schwadron der Russen unter Admiral Nakhimow abgefangen. Innerhalb eines vierstündigen Kampfes versenkten die Russen alle türkischen Flotteneinheiten bis auf eine, wodurch die Türken einen Verlust von 4000 Mann erlitten.

Dieser Sieg über die Türkei schien den Zaren eher zu ernüchtern als zu begeistern; denn nun schickte er sich an, Bedingungen zur Beilegung des russisch-türkischen Konflikts aufzustellen, die die anderen Mächte dann ergänzen sollten. Nachdem diese die türkische Regierung zur Zustimmung veranlaßt hätten, würde er seine Armee aus den Fürstentümern abziehen, und die Briten und Franzosen ihrerseits sollten ihre Flotten aus den Dardanellen abziehen. Rückblickend scheint dies kein unvernünftiger Vorschlag gewesen zu sein. Doch im Februar 1854, als der Zar den Vertretern der Mächte seinen Entwurf zur Beilegung des Konflikts unterbreitete, wurde dieser ohne sorgfältige Prüfung abgewiesen, und Großbritannien und Frankreich erklärten Rußland unverzüglich den Krieg.

Die Franzosen, die seit der ersten Phase der langen Auseinandersetzungen wenig Initiative entwickelt hatten, unternahmen diesen Schritt offenbar, weil die Briten zum Handeln entschlossen waren und sie sich nicht ins Abseits drängen lassen wollten. Die Allianz mit England war immer Louis Napoleons sehnlichster Wunsch. Einen Grund für die britische Kriegserklärung zu finden, ist schon schwieriger. Es gab weder überzeugende strategische noch plausible wirtschaftliche Gründe dafür, und man neigt zu dem Schluß, daß sich die Regierung durch den Druck der öffentlichen Meinung in den Krieg hat treiben lassen.

Bis russische Truppen in die Donaufürstentümer einmarschierten, hatte das Gerangel im Heiligen Land dem englischen Volk wenig bedeutet. Danach stellte sich die große Mehrheit auf die Seite der Türken, gegen die Russen. Die spontane Sympathie für die Türkei war bemerkenswert. Richard Cobden, einer der wenigen Männer des öffentlichen Lebens, die etwas Kenntnis über den Nahen Osten besaßen, versuchte, dem Publikum einige der weniger schmackhaften Wahrheiten über das Türkische Reich nahezubringen – seine Ineffizienz, die Korruption seiner Regierung und seine Unzugänglichkeit für Reformen. Er wurde niedergeschrien von denjenigen, die die Türkei lieber als eine schwache, liberale Nation sehen wollten, die durch eine starke, autokratische angegriffen wurde.

Diese Stimmung wurde durch die vorwiegend antirussische, alle Bemühungen um Mäßigung und eine vernünftige Diplomatie verleumdende Presse angeheizt. Die Sensationsblätter schilderten Palmerston als Kämpfer, der einen einsamen Kampf ausfocht gegen Kollegen, die Konstantinopel dem Zaren überlassen wollten, und selbst im allgemeinen seriöse Zeitschriften schrieben vom „senilen Zögern" Aberdeens und Clarendons. Nachdem die Türken Rußland den Krieg erklärt hatten, verwandelte sich die protürkische Haltung in Kriegsstimmung, und als die Russen bei Sinop siegten, wurde die öffentliche Meinung so fanatisch, daß die Regierung ihr nicht entgegenzutreten wagte.

Die Kriegführung. Die beiden Dinge, an die man sich in Verbindung mit dem Krimkrieg am häufigsten erinnert, sind erstens, daß eine heroische britische Krankenschwester namens Florence Nightingale Feldlazarette für choleraerkrankte britische Truppen errichtete, und zweitens (und dies aufgrund des Gedichts von Lord Tennyson), daß eine Brigade der britischen Leichten Kavallerie gegen starke, mit Geschützen bestückte Stellungen der Russen ins Feuer geschickt und nahezu vollständig vernichtet wurde. Es ist verständlich, daß die allgemeine Erinnerung darüber nicht hinausgeht. Die Krankheit schlug in diesem Krieg stärker zu Buche als die militärische Handlung, die sich im großen und ganzen durch nichts auszeichnete. Aus diesem Konflikt ging kein Krieger mit Lorbeeren hervor, und der militärische Ruf der Russen und Briten litt ernstlich darunter.

Die Tatsache, daß ihre Truppen bis Ende September nicht mit dem Feind in Berührung gekommen waren, obgleich Britannien und Frankreich Rußland den Krieg im März 1854 erklärt hatten, beweist, daß die westlichen Verbündeten versäumt hatten, sorgfältige Pläne zu machen, bevor sie den Krieg heraufbeschworen. Die sechs dazwischenliegenden Monate waren ausgefüllt mit Verhandlungen zu dem Zweck, die Österreicher zu überreden, sich ihrem Bündnis anzuschließen. Die Anwesenheit russischer Truppen in den Fürstentümern, wo sie die wirtschaftlichen Interessen Österreichs an der Donau bedrohten, lieferte in den Augen einiger ziviler Staatsmänner von Wien einen plausiblen Vorwand für eine österreichische Intervention; die Militärs aber lehnten diese Vorstellung entschieden ab aus der Befürchtung heraus, daß sich dann das gesamte Kriegsgeschehen auf die Grenzen Österreichs konzentrieren würde. Die Russen entzogen ihnen den Vorwand jedenfalls im August durch Räumung der Fürstentümer, und die Österreicher entschieden sich vorläufig für die Neutralität.

Die Preußen wahrten aus ähnlichen Gründen die Neutralität, und die schwedische Regierung ließ sich auch durch das Versprechen, Finnland zu erhalten, nicht zum Kriegseintritt verleiten. Den Verbündeten fiel es schwer, mit ihrem Gegner handgemein zu werden, und sie befanden sich in der peinlichen Situation, ihre Öffentlichkeit um die versprochenen Siege zu bringen. Daher beschlossen sie, den wichtigsten Flottenstützpunkt Rußlands im Schwarzen Meer, den Hafen Sewastopol, anzugreifen, und landeten Mitte September Truppen von 50 000 Mann auf der Halbinsel Krim. Mit Ausnahme einiger chaotischer, wirkungsloser Seemanöver hoch im Norden auf den Åland-Inseln beschränkten sich die militärischen Handlungen auf die Krim.

Ein direkter, entschlossener Angriff gleich nach der Landung hätte die Verbündeten wahrscheinlich in die Lage versetzt, Sewastopol sofort zu erobern; denn den ersten Widerstand der Russen brachen sie in der Schlacht an der Alma, und aus ihrem Erfolg hätten sie schließen müssen, daß sie einer Armee gegenüberstanden, die sich seit der Regierung Nikolaus' ständig verschlechtert hatte. Sie aber gaben ausgiebigen Manövern den Vorzug und ließen dadurch dem Gegner Zeit, seine Verteidigungsstellungen auszubauen. Eine von den Russen begonnene Gegenoffensive zur Befreiung der Halbinsel scheiterte aber im Oktober 1854 bei Balaklawa (wo der mißglückte Angriff der Leichten Brigade stattfand) und erneut im November bei Inkerman. Danach artete der Konflikt in einen ermüdenden Zermürbungskrieg aus, unterbrochen von sporadischen kleineren Gefechten, während die Truppen unter Kälte, Ruhr und Cholera litten.

Wie auch in späteren Kriegen schienen die Russen ein unerschöpfliches Reservoir an Soldaten zu haben, und den überdrüssig gewordenen Verbündeten wurde allmählich bewußt, daß auch die Einnahme Sewastopols sie nicht zur Kapitulation zwingen würde. Diese Überlegung und die in ihren eigenen Ländern zunehmende Kritik an der Art ihrer Kriegführung brachten die westlichen Regierungen zu der Überzeugung, daß sie etwas unternehmen müßten, was den Zar beeindrucken und ihn zum Nachgeben veranlassen würde. Eine Möglichkeit hierzu war die Erweiterung ihrer Koalition. Im Januar 1855 hatten sie einen Vorstoß in dieser Richtung gemacht, indem sie Piemont zum Bündnispartner gewannen, dessen Regierungschef Cavour hoffte, eine Intervention könne die Interessen seines Landes in Italien aufgrund der somit gewonnenen Sympathien Britanniens und Frankreichs sicherstellen. Dies bedeutete aber nur eine Verstärkung von 17000 Mann für die Streitkräfte der Verbündeten und ermöglichte nicht den Aufbau einer neuen Front gegen Rußland. Es war eindeutig, daß nur eine Intervention Österreichs die westlichen Streitkräfte entscheidend verstärken könnte.

Im Dezember 1854 unterzeichnete die österreichische Regierung unter starkem westlichen Druck ein Abkommen, das eine solche Intervention zu gewährleisten schien. Die Grundlage dieser Übereinkunft bildete eine Erklärung von Kriegszielen, die „Vier Punkte von Wien" genannt, die „im Interesse des Gleichgewichts der Mächte in Europa" von Rußland den Verzicht auf seinen beherrschenden Einfluß in den Fürstentümern Moldau und Wallachei, einen ähnlichen Verzicht auf den Anspruch der Schutzherrschaft über die türkischen Untertanen griechisch-orthodoxen Glaubens, eine internationale Garantie der freien Schiffahrt auf der Donaumündung und eine Revision des Dardanellenvertrags von 1841 verlangten. Österreich erklärte sich bereit, in den Krieg einzutreten, falls Rußland diesen Punkten nicht innerhalb von zwei Monaten zustimmte, und die westlichen Mächte garantierten Österreich für die Dauer des Kampfes Schutz gegen alle revolutionären Störungen in Italien.

Das Abkommen von Dezember 1854, das im Westen ein vorzeitiges Frohlocken auslöste, trat nicht in Kraft. Während der Verhandlungen waren Britannien und Frankreich auf das österreichische Argument eingegangen, das Habsburger Reich könne die notwendigen Truppen nur mit Unterstützung des Deutschen Bundes aufbringen, und diese war zu einer Bedingung des Bündnisses gemacht worden. Die kleineren deutschen Staaten aber konnten gefährliche Abenteuer nicht verkraften, und Bismarck, der preußische Gesandte beim Deutschen Bund, war nicht geneigt, den Österreichern behilflich zu sein, ganz Deutschland in einen Krieg hineinzuziehen, dessen Vorteile im Falle eines Sieges ausschließlich den Habsburgern zugute kommen würden. Bismarcks Argumente und ihre eigenen Befürchtungen bewogen die Mitglieder des Bundestages, den Österreichern die Bitte um Unterstützung abzuschlagen.

Die westlichen Regierungen waren erbost über diese Niederlage, die eine weitere Verlängerung der beklagenswerten Kampagne auf der Krim bedeutete. Sie versuchten weiterhin, Österreichs Hilfe zu gewinnen; aber erst als Sewastopol im September 1855 gefallen war, gelang es ihnen, Österreich unter dem Druck unverhüllter Erpressung zur Aufgabe seiner Neutralität zu bewegen. Erklärungen an Cavour, daß sie nun bereit seien, ihm in italienischen Angelegenheiten ihre „guten Dienste" zu erweisen, und Drohungen an Wien, daß eine weitere Neutralität sie dazu führen könne, einen neuen Vorstoß Piemonts zu unterstützen, veranlaßten das Wiener Kabinett im Dezember 1855, ein Ultimatum nach St. Petersburg zu schicken. Dies hätte Zar Nikolaus I., der einen bitteren Groll gegen Franz Joseph hegte, weil dieser versäumt hatte, den ihm im Jahre 1849 erwiesenen Dienst wiedergutzumachen, wahrscheinlich in seinem Widerstand nur bestärkt. Nikolaus aber war im März gestorben, und sein Nachfolger, Zar Alexander II., war gewillt, Frieden zu schließen. Als er das österreichische Ultimatum erhielt, erklärte er sich bereit, die „Vier Punkte" zu akzeptieren, und beendete damit den Krieg, der eine halbe Million Menschenleben gekostet hatte (eine größere Anzahl als irgendein europäischer Krieg zwischen 1815 und 1914); zwei Drittel davon waren nicht Verwundungen erlegen, sondern an Krankheiten gestorben.

Die Nachwirkungen

Der Pariser Friede. Die Regelung der Streitigkeiten, die den Krieg ausgelöst hatten, war bereits in den „Vier Punkten" vorgegeben und wurde jetzt in den Pariser Friedensverhandlungen zwischen Februar und April 1856 genauer festgelegt. Der Zar wurde nun offiziell der Rechte beraubt, um die er so hartnäckig gekämpft hatte. Der Vertrag entzog die Donaufürstentümer Moldau und Wallachei dem russischen Einfluß und verwehrte Rußland auch den Anspruch einer Schutzherrschaft über die griechisch-orthodoxen Untertanen des Sultans, indem er die vollständige Unabhängigkeit des Osmanischen Reiches erklärte. Außerdem wurde der Zar gezwungen, sich zu verpflichten, keine Befestigungen auf den Åland-Inseln anzulegen, die Festung Kars zurückzugeben, die seine Truppen in den letzten Kriegsmonaten der Türkei abgenommen hatten, die Kontrolle über die Donaumündung aufzugeben durch Abtretung des bessarabischen Gebietes zu beiden Seiten des Flusses an die Türkei und zwei mit der Regelung der Navigationsrechte auf diesem wichtigen Wasserweg betraute Kommissionen anzuerkennen.

Gleichzeitig wurde der Dardanellenvertrag von 1841 revidiert. Der türkische Sultan verpflichtete sich zur Schließung der Dardanellen und des Bosporus für Kriegsschiffe, und die Mächte erklärten sich bereit, diese Regelung zu beachten. Das Schwarze Meer wurde neutralisiert, alle Waffendepots und Befestigungen an seiner Küste untersagt und die Handelsfreiheit in seinen

Gewässern begründet. Diese Bestimmungen berührten die Türken ebenso wie die Russen, waren aber eindeutig dazu bestimmt, die russische Expansion nach Süden und Westen zu verhindern.

Die wahrscheinlich bedeutendste Maßnahme der Delegierten auf der Pariser Konferenz betraf die Donaufürstentümer. Sie blieben unter türkischer Souveränität, wurden aber in Wirklichkeit der Aufsicht der Mächte unterstellt, die ihnen eine „unabhängige und nationale Administration" versprachen. Noch vor Ende des Jahrzehnts waren die Fürstentümer unter einem Herrscher ihrer Wahl vereinigt, und dieser neue rumänische Staat hatte damit eine Laufbahn der politischen Unabhängigkeit eingeschlagen, die bis 1941 andauern sollte.

Schließlich machte die Konferenz die Türkei zum Mitglied des Europäischen Konzerts, die Signatarmächte garantierten die Unabhängigkeit und territoriale Integrität des Osmanischen Reiches und versprachen, Streitigkeiten mit der türkischen Regierung durch gegenseitige Konsultation zu regeln.

Die Zukunft des Konzerts. Die Pariser Konferenz schien eine beeindruckende Neubestätigung des Prinzips der kollektiven Verantwortung und der gemeinsamen Maßnahmen durch die Großmächte zu sein, und die Delegierten handelten, als ob sie voll und ganz der Überzeugung seien, daß das Europäische Konzert in den folgenden Jahren wirksam fungieren würde. Diese vermeintlichen Anzeichen für eine hoffnungsvolle Zukunft des Prinzips der kollektiven Maßnahmen im Interesse des Friedens waren irreführend. Die italienische Frage sollte nicht durch gemeinsame Bemühungen auf seiten der Großmächte gelöst werden, und das Konzert sollte sich in den nächsten zwanzig Jahren im allgemeinen als unwirksam erweisen.

Diese Entwicklung war wohl nicht zu vermeiden, denn der Krieg hatte das durch die Revolutionen von 1848 gesäte Mißtrauen und die Ressentiments zwischen den Mächten verstärkt. Gleichzeitig schwächte er ihre Bindung an die bestehende territoriale und rechtliche Ordnung Europas. Napoleon III. hatte schon vor seinem Eintritt in den Krimkrieg eine durchgreifende Revision der Wiener Regelung befürwortet, und seine militärischen Erfolge hatten seinen Wunsch, dieses Ziel voranzutreiben und Ruhm und vielleicht Territorium für sein Land zu gewinnen, verstärkt. Auch war er nicht der einzige, der eine Änderung des unverletzlichen Gesetzes anstrebte. Es gab Anzeichen dafür, daß die Preußen unzufrieden waren. Die preußische Regierung war verärgert und erschrocken über den offensichtlichen Versuch der Österreicher, ihr Land in den Krieg hineinzuziehen, und das Zögern der anderen Mächte, sie zur Teilnahme an der Friedenskonferenz einzuladen, ließ preußische Staatsmänner befürchten, der Status ihres Landes als Großmacht sei gefährdet. Diese Befürchtung führte bald zur Reorganisation und Verstärkung der preußischen Armee und zur Einleitung einer aggressiven, expansionistischen Außenpolitik.

Rußland war durch den Krieg vom stärksten Befürworter der Vertragsstruktur in eine erbitterte revisionistische Macht verwandelt worden. Im Falle einer Gefährdung des europäischen Gleichgewichts konnte mit russischer Hilfe zu dessen Verteidigung nicht mehr gerechnet werden. Dies lag teilweise daran, daß der Rußland durch den Krieg zugefügte Schaden seinen zeitweiligen Rückzug aus der außenpolitischen Sphäre notwendig machte, zum größeren Teil aber war es auf den Groll über die in Paris erlittenen Gebietsverluste und die neue Eindämmungspolitik der anderen Mächte zurückzuführen. Die Russen waren entschlossen, jener Eindämmung zu trotzen, und der erste Schritt in dieser Richtung würde die Wiedererlangung ihrer militärischen Rechte auf dem Schwarzen Meer sein.

Österreich und Großbritannien konnten zwar noch als Förderer des bestehenden Gleichgewichts bezeichnet werden; war es aber wahrscheinlich, daß sie sich Abenteuern ehrgeiziger Mächte widersetzen konnten oder wollten? Obgleich Österreich kein aktiver Kriegspartner geworden war, litt es unter den hohen Ausgaben für Waffen, die nicht gebraucht worden waren, und stärker noch unter dem Verlust seines Rufes. Was Großbritannien anbetrifft, so wurde seine Fähigkeit, sich Angriffen auf das öffentliche Recht zu widersetzen, aufgrund der enttäuschenden Darbietung seiner Streitkräfte auf der Krim angezweifelt. Seine Armee war ohne Intendantur, ohne wirksame Nachschuborganisation, Versorgungstruppen, Sanitätskorps oder medizinische Versorgung in den Krieg gezogen, ohne Erfahrung im kombinierten Einsatz von Kavallerie, Infantrie und Artillerie und ohne Generäle, die ihre Truppen wirklich zu führen verstanden. Die Wirkung auf den militärischen Ruf Großbritanniens war erschütternd. Nach Kriegsende schrieb Alexis de Tocqueville einem englischen Freund:

„Der heroische Mut Eurer Soldaten wurde überall ohne Vorbehalt gelobt, aber ich stieß auch auf die allgemeine Überzeugung, daß die Bedeutung Englands als Militärmacht weit übertrieben worden sei."

Abgesehen davon wurde in den Jahren nach 1856 zunehmend deutlich, daß das britische Volk nicht noch einmal in europäische Auseinandersetzungen hineingezogen werden wollte. Der Krieg hatte in England Ernüchterung bewirkt und Sehnsucht nach Frieden und Zurückhaltung gegenüber Verpflichtungen verbreitet, die ihn gefährden konnten. Dies war auf dem Kontinent bekannt, und wenn immer britische Staatsmänner und Diplomaten von der Möglichkeit einer aktiven Intervention in europäische Streitigkeiten sprachen, so beeindruckte dies die anderen Mächte weniger, als es möglicherweise bei einer Volksstimmung (und einem militärischen Ruf) Englands wie vor den Krimkämpfen der Fall gewesen wäre.

Die Zukunft Europas sollte nicht durch das Europäische Konzert bestimmt werden, sondern durch die Taten einzelner Abenteurer. Unter diesen schien im Jahre 1856 Louis Napoleon, Kaiser der Franzosen, der beeindruckendste und gefürchtetste zu sein.

Siebtes Kapitel

Frankreich: Das Zweite Kaiserreich

Von der Republik zum Kaiserreich

In seiner Schilderung des Staatsstreichs, mit dem Louis Napoleon den Sieg über die Republik davongetragen hatte, nannte Victor Hugo den Prinz-Präsidenten einen „wilden Banditen", der Frankreich um seine Zukunft gebracht habe. Diese Bezeichnung erscheint ebensowenig treffend wie spätere Beschreibungen Louis Napoleons als Prototyp des modernen totalitären Herrschers. In Wirklichkeit war er weder ein Freund von Gewalt, noch glaubte er an die Gewalt um der Gewalt willen. Auf der Höhe seiner Macht bewies er die Fähigkeit, im Interesse einer liberalen politischen Reform auf seine persönlichen Vorrechte zu verzichten, und sowohl in der Innen- als auch in der Außenpolitik wurde sein Egoismus durch aufrichtige humanitäre Bestrebungen ausgeglichen. Die Tragik seiner Karriere liegt darin, daß seine abwegigen Methoden häufig selbst seine aufgeklärtesten Ideen in Mißkredit brachten, während sein Wunsch, die öffentliche Meinung günstig zu stimmen, ihn in der Außenpolitik in fatale Widersprüche verwickelte. Über das Debakel, das seiner Regierung ein Ende bereitete, sollte man aber nicht vergessen, daß er Frankreich gut regiert hat und es wirtschaftlich stärker hinterließ, als er es übernommen hatte.

Der Prinz-Präsident und die Versammlung. Der Mann, den die in den 40er Jahren wiederauflebende Legende um Napoleon (s. S. 76–77) in die politische Führungsspitze gebracht hatte und der im Dezember 1848 zum Präsidenten der Französischen Republik gewählt worden war (s. S. 112), machte auf den ersten Blick keinen respekteinflößenden Eindruck. Er war klein an Gestalt, neigte bereits zur Korpulenz, hatte eine gelblich fahle Hautfarbe, und in seinen Gesichtszügen lag ein Anflug von Melancholie. Als der preußische Soldat Helmuth von Moltke ihm zum ersten Mal begegnete, beeindruckten ihn seine unbeweglichen Gesichtszüge und der nahezu erloschene Blick seiner Augen sowie sein freundliches und gutmütiges Lächeln, das nichts Napoleonisches an sich gehabt habe.

Die äußere Erscheinung trog. Hinter der freundlichen, wenn auch rätselhaften Maske versteckte sich ein politisch wacher Geist, der das politische Kräfteverhältnis in Frankreich genau abschätzte. Louis Napoleon leistete zwar bei seiner Amtsübernahme den Eid, „der demokratischen Republik die

Treue zu halten", fühlte sich daran aber nicht gebunden. In der Tat scheint er die gewaltige Stimmenmehrheit, mit der er zum Präsidenten gewählt worden war, als Zeichen einer allgemeinen Unzufriedenheit mit dem bestehenden System gewertet zu haben.

Die Wahlen für die Gesetzgebende Versammlung im Mai 1849 bewiesen, daß das Vertrauen der Bevölkerung in die Republik zum großen Teil geschwunden war. Von 750 Abgeordneten konnten nur ein Drittel als Republikaner bezeichnet werden. Überdies schien auch dieser kleine Rest noch zur Selbstvernichtung bestimmt zu sein und wäre ihr auch durch eine unüberlegte Geste dem Prinz-Präsidenten gegenüber beinahe zum Opfer gefallen. Den Anlaß dafür boten die Ereignisse in Rom. Während der revolutionären Unruhen von 1848 hatte man den Papst zur Flucht aus der Stadt gezwungen, und eine Römische Republik war unter Giuseppe Mazzini errichtet worden. Als Louis Napoleon im April 1849 eine französische Militärabordnung nach Italien entsandte mit dem Auftrag, Mazzinis Truppen anzugreifen, erhoben republikanische Führer in der Versammlung unverzüglich Anklage gegen den Präsidenten wegen Überschreitung seiner Befugnisse und Verletzung der Verfassung von 1848, die festlegte, daß Frankreich niemals seine Waffen gegen die Freiheit irgendeiner Nation einsetzen dürfe. Ihre Erklärung, daß sie die Verfassung „mittels Waffengewalt" verteidigen wollten, löste am 13. Juni in Paris und an den folgenden Tagen in Toulouse, Perpignan, Straßburg und Lyon Demonstrationen und Aufstände aus. Mit Ausnahme Lyons, wo Artillerie eingesetzt werden mußte, um Barrikaden zu durchbrechen, wurden diese „émeutes" bestenfalls halbherzig durchgeführt. Ihre eigentliche Bedeutung lag darin, daß sie es der Rechten in Frankreich leicht machten, entschlossen gegen den Republikanismus vorzugehen.

So ordnete die Versammlung, die sich überwiegend aus überzeugten Monarchisten zusammensetzte, die Verhaftung von 33 republikanischen Abgeordneten an, verabschiedete ein Gesetz zur Schließung politischer Clubs – die Zentren ihrer Agitation und Propaganda – und erließ ein neues Pressegesetz gegen „den Geist der Rebellion und Unruhe". In den folgenden Monaten revidierte sie das Wahlrecht durch Einführung einer Eigentums- und Residenzpflicht und schloß drei Millionen Arbeiter vom Wahlrecht aus. Schließlich verabschiedete sie die „Loi Falloux", die sich gegen den republikanischen Einfluß in den Schulen richtete, und übertrug der Kirche das Erziehungswesen, während dem Staat Aufsichtsrechte vorbehalten blieben.

Während die Monarchisten in der Versammlung die republikanische Bewegung zerschlugen und dabei den Haß der Arbeiterschicht und der Intellektuellen auf sich zogen, hielt sich Louis Napoleon zurück. Er wußte, daß früher oder später ein Konflikt zwischen der Versammlung und ihm aufkommen würde und konzentrierte sich in Vorbereitung dessen auf die Stärkung seiner Position. Zunächst sicherte er sich eine unangefochtene Kontrolle über die Exekutive. Die Minister seines ersten Kabinetts waren erfahrene Staatsmänner, die ihre erste Pflicht darin zu sehen schienen, seine Unabhängigkeit in Grenzen zu halten und Unbesonnenheiten seinerseits zu verhindern. Im Oktober 1849 entließ er sie abrupt und teilte der Versammlung seinen Beschluß mit, daß die Minister von ihm ausgewählt werden und im allgemeinen seine Ansichten teilen müßten.

Die Versammlung reagierte auf diese Geste der Unabhängigkeit mit einigen nichtssagenden Vergeltungsschlägen, die den Präsidenten nicht beunruhigten. Er hatte sich nun auf eine Kampagne eingestellt, mit der er das französische Volk direkt ansprechen wollte. Wo immer Brücken oder Eisenbahnlinien dem Verkehr übergeben oder Erntedankfeste gefeiert wurden, konnte mit Louis Napoleons Erscheinen gerechnet werden. Er machte sich Millionen Franzosen bekannt und entwickelte eine Fertigkeit, genau das zu sagen, was sie hören wollten: Geschäftsleuten gegenüber sprach er von der Notwendigkeit des innenpolitischen Friedens und des kommerziellen Wohlstands, mit Bauern diskutierte er über landwirtschaftliche Probleme, zeigte sich an Gemeindeangelegenheiten interessiert und appellierte an den Lokalpatriotismus. Es dauerte nicht lange, bis das Volk auf seinen Versammlungen rief: ,,Vive Napoléon!" und ,,Vive l'Empereur!"

Unterdessen bemühte er sich auch um die Gunst der Armee. Sein Name erweckte das Vertrauen der gemeinen Soldaten; sein Amt gab ihm das Recht zur Stellenbesetzung und ermöglichte es ihm, seine Anhänger in die höheren Ränge zu bringen; und er hatte schon lange Wert darauf gelegt, jüngere Offiziere kennenzulernen, insbesondere solche, die Truppen in Algerien befehligt hatten.

Einige dienstältere Offiziere mißbilligten die sich nun häufenden Truppendemonstrationen, sobald Louis Napoleon bei Paraden auftauchte, und versuchten, sie zu verhindern. Zu ihnen gehörte Changarnier, der Generalgouverneur von Paris, den die Mitglieder der Versammlung als ihren Beschützer gegen die Ambitionen des Präsidenten betrachteten. Doch im Januar 1851 zwang Louis Napoleon seine Minister, der Entlassung des Generals beizustimmen – ein Streich, der der Versammlung die Hoffnung auf Unterstützung der Pariser Garnison im Falle einer ernstlichen Auseinandersetzung mit dem Prinz-Präsidenten nahm.

Von einem solchen Konflikt war man nun nicht mehr weit entfernt. Er bahnte sich an durch einen Streit über Artikel 45 der Verfassung, der die Wiederwahl des Präsidenten nach Ablauf einer vierjährigen Amtszeit verhinderte. Louis Napoleon verspürte im Jahre 1852 nicht den Wunsch zurückzutreten, und er konnte geltend machen, daß dies auch nicht der Wunsch des Volkes sei, denn 79 von 86 Departements hatten sich für eine Revision ausgesprochen. Als die Versammlung sich weigerte, eine Verfassungsänderung zu beraten, beschloß der Präsident, ihre Macht mit Gewalt zu zerschlagen, und um die Grundlage dafür zu schaffen, startete er einen systematischen Angriff auf das Wahlgesetz, indem er darauf bestand, daß Frankreich zum allgemeinen Wahlrecht zurückkehren müsse. In der Zwischenzeit stellte er gemeinsam mit seinem Halbbruder, dem Herzog von Morny, und mit Männern wie Persigny, dem Gefährten seiner Unternehmungen von Straßburg und Boulogne, Maupas, dem Polizeichef, und Saint-Arnaud, dem stürmischsten „der Afrikaner", der im August 1851 Kriegsminister geworden war, einen genauen Aktionsplan auf.

Der Staatsstreich und die Zeit danach. In der Nacht vom 1. auf den 2. Dezember 1851 wurde Paris in aller Stille von Truppen besetzt, und Polizeiagenten verhafteten unauffällig und reibungslos 78 Personen, darunter die meisten Fraktionsführer der Versammlung und oppositionell gesinnte Notabeln wie Cavaignac und Thiers. Vor der morgendlichen Dämmerung wurden Plakate an Wände und Kioske geklebt, die im Namen des Präsidenten bekanntmachten, daß die Versammlung aufgelöst, das Wahlgesetz aufgehoben und das allgemeine Wahlrecht wieder eingeführt sei. Das Volk Frankreichs, so wurde erklärt, werde aufgefordert, über eine neue Verfassung abzustimmen, die für das Land eine Zweikammer-Legislative, einen Staatsrat zur Ausarbeitung der notwendigen Gesetze und ein Staatsoberhaupt für eine Amtsdauer von zehn Jahren vorsehe. Dies bedeutete die Rückkehr zum Konsulatsmodell seines Onkels; dennoch behauptete Louis Napoleon, der Retter der Republik zu sein, und rief die Armee auf, „das oberste Gesetz des Landes – die Souveränität des Volkes" zu beachten. Inzwischen setzte der Präsident Morny, Saint-Arnaud, Persigny und andere, offensichtlich im Vertrauen darauf, daß es keinen weiteren Widerstand geben werde, als Minister ein.

Morny hatte gesagt, „kluge Verhaftungen können einen Bürgerkrieg verhindern"; doch er irrte sich. Am 3. Dezember gelang es Abgeordneten der geschrumpften republikanischen Fraktion, im Arbeiterviertel Faubourg Saint-Antoine Unruhen zu organisieren, und da lokale Truppenabordnungen diese nicht unterdrücken konnten, breitete sich der Aufruhr aus. Mit eisiger Selbstbeherrschung proklamierte Morny den Besatzungszustand, ordnete aber an, es sollten keine Maßnahmen eingeleitet werden, bis die Rebellion sich zugespitzt hätte. Als die Rebellen ihre Barrikaden errichteten, wurde nicht eingegriffen. Erst am nächsten Nachmittag griffen die Truppen das Zentrum dieser Aktivitäten an.

Bei diesem Einsatz wurde einer Militärkolonne durch eine kleine Barrikade auf dem Boulevard de Montmartre in der Nähe des Saint-Denis-Tores der Weg versperrt, und sie schoß unter Beschimpfungen des Pöbels mit leichten Waffen und Pistolen wahllos auf die flüchtenden Bürger und die umliegenden Läden und Cafés. Etwa 200 Menschen wurden in diesem sinnlosen Gemenge getötet. Louis Napoleon, der ohne Blutvergießen die Macht hatte ergreifen wollen, wurde das Massaker vom 4. Dezember nie ganz verziehen. Jahre später sagte seine Frau Eugénie zu einem Freund: „Ein Staatsstreich ist wie die Kugel und die Kette eines Sträflings. Man zerrt daran herum, und schließlich lähmen sie einem das Bein." Dennoch sicherte dieser Waffeneinsatz den Erfolg des Staatsstreichs und trug zur Unterstützung Louis Napoleons außerhalb der Hauptstadt bei; denn in den Provinzen betrachtete man die Rebellen als Feinde von Ordnung und Eigentum. Am 21. Dezember 1851 wurde das Land zur Volksabstimmung über den Antrag aufgerufen: „Das Volk wünscht die Fortsetzung der Regierung Louis Napoleon Bonapartes und überträgt ihm die notwendigen Vollmachten, um eine Verfassung auf der Grundlage der Proklamation (vom 2. Dezember) zu erstellen." In Paris stimmten nur 133000 von 300000 registrierten Wählern für den Antrag, insgesamt aber war die Majorität der Wählerstimmen für den Präsidenten überwältigend – 7,5 Millionen gegen 640000.

In den folgenden Monaten wurde die neue Verfassung proklamiert und im einzelnen ausgearbeitet. Die Amtsdauer des Präsidenten wurde auf zehn Jahre verlängert, und er erhielt weitgehende Vollmachten: das Recht zur Kriegserklärung und den Oberbefehl über die französischen Truppen, das Recht zu Vertragsabschlüssen, zur Ernennung der Minister und Botschafter und zur Einbringung und Ausfertigung aller Gesetze. Obgleich Frankreich eine Zweikammer-Legislative erhalten sollte, gebildet aus einem Senat von Mitgliedern, die der Präsident auf Lebenszeit ernannte, und einem Gesetzgebenden Organ oder „Corps Législatif" mit 250 durch allgemeines Stimmrecht der Männer auf sechs Jahre gewählten Mitgliedern, brachte der Präsident die Gesetze ein. Sie wurden durch einen von ihm ernannten Staatsrat entworfen und an eine Kommission des „Corps Législatif" weitergereicht. Alle Änderungen mußten vom Staatsrat gebilligt werden, bevor das Gesetz dem gesamten „Corps Législatif" vorgelegt wurde. Dieses Organ besaß faktisch kein Debattierrecht, und es wurde erwartet, daß es die Gesetze so verabschiedete, wie sie ihm vorgelegt wurden. Was den Senat betraf, so überprüfte er lediglich, was das Gesetzgebende Organ gebilligt hatte, daraufhin, ob es mit der Verfassung, der Religion und der Moral vereinbar war.

Charakteristisch für das neue System war das Plebiszit, das zur Unterstützung der Autorität des Präsidenten eingesetzt wurde. Der Präsident behielt sich das Recht vor, sich über die Köpfe der Volksvertreter hinweg direkt an das Volk zu wenden. Er beabsichtigte, von diesem Mittel nur sparsam Gebrauch zu machen. Bei einer Gelegenheit sagte er: „Es stört mich nicht, mit dem Wasser des allgemeinen Wahlrechts getauft zu werden, aber ich weigere mich, ständig mit den Füßen darin zu stehen."

Seine Macht wurde auch durch das dem Land aufgezwungene Verwaltungssystem untermauert. Die Regierung dehnte ihr Recht auf Amtsernennung auf die kleinsten Kommunen der Nation aus, indem sie die Bürgermeister zu Beamten der Nationalregierung machte. Gleichzeitig wurden Maßnahmen zur Amtsenthebung andersdenkender Beamter in den Departements

12. Belagerung der Festung Fort Alexander bei Sewastopol

13. Napoleon III., Kaiser
der Franzosen (1808–1873)

14. Einzug des Kaiserpaares Maximilian und Charlotte in Mexiko (Erzherzog Maximilian von Österreich) (1832–1867), Kaiser von Mexiko (1864–1867)

getroffen, und es wurde Sorge getragen, daß die Präfekten die politischen Maßnahmen der Regierung strikt befolgten. Mittels dieses Systems wurde Frankreich bis 1860 regiert. Die einzige wesentliche Änderung darin war schon vorherbestimmt durch das Ergebnis des Volksentscheids von Dezember 1851. Im November 1852 wurden die Franzosen befragt, ob sie „die Wiederherstellung der kaiserlichen Würde" wünschten, und sie bejahten dies mit 7,8 Millionen Stimmen gegenüber 250000. Am 2. Dezember 1852 wurde Louis Napoleon zum Kaiser proklamiert.

Die Innenpolitik des Zweiten Kaiserreiches

In einer berühmten Rede in Bordeaux am 2. September 1852 hatte Louis Napoleon gesagt:

„Wir müssen gewaltige Gebiete kultivieren, Straßen anlegen, Engpässe ausbauen, Flüsse schiffbar machen, Kanäle fertigstellen...Das würde ich unter dem Kaiserreich verstehen, wenn das Kaiserreich wiederhergestellt werden soll. Das sind die Eroberungen, die ich in Erwägung ziehe; und Sie alle, die mich umgeben, die, wie ich, das Beste für unser Land wollen, Sie sind meine Soldaten."

Dies war keine bloße Podiumsrhetorik. Seit seiner Haft in der Hamer Festung, wo er Flugschriften verfaßt hatte über Themen wie die Beseitigung der Armut, den Anbau der Zuckerrübe und die Vorteile eines Kanals durch die Meerenge von Panama, war Napoleon immer voller Pläne für die materielle Besserstellung seines Landes gewesen. Nachdem er seine Macht konsolidiert hatte, wollte er sie in die Tat umsetzen, und die französische Wirtschaft zeigte bald die nützlichen Auswirkungen seines Enthusiasmus.

Wirtschaftliche Maßnahmen. Napoleon wollte Frankreich zu einem blühenden Land machen durch Förderung der Industrie, Ausbau des Eisenbahnnetzes, Ausweitung des Handels, Unterstützung der Landwirtschaft und Einleitung eines expansiven Programms für öffentliche Arbeiten. Der Schlüssel zu diesem umfassenden Programm lag in der Ausweitung des Kreditwesens.

Bis zu dieser Zeit hatten wenige große Banken die Kontrolle über die Kreditreserven des Landes ausgeübt und von ihrem Monopol profitiert. Einer der wesentlichsten Beiträge des Kaisers zu der Hochkonjunktur, die während seiner Regierungszeit einsetzte, war die Ausgabe von Staatsanleihen, um Geldmittel für Unternehmenserweiterungen aufzubringen. Durch ständige Überzeichnung ermöglichten diese Anleihen dem Staat, in jeden Wirtschaftssektor ankurbelnd einzugreifen und damit private Investitionen anzuregen. Die Kombination von Aufträgen der öffentlichen Hand und privaten Investitionen unter staatlicher Bürgschaft bewirkte insbesondere auf dem Eisenbahnsektor beeindruckende Ergebnisse.

Weiterhin förderte die Regierung die wirtschaftliche Expansion, indem sie die Genehmigung zur Gründung einer Reihe halbstaatlicher Banken erteilte, von denen die beiden im Jahre 1852 gegründeten Firmen Crédit Mobilier und Crédit Foncier die bedeutendsten waren. Erstere war zur Förderung von Aktiengesellschaften in der Industrie und zur Erschließung neuer Tätigkeitsbereiche bestimmt. Sie finanzierte insbesondere den Eisenbahn- und Hafenbau, öffentliche Arbeiten und Schiffahrtsgesellschaften. Obgleich sie im Jahre 1867 bankrott ging, demonstrierte sie die Vorteile einer engen Verbindung zwischen Industrie und Banken. Der Crédit Foncier war eine nationale Hypothekenbank, die gegen Eigentumssicherheit private Darlehen gewährte. Sie hat bis in die heutige Zeit überlebt.

Der Kaiser war ein begeisterter Verfechter des Freihandels und versäumte keine Gelegenheit, gegen die aus der Julimonarchie übriggebliebenen Schutzzölle anzugehen. Zum Teil ließ er sich dabei zweifellos von politischen Überlegungen leiten, nämlich von der Hoffnung, das Wohlwollen der größten Freihandelsnation dieser Zeit, Großbritanniens, für sein Regime zu erlangen; aber der Freihandel entsprach auch seiner Vision von einem Europa freier, untereinander abhängiger Nationen. Abgesehen davon erhoffte er sich durch ihn konkrete Vorteile für das französische Volk: billigere Lebensmittel für die Armen, billigeres Garn für die Textilfirmen, billigere Schienen für die Eisenbahn und größere Absatzmärkte für französische Produkte. Zwischen 1853 und 1855 senkte Napoleon daher die Zölle für Eisen, Stahl, Kohle und bestimmte andere Rohmaterialien und Nahrungsmittel. Nach langen Geheimverhandlungen billigte er im Jahre 1860 den Cobden-Chevalier-Vertrag, der die Zölle für nach Frankreich importierte englische Waren merklich senkte und den englischen Markt für französische Fertigwaren, Wein und Spirituosen öffnete. Dieser Vertrag diente als Vorbild für französische Abkommen mit dem Zollverein und mit anderen Ländern.

Der Kaiser brachte der Industrie von jeher ein stärkeres Interesse entgegen als der Landwirtschaft, er ließ aber die Lebensweise, die immer noch die Arbeitskraft der meisten Franzosen beanspruchte, nicht außer acht. Er förderte wissenschaftliche Anbaumethoden und die Zuchtauswahl; er organisierte landwirtschaftliche Verbände, Messen und Musterhöfe; er genehmigte persönlich Projekte zur Kultivierung unfruchtbaren Landes, zur Entwässerung von Sumpfgebieten, zur Erhaltung der Wälder und ließ ländlichen Gebieten anderweitige Hilfe zukommen. Öffentliche Arbeiten dieser Art dienten dem doppelten Zweck der Verbesserung des Bodens und der Versorgung der Arbeitslosen.

Die eindrucksvollsten öffentlichen Arbeiten Napoleons waren die, die er in den Städten ausführen ließ. Der Ideenreichtum und Wagemut Napoleons und seines Präfekten an der Seine, Baron Haußmanns, verwandelten Paris völlig, indem sie viele der engen gewundenen Straßen der mittelalterlichen Innenstadt beseitigten und breite Boulevards und große „Plätze" mit strahlenförmig ausgehenden Straßen anlegten, den Zentralmarkt umbauten, ein neues Opernhaus errichteten, eine moderne Wasserversorgung, ein neues Abwassersystem und verschiedene neue Parks anlegten.

Frankreich erlebte zwar während des Zweiten Kaiserreiches Zeiten der wirtschaftlichen Not, insbesondere in den 50er Jahren, als das Land von Getreidemißernten, einer Choleraepidemie, Überschwemmungen und der Seidenraupen- und Weinstockseuche heimgesucht wurde, wie auch zur Zeit des amerikanischen Bürgerkrieges, als die Rohbaumwollieferungen aussetzten und der Textilindustrie dadurch Schaden erwuchs. Als Napoleon gestürzt wurde, war Frankreich jedoch im Grunde ein wirtschaftlich blühendes und gesundes Land.

Der Weg zum politischen Liberalismus. Die Verfassung von 1852 nahm dem französischen Volk effektiv jene Art der politischen Diskussion und Kontroverse, die in seiner Vergangenheit eine so große Rolle gespielt hatte. Die Zeitungen unterlagen einer ständigen Überwachung, und auf politische Kritik wurde mit Suspension oder Konzessionsverlust reagiert – eine Situation, die die politische Provinzialpresse nahezu völlig zum Erliegen brachte und nur den robustesten Pariser Journalen eine Überlebenschance ließ; die meisten von ihnen hielten es für zweckmäßig, sich neutral zu verhalten, wenn sie das Regime nicht unterstützten. Selbst an den Universitäten war es ruhig, vielleicht aufgrund der strengen staatlichen Überwachung ihrer Leitungsgremien. Während der 50er Jahre traten nur wenige Anzeichen von Unzufriedenheit mit diesem Regime zutage. Ein Stimmungswandel setzte erst im Jahre 1860 ein, und gleichzeitig damit schien der Kaiser zu Veränderungen bereit.

Durch Erlaß vom 24. November 1860 gestand Napoleon sowohl dem „Corps Législatif" als auch dem Senat das Recht zur Erwiderung auf die Thronrede zu. Dies bedeutete in der Realität das Recht auf eine jährliche Debatte über die Lage der Nation. Es wird oft behauptet, dieser Schritt Napoleons sei von dem Wunsch bestimmt gewesen, sein Regime beim Mittelstand beliebter zu machen, zu einer Zeit, als die Industriellen den Cobden-Chevalier-Vertrag kritisierten und der Klerus der Italienpolitik Frankreichs feindlich gegenüberstand (s. S. 162–166), und das mag auch stimmen. Es gibt aber Anzeichen dafür, daß er in jedem Falle eine Lockerung der Autorität erprobt hätte.

Wie sich herausstellte, war der Erlaß von November 1860 der erste Schritt zu einer progressiven Liberalisierung des Regimes. Im Jahre 1860 wurde die Veröffentlichung von Parlamentsdebatten gestattet, und in den folgenden Jahren erfuhren die Beschränkungen der Presse und der öffentlichen Diskussion eine Milderung. Die für die Wahlen der ersten Jahre charakteristische Überwachung und Einschüchterung wurden gemäßigt, und die letzten Wahlen des Kaiserreiches galten im allgemeinen als freie Wahlen. Im November

1861 erhielt der „Corps Législatif" größere Rechte über das Reichsbudget. Im Januar 1862 erfolgte die Ankündigung, daß von nun an drei Minister ohne Ressort die Regierungsmaßnahmen vor den beiden gesetzgebenden Organen rechtfertigen sollten. Diesem ersten Schritt in Richtung einer Ministerverantwortlichkeit folgte im Jahre 1863 der Beschluß über die regelmäßige Anwesenheit des Staatsratspräsidenten im „Corps Législatif" und im Senat.

Napoleons Lockerung der Kontrollen beschränkte sich nicht allein auf die politische Sphäre. In den Jahren 1865–1866 leitete er eine umfassende Erziehungsreform ein, die auf Empfehlungen seines Erziehungsministers beruhte, Victor Duruy (1811–1849), Historiker, Liberaler, Antiklerikaler und einer der weitblickendsten Erziehungsreformer des 19. Jahrhunderts. Duruys Vorstellungen von einem Erziehungssystem – das eine Grundschulerziehung für das Volk bei Schulgeldfreiheit zur Pflicht machte und einen Lehrplan für weiterführende Schulen unter Anerkennung der Bedürfnisse der industriellen Gesellschaft vorsah – wurden nicht ganz verwirklicht. Immerhin wurden die ersten Schritte auf diese Ziele hin und zur Erweiterung der Erziehungseinrichtungen für Mädchen unternommen, gleichzeitig wurden die weiterführenden Schulen zum Teil der Kontrolle der Kirche entzogen. Auch an einer anderen Front demonstrierte Napoleon seine Liberalität. Im Mai 1864 legalisierte er Gewerkschaften und Streiks.

Dieser Kurs der kaiserlichen Politik gipfelte in den Jahren 1867–1869 in Maßnahmen, die die Aufmerksamkeit des Volkes von den Rückschlägen im Ausland ablenken sollten. Sie umfaßten die gesetzliche Bestätigung der Presse- und Versammlungsfreiheit, die Erweiterung der Parlamentsvollmachten und die Entlassung unpopulärer Minister als Zugeständnis an die nun umfangreiche Opposition im „Corps Législatif". Mit der Aufforderung an Emile Ollivier, einen der republikanischen Oppositionsführer seit 1857, im Januar 1870 ein (mit Ausnahme des Heeres- und Marineministers) vom Kaiser unabhängiges Kabinett zu bilden, schien die Liberalisierung des Kaiserreiches vollkommen, und eine neue Epoche der echten parlamentarischen Regierung schien anzubrechen.

Die zunehmende Kritik an seinen Maßnahmen, die sich in Wahlergebnissen widerspiegelte, hatte den liberalen Kurs des Kaisers verstärkt. Während bei den Parlamentswahlen von 1852 nur 600000 und im Jahre 1857 nur 665000 Oppositionsstimmen abgegeben wurden, verzeichnete man bei den Parlamentswahlen von 1863 einen Anstieg der negativen Stimmen auf zwei Millionen. In den Wahlen von 1869 siegte die Regierung nur mit einer Stimmenanzahl von 4438000 gegen 3355000. Es muß jedoch daran erinnert werden, daß es sich um Parlamentswahlen handelte, in denen der Kaiser nicht kandidierte.

Es besteht aller Grund zu der Annahme, daß Napoleon bis zu seiner Niederlage auf dem Schlachtfeld grundsätzlich populärer war als seine Kandidaten. In dem großen Plebiszit von Mai 1870 wurde das französische Volk befragt, ob es mit den seit 1860 eingeführten liberalen Reformen einverstanden sei. Das Volk wußte, daß es in Wirklichkeit befragt wurde, ob es wolle, daß Napoleon III. weiterhin auf dem Thron bleibe, und stimmte entsprechend. Der Kaiser wurde durch 7336000 Bürger bei 1572000 Gegenstimmen bestätigt. Nach 21 Jahren der Macht war dies ein beeindruckendes Vertrauensvotum.

Die Kunst im Kaiserreich. Selbst in der autoritärsten Zeit des Kaiserreiches scheinen Kunst und Literatur nicht ernstlich unter der Regierungspolitik gelitten zu haben. Frankreichs hervorragendste literarische Größe, Victor Hugo, befand sich zwar im Exil auf der Insel Jersey, von der aus er erbitterte Angriffe in Versform gegen den Mann richtete, den er „Napoléon le petit" nannte. Flaubert wurde im Jahre 1857 wegen der Veröffentlichung von „Madame Bovary" gerichtlich belangt, und es gab Fälle von Ungerechtigkeiten gegenüber Wissenschaftlern und anderen Personen. Aber es gab keine systematischen Repressionsmaßnahmen und nichts, was entfernt einer Verfolgung der Literatur gleichkäme (das Gericht rügte Flaubert, stellte aber die hervorragende literarische Qualität seines Werkes fest und sprach ihn und seinen Verleger frei; und die damit verbundene Publizität erhöhte seinen Umsatz).

Die künstlerischen Leistungen dieses Zeitabschnitts waren beeindruckend, obgleich dies in keiner Weise einer kaiserlichen Schirmherrschaft zugutegehalten werden kann. Der literarische Glanz dieses Zeitabschnitts beruht weitgehend darauf, daß in dieser Epoche die größten Werke Flauberts und Baudelaires und die Anfangswerke Zolas und Verlaines entstanden. Der musikalische Stil des Kaiserreiches war der Offenbachs. Seine Operetten „Orpheus in der Unterwelt" (1858), „Die schöne Helena" (1865) und „Die Großherzogin von Gerolstein" und die Schauspiele von Augier und Dumas über moralische Konflikte und Familienprobleme stellten die größten Werke des französischen Theaters dar. Das französische Ballett, das seit den 40er Jahren an Berühmtheit verloren hatte, lebte mit dem Debut der bezaubernden Emma Livry im Jahre 1858 auf brillante Weise neu auf und klang mit der Aufführung von Delibes „Coppélia" im Jahre 1870 wieder ab. Die Malerei erlebte sowohl den Realismus von Courbet und Daumier, als auch die Anfänge des Impressionismus; Manet, Renoir, Degas und Cézanne begannen ihre Karriere unter Napoleon; und der große Bildhauer Carpeaux bewies sein Talent mit den Büsten bedeutender Persönlichkeiten des kaiserlichen Hofes. Was die Architektur betrifft, so war sie eigentlich eine offizielle Kunst; sie stand unter der Schirmherrschaft des Kaisers und Baron Haußmanns, und ihre Werke können noch immer von jedem Besucher in Paris beurteilt werden.

Außen- und Kolonialpolitik

Die überseeischen Aktivitäten Frankreichs. In den Jahren des Kaiserreiches war Frankreich in vielen Gebieten außerhalb des Kontinents bemerkenswert aktiv. An diesen Aktivitäten, wie an so vielen anderen während seiner Regierungszeit, hatte der Kaiser führenden Anteil. Z. B. galt sein persönliches Interesse der Politik in Algerien, einer französischen Kolonie seit den 40er Jahren des 19. Jahrhunderts, und es war weitgehend seiner Anregung zu verdanken, daß in dieser Kolonie ein bemerkenswertes Programm an öffentlichen Arbeiten durchgeführt und Häfen, ein Eisenbahnnetz und sanitäre Einrichtungen angelegt wurden. Weniger Erfolg hatte er mit seinen Plänen, eine für Eingeborene und französische Siedler („colons") gleichermaßen gerechte Landbesiedlung durchzuführen, alle Stämme in dasselbe rechtliche System einzugliedern und ihnen die französischen Staatsbürgerrechte zuzuerkennen.

Am anderen Ende des Mittelmeers intervenierte Napoleon, wie wir gesehen haben, um die Rechte der römisch-katholischen Christen zu schützen – eine Auseinandersetzung, die zum Entstehen des Krimkrieges beitrug. Im Jahre 1860 setzte er sich für die Maroniten ein, eine christliche Sekte in Syrien. Ein weitaus bedeutenderes Beispiel französischer Initiative jedoch findet sich in diesem Jahrzehnt in Ägypten.

Seit den 30er Jahren hatten sich französische Ingenieure und Geschäftsleute für die Möglichkeit interessiert, einen Kanal durch die Meerenge von Suez zwischen dem Mittelmeer und dem Roten Meer zu bauen. Im Jahre 1854 erlangte Ferdinand de Lesseps, ehemaliger Vizekonsul Frankreichs in Alexandria, vom Khedive von Ägypten die Lizenz für den Bau des Kanals. Genau genommen war die Konstruktion des Kanals, der im Jahre 1869 fertiggestellt wurde, ein privates Unternehmen; ohne den Druck der französischen Regierung auf Konstantinopel aber hätte der Sultan wahrscheinlich die Zustimmung zur Konzession des Khedives verweigert, und ohne die französischen Investoren, die den größten Teil des erforderlichen Kapitals bereitstellten, hätte der Kanal nicht gebaut werden können.

Auch in anderen Teilen der Welt machte sich der französische Einfluß bemerkbar. An der Westküste Afrikas, im Senegal und in Somaliland, wurden Siedlungen errichtet, und im Jahre 1862 handelte Frankreich einen Freundschafts- und Handelsvertrag mit dem König von Madagaskar aus. Im Fernen Osten kooperierten die französische und die britische Regierung in den Jahren 1858–1860, um der chinesischen Regierung Konzessionen für europäische Kaufleute abzuringen (s. S. 183), und im Jahre 1864 halfen französische Truppen China bei der Niederwerfung des Taiping-Aufstands.

In China blieb der französische Einfluß hinter dem britischen zurück, in Südostasien aber nahm er sehr schnell zu. Im Jahre 1859 billigte Napoleon eine Flottendemonstration in Saigon. Im folgenden Jahr entsandte er Truppen nach Cochinchina. Gegen Ende des Jahrzehnts stand Indochina unter französischer Herrschaft, der Kaiser war Schirmherr von Kambodscha, und französische Kaufleute bahnten sich Wege bis nach Südchina hinein. Diese Erfolge wurden durch eine beträchtliche Niederlage ausgeglichen.

Im Jahre 1861 entschloß sich Napoleon, den amerikanischen Bürgerkrieg zu nutzen, um eine Militärabordnung mit dem Auftrag nach Mexiko zu entsenden, die revolutionäre Regierung Benito Juarez (1806–1872) zu stürzen und eine Monarchie unter Erzherzog Maximilian von Österreich zu errichten. Es bleibt im unklaren, was den Kaiser bewog, die anfänglich gemeinsame anglo-französisch-spanische diplomatische Kampagne, deren Ziel es war, die Anerkennung ausländischer Eigentumsrechte durch die Mexikaner zu erzwingen, in ein einseitiges imperialistisches Abenteuer zu verwandeln. Wahrscheinlich wollte er durch den Angriff auf die notorisch antiklerikale Regierung in Mexiko glühende Katholiken dazu bewegen, ihm seine Italienpolitik zu verzeihen, und durch die Übergabe des Thrones an Maximilian mochte er die Gunst Wiens zu erringen suchen. Sicherlich spielten wirtschaftliche Überlegungen bei diesem Abenteuer eine große Rolle, denn Napoleon war seit den 40er Jahren an dem wirtschaftlichen Potential Mittelamerikas interessiert. Was auch immer seine Gründe waren, Napoleon zog aus, Mexiko zu erobern, und erlitt eine spektakuläre Niederlage.

Mitte des Jahres 1863 nahmen französische Truppen Puebla und die Stadt Mexiko ein, und eine Versammlung von Notabeln bot Maximilian die Krone an, der sie in der aufrichtigen Überzeugung, daß dies seine Pflicht sei, annahm und hoffte, er könne dem mexikanischen Volk eine gute Regierung geben und den Wohlstand herbeiführen. Zwei Jahre lang versuchte Maximilian das Land zu regieren, fand aber keinen Rückhalt im Volk. Die Gebiete im Norden und Süden des Landes blieben in den Händen der „Juaristas". Lediglich die französische Garnison hinderte sie daran, den neuen Herrscher zu stürzen.

Am Ende des amerikanischen Bürgerkrieges berief sich die Regierung der Vereinigten Staaten auf die Monroe-Doktrin und verlangte den Rückzug der französischen Truppen. Da Napoleon keinen Krieg mit den Vereinigten Staaten wollte, kam er der Forderung nach. Der Räumung im Jahre 1867 folgte sehr bald die Exekution Maximilians. Napoleons gewagtestes Abenteuer in Übersee war ein Fiasko gewesen.

Die Zwangslagen der Kontinentalpolitik. Napoleon war überzeugt, daß der Hauptgrund für das Scheitern der Julimonarchie ihre erfolglose Außenpolitik gewesen sei. Louis Philippe hatte nichts zur Wiedererlangung der rechtmäßigen Position Frankreichs als führende Macht auf dem Kontinent beigetragen. Napoleon unternahm daher wohlüberlegte Schritte, um der Stimme Frankreichs unter den europäischen Mächten Gehör zu verschaffen. Dabei war er sich der Gefahr einer diplomatischen Isolation bewußt. In seinen ersten Regierungsjahren suchte er die Freundschaft Großbritanniens, und sein Wunsch nach einer Allianz mit Britannien war wahrscheinlich der eigentliche Grund dafür, daß er Frankreich in den Krimkrieg führte.

Durch den Krieg erreichte Napoleon seine ursprünglichen außenpolitischen Ziele. Der Krieg zeigte, daß Frankreich eine beachtliche Militärmacht war; er löschte die Erinnerung an den Rückschlag von 1840–1841 in Ägypten aus; und aus den Wirren des Krieges ging Frankreich offenkundig als überlegene Macht hervor. Paris galt sicherlich als diplomatische Hauptstadt Europas. Sowohl die Russen als auch die Briten empfanden die französische Freundschaft als wertvoll, und die kleineren Mächte suchten den Rat des Kaisers.

Nun konnte er sein Augenmerk auf die Verwirklichung höherer Ziele richten. Er war schon lange der Überzeugung gewesen, daß eine gründliche Revision der Wiener Regelung von 1815 durch ihn das Wiederaufleben Frankreichs aufs eindrucksvollste demonstrieren und Frankreich die größte Achtung einbringen würde. Dabei schien er nicht an wesentliche Gebietserwerbungen für Frankreich zu denken. Den Franzosen würde das Bewußtsein genügen, daß die neue Ordnung unter seiner Ägide zustande gekommen war; denn die Festlegung neuer Grenzen in Übereinstimmung mit dem Prinzip der nationalen Selbstbestimmung würde eine solche Harmonie und solchen Wohlstand auf dem Kontinent herbeiführen, daß das Land, das diese Neuordnung angeregt hatte, in der allgemeinen Hochachtung stehen würde. Diesen edlen Traum von einer Harmonie zwischen den Staaten hatte Napoleon seit seiner Jugend gehegt, und er glaubte immer noch daran und meinte, er ließe sich verwirklichen. Tatsächlich schien die Vereinigung der Fürstentümer Moldau und Wallachei unter einem Herrscher im Jahre 1858 – mit Napoleons Unterstützung – und damit die Begründung des heutigen Rumänien ein Anfang der Neuordnung zu sein.

Doch es mußten schwierige Situationen bewältigt werden. War es vernünftig, davon auszugehen, daß die neue, im Jahre 1856 geschlossene Freundschaft zwischen Rußland und Frankreich der Belastung eines Versuchs, das Prinzip der nationalen Selbstbestimmung auf Polen anzuwenden, standhalten würde, oder daß Preußen und Österreich, die auch polnische Provinzen besaßen, ein solches Vorhaben dulden würden? Oder war es vernünftig, davon auszugehen, daß das französische Volk einer Neuordnung Wohlwollen entgegenbringen würde, die ein vereinigtes Italien und ein vereinigtes Deutschland an Frankreichs Flanken stellen würde? Selbst wenn das französische Volk zuließe, daß der Papst infolge der Vereinigung Italiens seiner weltlichen Macht beraubt würde, bestünde die Frage, ob es die Verschiebung des Gleichgewichts der Mächte durch zwei neuentstandene mächtige Rivalen akzeptieren würde, ohne territoriale Entschädigung für Frankreich zu verlangen. Und würde Napoleon, falls er derartigen Forderungen nachgäbe, nicht den Argwohn der Briten, den er mit der Annahme des Kaisertitels heraufbeschworen hatte, bestätigen und das Band zwischen Paris und London zerreißen? Fragen wie diese hätten vielleicht jemand anders zum Zögern veranlaßt. Napoleon aber war in der Außenpolitik grundsätzlich weniger empfänglich für Zweifel als für Appelle, die ihn in seinem Glauben an seinen großen Plan bestärkten. Im Jahre 1858 reagierte er auf einen solchen Appell. Am Abend des 14. Januar, als die kaiserliche Equipage vor dem alten Opernhaus vorfuhr, gab es drei geräuschvolle Explosionen. Die Fenster und Gaslaternen im Eingang zersprangen, und 150 Menschen wurden durch umherfliegende Glasscherben verletzt und acht getötet. Die kaiserliche Equipage war praktisch zertrümmert, doch Napoleon und seine Gattin entgingen ernstlichen Verletzungen. Vier italienische Patrioten hatten den Mordanschlag im Londoner Exil geplant, um auf die Notlage ihres Landes aufmerksam zu machen. Ihr Anführer, Felice Orsini, wurde nach einem dramatischen Prozeß, in dessen Verlauf sein Rechtsanwalt einen von ihm an den Kaiser gerichteten Brief verlas, zum Tode verurteilt. Orsini schrieb:

„An Ihrem Willen hängt das Schicksal meines Landes zum Guten oder Schlechten. Ich beschwöre Eure Majestät, Italien die Unabhängigkeit wiederzugeben, die seine Landeskinder im Jahre 1849 durch die Schuld Frankreichs verloren haben ... Versagen Eure Majestät einem Patrioten auf den Stufen des Schafotts nicht die letzte Bitte, sondern befreien Sie mein Land, und die Segenswünsche von 25 Millionen Bürgern werden Sie auf immer begleiten."

Dieser Aufruf mußte einen Mann, der in Italien gegen Österreich konspiriert hatte und dessen Traum ein Europa freier Nationen war, berühren. Noch vor Jahresende hatten Napoleons Italienpläne feste Formen angenommen, und mit ihrer Ausführung im Jahre 1859 wurde der Kaiser in ausländische Komplikationen verwickelt, die seinen Sturz herbeiführten.

Achtes Kapitel

Die Vereinigung Italiens

Als Orsini und seine Komplizen im Jahre 1858 ihre selbstgebastelten Bomben auf Napoleons Equipage warfen, war ihr Land noch das, was Metternich einst als „einen geographischen Begriff" bezeichnet hatte. Politisch gesehen gab es kein Italien. Die Halbinsel war in eine Anzahl von Einzelstaaten zersplittert: das Bourbonenkönigreich Neapel und Sizilien im Süden; der sich über den Gebirgszug der Appeninen erstreckende Kirchenstaat, der von der Campagna di Roma über Umbrien und die Romagna nach Norden bis zur Adriatischen Küste reichte; das Großherzogtum Toskana mit seiner Hauptstadt Florenz und seinen beiden kleinen Nachbarstaaten im Norden, den Herzogtümern Modena und Parma, alle drei unter Habsburger Herrschern; die österreichischen Provinzen Lombardei und Venetien und im Nordwesten, an Frankreich angrenzend, der Staat Piemont unter der Herrschaft des Hauses Savoyen, das auch einen Rechtsanspruch auf die Insel Sardinien besaß. Zwischen diesen einzelnen Staaten gab es nur sehr dürftige Verbindungen. Das Transportsystem war so primitiv, daß eigentlich keine wirtschaftliche Verbindung zwischen dem Norden und dem Süden bestand. Und in einem Land, in dem ein Einheimischer der Romagna weder die Sprache eines sizilianischen Bauern noch die eines Stadtbewohners von Mailand oder Turin verstand, konnte man unmöglich von einer kulturellen Einheit sprechen.

Die wirtschaftliche und kulturelle Spaltung Italiens ist heute noch nicht vollständig überwunden. Für die politische Zersplitterung gilt dies nicht; sie wurde in den drei Jahren nach Orsinis Attentat zum größten Teil beseitigt.

Die nationale Bewegung bis 1859

Das wachsende Nationalgefühl. Unter den Gebildeten und dem fortschrittlich gesinnten Mittelstand konnte man nach 1815 ein wachsendes Interesse für die Pläne einer nationalen Vereinigung feststellen. Das Verlangen nach Einheit wurde durch eine Reihe von Dingen angeregt und verstärkt. Die Erinnerung an die effiziente französische Verwaltung und die liberale französische Gesetzgebung erzeugte Unzufriedenheit unter den Menschen über die im Jahre 1815 in den meisten italienischen Staaten wiedereingeführten reaktionären Praktiken. Sie führte im Volk zu der Überzeugung, daß die Vereinigung diese Praktiken hinwegfegen und ein aufgeklärtes, leistungsfähiges Regierungssystem mit sich bringen würde. Gleichzeitig wuchs das Interesse der handeltreibenden Schichten an der Vereinigung, weil sie konkrete wirtschaftliche Vorteile versprach: die Aufhebung der Zollschranken zwischen den Staaten, die Erweiterung des Absatzmarktes, die Errichtung eines Eisenbahnnetzes und die Verbesserung von Hafenanlagen, so daß Italien bei der durch die aufkommenden Dampfschiffe zu erwartenden Expansion des Mittelmeerhandels eine bedeutende Rolle übernehmen könnte. Es gab Phantasten, die Italien als den künftigen Hauptverkehrsweg zwischen England und Indien sahen, wenn erst einmal bei Suez ein Kanal gebaut sei und eine Eisenbahn von Turin oder Mailand bis zum Absatz des italienischen Stiefels führe.

Das Interesse an der Einigung und das Verlangen danach wurde auch durch einen stärker werdenden Haß auf Österreich genährt, denn seine Truppen schützten nicht nur seine Besitztümer Lombardei und Venetien, sondern beherrschten die gesamte Halbinsel und unterstützten die reaktionären Regierungssysteme in allen Staaten. Da die Österreicher überdies jede liberale Bewegung rücksichtslos unterdrückten und jeden, der einer subversiven Tätigkeit verdächtigt wurde, erbarmungslos verfolgten, wurde die Bezeichnung „tedeschi" in ganz Italien zu einem groben Schimpfwort, und Tausende von Italienern faßten die Vertreibung der Österreicher als eine Mission auf, die den vollen Einsatz all ihrer Fähigkeiten verlangte. Diese Überzeugung wurde bestärkt durch Bücher wie „Meine Gefängnisse" („Le Mie Prigioni", 1832) von Silvio Pellico, eine minutiöse Schilderung der zehn Jahre, die der Autor in einem mährischen Gefängnis verbracht hatte, wo politische Häftlinge, wenn sie nicht arbeiteten, in Ketten gelegt wurden und häufig an Erschöpfung, Mißhandlung, Skorbut oder Hunger starben.

Mazzini und das „Junge Italien". Nach der Bestätigung der österreichischen Vorherrschaft in Italien durch den Wiener Kongreß war die „Carboneria" oder Vereinigung der Holzkohlebrenner zwanzig Jahre lang die bedeutendste Widerstandsbewegung. Als geheime revolutionäre Vereinigung, die sich der Vertreibung der Österreicher aus Italien verpflichtet hatte, war sie bei den Revolutionen in Neapel und Piemont in den Jahren 1820 und 1821 und in Modena und dem Kirchenstaat im Jahre 1831 aktiv gewesen. Das Scheitern jener Erhebungen machte die Schwächen der „Carboneria" deutlich: ihre lockere regionale Organisation drohte in Krisenzeiten zu zerfallen, während das Fehlen einer klaren Definition ihrer Ziele die Heterogenität ihrer Mitglieder und ihre Unfähigkeit, sich auf bestimmte Taktiken zu einigen, erkennen ließ.

Im Jahre 1831 gründete ein junger Genuese, Giuseppe Mazzini (1805–1872), eine neue Vereinigung, die die Fehler der Holzkohlebrenner vermeiden wollte. „Junges Italien" genannt, stellte sie eher eine nationale als eine regionale Bewegung dar, und während ihre Pläne und Taktiken notwendigerweise geheimgehalten wurden, waren ihre Ziele allgemein bekannt. Die „Carbonari" hatten gelegentlich versucht, die Sympathien und die Unterstützung der örtlichen Machthaber zu gewinnen, das „Junge Italien" hingegen lehnte die Zusammenarbeit mit ihnen ab. Es sollte eine Volksbewegung sein mit einem nationalen Vorstand unter Führung Mazzinis, die sich der Gründung einer freien, unabhängigen republikanischen Nation Italien verpflichtet fühlte.

Ein englischer Zeitgenosse schilderte Mazzini einst als einen Mann, von dem eine größere Faszination ausgehe als von irgend jemand anders, dem er jemals begegnet sei, und das gleiche empfand die große Mehrheit der Italiener, die ihn kennenlernten. Seine Popularität verdankte er seiner beeindruckenden äußeren Erscheinung, seinem Mut, seinem Enthusiasmus, seinem Optimismus und seinem Idealismus im Hinblick auf die Zukunft Italiens. Mazzini setzte sich nicht aus Gründen einer möglichen materiellen oder militärischen Stärke für die nationale Einheit ein oder aus dem Wunsch heraus, seinem Land bei anderen Großmächten Prestige zu verschaffen. Seine Philosophie war aufrichtig kosmopolitisch. Wie er in seinem Aufsatz „The Duties of Man" sagte:

„Indem wir uns aufrichtigen Prinzipien getreu für unser Land einsetzen, setzen wir uns für die Menschheit ein; unser Land ist der Drehpunkt des Hebels, den wir zum allgemeinen Wohl ansetzen müssen ... [Es ist] das Zeichen der Mission, die Gott [uns] zur Erfüllung in der Menschheit aufgetragen hat ... [Unser ist] eine Kameradschaft von freien und gleichen Menschen, die in brüderlicher Eintracht verbunden sind, um auf ein einziges Ziel hinzuarbeiten."

Er war der Überzeugung, Italien müsse vereinigt werden, damit es wesentlich dazu beitragen könne, die Welt in eine bessere Zukunft zu führen, eine Zukunft gegenseitiger Abhängigkeit der Nationen, universalen Friedens und republikanischer Freiheit. Dieser edle Traum, von dem Mazzini glaubte, er könne durch eine demokratische Revolution gegen alle bestehenden Autoritäten verwirklicht werden, konnte nur begrenzten Anklang finden. Den größten Einfluß hatte die Philosophie des „Jungen Italien" auf die radikale Schicht der Gebildeten und die unerfahrene Jugend, und im Laufe der Jahre büßte die Bewegung selbst bei diesen Gruppen an Unterstützung ein.

Dennoch war Mazzini zweifellos der sprachgewaltigste und erfolgreichste Verkünder des „Risorgimento". Die Generation, der die Vereinigung Italiens gelang, wurde in ihrer Jugend durch seine Artikel, Manifeste und Flugschriften angeregt. Selbst als sein Einfluß zu schwinden begonnen hatte, war er noch stark genug, um Cavour anzuspornen. Ohne die Befürchtung, die Initiative an den Führer des „Jungen Italien" zu verlieren, hätte sich Cavours Politik in den 50er Jahren vielleicht langsamer entwickelt. Die Vereinigung Italiens muß daher zum großen Teil Mazzini zugute gehalten werden, obgleich er im Jahre 1872 enttäuscht starb und die neue italienische Nation als

Verrat an seinen Prinzipien von Republikanismus und humanitärem Nationalismus betrachtete.

Die Neuwelfen-Bewegung. Eine zweite Schule, die den Gedanken der Vereinigung verfolgte, war die Neuwelfen-Bewegung, die den Namen der mittelalterlichen Papst-Partei wieder aufleben ließ. Die Vorstellung, daß das Papsttum das beste Instrument zur Vereinigung der italienischen Staaten und zur Modernisierung der politischen Institutionen sei, hatte in Italien schon immer Anhänger gefunden. Im Jahre 1843 erhielt sie durch die Veröffentlichung eines 700 Seiten umfassenden Buches von V. Gioberti (1801–1852) „Vom sittlichen und bürgerlichen Primat der Italiener", in dem der Autor zu einer Föderation aller italienischen Staaten unter dem Papsttum aufrief, neue Nahrung.

Dieses Werk wurde viel gelesen und lautstark gelobt, obgleich es Kritiker gab, die darauf hinwiesen, daß die Abhandlung Giobertis für zwei Probleme keine Lösung enthielt. Es bot weder ein Programm zur Befreiung Italiens von den Österreichern an, noch erklärte es, wie ein unter dem Papsttum vereinigtes Italien der Korruption und den reaktionären Methoden entgehen könne, die für die Verwaltung des Kirchenstaates charakteristisch waren. Diese peinlichen Fragen nahmen der Neuwelfen-Bewegung nicht sofort ihre Durchschlagskraft; denn im Jahre 1846 wurde ein neuer Papst gewählt, der für die Aufgabe der nationalen Führung hervorragend geeignet schien.

Giovanni Mastai Ferretti (1792–1878) wurde im Jahre 1846 als Papst Pius IX. eingesetzt, und in seinen beiden ersten Amtsjahren erließ er politische Amnestien, erlaubte Verbannten die Rückkehr nach Rom, gewährte eine beschränkte Rede- und Pressefreiheit und bewilligte die Gründung eines gewählten Abgeordnetenrates, der an der Regierung Roms beteiligt werden sollte. Keine dieser Maßnahmen war sehr radikal, doch sie verärgerten die Österreicher, die im August 1847 als Protest Truppen zur Besetzung der Stadt Ferrara entsandten. Diese Maßnahme bewirkte, daß viele Menschen, die sich der Sache der Freiheit verschrieben hatten, aber zu gemäßigt waren, um Mazzini Gefolgschaft zu leisten, ihre Hoffnungen auf Pius IX. setzten.

Die Römische Republik und Garibaldi. Die Neuwelfen-Bewegung sollte jedoch diese starke Ausgangsposition nicht beibehalten; denn im Jahre 1848 wurde Italien von der Revolutionswelle erfaßt. Noch bevor sie sich gelegt hatte, war die Hoffnung der Einigungsbewegung auf Führung durch den Papst noch stärker gesunken als das Vertrauen in die Wirksamkeit der Methoden Mazzinis.

Zu Beginn des Krieges in der Lombardei wurden tatsächlich päpstliche Truppen nach Norden entsandt, vermutlich um mit den sardinischen Truppen zu kooperieren. Aber die durch diese Maßnahme erzeugte Begeisterung erlosch völlig, als der Papst am 29. April 1848 verkündete, daß er einen

Angriffskrieg gegen Österreich ablehne und seinen Truppen nicht erlauben werde, gegen Mitkatholiken zu kämpfen. Mit dieser Erklärung verlor Pius IX. die Unterstützung aller Liberalen.

Er verlor auch die Kontrolle über seine Hauptstadt, denn seine Handlungsweise brachte ihn bei den Gemäßigten in Rom in Mißkredit und regte eine radikalrepublikanische Bewegung an, die während der Sommermonate rasch anwuchs. Im Herbst stand die päpstliche Bürokratie den Unruhen hilflos gegenüber. Der österreichische Sieg in der Lombardei im August verschlimmerte die Schwierigkeiten des Papstes noch, denn viele Soldaten der besiegten Truppen strömten in Massen nach Rom, um dort den Kampf aufzunehmen. Nach einem vergeblichen Versuch, den Sturm unbeschadet zu überstehen, floh Pius IX. am 24. November aus der Stadt. Bis zur Wahl einer konstituierenden Versammlung herrschte eine provisorische Regierung über die Stadt, und im Februar 1849 proklamierte die Versammlung Rom als Republik und rief Mazzini in die Hauptstadt, damit er an die Spitze der Regierung trete.

Die Vertreibung des Papstes versetzte die katholische Welt in Erregung, und die Regierungen Spaniens, Neapels und Österreichs ließen die Absicht durchblicken, ihm zur Hilfe zu kommen. Frankreich kam ihnen zuvor. In Paris bewilligte die Konstituierende Versammlung im März 1849 Mittel für eine Militärexpedition, die mit der Mission betraut werden sollte, eine Versöhnung zwischen dem Papst und seinen rebellischen Untertanen herbeizuführen. Im April landete eine französische Armee von 8000 bis 10000 Mann unter dem Kommando von General Oudinot in Civitaveccia. Als ihre ersten Angebote jedoch von den Rebellen ausgeschlagen wurden, ging Oudinot – auf Befehl Louis Napoleons – von seinem Vermittlungsauftrag ab und eröffnete die Offensive, um die republikanische Regierung zur Kapitulation zu zwingen.

Die Verteidigung Roms leitete Giuseppe Garibaldi (1807–1882), dessen Leben sich unlösbar mit der Geschichte der Vereinigung Italiens verband. Als Bürger von Nizza verlebte Garibaldi seine Jugendjahre als Seemann. Im Jahre 1833 begegnete er Mazzini und wurde Mitglied des „Jungen Italien", indem er einen feierlichen Eid ablegte, gegen Ungerechtigkeit, Unterdrükkung und Tyrannei zu kämpfen und Italien zu einer vereinten Nation zu machen. 1834 wurde er aufgrund revolutionärer Tätigkeiten von Sardinien verbannt und verbrachte die folgenden dreizehn Jahre als Glücksritter in Lateinamerika. Dank dieser Lehrzeit wurde er ein tüchtiger, besonders in der Führung irregulärer Streitkräfte und der Guerillakriegführung geschulter Kommandeur. Seine politische Begabung war weniger bemerkenswert; denn im Wesen war er ein einfacher Mann, der in Klischees dachte. Es war kein Spott, wenn Tennyson schrieb, Garibaldi besitze „die gottgegebene Dummheit eines Helden". Seine heroischen Fähigkeiten entfaltete er im Jahre 1848, als er bei der ersten Nachricht von der Revolution nach Italien zurückeilte und in der Lombardei eine Legion von Freiwilligen in den Kampf gegen österreichische Truppen führte. Als sich das Kriegsschicksal gegen Piemont wandte, rekrutierte er neue Streitkräfte in der Hoffnung, sich den Weg nach Venedig bahnen zu können, um für die im März errichtete Republik zu kämpfen; die Nachricht aus Rom veranlaßte ihn jedoch, statt dessen dorthin zu gehen und für Mazzinis Republik zu kämpfen.

Es bestand kaum Aussicht, daß diese von Mazzini zusammengestellte, buntgemischte Schar von Abenteurern und Freiwilligen dem Angriff eines französischen Berufsheeres standhalten könnte. Garibaldi wäre lieber in den Bergen geblieben, um Guerillaoperationen durchzuführen und die Revolution am Leben zu erhalten. Mazzini war jedoch, obwohl er einen Fehlschlag für wahrscheinlich hielt, zur Verteidigung der Hauptstadt entschlossen, um „[Rom] wieder an die Spitze zu stellen, so daß die Italiener es wieder ... als Tempel ihres gemeinsamen Landes betrachten könnten." Seine Entscheidung brachte die europäischen Mächte wahrscheinlich zu der Erkenntnis, daß Rom letzlich einem vereinigten Italien angehören müsse, doch in der augenblicklichen Situation verurteilte diese Entscheidung die Stadt zu einer langen Besatzung.

Von Ende April bis Ende Juni verteidigte Garibaldi Rom gegen die heftigen Angriffe der Armee Oudinots. Als weiterer Widerstand aussichtslos war, erhielt er die Erlaubnis, die Stadt zu verlassen und nach Norden zu gehen. Seine Frau, die sein treuer Waffenkamerad gewesen war, starb an Erschöpfung. Gebrochen durch dieses letzte Unglück, ging Garibaldi wiederum ins Exil.

Piemont und die Politik Cavours. Mit der endgültigen Liquidation der Revolution in Italien erlosch die Neuwelfen-Bewegung, und das Vertrauen in die Taktik Mazzinis schwand, da eine neue, echte Volksbewegung für die Einheit fehlte. Unter diesen Umständen setzten diejenigen, die weiterhin für die Einheit Italiens kämpften, ihre Hoffnungen auf die Führung des Königreiches Piemont-Sardinien.

Dies war verständlich. Unter den anerkannten Regimen in Italien war das Haus Savoyen das einzige gewesen, das mit ganzem Herzen für die Befreiung von Österreich gekämpft hatte. Im März 1848 war König Karl Albert mit seiner Armee in den lombardischen Krieg gezogen, und obgleich seine wirkungslose Kampagne zu seiner vernichtenden Niederlage bei Custoza führte, hatte er im Frühjahr 1849 die Feindseligkeiten wieder eröffnet. Dieses Mal erlitt er eine noch verheerendere Niederlage (Novara, 23. März 1849). Der glücklose König dankte zugunsten seines Sohnes ab und ging ins Exil. Bald darauf starb er und galt für viele als Märtyrer für die Einheit Italiens.

Der neue Herrscher, Viktor Emanuel II., sollte der erste König des vereinigten Italien werden, jedoch nicht aufgrund einer auffallenden politischen Begabung. Victor Emanuels größter Beitrag für die Sache der Einheit Italiens war die Popularität, die er durch seine freimütige Art und seine außerordentliche Virilität für sich und die Dynastie gewann. Doch besaß er eine natürliche Klugheit, die dem Wohle Italiens diente; denn sie führte ihn dazu, auf den Rat eines Ministers zu hören, den er haßte, Graf Camillo di Cavour (1810–1861).

Cavour wurde im Jahre 1850, nach langjährigen Erfahrungen als Soldat, Bauer, Industrieller und Bankier, Mitglied des piemontesischen Kabinetts. Zur Zeit des Krimkrieges war er im Ministerrat führend. Die grundlegende Substanz seines politischen Genies war ein ausgeprägter Sinn für das Praktische – die Fähigkeit, die Voraussetzungen für den politischen Erfolg zu erkennen, und der Wille, diese zu schaffen, bevor er sich auf einen gefährlichen Handlungskurs einließ.

Dieses pragmatische Vorgehen in der Politik erklärt Cavours Standpunkt in der nationalen Frage. Er war ein piemontesischer Patriot, dessen größter Ehrgeiz die Stärkung der materiellen und politischen Position seines Landes war. Er war bereit, die Vereinigung als eine Möglichkeit in Betracht zu ziehen, nicht aber, sie als ein Ziel anzusehen, dem alles andere geopfert werden müsse. Nach 1848 machte sich Cavour keine Illusionen über eine spontane Massenbewegung jener Art, wie Mazzini und seine Anhänger sie sich vorstellten, und er war überzeugt, daß weitere Versuche, das Volk in Aufruhr zu versetzen, die Einigung Italiens nur verzögern würden. Diese würde erst erreicht, nachdem Piemont die Österreicher aus Norditalien vertrieben und die Lombardei und Venetien eingegliedert hätte; Custoza und Novara hatten gezeigt, daß die Hilfe einer fremden Macht für das Gelingen dieses ersten Schrittes wesentlich sein würde.

Wie konnte man solche Hilfe erlangen? Sicherlich mußte der erste Schritt sein, die Vorstellung zu verdrängen, die Italiener seien ein verantwortungsloses, zu sporadischen Enthusiasmen neigendes, aber zu abgewogenen Maßnahmen unfähiges Volk. Italien brauchte eine Zeitspanne des innenpolitischen Friedens und Fortschritts, die ihm zu einer politischen Glaubwürdigkeit im Ausland verhelfen könnten; und Piemont mußte als Beispiel vorangehen.

Gedanken wie diese bestimmten Cavours Innenpolitik in den 50er Jahren. Als überzeugter Anhänger des Prinzips des englischen Liberalismus versuchte er, Piemont nach englischem Muster zu verändern. Durch geschickte Zusammenführung von Gruppen der politischen Mitte (die sog. „connubio" oder „Ehe") schmiedete er ein festes liberal-konservatives Bündnis, das die parlamentarische Situation beherrschte und die Extremisten auf der Linken und auf der Rechten von der Macht fernhalten konnte. Dieser Block führte innenpolitische Reformen durch, die Piemont zum fortschrittlichsten Staat Südeuropas machten – sie umfaßten die Stabilisierung der Währung, die Reform des Steuer- und Abgabengefüges, die Fundierung der Nationalschulden, die Verbesserung des Eisenbahnnetzes, die Errichtung eines transatlanti-

15. Bau des Suez-Kanals

16. Die erste Durchfahrt der Fürstenschiffe durch den Suez-Kanal am 17. 11. 1869

17. Giuseppe Mazzini, italienischer Staatsmann (1806–1872)

18. Giuseppe Garibaldi, italienischer Freiheitsheld (1807–1886)

19. Das 13. neapolitanische Jägerbataillon im Straßenkampf zu Palermo

schen Dampfschiffahrtsystems und die Förderung privater Firmengründungen.

Erlangte Piemont durch das innenpolitische Programm die Anerkennung der Mächte, insbesondere Großbritanniens und Frankreichs, so gewann es durch die Intervention im Krimkrieg deren Freundschaft. Cavour hatte diesen Schritt zu einem Zeitpunkt geplant, als es sicher schien, daß Österreich sich als aktiver Bündnispartner des Westens gegen Rußland einschalten würde; Österreichs Nichteintritt in den Krieg aber erhöhte die Bedeutung des piemontesischen Kriegsbeitrags. Die britische und die französische Regierung zeigten sich erkenntlich, indem sie Cavour während der Friedensverhandlungen in Paris erlaubten, eine zündende Anklage gegen die österreichische Italienpolitik vorzubringen.

Cavour wertete diese Geste als Zeichen dafür, daß Britannien und Frankreich sein Land unterstützen würden, wenn es einen Krieg gegen Österreich begänne. Dies entsprach nicht ganz der Wirklichkeit, und nach der Friedenskonferenz legte man ihm in Gesprächen in London und Paris nahe, das Tempo in Italien nicht zu forcieren, und warnte ihn, daß er die Folgen für jede unverantwortliche Maßnahme zu tragen habe. Unter anderen Umständen hätte Cavour diesen Rat eventuell befolgt; jetzt konnte er es nicht. Cavour schrieb später:

„Hätten wir die Fahne eingezogen, die wir in Paris gehißt haben, so wäre der Mazzinismus wieder aufgelebt, und der moralische Einfluß der revolutionären Partei hätte den vollständigen Sieg errungen."

Er erkannte, daß er sein antiösterreichisches Programm vorantreiben und sich gleichzeitig um ausländische Unterstützung für den unvermeidlichen Konflikt bemühen mußte.

Um den beherrschenden Einfluß Piemonts in der nationalen Bewegung aufrechtzuerhalten, verfolgte Cavour in der Kammer ein wohlüberlegtes provokatives Programm antiösterreichischer Reden, arrangierte diplomatische Zwischenfälle und subversive Aktionen. Gleichzeitig unterstützte er insgeheim die Nationale Vereinigung, eine im Jahre 1856 gegründete Organisation, die Monarchisten, Föderalisten und sogar Republikaner in einer Bewegung miteinander verband, um Viktor Emanuel zum König von Italien zu machen. Cavour hielt die Ziele dieser Vereinigung für ziemlich utopisch, aber zur Verbreitung von antiösterreichischer Propaganda und Mißstimmung in der Lombardei und Venetien empfand er sie als nützlich.

Um außenpolitische Unterstützung wandte er sich wiederum an Paris und fand schließlich bei Napoleon III. ein geneigtes Ohr.

Die ersten Schritte zur Vereinigung

Das Abkommen von Plombières. Am 20. Juli 1858 trafen sich Cavour und Napoleon in Plombières les Bains und führten ein fünfstündiges Gespräch. Dem Treffen war eine ausgiebige Korrespondenz vorausgegangen, und nun wurden die Einzelheiten eines Abkommens ohne große Schwierigkeiten ausgearbeitet. Der Kaiser sicherte Piemont im Kriegsfalle mit Österreich den Beistand der französischen Armee zu. Im Falle des Sieges dürfte Piemont die Lombardei, Venetien, Parma, Modena und einen Teil des Kirchenstaates annektieren. Italien sollte eine Föderation unter Führung des Papstes bilden und würde dieses neue Königreich Piemont umfassen sowie einen um das päpstliche Umbrien und die Marken vergrößerten Staat Toskana, einen weitgehend verkleinerten Staat Rom und ein unverändertes Neapel. Frankreich sollte Nizza und Savoyen erhalten, und besiegelt würde dieser Handel durch die Heirat der fünfzehnjährigen Tochter Viktor Emanuels, Clotilde, mit dem Vetter Napoleons, Jérôme, einem Mann, reich an Jahren und schlechten Gewohnheiten.

In der Geschichte der internationalen Politik des 19. Jahrhunderts stellte Plombières einen neuen Anfang dar. Es war ein wohlüberlegter Versuch, einen Krieg herbeizuführen. In einem Brief an Viktor Emanuel äußerte Cavour, Napoleon und er hätten am Schluß ihrer Unterredung über einer Landkarte gegrübelt, um eine Stelle ausfindig zu machen, wo ein Zwischenfall hervorgerufen werden könne, um die Österreicher zum Handeln zu provozieren.

Doch selbst wenn Plombières als klassisches Beispiel für die neue Realpolitik dient, so verliefen die weiteren Ereignisse doch ganz anders, als Cavour es sich vorgestellt hatte. Ohne das ungeschickte Verhalten der Österreicher hätte er den Krieg, den er wollte, möglicherweise überhaupt nicht bekommen. Ende des Jahres 1858 boten sie ihm durch Militäraushebungen in der Lombardei und Venetien eine Gelegenheit, eine antiösterreichische Stimmung zu verbreiten. Hunderte von Wehrfähigen flüchteten nach Piemont; Auslieferungsgesuche der Österreicher und die Weigerung der Piemontesen, ihnen nachzukommen, führten insbesondere in den Grenzgebieten zu wachsenden Spannungen. Diese lieferten Cavour einen Vorwand, Kriegsvorbereitungen zu treffen.

Hätten die Österreicher nicht eine zweite Dummheit begangen, so wäre Cavour der Weg in den Krieg durch die Großmächte eventuell noch versperrt worden. Im März und April 1859 schien der internationale Druck Napoleon III. zu zwingen, das Übereinkommen von Plombières rückgängig zu machen. Und wirklich bat der französische Kaiser Cavour am 18. April, die Demobilisierung einzuleiten, um den Weg für eine internationale Konferenz über die Probleme Italiens und damit verbundene Fragen freizumachen.

Aber gerade in dem Augenblick, als Cavour bereit war nachzugeben, entsandte der Ministerchef des österreichischen Kaisers, Buol-Schauenstein, ein Ultimatum an die Regierung Piemonts, in dem er sie vor die Wahl stellte zwischen sofortiger Abrüstung und Krieg.

Der Krieg von 1859 und der Waffenstillstand von Villafranca. Der Krieg zwischen der Habsburger Monarchie und den Partnern von Plombières begann Ende April und wurde auf beiden Seiten mit mangelnder Entschlossenheit geführt. Die österreichische Armee marschierte ohne ausreichendes Versorgungssystem und genaue Informationen über Stärke und Kampffähigkeit des Feindes und selbst ohne zuverlässige Landkarten in Italien ein. Sie verfügte zwar über tüchtige Befehlshaber und sachkundige Strategen, setzte sie aber nicht sinnvoll ein. Kaiser Franz Joseph verließ sich auf seinen Generaladjutanten Graf Grünne, einen Höfling ohne Kampferfahrung. Für das Oberkommando in Italien wählte Graf Grünne einen General namens Gyulai, dessen zögernde Durchführung von Operationen es den französischen Truppen ermöglichte, die Front mit ihren Verbündeten zu schließen. Dies führte zu ernsten Niederlagen der Österreicher bei Magenta (4. Juni) und Solferino (24. Juni), zur Eroberung der Lombardei durch die Verbündeten und zur Besetzung Mailands.

Entschlossenes Handeln Napoleons III. zu diesem Zeitpunkt hätte auch zur Befreiung Venetiens führen können. Aber der französische Kaiser, der sich mit seinen Truppen ins Feld begeben hatte, war erschüttert über die schweren Verluste bei Solferino. Er erkannte außerdem, daß der Krieg in seinem Land, insbesondere unter den loyalen Katholiken, nicht populär war, und er befürchtete jederzeit den Kriegseintritt der preußischen Armee. Folglich leitete Napoleon ohne Rücksprache mit seinem Verbündeten geheime Verhandlungen mit dem Kaiser von Österreich ein und schloß am 11. Juli in Villafranca einen Waffenstillstand mit ihm. Man einigte sich zwar auf die Übergabe der Lombardei an Piemont, sah aber die Wiedereinsetzung des Großherzogs von Toskana und des Herzogs von Modena und die Errichtung eines italienischen Bundes unter Führung des Papstes vor, dem Österreich aufgrund seiner Beibehaltung Venetiens angehören sollte. Diese letzten Bestimmungen schienen den Zweck des Krieges null und nichtig zu machen und die österreichische Vorherrschaft in Italien zu bestätigen.

Als Cavour durch seinen König von Villafranca erfuhr, reagierte er so heftig, daß Viktor Emanuel das Zimmer verließ. Statt dieser Beendigung des von ihm geplanten Krieges zuzustimmen, trat der piemontesische Staatsmann von seinem Amt zurück. Die Mühe hätte er sich sparen können.

In der Realität konnte Villafranca nicht durchgesetzt werden. In der Toskana und in Modena, in Parma und der Romagna, deren Regierungen während der Kämpfe vertrieben worden waren, erwies es sich als unmöglich, die Zeiger der Uhr zurückzudrehen. Im August 1859 wurden in diesen Staaten revolutionäre Versammlungen abgehalten, die für eine Union mit Piemont stimmten. In den folgenden Monaten wurde deutlich, daß nur ein Militäreinsatz sie zur Änderung ihrer Entscheidung veranlassen könnte. Es war höchst unwahrscheinlich, daß Napoleon einen solchen stillschweigend übergehen würde, und wenn, so würde er den Widerstand Großbritanniens heraufbeschwören, wo eine starke liberale Regierung an die Macht gekommen war, die den Bestrebungen der Bevölkerung Mittelitaliens offen ihre Sympathien bekundete.

Cavours Rückkehr an die Macht im Januar 1860 erleichterte eine Lösung dieses Problems; denn er fragte Napoleon nun frei heraus nach seinem Preis für die Zustimmung zur Union. Der Kaiser ließ ihm die Wahl. Er würde in die Annexion Parmas und Modenas einwilligen, wenn Toskana und der Romagna eine eigene Verwaltung zugestanden würde und der Papst die nominelle Autorität in der Romagna behielte; in diesem Falle verlange er keine Entschädigung. Falls Piemont jedoch ebenfalls auf der Annexion Toskanas und der Romagna bestehe und damit einen mächtigen Staat an Frankreichs Flanke errichte, müsse er durch Nizza und Savoyen entschädigt werden. Cavour und sein König wählten die zweite Alternative; und als Cavour später vor dem piemontesischen Parlament die Abtretung Nizzas und Savoyens an Frankreich rechtfertigte, verschwieg er, daß sie nicht unbedingt notwendig gewesen wäre.

Im März 1860 bestätigten Plebiszite in den vier Gebieten Mittelitaliens den Volkswunsch nach Annexion an Piemont; im April gelangten sie unter die Herrschaft Viktor Emanuels. Cavour hatte eigentlich mehr erreicht, als er in Plombières ausgehandelt hatte. Sein Partner Napoleon III. war nicht so glücklich davongekommen. Er hatte Italien unbestreitbare Dienste erwiesen, aber Villafranca hatte die Dankbarkeit, die er als Gegenleistung hätte erwarten können, verringert. Die Verluste des Papstes hatten bei den französischen Katholiken Unwillen erregt und die Aneignung Nizzas und Savoyens seine guten Beziehungen zur britischen Regierung beeinträchtigt.

Die Eroberung Neapels durch Garibaldi. Die Stoßkraft der Revolution war noch nicht erlahmt. Der Erfolg der nationalen Bewegung in Mittelitalien ermutigte ihre Anhänger im Süden, und im Frühjahr 1860 brachten sizilianische Unruhen Garibaldi wieder ins Zentrum der politischen Bühne.

Der Ausbruch der Feindseligkeiten im Jahre 1859 hatte ihn zur Rückkehr aus seiner einsamen Heimat auf der Insel Caprera veranlaßt, und er hatte eine Einheit irregulärer Streitkräfte in den Bergen der Lombardei befehligt. Als sich die revolutionären Regierungen Mittelitaliens später in einem militärischen Bund zusammenschlossen, befehligte er einen Teil ihrer Streitkräfte. Er war voller Ungeduld gegenüber der Diplomatie und wollte unverzüglich in die anderen Provinzen des Papstes einfallen. Im Frühjahr 1860 begann er, seine eigene Privatarmee aufzubauen, und in Piemont bestanden Befürchtungen, daß er diese zum Angriff auf Venetien oder Rom einsetzen könne. Statt dessen zogen ihn die sizilianischen Unruhen in den Süden. Im Mai schlüpfte er mit einer winzigen Streitmacht von 1000 freiwilligen Rothemden an Bord von zwei Leck-Dampfern durch ein Spalier von neapolitanischen Kriegsschiffen hindurch, landete in Marsala und erklärte sich zum Diktator von Sizilien.

Der König von Neapel hatte Truppen von 20000 Mann auf der Insel stationiert, die Garibaldis Schar von Dichtern, Studenten und Glücksrittern leicht hätten besiegen können. Aber die Neapolitaner waren in Küstengarnisonen aufgeteilt und ließen sich nach und nach ausmanövrieren und besiegen. Nach einem anfänglichen Sieg über 3000 neapolitanische Soldaten bei Calatafimi gewann Garibaldi Tausende einheimischer Rekruten für seine Armee. Ein Aufstand in Palermo machte ihm den Weg in die Stadt frei, und innerhalb von sechs Wochen hielt Garibaldi im dortigen Königspalast Einzug. Um Mitte Juli befand sich der restliche Teil der Insel unter seiner Herrschaft, und seine Armee – jetzt 10000 Mann stark – war zum Sprung auf das Festland bereit.

Cavour hatte Garibaldis Aktionen mit Argwohn und schlimmen Befürchtungen verfolgt. Er betrachtete die gesamte Expedition der Tausend als ein Mazzinisches Unternehmen und glaubte nicht an Garibaldis ehrliche Absicht, Italien unter Viktor Emanuel vereinigen zu wollen. Als Politiker der kleinen Schritte und Verfechter der Diplomatie brachte Cavour dem überstürzten Vorgehen Garibaldis keinerlei Sympathien entgegen, und auch als Sizilien gefallen war, lehnte er einen Vorstoß Garibaldis gegen Neapel selbst ab. Er stand nämlich – zweifellos in der Vorahnung, daß die Umstände ein Abkommen zwischen Piemont und Neapel erforderlich machen könnten – in diplomatischer Verbindung mit der Bourbonenregierung von Neapel.

Garibaldi schlug jetzt jedoch eine derartige Welle der Begeisterung entgegen, daß weder Warnungen noch diplomatische Erwägungen ihn beeinflussen konnten. In der Nacht vom 18. August überquerte er mit einer kleinen Vorhut-Streitmacht von 3500 Mann die Straße von Messina und zwang die neapolitanische Garnison innerhalb von zwei Tagen bei Reggio zur Kapitulation. Nun gerieten die Bourbonentruppen in Panik, und ihr Widerstand war so schwach, daß Garibaldi seiner Armee vorauseilte in die Stadt Neapel, die er am 7. September betrat.

Die Eroberung eines Landes von elf Millionen Einwohnern in weniger als fünf Monaten war eine bemerkenswerte Leistung, aber Garibaldi ruhte sich auf seinen Lorbeeren nicht aus. Er gedachte seines mazzinischen Eides, sein Leben der Befreiung ganz Italiens zu widmen, und begann, eine Invasion der päpstlichen Marken zu planen. Insgeheim scheint er von Viktor Emanuel ermutigt worden zu sein, der wohl glaubte, Garibaldi könne ihn aus seiner Abhängigkeit von Cavour befreien.

Cavour mag von diesem unverantwortlichen Verhalten nichts gewußt haben, aber er war sich völlig im klaren über die Vorbereitungen Garibaldis und erkannte, daß ein Angriff auf die Marken mit großer Sicherheit zu Auseinandersetzungen in Rom führen würde, wo sich noch eine französische Garnison zum Schutz des Papstes befand. Er beschloß, dieser Gefahr durch eigenes Handeln zuvorzukommen. Nachdem er Napoleon III. überzeugt hatte, daß Garibaldis Abenteurern Einhalt geboten werden müsse, brachte er den überwiegenden Teil der piemontesischen Armee in den Kirchenstaat. Am 18. September überwältigte sie die Streitkräfte des Papstes bei Castelfidardo. Dann zog sie hinüber in den Staat Neapel, besiegte die Neapolitaner bei Capua und schloß die Bourbonenstreitkräfte in der Festung von Gaeta ein.

Um Garibaldi Einhalt zu gebieten, war diese entschlossene Militäraktion nicht nötig; denn dieser war auf seinem Marsch nach Norden am Volturno in eine Reihe zäher Verteidigungskämpfe verwickelt worden. Die Invasion der Piemontesen brachte jedoch die Initiative wieder auf Cavours Seite. Noch bevor die Entscheidung in dieser militärischen Auseinandersetzung gefallen war, hatte er die Zustimmung des Parlaments zur Annexion Süditaliens eingeholt, unter der Voraussetzung, daß diese durch Volksentscheid in den betroffenen Gebieten gebilligt würde; und im Oktober ergaben Abstimmungen in Neapel, Sizilien, den Marken und Umbrien eine überwältigende Mehrheit für die Union mit Piemont. Angesichts dieser Tatsache gab Garibaldi seine Eroberungen zurück. Nachdem die Neapolitaner ihren Widerstand bei Gaeta aufgegeben hatten, erlebte die Stadt Turin im Februar die Versammlung eines neuen italienischen Parlaments, das die gesamte Halbinsel mit Ausnahme Roms und Venetiens repräsentierte, und Viktor Emanuel II. wurde zum König von Italien erklärt. Kurz darauf nahm die Nationalregierung ihr Hauptquartier in Florenz ein, der Hauptstadt Italiens bis 1870.

Die Vollendung der Einigung Italiens 1860–1871

Cavours Werk im Rückblick. Bis zur Eingliederung Venetiens und Roms in das vereinigte Reich sollte noch ein weiteres Jahrzehnt verstreichen, und Cavour erlebte es nicht mehr; im Frühjahr 1861 erkrankte er ernstlich und starb im Juni im Alter von 51 Jahren. In seiner relativ kurzen Laufbahn im öffentlichen Leben hatte er außerordentliche politische Fähigkeiten unter Beweis gestellt. Vom überlegenen Standpunkt des 20. Jahrhunderts allerdings, ist die Mitwirkung Cavours an der territorialen und administrativen Vereinigung Italiens weitaus weniger beeindruckend, und seine diplomatischen Methoden erscheinen uns erheblich fragwürdiger als seinen Zeitgenossen.

Cavours Diplomatie gründete sich auf eine berechnende Doppelzüngigkeit und eine flagrante Mißachtung der überkommenen Werte und der Bestimmungen des öffentlichen Rechts. Und im Hinblick auf seine administrative Mitwirkung muß festgestellt werden, daß die piemontesische Regierung, nachdem die Volksentscheide einmal abgehalten worden waren, die Wünsche oder die traditionellen Gebräuche ihrer südlichen Provinzen kaum beachtete, sondern es vorzog, dem ganzen Land ein strikt zentralisiertes Verwaltungssystem aufzuzwingen. Die Piemontesen behandelten das Königreich Neapel beinahe, als wäre es eine afrikanische Kolonie; einheimische Sitten und Gesetze wurden rücksichtslos ausgemerzt, und es gab zahlreiche empörende Fälle wirtschaftlicher Beschlagnahmung und Ausbeutung durch die nördlichen Verwalter. Infolgedessen hatte Viktor Emanuel die Popularität, die er bei seinem Einzug in Neapel im November genoß, bis Januar nahezu völlig eingebüßt. Der Süden begann sein neues Leben im vereinigten Italien mit einem Gefühl der Abneigung gegen die Fremden aus dem Norden, einem Gefühl, das heute noch nicht vollständig überwunden ist.

Venetien und Rom. Das politische Hauptziel des neuen Italien in den 60er Jahren war der Erwerb Venetiens. Cavours Nachfolger trachteten danach, dieses Ziel ganz und gar im Sinne ihres großen Vorbildes zu erreichen: sie verließen sich ausschließlich auf die Mittel der Diplomatie. Da selbst die geschickteste Diplomatie der Welt die Österreicher nicht dazu bewegen konnte, ihre letzte italienische Besitzung freiwillig aufzugeben, mußte sich die italienische Regierung die wachsenden Spannungen zwischen Preußen und Österreich zunutze machen und den Preußen ihre Dienste anbieten, bevor sie sich Venetien aneignen konnte. Die Beteiligung Italiens am Deutschen Krieg von 1866 war ruhmlos. Seine Truppen wurden von den Österreichern vernichtend geschlagen und seine Flotte zerstört. Dennoch erhielt Italien Venetien, als die Österreicher ihrem deutschen Rivalen gegenüber kapitulierten.

Rom stellte ein schwierigeres Problem dar. Da Mazzini sich im Jahre 1848 für den Kampf um die Stadt entschieden hatte und Cavour in seinem letzten politischen Akt die Erklärung des Parlaments durchgesetzt hatte, Rom müsse die Hauptstadt Italiens werden, betrachteten die meisten Italiener die Vereinigung als unvollständig, solange die Stadt selbständig blieb. Doch Papst Pius IX. weigerte sich standhaft, mit dem neuen Italien einen Kompromiß zu schließen, und protestierte offiziell gegen Viktor Emanuels Annahme der italienischen Krone. Der Papst wurde immer noch von einer französischen Garnison geschützt, die Napoleon zögernd, mit Rücksicht auf die Gefühle der französischen Katholiken in Rom beließ. In den Jahren 1862 und 1867 versuchte Garibaldi mit zusammengewürfelten, schlecht ausgerüsteten Gruppen in die Stadt zu gelangen und scheiterte bei beiden Gelegenheiten jämmerlich.

Schließlich wurde Rom durch königliche Truppen besetzt, als niemand dort war, um sie daran zu hindern – während des französisch-preußischen Krieges, als die französischen Truppen an anderer Stelle im Einsatz waren. Die königliche Regierung verlegte unverzüglich ihre Hauptstadt dorthin.

Der Papst zog sich hinter die Mauern des Vatikans zurück und setzte seinen Widerstand gegenüber dem Regime, das nun die gesamte Halbinsel beherrschte, hartnäckig fort.

Neuntes Kapitel

Die deutsche Frage 1850–1866

Die Ereignisse der Jahre 1859 und 1860 in Italien wiederholten sich im darauffolgenden Jahrzehnt in Deutschland. Auch dort übernahmen die stärksten und wirtschaftlich fortgeschrittensten Staaten die Führung in der Bewegung zur nationalen Einigung. Auch dort vollzog sich der Prozeß durch Krieg und Vorherrschaft des Siegers; und das Opfer hieß auch dort Österreich.

Die Entwicklung der preußischen Politik

Preußen nach 1850. Für den normalen Beobachter der deutschen Politik wäre es im Jahre 1850 kaum denkbar gewesen, daß Preußen in absehbarer Zukunft die Hegemonie in Deutschland erlangen würde. Zwar hatte die preußische Regierung in der Wirtschaftspolitik mehr Erfindungsgeist bewiesen als andere Regierungen, und sie hatte ihre Vorrangstellung, die sie in früheren Jahren durch Gründung des Zollvereins im Handelswesen erreicht hatte, behauptet. Abgesehen vom wirtschaftlichen Fortschritt jedoch waren im Preußen der 50er Jahre nur wenige Anzeichen des Fortschritts erkennbar, und nichts ließ auf die politische Aufklärung schließen, die man für notwendig gehalten hätte, damit Preußen der anerkannte Führer der nationalen Einigungsbewegung werden konnte.

Ein Jahrzehnt lang nach den Revolutionen von 1848 war sowohl die Innen- als auch die Außenpolitik Preußens insgesamt negativ. Obgleich Preußen in einen konstitutionellen Staat umgewandelt worden war und sein Mittelstand sich zu einer beträchtlichen Größe entwickelt hatte, lag die politische Macht immer noch in den Händen der Aristokratie und der Großgrundbesitzer. Diese herrschende Kaste konzentrierte all ihre Energien darauf, erneute revolutionäre Agitationen zu verhüten, indem sie demokratischer oder sozialistischer Ideen verdächtigte Personen verfolgte und Zeitungen, Bücher und Schauspiele, die fortschrittliche Meinungen äußerten, unterdrückte. An auswärtigen Angelegenheiten zeigte sie sich überhaupt nicht interessiert und unternahm keinen Versuch, eine unabhängige Politik zu betreiben, sondern zog es vor, den Empfehlungen Österreichs und, wenn immer möglich, Rußlands zu folgen. In der Realität bedeutete dies eine stillschweigende Anerkennung der in Olmütz erlangten Vorherrschaft Österreichs in der deutschen Politik.

Die Möglichkeit, daß Preußen in der deutschen Politik eine eigenständige Rolle spielen und irgendeinen bedeutsamen Beitrag zur nationalen Einigung leisten würde, erschien noch geringer, nachdem Friedrich Wilhelm IV. seinem Bruder Wilhelm den Thron überlassen hatte und dieser im Jahre 1858 Regent und im Januar 1861 König wurde. Wilhelm war bereits 61 Jahre alt, als er Regent wurde, und er war womöglich noch konservativer als sein Bruder. Jedenfalls drohte nach seiner Machtübernahme ein innenpolitischer Konflikt Preußen in der Außen- und Deutschlandpolitik zur völligen Bedeutungslosigkeit zu verurteilen.

Der Verfassungskonflikt. Die Wurzeln dieses Konflikts lagen im Charakter Wilhelms I. begründet. Von Beruf Soldat, hatte er schon lange bestimmte Aspekte der preußischen Militärorganisation, und zwar insbesondere zwei Dinge bemängelt: die Beschränkung der Wehrdienstzeit auf zwei Jahre und die starke Abhängigkeit von einer selbständigen Landwehr, die ihre Offiziere selbst wählte. Im Februar 1860 brachte Wilhelm eine Gesetzesvorlage zur Reorganisation der Armee im preußischen Parlament ein. Sie sah eine Verdopplung der regulären Streitkräfte, die Verlängerung der Wehrdienstzeit auf drei Jahre, die drastische Verringerung der Bedeutung und Selbständigkeit der Landwehr vor und verlangte eine starke Anhebung des Militärbudgets.

Diese Vorlage beschwor die sofortige Opposition des preußischen Mittelstands herauf, der im allgemeinen liberale Ansichten vertrat und aus wirtschaftlichen und politischen Gründen das Militär mit Argwohn betrachtete. Seine Vertreter – die nun in der preußischen Abgeordnetenkammer die Mehrheit der Sitze innehatten – übten heftige Kritik an der vorgeschlagenen Reform. Die einen brachten Einwände gegen die Kosten der Reorganisation vor. Andere protestierten eingedenk der Rolle der Landwehr im Kampf gegen Napoleon dagegen, daß durch die Reform mit der Tradition der Bürgerwehr gebrochen werde. Schließlich führten viele an, daß Preußen, da es keine Außenpolitik betreibe, keine stärkeren Streitkräfte benötige, und gingen so weit zu behaupten, die neuen Einheiten sollten lediglich als Polizeikräfte zur Untergrabung der bürgerlichen Freiheiten eingesetzt werden. Als der Gesetzesentwurf an den Ausschuß weitergeleitet wurde, enthielt er so viele Änderungsanträge, daß die Regierung ihn zurückzog.

Dafür verlangte sie die außerordentliche Summe von neun Millionen Talern zur Verstärkung der bestehenden Heereseinheiten, und diese bewilligte die Abgeordnetenkammer unter der selbstverständlichen Voraussetzung, daß diese Summe nicht für Veränderungen verwendet würde, die vom bestehenden Gesetz abwichen. Jedoch, einmal im Besitz des Geldes, ging Wilhelm daran, es zur Durchführung der Reformen einzusetzen. Die liberale Mehrheit protestierte und verlangte das ganze Jahr 1861 hindurch eine umfassende Gesetzesvorlage zur Militärreform von ihrem Herrscher. Als der König Anfang 1862 dieser Forderung nachkam und praktisch den gleichen Entwurf wie 1860 vorlegte, stimmten die Liberalen sofort dagegen und weigerten sich, der Regierung irgendwelche weiteren Mittel zu bewilligen, sofern die neu eingeführten militärischen Veränderungen nicht rückgängig gemacht würden. Der König reagierte mit der Auflösung der Kammer. Die Neuwahlen im Mai verstärkten die liberale Mehrheit jedoch, anstatt, wie er gehofft hatte, sie zu schwächen. Die Folge war eine gefährliche, vollständig verfahrene Situation. Ermutigt durch ihren Wahlerfolg, wurde die liberale Opposition unerbittlicher und ehrgeiziger; sie erblickte in der Krise eine Gelegenheit, alle Bereiche der staatlichen Verwaltung unter ihre Kontrolle zu bringen. Demgegenüber nahmen die konservativen Kräfte eine ebenso unnachgiebige Haltung ein und neigten mehr und mehr dazu, den Reaktionären Gehör zu schenken. Die direkte Umgebung des Königs drängte darauf, die Krise auszunutzen, um einen Aufstand der Liberalen heraufzubeschwören, der dann mit dem Widerruf der Verfassung geahndet werden könne. Der König widersetzte sich diesem Rat, denn er hatte geschworen, die Verfassung zu respektieren, und nahm seinen Eid ernst. Aber er verübelte den Parlamentariern ihre Anmaßung und weigerte sich, ihren Wünschen nachzugeben oder die Militärreformen rückgängig zu machen. Die preußische Regierung war von einer vollständigen Lähmung bedroht, und der König erwog aus Verzweiflung ernstlich einen Thronverzicht. In dieser Situation drängte ihn sein Kriegsminister jedoch, abzuwarten, ob nicht ein neuer Ministerchef einen Weg aus der Sackgasse finden könne, und bewegte ihn im September 1862 dazu, Otto von Bismarck (1815–1898) zu seinem Ministerpräsidenten zu ernennen.

Die politischen Ideen Bismarcks. Da seine ausgesprochene Gegnerschaft zur Revolution von März 1848 und seine heftige Ablehnung aller derzeitigen Konzessionen des Königs bekannt waren, galt Bismarck generell als reaktionär. In Wirklichkeit teilte der neue Ministerpräsident trotz seines Landbesitzes östlich der Elbe keineswegs den allgemeinen Provinzialismus der Junker. Seit 1850 hatte er seinem Land als Diplomat gedient, zunächst im Deutschen Bundestag in Frankfurt, später in St. Petersburg und Paris; diese Erfahrungen hatten sein Blickfeld erweitert und seine Ambitionen im Hinblick auf Preußen vergrößert. Weit entfernt von der gefühlsmäßigen Bindung der preußischen Konservativen an Österreich, war er der Überzeugung, daß es Preußens Bestimmung sei, seine Macht in Deutschland auszudehnen, und daß dies nur auf Kosten Österreichs verwirklicht werden könne.

Bismarcks Haltung gegenüber dem Konflikt mit dem Parlament war notwendigerweise durch seinen Standpunkt zur deutschen Frage beeinflußt. In dem Wunsch nach einer Heeresreform stimmte er mit dem König völlig überein, und als Anhänger des monarchischen Prinzips lehnte er jede Erweiterung der parlamentarischen Vollmachten ab. Andererseits wußte er, daß Preußen letztlich im Kampf gegen Österreich die Intelligenz und Industrie des Mittelstands ebenso sehr brauchen würde wie die Tapferkeit der Armee und daß die liberale Opposition aus wirtschaftlichen und sonstigen Gründen seinen deutschen Plänen günstiger gesinnt sein würde als die Konservativen.

Nach gescheiterten Versuchen, die parlamentarische Opposition zu einem Kompromiß zu bewegen, entschloß sich Bismarck, den Widerstand der Kammer gegen die Regierungspolitik zu ignorieren. Wollte die Abgeordnetenkammer nicht für das Budget stimmen, so sagte er: „Wir nehmen das Geld, wo wir es finden". Er wies die Beamten an, ihre Pflichten ohne Rücksicht auf die Reden im Parlament zu erfüllen, und entließ oder verhängte Disziplinarstrafen über Staats-, Provinzial- oder städtische Beamte, die irgendwelche Bedenken dagegen hatten oder sich in irgendeiner Weise der liberalen Fortschrittspartei anschlossen. Mit diesem Vorgehen hielt er die Regierung funktionsfähig. Die parlamentarische Opposition wurde dadurch zwar nicht geschwächt, aber Bismarck richtete sein Augenmerk nun bereits über das Parlament hinaus auf die Außenpolitik. Er war der Überzeugung, daß eine aktive, erfolgreiche Außenpolitik viele der Liberalen auf seine Seite bringen würde.

Sein erster Vorstoß in die Außenpolitik rechtfertigte seine Hoffnungen nicht, obgleich er einen gewissen Erfolg zeitigte, der zu jener Zeit nicht erkannt wurde. Ende des Jahres 1862 ordnete die russische Regierung per Dekret die Wehrpflicht junger Polen in der russischen Armee an. Polnische Patrioten widersetzten sich diesem Erlaß, und nach einer Reihe von Vorfällen brach im Januar 1863 ein Aufstand aus, der weit und breit in Westeuropa, insbesondere in Frankreich, Sympathien für die Sache der Polen erweckte. Zum Entsetzen der deutschen Liberalen traf Bismarck ein geheimes Abkommen mit der russischen Regierung zur gemeinsamen Unterdrückung des Aufstands. Er tat dies aus der Befürchtung heraus, der Zar könne anderenfalls dem Druck der westlichen Mächte und des freien Teils Polens nachgeben, woraufhin Preußen mit ernstlichen Schwierigkeiten in seinen eigenen polnischen Gebieten rechnen müßte. Bismarcks Maßnahme rentierte sich auf unerwartete Weise. Sie bestärkte den Zaren nicht nur darin, einen festen Standpunkt einzunehmen, sondern veranlaßte ihn darüber hinaus zur Umorientierung seiner Außenpolitik, nämlich zum Abbruch seiner seit dem Krimkrieg gepflegten freundschaftlichen Beziehungen zu Frankreich und zur Begründung einer Freundschaft mit Preußen, die fast dreißig Jahre halten sollte.

Für die Lösung seiner innenpolitischen Probleme war Bismarcks Abkommen mit Rußland nicht direkt von Nutzen; denn es wurde von den Liberalen rundweg verworfen. Jedoch war ihre Opposition gegen seinen nächsten Schritt auf dem Gebiet der Außenpolitik weit weniger einmütig.

Von Düppel bis Königgrätz

Schleswig und Holstein. In den letzten Monaten des Jahres 1863 begann ein neues Kapitel der verworrenen Geschichte Schleswigs und Holsteins. Jene Provinzen waren aufgrund des historischen Ereignisses, das einen ihrer Herzöge zum König von Dänemark gemacht hatte, schon lange Besitzungen des dänischen Souveräns gewesen, ohne wirklich zum dänischen Königreich zu gehören. Eine weitere Komplikation ergab sich daraus, daß Holstein mit seiner nahezu vollständig deutschen Bevölkerung zum Deutschen Bund gehörte, Schleswig aber nicht, obgleich dessen deutsche Staatsbürger, – zwei Drittel seiner Bevölkerung –, die Mitgliedschaft anstrebten. Dem letzteren Wunsch setzte die dänische Minderheit, die Schleswig nach Dänemark eingliedern wollte, heftigen Widerstand entgegen. Diese Gruppe wurde im November 1863 durch eine neue dänische Verfassung, die Schleswig zum integrierten Bestandteil des Königreichs erklärte, zufriedengestellt.

Die Verfassung stieß sowohl in Schleswig als auch in Holstein auf Widerstand und erregte eine Welle der nationalistischen Empörung in Deutschland. Der Deutsche Bundestag erhob sofort Protest und ordnete, als dieser wirkungslos blieb, ein Bundesheer ab, um die Durchführung der neuen dänischen Verfassungsbestimmungen zu verhindern.

Bismarck verhielt sich in diesem Streitfall so zwielichtig, daß sich nicht sagen läßt, was er zu welchem Zeitpunkt dachte oder beabsichtigte. Offensichtlich jedoch hat er immer eine Lösung abgelehnt, die die für Preußen potentiell strategisch wichtigen Herzogtümer in selbständige Bundesstaaten umgewandelt hätte; und wahrscheinlich schwebte ihm von Anfang an letztlich die Annexion durch Preußen vor. Seinen wirklichen Standpunkt teilte er nicht mit; statt dessen drängte er die österreichische Regierung zur gemeinsamen Verteidigung des Vertrages von 1852, durch den das Europäische Konzert den Besitzanspruch des Königs von Dänemark auf die Herzogtümer unter der Voraussetzung bestätigt hatte, daß ihre autonome Position unverändert blieb. Ohne Rücksicht auf die Maßnahme des Deutschen Bundes schickten die beiden Mächte ein Ultimatum an die Dänen mit der Aufforderung, die neue Verfassung zu widerrufen. Als die Dänen sich weigerten (wie Bismarck kalkuliert hatte), erklärten Österreich und Preußen den Krieg.

Der dänische Krieg ist aus mehreren Gründen von Bedeutung. Mit dem erfolgreichen Angriff auf die gewaltigen Düppeler Schanzen in Dänemark rückte sich die neue preußische Armee ins Blickfeld Europas. Der Sieg von Düppel erweckte auch ein Maß an patriotischem Stolz, der zugleich die Opposition der Liberalen schwächte und das Vertrauen der deutschen Nationalisten in Preußen als Führungsmacht stärkte.

Abgesehen davon ließ der dänische Krieg die Unzulänglichkeit des Europäischen Konzerts erkennen, das sich machtlos erwies, eine friedliche Lösung zu finden. Die Auseinandersetzung währte so lange, bis Dänemark besiegt und der Herzogtümer beraubt war.

Österreichisch-preußische Reibungsflächen. Die österreichisch-preußischen Beziehungen hatten sich seit 1859 ständig verschlechtert. Sie waren auf beiden Seiten geprägt von wirtschaftlichen Manipulationen und Versuchen, den Mechanismus des Deutschen Bundes zu ihrem eigenen Vorteil zu reformieren. Die Waffenkameradschaft gegen die Dänen hatte ihre gegenseitigen Beziehungen zeitweilig etwas verbessert. Jedoch fand das kriegsbedingte „rapprochement" ein schnelles Ende, da die Verbündeten sich über die Verteilung der Beute nicht einigen konnten. Die österreichische Regierung trat für die Errichtung eines selbständigen Staates Schleswig-Holstein ein. Bismarck nahm, mit dem Hintergedanken der Annexion, den Standpunkt ein, dies könne nur unter der Bedingung zugelassen werden, daß Preußen weitreichende Militär- und Handelsrechte erhielte. Das aber lehnten die Österreicher ab.

Die preußische Regierung erzwang die Entscheidung im Jahre 1865 nicht. Statt dessen beschlossen die beiden streitenden Parteien nach vielem Hin und Her in der Konvention von Bad Gastein (August 1865), die Herzogtümer untereinander aufzuteilen – Österreich übernahm die Verwaltung Holsteins, Preußen die Schleswigs. Die Zustimmung der Österreicher hierzu oder ihr Beharren darauf, daß es eine provisorische Regelung sei, ist kaum verständlich; denn dies bedeutete, daß Preußen sich in Holstein Rechte vorbehielt. Dieser Fehler spielte Bismarck in die Hände und ermöglichte ihm, Zwischenfälle zu inszenieren, von denen er sich eine Abkehr seines Souveräns von Wien und eventuell die Einleitung unkluger Maßnahmen durch Österreich erhoffte, die Preußen als Vorwand für einen Krieg dienen könnten.

In der Zwischenzeit unternahm der Ministerpräsident die politischen Schritte, die er für erfolgversprechend hielt für den Fall, daß seine Politik der Nadelstiche ihre gewünschte Wirkung erzielte. Zunächst traf er seine diplomatischen Kriegsvorbereitungen. Er war ziemlich sicher, daß weder Großbritannien noch Rußland intervenieren würde, doch die Haltung Frankreichs war fraglich. Wie schon Cavour vor ihm, so hielt auch Bismarck Gespräche mit Napoleon III. für zweckmäßig. Diese fanden im Oktober 1865 in Biarritz statt, und wenngleich kein schriftliches Abkommen getroffen wurde, scheint doch eine Verständigung darüber erzielt worden zu sein, daß Frankreich sich im Falle eines deutschen Krieges neutral verhielte und für den Fall, daß ein erfolgreiches Preußen sich zu größeren Annexionen in Deutschland berufen fühlen sollte, eine territoriale Entschädigung am Rhein erhalten könnte.

Das Treffen von Biarritz gewährte Bismarck einige Sicherheit gegen einen französischen Eingriff. Er verstärkte sie, indem er durch eine Allianz mit Italien im April 1866 militärische Komplikationen für seine Gegner schuf.

Italien erklärte sich bereit, auf preußischer Seite zu kämpfen, falls in den nächsten drei Monaten ein Krieg ausbrechen sollte, und Preußen erklärte sich bereit, es mit Venetien zu entschädigen. Dieser Pakt verstieß gegen Preußens Verpflichtungen innerhalb des Deutschen Bundes, der gegen andere Mitglieder gerichtete Bündnisse ausschloß; Bismarck aber war zu sehr Realpolitiker, um sich dadurch abhalten zu lassen.

Gleichzeitig bemühte sich Bismarck um Rückhalt in der öffentlichen Meinung in Deutschland, indem er eine durchgreifende Reform des Deutschen Bundes vorschlug, die eine von allen Mitgliedstaaten durch allgemeines Stimmrecht gewählte Nationalversammlung vorsah. Dieser revolutionäre Antrag, den die österreichische Regierung nicht akzeptieren konnte, verwirrte, aber beeindruckte die Liberalen in ganz Deutschland.

Bismarcks Taktieren im Hinblick auf Holstein und im Frankfurter Bundestag hatte schließlich Erfolg. Schon im April 1866 waren die Österreicher selbst davon überzeugt, daß ein Krieg unumgänglich sei. „Was hilft uns unsere Friedfertigkeit," sagte der Stabschef Franz Josephs, „wenn der andere den Frieden à tout prix brechen will?" Sie fanden sich mit dem Verlust Venetiens ab und versprachen Napoleon III. (der inzwischen mit beiden Seiten verhandelte), es ihm gegen wohlwollende Neutralität im Kriegsfalle zur Übergabe an Italien abzutreten. Österreich war das erste Land, das mobilmachte, und als Napoleon III. eine internationale Konferenz zur Beratung der gesamten deutschen Frage anregte, verhinderten die Einwände und Bedingungen Österreichs ein solches Treffen.

Danach folgten die Ereignisse schnell aufeinander. Am 1. Juni 1866 brachte Österreich die schleswig-holsteinische Frage vor den Deutschen Bundestag – ein Schritt von fragwürdiger Legalität, den Bismarck prompt als Verletzung der Konvention von Bad Gastein bezeichnete. Die Preußen marschierten unverzüglich in Holstein ein. Die österreichische Regierung forderte den Bund auf, militärische Maßnahmen gegen Preußen einzuleiten, und der Bundestag stimmte am 14. Juni dafür. Die Preußen hatten gewarnt, dies würde als Kriegserklärung aufgefaßt. Nun erklärten sie den Bund für aufgelöst und warfen ihre Truppen an die Front.

Der Deutsche Krieg. Der Krieg zwischen Österreich und Preußen dauerte knapp sieben Wochen und endete mit der vernichtenden Niederlage Österreichs. Das Debakel war das Ergebnis einer Reihe von Faktoren. Zum einen hatte die österreichische Armee mit den neuesten militärischen Entwicklungen nicht Schritt gehalten. Ihre Verwaltung, ihr Nachrichtendienst und ihre Stabsarbeit waren im Vergleich zum Generalstabsystem der preußischen Armee bedauernswert unzulänglich. Zu einer Zeit, da Schlachten durch überlegene Feuerwaffen gewonnen wurden, waren die österreichischen Truppen für die überholte Stoßtaktik ausgebildet und hatten praktisch keine Möglichkeit, mit der preußischen Infanterie, die mit dem neuen „Zündnadelgewehr" von Dreyse ausgerüstet war, einem Hinterladergewehr, das weiter und schneller schoß als ihre Gewehre, handgemein zu werden. Außerdem zwang Italiens Intervention Österreich zu einem Zweifrontenkampf und verhinderte eine Konzentration aller Streitkräfte gegen Preußen. Dies hätte nicht derartig ernste Folgen haben müssen, wie sie sich schließlich einstellten; denn schon am 24. Juni schlugen die Österreicher Italien mit einem überwältigenden Sieg bei Custoza praktisch kampfunfähig und setzten damit an sich Truppen frei zur Verlegung an die böhmische Front.

Österreichs mangelhaftes Schienennetz aber erschwerte die Fortbewegung der Truppen von der italienischen Front und schränkte ihre Beweglichkeit ganz allgemein ein. Aufgrund dieses Mangels fehlten dem österreichischen Oberbefehlshaber Benedek die notwendigen Verstärkungen, als er auf der böhmisch-mährischen Höhe Stellung bezog.

Die Preußen hingegen verfügten über ein hochentwickeltes Schienennetz, das dem Stabschef Helmuth von Moltke die Verteilung seiner Truppen über einen 600-Meilen-Bogen von der Elbe bis zur Neiße, die Durchquerung der Mittelstaaten, den Sieg über die hannoversche Armee und die anschließende Konzentration seiner Streitkräfte gegen Benedek ermöglichte. Die entscheidende Schlacht dieses Krieges fand am 3. Juli 1866 zwischen den böhmischen Dörfern Sadowa und Königgrätz statt. Aus ihr ging die österreichische Armee zerschlagen und demoralisiert hervor.

Für jemanden, der die politischen Aspekte der militärischen Operationen untersucht, ist der Krieg zwischen Österreich und Preußen von besonderem Interesse; denn er veranschaulicht den Konflikt zwischen den zivilen und militärischen Stellen eines Landes, der mit der umfassender und technisch komplexer werdenden Kriegführung zur Alltäglichkeit wurde. Nach Königgrätz hatte Bismarck ernstliche Auseinandersetzungen mit dem preußischen Oberkommando, das nun, da es den Sieg witterte, große österreichische Gebiete annektieren und im Triumphmarsch in die österreichische Hauptstadt einziehen wollte. Bismarck widersetzte sich diesem Plan, da er den Krieg unnötig hinauszögern und so die Gefahr der Intervention durch die anderen Mächte erhöhen würde. Den Monat Juli hindurch führte sein Botschafter in Paris vorsichtige Verhandlungen mit Napoleon III., in denen er sich bemühte, Napoleons Genehmigung zu einer Neuordnung Norddeutschlands in einen Bund unter preußischer Führung und gleichzeitig zur Durchführung umfangreicher Annexionen zu erhalten. Bismarck fürchtete, das Vorhaben der Militärs und des Königs würden diese Verhandlungen stören und Napoleon auf die Seite Österreichs bringen. Überdies sah er keinen Sinn darin, Österreich unnötige Strafen aufzuerlegen; denn diese würden nur ein Hindernis für eine künftige Freundschaft bilden.

Folglich widersetzte sich Bismarck nach dem Sieg in Böhmen energisch allen Plänen des Militärs, nach Südosten vorzustoßen, und er zog sich dadurch die Abneigung Moltkes und der jungen Generalstabsoffiziere zu, die

Eingriffe in eine Sphäre, die sie als eine strikt militärische betrachteten, übelnahmen. Die Zustimmung Napoleons III. zu den preußischen Annexionswünschen in Norddeutschland und zur Neuordnung Deutschlands nördlich des Mains in einen Bund unter der Voraussetzung, daß die südlichen Staaten Baden, Württemberg und Bayern selbständig blieben und Sachsen nicht völlig zerstört würde, kam Bismarck zu Hilfe, und er konnte sich durchsetzen.

Im Juli wurden in Nikolsburg die Friedensbedingungen aufgestellt und einen Monat später durch den Prager Frieden bestätigt und vervollständigt. Österreich mußte seine endgültige Trennung von Deutschland anerkennen, sich zur Zahlung einer geringen Entschädigung und zur Abtretung Venetiens an Italien verpflichten. Sonst verlor es nichts. Seine deutschen Verbündeten befanden sich in einer weniger günstigen Situation. Das Königreich Hannover, die Herzogtümer Nassau und Hessen-Kassel und die freie Stadt Frankfurt wurden von Preußen annektiert, das nun ganz Norddeutschland umfaßte. Selbst die Unabhängigkeit der südlichen Staaten war gefährdet; denn Bismarck handelte sofort nach dem Friedensschluß offensive und defensive Militärbündnisse mit jedem von ihnen aus.

Die Kriegsfolgen

Der Dualismus im Österreichischen Kaiserreich. Die Niederlage und nachfolgende Trennung Österreichs von Deutschland geboten der Habsburger Monarchie eine schnelle Durchführung der Pläne zur Umwandlung der inneren Struktur des Kaiserreiches; wie sich aber herausstellen sollte, löste sie die höchst dringlichen inneren Probleme nicht, sondern verschärfte sie eher. Zum Verständnis dieser Umformung ist ein kurzer Rückblick auf die Ereignisse von 1848–1849 notwendig.

Die Revolutionen jener Jahre hatten da das Kaiserreich bis in seine Grundfesten erschüttert und die tiefe Unzufriedenheit der unterworfenen Nationalitäten Österreichs mit einer Regierungsform, die ihre historischen Rechte nicht anerkannte, zutage gefördert. Die Revolutionen schienen auch darauf hinzudeuten, daß eine föderative Gliederung – ähnlich wie sie in der Verfassung von Kremsier vorgesehen war (s. S. 117–118) – dem Zusammenhalt des multinationalen Kaiserreiches die größten Chancen einräumen würde. Diesen Dingen schenkten Franz Joseph und die Regierung Schwarzenberg jedoch keinerlei Beachtung. Nach der Niederschlagung der Revolutionen machten sie den Absolutismus und die Zentralisation zu ihren Leitgrundsätzen. In den darauffolgenden zehn Jahren wurden die Landtage aufgelöst und die alte ungarische Verfassung außer Kraft gesetzt. Das Kaiserreich wurde mittels eines ausgeklügelten bürokratischen Apparats, unterstützt durch Geheimpolizei und Armee, regiert. Dieses System war im ganzen Kaiserreich unbeliebt, aber erst im Jahre 1859, als die Niederlage in Italien das Ansehen der Monarchie erschütterte, begann die Regierung, Reformen in Erwägung zu ziehen.

In den Jahren 1860/61 wurden die Landtage wieder eingesetzt, die Kompetenzen des Reichsrates erweitert, um ihm den Anschein einer beratenden Kammer zu geben, und es wurden eine ganze Reihe kaiserlicher Deklarationen abgegeben, die die Absicht der Regierung bekundeten, die Rechte aller ihrer unterworfenen Völker anzuerkennen und auf ein konstitutionelles System hinzuarbeiten. Durch das Zögern des Kaisers, eine dem echten Föderalismus ähnliche Reichsstruktur zu dulden, wurde all diesen Maßnahmen eigentlich die Wirkung genommen. Im Jahre 1860 suchte Franz Joseph die Vollmachten des ungarischen Landtags einzuschränken, indem er bestimmte wichtige Angelegenheiten der ausschließlichen Beratung durch den Reichsrat vorbehielt; in ihm herrschten die aristokratischen und deutschen Elemente vor, von denen zu erwarten war, daß sie den kaiserlichen Wünschen nachkommen würden. Und als im Jahre 1861 ein Zweikammer-Parlament für das gesamte Kaiserreich errichtet wurde, stellte das Wahlverfahren die deutsche Mehrheit in den Delegationen sicher.

Diese Verfahrensweise löste nicht nur Proteste der Landtage aus und führte manchmal zu Boykotten des Reichsparlaments, sondern sie rief auch kulturelle Bewegungen ins Leben, die nachdrücklich zum Widerstand gegen die Vorherrschaft der Deutschen aufforderten. Den hartnäckigsten Widerstand leisteten die ungarischen Madjaren, die in Franz Déak (1803–1876), einem exzellenten Taktiker, einen Anführer fanden, der alle Schwächen der Reichsregierung ausnutzte. Déak war kein Extremist. Er stellte sich gegen die Ambitionen von Exilungarn wie Kossuth, die von der Unabhängigkeit Ungarns träumten, weil er nicht glaubte, daß Ungarn auf eigenen Füßen stehen könne. Aber er beharrte darauf, daß eine Verständigung mit der Wiener Regierung nur unter Wiederherstellung der im Jahre 1848 errungenen Freiheiten (s. S. 107–108) möglich sei.

Der Widerstand der unterworfenen Nationalitäten verhinderte ein leistungsfähiges Funktionieren des Reichssystems; und als die Minister Franz Josephs zu der Überzeugung gelangten, daß ein Krieg mit Preußen unumgänglich sei, wurden sie durch Wahnvorstellungen von Streiks und Fahnenflucht geplagt, wie sie während des Krieges von 1859 stattgefunden hatten. Sie nahmen daher Verhandlungen mit den mächtigsten Dissidenten, den Madjaren, auf. Die Niederlage Österreichs im Krieg mit Preußen machte eine Verständigung zu den Bedingungen der Ungarn unerläßlich; denn ihre Kooperation war erforderlich, wenn nicht gerade, um die vollständige Auflösung des Kaiserreiches zu verhindern, so doch zumindest, um die Wiedererlangung der Großmachtstellung Österreichs zu ermöglichen.

Die Verhandlungen schlossen im Jahre 1867 mit dem Ausgleich ab, der das Habsburger Kaiserreich in eine Doppelmonarchie umwandelte, die auf zwei unabhängigen, gleichen Staaten mit einem Herrscher (der Kaiser von Österreich und König von Ungarn sein sollte), mit einer kaiserlichen und königlichen Armee und mit gemeinsamen Ministerien für Außen-, Militär- und Finanzpolitik gründete. Beide Hälften dieses neuen Österreich-Ungarn sollten jeweils über ihr eigenes Parlament, Ministerkabinett, ihre eigene Beamtenschaft und Verwaltung verfügen. Zur Kontrolle des gemeinsamen Außen-, Kriegs- und Finanzministeriums wählten die beiden Nationalparlamente Ausschüsse, die in Wien und Budapest zusammentraten, schriftlich miteinander in Verbindung standen und, sehr selten, gemeinsame Sitzungen abhielten.

Der Ausgleich machte die Reichsregierung wieder funktionsfähig und brachte wirtschaftliche Vorteile mit sich, indem er eine effektive Zollunion ermöglichte und einen großen Absatzmarkt schuf, auf dem sich die Industrie- und Agrargebiete gegenseitig ergänzten. Zur Lösung des Nationalitätenproblems aber trug er nicht bei. Er kann wahrlich als Abkommen zwischen der deutschen Minderheit in der westlichen und der madjarischen Minderheit in der östlichen Hälfte des Kaiserreiches auf Kosten der Tschechen, Slowaken, Kroaten, Serben, Polen und Rumänen bezeichnet werden. Auf die Dauer bewirkte der Ausgleich bei den unterworfenen Nationalitäten eine Umkehrung ihres Wunsches: Sie wollten nicht mehr Autonomie innerhalb des Kaiserreiches, sondern Unabhängigkeit vom Kaiserreich.

Die Kapitulation des preußischen Liberalismus. Mit dem überwältigenden Sieg über die Streitkräfte Benedeks bei Königgrätz bereitete die preußische Armee zugleich der liberalen Opposition in der Abgeordnetenkammer eine entscheidende Niederlage. Die Energie und der Enthusiasmus der liberalen Opposition gegen die Militärreformen des Königs in den Jahren 1862 und 1863 hatten während des Feldzuges gegen Dänemark nachgelassen und waren mit der Bekanntgabe Bismarcks im April 1866, daß er eine grundlegende Reform des Deutschen Bundes und die Gründung einer durch allgemeines Stimmrecht der Männer gewählten Nationalversammlung befürworte, noch schwächer geworden. Als der Krieg gegen Österreich näherrückte, schwand ihr Widerstand nahezu völlig; denn selbst die Unnachgiebigsten in der Fortschrittspartei begannen einzusehen, daß sie nicht nur die Unterstützung der Massen verloren, die von einem patriotischen Geist erfüllt waren, sondern auch die des Mittelstands, der sie vorher in ihrem Kampf gegen Bismarck unterstützt hatte, jetzt aber zu der Überzeugung gelangte, daß seine Politik die nationale Einheit versprach.

Die Popularität der Regierungspolitik bestätigte sich in den Wahlen für die Abgeordnetenkammer nach Kriegsbeginn. Während sich die Zahl der Konservativen von 38 auf 142 Abgeordnete erhöhte, ging die Fortschrittspartei so geschwächt aus der Wahl hervor, daß sie selbst in Verbindung mit den Gemäßigten in der Kammer immer noch in der Minderheit blieb.

Bismarck war über die Niederlage der Liberalen befriedigt; es lag ihm aber nichts daran, sie weiter zu schwächen, denn er würde die Unterstützung der Liberalen noch brauchen. Daher gab er ihnen eine Chance, ihre Opposition aufzugeben, ohne das Gesicht völlig zu verlieren. Er ließ die Bereitschaft der Regierung durchblicken, zuzugeben, daß sie durch das Vorgehen ohne Haushaltsplan seit 1862 gegen die Verfassung verstoßen habe, falls die Kammer als Gegenleistung alle vorhergehenden Ausgaben durch ein Indemnitätsgesetz legitimieren würde. Die Liberalen ergriffen diese Gelegenheit, um aus ihrer heiklen Lage herauszukommen, und stimmten im September 1866 für die Indemnität.

Ihre Billigung der Maßnahmen, die sie einst verurteilt hatten, und ihr bezeichnendes Stillschweigen zu den Militärreformen während der Indemnitätsdebatte ließ sich nicht allein aus Gründen der politischen Zweckmäßigkeit erklären. Viele von Ihnen stimmten enthusiastisch für das Indemnitätsgesetz und legten nun eine verzweifelte Eilfertigkeit an den Tag, sich als überzeugte Anhänger Bismarcks und seiner Prinzipien und Methoden auszugeben. Im Oktober 1866 spaltete sich die Fortschrittspartei. Die eine Gruppe verkündete ihre volle Anerkennung der Außenpolitik Bismarcks und fügte beinahe als nachträgliche Entschuldigung hinzu, in der Innenpolitik werde sie „die Pflichten einer wachsamen und loyalen Opposition" erfüllen. Dies war die Geburtsstunde der Nationalliberalen Partei, die in der nächsten Generation Hauptsprachrohr des Mittelstands werden sollte. Die trennende Kluft zwischen ihren Prinzipien und dem Liberalismus von 1848 und 1862 wird in den Worten eines ihrer Mitglieder deutlich: „Die Zeit der Ideale ist vorüber … Politiker heute haben weniger als je zu fragen, was wünschenswert, als was erreichbar ist." All dies zeigte, wie nachhaltig Bismarck die Wertvorstellungen seiner Gegner zerschlug, so daß sie nun angesichts der verführerischen Anziehungskraft der Macht und deren Erfolge ihr früheres Freiheitsbegehren vergessen konnten.

In diesem Zusammenhang verdienen zwei weitere Dinge Erwähnung. Erstens schwächte der Sieg Preußens über Österreich, dem bald ein noch glorreicherer Sieg über Frankreich folgen sollte, das Selbstbewußtsein des Mittelstands. Es hatte eine Zeit gegeben, da er sich aufgrund seiner wirtschaftlichen Erfolge und seines faktischen Monopols sowohl auf Wohlstand als auch auf Bildung als die künftig herrschende Schicht in Deutschland gesehen und sich ermutigt gefühlt hatte, die Aristokratie mit Herablassung zu betrachten. Doch die Siege auf dem Schlachtfeld und sein eigenes politisches Versagen hatten dieses Bild verändert. Das Prestige des Offizierskorps und des Adels, aus dem es hervorging, erreichte seinen absoluten Höhepunkt; ihre gesellschaftliche und politische Position war ganz und gar unerschütterlich. Der gehobene Mittelstand suchte Anschluß an diese nun hochgeachtete, blendende soziale Oberschicht, indem er ihr Verhalten, ihren Zeitvertreib und selbst ihre Laster nachahmte.

Eine weitere Folge des scharfen Kontrastes zwischen militärischem und diplomatischem Erfolg auf der einen und parlamentarischer Ineffektivität auf der anderen Seite war die Bestärkung in der Auffassung, daß von Parlamenten nicht viel zu erwarten sei. Diese Betrachtungsweise sollte die Fortschritte Deutschlands auf dem Wege zur Demokratie hemmen.

Der Norddeutsche Bund. Der Krieg mit Österreich hatte den alten Deutschen Bund aufgelöst, und Preußen gründete nun einen neuen. Nach Monaten der Planung, der Ausarbeitung von Entwürfen und des Debattierens trat die Verfassung dieses neuen Zusammenschlusses im Juli 1867 in Kraft. Der Norddeutsche Bund umfaßte die 22 deutschen Staaten nördlich des Mains. Sein Präsident war der König von Preußen, und er verfügte über eine Zweikammer-Gesetzgebung: ein durch allgemeines Stimmrecht der Männer gewähltes Parlament (Reichstag), das das Budget- und Debattierrecht besaß und das Recht zur Zustimmung bzw. Ablehnung aller Gesetze, nicht aber das Recht zur Gesetzesinitiative, und einen Bundesrat, dessen Abgeordnete von den Fürsten der einzelnen Bundesstaaten ernannt wurden. Der Bundesrat konnte gegen die vom Reichstag verabschiedeten Gesetze sein Veto einlegen und mußte von diesem vorgeschlagene Gesetzesänderungen billigen. Durch das Recht des Königs, seine Minister zu bestimmen, deren Immunität gegen die Kontrolle durch den Reichstag, Preußens Kontrolle über die Armee und aufgrund der Tatsache, daß Preußen siebzehn der 43 Sitze im Bundestag innehatte, was es ihm leichtmachte, sich durch Verhandlung genügend zusätzliche Stimmen für eine Mehrheit zu verschaffen, war die Vorherrschaft Preußens gewährleistet.

Für den Bund bestand keinerlei Hindernis sich durch Aufnahme weiterer Staaten zu vergrößern, und diejenigen, die ihn beschlossen hatten, hofften, daß er sich auf Baden, Württemberg, Bayern und den südlich des Mains gelegenen Teil Hessen-Darmstadts ausdehnen würde. Im Süden wollten zwar viele den Beitritt, die herrschenden Schichten aber wünschten ihn nicht. Sie, der katholische Klerus und viele katholische Gläubige sowie Demokraten, Sozialisten und professionelle Antimilitaristen setzten ihm erbitterten Widerstand entgegen. Die Meinung des Südens war nach 1866 eine der größten Sorgen Bismarcks, aber natürlich nicht seine einzige. Auch Frankreichs Interesse galt dem Schicksal Süddeutschlands, und Bismarck mußte Napoleon III. in seine politischen Planungen einbeziehen.

Zehntes Kapitel

Die Reorganisation Europas 1866–1871

Der übrige Teil des Kontinents und seine benachbarten Inseln hielten sich aus den Ereignissen in Mitteleuropa heraus. Lediglich die französische Regierung zog eine Intervention in die Waffenrivalität der deutschen Mächte ernsthaft in Erwägung. Die Aufmerksamkeit der anderen Regierungen wurde durch drängende innenpolitische Probleme beansprucht.

Großbritannien von Palmerston bis Gladstone

Nichteinmischungspolitik und koloniale Probleme. Die unglücklichen Erfahrungen des Krimkriegs hatten den Engländern den Appetit auf Verwicklungen in ausländische Angelegenheiten gründlich verdorben. Während des polnischen Aufstands von 1863 gab die Regierung Palmerston-Russell Erklärungen ab, die Beistandsversprechungen an die Rebellen nahe kamen, erfüllte sie aber nicht. Mit dem Kommentar, „Die Engländer wissen, daß die meisten Polen, die sie gesehen haben, schmutzig sind, und daß sehr viele, die sie nicht gesehen haben, unterdrückt sind; aber für eine ferne Rasse ungewaschener Märtyrer in den Krieg zu ziehen, scheint ein hoffnungsloses Unterfangen", vertrat die „Pall Mall Gazette" wahrscheinlich die Meinung der meisten Engländer. In einer Debatte im Unterhaus im Juli 1864 forderten Sprecher auf beiden Seiten des Hauses die Rückkehr zum Prinzip der Nichteinmischung in die Kontinentalpolitik, womit offenbar eine Politik des strikten Fernhaltens von Europa gemeint war. Eine solche Politik wurde nach 1864 von allen Parteien verfolgt. Britannien hatte zu den großen Entscheidungen von 1866 und 1870 nichts zu sagen.

Es war nicht nur Reaktion auf das Krimdebakel. Im Gegensatz zu den Staaten in Mitteleuropa hatte Britannien bedeutende Territorien und vertrat Interessen in Übersee, die seine ständige Aufmerksamkeit erforderten. In den Jahren des Umwandlungsprozesses in Europa traten in Indien, im Fernen Osten, im südwestlichen Pazifik und in Nordamerika Probleme auf, die einiges von dem Interesse und der Energie beanspruchten, die zu anderen Zeiten möglicherweise dem Gebiet jenseits des Kanals gegolten hätten.

In dem Jahr nach Beendigung der Feindseligkeiten auf der Krim brach z. B. in Indien ein blutiger Aufstand gegen die britische Macht aus. Eine erfolgreiche Meuterei von Eingeborenentruppen, oder Sepoys, der British East India Company führte zu vielfachen Unruhen und Morden an Europäern. Etwa ein Drittel des gesamten indischen Gebietes gelangte unter die Kontrolle der Rebellen. Die Meuterei hatte jedoch keine klar formulierten Ziele, keine zentrale Leitung und nur wenige begabte Anführer; und nachdem der anfängliche Schock überwunden war, schlugen die Briten die Unruhen entschlossen und rasch nieder und demonstrierten mehrfach, daß die Menge gegen eine gute Organisation und moderne Waffen nichts ausrichten konnte. Im Januar 1858 war die britische Autorität in Indien wieder hergestellt, wenn auch noch mehrere Monate lang Säuberungsaktionen durchgeführt wurden. Entscheidendes Resultat der Meuterei war eine Vertiefung der Kluft zwischen den Briten und ihren eingeborenen Untertanen.

In diesen Jahren waren britische Truppen auch im Fernen Osten in Kämpfe verwickelt, wo Lord Palmerston nach einer Reihe von Zusammenstößen mit chinesischen Behörden eine klare Anerkennung diplomatischer und kommerzieller Rechte in China verlangte und gemeinsam mit Frankreich zu Gewaltmaßnahmen schritt, um seine Forderungen durchzusetzen. Im südlichen Pazifik verlangten sowohl Australien als auch Neuseeland die Aufmerksamkeit der britischen Gesetzgeber. Schließlich richtete sich die Aufmerksamkeit der Briten in diesem Abschnitt lange Zeit auf Nordamerika, insbesondere nach dem Ausbruch des Bürgerkriegs in den Vereinigten Staaten.

Dieser Konflikt weckte auf den britischen Inseln viel tiefere Leidenschaften als irgendein Krieg in Europa, zum einen, weil er durch die drastisch verminderte Einfuhr von Rohbaumwolle für die Fabriken von Lancashire und Yorkshire direkte Auswirkungen auf die britische Wirtschaft hatte, zum anderen, weil er ernstliche Probleme politischer, ideologischer und moralischer Art aufwarf. Die Frage, ob es ratsam sei, die Konföderation als eine Nation anzuerkennen, spaltete Land und Regierung. Schließlich tat die Regierung, was sie für den Willen des Volkes hielt, dessen Sympathien insbesondere in den durch die Baumwollknappheit am härtesten getroffenen Gebieten (und dies widersprach allen Theorien des ökonomischen Determinismus) vorwiegend den Nordstaaten galten. Dennoch kam es zu schweren Krisen zwischen Großbritannien und der Unionsregierung der Nordstaaten, und manchmal schien ein Krieg zwischen den beiden Ländern nicht ausgeschlossen. Die britische Regierung war sich sehr wohl im klaren darüber, daß ein derartiger Konflikt mit großer Sicherheit zu einem amerikanischen Angriff gegen Kanada führen würde.

All diese Ereignisse sind wichtig zum Verständnis für die relative Zurückhaltung Britanniens gegenüber den Komplikationen in Europa nach 1856. Es sind aber nicht die einzigen. In diesen Jahren ereignete sich in England selbst sehr viel.

Die Parteienpolitik. Das bedeutendste Ereignis in der Politik, das auch die Gemüter am stärksten erregte, war die Verabschiedung des zweiten Reformgesetzes im Jahre 1867. Vorher aber hatten sich die Parteien in ihrem Charakter und in ihrer Führung verändert, wodurch das Gesetz im wesentlichen erst möglich geworden war.

Nach Beendigung des Krimkrieges hielt die Verwirrung, die durch die Debatte über die Aufhebung der Getreideschutzzollgesetze in den 40er Jahren in der britischen Politik gestiftet worden war, über Jahre hinaus an. Die Parteien hatten sich zu losen Koalitionen ohne inneren Zusammenhalt und mit ständig wechselnder Mitgliedschaft entwickelt. Auf der einen Seite schlossen die aristokratischen Whigs und die Radikalen der Manchester-Schule eine eigenartige Freundschaft; auf der anderen Seite hatten die Tories ihren Streit mit den Anhängern Peels noch nicht beigelegt. Unter diesen Umständen ist es verständlich, daß sie keine stark voneinander abweichenden Programme hatten. Man könnte tatsächlich sagen, sie hatten gar keine Programme und hielten sie auch nicht für notwendig.

Diese Situation begann sich in den 60er Jahren zu ändern, nicht zuletzt durch den Aufstieg und die Anerkennung neuer Führer. Eine moderne Konservative Partei, die sowohl städtische Wähler als auch Agrarkreise ansprach, konnte erst aufkommen, nachdem die Tories Benjamin Disraeli (1804–1881) als ihren Führer akzeptiert hatten, eine brillante, aber auffallende Persönlichkeit spanisch-jüdischer Abstammung. Er hatte sich mit der Führung der Attacke gegen Peel im Jahre 1846 in der Politik einen Namen gemacht; seine Kollegen aber betrachteten ihn lange argwöhnisch als opportunistisch, unenglisch und unzuverlässig. Durch seine erfolgreiche Parteiführung im Unterhaus überwand er allmählich die Ablehnung und erreichte seine Anerkennung als Parteiführer im Jahre 1868. Seine Vorstellungen von einem konservativen Programm konnte er seinem Land jedoch erst im darauffolgenden Jahrzehnt offenbaren.

Die Umwandlung der alten Koalition von Whigs und Liberalen in die moderne Liberale Partei war weitgehend das Verdienst zweier Männer, John Bright und William Ewart Gladstone (1809–1898). Der Baumwollhersteller und Quäker Bright hatte gemeinsam mit Cobden den Kampf um die Aufhebung der Getreideschutzzölle geführt. Nach 1847 war er Parlamentsabgeordneter für Manchester und der maßgebliche Führer der sogenannten Manchester-Schule, die die Ausdehnung des Freihandelsprinzips, die Steuersenkung, eine billigere Außenpolitik und die Erweiterung des Wahlrechts zugunsten einer stärkeren Vertretung der bevölkerungsreichen Bezirke des Landes verfocht. Er war einer der größten Redner Englands und hatte sich ausgezeichnet durch seine Gegnerschaft zum Krimkrieg und sein lebhaftes Eintreten für die Sache der Union der Nordstaaten während des amerikanischen Bürgerkriegs; sein Engagement hatte viel dazu beigetragen, daß Britannien neutral blieb. Den vielleicht größten Dienst erwies er dem modernen britischen Liberalismus durch die Art und Weise, wie er für die moralische Notwendigkeit einer politischen und gesellschaftlichen Reform und für eine Umwandlung der im wesentlichen negativen „laissez-faire"-Philosophie in einen positiven Glauben an Verbesserung argumentierte.

Trotz all seiner großen Begabungen war Bright nicht der Mann, der eine moderne politische Partei führen konnte. Er vertrat in zu vielen Dingen extreme Ansichten, und allein sein doktrinärer Pazifismus ließ ihn vielen Leuten als Theoretiker erscheinen. Erster Vorsitzender der neuen Liberalen Partei, der dieses Amt fast bis zum Ende des Jahrhunderts innehatte, wurde Gladstone, der ebenso sprachgewaltig war wie Bright, aber im allgemeinen als beständiger und zuverlässiger galt. Der Sohn eines Liverpooler Geschäftsmannes wurde Nachfolger Sir Robert Peels, in dessen letztem Kabinett er diente. In den Regierungen Aberdeen (1852–1855), Palmerston und Russell (1859–1866) war er Schatzkanzler und zeichnete sich aus durch die Förderung der Freihandelspolitik, die Abschaffung der Papiersteuer – eine Maßnahme, die durch Senkung der Buch- und Zeitungspreise den Kreis der Leser im Volke vergrößerte –, die Planung eines effektiven Postspar- und Versicherungswesens, von dem die Arbeiterschicht regen Gebrauch machte, und durch die systematische Senkung sowohl der direkten als auch der indirekten Steuern. Sein Ansehen und seine Popularität waren um diese Zeit so groß, daß seine Ernennung zum Parteiführer nach dem Ausscheiden Palmerstons und Russells kaum eine Frage war.

Die „Reform Act" von 1867. Der neue Geist, den Gladstone und Bright in die Liberale Koalition einbrachten, zeigte sich in der Kampagne für die „Reform Act" von 1867. Die Notwendigkeit eines neuen Gesetzes zur Regelung des Wahlrechts und Verteilung von Parlamentssitzen war schon seit Jahren schmerzlich zutage getreten. In den 60er Jahren besaß nur einer von sechs männlichen Erwachsenen das Wahlrecht, und trotz der tiefgreifenden Veränderungen in der Bevölkerungsverteilung seit 1832 hatte keine Umverteilung der Parlamentssitze stattgefunden, so daß die großstädtischen Bezirke stark unterrepräsentiert waren.

Um die Mitte der 60er Jahre war das Land nicht mehr bereit, diese Situation noch länger zu dulden. Gladstone scheint sich dessen bewußt gewesen zu sein, als er in einer berühmten Rede im Unterhaus im Mai 1864 die Überzeugung zum Ausdruck brachte, „jedermann, der nicht in Anbetracht einer persönlichen Unfähigkeit oder politischen Gefahr voraussichtlich ungeeignet ist, hat moralisch das Recht, in den Bereich der Verfassung zu gelangen". Bright hatte immer schon die breitere Verteilung der politischen Macht befürwortet und wurde nun der leidenschaftlichste Verfechter von Veränderungen.

Der Streit begann im Juni 1866, als Gladstone – als Unterhausführer im Kabinett Russell – eine Reformvorlage einbrachte, die von Konservativen und abgespaltenen Liberalen mit vereinten Kräften unter Führung Robert Lowes, der der Überzeugung war, die Ausdehnung des Wahlrechts führe zu

einer Katastrophe, prompt niedergestimmt wurde. Dieser Rückschlag bewirkte zwar den Sturz der Regierung Russell, führte aber in Wirklichkeit
zum Sieg der Reformbewegung. Er verärgerte die liberalen Reformer und
erhöhte ihren Eifer, und er bewirkte Unruhen im Volke. Erfolgreicher Führer der konservativen Regierung, die an die Stelle der liberalen trat, war
Disraeli, und jener gerissene Politiker beschied, daß es vorteilhafter sei, dem
Volkswunsch nachzukommen und jedweden sich daraus ableitenden politischen Kredit für sich zu verbuchen, anstatt sich ihm unnütz zu widersetzen.
Es war Disraeli, der die Reformvorlage von 1867 einbrachte; und indem er
ihre Verabschiedung durchsetzte, stellte er sein parlamentarisches Geschick
meisterhaft unter Beweis. (In städtischen Wahlbezirken erteilte das Gesetz
allen Hausbesitzern und allen Mietern, die eine Jahresmindestmiete von £ 10
zahlten, in ländlichen Wahlbezirken Besitzern von Eigentum mit einem Jah-
resertrag von £ 5 und Pächtern, die eine Jahrespacht von £ 12 zahlten, das
Wahlrecht. Es erhöhte die Wählerschaft in England und Wales um 938 000
Stimmberechtigte.)

Die eigentlichen Urheber des Gesetzes aber – das Britannien durch Verdopplung der Wählerschaft auf den Weg der Demokratie brachte – waren
Gladstone und Bright. Die neue Wählerschaft schien sich dessen bewußt zu
sein; denn in den Wahlen von 1868 brachte sie die Liberalen mit einer beachtlichen Mehrheit wieder an die Macht, und Gladstone wurde Premierminister.

Gladstones Reformen. Die erste Amtsperiode Gladstones, das sogenannte
,,Great Ministry" (Große Kabinett), dauerte von 1868 bis 1874. Es war eine
Periode voll gesetzgeberischer Aktivität. Am wenigsten bemerkbar machte
sich das auf dem Gebiet der Fabrikordnung und der Arbeitgeber-Arbeitneh-
mer-Beziehungen, wo staatliche Eingriffe den liberalen Prinzipien entgegen-
standen. An anderer Stelle versuchte die Regierung ernstlich, Bedürfnisse zu
befriedigen und Beschwerden zu beseitigen. Sie verabschiedete grundlegende Reformen auf den Gebieten der zivilen Verwaltung, der Erziehung
und der Irlandpolitik. Schließlich erfüllte sie mit der ,,Ballot Act" (Wahlgesetz) von 1872 die alte Forderung der Chartisten nach geheimen Wahlen.
Und sie betrieb die ersten grundlegenden Veränderungen in der Armeever-
waltung seit Waterloo (s. S. 244). Zwei für den Reformgeist der Liberalen
typische Maßnahmen waren die Reform des Beamtentums von 1870 und die
,,Education Act" (Erziehungsgesetz) desselben Jahres. Erstere machte die
Besetzung der meisten Beamtenstellen von offenen, wettbewerbsmäßigen
Prüfungen abhängig. Letztere gab der Volkserziehung einen ungeheuren
Auftrieb, wenngleich sie keine Grundschulpflicht bei Schulgeldfreiheit vor-
sah, wie sie in einigen Ländern des Kontinents bereits eingeführt war. Das
Prinzip der Freiwilligkeit und die Furcht vor staatlichem Diktat gehörten so
sehr zur liberalen Tradition, daß das Erziehungsgesetz ein kunstvolles Ge-

webe von Kompromissen darstellte. Es teilte das Land in Schulbezirke ein, die je nach Art und Bedürfnissen behandelt wurden. Wo ausreichende Grundschuleinrichtungen vorhanden waren, wurden die bestehenden Schulen lediglich unter Regierungsaufsicht gestellt und konnten vom Parlament Unterstützung beantragen. Gebiete, in denen es keine Schulen gab, erhielten regionale Schulgremien, die neue Schulen errichteten und beaufsichtigten und zu ihrem Unterhalt Gemeindesteuern erhoben. In Gebieten mit einer außerordentlich armen Bevölkerung konnten diese Gremien Schulen errichten, deren Besuch kostenlos war, oder die Gebühren für arme Schüler übernehmen; im allgemeinen aber wurde von den Eltern erwartet, daß sie für die Unterrichtung ihrer Kinder zahlten. Die gebührenfreie Grundschulerziehung sollte erst im Jahre 1891 eingeführt werden.

Ebenso wie die „Education Act" von 1870 die alte Überzeugung der Liberalen vom privaten Unternehmertum und das traditionelle Mißtrauen gegenüber einer Ausdehnung der staatlichen Macht demonstrierte, war sie auch geprägt von dem Argwohn gegenüber der Staatsreligion, der dem Liberalismus eigen war. Der Religionsunterricht sollte zwar sowohl in den privaten als auch in den staatlichen Schulen gestattet werden, mußte aber in den letzteren bekenntnisfrei sein, und in beiden Fällen konnten die Eltern aus Gewissensgründen die Befreiung ihrer Kinder vom Religionsunterricht beantragen. Ein weiterer Sieg über die Konfession wurde im Jahre 1870 mit der Abschaffung der Religionsprüfungen verbucht, durch die die Universitäten Mitgliedern der Kirche von England vorbehalten worden waren.

Gladstone und Irland. Die Energien des ersten Kabinetts Gladstone konzentrierten sich jedoch vorrangig auf die Probleme Irlands. Die Beschwerden dieses unzufriedenen Landes gegen England waren religiöser, politischer und wirtschaftlicher Art. Überwiegend katholisch, wandten sich die Iren dagegen, daß sie die Zehntsteuer an die anglikanische Kirche Irlands zahlen mußten, und sie grollten darüber, daß es keine katholische Universität im Lande gab, die zur Verleihung von Universitätsgraden berechtigt war. In politischer Hinsicht lehnten sie die „Act of Union" (Gesetz über die Vereinigung mit England) von 1800 ab und waren keineswegs dankbar für die verspätete „Act of Emancipation" von 1829, die Irland die parlamentarische Vertretung zugestand, indem Katholiken im Unterhaus zugelassen wurden. In wirtschaftlicher Hinsicht waren sie das Opfer der Umstände: es gab weder genügend Land, noch eine bemerkenswerte industrielle Entwicklung, die zum Unterhalt einer schnell wachsenden Bevölkerung genügt hätte. Diejenigen, die nicht in die Emigration flüchteten, ernährten sich von dem Ertrag kleinster Ackerflächen, die ihnen von den Pächtern englischer Grundbesitzer unterverpachtet wurden. Die meisten von ihnen lebten von einer Ackerfrucht, der Kartoffel, und wenn diese ausfiel, wie in den Jahren 1845 und 1846, war die Zahl der Hungertode erschütternd. Diese beklagenswerten wirtschaftlichen Bedingungen konnten gerechterweise nicht den Engländern angelastet werden; das geschah aber, und zwar aus dem einfachen Grunde, weil die Engländer das meiste Land besaßen. Diese Mißstände wurden verschlimmert durch andere wie z. B. die Tatsache, daß die meisten Pächter keine Pachtsicherheit besaßen und mit sofortiger Wirkung, ohne jede Entschädigung für Verbesserungen, die sie während ihrer Pachtzeit vorgenommen hatten, exmittiert werden konnten.

Bei seinem Amtsantritt im Jahre 1868 sagte Gladstone: „Meine Mission ist es, Irland zu befreien!", und sein erster Schritt in diese Richtung war die Forderung, die anglikanische Kirche in Irland zu entstaatlichen und ihr die Pfründe zu nehmen. Das erweiterte Wahlrecht von 1867 trug entscheidend dazu bei, daß er hierin Unterstützung erhielt; denn ein Großteil der neuen Wählerschaft waren Nonkonformisten.

Der Premierminister wandte sich unverzüglich der schwierigeren Frage der Landverpachtung zu und setzte im Jahre 1870 die Zustimmung des Parlaments zu einem Gesetz durch, das den irischen Pächtern Gerechtigkeit widerfahren lassen sollte. Die „Land Act" von 1870 schützte sie vor der willkürlichen Exmittierung und bewirkte eine Verbesserung der irischen Situation, obgleich schon bald Schlupflöcher und Ungereimtheiten in dem Gesetzeswerk zutage traten.

Weder diese Reform noch die Gladstone zugutegehaltene Absicht, Irland ausreichende höhere Bildungseinrichtungen zu gewähren, beschwichtigte das irische Volk; irische Agitationen beschäftigten die britischen Regierungen bis zum Ersten Weltkrieg.

Rußland unter Alexander II.

Nichteinmischungspolitik und imperiale Expansion. Ähnliche Merkmale wie die britische Geschichte charakterisierten auch den Verlauf der russischen Geschichte in diesen Jahren. Auch Rußlands Zurückhaltung gegenüber der europäischen Politik war von der Reaktion auf das Krimabenteuer, von kolonialen Interessen und von der Dringlichkeit innenpolitischer Probleme bestimmt. Sowohl die Kriegsverluste als auch die Verärgerung über die Schwarzmeerklauseln des Pariser Friedens (s. S. 137–138) förderten in Rußland die Tendenz zu einer Politik der wachsamen Neutralität.

In diesen Jahren entdeckten die russischen Regierungen das Gebiet des Pazifik und erkannten allmählich die potentielle Bedeutung der Expansion in dieser Richtung. Schon vor dem Krimkrieg hatten russische Geschäftsleute begonnen, sich im Amurtal Wege in chinesisches Gebiet zu bahnen. Im Jahre 1854 gründete eine von Nikolaj Murawjow, dem Generalgouverneur Ostsibiriens, angeführte Expedition an diesem Fluß die Stadt Chabarowsk, und während der Auseinandersetzungen der Chinesen mit den Briten und Franzosen in den späten 50er Jahren dehnte Murawjow seine Besitzungen aus. Andere Expeditionen errichteten Küstenansiedlungen und gründeten im Jahre 1860 die Stadt Wladiwostok; die russische Regierung erzwang die Anerkennung ihrer Erwerbungen durch die chinesische Regierung und ebensolche Vorrechte, wie diese den anderen Mächten eingeräumt hatte.

An den südlichen Grenzen des Russischen Reiches setzte sich der Drang nach außen fort. Um 1864 hatten russische Truppen einen Anspruch auf die gesamte Westküste des Kaspischen Meeres im Norden Persiens erworben. Im selben Jahr wurde ein großer Feldzug gegen die moslemischen Chanate Kokand, Chiwa und Buchara eingeleitet.

Die wirtschaftlichen Versprechungen, die manchmal zur Rechtfertigung dieser Expansion dienten, wurden niemals voll erfüllt. Dennoch war die Expansion in Zentralasien ebenso wie im Fernen Osten im allgemeinen populär, und dies verstärkte die Tendenz des Landes, sich von den europäischen Angelegenheiten fernzuhalten.

Die großen Reformen. Während diese territorialen Eroberungen gemacht wurden, erfuhr Rußland eine Fülle von noch tiefgreifenderen Reformen in seiner gesellschaftlichen und politischen Struktur als England. Nach dem Krimkrieg schien Rußland – wie der Anarchist Fürst Kropotkin später in seinen Memoiren schreiben sollte – „aus dem tiefen Schlummer und dem schrecklichen Alptraum der Regierung Nikolaus' I. zu erwachen". Der neue Herrscher, Alexander II. (1855–1881), konnte kaum als Liberaler bezeichnet werden, aber er war klug genug, einzusehen, daß es Zeiten gibt, in denen Veränderungen zwingend notwendig sind. Er wußte, daß das Zarenregime infolge der nahe zurückliegenden Militärniederlage an Ansehen verloren hatte, und befürchtete, dies könne unzufriedene Gruppen zu dem Gedanken ermutigen, daß die Zeit für sie gekommen sei, ihre Angelegenheiten selbst in die Hand zu nehmen.

Die breite Masse der russischen Bauern waren dem Wesen nach noch Sklaven. Sie gehörten den Grundbesitzern, die ihnen die intimsten Details ihres persönlichen Lebens vorschreiben, sie körperlich züchtigen und sogar verkaufen oder, um Geld aufzubringen, verpfänden konnten (die Art und Weise ist in dem Meisterwerk Gogols „Tote Seelen" ausführlich beschrieben). Für einen Lebensunterhalt, der nie weit über dem bloßen Existenzminimum lag, bearbeiteten die Bauern den Grund und Boden des Grundbesitzers und führten andere Arbeiten für ihn aus; und es gab keine Instanz, an die sie sich hätten wenden können, um gegen die Anordnungen des Grundbesitzers vorzugehen. Ihr Unmut über diese Bedingungen äußerte sich in Form von sporadischem Aufruhr. Während des Krimkriegs beispielsweise, als Milizeinheiten in ganz Rußland ausgehoben wurden, nahmen die Bauernunruhen derartig ernste Formen an, daß an einigen Stellen ganze Truppenregimenter mit Artillerie zu ihrer Niederschlagung eingesetzt werden mußten. Abgesehen davon konnte die Leibeigenschaft als Institution nach moralischen Maßstäben kaum verteidigt werden, und es gab immer mehr Gründe für die Vermutung, daß auch wirtschaftliche Argumente nicht mehr haltbar waren. Zu einer Zeit, da die Bedingungen im Ausland die Entwicklung eines russischen Weizenexporthandels begünstigten, wurde der Übergang zu einem großflächigen Getreideanbau durch ein System aufgehalten, in dem die Mehrheit der Grundbesitzer nichts von Ackerbau verstand und die Mehrheit der Leibeigenen traditionelle, unwirtschaftliche Methoden anwandte.

Alexander beschloß daher, das System zu reformieren, und seine im Jahre 1861 nach fünfjährigen Planungen, Verhandlungen und Kompromissen erlassenen Emanzipationsdekrete setzten der persönlichen Abhängigkeit des Leibeigenen vom Grundbesitzer ein Ende und machten ihn, zumindest dem Gesetz nach, zu einer Person, die sich frei bewegen, vertraglich geregelte Arbeitsverhältnisse eingehen, ihre Stelle wechseln konnte und andere Freiheiten genoß. Diese Freiheiten wurden jedoch dadurch eingeschränkt, daß die meisten Leibeigenen noch in Dorfgemeinschaften lebten. Alles ihnen zugeteilte Land unterhielten sie durch die Gemeinde, die eine kollektive Haftung für die Zahlung der Entschädigung an den Adel und der Steuern an die Regierung übernahm. Die Gemeinde überwachte sorgfältig die Tätigkeit des einzelnen Hausbesitzers und schränkte nicht nur dessen freie Verfügung über den Ertrag seines Grund und Bodens ein, sondern auch seine Freizügigkeit. Im Vergleich mit anderen Mitgliedern der Gesellschaft blieb der Bauer noch einige Jahre lang bedeutsamen Einschränkungen unterworfen.

Eine grundlegende Voraussetzung für die Reform war, daß die frei gewordenen Bauern (mit Ausnahme derer, die Hausangestellte gewesen waren) Land zu ihrem Lebensunterhalt erhalten sollten, für das sie aber, damit der Adel nicht verarmte, über eine Reihe von Jahren Geldsummen zahlen mußten. Später schrieb Kropotkin:

„Für viele Grundbesitzer war die Befreiung der Leibeigenen ein ausgezeichnetes Geldgeschäft. So wurde Land, das mein Vater in Erwartung der Bauernbefreiung in Parzellen zu elf Rubeln verkaufte, jetzt bei der Verteilung an die Bauern mit vierzig Rubeln bewertet ...“

Es ist geschätzt worden, daß nahezu die Hälfte der Parzellen der Bauern zu klein waren, um daraus ein Existenzminimum zu erwirtschaften; und in vielen Fällen verursachte der Nutzungsentzug von Wäldern und Weiden zusätzliche Härten. Es muß auch erwähnt werden, daß die meisten Bauern den Zwang zur Bezahlung ihrer Parzellen für ungerecht hielten. Innerhalb sehr kurzer Zeit stellten sich wieder Bauernunruhen ein.

Nicht alle Grundbesitzer waren in einer so glücklichen Lage wie der Vater Kropotkins, nicht einmal die meisten. Tausende von Angehörigen des mittleren Landadels waren vor der Bauernbefreiung verschuldet. Nun verloren sie ihre kostenlosen Arbeitskräfte; mit dem Geld, das sie aus den Freikäufen erhielten, wurden zunächst ihre Schulden abbezahlt, so daß sie für die Umstellung auf die neuen Bedingungen nicht genügend Kapital zur Verfügung hatten.

Die Bauernbefreiung zog andere Reformen nach sich. Diese erfüllten allerdings nicht die Wünsche der liberalen Adligen und Intellektuellen, die von einer ähnlichen Nationalversammlung träumten, wie sie in den westlichen Ländern existierte. Der Zar hatte nicht die Absicht, etwas Ähnliches einzuführen, gab aber im Januar 1864 ein Gesetz heraus, das Maßnahmen zur regionalen Selbstverwaltung einleitete: in allen Grafschaften und Provinzen des Reiches wurden Versammlungen gegründet, die die Bezeichnung „Zemstvos" erhielten. Die „Zemstvos" sollten sich mit lokalen Angelegenheiten befassen, wie der Instandhaltung von Straßen und Brücken, der Unterhaltung eines Gesundheits- und Hygienewesens und öffentlicher Einrichtungen, der Förderung von Handel und Landwirtschaft, Erziehung, Armenunterstützung und ähnlichem. Sie wurden von der Reichsregierung finanziell immer sehr kurz gehalten und konnten daher nicht alle ihnen übertragenen Aufgaben zufriedenstellend erfüllen. Trotz ihrer Mängel aber waren sie beliebt, denn sie verbesserten die öffentlichen Dienstleistungen.

Die dritte bedeutsame Reform der frühen Amtsjahre Alexanders II. betraf das System der Rechtsprechung des Landes. Zugrundegelegt wurden der Reform jene Prinzipien, die in den westlichen Ländern schon lange beachtet wurden: Gleichheit des Verfahrens, Unkündbarkeit der Richter (außer bei Amtsvergehen) und ähnliches. Diese wurden einem Land, das seit langem an Geheimverfahren und Stern-Kammer-Methoden gewöhnt war, tönend verkündet. Zugleich wurde eine rigorose, systematische Vereinfachung der Gerichtsbarkeit angekündigt, in der geringfügige Fälle durch Friedensrichter und schwerwiegendere Verfahren durch ein hierarchisch aufgebautes Gerichtshofsystem verhandelt werden sollten. Das in all diesen Ankündigungen enthaltene Versprechen wurde nie voll eingelöst, doch das neue System war dem alten überlegen.

Die Kraftprobe zwischen Frankreich und Deutschland

Napoleon III. und die deutsche Frage. Der preußische Sieg über Österreich und die darauffolgende Gründung des Norddeutschen Bundes hatte die Verfechter der Vereinigung Deutschlands in Begeisterung und zugleich die französischen Patrioten, die in einem geeinten Deutschland einen Gegensatz zu den Interessen ihres Landes sahen, in Schrecken versetzt. Es war unwahrscheinlich, daß Preußen früher oder später vor einem Versuch, den im Jahre 1866 so weit fortgeschrittenen Prozeß zu vollenden, zurückschrecken würde. Und die öffentliche Meinung Frankreichs würde sich unweigerlich einem weiteren Machtzuwachs Preußens entgegenstellen.

In den Jahren nach 1866 scheint Napoleon III. sich bemüht zu haben, die französischen Patrioten zu beschwichtigen, ohne ernstlich gegen seine erklärte Überzeugung vom Nationalitätenprinzip zu verstoßen. Er wollte dies erreichen, indem er die Preußen zu überreden versuchte, ihn für alle Vorstöße jenseits des Mains mit Gebieten zu entschädigen, auf die Frankreich historischen Anspruch hatte, wie dem Saarland, dem Großherzogtum Luxemburg und sogar Belgien. Diese Versuche führten lediglich zu Mißstimmung.

Napoleon aber war entschlossen, einem weiteren Wachstum Preußens Einhalt zu gebieten. Seine Diplomaten versuchten, die traditionellen Vorurteile des Südens gegen Preußen an den Höfen der deutschen Staaten südlich des Mains wieder zu erwecken. Gleichzeitig wurden Gespräche mit der österreichischen und italienischen Regierung eingeleitet in der Absicht, eine Dreierallianz zu gründen, die Preußens Ambitionen zügeln oder, falls das nicht gelingen sollte, Preußen im Krieg besiegen könnte.

Wie so viele Pläne der letzten Amtsjahre Napoleons schlug auch dieser ins Leere. In Baden, Württemberg und insbesondere in Bayern herrschte wohl noch eine Antipathie gegen Preußen; sie war aber nicht stark genug, um den französischen Interessen dienlich zu sein. Was die Verhandlungen in Wien und Florenz anbetrifft, so waren sie von Anfang an zum Scheitern verurteilt. Selbst wenn die Deutschösterreicher bereit waren, einen neuen Krieg gegen Preußen in Erwägung zu ziehen, um ihre 1866 verlorene Stellung wiederzuerlangen, stellten sich ihm die Ungarn jedoch hartnäckig entgegen aus dem einfachen Grunde, weil die Madjaren im Falle eines Sieges den Verlust ihrer mit dem Ausgleich von 1867 (s. S. 178–179) erlangten Vollmachten befürchten mußten. Und die Italiener waren, wenn auch viele unter ihnen Napoleon die ihrem Land erwiesenen Dienste dankten, doch nicht gewillt, sich zu einem Krieg für eine Regierung zu verpflichten, deren Truppen ihnen immer noch Rom vorenthielten.

In Preußen hatte Bismarck unterdessen die französischen Verhandlungen beobachtet und sich gegen ihr – nicht wahrscheinliches – Gelingen durch ein Geheimabkommen mit Rußland abgesichert. Als Gegenleistung für die Zusage Preußens, Rußland im Falle einer österreichisch-ungarischen Bedrohung seiner Interessen in Südosteuropa zu unterstützen, versprach die russische Regierung im März 1868, so viele Truppen in Galizien zu konzentrieren, daß die Neutralität Österreichs in einem französisch-preußischen Krieg sichergestellt wäre.

Dies bedeutet nicht, daß Bismarck zu diesem Zeitpunkt einen Vorstoß nach Süden oder einen Krieg gegen Frankreich plante. Er war sich noch zu ungewiß über den Stand der süddeutschen Meinung, um das Tempo der Vereinigung Deutschlands zu beschleunigen. Im Mai 1870 erhielt der Kaiser jedoch durch ein Plebiszit in Frankreich (s. S. 149) eine so überwältigende Mehrheit, daß der Kanzler befürchtete, die Regierung des Kaisers könne eher

20. Bismarck als preußischer Ministerpräsident

21. Die Schlacht von Königgrätz (3. 7. 1866)

22. Soziales Elend in England vor 1914: Verteilung von Holzschuhen an arme Kinder

23. Ausbruch des französisch-preußischen Krieges 1870: Reiterangriff bei Sedan 1870

starrer als nachgiebiger werden. Aus dem Gefühl heraus, daß durch Geduld nichts zu gewinnen sei, beschloß Bismarck, zur Offensive überzugehen.

Die Hohenzollern-Kandidatur. Seit der Entthronung Königin Isabellas II. durch eine Revolution in Spanien im Jahre 1868 suchte die provisorische Regierung in Madrid einen Thronfolger. Der favorisierte Kandidat der Regierung war Prinz Leopold von Hohenzollern, ein entfernter Verwandter König Wilhelms I. von Preußen. Bismarck hatte aus Rücksicht auf die französische Meinung ersten Angeboten an den Prinzen entgegengewirkt und bekämpfte den Plan weiterhin, solange er die Möglichkeit einer nachgiebigen Haltung Frankreichs in der Deutschlandpolitik sah. Als die Ergebnisse des Plebiszits in Frankreich von Mai 1870 dieses aussichtslos erscheinen ließen, nahm der Kanzler die Frage der Thronfolge wieder auf. Und am 2. Juli 1870 wurde Prinz Leopolds Annahme der spanischen Krone verkündet.

Eine entschlossene, aber vorsichtige Diplomatie auf seiten Frankreichs hätte diesen Coup vielleicht in einen Bumerang für Bismarck verwandeln können. Außenminister Gramont erklärte der Kammer am 6. Juli, ein deutscher Prinz „auf dem Thron Karls V." bedeute eine untragbare Störung des europäischen Gleichgewichts, und wenige Tage später sprach Benedetti, der französische Botschafter in Preußen, in Bad Ems mit dem preußischen König und protestierte so beredt dagegen, daß Wilhelm darauf bestand, Leopold müsse auf das Vorhaben, nach Spanien zu gehen, verzichten. Aber Gramont war mit diesem wesentlichen Erfolg nicht zufrieden: er bestand nun auf der Zusicherung König Wilhelms, daß die Kandidatur Leopolds in Zukunft nicht wiederholt werde.

In einem weiteren Gespräch mit Benedetti in Bad Ems weigerte sich der König höflich, aber bestimmt, ein solches Versprechen zu geben. Dann telegraphierte er eine Beschreibung der Unterhaltung an Bismarck, der das Telegramm für die Presse freigab, nachdem er den Text derartig gekürzt hatte, daß die Erklärung des Monarchen viel barscher und die Abfuhr an Benedetti viel schärfer erschienen, als sie in Wirklichkeit gewesen waren. Die Veröffentlichung dieser Emser Depesche und ihre Wiedergabe durch Sensationsblätter auf beiden Seiten der Grenze schufen eine Atmosphäre, die Vernunft und Kompromiß unmöglich machten. Unter dem Druck der erregten Pariser Volksmassen und einer in Kriegsstimmung versetzten Kammer erklärte die französische Regierung Preußen am 19. Juli den Krieg.

Der französisch-preußische Krieg. Die unmittelbare Folge der französischen Kriegserklärung war die Entscheidung der süddeutschen Staaten, ihr Schicksal mit Preußen zu teilen und Truppen gegen Frankreich zu entsenden. Dank dieses Entschlusses und des schnelleren Mobilisierungsvermögens waren die deutschen Truppen zahlenmäßig nahezu doppelt so stark wie die französischen. Weitere Vorteile brachten ihnen ein besseres Versorgungs- sowie ein

überlegenes Stabssystem. Der schon lange vorbereitete Kriegsplan des Ober-
kommandos wurde jetzt schnell und effizient durchgeführt.

Napoleon improvisierte in der Woche vor Kampfausbruch einen Plan für
Ablenkungsmanöver durch Amphibienfahrzeuge im Baltikum und eine Offensive geballter Truppen gegen Süddeutschland. Bevor die weit verstreuten
französischen Reserven jedoch konzentriert werden konnten, stießen die
Preußen durch das Lothringische Becken vor und gerieten nach einigen har-
ten Schlachten, in denen sie größere Verluste erlitten als die Franzosen, zwischen Paris und die beiden von Marschall Bazaine und Marschall MacMahon
geführten Hauptarmeen Frankreichs. Bazaine wurde zum Rückzug nach
Osten gezwungen und in der Metzer Festung eingeschlossen. Als die Armee
MacMahons, der sich der Kaiser nun angeschlossen hatte, versuchte, Bazaine
zur Hilfe zu kommen, wurde sie in Sedan an der belgischen Grenze umstellt
und durch Artillerie unter Beschuß genommen.

Die Nachricht, daß sich Napoleon III. und Truppen von über 100000
Mann in preußischer Hand befanden, ließ das kaiserliche Regime vollständig
zusammenbrechen. In Paris wurde ein republikanisches Regierungssystem
errichtet, an dessen Spitze General Trochu als Präsident trat, und mit Hilfe
des Einsatzes von Léon Gambetta (1838–1882) wurden an der Loire neue
Truppen aufgestellt. Diese unausgebildeten Rekruten kämpften die Herbst-
und frühen Wintermonate hindurch tapfer weiter; aber der Kern ihres Widerstandes war gebrochen, als Bazaine im Oktober in Metz seine immer
noch beträchtlichen Streitkräfte übergab. Paris, das seit September belagert
worden war, kapitulierte schließlich im Januar – nachdem alle Nahrungsmit-
telreste einschließlich der Tiere im Zoo und der Ratten auf dem Dachboden
verzehrt und die Bäume am Champs Elysées und im Bois du Boulogne als
Brennholz gefällt waren.

Die Deutschen bestanden darauf, daß ein Friedensschluß erst möglich sei,
wenn Frankreich durch eine Regierung vertreten sei, die für die ganze Nation
sprechen könne. Im Februar 1871 wurden Wahlen für eine Nationalversammlung abgehalten, aus denen Adolphe Thiers als Chef der Exekutive und
somit als Verhandlungsbevollmächtigter hervorging. Thiers stellte fest, daß
die Deutschen nicht zum Verhandeln aufgelegt waren. Er wurde gezwungen, die Zahlung einer Kriegsentschädigung von fünf Milliarden Franken
innerhalb von drei Jahren zu versprechen und bis zur Ableistung dieser
Summe deutsche Besatzungstruppen auf französischem Boden zu akzeptieren. Außerdem mußte sein Land das ganze Elsaß und den größten Teil
Lothringens mit seinen ertragversprechenden Eisenerzvorräten und seiner
blühenden Textilindustrie an den Sieger abtreten. Thiers diplomatisches Geschick vermochte diese Bedingungen in einigen Einzelheiten zu mildern,
aber der Vertrag von Frankfurt von Mai 1871 bedeutete eine schwere Bürde
für Frankreich – eine Bürde, deren Erinnerung Europa zwei Generationen
lang peinigen sollte.

Die Reorganisation Mitteleuropas. Die Schlachten in Frankreich entschieden mehr als das Schicksal der Dynastie der Bonapartes; sie vollendeten die Vereinigung sowohl Deutschlands als auch die Italiens. Die Waffenkameradschaft zwischen den nord- und süddeutschen Staaten erhielt im Januar 1871 eine politische Substanz, als Bismarck den König von Bayern veranlaßte, den König von Preußen zur Wiederbegründung des Deutschen Kaiserreiches und zur Annahme der Krone zu drängen. Nach scheinbarer Weigerung wurde König Wilhelm Kaiser eines Deutschland, das sich nun vom Baltikum bis zum Inn erstreckte.

Inzwischen hatte die italienische Regierung den Krieg genutzt, um Truppen nach Rom zu entsenden. Es war nicht die beeindruckendste Art, sich eine nationale Hauptstadt zu sichern. Der Papst weigerte sich, die italienische Regierung anzuerkennen, was bedeutete, daß Italien sich in den folgenden Jahren mit der Feindschaft leidenschaftlicher Katholiken im In- und Ausland sowie mit all seinen anderen Problemen auseinanderzusetzen hatte.

In den zurückliegenden ersten Tagen seines Machtantritts hatte Napoleon III. davon geträumt, die Landkarte Europas nach nationalen Gesichtspunkten neu zu zeichnen. Das war nun geschehen. Doch trotz seines großen Beitrags zum Endergebnis hatte er nicht das erzielt, was er von dieser Tat erwartet hatte; und er hatte seinen Thron verloren. Das neue Europa war in jedem Fall anders, als er es sich vorgestellt hatte. Seine Neuordnung nach nationalen Prinzipien hatte die gegenseitige Abhängigkeit und die Harmonie der Nationen nicht vervollkommnet, wie Mazzini und andere Nationalisten eines früheren Zeitalters geglaubt hatten. Die Methoden, die zur Veränderung der Landkarte angewandt worden waren, hatten ein bitteres Erbe der Zwietracht zwischen den Kontinentalstaaten hinterlassen und gleichzeitig die Unzulänglichkeit des Europäischen Konzerts aufgezeigt und die Gültigkeit von internationalen Verträgen und des öffentlichen Rechts in Zweifel gezogen.

Dritter Teil

1871–1914

Allgemeine Bemerkungen

Die auffälligste Entwicklung des im Jahre 1871 beginnenden Zeitabschnitts war vielleicht die, daß der Liberalismus zu Beginn dieser Epoche im Aufstreben begriffen war, sich an seinem Ende aber im vollen Rückzug befand. In den 70er Jahren fanden die von Verteidigern des Mittelstands wie Richard Cobden, John Stuart Mill, Benjamin Constant und Wilhelm von Humboldt entwickelten wirtschaftlichen und politischen Ideen die breiteste Anerkennung. Die vorherrschende Wirtschaftsphilosophie war die des Freihandels, und seit 1860 waren die meisten Länder dem britischen und französischen Beispiel gefolgt und hatten ihre Zolltarife gesenkt. Die stärksten politischen Parteien in Großbritannien, Deutschland, Belgien, Italien, der Schweiz und Spanien und starke Parteien in den Niederlanden, Dänemark und Schweden nannten sich entweder liberal oder hielten an traditionell liberalen Grundsätzen fest, wie der konstitutionellen parlamentarischen Regierung auf der Grundlage eines begrenzten Wahlrechts, der Chancenfreiheit und des Schutzes der Freiheiten des einzelnen gegen willkürliche Macht, der religiösen Toleranz, des „laissez faire"-Wirtschaftssystems, der nationalen Selbstbestimmung und der Auffassung, Probleme könnten im allgemeinen auf vernunft- und ordnungsgemäße Weise gelöst werden. Selbst in Frankreich, das eine auf dem allgemeinen Wahlrecht basierende republikanische Regierung besaß, bildete eine gemäßigte, an den meisten dieser Überzeugungen festhaltende Mittelstandspartei die größte organisierte politische Gruppe, und auch das zaristische Rußland war für den Einfluß dieser Prinzipien keineswegs unempfänglich.

Gegen Ende des Zeitabschnitts hatte sich diese Situation weitgehend verändert. Nationen, die sich in den 50er und 60er Jahren zur Freihandelspolitik bekannt hatten, machten in den 80er und 90er Jahren eine Kehrtwendung, und der Schutzzoll war noch einmal zur Tagesordnung geworden. Die großen liberalen Parteien waren entweder auseinandergebrochen – wie es in Deutschland der Fall war – oder hatten gegenüber den konservativen und den neuen Arbeiterparteien an Stärke verloren. Und, was entscheidend war, der Liberalismus als Philosophie hatte seine Bindekraft und viel von seiner Bedeutung für die Probleme des Zeitalters eingebüßt.

Der letzte Punkt verlangt eine gewisse Erläuterung. In den zurückliegenden 50er und selbst in den 70er Jahren war es jedem intelligenten Menschen möglich gewesen, alle Überzeugungen des Liberalismus zu unterschreiben – Individualismus, Wettbewerb, „laissez faire", Argwohn gegenüber einer starken Regierung und ähnliches –, ohne darin eine Inkonsequenz zu sehen.

In den 80er Jahren war dies nicht mehr so leicht. Die vorherrschenden Wirtschaftstendenzen schienen nicht Individualismus und Wettbewerb zu begünstigen, sondern den Zusammenschluß von Unternehmen, denn es war das Zeitalter der Trusts, Monopole und Kartelle. Industrielle, die in einem früheren Zeitalter darauf bestanden hätten, daß die Regierung sich aus dem Geschäftsleben heraushalten sollte, argumentierten jetzt, es sei die Pflicht der Regierung, sie durch Zölle, Subventionen, ein günstiges Firmenrecht, den Erwerb neuer Absatzmärkte in Kolonialgebieten und ähnliche Maßnahmen zu fördern. Häufig suchten sie politische Unterstützung für ihre neuen Ideen bei den Parteien der Rechten, da diese traditionsgemäß von einer starken, aktiven Regierung überzeugt waren und diesen Ideen offener gegenüberstanden als die liberalen Parteien; und dies erklärt sowohl die Umwandlung der konservativen Parteien in Parteien des Großunternehmertums (oder wie in Deutschland zu Verbündeten der Schwerindustrie) als auch den Rückgang der liberalen Parteien.

Gleichzeitig regte sich bei Männern, deren Liberalismus von der aufrichtigen Überzeugung geleitet war, daß der einzelne des Schutzes vor willkürlicher Macht bedürfe, die gerade deshalb an das „laissez faire"-System glaubten und sich der Ausweitung von Regierungsaufgaben widersetzten, der Verdacht, die eigentliche Bedrohung des einzelnen liege in der Tendenz zu Unternehmenszusammenschlüssen. Sie gelangten deshalb zu der Auffassung, daß nur die Regierung den einzelnen durch Regelung der Tätigkeiten der großen Wirtschaftskonzerne schützen könne. Als ihre neu gewonnene Überzeugung sich bei ihren früheren politischen Verbündeten als unpopulär erwies, tendierten diese Männer zu den neuen Arbeiterparteien, die auf staatliche Reglementierung vertrauten. Das Ergebnis waren weitere Einbußen für die liberale Mitte. Diese letztere Tendenz zeigt sich deutlich in der Laufbahn John Stuart Mills. In seinem klassischen „Essay on Liberty" (1859) sah er in einer starken Regierung noch eine Bedrohung für die Freiheit des einzelnen, an seinem Lebensende aber geriet er immer stärker unter den Einfluß des Sozialismus.

Die wirtschaftlichen Tendenzen der Zeit minderten also zwangsläufig die Überzeugungskraft der liberalen Glaubensbekenntnisse und die Stärke der liberalen Parteien, indem sie die Menschen zwangen, ihre Ansichten über die Rolle der Regierung zu revidieren. Dies wiederum begünstigte zwei Dinge: einerseits eine Polarisierung der Politik, eine Spaltung in Extreme, die sich als unabwendbare Folge des Rückgangs der gemäßigten Parteien der Mitte einstellte und ihre gefährlichsten Formen im 20. Jahrhundert annehmen sollte, und andererseits das zunehmende Akzeptieren einer starken Regierung, des Wohlfahrtsstaates und des Kollektivismus im allgemeinen.

Eine andere bemerkenswerte Entwicklung dieses Zeitabschnitts war die Verdrängung der liberalen Haltung in der Politik, die definiert werden kann als Glaube an die Kraft der menschlichen Vernunft, alle Probleme des Menschen zu lösen. Im Gegensatz zu dieser Überzeugung schienen alle vorherrschenden intellektuellen Tendenzen entweder die Gewalt zu verherrlichen oder die irrationalen Faktoren der menschlichen Motivation zu betonen. Dies galt sowohl für den Sozialdarwinismus, der den internationalen Krieg, den kolonialen Wettbewerb und den innenpolitischen Zwist als natürliche Äußerungen des Existenzkampfes zu rechtfertigen versuchte, als auch für den Marxismus und den Anarchismus, die den Klassenkampf und (im Falle des letzteren) die Anwendung von Gewalt um ihrer selbst willen betonten. Ebenso galt es weitgehend für die neu entwickelten Verhaltenswissenschaften (Soziologie, Anthropologie und ähnliche), die dahin tendierten, den Menschen als statistische Größe oder als ein Wesen anzusehen, das nur als Mitglied einer Klasse, Gruppe oder einer anderen Kategorie handeln könne. (Benjamin Jowett, der berühmte Master des Balliol College, Oxford, sagte einmal: „Ich habe immer einen gewissen Horror vor politischen Ökonomen empfunden, seitdem ich einen von ihnen sagen hörte, er fürchte, die Hungersnot in Irland würde nicht mehr als eine Million Menschen töten, und das sei kaum genug, um Abhilfe zu schaffen.") Am Ende des Zeitabschnitts traf es sowohl für die Bergsonsche Philosophie mit ihrer Betonung des „élan vital" zu als auch für die Freudsche Psychologie mit ihrer Beteuerung, der Mensch werde nicht durch die Vernunft, sondern durch Instinktivkräfte geleitet, die er schwerlich steuern könne. Die diesen Bewegungen zugrundeliegenden, weithin akzeptierten Voraussetzungen höhlten die alte, in den Schriften Mills und Samuel Smiles offenbarte liberale Überzeugung aus, daß der Mensch ein verantwortliches Wesen sei, durch eigene Anstrengungen fähig, sich zu vervollkommnen und seine Probleme durch seinen Verstand zu lösen.

Zu einer Zeit, da das Anschwellen der europäischen Bevölkerung (die zwischen 1870 und 1900 um mehr als dreißig Prozent wuchs), der fortgesetzte Drang in die Großstädte (die Mehrheit des britischen Volkes wurde nach 1871 in Großstädten geboren, und die Anzahl der deutschen Großstädte mit mehr als 100 000 Einwohnern stieg von acht im Jahre 1870 auf 41 im Jahre 1900) und die nicht seltenen, aus konjunkturellen Depressionen erwachsenden Arbeitslosenkrisen schwierige neue soziale Probleme erzeugten, war das schwindende Vertrauen auf die Vernunft kein hoffnungsvolles Zeichen. Denn, wie konnten diese Probleme gelöst werden, wenn nicht durch Vernunft? Die Antwort war, in mehr als einem Land, durch Gewalt, die entweder dort angewandt wurde, wo soziale Not zu Agitation führte, oder aber an weiter entlegenen Orten außerhalb des Landes sowie in entfernten Kolonialgebieten, wo sie eventuell die Aufmerksamkeit der Massen von ihren eigenen Sorgen ablenken konnte.

Unter diesen Umständen war die Innenpolitik der europäischen Staaten schließlich durch einen stärker werdenden Klassenkonflikt und ihre Beziehungen untereinander durch einen bisher nicht gekannten Grad an Unsicherheit gekennzeichnet. In der internationalen Politik verliefen diese Jahre zum größten Teil ohne Krieg, man kann sie aber kaum als Friedensjahre bezeichnen. Das aus den Kriegen der 60er Jahre übriggebliebene gegenseitige Mißtrauen wuchs jetzt durch die vermehrten zwischenstaatlichen Reibungen, die aus der Rückkehr zum Protektionismus im Handel und den daraus erfolgenden Zollkriegen und dem Wettbewerb um Überseemärkte resultierten. Es konnte durch die Tendenz, innenpolitische Unzufriedenheit durch die Suche nach beeindruckenden Erfolgen im Ausland zu besänftigen, nur verstärkt werden.

Andere charakteristische Merkmale dieser Zeit belasteten die Beziehungen der Mächte untereinander zusätzlich. Der neue Brauch, in Friedenszeiten dauerhafte Allianzen zu gründen – eine Gepflogenheit, die in den 70er Jahren des 19. Jahrhunderts ihren Anfang nahm – bewirkte letztlich die Spaltung Europas in zwei große Bündnisse, deren unstabiles Gleichgewicht immer gefährdet war und schließlich zusammenbrach. Und gleichermaßen entscheidend für die zunehmende Spannung und Unsicherheit waren bedeutende Veränderungen in der Verwaltung des Militärs.

Mit Ausnahme Großbritanniens führten alle größeren europäischen Staaten nach 1871 die allgemeine Wehrpflicht ein, und die Militärausgaben und die Größe des stehenden Heeres und der Reserve stellten die Zahlen des vorhergehenden Zeitabschnitts bald in den Schatten. Daraus ergab sich ein derartiger Wettbewerb zwischen den Ländern, daß die Verlängerung der Wehrdienstzeit in einem Staat und die damit verbundene Erhöhung der Anzahl wehrfähiger Soldaten eine Angelegenheit von internationaler Bedeutung wurde und daß die Vergrößerung eines jeden Regiments in Deutschland um ein Bataillon Bestürzung und Diskussionen in Frankreich auslösen konnte. Überdies ahmten nun alle Staaten das deutsche Generalstabssystem nach, das sich in den Jahren 1870–1871 bewährt hatte, und bald wimmelte es auf dem Kontinent von Pseudo-Moltkes und neuen Scharnhorsts. Die Hauptbeschäftigung derartiger Stäbe war die wissenschaftliche Ausarbeitung von Kriegsplänen für alle möglichen Eventualitäten, eine Aufgabe, die die gemeinsamen Bemühungen Tausender von Spezialisten im Nachrichtendienst, der Topographie, dem Fernmeldewesen, der militärischen Ausrüstung, dem Transportsystem und der Logistik verlangte, ganz zu schweigen von der mühseligen Arbeit der Militärattachés im Ausland und der Agenten, die sie anstellten, um die Pläne der anderen Mächte ausfindig zu machen. Nachdem diese gewaltigen Mechanismen einmal in Bewegung gesetzt worden waren, beanspruchten sie zwangsläufig politikbestimmende Funktionen für sich. In allen Ländern wurden die Leiter der Streitkräfte konsultiert, wenn schwierige Entscheidungen in der Außenpolitik zu treffen waren. In einigen Ländern neigten sie zu Entscheidungen, von denen das Außenministerium und die Regierung nur vage in Kenntnis gesetzt wurden, diesen aber ihre Handlungsfreiheit in Krisenmomenten nahmen. Daher ging die Tendenz dahin, Fragen über Krieg oder Frieden auf der Grundlage militärischer Zweckmäßigkeit zu lösen.

Dies alles wäre nicht entscheidend gewesen, wenn andere Mittel und andere Organisationen vorhanden gewesen wären, um die zerstörerischen Kräfte des Zeitalters unter Kontrolle zu halten; aber es gab sie nicht. In diesen Jahren verloren nicht nur die liberalen Parteien an Stärke; im Jahre 1914 vermochte keine politische, soziale oder religiöse Organisation Vernunftgründe gegen das Abgleiten ins Chaos geltend zu machen. Was dies betrifft, so war die bedeutendste Religion dieses Zeitalters – die stärker war als der Liberalismus, stärker als die verschiedenen, weiter unten beschriebenen Arten des Sozialismus, auch stärker als das organisierte Christentum – der Nationalismus, ein aufdringlicher, unkritischer, anmaßender Nationalismus, der in den staatlichen Schulen, den Boulevardblättern, die für das neue leichtgläubige, durch jene Schulen geschaffene Leserpublikum den Chauvinismus erfanden, und selbst in den Vorlesungen von Universitätsprofessoren propagiert wurde. Volkstribunen wie Heinrich von Treitschke, Maurice Barrès und Charles Maurras predigten, das Ziel allen staatlichen Handelns müsse die ausschließliche Verfolgung einer nationalen Politik, die absolute Erhaltung der nationalen Integrität und die stetige Erweiterung der nationalen Macht sein; und mit ihrer Eloquenz brachten sie unzählige, sonst vernünftige Menschen dazu, Ausländer als gefährliche, vertrauensunwürdige Feinde zu betrachten, gegen die strenge Maßnahmen notwendig und löblich seien. Die Existenz einer neuen, des Lesens kundigen, aber leichtgläubigen Öffentlichkeit, die sich von Aposteln des integrierenden Nationalismus manipulieren ließ, war eines der Probleme des Zeitalters. Staatsmänner, die den aufrichtigen Wunsch hatten, den Frieden zu erhalten, mußten unablässige Mühen aufwenden, um diese leicht zu beeindruckende öffentliche Meinung mit Informationen zu versehen und zu lenken. Politiker, die lediglich daran interessiert waren, ihren Posten zu behalten, waren versucht, den Ohren des unkritischen Publikums zu schmeicheln und damit dem häßlichen Nationalismus des Zeitalters Vorschub zu leisten.

Es läßt sich nicht leugnen, daß der Zeitabschnitt von 1871 bis 1914 eine Fülle von beeindruckenden Errungenschaften aufzuweisen hat. Man braucht nur an die außerordentliche Verbesserung der materiellen Lebensbedingungen zu denken, die Errichtung von Erziehungssystemen mit Grundschulpflicht bei Schulgeldfreiheit in den meisten Ländern, den stetigen Fortschritt der Wissenschaft, der durch derartig bemerkenswerte Triumphe wie die Veröffentlichung der Elektronentheorie und die Entdeckung der Radioaktivität gekennzeichnet war, oder die starke Erweiterung des medizinischen Wissens, das sich in der höheren Lebenserwartung und dem Rückgang der Kindersterblichkeit direkt widerspiegelte.

In der Kunst waren die Leistungen dieser Epoche nicht weniger hervorragend. Der Kunstgeschmack der weniger gebildeten Leser im immer größer

werdenden Leserpublikum wurde zweifellos durch die Volkszeitungen befriedigt (wie den Pariser „Le Petit Journal" und den Londoner „The Daily
Mail", die eine ständige Auflage von über einer Million täglich hatten, dadurch daß sie ihren Abonnenten eine abwechslungsreiche literarische Kost
anboten) oder durch Familienwochenzeitschriften, die Namen wie „Tit
Bits" und „Die Gartenlaube" trugen. Seriösere Leser aber konnten aus einer
reichhaltigen Literatur für jeden Geschmack auswählen. Diese umfaßte die
Werke von Meistern des psychologischen Realismus wie Tolstoi, Zola, Thomas Hardy, dem Berliner Romanschriftsteller Theodor Fontane und dem
Norweger Björnson, die historischen Novellen Robert Louis Stevensons,
Conrad Ferdinand Meyers und Henryk Sienkiewicz' und Abenteuerge-
schichten aus exotischen Ländern von Rudyard Kipling, H. Rider Haggard
und Pierre Loti, die Erzählungen über Wissenschaft und Zukunftswelten von
H. G. Wells und die Berichte über die Heldentaten Sherlock Holmes (der in
den 80er Jahren zu einer europäischen Figur wurde) von Conan Doyles, die
stilistisch ausgefeilten Romane von George Meredith, Henry James und
George Moore und die ersten Werke von Schriftstellern der Nachkriegszeit
wie John Galsworthy, Thomas Mann und Marcel Proust. Die beliebtesten
Schauspiele waren immer noch die jenes Typs, den Dumas in Mode gebracht
hatte; zu Beginn der 80er Jahre aber begann der Naturalismus die Bühne zu
erobern. Den tiefgreifendsten Einfluß in dieser Hinsicht übte der Norweger
Henrick Ibsen aus, dessen Angriffe auf die Konventionen des romantischen
Dramas auf die Werke einer ganzen Generation einwirkten und sich in den
Schauspielen der Deutschen Hauptmann und Sudermann, des Russen Tsche-
chow, des Österreichers Schnitzler und vor allem in denen seines treuesten
Anhängers George Bernard Shaw, widerspiegelten, dessen Attacken auf die
bürgerliche Moral, den romantischen Idealismus und das Heroische und
Sublime denen seines Lehrmeisters an Heftigkeit gleichkamen.

In der Malerei und der Dichtung war der Impressionismus die bedeutendste Bewegung, den Arnold Hauser als eine künstlerische Reflexion der neuen
Dynamik und des neuen, durch die moderne Technik in das europäische
Leben eingebrachten Gefühls für Schnelligkeit und Veränderung bezeichnete. Charakteristisch für den Impressionismus in der Malerei war der Versuch, die Realität nicht als etwas Bestehendes, sondern als etwas im Prozeß
des Werdens oder des Vergehens Befindliches darzustellen, und jedes impressionistische Gemälde, ob von Degas oder von Toulouse-Lautrec, war
das Abbild eines Augenblicks, und zwar derart, daß der Betrachter die unab-
lässigen Prozesse des Wachsens und des Absterbens empfinden konnte. Im
Zeitalter der schnell fortschreitenden Verstädterung war der Impressionismus eine Kunst für den Großstädter, der inmitten von Unbeständigkeit und
vielfältigen Sinneseindrücken lebte. Ebenso versuchten die Dichter des Impressionismus, die Realität in flüchtigen Eindrücken, Augenblicksstimmun-
gen und undeutlichen Wahrnehmungen auszudrücken; und dies machte die

Dichtungen von Verlaine und Mallarmé oder Detlev von Liliencron und Rilke für den Durchschnittsleser schwerer verständlich als die von Lamartine oder Eichendorff.

Ebenso wie die Kunst beeinflußte der Impressionismus auch die Philosophie der letzten Jahre dieses Zeitabschnitts. Sowohl die Psychoanalyse Freuds als auch die Lebensphilosophie von Bergson stehen eng mit ihm in Verbindung; denn ohne die impressionistische Sicht der Realität als einer Zusammensetzung aus ständig wechselnden Stimmungen, Eindrücken und Ideen wären die Auffassungen des Wiener Arztes unverständlich, und Bergsons Betonung der natürlichen, im Gegensatz zu den mechanischen Kräften des Lebens war durchdrungen von der im Impressionismus inbegriffenen Ablehnung des Materialismus als einer Philosophie. Im Hinblick auf diesen letzten Punkt mag angemerkt werden, daß Bergsons Philosophie in den Jahren direkt vor Ausbruch des Ersten Weltkriegs nicht nur auf introspektive Schriftsteller und Dichter wie Alain-Fournier, Francis Jammes, André Gide und Stefan George einen großen Einfluß ausübte, sondern auch auf andere wie Charles Péguy, Romain Rolland, Jules Romains und Gabriele d'Annunzio, die die passive l'art pour l'art-Haltung der früheren impressionistischen Schriftsteller ablegten und sich einem neuen Aktivismus zuwandten in dem Bestreben, die Gesellschaft zu verändern.

In der Musik waren Wagner, Gounod und Verdi, die ihr Werk vor 1870 begonnen hatten, immer noch die Größen der Epoche. Der letztgenannte sollte infolge seiner angeregten Zusammenarbeit mit Arrigo Boito, aus der im Jahre 1887 ,,Othello'' und im Jahre 1893 ,,Falstaff'' hervorgingen, noch bedeutender werden. Aber es tauchten auch neue Namen auf. Tschaikowskij, Mussorgskij, Rimskij-Korssakow, Smetana und Dvořák und, in den letzten Jahren vor dem Krieg, Enescu machten die Volksmusik Osteuropas auf dem ganzen Kontinent bekannt, während Grieg und Sibelius ihrem Publikum die nordischen Melodien nahebrachten. Italien schenkte der Welt die Musik von Leoncavallo, Mascagni, Respighi und die Musik jenes Meisters der Operndichtung, Puccini, dessen ,,Manon Lescaut'' (1893) und ,,La Bohême'' (1896) in der ganzen westlichen Welt eine rührselige Begeisterung auslösten. Für die französische Musik war dies ein goldenes Zeitalter, das durch die Premiere von Bizets ,,Carmen'' im Jahre 1875 eingeleitet wurde (einem Ereignis, das Nietzsche zu dem entzückten Ausruf veranlaßte: ,,Il faut méditerraniser la musique!'') und in den folgenden Jahren durch die großen Werke Saint-Saëns', Gabriel Faurés und Jules Massenets gekennzeichnet war, dessen ,,Manon'' (1884) die französischste aller Opern ist; im Jahre 1902 erreichte die französische Musik einen neuen Höhepunkt mit der Erstaufführung von Maurice Ravels ,,Pavane pour une enfante défunte'' und Claude Debussys Oper ,,Pelléas et Mélisande'', einem Werk, das, mit den Worten Ernest Walkers, der ,,Gipfel des musikalischen Impressionismus (ist), jede kleine Wortnuance trifft, immer mehr andeutet als ausspricht, aber immer spannend, direkt und voll atemberaubender Schönheit" ist. In Österreich und Deutschland wurde der von Beethoven eingeleitete Stil einer majestätischen Mischung von klassischer und romantischer Sinfonie in den ersten Jahren des Zeitabschnitts von Brahms und in den letzten Jahren von Gustav Mahler weitergeführt, während in der Oper Wagners Hang zum Grandiosen und Sinnlichen von Richard Strauss fortgesetzt wurde, dessen erste Opern „Salome" (1905) und „Elektra" (1909) die Kritiker entweder empörten oder verwirrten. Die Briten waren weniger produktiv, doch würde niemand bestreiten, daß die Savoyer Opern von Gilbert und Sullivan, deren Erstaufführungen zwischen 1871 und 1889 stattfanden, einen wertvollen Beitrag zur Unterhaltung der Nationen leisteten.

Diese Triumphe waren derartig groß, daß man sich fragt, was Europa hätte hervorbringen können, wenn in diesen Jahren nicht soviel Energie für im wesentlichen zerstörerische Tätigkeiten verschwendet worden wäre.

Elftes Kapitel

Die Großmächte und das Gleichgewicht der Kräfte 1871–1890

Nach 1871 brachten die Großmächte Europas jenes Verständnis für gegenseitige Abhängigkeit nicht mehr auf und vermochten das gegenseitige Vertrauen nicht wiederherzustellen, das dem Europäischen Konzert im ersten Teil des 19. Jahrhunderts bei einem derartig geringen bürokratischen Aufwand eine so effektive Zusammenarbeit ermöglicht hatte. Die Mächte zogen es vor, ihre lebenswichtigen Interessen durch eigene Ressourcen und Anstrengungen zu schützen oder – nach 1880 in steigendem Maße – durch langfristige Geheimbündnisse abzusichern. Nachdem diese letztere Tendenz einmal eingesetzt hatte, folgten ihr unweigerlich alle großen Staaten Europas bereitwillig, so daß sie schließlich in Waffenkoalitionen gegeneinander standen. Gewiß wurde dadurch eine Art von Mächtegleichgewicht geschaffen, doch ihm fehlte der Handlungsspielraum, der die Ausgewogenheit der Kräfte charakterisiert hatte, die in der ersten Hälfte des Jahrhunderts den Frieden aufrechterhalten hatte.

Die Unsicherheit nach 1871. Der überwältigende Sieg Deutschlands über Frankreich und die Reorganisation Europas hinterließen in allen Staaten ein Gefühl der Unsicherheit und des Mißtrauens gegenüber ihren Nachbarn. Selbst die normalerweise phlegmatischen Briten waren entsetzt über den vollkommenen Sieg Deutschlands. In einer Rede im Unterhaus sagte Robert Peel (der Jüngere): „Es kann für Europa nicht gut sein, daß ein großer militärischer Despotismus in Deutschland herrscht, aufgebaut auf dem Ruin und der Zerstörung Frankreichs." Andere führende britische Politiker sahen die Möglichkeit eines deutschen Angriffs auf die Niederlande voraus, und es gab einige, die tatsächlich eine deutsche Invasion Englands zu einem gelegenen Zeitpunkt befürchteten.

Das Bismarck-Deutschland vermied sorgfältig jede Bedrohung der vitalen Interessen Englands, aber der deutliche Macht- und Bevölkerungszuwachs Deutschlands blieb für die Briten ein Grund zur Besorgnis; und damit zusammen hing ihre positive Reaktion auf Disraelis eindringliche Mahnung in einer Rede von 1872, sie dürften nun nicht mehr in kontinentalen, sondern müßten in weltweiten Kategorien denken und ein starkes Weltreich gründen, um nicht das Schicksal jener zu erleiden, deren Horizont auf Europa begrenzt sei. Als die Briten anfingen, ihrem Weltreich einen höheren Wert beizumessen, betrachteten sie alle Mächte mit Argwohn, die ihre Verbindungswege gefährden konnten, insbesondere die Russen, deren Tätigkeiten im Mittleren Osten, im Persischen Golf und in Zentralasien um die Mitte der 70er Jahre ernstlich besorgniserregend wurden.

Die Russen erwiderten diese Gefühle; denn die Briten bildeten das größte Hindernis für ihre Ambitionen in Konstantinopel und an der Nordwestgrenze Indiens. Noch mehr aber fürchteten sie die Österreicher, deren Interesse an den wirtschaftlichen Ausbeutungsmöglichkeiten auf dem Balkan unter ungarischem Einfluß wuchs, nachdem sie im Jahre 1866 von Deutschland getrennt worden waren. Jene große Agglomeration slawischer Völker betrachteten die Russen als eine Zone, die durch ihre Initiative von der türkischen Herrschaft befreit werden müsse, sobald sich die rechte Gelegenheit ergab.

Österreichs Ambitionen waren vielleicht nicht so umfassend, wie die Russen meinten, aber es gab keinen Zweifel, daß die österreichisch-ungarische Regierung ein Interesse am Balkan hatte und daß sie jedes deutliche Anwachsen des russischen Einflusses dort oder jede durch Rußland angeregte Freiheitsbewegung ablehnte, die die Sicherheit ihrer eigenen slawischen Provinzen beeinträchtigen konnte. Daher zeichnete sich schon in den frühen 70er Jahren ein künftiger österreichisch-russischer Konflikt in diesem Gebiet ab. Und die österreichisch-ungarische Regierung war nicht nur wegen der potentiellen Bedrohung der Einheit ihres Reiches durch Rußland besorgt. Auch das neu vereinigte Italien stellte eine Gefahr dar; denn die höchst leidenschaftlichen italienischen Patrioten betrachteten die österreichischen Brennerprovinzen (das Trentino) und den Hafen von Triest als ihnen rechtlich zustehende Territorien, da die meisten der dortigen Einwohner italienisch sprachen.

Italien war die jüngste anerkannte Großmacht und diejenige, deren Status infolge ihrer unglücklichen militärischen Vergangenheit am meisten in Frage gestellt wurde. Häufig schien der Wunsch, dieses Kapitel ihrer Geschichte zu verschleiern, die italienische Politik zu bestimmen und ihr einen aktiven Charakter zu verleihen, der bei anderen Mächten Verärgerung und Mißtrauen hervorrief.

Frankreich als einziger republikanischer Staat in Europa wurde von allen Mächten aufmerksam beobachtet. Seine Regierung behandelte Großbritannien, Österreich-Ungarn und Rußland mit förmlicher Korrektheit, Italien mit verärgerter Herablassung und Deutschland mit kalter Feindseligkeit. Die Ergebnisse des Krieges von 1870 hätten Beziehungen zwischen Frankreich und seinem östlichen Nachbarn in jedem Falle erschwert; die erzwungene Abtretung des Elsasses und Lothringens aber machte sie doppelt schwierig.

Unter derartig unsicheren Bedingungen lag den europäischen Staatsmännern der Gedanke an die Möglichkeit eines Krieges in dem Jahrzehnt nach 1870 niemals fern.

24. Abdul Hamid II., türkischer Sultan (1842–1918)

25. Der Berliner Kongreß (1878)

Die Kriegspsychose von 1875. Im Jahre 1875 schien es für einen Augenblick, als könnten sich ihre schlimmsten Befürchtungen bewahrheiten. In den ersten Jahren nach Wiederherstellung des Friedens verschlechterten sich die französisch-deutschen Beziehungen ständig. Man war davon ausgegangen, daß die Franzosen die Kriegsentschädigung zu dem von den Deutschen festgesetzten Termin, dem 2. März 1874, nicht zahlen könnten und daß Frankreich noch etwa zehn Jahre lang durch deutsche Truppen besetzt bleiben würde. Zur Überraschung aller erfüllte die französische Regierung ihre Verpflichtungen sechs Monate vor dem vertraglich vereinbarten Termin. Überdies ging sie, offenbar um die Rückkehr Frankreichs zum Status einer Großmacht zu demonstrieren, daran, die französische Armee neu aufzustellen.

All dies bewirkte eine tiefgreifende Unruhe bei den Deutschen, die sich über die Einstellung der Franzosen keine Illusionen machten. Die deutschen Militärs begannen zu argumentieren, es sei besser, sich jetzt mit Frankreich zu befassen, bevor es zu stark würde. Diese Präventivkriegsmentalität scheint selbst den Generalstabschef Helmuth von Moltke erfaßt zu haben. Und sie beschränkte sich nicht allein auf die Militärs. Ein hoher deutscher Diplomat gab in Gegenwart seines französischen Kollegen zu, daß sein Volk einen Präventivkrieg für gerechtfertigt halten würde, und ein Teil der deutschen Presse vertrat die Meinung, daß ein Krieg unumgänglich sei.

Bismarcks Standpunkt in dieser Situation läßt sich heute noch nicht mit vollständiger Sicherheit ermitteln. Er behauptete immer, einen Präventivkrieg lehne er aus religiösen und politischen Gründen ab. Er wußte, daß sich aus einem Krieg kaum konkrete Vorteile ergeben konnten, während die damit verbundenen Gefahren nahezu überwältigend waren. Dennoch beunruhigte es ihn, daß Frankreich sich so schnell wieder erholte, und die durch die neuen Maßnahmen der preußischen Regierung gegen die katholische Kirche ausgelösten Proteste französischer Kirchenvertreter verärgerten ihn (S. 283). Er scheint die deutsche Presse zu ihren drohenden Tönen ermutigt zu haben, und das läßt den Schluß zu, daß er bestrebt war, die französische Regierung einzuschüchtern, vielleicht in der Hoffnung, sie von ihrer neuen Militärgesetzgebung abzubringen.

Falls dies seine Absicht war, beging er den Fehler, die Befürworter eines Krieges zu sehr zu bestärken. Außer Frankreich waren noch andere Mächte beunruhigt, und die französische Regierung konnte diese Furcht ausnutzen. Als Reaktion auf ihre dringende Bitte intervenierte sowohl die britische als auch die russische Regierung im Jahre 1875 in Berlin, und der Zar stattete der deutschen Hauptstadt einen besonderen Besuch ab, vermutlich um bei seinem Amtsbruder Protest einzulegen.

Für Frankreich war dies ein kleiner Triumph, der bewies, daß es unter bestimmten Umständen auf die Sympathie anderer Mächte rechnen konnte. Für Bismarck bedeutete es einen entschiedenen Rückschlag. Sicherlich erhielten alle Mächte, die die Einnahme Elsaß-Lothringens durch Deutschland

schon vorher als Verletzung des Nationalitätenprinzips und als ein Zeichen
für größere territoriale Ambitionen angesehen hatten, einen weiteren Grund
zum Mißtrauen. Selbst die Freunde Deutschlands zeigten keine Bereitschaft,
es in dieser Angelegenheit zu unterstützen. Im Jahre 1873 hatten Deutschland, Österreich-Ungarn und Rußland ein lockeres Abkommen zur gegenseitigen Konsultation und Unterstützung in Angelegenheiten von internationaler Bedeutung getroffen. Dieser Dreikaiser-Bund erwies sich jetzt in der
Realität als bedeutungslos; denn die Russen hielten es für zweckmäßig,
Frankreich zu unterstützen.

Auseinandersetzungen auf dem Balkan 1875–1877. Während der deutsche Kanzler über diese Dinge reflektierte, setzte eine neue Kette von Komplikationen
auf dem Balkan ein: im August 1875 brach in Bosnien und der Herzegowina,
einem Gebiet nordwestlich von Serbien, ein Aufstand gegen die türkische
Herrschaft aus. Die betroffenen Gebiete waren südslawische, vorwiegend
christliche Provinzen und aus beiden Gründen unzufrieden mit ihrer politischen Lage. Ihr nationales Selbstgefühl war durch serbische Propaganda gestärkt worden; denn die Serben träumten davon, sich dieses umfangreiche
Territorium anzueignen. Weiterhin war es durch Arbeitslosigkeit unter den
Handwerkern beeinflußt worden, deren Ursache anscheinend in türkischen
Handelspraktiken lag. Als die Agitation einmal in Bosnien und der Herzegowina eingesetzt hatte, griff sie rasch auf andere türkische Balkangebiete über,
insbesondere auf Bulgarien, wo sie auf fruchtbaren Boden fiel, der durch die
Kirche, durch Lehrer und Intellektuelle und durch russische Agenten vorbe-
reitet worden war.

Falls es eines Beweises für die Unzulänglichkeit des Europäischen Konzerts in dem Zeitabschnitt nach 1870 bedürfte, ließe er sich leicht in der
langen Kette von Balkankrisen finden. Die Unstimmigkeiten der Mächte
wurden Ende des Jahres 1876 nach der Kriegserklärung Serbiens und Monte-
negros an die Türkei in höchstem Maße deutlich. War die türkische Regierung auch im allgemeinen leistungsunfähig, so befand sich der Sultan doch in
der glücklichen Lage, über tüchtige Militärkommandeure zu verfügen, und
einer von ihnen, Osman Pascha, bereitete den serbischen Streitkräften im
September und Oktober derartig vernichtende Niederlagen, daß sie um den
Schutz der Mächte ersuchten. Unter internationalem Druck willigte die türkische Regierung in eine Konferenz ein, die im Dezember in Konstantinopel
abgehalten wurde und eine allgemeine Regelung entwarf. Die britische Regierung aber – möglicherweise irregeführt durch die Bekanntmachung einer
neuen, angeblich „liberalen" Verfassung durch den neuen Sultan Abd ul
Hamid II. – ermutigte den skrupellosen Herrscher auf Geheimwegen, sich
der Konferenz zu widersetzen, was er im Januar 1877 auch tat.

Damit war die Geduld der Russen erschöpft. Im Juni 1877 überquerten
russische Streitkräfte die Donau und rückten rasch in Richtung Konstanti-

nopel vor mit der begründeten Aussicht, die Stadt innerhalb eines Monats zu erreichen. Doch Mitte Juli rückten türkische Streitkräfte von 12000 Mann unter Osman Pascha an der russischen Flanke in die bulgarische Stadt Plewna ein und begannen rasch, sich zu verschanzen und Redouten für ihre unterwegs befindlichen Verstärkungen zu errichten. Die Russen wagten nicht weiter vorzurücken, ohne diese Gefahr für ihre Verbindungswege zu beseitigen, und richteten ihre Streitkräfte gegen Plewna. Vor Dezember 1877 konnten sie den türkischen Widerstand nicht brechen.

Die sich lange hinziehende türkische Verteidigung in Plewna wandelte die antitürkische Stimmung im Westen in Sympathie, wenn nicht gar Enthusiasmus, während das Mißtrauen gegenüber den Absichten Rußlands wuchs und Vorbereitungen getroffen wurden, um seine Ambitionen zu zügeln. Die Russen nahmen ihren Vorstoß in Richtung der Dardanellen wieder auf, und als der türkische Widerstand zusammenbrach und die russische Regierung Bedingungen stellte, fand sie sich mit der Bereitschaft Großbritanniens und Österreich-Ungarns konfrontiert, sich ihnen zu widersetzen.

Diese Reaktion ist verständlich; denn durch den Frieden von San Stefano vom März 1878, ausgehandelt vom russischen Botschafter in Konstantinopel – einem leidenschaftlichen Panslawisten namens Ignatjew – drohte der russische Einfluß von den Dardanellen bis zum Adriatischen Meer vorherrschend zu werden. Dieser Friedensvertrag verlangte die Abtretung Kars', Ardahans, Bayazids und Batums an der Ostküste des Schwarzen Meeres sowie des als Dobrudscha bekannten Gebietes an Rußland. Was noch entscheidender war: er sah die Gründung eines großen bulgarischen Staates vor, der sich von Makedonien bis Saloniki am Ägäischen Meer erstrecken und zwei Jahre lang von russischen Truppen besetzt bleiben sollte. Die weiteren Bestimmungen über Gebietserweiterungen für Bosnien und Montenegro und die Gründung eines autonomen Staates Bosnien-Herzegowina unter österreichisch-russischer Aufsicht waren kaum dazu angetan, österreichisch-ungarische Befürchtungen zu zerstreuen (die Russen vergaßen zweckmäßigerweise ihr vorheriges Versprechen an Österreich, es beim Erwerb Bosniens zu unterstützen), und Großbritannien betrachtete den gesamten Vertrag als völlig unzulässig. In der Tat hatte die britische Regierung, noch bevor der Vertrag unterzeichnet war, ihre Flotte zu den Dardanellen beordert.

Aus diesen Komplikationen hatte sich Fürst Bismarck berechnenderweise die ganze Zeit herausgehalten. Der deutsche Kanzler wußte jedoch, daß er in eine peinliche Situation geraten würde, wenn tatsächlich ein Krieg ausbräche, vor allen Dingen, wenn Österreich-Ungarn und Rußland auf entgegengesetzten Seiten ständen. Beide würden Deutschlands Unterstützung erwarten, und eine Beistandsverweigerung könnte unselige politische Konsequenzen haben. Abgesehen davon würde jeder größere Krieg in Europa unkalkulierbare Folgen nach sich ziehen. Bismarck schlug daher einen internationalen Kongreß zur Regelung der Krise im Osten vor.

Der Berliner Kongreß. Die Russen nahmen den Vorschlag in erster Linie deshalb an, weil ihre Truppen durch die unerwarteten Härten des türkischen Krieges erschöpft und über eine Bewährungsprobe gegenüber einem möglicherweise von Österreich unterstützten Großbritannien nicht begeistert waren. Der Berliner Kongreß im Juni 1878 brachte keine hervorragenden Ergebnisse. Aber es war – wie auch immer die Regelung ausfallen mochte – wahrscheinlich ohnehin nicht zu vermeiden, daß mehr Menschen enttäuscht als zufriedengestellt würden; denn die Ereignisse der drei vorausgegangenen Jahre hatten bei allen Balkanvölkern unberechtigte Hoffnungen erweckt. Gewiß realisierten sich einige ihrer Sehnsüchte. Rumänien wurde ein unabhängiger souveräner Staat, ebenso Serbien und Montenegro, und Bulgarien erklärte man zum autonomen Fürstentum. Hingegen wurden die Serben, die auf den Erwerb Bosniens und der Herzegowina gehofft hatten, mit der Tatsache konfrontiert, daß diese Provinzen unter österreichische Verwaltung gelangten. Von Rumänien wurde als Gegenleistung für die Dobrudscha die Abtretung der im Jahre 1856 erworbenen bessarabischen Provinzen an Rußland verlangt, obgleich dies bedeutete, daß viele Rumänen nun unter fremder Herrschaft leben mußten. Die Bulgaren sahen sich nach den großen Hoffnungen von 1877 vor die Tatsache gestellt, daß ihr Land viel kleiner werden sollte, als sie erwartet hatten, und daß die Serben mit Gebieten entschädigt wurden, die sie für ihr rechtmäßiges Eigentum hielten. Die Griechen, die einen vollständigen Zusammenbruch des Türkischen Reiches erwartet hatten, der ihnen Epirus und Kreta eingebracht hätte, erhielten keines der beiden Gebiete, und ihre Empörung steigerte sich noch, als sie mitansehen mußten, daß eine wiederhergestellte und in ihrem Bestand garantierte Türkei Zypern an Großbritannien abtrat. Nahezu jede territoriale Entscheidung von Berlin führte zu Enttäuschungen und trug den Keim für künftigen Revisionismus und Krieg auf dem Balkan in sich.

Von den Hoffnungen der russischen Panslawisten war sehr wenig übriggeblieben. Neben der Türkei, die die Hälfte ihrer europäischen Territorien und Bevölkerung verloren hatte, war Rußland wahrscheinlich das am stärksten getroffene Kongreßmitglied. Trotz ihres gewaltigen Aufgebots an Geld und Menschen in den unlängst beendeten Feindseligkeiten hatten die Russen nur wenige Erfolge aufzuweisen, und sie waren geneigt, den Mann dafür verantwortlich zu machen, der sich ihrer Meinung nach geweigert hatte, sich für den ihm in den Jahren 1866 und 1870 erwiesenen Dienst zu revanchieren – Fürst Bismarck.

Bismarcks Bündnissystem. Der deutsche Kanzler war sich über die russische Meinung völlig im klaren, und sie beeindruckte ihn hinreichend, daß er Schritte seinerseits für dringend notwendig hielt. Es war denkbar, daß die russische Empörung zu einem ,,rapprochement" zwischen St. Petersburg und Paris führen könnte. Daher ging Bismarck im Jahre 1879 den berühmten

Zweibund mit dem Habsburger Reich ein. Aufgrund der starken Vorliebe seines Kaisers für Rußland hatte Bismarck gehofft, diesen Vertrag ganz allgemein formulieren zu können, indem er im Falle eines Angriffs durch eine dritte Macht jeweils den Partner zu gegenseitigem Beistand verpflichtete; der österreichisch-ungarische Außenminister, Graf Andrassy, aber vertrat die Ansicht, dies könne als gegen Frankreich gerichtet interpretiert werden, und bestand darauf, daß der neue Vertrag im Falle eines russischen Angriffs gegenseitigen Beistand und im Falle eines Angriffs durch eine andere Macht wohlwollende Neutralität vorsehen solle. Der fertige Vertrag (zu dessen Ratifizierung Bismarck seinen Souverän nur unter Rücktrittsdrohung bewegen konnte) war ein Markstein in der europäischen Geschichte. Waren vorhergehende Verträge normalerweise während oder am Vorabend von Kriegen oder für spezifische Zwecke und auf begrenzte Dauer geschlossen worden, so war dies ein Vertrag für Friedenszeiten und, wie sich herausstellte, ein dauerhafter, denn er blieb bis 1918 gültig. Überdies war es der erste Geheimvertrag, dessen Inhalt nie vollständig bekannt wurde und der andere Mächte anspornte, ähnliche Verträge zur Selbstverteidigung auszuhandeln, bis ganz Europa in Bund und Gegenbund aufgeteilt war.

Bismarck hatte mit diesem Vertrag Sicherheit gesucht und sah alle seine Erwartungen erfüllt. Der Zweibund trieb die Russen keineswegs nach Paris, sondern brachte sie zurück nach Berlin. Zweifellos aus der Überlegung heraus, daß sich die österreichisch-deutsche Zusammenarbeit auf dem Balkan gegen Rußland richten könnte, ersuchten die Russen im Jahre 1880 um ein Abkommen, das einer Erneuerung des Dreikaiser-Bundes gleichkam. Im Juni 1881 wurde ein Bündnis unterzeichnet, das die drei Partner im Falle eines Krieges zwischen einem aus ihren Reihen und einer vierten europäischen Macht zur Neutralität verpflichtete und in Balkanangelegenheiten gegenseitige Konsultationen vorsah.

Das Bündnis von 1881 bewirkte die Isolierung Frankreichs. Die Möglichkeit, daß es sich entweder mit Italien oder Großbritannien verbündete, war natürlich immer gegeben; aber dies war unwahrscheinlich. Aus der Befürchtung heraus, daß Frankreich nach der Einnahme von Tunis im Jahre 1881 versuchen könnte, die Kontrolle über ganz Nordafrika zu bekommen, bemühten sich die Italiener um eine Garantie, nicht aus einem Gebiet ausgeschlossen zu werden, in dem ihre wirtschaftlichen Interessen wuchsen. Sie konsultierten Bismarck im Hinblick auf die Möglichkeit eines Bündnisses, erhielten aber die Antwort, sie müßten zunächst mit den Österreichern verhandeln. Im Mai 1882 schlossen sie sich Deutschland und Österreich im Dreibund an, der ihnen zwar im Falle eines französischen Angriffs auf Italien Beistand gewährleistete, sie aber im Falle eines französischen Angriffs auf Deutschland oder eines Angriffs von zwei oder mehr Mächten auf Deutschland oder Österreich zum Krieg verpflichtete.

Der Nutzen, den Italien aus diesem Vertrag zog, war illusorisch, und die

Empörung der Franzosen über die Verbindung Italiens mit ihrem Feind nahm schließlich die Form eines Zollkrieges an, der Italien an den Rand des Ruins brachte, (s. S. 258). Für Bismarck hatte der Dreibund den Vorteil, daß er einen weiteren potentiellen Bündnispartner für Frankreich ausschaltete. Dank seiner Entscheidung für Österreich im Jahre 1879, seiner anschließenden Verhandlungen und der Befürchtungen anderer Mächte hatte er die Position Deutschlands bis 1882 unermeßlich zu stärken vermocht. Das System aber, das er ausgeklügelt hatte, war kompliziert, und in seinen Verwicklungen lag der Keim künftiger Auseinandersetzungen.

Die Krise in Bulgarien. Mitte der 80er Jahre war Bismarcks Sicherheitssystem durch neue Balkankomplikationen, diesmal im bulgarischen Staat, äußersten Belastungen ausgesetzt. Rußland, das für die Freiheit Bulgariens gekämpft hatte und dem unerfahrenen Staat bei der Organisation seiner politischen und militärischen Institutionen geholfen hatte, erwartete von Bulgarien, daß es seinem Rat folgen würde. Die Mehrheit der lesekundigen Bulgaren war jedoch von Nationalstolz erfüllt und hatte kein Verlangen, gegenüber irgend jemandem besonders fügsam zu sein. Diese Betrachtungsweise erhielt durch die Politik Fürst Alexander von Battenbergs, eines Neffen des Zaren, der 1879 mit russischer Zustimmung auf den bulgarischen Thron gewählt worden war, ein besonderes Gewicht. Zunächst verärgerte Alexander die Russen durch Auseinandersetzungen mit russischen Beamten, die in seiner Verwaltung hohe Ämter bekleideten. Dann erzürnte er sie durch die Bevorzugung österreichischer Interessengruppen, die in Bulgarien eine Verbindungsstrecke für die von Österreich bis Adrianopel und Konstantinopel geplante Orientbahn bauen wollten. Den Russen, die bereits durch politische und kommerzielle Verträge Österreichs mit Serbien (1881) und Rumänien (1883) beunruhigt waren, schien es wichtig, den Bau der bulgarischen Teilstrecke dieser Eisenbahnlinie zu verhindern. Alexanders Weigerung, sich ihren Plänen zu fügen, konnte nicht geduldet werden.

Gleichwohl machten seine offenen Zusammenstöße mit den Russen den Fürsten bei den Bulgaren, die die Überlegenheit der russischen Beamten hassen gelernt hatten, beliebt; und dies machte ihm einen Kurswechsel unmöglich. Sein Selbstbewußtsein wurde im Jahre 1885 durch zwei Ereignisse gestärkt: durch seine erfolgreiche Annexion der türkischen Provinz Ostrumelien und eine glänzende militärische Kampagne gegen die Serben, die – schlecht beraten – durch militärische Mittel Entschädigung für die Annexion Rumeliens suchten und innerhalb von vier Wochen vernichtend geschlagen wurden.

Die Russen, die befürchteten, die Kontrolle über den bulgarischen Staat insgesamt zu verlieren, stifteten innerhalb der bulgarischen Armee eine Verschwörung an, der es im August 1886 gelang, Alexander abzusetzen und aus dem Land zu vertreiben. Diese offen herbeigeführte Krise und die Versuche der russischen Regierung in den folgenden Monaten, den bulgarischen Staat zu einem Satellitenstaat zu degradieren, alarmierten die anderen Großmächte. Die bulgarische Versammlung stellte sich dieser russischen Taktik entschlossen entgegen und wählte schließlich (im Juli 1887) einen neuen Fürsten, der eine noch betontere proösterreichische Haltung einnahm als sein Vorgänger.

Den neubegründeten Dreikaiser-Bund brachten diese Ereignisse an den Rand des Zusammenbruchs; denn die Russen schienen schon 1886 entschlossen, Bulgarien mit Gewalt zu unterwerfen, und die Österreicher hatten begonnen, militärische Vorbereitungen zu treffen, um russischen Vorstößen zu begegnen. Bismarck wußte, daß er bei einem militärischen Zusammenstoß Österreich-Ungarn unterstützen mußte. Er wagte jedoch nicht, dies den Russen gegenüber deutlich zu machen, weil er befürchtete, eine derartige Warnung könne, selbst wenn sie einen Balkankrieg verhinderte, die Russen in die Arme Frankreichs treiben.

Eine solche Allianz war für den deutschen Kanzler zu diesem Zeitpunkt besonders besorgniserregend. Im Herbst 1886 hatte es den Anschein, als sollte die Dritte Republik durch eine Diktatur des Kriegsministers General Boulanger (s. S. 270–271) ersetzt werden, der drohende Reden gehalten hatte über die Notwendigkeit, die verlorenen Provinzen zurückzugewinnen. Ein Bündnis zwischen einem boulangistischen Frankreich und einem panslawistischen Rußland konnte Deutschland in naher Zukunft mit einem Zweifrontenkrieg konfrontieren – so fürchtete jedenfalls Bismarck. Er hielt es daher für notwendig, die Ambitionen des Zaren in Bulgarien zu unterstützen. Da aber deren Befriedigung Österreich zum Krieg zwingen könnte, mußte er dafür sorgen, daß sie nicht realisiert wurden. Dies war eine Aufgabe, die Geschick und List erforderte – Eigenschaften, die der Kanzler in reichem Maße besaß. Um der von Frankreich drohenden Gefahr zu begegnen, verlangte er eine Verstärkung des stehenden deutschen Heeres. Als der Reichstag die Zustimmung verweigerte, löste er jene Versammlung auf und führte eine demagogische Wahlkampagne, die ihm die notwendige Mehrheit für die Bewilligung der neuen Mittel verschaffte. Damit erschien Deutschlands Militärmacht und seine Bereitschaft, sie einzusetzen, übergroß, und dies wirkte spürbar ernüchternd auf Paris. Die gleiche Wirkung erzielte im Februar 1887 die Nachricht, daß Deutschland den Dreibund mit Österreich und Italien erneuert hatte.

Dämpften diese Ereignisse auch die französische Begeisterung für antideutsche Maßnahmen, so hielten sie doch den russischen Vorstoß gegen Bulgarien nicht auf. Ein Eingeständnis Italiens aber während der Bündnisgespräche, daß es ein Interesse am Balkan habe, gab Bismarck die Gelegenheit, den Italienern gegenüber die Bereitschaft Londons und Wiens anzudeuten, ihren Standpunkt bezüglich des Balkans zu unterstützen. Aus dieser Andeutung entwickelte sich im März 1887 das Mittelmeerabkommen zwischen

Italien, Österreich-Ungarn und Großbritannien, das im Falle von Uneinigkeiten mit einer vierten Macht gegenseitige Unterstützung vorsah. Das Abkommen richtete sich ebensosehr gegen Frankreich wie gegen Rußland. Der konservative Premierminister Großbritanniens, Lord Salisbury, hoffte, daß eine Zusammenarbeit mit dem Dreibund im Falle einer Bedrohung von französischer oder französisch-russischer Seite in Ägypten die Unterstützung der britischen Position gewährleisten würde. Er lehnte aber auch ein Anwachsen des russischen Einflusses auf dem Balkan ab.

Diesen komplizierten Manövern folgten weitere, noch kompliziertere. Um sicherzustellen, daß der Zar sich nicht an Frankreich wandte, handelte Bismarck ein neues Bündnis mit Rußland aus. Der Rückversicherungsvertrag von Juni 1887 verpflichtete jeden Partner dann, wenn der andere in eine Kriegssituation verwickelt würde, zu wohlwollender Neutralität, sofern der Konflikt nicht durch einen russischen Angriff auf Österreich oder einen deutschen Angriff auf Frankreich herbeigeführt worden war. Vom streng rechtlichen Standpunkt aus betrachtet, war er mit dem Bündnis zwischen Deutschland und Österreich von 1879 nicht unvereinbar. Vom moralischen Standpunkt her gesehen, läßt er sich nicht so leicht rechtfertigen. In seinen Geheimklauseln versprach Deutschland, die russischen Interessen bezüglich Bulgarien und der Dardanellen zu unterstützen; aber noch vor Jahresende ermutigte Bismarck die Mittelmeermächte zu einem Ergänzungsabkommen. In diesem im Dezember unterzeichneten Abkommen erklärten sich die britische, die österreichische und die italienische Regierung zu Verteidigern des Friedens und des Status quo im Nahen Osten. Angesichts dieser Tatsache mußte die russische Regierung ihre Absichten, sich die Herrschaft über Bulgarien zu sichern, aufgeben. Dies tat sie nicht ohne bittere Reflexionen über einen Bündnispartner, der mit der linken Hand wieder nahm, was er mit der rechten gegeben hatte.

Nun senkte sich ein relativer Friede über den Balkan, und im Augenblick drohten keine neuen Auseinandersetzungen. Bismarck konnte Genugtuung darüber empfinden, daß seine Bündnisse immer noch intakt waren.

Der wirtschaftliche und militärische Einfluß auf die Diplomatie. An dieser Stelle können zwei interessante Aspekte des komplizierten bulgarischen Problems kurz angeschnitten werden. Der erste ist die Bedeutung wirtschaftlicher Faktoren nicht nur für die Auslösung, sondern auch für die Beilegung der Krise. Dies war nur die erste von einer Reihe von Komplikationen auf dem Balkan und im Mittleren Osten, in denen der Eisenbahnbau eine wichtige Rolle spielte. Und unter den Waffen, die Bismarck auf dem Höhepunkt der Bulgarienkrise einsetzte, war die finanzielle Manipulation nicht die unbedeutendste. Das in diesem Zusammenhang dramatischste Ereignis trat im November 1887 ein, als die deutsche Regierung der Reichsbank verbot, russische Schuldverschreibungen als Sicherheit für Darlehen anzunehmen. Dieser

Schritt wurde von Investoren als Zeichen für einen Vertrauensmangel gegenüber russischen Krediten angesehen, und die daraus erfolgenden Verkäufe russischer Wertpapiere führten zu einem jähen Kursverfall. Der Schaden für die russischen Finanzgeschäfte war erheblich. Diese Maßnahme der deutschen Regierung war teilweise eine Vergeltung für bestimmte diskriminierende Praktiken der Russen; es herrscht aber kaum ein Zweifel darüber, daß Bismarcks primäres Motiv die Schaffung eines zusätzlichen Hindernisses für eine effektive russische Militärmaßnahme auf dem Balkan war. Sein Schachzug führte die russische Regierung in den folgenden Jahren dazu, sich dem französischen Finanzmarkt zuzuwenden, und ebnete somit den Weg für die politische Annäherung zwischen Frankreich und Rußland, die er fürchtete.

Die bulgarische Krise zeigte auch den deutlich wachsenden Einfluß des Militärs auf die Diplomatie. Als die Krise ihren gefährlichsten Stand erreichte, erfuhr Bismarck, daß der deutsche Militärattaché in Wien, anscheinend mit Rückendeckung des Generalstabs in Berlin, Kaiser Franz Joseph und die österreichischen Befehlshaber in der Annahme bestärkte, Deutschland werde einen österreichischen Krieg gegen Rußland unterstützen. Der Kanzler gebot der Einmischung des Militärs in dieser Angelegenheit rasch Einhalt, in Zukunft aber sollte es viele Fälle dieser Art geben.

Zwölftes Kapitel

Die Entwicklung des Kapitalismus und die Verbreitung des Sozialismus 1871–1914

Wirtschaftliche Entwicklungen

Die fortschreitende Industrialisierung. Wenn es einer Gesellschaft gelingt, von ihrer traditionellen statischen Agrarwirtschaft abzugehen, und sie sich einer industriellen Zukunft verschreibt, so vollzieht sich das Wirtschaftswachstum weitgehend automatisch. Um aber zum Erfolg zu führen, benötigt dieser Start, mit den Worten W. W. Rostows, „eine lückenlose Kette von Vorbedingungen, die an den Kern der Wirtschaftsorganisation und der geltenden Werteskala einer Gesellschaft rühren". Engstirnigkeit und Regionalismus müssen einer nationalen und internationalen Denkweise weichen. Es muß eine neue Elite entstehen, die an einen Produktionswandel glaubt und Methoden zu dessen Herbeiführung darlegt. Einkommen müssen in Dinge investiert werden, die ein fortwährendes Wirtschaftswachstum ermöglichen – Straßen, Eisenbahnen, Schulen, Fabriken und andere Formen von Sozialkapital; und die Investitionsrate muß so hoch sein, daß der Ertragszuwachs über das Bevölkerungswachstum hinausgeht.

In der Geschichte Europas war die diesem Start vorausgehende Umorientierung und die Zeitspanne, um das für den Übergang zum modernen Industriestaat erforderliche Kapital anzusammeln, von Land zu Land unterschiedlich. Zu Beginn des 19. Jahrhunderts führte Großbritannien, und mit geringem Abstand folgte Belgien, wo Investitionskapital und technische Fertigkeiten durch englische Darlehen und englischen Beistand ergänzt wurden. Diesen Bahnbrechern folgten zwischen 1830 und 1870 Frankreich, dessen Start unter der Leitung von Louis Philippe stattfand, und Deutschland, wo der Nationalismus des aufstrebenden Mittelstands die Vorbedingungen für den Wandel schuf.

Die anderen europäischen Nationen vollzogen ihren Eintritt ins industrielle Zeitalter im Zeitabschnitt von 1871 bis 1914. Die Öffnung des britischen und französischen Marktes für schwedisches Bauholz nach den Zollsenkungen der 60er Jahre des 19. Jahrhunderts regte die Modernisierung der Holzindustrie und den Bau von Eisenbahnlinien an, und diese Entwicklungen bahnten in den frühen 70er Jahren den Weg für den Start Schwedens. Dänemark und die Niederlande befanden sich weiter im Rückstand. In Süd-

und Osteuropa vollzog sich der Fortschritt noch langsamer. Die italienische Industrie erhielt durch die staatliche Einigung einen deutlichen Auftrieb, ihr anfänglicher Fortschritt verlangsamte sich aber gegen Ende der 80er Jahre durch einen ruinösen Zollkrieg mit Frankreich und durch das Festhalten an einem traditionellen Agrarsystem.

Das Österreichisch-ungarische Kaiserreich bot ein uneinheitliches Bild. Österreich und Böhmen hatten sich schon vor 1870 zu Industriezentren entwickelt, die ungarische Gesellschaft aber blieb der bäuerlichen Tradition verhaftet. Noch im Jahre 1914 mangelte es dem Kaiserreich an Sozialkapital und einer starken, der Modernisierung verpflichteten Bevölkerungsschicht.

In Rußland war die Abschaffung der Leibeigenschaft der erste definitive Schritt fort vom traditionellen System; es dauerte aber eine weitere Generation, bis ein Mittelstand emporkam, der stark und energisch genug war, um auf die Politik einzuwirken. In den letzten Jahren vor dem Krieg entwickelte sich ein derartig ausgereiftes Industriesystem, daß es als Grundlage für die späteren Fünfjahrespläne der Sowjets dienen konnte.

Der dynamische Kapitalismus. In den Jahren nach dem Start tendierte das Wirtschaftswachstum zu Schwankungen, und in einigen Fällen wurden die ursprünglichen Erwartungen enttäuscht. Ausgeprägte Fluktuationen und periodische Krisen waren Begleiterscheinungen, die zum Teil auf den übermäßigen Enthusiasmus von Investoren oder den Mangel an Erfahrung seitens der Firmenleitungen zurückgeführt werden können. Umsichtiges Verhalten der Unternehmen oder staatliche Regelung hätten dem jähen Kursverfall der englischen Eisenbahnaktien in den 60er Jahren und dem Zusammenbruch des deutschen Baubooms im Jahre 1873 wahrscheinlich in gewissem Maße entgegenwirken können. Es wäre ihnen aber kaum möglich gewesen, sie vollständig aufzuhalten.

Die Geschichte des Zeitabschnitts nach 1871 birgt eine Fülle von Beispielen für unregelmäßige Entwicklung. Der Wandel der schwedischen Industrie basierte auf der Holzausfuhr und dem Eisenbahnbau. Die Depression der 90er Jahre, die die Exportmärkte des Landes zunichte machte, setzte diesem Abschnitt der Produktionstätigkeit ein Ende. Schweden verließ sich nicht mehr allein auf die Bauholzausfuhr, sondern nahm eine vielfältige Produktion auf. Es konzentrierte sich stärker auf Holzstoffe. Die Tätigkeit im Bergbau führte zur Produktion von Roheisen und Fertigstahl und zur Entstehung einer modernen Maschinenindustrie. Gleichzeitig ermöglichte die Entwicklung der Hydroelektrizität den Aufbau einer Elektromaschinenindustrie, die später die Grundindustrien Schwedens revolutionierte.

Mit dem Auf und Ab der industriellen Konjunktur waren unweigerlich soziale Härten verbunden. Die beständig akzelerierende Expansion der industriellen Produktion aber führte auch zu einem höheren Lebensstandard der Massen und brachte materielle Annehmlichkeiten in ihre Reichweite.

Staat und Kapitalismus: Subventionen und Zölle. Während sich der Kapitalismus immer weiter ausbreitete, begann er sich zu verändern. Der krasse Individualismus und der ungetrübte Wettbewerbsgeist der frühen Unternehmer verschwand. Ihre Nachfolger vertrauten zunehmend auf staatliche Hilfen und auf Formen des Zusammenschlusses, die die Härten und Unannehmlichkeiten des Wettbewerbs mildern sollten.

Wie wir gesehen haben, hängt wirtschaftliches Wachstum in erster Linie von der Begründung eines leistungsfähigen Transportsystems und anderer Formen von Sozialkapital ab. Während dieser Phase spielte der Staat im allgemeinen eine höchst wichtige Rolle, da es schwierig war, Investoren für Projekte zu finden, die keinen sofortigen Ertrag versprachen. In der Tat gab es, auch nachdem die erforderlichen Sozialinvestitionen (Straßen, Kanäle, Eisenbahnen) vorgenommen worden waren, noch andere Formen staatlicher Hilfe für die Geschäftswelt, die auch bald erwartet wurden. Der Staat konnte durch eine fortschreitende Liberalisierung der Firmengesetze Investitionen erleichtern. Er konnte auch neue Investitions- und Absatzchancen eröffnen, indem er die Kosten und Risiken des Erwerbs überseeischer Kolonien trug. Schließlich konnte er in Kriegszeiten die als kriegswichtig erachteten Industrien gegen die normalen Marktrisiken abschirmen.

Eine der gebräuchlichsten Formen staatlicher Hilfe für Privatunternehmen war der Schutzzoll. Nach einem Zeitabschnitt des faktischen Freihandels, der durch die Abschaffung der britischen Getreideschutzzollgesetze im Jahre 1846 (s. S. 97–98) eingeleitet und durch den Cobden-Chevalier-Vertrag von 1860 bestätigt worden war (s. S. 146), kehrten die meisten europäischen Länder gegen Ende der 70er Jahre zum Protektionismus zurück. Dafür gab es eine Reihe von Gründen.

Zum einen waren die Industriellen in den Ländern, die den Startpunkt nach 1871 erreichten, aller Wahrscheinlichkeit nach empfindlich gegenüber der Konkurrenz aus den weiter fortgeschrittenen Staaten. Die deutschen Produzenten beharrten zum Beispiel auf dem Standpunkt, daß sie ohne Schutz gegen den Druck billiger englischer Importe nicht überleben könnten. Die Unterbietung der kontinentalen Märkte durch englische Waren zu unglaublich niedrigen Preisen in den ersten Jahren der 1873 einsetzenden Depression gab Anlaß zu diesen Forderungen.

Zum zweiten befürworteten die Bauern den Schutzzoll wegen der Gefahren, die ihnen durch billiges ausländisches Getreide drohten. Die gewaltige Ausdehnung des Schienennetzes in den Vereinigten Staaten nach 1860, die gleichzeitige Senkung der Frachtkosten und die Verbesserung der landwirtschaftlichen Maschinen lösten in der amerikanischen Getreideproduktion gerade zu dem Zeitpunkt einen Boom aus, als die Einführung neuer Schiffsmotoren und die Senkung der Schifftransportkosten eine billige und schnelle Lieferung dieses Getreides nach Europa ermöglichten. Zur gleichen Zeit gerieten die Bauern in Mitteleuropa in Bedrängnis, weil auf dem Schienenweg befördertes Getreide aus Rumänien und Rußland ihre Preise drückte. Es ist nicht verwunderlich, daß bald landwirtschaftliche Interessengruppen entstanden und sich mit anderen, staatliche Schutzmaßnahmen suchenden Gruppen zusammentaten. Die Verbindung von Agrarinteressen und Schwerindustrie entwickelte sich in der europäischen Politik zu einem allgemeinen Phänomen.

Diese Koalition fand zusätzlich Unterstützung bei Gruppen, deren Interessen nicht in erster Linie wirtschaftlicher Natur waren. Nach 1871 deuteten (oder mißdeuteten) viele Leser der Werke Charles Darwins diese dahingehend, daß innerhalb der menschlichen Spezies Krieg unvermeidlich und das Vertrauen auf den Freihandel gefährlich sei, da er die Abhängigkeit von Importen fördere, die in Kriegszeiten gesperrt werden könnten. Selbst um den Preis wirtschaftlicher Nachteile erschien ihnen die Autarkie als wünschenswertes Ziel.

Vielleicht bedeutete die Verabschiedung der Zollgesetze in Deutschland im Jahre 1879 den entscheidenden Durchbruch zum Protektionismus, wenngleich sich die neue Richtung schon durch die Erhöhung der Zolltarife in Rußland, Spanien und Italien in den drei vorhergehenden Jahren abgezeichnet hatte. Die Zollgesetze von 1879, durch die Getreide, Textilwaren, Bauholz, Fleisch und Eisen mit Sonderabgaben belegt wurden, fanden in Frankreich, Österreich, Schweden und der Schweiz Nachahmung und ermutigten Rußland, Italien und andere Länder, bereits bestehende Schutzzollsysteme weiter auszubauen. Bei der Verabschiedung der französischen Zollgesetze von 1892, durch die die landwirtschaftlichen Zölle um ca. 25 Prozent erhöht und zugleich bestimmte einheimische Industriezweige wie die Seidenproduktion geschützt wurden, führte Jules Méline, der die Gesetzesvorlage in der Deputiertenkammer durchbrachte, die positiven Zollerfahrungen Deutschlands und Österreichs im vorhergehenden Jahrzehnt als Argument dafür an, daß Frankreich ihrem Beispiel folgen sollte. Um die Mitte der 90er Jahre konnten nur noch Großbritannien, Belgien und Holland als Freihandelsländer angesehen werden. Dabei ist zu beachten, daß der Handel in diesen drei Ländern von größerer Bedeutung war als die Landwirtschaft und daß die Industrie dort so weit fortgeschritten war, daß ein Schutzzoll schwerlich zu rechtfertigen gewesen wäre.

Der Protektionismus versetzte der alten liberalen Vorstellung vom internationalen Frieden einen schweren Schlag; denn nachdem die kommerziellen Beziehungen einmal von staatlicher anstatt von privater Seite geregelt wurden, nahmen die potentiellen Reibungsflächen immer stärker zu. Abgesehen davon bewirkte die Rückkehr zum Protektionismus engere Beziehungen zwischen Privatunternehmen und Regierung. In demselben Maße, wie der Zoll als unerläßliche Hilfe für Landwirtschaft und Industrie angesehen wurde, war das Prinzip des freien Unternehmertums durchbrochen worden.

Der Trend zum Zusammenschluß: Trusts und Kartelle. Im Laufe der Jahre machte das private Unternehmertum einen weiteren Wandel durch. Die Industrie- und Bankunternehmen, die den erbarmungslosen Konkurrenz-kampf der frühen Stadien des Kapitalismus überlebt hatten, schienen ihre Begeisterung für den Wettbewerb irgendwo unterwegs verloren zu haben. Als die Unternehmen größer wurden, tendierten sie zur Zusammenarbeit mit anderen großen Firmen auf ihrem Sektor, um doppelte Anstrengungen zu vermeiden, Produktionskosten zu senken, Märkte aufzuteilen oder Preise gegen Fluktuationen zu schützen, die ein ungezügelter Wettbewerb herbei-führen konnte.

Es waren verschiedene Formen des Zusammenschlusses üblich. In Eng-land und den Vereinigten Staaten wurden Fusionen bevorzugt, bei denen eine Firma Konkurrenten aufkaufte oder durch Aktienmanipulation verein-nahmte, weiterhin Trusts oder Konzerne, bei denen sich Fabriken, die in der Herstellung gleichartiger Produkte oder in aufeinanderfolgenden Produk-tionsstufen tätig waren, unter einer gemeinsamen Leitung zusammenschlos-sen und ihre Verwaltungs- und Verkaufskräfte zusammenfaßten. Diese er-möglichten einen Grad an kommerziellem und technischem Fortschritt, der bei einem Nebeneinander einer Reihe von konkurrierenden Firmen kaum zu erzielen gewesen wäre, und verschaffte dem auf diese Weise entstandenen Konzern häufig Monopolbedingungen.

Die deutsche Form des Zusammenschlusses, das Kartell, war ein formlo-ses Übereinkommen zwischen allen Unternehmen eines bestimmten Pro-duktionszweiges der Industrie über ihre Produktion, Ankäufe von Rohmate-rialien, Ausbeutungsgebiete, Verkaufsmethoden und Preise. Vor dem Ersten Weltkrieg gab es Absatz-, Produktions- und Preisabsprachen zwischen deut-schen Kartellen und ausländischen Trusts. Deutsche Stahlschienenhersteller unterhielten beispielsweise Kartellabsprachen mit denen in Großbritannien, Frankreich, Belgien und den Vereinigten Staaten, durch die sie den Welt-markt effektiv beherrschten.

In diesem Zusammenhang war der Trend der Banken zum Zusam-menschluß von besonderem Interesse. England erlebte in den letzten Jahren des Jahrhunderts einen stetigen Rückgang der Gesamtzahl der Banken. Im Jahre 1824 hatte es in England 600 Banken gegeben. Um 1914 waren es nur noch 55, und dieser Schrumpfungsprozeß sollte sich bis in die Nachkriegszeit hinein fortsetzen, so daß es im Jahre 1937 nur noch elf Banken gab und fünf Sechstel der Bankgeschäfte des Landes durch die „Big Five" („Großen Fünf") getätigt wurden: die Midland Bank, die Westminster Bank, Barclay's, Lloyd's und die National Provincial. In Deutschland gerieten die Finanzge-schäfte des Landes in den Jahren nach 1871 zunehmend unter die Kontrolle der vier D-Banken – die Stuttgarter Disconto Gesellschaft (gegründet im Jahre 1851), die Deutsche Bank (1870), die Darmstädter Bank (1870) und die Dresdner Bank (1872).

Für die Expansion der europäischen Wirtschaft spielten diese monopolistischen Praktiken eine positive Rolle. Unternehmenszusammenschlüsse waren aber unpopulär, weil sie in der Erinnerung mit historischen Fällen von Ausbeutung in Verbindung gebracht wurden, weil sich der Fusionsprozeß im einzelnen häufig tragisch auswirkte und weil der Mißbrauch der durch Zusammenschluß erlangten Macht oft zur Schädigung der Verbraucher führte. Daher wurden sie zur vorrangigen Zielscheibe für sozialistische Kritiker des kapitalistischen Systems.

Die Arbeiterbewegung: Gewerkschaften

Eine der Nebenwirkungen der Unternehmenszusammenschlüsse auf breiter Ebene war die unbeabsichtigte Förderung des Zusammenschlusses auf seiten der Arbeiter. In den ersten Jahrzehnten des Jahrhunderts hatten sich die europäischen Geschäftsleute und Regierungen dieser Entwicklung erfolgreich widersetzt, indem sie darauf hinwiesen, arbeitende Menschen sollten sich lieber auf Individualität und Selbsthilfe verlassen anstatt auf kollektive Maßnahmen. Nach 1871 aber waren ehrliche Geschäftsleute gezwungen, Andrew Carnegie (1835–1919) beizupflichten, der schrieb: „Das Recht der arbeitenden Menschen, sich zusammenzuschließen, ist nicht weniger heilig als das Recht des Fabrikanten, Vereinigungen und Absprachen mit seinen Kollegen einzugehen, und es muß ihnen früher oder später zugestanden werden."

Diese auch von den Nationalparlamenten vollzogene Meinungsänderung gab den Gewerkschaften einen neuen rechtlichen Status. Derartige Vereinigungen existierten seit den ersten Jahrzehnten des Jahrhunderts in England, Belgien, Frankreich und anderen kontinentalen Ländern und waren immer lähmenden Beschränkungen unterworfen gewesen, die den Streik für illegal erklärten und jegliche Maßnahme, die Vertragsbruch zu ermutigen schien, verboten. Folglich waren die meisten Gewerkschaften dem Wesen nach Wohlfahrts- und Schutzvereinigungen mit geringen Mitgliederzahlen gewesen und hatten nur die besser ausgebildeten, besser bezahlten Arbeiter der Fachgewerbe vertreten. Ihre Funktion bestand in erster Linie darin, für Arbeitslosen-, Unfallversicherungen und Sterbekassen zu sorgen. Mit ihren finanziellen Mitteln gingen sie vorsichtig um und waren deshalb nicht sehr aggressiv; von der Streikwaffe machte sie selten Gebrauch.

In den späten 80er und in den 90er Jahren setzte jedoch ein bedeutendes Wachstum und ein entscheidender Wandel innerhalb der Gewerkschaften ein. Der Mitgliederzulauf kam aus den Reihen der ungelernten Arbeiter und wurde durch Arbeiterführer vorangetrieben, die militanter waren als ihre Vorgänger. Einen dramatischen Beweis für den Wandel lieferten eine Reihe von Streiks: im belgischen Charleroi, wo im Jahre 1886 erbitterte Kämpfe zwischen Glas- und Bergarbeitern und der Polizei stattfanden; in London im Jahre 1889, wo Dockarbeiter durch eine beeindruckende Demonstration von Disziplin und Geduld eine Lohnerhöhung durchsetzten; in Hamburg im Jahre 1896, wo Hafenarbeiter den gleichen Erfolg zu erreichen versuchten wie die Engländer und wo Arbeitgeberverbände sich ihnen beharrlich widersetzten.

Häufig standen die neuen Gewerkschaften unter dem maßgeblichen Einfluß des marxistischen Sozialismus und hatten Kontakte zu marxistischen Parteien. In Deutschland änderte sich beispielsweise das Schicksal der Unabhängigen Gewerkschaften gleichzeitig mit dem der Sozialdemokratischen Partei, so daß sie während der Jahre des Bismarckschen Sozialistengesetzes (s. S. 286) nahezu völlig verschwanden und nach dessen Aufhebung im Jahre 1890 wieder auflebten. In England waren die Gewerkschaften eng mit der neuen Labour-Partei verbunden, deren Philosophie zwar nicht marxistisch, aber doch sozialistisch war (s. S. 240–242). Frankreich stellte in gewisser Weise einen Sonderfall dar; die dortige Gewerkschaftsbewegung stand unter dem starken Einfluß der Lehren des Syndikalismus (s. S. 233–234).

Obwohl die Gewerkschaftsbewegung Philosophien nahestand, die zur Zerstörung der bestehenden Ordnung aufriefen, war ihre Haltung gegenüber der Revolutionsidee immer unbestimmt. Als die Gewerkschaften stärker wurden, bekannten sie sich häufig noch zu ihr, sammelten aber auch Kapital und Eigentum an, was zu einer gewissen Bindung an das kapitalistische System führte. Überdies hielten sie an ihren Grundzielen fest: das Los der Arbeiterschicht zu verbessern und deren Lebensstandard zu erhöhen. Wenn sich eine Gelegenheit dazu ergab, waren sie geneigt, sie zu ergreifen, ohne abzuwägen, ob die Revolution dadurch vorangetrieben oder verzögert würde. Somit entwickelten sich die Gewerkschaften im allgemeinen zu einer gemäßigten Kraft innerhalb der sozialistischen Bewegung.

Es wird häufig angeführt, die organisierte Arbeiterschaft habe zu dieser Zeit nur einen Bruchteil aller Arbeitskräfte Europas dargestellt, und das entspricht zweifellos den Tatsachen. Im Jahre 1900 umfaßte die gesamte Mitgliederzahl der Gewerkschaften in Großbritannien zwei Millionen, in Deutschland 850000, in Frankreich 250000; und in den anderen Ländern lagen die Zahlen noch viel niedriger. Dennoch machten sich die Erfolge der Gewerkschaften im Hinblick auf die Verbesserung der Löhne und Arbeitsbedingungen über die Organisationen hinaus bemerkbar, und ihr Wirken im allgemeinen trug dazu bei, daß der Masse der Arbeitskräfte, wie langsam auch immer, eine gewisse Vorstellung über ihre sozialen Rechte vermittelt wurde.

26. Das Borsigwerk am Oranienburger Tor nach Aufstellung der Strackchen Lauben-
hallen
27. Die Eröffnung der Münchner-Augsburger Eisenbahn am 1. 9. 1839

28. Michael Bakunin (1814–1876), russischer Anarchist und Revolutionär

29. Arbeiter fordern von ihren Fabrikanten ausreichenden Lohn und erträgliche Arbeitsbedingungen

Eine Philosophie für die Arbeiter: Karl Marx

Sein Leben und Einfluß. Die zweite bemerkenswerte Form des Arbeiterzusammenschlusses in diesem Zeitabschnitt war die politische Arbeiterpartei. Die bedeutendsten Zusammenschlüsse dieser Art waren durch die Schriften von Karl Marx angeregt worden. Karl Marx wurde im Jahre 1818 in Trier im Rheinland geboren. Seine Eltern stammten aus Rabbinerfamilien – eine Tatsache, die nicht ohne Einfluß auf Marx' Geschichtsverständnis blieb, das durch und durch apokalyptisch war. Er besuchte die örtlichen Schulen und studierte dann an den Universitäten Bonn und Berlin, wo sich unter dem Einfluß des Philosophen Hegel sein Interesse von den Rechtswissenschaften auf die Philosophie verlagerte. Im Jahre 1841 bestand er das Examen und hätte möglicherweise eine akademische Laufbahn eingeschlagen, wenn sich die Gelegenheit ergeben hätte. Da dies nicht der Fall war, schrieb er philosophische Artikel für die „Rheinische Zeitung" und wurde im Jahre 1843 deren Herausgeber.

Die unruhigen Zeitläufte machten es einem derartig energischen Geist unmöglich, sich allein auf die philosophische Theorie zu beschränken. Noch vor Jahresende wurde die „Rheinische Zeitung" von der Regierung verboten, weil sie sich zu offen über soziale Fragen äußerte; und Marx ging nach Paris, wo er Friedrich Engels (1820–1895), dem Sohn eines rheinischen Industriellen, begegnete. Zwischen den beiden Männern entwickelte sich eine enge Zusammenarbeit. Marx fand in Engels nicht nur einen Freund fürs Leben, der ihm in seinen nicht seltenen Notlagen aushalf, sondern auch einen Verbündeten, der eine intime Kenntnis des industriellen Systems und einen wachen Einblick in militärische Angelegenheiten besaß. Engels, der Marx' Fähigkeiten zur Analyse und Begriffsbildung immer bewundert hat, sagte bei einer Gelegenheit: „Marx war ein Genie, wir andern höchstens Talente."

Zusammen mit anderen als gefährliche Radikale Verdächtigten wurde Marx im Jahre 1847 aus Frankreich ausgewiesen und ging nach Brüssel, wo er und Engels von einer Gruppe deutscher Sozialisten aufgefordert wurden, für sie ein Programm aufzustellen. Das Ergebnis war „Das Kommunistische Manifest", eine eloquente, nachdrückliche Verurteilung der bestehenden Gesellschaftsordnung, die am Vorabend der Revolution von 1848 geschrieben, in den folgenden dreißig Jahren aber relativ wenig gelesen wurde. Während dieser Zeit fand Marx, nachdem er in Belgien zur „persona non grata" erklärt worden war, Asyl in Großbritannien. Sein weiteres Leben verbrachte er mit der Arbeit an seiner Schrift „Zur Kritik der politischen Ökonomie" (1859) und seinem Monumentalwerk „Das Kapital" (1867); er verfaßte Analysen von Tagesereignissen für Zeitungen und spielte – vom Ende der 60er Jahre an bis zu seinem Tode im Jahre 1883 – eine führende Rolle in der europäischen Sozialistenbewegung.

Diese Führungsposition unter den Sozialisten verdankte er weitgehend der zunehmenden Achtung vor dem „Kommunistischen Manifest". Wie Harold Laski einst schrieb, wurde dieses Dokument ziemlich spät als das erste Werk erkannt, das einer Bewegung Richtung und Philosophie gab, die bis dahin nicht viel mehr gewesen war als ein in den Anfängen steckender Protest gegen Ungerechtigkeit. In gewisser Weise kann man wirklich sagen, das „Manifest" habe die moderne sozialistische Bewegung ins Leben gerufen; vorher war sie eine Vereinigung von autodidaktischen Querulanten gewesen. Eine kurze Betrachtung seiner Aussagen über die Geschichte, die Art und Schwächen des kapitalistischen Systems und die Rolle und Bestimmung der Sozialistischen Partei mag ein gewisses Verständnis für seinen Einfluß vermitteln.

Die Geschichte, der Kapitalismus und die Partei. Marx' Geschichtsauffassung war beeinflußt durch das Studium der Philosophie Hegels, der der Überzeugung war, daß die Geschichte ein logischer Prozeß sei, in dem Veränderung durch das Widerstreben antagonistischer Elemente und die Auflösung dieses Antagonismus in neue Formen bewirkt werde. Diese Idee – manchmal Dialektik genannt – übernahm Marx; während Hegel aber glaubte, der Schlüssel zur historischen Veränderung sei die Ideologie, meinte Marx, die Materie sei es. Er betonte: „Die Produktionsweise des materiellen Lebens bedingt den sozialen, politischen und geistigen Lebensprozeß überhaupt." Dies treffe auf jede Gesellschaft zu, und wenn eine Veränderung stattfinde, dann nicht aufgrund des Antagonismus konkurrierender Ideen, sondern aufgrund des Zusammenstoßens konkurrierender wirtschaftlicher Gruppen. Der Prozeß der historischen Veränderung setze sich fort, bis ein großes revolutionäres Ereignis die bestehende Ordnung zerstören und Klassenunterschiede beseitigen werde. Marx behauptete, jenes glückliche Ereignis zeichne sich bereits undeutlich am Horizont ab. Den Beweis, daß es zwangsläufig eintreten werde, wollte er durch eine Analyse bestimmter Merkmale der kapitalistischen Ordnung führen.

Sein Hauptargument war, daß die Arbeitskraft um ihren Lohn betrogen werde. Ebenso wie andere vor ihm, bekannte sich Marx zu der Überzeugung, daß der Wert einer jeden Ware an der zur Herstellung aufgewendeten Arbeit richtig bemessen sei, und er führte aus, daß die Arbeiter in einer gerechten Gesellschaft als Bezahlung für ihre Arbeit den Gegenwert in Waren, Bequemlichkeiten und Dienstleistungen erhalten würden. Im Kapitalismus treffe dies nicht zu, denn die Unternehmer seien bestrebt, niedrige Löhne und lange Arbeitszeiten zu erzielen. Die Folge sei, daß ihre Arbeiter Waren erzeugten, deren Wert weit über dem liege, was sie als Gegenleistung erhielten, und dieser Mehrwert fließe als Gewinn direkt in die Taschen der Arbeitgeber. Dies sei eine Ungerechtigkeit, die das Feuer der Revolution nur schüren könne.

Ein anderes Merkmal des Kapitalismus bringe die Revolution um so schneller in Gang. In dem Maße, in dem der Produktionsprozeß komplizierter werde, erfordere er Techniken und Betriebsausstattungen, die über das Verständnis und die Mittel kleinerer Unternehmer hinausgingen, setze diese daher dem Ruin aus und zwinge sie in die Klasse der Lohnempfänger. Durch einen unerbittlichen Konzentrationsprozeß würden Besitz und Kontrolle des Wirtschaftssystems in die Hände von immer Wenigeren übergehen. Diese Konzentration und die gleichzeitige Aufblähung des Proletariats vereinfache den Klassenkampf, und das dadurch verursachte soziale Elend verstärke den Haß der unteren Klassen.

Dem Proletariat böten sich immer zahlreichere Gelegenheiten, seine Gefühle in revolutionären Aktionen zum Ausdruck zu bringen; denn die Kapitalisten hätten ihre Unfähigkeit bewiesen, ihr eigenes System unter Kontrolle zu halten. Marx schrieb:

„... die moderne bürgerliche Gesellschaft ... gleicht dem Hexenmeister, der die unterirdischen Gewalten nicht mehr zu beherrschen vermag, die er heraufbeschwor ... Es genügt, die Handelskrisen zu nennen, welche in ihrer periodischen Wiederkehr immer drohender die Existenz der ganzen bürgerlichen Gesellschaft in Frage stellen ... Wodurch überwindet die Bourgeoisie die Krisen? Einerseits durch die erzwungene Vernichtung einer Masse von Produktivkräften; andererseits durch die Eroberung neuer Märkte, und die gründlichere Ausbeutung der alten Märkte. Wodurch also? Dadurch, daß sie allseitigere und gewaltigere Krisen vorbereitet und die Mittel, den Krisen vorzubeugen, vermindert."

Kurz, Häufigkeit und Ausmaß verheerender Wirtschaftskrisen würden zunehmen. Dies könne durch nichts verhindert werden, da der Kapitalismus unfähig sei, seine eigenen Mängel zu beheben. Sein Ziel sei nicht Dienstleistung oder Entwicklung, sondern Gewinn und Kapitalanhäufung, und dieses Ideal könne nur einen noch ungezügelteren Wettbewerb und noch zerstörerischere Kollisionen begünstigen. Obgleich sich die kapitalistische Produktion durch die Mechanisierung immer mehr zu einer technischen Leistung entwickle, bei der der Arbeiter eine wesentliche Rolle spiele, verfolge der kapitalistische Unternehmer seinen Kurs der eigennützigen Ausbeutung. Seine Abgestumpftheit müsse schließlich zur Zerstörung des Systems herausfordern. Letzten Endes würde der Kapitalist keinerlei Einschränkung des freien Marktwettbewerbs anerkennen. Dieser Zustand der Anarchie bestärke die dem System innewohnenden Tendenzen zur Schwankung zwischen Hochkonjunktur und Depression und beschleunige den endgültigen Zusammenbruch.

Marx war der Überzeugung, daß die Zerstörung des kapitalistischen Systems nur durch das bewußte und gewaltsame Eingreifen der Arbeiter selbst bewirkt werden könne. Sie darauf vorzubereiten und zum rechten Zeitpunkt eine Führung bereitzustellen, sei die erste Pflicht der Sozialistischen Partei.

Ihre zweite Aufgabe sei die Konsolidierung der Revolution während einer Übergangsphase von unbestimmter Dauer, genannt die Diktatur des Proletariats, in der die Überreste der bürgerlichen Institutionen und Klassenvorurteile ausgemerzt würden. Marx' Schilderung des Endstadiums – der klassenlosen Gesellschaft, in der der Staat verschwunden sei – war zugegebenermaßen vage. Jenes Stadium aber werde eintreten. Wann es eintrete, sei eine Frage der Geschwindigkeit, mit der das kapitalistische System zugrunde gehe, und der Effizienz der Partei, sich diesen Untergang zunutze zu machen. Auf diesen letzten Punkt legte Marx sehr viel Wert. Sowohl er als auch Engels verachteten alle vorherigen sozialistischen Bewegungen. Dies lag zum Teil zweifellos an Marx' Temperament. Der deutsch-amerikanische Schriftsteller und Staatsmann Carl Schurz schrieb, er habe niemals einen Menschen gesehen „von so verletzender unerträglicher Arroganz des Auftretens" wie Marx, und er fügte hinzu, Marx denunziere ständig jene, die es wagten, seinen Ansichten entgegenzutreten, als bourgeois – d. h. „als ein unverkennbares Beispiel einer tiefen geistigen und sittlichen Versumpfung". Doch Marx war auch der Überzeugung, daß frühere sozialistische Theoretiker sich und andere irregeleitet hätten durch den Glauben, der Sozialismus könne durch uneigennützige Maßnahmen wohlwollender Angehöriger der besitzenden Klassen von oben her durchgesetzt werden.

Marx wählte die Bezeichnung „kommunistisch" für sein berühmtes Manifest teilweise zur Unterscheidung seiner selbst und des Sozialismus seiner Prägung von den früheren Utopisten. Aus demselben Grunde sollten seine Anhänger seinen Sozialismus als wissenschaftlichen Sozialismus bezeichnen. Hinter dem semantischen Unterschied stand ein anderer, wesentlicherer. Marx rief zu einer sozialistischen Bewegung auf, die sich auf das materialistische Verständnis von Geschichte und Gesellschaft gründete, auf die Unausweichlichkeit des Klassenkampfes und die eindeutige Erkenntnis, daß der Sieg des Proletariats durch Gewalt eingeleitet werden müsse.

Wissenschaftler oder Prophet? Im eigentlichen Sinne des Wortes war Marx' Sozialismus nicht „wissenschaftlicher" als jede andere Gesellschaftstheorie. Betrachten wir zum Beispiel seine Überzeugung, „Die Produktionsweise des materiellen Lebens bedingt den sozialen, politischen und geistigen Lebensprozeß überhaupt". Marx meinte damit natürlich nicht, daß die Volkswirtschaft allein alle Aspekte unseres täglichen Lebens oder Handelns bestimme, aber er glaubte, daß, wenn es andere Einflüsse gebe, diese entweder ihre Wurzeln in der Volkswirtschaft hätten oder von geringerer Bedeutung seien als wirtschaftliche Faktoren. Genau an dieser Stelle müssen wir den Realismus seiner Auffassungen in Frage stellen. Denkt man nur an die Wechselwirkung von menschlichen Ambitionen und Fehlbarkeit, Innenpolitik, klimatischen Bedingungen und geographischer Beschaffenheit, wirtschaftlicher Not, religiöser Überzeugung, Nationalgefühl, technologischen Faktoren,

Einfluß von Verwaltung und Militär und bloßen Zufällen bei den Ereignissen, die zu den Revolutionen von 1848 oder zum Ausbruch des Krimkrieges geführt haben, so gelangt man zu der Erkenntnis, daß die Frage nach der Ursächlichkeit zu kompliziert ist, um die Behauptung zuzulassen, bei der Bestimmung des Laufs der Geschichte sei irgendein einzelner Faktor grundsätzlich von größerer Bedeutung als andere.

Es muß festgestellt werden, daß Marx' Geschichtsauffassung wenig oder gar keinen Platz ließ für menschliche Willenskraft oder Initiative. Dennoch waren die Produktionsarten, denen er soviel Wert beimaß, nicht automatisch entstanden, sondern durch menschliche Entscheidung und menschliches Handeln. Das Produktionssystem war eine Mischung aus vielen Ideen und Institutionen, die durch Menschen ständig verändert, korrigiert und neuen Bedingungen angepaßt wurden.

Auch die Annahme, daß der einzelne im Einklang mit der Treuepflicht seiner Klasse gegenüber handele oder daß er überhaupt immer seine Zugehörigkeit zu einer gegebenen Klasse erkenne, bildet keine sichere Ausgangsposition. Die Überzeugung „Die Arbeiter haben kein Vaterland." und die Äußerung über „die gemeinsamen, von der Nationalität unabhängigen Interessen des gesamten Proletariats" bedeuteten überdies nichts anderes, als die Erfahrungen der revolutionären Bewegungen und die Wirkung des leidenschaftlichen Nationalismus auf alle Gesellschaftsschichten im Europa seiner Zeit zu ignorieren.

Ebenso wie Marx' Geschichtsauffassung weniger wissenschaftlich war, als seine Anhänger behaupten sollten, waren es auch seine Wirtschaftstheorien. Seine Theorie über den Mehrwert fand z. B. auf die Realitäten des Zeitalters des Hochkapitalismus nur begrenzt Anwendung. Sie ließ weder Spielraum für die versteckten Produktionskosten – Verwaltung, Werbung, Zinsbelastung, Amortisation von Neubaukosten und andere Dinge –, noch berücksichtigte sie die besonderen Fähigkeiten von Unternehmern oder ihre Bereitschaft zum Risiko, obgleich diese Faktoren offensichtlich dazu beitrugen, die Beschäftigung der Arbeiter zu sichern.

Marx' Aussagen bezüglich der Kapitalkonzentration und der regelmäßigen Wiederkehr wirtschaftlicher Depressionen kamen den Wirtschaftstendenzen seiner Zeit schon näher; es gab aber Anzeichen dafür, daß die kapitalistischen Unternehmer sowohl aufgeklärter waren, als er zugeben wollte, als auch bereitwilliger, wirtschaftliche Opfer zu bringen, um greifbare Mängel ihrer Verfahrensweisen zu beheben. Überdies zeigte sich, daß es auf die Dauer für sie nicht unmöglich war, die soziale Verpflichtung von Unternehmen anzuerkennen und Kontrollmaßnahmen hinzunehmen, damit wirtschaftliche Konflikte vermieden würden.

Dennoch sollen diese Feststellungen weder den historischen noch den volkswirtschaftlichen Rang seines Werkes abwerten. Historikern gab er ein notwendiges Korrektiv an die Hand gegen die Tendenz, rein politischen

Faktoren ein zu großes Gewicht beizulegen und eine als „Pauken- und Trompetenhistorie" bezeichnete Geschichtsschreibung zu betreiben; spätere Historiker schenkten den sozialen und ökonomischen Aspekten der menschlichen Entwicklung mehr Aufmerksamkeit. In der Wirtschaftstheorie setzte er einen neuen, provokativen Schwerpunkt auf die Klassenstruktur und -haltung und gab eine präzise Begriffsdefinition von der kapitalistischen Wirtschaft, die weitere Studien und Analysen anregte.

Abgesehen davon ist die Frage, ob Marx' Sozialismus wissenschaftlich war oder nicht, wahrscheinlich weniger wichtig, als er selbst meinte. Marx wollte als streng objektiv und vorurteilsfrei gelten. Das war er natürlich nicht, sondern es wäre richtig, ihn als zornigen Propheten anzusehen. Karl Löwith schreibt, es sei kein Zufall, daß die letzte große Schlacht zwischen der Bourgeoisie und dem Proletariat, von der Marx so leidenschaftlich schreibt, an die Apokalypse des Alten Testaments und an die Geheime Offenbarung des Neuen Testaments erinnert. Löwith fährt fort:

„Der ganze Geschichtsprozeß, wie er im „Kommunistischen Manifest" dargestellt wird, spiegelt das allgemeine Schema der jüdisch-christlichen Interpretation der Geschichte als eines providentiellen Heilsgeschehens auf ein sinnvolles Endziel hin. Der historische Materialismus ist Heilsgeschichte in der Sprache der Nationalökonomie."

Der Marxismus versprach die sichere Erlösung, und diese Aura der Unausweichlichkeit, nicht aber die Logik seiner Ausführungen, erklärte seine enorme Anziehungskraft. Die Entrechteten, die Nichtbeachteten und die Ehrgeizigen wollten hören, daß sie am Ende triumphieren würden, und sie nahmen bereitwillig einen Glauben an, der ihnen die Gewißheit gab, daß die Geschichte auf jenes letzte Ziel hinarbeite und nicht aufgehalten werden könne. Das gleiche galt für die Schuldbewußten und die Unsicheren. Häufig führte ein schlechtes Gewissen oder das Verlangen nach ideologischer Gewißheit Angehörige der besitzenden Gesellschaftsschichten dazu, sich dem Marxismus anzuschließen.

Marx versprach ein goldenes Zeitalter: „An die Stelle der alten bürgerlichen Gesellschaft mit ihren Klassen und Klassengegensätzen tritt eine Assoziation, worin die freie Entwicklung eines jeden die Bedingung für die freie Entwicklung aller ist." Doch die Mittel, die er befürwortete, konnten kaum eine derartige tausendjährige Freiheit herbeiführen. Marx gehörte zu einer Gruppe von Theoretikern des 19. Jahrhunderts, die mit der Gewalt einen Kult trieben, die die Gesellschaft daran gewöhnten, sie als legitimes Mittel der Politik zu akzeptieren, und damit die Vorstellungen von Gesetz, Gerechtigkeit, Kompromiß und Anpassung verdrängten, die die Marksteine des Liberalismus des 19. Jahrhunderts und die beste Garantie für den Fortschritt zur Freiheit dargestellt hatten.

Die Entwicklung des Sozialismus

Marx und Bakunin: Die Herausforderung des Anarchismus. Innerhalb der Arbeiterklasse wuchs der Einfluß der Sozialisten sehr langsam. In der ersten internationalen Arbeiterorganisation, der „International Workingmen's Association", die 1864 in London gegründet wurde und bis 1876 bestand, spielte Marx eine führende Rolle. Ihre Geschichte war bestimmt durch einen erbitterten Konflikt zwischen seiner Philosophie und der konkurrierenden Lehre des Anarchismus.

Aufgrund seiner leidenschaftlichen Betonung, daß der Mensch im Wesen gut, durch die Institutionen aber korrumpiert sei, wird der Anarchismus als „reductio ad absurdum" der Romantik des 19. Jahrhunderts bezeichnet. Der Anarchist sah sein Ziel darin, die Menschheit durch Vernichtung der Korruptionsinstrumente – der anerkannten Kirchen, der großen wirtschaftlichen Machtkonzentration und vor allem des modernen zentralisierten Staates – wieder in ihren ursprünglichen Zustand der Tugend zurückzuführen. Mittels dieser Methode hoffte er die Gesellschaft auf freiwilliger Basis neu ordnen zu können.

Proudhon, der Vater des modernen Anarchismus, war in seinem Denken zu widersprüchlich, als daß er eine effektive politische Bewegung hätte ins Leben rufen können. Er brachte es fertig, die Bewunderung für Louis Napoleon und die Befürwortung der Sklaverei in den Vereinigten Staaten mit seinen libertären Ansichten zu vereinbaren. Demgegenüber waren die Ideen Fürst Alexander Kropotkins (1842–1921), eines russischen Edelmannes, der idealistische Darstellungen über die freiwillige Gesellschaft verfaßte, in denen freie Menschen für etwas anderes als finanziellen Lohn arbeiteten und der organisierten Regierung nicht bedurften, vielleicht zu intellektuell und blutleer. Der Mann, der den Anarchismus zu einer bedeutenden Bewegung innerhalb der Arbeiterklasse machte, war Michail Bakunin (1814–1876).

Er war eine auffallende Persönlichkeit und wie Kropotkin von Geburt Mitglied der russischen Aristokratie. Er war für eine militärische Laufbahn bestimmt, verzichtete aber zugunsten eines Philosophiestudiums darauf, begann sich für die Leiden der unterworfenen Nationalitäten zu interessieren, wie der Polen und der Italiener, und wurde schließlich Berufsrevolutionär. Im Jahre 1848 beteiligte er sich an der Februarrevolution in Paris, danach an der Erhebung in Prag und wurde im Jahre 1849 während der Kämpfe in Dresden von preußischen Truppen festgenommen. Nach der Auslieferung an sein Land verbrachte er acht Jahre im Gefängnis und vier weitere im erzwungenen Exil in Sibirien. Dann floh er, schlug sich über Yokohama, San Francisco und New York nach Westeuropa durch und stürzte sich sofort erneut in die revolutionäre Tätigkeit. In den 60er Jahren organisierte er anarchistische Zellen in der Schweiz, in Spanien und Italien und gründete die

„Allianz der sozialen Demokratie" mit Geheimstatuten und einem Programm, das zur „universalen Revolution" aufrief. Während des Aufstands von 1863 trat er leidenschaftlich für die Polen ein, 1869 engagierte er sich in Rußland in der „Gesellschaft der Axt" von Netschajew (s. S. 314), und während der revolutionären Unruhen in Frankreich im Jahre 1871 organisierte er eine Kommune in Lyon. Er starb, immer noch erfüllt von revolutionären Plänen, 1876 im Alter von 62 Jahren.

Während der 60er Jahre, als die Nationalstaaten ihre moderne Form annahmen und der Kapitalismus im Westen zu seiner vollen Entfaltung gelangte, formulierte Bakunin sein anarchistisches Glaubensbekenntnis. Als Echo Proudhons schrieb er:

„Der Staat wurde historisch ... aus der Ehe von Gewalt, Plünderung und Beschlagnahmung geboren ... Er war von Anbeginn ... die göttliche Sanktion von brutaler Gewalt und triumphaler Ungleichheit ... Selbst wenn er etwas Gutes befiehlt, verhindert und verdirbt er es, eben weil er es befiehlt ..."

Ebenso schlimm seien die Auswirkungen des Kapitalismus für jene, deren Leben er beherrsche. Das gleiche gelte für die organisierte Religion und auch für das Idol der Intellektuellen des 19. Jahrhunderts, die moderne Wissenschaft, mit ihrem anmaßenden Versuch, das Leben durch die Bestimmung seiner Gesetzmäßigkeiten zu regulieren. Bakunin erklärte allen Institutionen, allen Gesetzen, allen abstrakten Prinzipien, die die Entwicklung des Menschen regulierten – und dadurch behinderten – den Krieg.

Bakunin war kein systematischer Theoretiker. Über das, was die Dinge, die er verabscheute, ersetzen sollte, äußerte er sich nur vage, und in der Verherrlichung der Gewalt als Mittel der Revolution ging er viel weiter als Marx. „Entfesselt die Volksanarchie in Stadt und Land", schrieb er. „Verstärkt sie, bis sie wütet wie eine rollende Lawine, verzehrend und vernichtend." „Wir brauchen den Sturm und das Leben. Eine neue Welt ohne Gesetze und folglich frei." Er rief auf zu „einer 40 000 Mann starken Phalanx aus jungen Menschen der gebildeten Klassen", um die Massen in gewagten Terrorakten und spontanen Erhebungen gegen die Autorität anzuführen, bis das Ziel der universalen Revolution erreicht sei.

Der französische Schriftsteller Albert Camus wies einmal darauf hin, daß Bakunins Betonung der Notwendigkeit einer revolutionären Elite Ähnlichkeit habe mit Marx' beharrlicher Forderung nach einer disziplinierten Partei, und daß Lenin, der diese Idee später weiterentwickelte, dem Anarchisten ebensoviel verdanke wie dem Verfasser des „Kommunistischen Manifest". Dies stimmt wahrscheinlich. Marx und Bakunin aber hegten eine tiefe Abneigung gegeneinander und mißbilligten jeweils die Ideen des anderen. Bakunin haßte Marx' autoritäres System und sah deutlich, daß die politischen und wirtschaftlichen Institutionen nach einer erfolgreichen marxistischen Revolution unangetastet bleiben würden, selbst wenn sie in andere Hände übergingen. Er war der Überzeugung, daß die Diktatur des Proletariats die

Freiheit ebenso zunichte machen würde wie die bürgerliche Ordnung und daß der Staat niemals vergehen würde. Marx wiederum verachtete die allgemeine Verschwommenheit der Erklärungen Bakunins und hegte einen aufrichtigen Widerwillen gegen die schlecht vorbereiteten Anschläge des individuellen Terrorismus, die die Anarchisten bewunderten. Als Bakunins Redegewandtheit innerhalb der „International Workingmen's Association" eine breite Anhängerschaft zu gewinnen drohte, erzwang Marx im Jahre 1873 den Ausschluß der Gruppe Bakunins; er wollte die Internationale nicht zu einem Resonanzboden für Ideen werden lassen, die er für gefährlich hielt. Daher vollzog er diese Trennung, obgleich das Ausscheiden der Anarchisten die Internationale derartig schwächte, daß sie drei Jahre später auseinanderbrach. Marx' Lehren gewannen mehr Anhänger als die seines Rivalen. Dennoch blieb auch Bakunins Einfluß weiterhin wirksam. In Frankreich fand er bei vielen Anklang, die über den gemäßigten Sozialismus nach 1871 unzufrieden waren, und in Paris, Lyon und anderen Großstädten wurden viele anarchistisch inspirierte politische Morde, ein Bombenkomplott in der Deputiertenkammer und andere Terroranschläge verübt. Unter dem Einfluß des Bakunin-Anhängers Malatesta wurden die letzten zehn Jahre des Jahrhunderts hindurch in den südlichen Provinzen Italiens Unruhen unter den Bauern gestiftet, während sich der Anarchismus in Spanien unter den landlosen Bauern Andalusiens und den Industriearbeitern Kataloniens rasch verbreitete. Um 1900 entwickelte sich der Anarchismus zum stärksten Flügel der spanischen Arbeiterbewegung.

Der Syndikalismus. In dem Zeitabschnitt nach 1900 drohte dem orthodoxen Sozialismus durch einen Sproß des Anarchismus eine weitere Gefahr. Der Syndikalismus (dessen Name von dem französischen Wort für Gewerkschaft, „syndicat", abstammt) war ein Protest gegen die politische Aktion, auf die die Sozialisten im allgemeinen ihren Schwerpunkt legten, und gegen die zunehmende Tendenz zur Mäßigung unter den sozialistischen Parteien Europas. Die Syndikalisten argumentierten, die Emanzipation der Arbeiter werde nicht im Parlament erreicht, sondern auf dem Wirtschaftssektor, und nicht durch Stimmenmehrheit, sondern durch die direkte Aktion. Eine derartige Aktion sollte von Gewerkschaftsorganisationen in Form von Sabotage, bewußter Behinderung der Leistungsfähigkeit und vor allem mittels Streik durchgeführt werden. Die direkte Aktion würde das Klassenbewußtsein stärken und die militante Haltung der Arbeiterbewegung fördern, während sie das kapitalistische System schwächen und den Weg zum Generalstreik bahnen würde, der dieses eines Tages lahmlegen und die Revolution einleiten werde.

Den auffallendsten Erfolg verbuchte der Syndikalismus in Frankreich, das auch den brillantesten Exponenten dieser Bewegung hervorbrachte, Georges Sorel (1847–1922). Die „Confédération Générale du Travail" (CGT) war von Anfang an syndikalistisch. Dieser Bund kleiner, aggressiver Gewerkschaften verwarf typische Gewerkschaftstätigkeiten wie die Kapitalanhäufung für Versicherungszwecke und bot all seine Energie für die direkte Aktion auf. Vor dem Ersten Weltkrieg regte der CGT Streiks unter den Beamten und Eisenbahnarbeitern an und schürte die Unzufriedenheit innerhalb der Armee.

In Spanien wurde im Jahre 1910 ein Bund syndikalistischer Industriegewerkschaften, die „Confederación Nacional del Trabajo" (CNT), und im Jahre 1913 ein ähnlicher Bund in der Landwirtschaft, die „Federación Nacional de Agricultores Españoles" (FNAE), gegründet. Nach dem Krieg, als die älteren anarchistischen Organisationen ihre Mitglieder zum Eintritt in die syndikalistischen Gewerkschaften aufriefen, konnten eine Million Arbeiter als Anarcho-Syndikalisten bezeichnet werden. Ebenso wie in Spanien beeinflußte die anarcho-syndikalistische Idealisierung der Gewalt in Italien sowohl rechte Gruppen als auch Arbeiterorganisationen. Benito Mussolinis neue faschistische Partei stand eindeutig unter dem syndikalistischen Einfluß der betonten Gewaltanwendung. Und um 1930 bildeten reaktionäre Offiziere der spanischen Armee „sindicats", um gegen die Arbeiter vorzugehen, und José Antonio Primo de Rivera hatte eine Vereinigung ultra-konservativer Gruppen unter dem Namen „Juntas de Ofensiva Nacional-Sindicalista" (JONS) gegründet.

Der Revisionismus. Obschon die Anarcho-Syndikalisten der direkten Aktion im wirtschaftlichen Bereich den Vorzug gaben gegenüber politischen Manövern, war die wesentliche Tendenz des europäischen Sozialismus eine politische, und um 1890 konnten die sozialistischen Parteien in ganz Europa mit beträchtlichen Erfolgen aufwarten. Die meisten dieser Parteien waren auf marxistischer Grundlage entstanden und hatten ein marxistisches Programm. Es ergaben sich allerdings Unstimmigkeiten im Hinblick auf Programm und Taktik. Zu Lebzeiten vermochten Marx und Engels diese Streitigkeiten häufig beizulegen, aber schon vor Engels Tod im Jahre 1895 zeichnete sich drohend eine tiefgreifende Spaltung ab, die wahrscheinlich über ihr Schlichtungsvermögen hinausgegangen wäre.

Diese Spaltung, die tiefgreifende und dauerhafte Auswirkungen auf den Sozialismus haben sollte, spitzte sich während der Kontroverse um den revisionistischen Kurs zu. Seit einiger Zeit hatte sich unter den leitenden Sozialisten- und Gewerkschaftsführern ein Unbehagen über die Kluft zwischen Marx' Voraussagen und den Realitäten der wirtschaftlichen Entwicklung in Europa breitgemacht. Der prominenteste unter ihnen war der deutsche Sozialdemokrat Eduard Bernstein (1850–1932), der nach Jahren des Studiums zu der Gewißheit kam, daß der Zusammenbruch des kapitalistischen Systems nicht bevorstehe und daß die sozialistischen Parteien ihre Taktik ändern müßten, wenn nicht sogar ihre Ziele. Ihr logischer Kurs müsse sein, alle sich bietenden Gelegenheiten auszunutzen, um eine allmähliche Reform im Interesse der Arbeiter zu bewirken, selbst wenn dies bedeute, daß man von der bisher gegenüber den bürgerlichen politischen Parteien geübten Zurückhaltung und Verweigerung der Zusammenarbeit abgehe. Sie müßten, wie Bernard Shaw einst schrieb, den Sozialismus von den Barrikaden herunterholen und ihn durch demokratische statt revolutionäre Mittel zu einer praktischen Philosophie der gesellschaftlichen Regeneration machen.

Da die Erhöhung des realen Lohnniveaus und der allgemeine Wohlstand in Europa in den Jahren vor dem Ersten Weltkrieg die Richtigkeit der Kritik Bernsteins an Marx zu beweisen schienen, fand sie in den meisten Ländern, in denen die sozialistischen Parteien stark vertreten waren, breite Anerkennung. Viele der Sozialistenführer, die unerschütterlich betonten, sie seien orthodoxe Marxisten, begannen in der Tat, ihre alltägliche parlamentarische Arbeit im revisionistischen Geiste auszuführen.

Der revisionistische Standpunkt wurde von allen, die an der Revolutionsdoktrin des Begründers des wissenschaftlichen Sozialismus festhielten, erbittert angegriffen, und im Jahre 1902 fand diese Gruppe ihren erfolgreichsten Sprecher in W. I. Lenin, der die Anhänger Bernsteins in seinem Pamphlet „Was tun?" wegen ihrer offenkundig bürgerlichen Neigungen heftig kritisierte. Lenin führte aus, der Sieg des Proletariats könne niemals durch einen stufenweise eingeführten „Brot und Butter"-Sozialismus errungen werden und die sozialistischen Parteien müßten, anstatt parlamentarische Gremien zu werden, disziplinierte Eliten von Berufsrevolutionären sein, die unablässig darauf hinarbeiteten, daß den Arbeitern nicht das gegeben werde, was sie zu wollen *glaubten*, sondern was sie wollen *müßten*, und die bestrebt seien, die Gewerkschaftsmentalität durch einen neubelebten Glauben an den Klassenkampf zu ersetzen.

Falls ihre Stellungnahme zu wesentlichen Problemen ein Urteil zuläßt, so vertrat die Mehrheit in den meisten sozialistischen Parteien um 1914 den revisionistischen Standpunkt, weil der expandierende Kapitalismus die Voraussagen von Karl Marx vereitelt hatte. Lenins Protest gegen den Sieg des Reformismus kann jedoch als Programm und als Aufruf zur Vereinigung für all jene verstanden werden, die während und nach dem Ersten Weltkrieg unabhängige revolutionäre Parteien gründeten und damit die Spaltung der Arbeiterbewegung in einen demokratisch-sozialistischen Flügel und eine neue kommunistische Bewegung vollziehen sollten.

Die Zweite Internationale. Trotz dieser doktrinären Unterschiede war es den verschiedenen Sozialisten- und Arbeiterparteien vor 1914 möglich, sich in einer internationalen Organisation zu vereinigen, die jene ersetzen sollte, die während des Streits zwischen Marx und Bakunin auseinandergebrochen war. Die Zweite Internationale wurde im Jahre 1889 in Paris ins Leben gerufen. An dieser ersten Versammlung nahmen Delegationen aus Frankreich, Deutschland, Britannien, Belgien, Österreich, Rußland, Holland, Dänemark, Schweden, Norwegen, der Schweiz, Polen, Rumänien, Italien, Ungarn, Spanien, Portugal, Böhmen und Bulgarien teil, und es kamen Beobachter aus den Vereinigten Staaten, Argentinien und Finnland. Zweck der neuen Organisation war es, Kontakte und einen Informationsaustausch zwischen den verschiedenen sozialistischen Parteien zu ermöglichen, für gegenseitige Unterstützung zu sorgen und zu wichtigen Problemen für den gesamten Sozialismus Stellungnahmen abzugeben. Im Jahre 1900 errichtete die Internationale in Brüssel ein Internationales Sozialistisches Büro mit Unterausschüssen, das die Maßnahmen der nationalen parlamentarischen Parteien koordinieren und außerhalb der Sitzungen für die gesamte Internationale handeln sollte.

Ein Aspekt der Tätigkeit der Internationale war die Bildung einer sozialistischen öffentlichen Meinung über Fakten, die den Frieden Europas beeinflußten. Die konstituierenden Parteien waren antimilitaristisch und versuchten in den immer wiederkehrenden diplomatischen Krisen im Zeitraum von 1900 bis 1914 die Weltmeinung gegen das Kriegstreiben zu mobilisieren. Die Internationale verfolgte jedoch keine gemeinsame Politik hinsichtlich der Mittel, mit deren Hilfe ein Konflikt im Ernstfall hätte verhindert werden können. Und als die große Krise von 1914 eintrat, siegten die Einflüsse des Patriotismus, die sich für Sozialisten als ebenso verführerisch erwiesen wie für die Bourgeoisie, über die Internationale, obgleich das Internationale Sozialistische Büro alle Anstrengungen unternahm, um die Strategien der nationalen Parteien zu koordinieren. Die Internationale überlebte den darauf folgenden Krieg nicht.

Dreizehntes Kapitel

Vom Liberalismus zur Demokratie
Der politische Fortschritt in Westeuropa
1871–1914

Was im vorhergehenden Kapitel gesagt wurde, läßt bereits darauf schließen, daß die politische Geschichte der westeuropäischen Länder in den Jahren nach 1871 alles andere als friedlich verlief. Die herrschenden Schichten sahen sich unablässig der Forderung gegenübergestellt, den Massen die politische Freiheit zu gewähren und die sozialen Bedingungen, unter denen sie lebten und arbeiteten, zu erleichtern. Zweifellos war Großbritannien das Land, das in dieser Hinsicht die auffallendsten Fortschritte machte, doch ließen mehrere kleinere Staaten die gleiche Fähigkeit erkennen, ihre Politik und ihre Institutionen den sich ändernden Bedingungen der Zeit anzupassen. Leider zeigen sich andere – und dazu gehörten Italien und Spanien – eher bereit, nur die äußeren Formen nachzuahmen, anstatt sich von dem wirklichen Charakter der parlamentarischen und sozialen Institutionen Englands beeinflussen zu lassen.

Großbritannien

Die Ausdehnung des Wahlrechts. Großbritannien war auf dem Wege zur Demokratie bereits weit fortgeschritten. Die „Reform Act" von 1867 hatte nahezu der gesamten männlichen Bevölkerung in den Städten das Wahlrecht zugebilligt. Während des zweiten Kabinetts Gladstone (1880–1885) erhielten Hofpächter und Landarbeiter, denen das Wahlrecht im Jahre 1867 nicht zugestanden worden war, durch ein neues Gesetz von 1884 ein ähnliches Stimmrecht, und das Wahlrecht im gesamten Vereinigten Königreich wurde vereinheitlicht. Ein Jahr später wurde das neue Gesetz durch eine „Redistribution Act" ergänzt, die das Unterhaus auf 607 Mitglieder erweiterte, die mit einigen Ausnahmen durch ungefähr gleich große Wahlkreise mit je einem Abgeordneten gewählt wurden. In bezug auf die politische Demokratie konnten sich die Engländer kaum mehr wünschen, es sei denn, sie waren vom Frauenwahlrecht überzeugt – ein Anliegen, für das schon viel Agitation betrieben, das aber nicht vor dem Ersten Weltkrieg erfüllt wurde. Dennoch zweifelten einige Engländer zu jener Zeit, besorgt über die Vernachlässigung der aus der großen Depression erwachsenden Probleme, daran, daß sich die politischen Parteien und das Parlament selbst über die Nöte und Bedürfnisse des englischen Volkes hinreichend im klaren seien.

Die Depression, die Parteien und das Parlament. Im Jahre 1873 traten in der britischen Wirtschaft Störungen auf, die bis zur Mitte der 90er Jahre anhalten sollten. Die Auswirkungen der Revolution im Transportwesen trafen in England besonders die Landwirtschaft. Für die nicht durch Zölle abgeschirmten britischen Getreideproduzenten bedeutete der Preissturz beim Getreide den Ruin. Ihre Verluste schlugen sich nieder in der Umwandlung einstmals ertragreicher Getreideanbaugebiete in Weideland- oder Milchwirtschaft- und Gemüseanbaugebiete, in einer zunehmenden Abwanderung von Landarbeitern in die Slums der Großstädte und in der Verschlechterung von Löhnen und Arbeitsbedingungen derjenigen, die auf dem Lande blieben. Von den Rückschlägen dieser Periode erholte sich die englische Landwirtschaft niemals vollständig.

Zur gleichen Zeit machte die Industrie eine jener Fluktuationsperioden durch, die, so sehr sie langfristig zum Fortschritt beitragen mögen, sowohl Unternehmer als auch Arbeiter in eine wirtschaftliche Notlage bringen können. Diesen ganzen Zeitabschnitt hindurch scheint die Wirtschaft nie von einem vollständigen Zusammenbruch bedroht gewesen zu sein. Die Krisen standen in engem Zusammenhang mit dem durch übertriebene Spekulation auf dem Kontinent hervorgerufenen allgemeinen Kurssturz von 1873 und dem von 1882, mit Perioden der angespannten Finanzlage, den Auswirkungen der kontinentalen Zölle, einer erhöhten Konkurrenz aus dem Ausland und mit einer rückläufigen Tendenz im Geschäftsleben. Dem Land als Ganzes sowie bestimmten Unternehmen ging es während der Störungen wirtschaftlich gut. In der Tat bestärkte die Depression Maßnahmen, die Englands Produktionskapazität auf lange Sicht steigerten, wie die Einführung arbeitssparender Geräte, die Elektrifizierung, die Rationalisierung von Arbeitsprozessen und die Erschließung neuer Produktionssektoren. (Leider traf dies in älteren Industriezweigen, insbesondere bei Baumwolle und Kohle, nicht zu).

Bestehen bleibt jedoch die Tatsache, daß es für Millionen eine harte Zeit war. Um die 80er Jahre war die Arbeitslosigkeit zu einem Merkmal der Gesellschaftsordnung geworden. Der weitere Rückgang der Landwirtschaft und die Konjunkturkrisen in der Industrie brachten Tausende an den Rand des Hungertodes. In einer berühmten, im Jahre 1892 unter dem Titel „Life and Labor of the People in London" veröffentlichten Studie stellte Charles Booth fest, daß über dreißig Prozent der Bevölkerung der größten Stadt Englands in Armut lebten.

Auf die wohlhabenderen Schichten dürften derartige Entwicklungen kaum eine Wirkung gehabt haben. Im Dezember 1883 veröffentlichte „Punch" eine Illustration, auf der eine junge Dame abgebildet war, die atemlos berichtet: „Lord Archibald will uns zu einem niedlichen kleinen Slum bringen, das er gefunden hat ...!" Die großen Parteien aber bemühten sich, die offenkundigsten sozialen Mißstände zu beheben. Ihre Leistungen hielten sich allerdings in Grenzen, teils, weil sie durch andere Probleme abgelenkt waren, vor allem aber vielleicht, weil die Mehrheit ihrer Mitglieder nicht die Auffassung teilte, daß die Verbesserung dieser Bedingungen ein legitimes Anliegen der Regierung sei.

Die eindrucksvollste Serie an Sozialgesetzen, die ein Kabinett in den Anfangsjahren dieses Zeitabschnitts zustande brachte, war die der konservativen Regierung Disraeli von 1874 bis 1880. Allein im Jahre 1875 wurden die bestehenden Gesetze zur Regelung der gewerkschaftlichen Tätigkeiten liberalisiert und eine „Sale of Food and Drugs Act" (Gesetz über den Verkauf von Lebensmitteln und Arzneien), eine „Artisans Dwelling Act" (Gesetz über die Instandhaltung von Wohnungen für Handwerker) und eine „Public Health Act" verabschiedet, von denen die beiden letzten bis etwa 1920 das Rückgrat der staatlichen Gesetzgebung im Wohnungs- und Gesundheitswesen bildeten. Diese Reformen bewiesen die Aufrichtigkeit der Beteuerungen Disraelis bezüglich einer Tory-Demokratie und seines Wunsches, die Konservative Partei zu einer Partei des sozialen Fortschritts zu machen; nach seinem Tod im Jahre 1881 aber ging seine Partei vom Kurs der Tory-Demokratie ganz und gar ab.

Disraelis Nachfolger als Parteiführer, Robert Cecil, Dritter Marquis von Salisbury (1830–1903), interessierte sich nahezu ausschließlich für die Außenpolitik. Und die im Angedenken an Disraeli gegründete „Primrose League" setzte alles daran, die Liberalen auszumanövrieren, um den gehobenen Mittelstand und die Industrie- und Handelskreise für sich zu gewinnen – ein Unternehmen, dem einiger Erfolg beschieden war, das aber die Sache der sozialen Reform keineswegs vorantrieb.

Die Mehrheit der Liberalen Partei hatte sich niemals von ihrem althergebrachten Glauben an das „laissez faire"-Prinzip gelöst. Gladstones Reformeifer schien mit der Verabschiedung der „Education Act" von 1870 (s. S. 186–187) zu erlöschen. Der beträchtliche radikale Flügel der Partei zeigte eine gewisse Einsicht in die Notwendigkeit sozialer Verbesserungen, und einer aus ihren Reihen, Joseph Chamberlain (1836–1914), war ein energischer, begabter Mann, der durch seine Verbesserungsmaßnahmen im Wohnungs-, Gesundheits- und Erziehungswesen als Bürgermeister von Birmingham zu internationalem Ruhm gelangte. Doch seine Bemühungen nach Eintritt ins Parlament im Jahre 1876, seine Partei zu ähnlichen Maßnahmen auf nationaler Ebene zu bewegen, lösten eher Beunruhigung aus, als zu überzeugen. Die Mehrheit der Liberalen war erleichtert, als er – aufgrund von Meinungsverschiedenheiten mit Gladstone über die irische Politik – im Jahre 1886 austrat und eine Gruppe namens „Liberal Unionists" gründete, die dann mit den Konservativen zusammenarbeitete. Dieser Verlust der Liberalen Partei wurde nicht etwa durch eine Schärfung des sozialen Gewissens der Konservativen ausgeglichen; denn Chamberlain konzentrierte sich bald ganz auf koloniale und kommerzielle Fragen. Zugleich ging der Liberalen Partei durch sein Ausscheiden ihr stärkster Verfechter von Reformaktivität verloren, sie büßte bei den Massen an Ansehen ein, und die aufkommende Meinung, daß der Liberalismus bankrott sei, wurde bestärkt.

Diese Feststellungen sollen nicht besagen, daß die beiden Parteien im Parlament untätig waren. In der Tat wurden zwischen 1871 und der Jahrhundertwende Gesetze verabschiedet, die gesundheits- und sicherheitsgefährdende Tätigkeiten der Arbeiter in der Wirtschaft regelten, neue Sozialleistungen und -einrichtungen vorsahen, die Anlage öffentlicher Parks und Bereitstellung von Büchereien ermöglichten, die Erziehung verbesserten und die Betreuung von Geisteskranken und Schwerbehinderten vorsahen. Viele darunter wurden aber von besorgten Abgeordneten, die ein Ausufern der staatlichen Eingriffe befürchteten, nur zögernd verabschiedet. Als die Arbeiter in den 80er Jahren für grundlegende Reformen zu agitieren begannen, erhielten sie vom Parlament oder den eingesessenen Parteien, einschließlich der Radikal-Liberalen, nur wenig Unterstützung.

Der Weg zur Arbeiterpartei. Die Ausdehnung des Wahlrechts und die anhaltende wirtschaftliche Not zogen unweigerlich die Entstehung einer neuen politischen Partei zur Vertretung der Massen nach sich. Im Jahre 1884 führte das wiederauflebende Interesse am Sozialismus zur Gründung der „Social Democratic Federation" (SDF). Da sie aber ihr Schwergewicht unter marxistischem Einfluß auf die bevorstehende Revolution legte, fand sie bei den Massen keinen Anklang. Die Labour-Partei des 20. Jahrhunderts nahm ihren Ursprung nicht in dieser Vereinigung, sondern in der „Fabian Society", der „Independent Labour Party" und den neuen Gewerkschaften.

Die „Fabians" waren eine Gruppe von Intellektuellen aus dem Mittelstand, die sich im Jahre 1883 zur Erörterung sozialer Fragen zusammentaten und sich zu einer der einflußreichsten Kräfte in der britischen Politik entwikkelten. In den ersten Jahren gehörten der Vereinigung Menschen an wie Sidney Webb, ihr Gründer und ihre treibende Kraft, seine Frau Beatrice, der Bühnenautor George Bernard Shaw, Annie Besant (die in den 80er Jahren den Streik der Arbeiterinnen einer Londoner Streichholzfabrik [„match girls"] organisierte und damit einen der ersten Erfolge der neuen Gewerkschaftsbewegung in England verbuchte) und der Romanschriftsteller H. G. Wells. Indem sie Robert Owen sowie John Stuart Mill als ihre geistigen Vorläufer geltend machten, verschrieben sie sich dem Ideal einer Neubegründung der Gesellschaft und begannen mit der systematischen Erforschung aller Phasen des industriellen Systems ihrer Zeit. Im Jahre 1889 legten sie in einer Schriftsammlung unter dem Titel „Fabian Essays" ihre ersten Ergebnisse und die Leitlinien ihrer Philosophie vor.

30. Karl Marx (1818–1883) unterhält sich mit englischen Arbeitern in einer Gaststätte seines Londoner Wohnviertels

31. Der englische Verfassungskonflikt: Eine Protestversammlung auf der Straße

Die Fabier betonten die Notwendigkeit einer grundlegenden Reorganisation der britischen Gesellschaft und erklärten, darin seien zwei Dinge inbegriffen: die uneingeschränkte Demokratie im politischen Bereich und der Sozialismus im wirtschaftlichen Bereich. Sie machten deutlich, daß der Sozialismus, zu dem sie sich bekannten, eine Philosophie der wirtschaftlichen Gleichheit sei, die durch demokratische Mittel erreicht werden müsse. Sie waren keine Revolutionäre, sondern verfochten den stufenweisen Fortschritt und waren der Überzeugung, daß sich das Land schon lange in die Richtung des Kollektivismus bewege, daß der Prozeß nun aber beschleunigt und die Regierung dahin geführt werden müsse, das Profitmotiv abzuschaffen, den Grundbesitz und alle Schlüsselindustrien – öffentliche Versorgungsbetriebe, den Kohlenbergbau, Elektrizität, Eisenbahnen und andere Beförderungsmittel, das Fernmeldewesen, die ärztliche Versorgung, Banken und ähnliches – zu verstaatlichen, die kostenlose höhere Schulbildung für die Massen einzuführen und anderweitig das kollektive Wohlergehen zu fördern.

Die Philosophie der Fabier war ursprünglich nicht für die Arbeiterschicht gedacht. Die Fabier hofften, den Mittelstand, die Parteien und das Parlament mit der Überzeugung „durchdringen" zu können, daß der Wettbewerbskapitalismus seine Nützlichkeit überlebt habe und ein vorsichtiger, allmählicher Übergang zum Sozialismus sowohl notwendig als auch zweckmäßig sei. Trotz all ihrer Begeisterung und ihrem propagandistischen Eifer konnten sie die älteren Parteien doch nicht für sich gewinnen und richteten ihre Aufmerksamkeit auf die organisierte Arbeiterschaft. Verärgert über die Ablehnung, auf die ihre Empfehlung zu notwendigen Reformen in der Liberalen Partei stieß, sanktionierte die „Fabian Society" im Jahre 1893 die Veröffentlichung eines Artikels von Shaw und Sidney Webb in „The Fortnightly Review", in dem diese die Arbeiterschicht aufriefen „sich vom Liberalismus loszusagen, eine eigene Gewerkschaftspartei zu gründen, 30000 Pfund aufzubringen und fünzig Parlamentskandidaten zu finanzieren".

In demselben Jahr berief James Keir Hardie (1856–1915), ein Bergmann, der eine der ersten erfolgreichen Gewerkschaften in Schottland organisiert hatte, eine Konferenz der Arbeiterführer in Bradford ein und gründete eine Organisation zur Förderung unabhängiger Parlamentskandidaten, die auf „das kollektive Eigentum, die kollektive Produktionskontrolle, den kollektiven Vertrieb und Austausch" hinwirken sollten. Die Einsetzung von Zweigorganisationen dieser „Independent Labour Party" (ILP) in anderen Teilen des Landes wurde mit Begeisterung angegangen, wenngleich in bezug auf ihr Hauptziel wegen des Mißtrauens der älteren Gewerkschaften gegenüber der politischen Aktivität im allgemeinen und dem Sozialismus im besonderen der Erfolg nur zögernd einsetzte. Die rasche Ausdehnung der Gewerkschaftsbewegung auf die durch den Erfolg des Dockerstreiks von 1889 ermutigten ungelernten Arbeiter (s. S. 224) ließ sie dieses Hindernis jedoch bald überwinden. Die Resolution des Gewerkschaftskongresses von 1899, mit der eine Konferenz zur Prüfung der Frage einer parlamentarischen Arbeitervertretung gebilligt wurde, war dem militanten Geist der neuen Gewerkschaften zuzuschreiben. Im Februar 1900 trafen Gewerkschaftsdelegationen mit Vertretern der „Fabian Society", der ILP und der SDF zusammen und gründeten ein „Labour Representation Committee", (das bald „Labour party" genannt werden sollte) mit J. Ramsay MacDonald (1866–1937) als Sekretär, das hinfort bei Parlamentswahlen eine Kandidatenliste vorlegen sollte.

Im darauffolgenden Jahrzehnt erhielt die neue Partei zunehmend Unterstützung aus den Reihen der Arbeiterschaft, bedingt durch zwei Ereignisse, die für die Versuche der Regierung, die Gewerkschaften zu zerschlagen, typisch zu sein schienen. Im Jahre 1900 streikten die Eisenbahner der Taff Vale Railway Company in Südwales für höhere Löhne ohne vorherige Genehmigung ihrer Gewerkschaft. Die Gewerkschaft unterstützte sie trotzdem, wurde aber von der Gesellschaft prompt wegen der durch den Streik entstandenen Verluste verklagt, verlor den Prozeß und mußte eine Entschädigung von über 23 000 Pfund zahlen. Das Urteil im Falle Taff Vale schien alle Vorteile aus der Gesetzgebung Disraelis von 1875 hinwegzufegen und die Streikwaffe völlig unwirksam zu machen. Und dies überzeugte die Gewerkschaftsmitglieder von der Wichtigkeit, Kandidaten des „Labour Representation Committee" zu unterstützen, die die Situation auf parlamentarischem Wege ändern könnten. In den Wahlen von 1906 errangen 29 solcher Kandidaten einen Parlamentssitz.

Die Entscheidung im Falle Taff Vale wurde im Jahre 1906 durch eine neue „Trade Disputes Act" (Gesetz über die Beilegung von Arbeitsstreitigkeiten) effektiv widerrufen. Damit war aber die Gefahr für die Arbeiterorganisation noch nicht gebannt. Im Jahre 1909 fällte das Oberhaus in seiner Eigenschaft als Judikative das Osborne Urteil, das die Finanzierung der Wahl von Parlamentsabgeordneten oder jeder anderen politischen Aktivität durch Gewerkschaften für illegal erklärte. Zu einer Zeit, da Parlamentsabgeordnete noch keine Entschädigung erhielten, drohte dies eine echte Arbeitervertretung unmöglich zu machen. Die Labour-Partei aber überstand die beiden Wahlen von 1910 und ging aus der zweiten Wahl mit 42 Sitzen, d. h. mit 13 Sitzen mehr als im Jahre 1906, hervor. Ein Jahr später erreichte sie die Verabschiedung eines Gesetzes, das ein Jahresgehalt von 400 Pfund für Parlamentsabgeordnete festlegte, und im Jahre 1913 legalisierte das Parlament die politische Tätigkeit der Gewerkschaften.

Die Wiederbelebung und der Rückgang des Liberalismus. Konfrontiert mit dem Übertritt vieler ihrer früheren Anhänger zur Konservativen Partei einerseits und einer aufstrebenden Arbeiterbewegung, die einen Großteil des radikalen Flügels an sich zog, andererseits, schien die Liberale Partei von einem raschen Untergang bedroht. Bevor ein solcher jedoch einsetzte, errang sie noch einen großen Sieg und erlebte einen Ausbruch von Reformeifer.

In den letzten 25 Jahren des 19. Jahrhunderts hatten mit Ausnahme von neun Jahren die Konservativen (oder „Unionists", wie die Partei schließlich genannt wurde) regiert. Nach dem liberalen Kabinett von 1892 bis 1895, aus dem Gladstone 1894 zurückgetreten war und damit gleichzeitig seinen Abschied von der Politik genommen hatte, schienen die Konservativen bereit, auf ewig zu regieren. Um 1905 aber begann ihre Popularität im Lande rasch zu schwinden. Der Burenkrieg und die sich verschlechternde internationale Situation regten Forderungen nach einer gründlichen Revision der Außenpolitik des Landes an. Die Verabschiedung der „Education Act" von 1902, die für anglikanische, römisch-katholische sowie bekenntnisfreie Schulen staatliche Unterstützung vorsah, erregte die nonkonformistischen Kirchen, führte zu Steuerstreiks und veranlaßte viele, sich von den „Unionists" zu lösen. Schließlich leitete Joseph Chamberlain im Jahre 1903 seine Kampagne für Vorzugszölle innerhalb des Empire ein mit dem Argument, dies sei der einzige Weg, eine Katastrophe für den bereits gesunkenen englischen Außenhandel abzuwenden. Dieser Streitpunkt spaltete die Partei in sich gegenseitig bekämpfende Gruppen und führte beinahe zu ihrer Auflösung. In den Wahlen von Januar 1906 errangen die Liberalen 377 Sitze im Unterhaus, eine Mehrheit von 84 Sitzen gegenüber allen anderen Parteien zusammen. Die „Unionists" erzielten nur 157, die Irischen Nationalisten 83 und die neue Labour-Partei 29.

Den Vorsitz des neuen liberalen Kabinetts übernahm Henry Campbell-Bannermann, ein kluger, nüchterner Schotte mit langjähriger Parlamentserfahrung, der schon nach zweijähriger Amtszeit starb. Die überragenden Persönlichkeiten seines Kabinetts waren der Schatzkanzler (und 1908 Premierminister) H. H. Asquith (1852–1928), im Außenministerium Sir Edward Grey (1862–1933), der Kriegsminister R. B. Haldane (1856–1928) und im Handelsministerium David Lloyd George (1863–1945).

Diese Gruppe nahm ihre Amtsgeschäfte mit einer Begeisterung in Angriff, die man seit Jahren nicht mehr gekannt hatte. Die größte Leistung des Premierministers in seiner kurzen Amtszeit war eine ehrenvolle, staatsmännische Regelung der Situation in Südafrika, die durch das Zugeständnis der Selbständigkeit an den Transvaal und die Schaffung der Grundlage für die neue, im Jahre 1909 ratifizierte Verfassung der Südafrikanischen Union zustande kam. In der Zwischenzeit brachte Lloyd George, der dem Land nur als waliser Radikaler und kompromißloser Gegner des Burenkriegs und der „Education Act" von 1902 bekannt war, verschiedene Gesetze im Parlament ein und setzte ihre Verabschiedung durch. Es waren die „Merchant Shipping Act" von 1906, die Lebensmittel- und Unterbringungsnormen zur Verhütung einer weiteren Verschlechterung der Bedingungen auf den Vorderdecks der britischen Schiffe vorschrieb, eine neue „Patent Act" (1907) zur Behebung der Mängel des geltenden Patentrechts und ein Gesetz über die Errichtung einer obersten Londoner Hafenbehörde, unter der die bereits bestehenden Hafenbehörden zusammengefaßt werden sollten, um eine rationelle Entwicklung der Hafeneinrichtung zu ermöglichen.

Gleichzeitig wurden Militärreformen von größter Bedeutung durchgeführt. Die Ernennung R. B. Haldanes, eines gebildeten, weltmännischen Privatgelehrten mit philosophischen Neigungen, zum Kriegsminister war auf Skepsis gestoßen, und Campbell-Bannermann hatte sich in der Öffentlichkeit gefragt, was Schopenhauer wohl in den Kasernen leisten würde. Haldane aber ging seine Aufgabe mit einem kritischen, forschenden Geist an, beflügelt durch Reflexionen über deutsche und französische Militärtheorien, und er war überdies in der glücklichen Lage, in Edward VII., der auf diesem Gebiet maßgeblichen Einfluß ausübte, einen starken Rückhalt zu finden.

Der Burenkrieg hatte ein erschütterndes Durcheinander in der gesamten Armeeorganisation und unzulängliche Verwaltungspraktiken im Kriegsministerium selbst offenbart. Haldane behob diese Mängel und zerstreute einen Großteil der durch beunruhigende Tendenzen auf dem Kontinent ausgelösten Besorgnis, indem er die Armee neu strukturierte. Er führte Divisionen des kontinentalen Typs ein, stellte ein Expeditionskorps von sechs Infanteriedivisionen und einer Kavalleriedivision mit unterstützender Artillerie, Transportmitteln, Sanitätseinheiten und angemessenen Reserven und eine alle bestehenden Milizeinheiten umfassende Territorialarmee auf. Außerdem entwarf er einen schnell durchführbaren, praktischen Mobilisierungsplan. An allen staatlichen und weiterführenden Schulen richtete er Offiziersausbildungskorps ein – eine Neuerung, die sich im Krieg bewährte. Schließlich gab er der britischen Armee ihren ersten permanenten Generalstab und sorgte dafür, daß tüchtige Männer wie Sir William Robertson, Henry Wilson und Douglas Haig in dieses Gremium berufen wurden. Trotz all dieser Reformen senkte Haldane tatsächlich das Heeresbudget und setzte damit die Beschwerden des radikalen Flügels der Partei, der sich übermäßigen Militärausgaben widersetzte, auf ein Minimum herab.

Weniger zufrieden waren die Radikal-Liberalen mit den gleichzeitig durchgeführten Marinereformen des „first sea lord", Admiral Sir John Fisher. Dieser energische, hervorragende Seemann trat für ein auf das neue Dreadnought-Schlachtschiff konzentriertes Bauprogramm ein. Seine Argumentation gewann durch das damals in Deutschland betriebene Flottenbauprogramm an Gewicht. Um 1909 war die öffentliche Meinung derartig erregt, daß die Flottenberechnungen revidiert werden mußten. Dies kostete Geld, das anderenfalls möglicherweise für soziale Verbesserungen ausgegeben worden wäre, und viele Liberale nahmen daran Anstoß.

Die Militärausgaben aber bildeten nicht das größte Hindernis für die vorrangigsten Wünsche der radikaleren Liberalen. Ein ernsteres Problem stellte die Oppositionshaltung des Oberhauses dar, das nun unter dem unbesonnenen Einfluß von konservativen Führern wie A. J. Balfour und Lord Lansdowne bestrebt war, den ihrer Ansicht nach gefährlichen Nivellierungstendenzen auf seiten der Regierung Einhalt zu gebieten.

Im Jahre 1906 stellte Lansdowne ganz richtig fest, daß das Oberhaus gesetzlich das Recht habe, „die Fortführung von Maßnahmen zu verhindern, wenn immer es glaubt, daß sie nicht hinreichend überlegt sind und nicht im Einklang mit der abgewogenen Beurteilung des Landes stehen". Es erhob sich jedoch die Frage, wie kompetent dieses Organ erblicher „Peers" für die Beurteilung der Volksstimmung war. In den Jahren 1888–1892 hatte das „House of Lords" nicht eine einzige Maßnahme der Konservativen niedergestimmt. Während des liberalen Kabinetts von 1892 bis 1895 hingegen wurde nahezu jede soziale Reformmaßnahme zu Fall gebracht, und nachdem die Liberalen im Jahre 1906 wieder an die Macht gelangt waren, geschah das gleiche. Im Jahre 1906 legten die Lords ihr Veto ein gegen ein neues Erziehungsgesetz und gegen eine Vorlage zum Mehrstimmenwahlrecht, 1907 verstümmelten sie vier Landreform-Vorlagen, 1908 brachten sie eine Alkohollizenz-Vorlage zu Fall, und 1909 lehnten sie in der Tat das Haushaltsbudget der Regierung ab.

Angesichts der Tatsache, daß im 17. Jahrhundert ein Bürgerkrieg geführt worden war, um die Kontrolle des Unterhauses über die Staatskasse sicherzustellen, war dies eine provokative Geste. Ihre Befürworter nahmen den Standpunkt ein, dieser Haushaltsplan sei keine normale Finanz-Vorlage, sondern ein bewußter Versuch, England zu sozialisieren. Ihr Standpunkt ist sehr wohl verständlich. Der Verfasser des Haushaltsplans war David Lloyd George, eine merkwürdige Mischung von politischer Genialität und Verantwortungslosigkeit, der jetzt seine ersten aufsehenerregenden Schritte innerhalb einer Laufbahn tat, die ihn zur ehrenvollsten Position in der britischen Politik führen sollte. In einem Bergwerksgebiet in Wales in die bescheidensten Verhältnisse hineingeboren, empfand er eine tiefe Abneigung gegen jene, die Wohlstand und Position ererbt hatten, und war opportunistisch genug, auszuprobieren, was durch einen Angriff auf sie erreicht werden konnte.

Lloyd Georges Budget – das Volksbudget, wie er es nannte – sah die Erhöhung der Einkommensteuern (insbesondere für nicht selbst verdiente Einkommen), der Erbschaftssteuern sowie neue Steuern für Tabak, Alkohol, Fahrzeuge und Benzin und vier neue Arten von Grundsteuern vor. Es spricht manches dafür, daß Lloyd George nur einen vagen Einblick in die volkswirtschaftlichen Auswirkungen seiner Vorschläge hatte; und seine Grundsteuern brachten dem Staat letztlich kein großes Einkommen. Sein Interesse aber galt mehr ihrer Propagandawirkung als ihrer wirtschaftlichen Brauchbarkeit. Er legte sein Budget vor als „ein Kriegsbudget ..., um einen unerbittlichen Krieg gegen Armut und Schmutz zu führen". Er hoffte, die Lords würden es niederstimmen, so daß er sie zum Symbol für den Betrug an den Armen machen könnte; und im November 1909 taten sie ihm den Gefallen.

Weder die Ablehnung des Budgets noch die anschließende vernichtende
Kampagne gegen die Lords erzielte so recht die erwartete politische Wirkung. In den allgemeinen Wahlen von Januar 1910 verlor die Liberale Partei
die regierungsfähige Mehrheit, die sie seit 1906 innegehabt hatte, und bei den
nächsten Landeswahlen nach dem Tode Edwards VII. (1901–1910) im Mai
und der Thronbesteigung Georges V. (1910–1936) erzielte sie keine weiteren
Zugewinne und brauchte von da an Stimmen der Labour-Partei, um eine
sichere Mehrheit im Unterhaus zu erlangen. Dies hinderte sie aber nicht
daran, den Fehdehandschuh der Lords aufzunehmen, und sie führte nun eine
Verfassungsänderung von höchster Bedeutung durch.

Im Februar 1910 hatte die Regierung im Unterhaus eine Gesetzesvorlage
eingebracht, die eine Intervention des Oberhauses gegen Finanz-Vorlagen
unterband, dem Unterhaus das Recht zusprach, Maßnahmen gegen das Veto
der Lords zu verabschieden, und die Sitzungsperiode des Parlaments von
sieben auf fünf Jahre verkürzte. Die Wahlen und die Vorbereitungen für die
Krönung Georges V. verzögerten die Entscheidung über diese Vorlage bis
Juni 1911. Dann aber war der Premierminister, Asquith, bereit zu handeln.
Asquiths durchgehende Amtszeit als Premierminister war die längste seit
derjenigen Lord Liverpools zu Beginn des 19. Jahrhunderts. Diese Meister-
leistung war auf sein Geschick zurückzuführen, Differenzen zwischen seinen
brillanten, aber streitbaren Kollegen zu schlichten, auf die Loyalität, die er
der Parteibasis einflößte, und auf sein Talent als parlamentarischer Taktiker.
Letzteres Talent offenbarte er im Kampf mit dem Oberhaus, in dem er sein
Ziel mit einer Kaltblütigkeit verfolgte, zu der sich Lloyd George als unfähig
erwiesen hatte. Er erreichte es schließlich dadurch, daß er dem neuen Souverän das Versprechen abrang, dieser werde, falls sich die Lords weigern
sollten, die Parlaments-Vorlage ohne Änderung zu verabschieden, genügend
neue „Peers" ernennen, um die Verabschiedung sicherzustellen. Mit dieser
Drohung wurde der Widerstand gebrochen, wenngleich erst nach Szenen
eines beispiellosen Aufruhrs in beiden Parlamentshäusern.

Die „Parliament Bill" von 1911 setzte der Macht der Lords, Gesetze zu
verhindern, effektive Grenzen und ebnete den Weg für jenes grundlegende
Sozialreformprogramm, von dem bei der Regierungsbildung der Liberalen
soviel die Rede gewesen war. Ihre neue Freiheit scheint sie jedoch verwirrt
zu haben, und sie wurden immer vorsichtiger und in ihrer Gesinnung kom-
promißbereiter. Ihre einzige große soziale Reformmaßnahme in den Vorkriegsjahren war die „National Insurance Act" von 1911 zur Versicherung
der Arbeiter gegen Unfall, Krankheit und Arbeitslosigkeit. Dies war unbestreitbar ein wichtiges Gesetzgebungswerk, aber dennoch ein im wesentlichen konservatives, da es sich nicht auf allgemeine Steuern stützte, sondern
auf Beiträge von Arbeitgebern und Arbeitnehmern bei relativ geringer staatlicher Unterstützung. Die anderen Gesetze, die in die Gesetzesbücher eingin-
gen, waren rein regulatorischer Art, wie die „Coal Mines Regulations Act"

von 1911 zur Verschärfung der Sicherheitsbestimmungen in den Bergwerken. Gerechterweise muß gesagt werden, daß die Energie der liberalen Regierung nun durch andere Dinge beansprucht wurde, insbesondere durch die verworrene irische Frage. Dennoch sind die Gründe für ihre Ablösung durch die resolutere und weniger kompromißbereite Labour-Partei und die Konservative Partei in den 20er Jahren des zwanzigsten Jahrhunderts in ihrer zögernden Haltung während der Vorkriegszeit zu suchen.

Die irische Frage von Gladstone bis zum Ersten Weltkrieg. Die irischen Unruhen, die Gladstones erstes Kabinett gekennzeichnet hatten, verschärften sich in den darauffolgenden Jahren. Der Eintritt der landwirtschaftlichen Depression in Irland und der Preissturz bei landwirtschaftlichen Produkten machte die meisten der positiven Auswirkungen von Gladstones „Land Act" von 1870 zunichte und führte zu weitverbreitetem Elend; allein im Jahre 1880 wurden 2110 Familien aufgrund von Pachtrückständen exmittiert. Diese Bedingungen führten erneut zu Agitationen für eine umfassende Reform, die nicht nur feste Pachtverträge für die Bauern, sondern die tatsächliche Grundeigentümerschaft vorsehen sollte. Dies war zum Beispiel das Ziel der „National Land League". Von irischen Einwanderern in den Vereinigten Staaten und Australien mit Geldmitteln versehen, regte die „Land League" Bauernunruhen an und koordinierte sie. Sie ermutigte zu Einschüchterungstaktiken, Arbeitsverweigerung, Eigentumsbeschädigung und zur allgemeinen sozialen Ächtung von unbeliebten Verpächtern, die schließlich „Boycott" genannt wurde – nach einem Captain Boycott, der im Jahre 1880 ihr erstes Opfer war.

Die Aktivitäten der „Land League" erhöhten die Wirkung des Kampfes um die „home rule" für Irland, den die irischen Abgeordneten im Unterhaus diese gesamte Epoche hindurch führten. Ihr Anführer, Charles Stewart Parnell (1846–1891) war ein ausgezeichneter Redner und ein kluger Taktiker. Nach seiner Wahl ins Unterhaus im Jahre 1875 organisierte er die irischen Abgeordneten in einem Obstruktionsblock, der die Verschleppungstaktik zu einer hohen Kunst entwickelte und den Widerstand des Parlaments gegen die irische Freiheit zu zermürben suchte.

Mehrere aufeinanderfolgende britische Regierungen versuchten, dieser Taktik durch eine Kombination von Reform und Zwangsmaßnahmen zu begegnen. In den Jahren 1881–1882 verabschiedete das zweite Kabinett Gladstone eine neue „Land Reform Act" für Irland und eine „Arrears Act", die zahlungssäumigen Pächtern zur Wiedererlangung ihres Landbesitzes verhalf. Doch die positiven Auswirkungen dieser Gesetze wurden durch die britischen Maßnahmen gegen Boykotteure und andere Agitatoren wettgemacht. Diese beschworen nur noch extremere Formen des Protests herauf: 1882 wurden in Irland 26 Morde und 58 Mordanschläge verübt; unter den Ermordeten befanden sich die beiden Ersten Sekretäre des Vizekönigs in Dublin.

Diese Umstände führten Gladstone schließlich zu der Überzeugung, daß eine Art „home rule" unumgänglich sei, und nach Bildung seines dritten Kabinetts im Jahre 1886 brachte er eine Gesetzesvorlage ein, die ein mit allen Vollmachten bis auf die Militär-, Außen-, Finanz- und Handelspolitik, das Münz- und Zollwesen ausgestattetes irisches Parlament und eine irische Exekutive in Dublin vorsah. Die Vorlage wurde niedergestimmt, und durch Parnells Verwicklung in ein Ehescheidungsverfahren, das zur Spaltung seiner Partei führte, erlitt die Sache der „home rule" einen weiteren Rückschlag. Dennoch blieb Gladstone hartnäckig. Im Jahre 1893 passierte seine zweite „home rule"-Vorlage tatsächlich das Unterhaus, wurde aber im Oberhaus niedergestimmt. Bei seiner Rückkehr an die Macht im Jahre 1906 schien es, als könne er auch diese letzte Hürde nehmen; Gewalt und Terrorismus hatten nachgelassen, und Gesetze für Zwangsmaßnahmen waren daher nicht mehr notwendig. Unglücklicherweise waren in demselben Zeitabschnitt die protestantischen Bezirke von Ulster wirtschaftlich stärker und selbstbewußter geworden, und sie nahmen nun eine starre ablehnende Haltung gegenüber jeder Art von „home rule" ein, die sie dem katholischen Süden unterordnen würde.

Dieser von der Konservativen Partei bestärkte Widerstand hätte vielleicht in seinen Anfangsphasen entweder durch die erklärte Bereitschaft, die nördlichen Bezirke von einer „home rule"-Regelung auszunehmen, oder durch Entschlossenheit eingedämmt werden können. Die liberale Regierung aber konnte nicht davon ausgehen, daß sich Südirland dazu bewegen ließe, eine Teilung zu akzeptieren, und mit Maßnahmen gegen Ulster zögerte sie so lange, bis die dortige Agitation nicht mehr ohne größere Machtdemonstration unter Kontrolle gehalten werden konnte. Als das Parlament im Jahre 1914 ein „home rule"-Gesetz verabschiedete, weigerte sich Ulster, sich ihm zu fügen; und die Offiziere der nach Ulster beorderten britischen Armee-Einheiten erklärten, sie würden die Anordnungen nicht befolgen. Angesichts eines um England herum ausbrechenden europäischen Krieges beschloß die Regierung, die „home rule" bis zur Wiederherstellung des allgemeinen Friedens zurückzustellen. Dadurch, daß diese Entscheidung die Sache der irischen Freiheit noch einmal vereitelte, förderte sie ein Wiederaufleben des Extremismus im Süden und ebnete den Weg für den Osteraufstand von 1916 in Dublin.

Die britische Demokratie im Jahre 1914. Seit 1867 hatte sich Großbritannien von der Philosophie und den Institutionen des Liberalismus zu einer höheren Stufe der politischen und wirtschaftlichen Demokratie hin bewegt. Die Ausdehnung des Wahlrechts hatte eine echte Volksbeteiligung an Parlamentswahlen ermöglicht, und die Macht des Oberhauses, den Volkswillen, wie der durch seine Repräsentanten zum Ausdruck kam, zu vereiteln, war teilweise gebrochen. Gleichzeitig hatte man die Regionalverwaltung neu geordnet:

das ältere aristokratische System der Stadtverwaltung mit ihrer Stellenbesetzung durch interne Wahlen oder der Regierung durch Friedensrichter hatte man ersetzt durch ein System von gewählten Grafschafts-, Bezirks-, Gemeinde- und Stadträten. Die Sozialleistungen waren ausgedehnt worden auf die ärztliche Versorgung, Krankenversicherung, Erholungseinrichtungen, sanitäre Einrichtungen, das Beförderungswesen und die staatliche Erziehung; und die Regierung hatte die Pflicht, ihre Bürger durch die Regelung bestimmter Lebens- und Arbeitsbereiche zu schützen, erkannt – all dies waren Vorzeichen für den von den Fabiern proklamierten Wohlfahrtsstaat.

Bei allen Vorteilen gingen diese Veränderungen einher mit einer Erweiterung des Regierungsapparates, seiner Aufgaben und seiner Kosten und mit einer beschleunigten Entwicklung zur Bürokratisierung, die von den Liberalen der Jahrhundertmitte bedauert worden wäre. Als der Liberalismus der Demokratie wich, gerieten einige der Werte, für die er eingetreten war, in Verruf. Indem sich die britischen Arbeiter in den Jahren 1912 bis 1914 an der erbittertsten Streikwelle des Landes seit den 80er Jahren beteiligten und die Frauenwahlrechtsbewegung in den Jahren 1913 und 1914 in einem Wahnsinn des Vandalismus, des persönlichen Angriffs und des Exhibitionismus schwelgte, bezeugten sie den Vertrauensschwund gegenüber Gesetz, Vernunft und Kompromiß, die den Kern der liberalen Philosophie gebildet hatten. Wie Winston Churchill im Jahre 1914 sagte, schien „das bürgerliche und parlamentarische System, unter dem [die Engländer] so lange gelebt [hatten], der rüden Herausforderung der Gewalt preisgegeben worden [und] der Bedrohung und Brutalität ausgesetzt zu sein". Diese Manifestationen eines neuen Geistes der Gewalt in der Politik gingen bald in der noch roheren Gewalt des Weltkrieges unter.

Belgien, die Niederlande und die Schweiz

Die belgische Demokratie. Das Land, dessen Entwicklung derjenigen Großbritanniens am meisten ähnelte, war Belgien. Ebenso wie England hatte Belgien eine konstitutionelle Monarchie und befand sich in der glücklichen Lage, von tüchtigen, gewissenhaften Souveränen regiert zu werden, deren Amtszeit lange genug dauerte, daß sie ihre Aufgaben bewältigen und innerhalb der Grenzen ihrer Autorität zur Kontinuität und Stabilität der nationalen Politik beitragen konnten, insbesondere auf dem Gebiet der Außen- und Kolonialpolitik. Der erste König von Belgien, Leopold I. (1830–1865), sorgte für die Konsolidierung des neutralen Status, den die Großmächte seinem Land im Jahre 1831 verliehen hatten, indem er den Kontakt zu seinen königlichen Nachbarn pflegte. Sein Nachfolger war Leopold II. (1865-1909), der sich mit unbändiger Energie für wirtschaftliche Unternehmungen einsetzte und das wirtschaftlich starke belgische Kolonialreich gründete (s. S. 329–330). Albert I. (1909–1934), vielleicht der beliebteste der belgischen Souveräne, war der Soldatenkönig, der im Jahre 1914 vergeblich die deutsche Invasion in sein Land aufzuhalten suchte.

Ebenso wie Britannien entwickelte sich Belgien während des beschriebenen Zeitabschnitts vom Liberalismus fort zur Demokratie hin. Die ursprüngliche Verfassung des Landes hatte die politische Macht, die sich auf ein sehr begrenztes, auf Steuerzahlungen basierendes Wahlrecht stützte, in die Hände einer sogenannten bürgerlichen Oligarchie gelegt. Die Entwicklung des industriellen Systems (Belgien war das einzige Land, das in der industriellen Expansion mit Großbritannien Schritt hielt) führte zu Zusammenschlüssen innerhalb der Arbeiterschicht zwecks politischer Tätigkeit. Gewerkschaften und Sozialisten drängten derartig erfolgreich auf eine Wahlrechtsreform, daß die Verfassung 1893 geändert wurde und alle männlichen Bürger ab 25 Jahren das Wahlrecht erhielten. Und schließlich erlebte Belgien nach 1890, mit der Ausdehnung der Grundschulerziehung auf die Massen in den 80er Jahren, den Anfängen einer Fabrikordnung, der Begründung der Rentenversicherung (1900), der Unfallversicherung für Arbeiter (1903) und Verbesserungen im Wohnungswesen und im Hinblick auf öffentliche Einrichtungen für die Arbeiterschicht, die ersten wesentlichen Maßnahmen der wirtschaftlichen Demokratie.

Die Niederlande. Der Fortschritt Hollands zur Demokratie hin vollzog sich vielleicht deshalb langsamer, weil seine Wirtschaft im Gegensatz zu der Belgiens vorwiegend agrarisch und kommerziell ausgerichtet blieb oder weil die Konjunktur dort im Gegensatz zu Großbritannien in diesen Jahren ziemlich beständig war. Bis 1849 besaß das Land keine Verfassung, und Wilhelm III. (1849–1890) hatte den größten Teil seiner Regierungszeit eine beträchtliche politische Macht inne, so besaß er unter anderem das Vetorecht gegenüber Gesetzen, die vom Parlament verabschiedet waren. Das allgemeine Wahlrecht für Männer wurde erst im Jahre 1917 gesetzlich verankert.

Das Hauptproblem in der niederländischen Politik bis zum Ende des 19. Jahrhunderts war nicht die Wirtschaftspolitik oder Sozialreform, sondern das Erziehungswesen. Wie auch in anderen Ländern befürwortete die Liberale Partei ein kostenloses staatliches Grundschulsystem ohne jegliche religiöse Erziehung. Die protestantische Konservative Partei und die Katholische Partei kämpften für die staatliche Unterstützung ihrer Bekenntnisschulen und erlangten sie im Jahre 1889. Vor dem ersten Weltkrieg gab es keine Arbeiter- oder Sozialistenpartei, die von Bedeutung gewesen wäre und die Vorherrschaft dieser älteren Parteien hätte anfechten können.

Die Schweiz. Gegenüber diesem im wesentlichen konservativen Staat bildete der Schweizerische Bund das andere Extrem. Er war ein blühendes Zentrum der politischen Freiheit, stolz auf seine föderative Form und seine Institutionen der direkten Demokratie sowie darauf, daß er politischen Verbannten aus anderen Ländern Zuflucht bot. Während der ersten Hälfte des 19. Jahrhunderts war der Sinn der Schweizer für die Unabhängigkeit derartig kompromißlos, daß eine echte nationale Einheit aussichtlos erschien. Der Bund war eine bloße Ansammlung unabhängiger Kantone, die sich in Sprache, Religion, Verwaltungsform und Erziehungsinstitutionen voneinander unterschieden und sogar jeweils eine eigene Handelspolitik betrieben und selbständig Abkommen mit ausländischen Mächten trafen. Zwei Dinge änderten diese Situation jedoch. Das erste war die Entstehung einer starken, umfassenden demokratischen Bewegung in den zwei Jahrzehnten vor 1848, die Freiheiten für das Volk, die Ausdehnung des Wahlrechts und Reformen in der lokalen Rechtsprechung durchsetzte. Das zweite war die Forderung nach einer stärkeren Zentralregierung, die aufkam, nachdem der eingefahrene Konservativismus und Regionalismus durch Reformen aufgeweicht worden war.

Diese Forderung beschwor einen Konflikt zwischen der demokratischen Mehrheit der Kantone und dem von den katholischen Kantonen gebildeten Sonderbund herauf, der sich dem Zuwachs der föderativen Autorität widersetzte. Der Streit wurde im Jahre 1847 durch einen kurzen Krieg geregelt, dem die Auflösung des katholischen Sonderbundes und eine durchgreifende Reform der nationalen Verfassung folgten. Von nun an sollte die Schweiz über ein Zweikammersystem verfügen, das dem der Vereinigten Staaten ähnlich war (einen Nationalrat, in dem das Volk auf der Grundlage der Bevölkerungsstärke, einen Ständerat, in dem die Kantone gleich stark vertreten waren), und einen durch die Legislative gewählten Bundesgerichtshof und Bundesrat. Die Kantone behielten große Vollmachten im Erziehungs- und Gesundheitswesen, im religiösen Bereich und auf dem Strafrechtssektor; die Zentralregierung aber bestimmte die Außen-, Militär- und Handelspolitik, das Post- und Münzwesen und die Finanzpolitik.

Die Schweiz wurde somit ein starker föderativer Bund, und zwar einer, in dem die Demokratie fortschrittlichere Formen annahm als in jedem anderen kontinentaleuropäischen Land. Zum einen bestand die direkte Demokratie – d. h. Entscheidungen wurden durch Abstimmung unter allen betroffenen Bürgern gefällt – in mehreren kleineren schweizerischen Kantonen fort. Zum zweiten mußten in Kantonen, deren Gebiet und Bevölkerung dies nicht zuließen, von der kantonalen Legislative verabschiedete Gesetze, die bestimmte in der Verfassung festgelegte Bereiche betrafen, dem Volk zur formalen Zustimmung vorgelegt werden, und andere konnten ihm auf Verlangen zugeleitet werden. Es war auch vorgesehen, daß eine bestimmte Wähleranzahl in der Legislative Gesetzesanträge einbringen konnte.

Als man die Bundesverfassung im Jahre 1874 revidierte, um die Vollmachten der Zentralregierung zu erweitern, sah man ein Volksreferendum auf nationaler sowie kantonaler Ebene vor, und im Jahre 1891 wurde diese Initiative ins Bundesgesetz aufgenommen. Als eine Art natürliche Folge dieser Gesetzesbestimmung, die das schweizerische Volk zu Herren über die Regierung machte, unterstrich die Regierung im Jahre 1874 die Verantwortung des einzelnen, die schweizerische Demokratie zu verteidigen, durch die Einführung der Wehrpflicht. Im Einklang mit dem neutralen Status des Landes sollte das Militär eine strikt defensive Einrichtung sein.

Das Wachstum der schweizerischen Industrie, insbesondere das der Textil-, Uhren-, Luxusgüter- und Konfektionsindustrie, war in dem Zeitabschnitt nach 1870 beachtlich. Und diese Entwicklung führte zur Gründung von Gewerkschaften und zur Entstehung einer aktiven sozialistischen Bewegung. Letztere wurde auch durch die Duldsamkeit des politischen Klimas gefördert, die die Schweiz im letzten Viertel des 19. Jahrhunderts zur Zufluchtstätte für politische Verbannte aus anderen Ländern machte.

Nordeuropa

Dänemark. Im Laufe des 19. Jahrhunderts wurde das Königreich Dänemark vom Schicksal hart getroffen, indem die Großmächte ihm einen beträchtlichen Teil seines Territoriums nahmen. Im Jahre 1815 strafte man die Dänen in Wien für ihre Loyalität gegenüber Napoleon damit, daß man sie zur Abtretung Norwegens an Schweden zwang; und im Jahre 1864 raubten ihnen die deutschen Mächte, wie wir gesehen haben (s. S. 173–174), die Provinzen Schleswig und Holstein. In dem verkleinerten Reich verzögerte sich der Fortschritt zu Liberalismus und Demokratie dadurch, daß die Bevölkerung zum größten Teil aus Bauern bestand, die sich kaum für die Politik interessierten, und durch den Widerstand König Christians IX. (1863–1906).

Um die Jahrhundertwende wurden jedoch Forderungen nach Reformen laut, nicht nur im städtischen Mittelstand, sondern auch bei den bereits seit den 70er Jahren aktiven Sozialdemokraten sowie bei der durch den berühmtesten dänischen Schriftsteller Georg Brandes (1842 -1927) inspirierten und geführten Jugendbewegung und den wohlhabenderen Bauern. Dennoch konnte die Reformbewegung erst im Jahre 1915 eine neue Verfassung durchsetzen. Diese sah eine Ausdehnung des Wahlrechts auf alle Männer und die meisten Frauen vor, die Erweiterung der Kompetenzen des parlamentarischen Unterhauses und – durch Maßnahmen, die denen Englands von 1911 nicht unähnlich waren – die effektive Abschaffung des Vetorechts des Oberhauses, das bis dahin die Macht des Königs untermauert hatte. So trat Dänemark verspätet in eine neue demokratische Periode ein.

Norwegen und Schweden. Im Jahre 1814 hatte Schweden Finnland freiwillig an Rußland abgetreten auf der Grundlage, daß es Norwegen erhalte. Der schwedische Regent, Marschall Bernadotte, war jedoch gezwungen, Norwegen zu erobern; denn dort herrschte eine starke Opposition gegen die Vereinigung. Bei einem solchen Anfang mußte die Geschichte der Union zwischen Norwegen und Schweden zwangsläufig stürmisch werden.

Norwegen, das auf dem Wege zur Demokratie schon weit fortgeschritten war, begann seine neue Laufbahn mit dem Anspruch, daß es „frei, unteilbar und unabhängig" sei. Schwedens Regierung hingegen war aristokratisch und feudalistisch, und seine Herrscher hielten hartnäckig an der königlichen Prärogative fest. Besonders beharrlich bestanden sie auf ihrem Recht, die Außen- und Militärpolitik beider Länder zu diktieren. Dies führte zu Differenzen, vornehmlich im Jahre 1864, als der König den Dänen Beistand leisten wollte und der norwegische „Storting" sich ihm widersetzte. Abgesehen von diesen Differenzen, hatten die beiden Länder in Wirklichkeit keine gemeinsamen wirtschaftlichen Interessen. Schweden bewegte sich nach 1870 rasch auf ein ausgereiftes Industriesystem zu, während Norwegen vorwiegend landwirtschaftlich und kommerziell ausgerichtet blieb. In der Tat führten Norwegens Handelsinteressen zum endgültigen Bruch der Union.

Mit der Ausweitung des norwegischen Transporthandels bestand das norwegische Parlament auf einer eigenen konsularischen Vertretung zu dessen Schutz. Die schwedische Regierung stellte sich dem entgegen, da es der Union abträglich sei. Nach einem zwölfjährigen erbitterten Konflikt löste das norwegische Parlament am 7. Juni 1905 einstimmig die Union mit Schweden. Wenn auch vorübergehend von einem Krieg die Rede war, fügte sich die schwedische Regierung schließlich doch in diese Entscheidung, und Norwegen wurde eine unabhängige konstitutionelle Monarchie, indem es den jüngeren Sohn des Königs von Dänemark aufforderte, unter dem Titel Haakon VII. den Thron zu besteigen.

Durch die Trennung wurden Norwegens demokratische Tendenzen gefördert. Im Jahre 1907 erteilte es als erster souveräner Staat den Frauen das Wahlrecht, und anschließend wurden die Schulpflicht und verschiedene Arten der Sozialversicherung eingeführt. Das Amt des Königs war weitgehend ein Ehrenamt, und das zunächst vorgesehene Vetorecht des Königs wurde im Jahre 1915 aufgehoben.

In Schweden selbst war der monarchische Absolutismus Bernadottes, der von 1818 bis 1844 als Karl XIV. regiert hatte, unter seinen Nachfolgern allmächlich einem gemäßigten Liberalismus gewichen. Die Verfassungsgesetze von 1864 sahen eine Zweikammer-Legislative mit beträchtlichen Vollmachten vor, und im Jahre 1909, während der Regierungszeit Gustavs V. (1907–1950) führte man für Unterhauswahlen das allgemeine Wahlrecht der Männer ein und senkte die Eigentumsbestimmung für Oberhauswahlen. In den folgenden Jahren erhielten die Frauen das Wahlrecht, und für die Wahl beider Parlamentshäuser wurde das Proporzsystem eingeführt. Diese letzte Neuerung war für die Sozialistenbewegung, die ganz natürlich aus dem industriellen Fortschritt Schwedens erwuchs, von Vorteil.

Südeuropa

Die meisten der in diesem Kapitel erörterten Länder verzeichneten um 1914 wesentliche Fortschritte auf ihrem Weg zur Demokratie, und selbst dort, wo eine Tendenz zur Gewalt in der Politik bestand, war sie nicht so ausgeprägt, daß sie die bestehenden politischen Regime bedrohte. Nichts dergleichen traf auf die Staaten Südeuropas zu, wo der Fortschritt zur Demokratie hin minimal und die Gewalt ungezügelt war.

Spanien. Gerald Brenan beschrieb die Geschichte Spaniens in den ersten siebzig Jahren des 19. Jahrhunderts zusammenfassend: „Der glorreichen nationalen Erhebung gegen Napoleon waren 26 Jahre der wilden Reaktion und des Bürgerkriegs gefolgt; daran angeschlossen hatte sich die anarchistische Herrschaft der Generäle ..., die weitere 28 Jahre bestanden hatte."

Diese Generäle dienten Isabella II., die sie im Jahre 1868 entthronten, als deren repressive Methoden selbst ihnen zu weit gingen. Indem sie bei ihrem ersten Versuch, die Thronfolge zu regeln, Prinz Leopold von Hohenzollern den vakanten Thron anboten (S. 193), beschworen sie im Jahre 1870 unbeabsichtigt den Ausbruch von Feindseligkeiten zwischen Frankreich und Preußen herauf. Ihr zweiter Versuch verlief nicht glücklicher. Im November 1870 bot die provisorische Regierung dem zweiten Sohn des Königs von Italien, Amadeo, den spanischen Thron an. Als der unglückliche Prinz das Angebot annahm, sah er sich den Legitimisten gegenüber, die bestrebt waren, Isabellas Sohn Alfonso auf den Thron zu erheben, den Carlisten, die sich für den Erben des Bruders Ferdinands VII., Don Carlos, einsetzten, der katholischen Kirche, die einen König aus jener Dynastie ablehnte, die den Papst seiner irdischen Macht beraubt hatte, und den Republikanern, die überhaupt keinen König wollten.

Nach zwei Jahren der Frustration verzichtete Amadeo auf seinen Thron. Es folgte ein kurzes republikanisches Intervall (Februar 1873–Dezember 1874), während dessen die Politik aber derartig erfolglos war, daß sich die europäischen Mächte gezwungen sahen, diesem Regime die Anerkennung zu verweigern. Während Monarchisten und Katholiken gleichermaßen die neue Regierung boykottierten, hoben die Carlisten eine Armee von 75000 Mann aus und leiteten Aktionen ein, die ihren Umsturz herbeiführen sollten. Im Süden begingen andere irreguläre Streitkräfte Brandstiftungen und Plünderungen im Namen der föderativen Freiheit. Wiederum fühlte sich das Militär zum Eingreifen gezwungen, und am Heiligabend des Jahres 1874 gab es eine Erklärung zugunsten Alfonsos ab und stürzte die Republik.

Diesmal führte der politische Umschwung zumindest zu einer oberflächlichen Stabilität. Führende Persönlichkeit in der restaurierten Monarchie und Urheber der neuen Verfassung war Don Antonio Cánovas del Castillo, ein konservativer Politiker, Patriot und Bewunderer des englischen konstitutio-

nellen Systems, so wie er es verstand. In der Verfassung von 1876 imitierte
Cánovas die englischen Formen insoweit, als er ein verantwortliches Kabinett und ein Zweikammer-Parlament einsetzte; der größte Teil der Bevölkerung aber war von der tatsächlichen Machtausübung ausgeschlossen. Nur
die besitzenden Schichten erhielten das Wahlrecht.

Nicht echte Prinzipien spalteten die Parteien in dieser neuen Regierung,
sondern sie wetteiferten lediglich um die Macht und hatten nicht die Absicht,
das Schicksal der Massen oder den allgemeinen Rechtszustand in einem Land
der notorischen sozialen Ungerechtigkeit zu verbessern. Cánovas verlieh
Spanien nur dadurch Stabilität, daß er den Politikern, dem Klerus und der
Armee erlaubte, sich auf Kosten der Nation zu bereichern. Unter diesen
Umständen tat sich eine unüberbrückbare Kluft zwischen der regierten und
der regierenden Schicht auf.

Alfonso XII. starb im Jahre 1885, und bis zur Machtübernahme durch
seinen Sohn im Jahre 1902 regierte seine Frau als Regentin. Die Regentschaft
und das erste Jahrzehnt der Regierung Alfonsos XIII. waren von einer Reihe
von Krisen gezeichnet, die die Reserven des Regimes der äußersten Belastung aussetzten. Bei der ersten Krise ging es um das durch die Loslösung
der lateinamerikanischen Kolonien in den 20er Jahren des 19. Jahrhunderts
bereits stark verkleinerte Kolonialreich. Spanien hatte die reiche Insel Kuba
behalten. Eine beständige Mißwirtschaft und Ausbeutung aber hatten diese
Kolonie in ein Zentrum der fortwährenden Unzufriedenheit verwandelt und
im Jahre 1868 einen Aufstand heraufbeschworen, der erst nach zehn Jahren
liquidiert werden konnte. Im Jahre 1895 kam es in Kuba aus Enttäuschung
über nichteingehaltene Versprechungen, ihm die Unabhängigkeit zu gewähren, erneut zur Explosion, und dieses Mal führten die repressiven Methoden
der spanischen Garnisonstruppen zur Intervention der Vereinigten Staaten
und im Jahre 1898 zu einem Krieg.

Dieser kostete Spanien sowohl Kuba als auch die Philippinen und hinterließ es mit leeren Staatskassen und einem geschlagenen Militär.

Diese Ereignisse trafen zusammen mit einer wachsenden Unzufriedenheit
unter den Bauern und den Massen der Industriearbeiter, die sich in einem
Anwachsen des marxistischen Sozialismus und Syndikalismus in den Industriestädten und einem um sich greifenden Anarchismus unter den Bauern
des Südens und der Arbeiterschicht von Barcelona bemerkbar machte. Das
war aber noch nicht alles. Die Unfähigkeit und Korruption des Regimes
führte zu einem Wiederaufleben des Carlismus und zu separatistischen Bestrebungen unter den Basken und den Katalanen, von denen einige die Carli-
stische Reaktion unterstützten, während andere den Extremisten auf der
Linken folgten. Infolge all dieser Dinge griff die Gewalt in der spanischen
Politik immer mehr um sich: Mord und Terrorismus wurden beinahe zur
Alltäglichkeit.

Um den sozialen Frieden im Land herzustellen, versuchte der Führer der

Liberalen Partei, José Canalejas, eine funktionsfähige, auf dem Antiklerikalismus basierende Koalition mit den Republikanern und Sozialisten zu bilden. Diese traditionelle liberale Politik mag unter den gegebenen Umständen als besonders geeignetes Mittel erschienen sein; denn die spanische Kirche hatte ständig das Bündnis mit den Wohlhabenden und den reaktionären Kräften gesucht und sich im Kampf gegen den aufstrebenden Sozialismus auf Repressionen verlassen anstatt auf Überzeugung und Verständnis. Es ist gesagt worden, Spanien habe um 1910 aufgehört, ein katholisches Land zu sein, als der Anarchismus unter den Bauern zunahm, die Skepsis des Mittelstands und die nackte Feindschaft der Intellektuellen gegenüber der kirchlichen Zensur wuchs. Dennoch reichte eine antiklerikale Politik allein nicht aus, um all die vereinzelten Kräfte der Linken und der Mitte zu einem wirksamen politischen Block zusammenzuschweißen. Ihre einzigen greifbaren Ergebnisse waren die Ermordung Canalejas' selbst im Jahre 1912 und eine noch tiefgreifendere politische Verwirrung im Lande.

Portugal. Die politische Geschichte Portugals verlief nach einem anderen Muster als die seines Nachbarn, obgleich sie nahezu ebenso gewaltsam war. Die erste Hälfte des 19. Jahrhunderts kennzeichneten fortwährende Kriege zwischen rivalisierenden Thronanwärtern und häufige Aufstände. Während der Regierung Pedros V. (1853–1861) und Louis' I. (1861–1889) schien sich das Land auf eine liberale parlamentarische Regierung hin zu entwickeln. Dieser Fortschritt wurde jedoch unterbrochen durch die Thronbesteigung Carlos' I. (1889–1908), eines Mannes, dessen absolutistisches Temperament und ungezügeltes Verlangen nach privatem Vergnügen zu finanzieller Mißwirtschaft, häufigem Mißbrauch der königlichen Prärogative, Verletzung des parlamentarischen Verfahrens und infolgedessen zur Intensivierung des mörderischen Zwists führte. Am 1. Februar 1908 wurden Carlos, dieser Inbegriff der Zügellosigkeit, und sein ältester Sohn in den Straßen Lissabons getötet. Der zweite Sohn des Königs konnte sich nur bis Oktober 1910 auf dem Thron halten, dann brach in Lissabon eine Revolution aus, und die Republik wurde ausgerufen.

Bei Kriegsausbruch im Jahre 1914 war Portugal nominell ein demokratischer Staat. Als Vorbild für die Verfassung sowie für die antiklerikale Regierungspolitik diente die Dritte Republik Frankreichs. Die Regierung aber stellte nicht die Stabilität her, die das Land brauchte. Ebenso wie Spanien litt Portugal weiterhin unter hohen Schulden und einem unstabilen Finanzsystem, einer durch einen hohen Prozentsatz an Analphabeten behinderten Wirtschaft, einem Mangel an öffentlichen Einrichtungen und der üblichen Anzahl an streitbaren politischen Parteien, die sich mehr damit beschäftigten, Aufstände zu planen, als konstruktive politische Maßnahmen zu erarbeiten.

Italien. Das trostloseste Bild in Südeuropa bot Italien, wo die hohen Erwartungen, die man in das „Risorgimento" gesetzt hatte, enttäuscht worden waren und die Realitäten die diversen oberflächlichen Fortschritte Lügen straften.

Das politische System Italiens nach 1870 war ebenso wie das spanische nach englischem Vorbild errichtet worden und hatte in Wirklichkeit wenig Ähnlichkeit mit ihm. Die konstitutionelle Monarchie regierte durch ein Kabinett, das einem Zweikammer-Parlament verantwortlich war: einem Senat, der aus erblichen und von der Krone auf Lebenszeit ernannten Mitgliedern bestand, und einer Abgeordnetenkammer, die durch die besitzenden und gebildeten Schichten für eine Amtszeit von fünf Jahren gewählt wurde. Die eigentliche Macht lag bei der Kammer, in der zwei Parteienkoalitionen vertreten waren, die Rechte („Destra") und die Linke („Sinistra"). Der Mangel dieses Systems lag darin, daß zwischen diesen beiden Gruppierungen kein wesentlicher Unterschied bestand. Die große Mehrheit der Abgeordneten gehörte dem Mittelstand an, war rationalistisch und antiklerikal und befürwortete eine zentralisierte Regierung und ein „laissez faire"-Wirtschaftssystem. Überdies stellte sich bei vielen unter ihnen eine derartige Gier nach politischen Ämtern ein, daß sie Probleme, die eine klare Trennungslinie zwischen den Meinungen, konstruktive Debatten oder einen Machtwechsel hätten erzwingen können, umgingen. Diese Tendenz wurde derartig auffällig, daß sie einen Namen erhielt – „trasformismo" oder Transformismus.

Der „trasformismo" war die Methode, mit der ein Kabinettschef sich an der Macht halten konnte, indem er, sich über Parteienetiketten hinwegsetzend, mit den Abgeordneten auf der Linken oder Rechten Bedingungen aushandelte, und damit parlamentarische Mehrheiten zustandebrachte. Unter den Händen von derartig begabten Praktikern wie Agostino Depretis (1813–1887), der in der italienischen Politik von 1876 bis 1887 dominierte, und Francesco Crispi (1819–1901), Vorsitzender der Kammer von 1887 bis 1896, löste der „trasformismo" allmählich die bestehenden politischen Gruppen auf und verwandelte das Parlament in eine amorphe Masse von Abgeordneten. Diese wurden durch ein Kabinett gelenkt, dessen Mitglieder ständig wechselten, so daß eine zusammenhängende, kontinuierliche Politik unmöglich war.

Dieses System konnte nur funktionsfähig gehalten werden, indem man Probleme, bei denen sich zwangsläufig Meinungsverschiedenheiten eingestellt hätten, umging. Es gab eine Fülle derartiger Probleme. Die vereinte Nation hatte in Neapel und Sizilien rückständige Gebiete ererbt, die dringend eines Wasserversorgungssystems und besserer Verkehrsverbindungen bedurften und unter einem System der ungerechten Grundbesitzverteilung litten. Sie versuchte, die Industrialisierung voranzutreiben, es fehlte ihr aber an Kohle und Eisenvorkommen, die diese erleichtert hätten. Italien hatte einen niedrigen Prozentsatz an des Lesens und Schreibens Kundigen. Seine Bevölkerungswachstumsrate hingegen war die höchste in Europa, weit höher als die Anzahl der vorhandenen Arbeitsplätze. Dies führte zur Emigration der unternehmungslustigsten Elemente innerhalb der Arbeiterschaft, zu sozialem Elend und zur Unruhe unter denen, die blieben. Die Lebensfähigkeit Italiens als Nation hing an der Lösung dieser Probleme. Doch ihnen wurde unter dem „trasformismo" sehr wenig Beachtung geschenkt. Wenn eines davon dringlich wurde, leiteten diejenigen, die die Mehrheit aushandelten, die Aufmerksamkeit der Öffentlichkeit auf Streitpunkte ab, die Aufregung und Ablenkung versprachen. Ein solcher Streitpunkt war der Antiklerikalismus. Die italienischen Patrioten waren verärgert darüber, daß Papst Pius IX. im Jahre 1871 die Garantien und finanziellen Unterstützungsangebote der Regierung als Gegenleistung für deren Anerkennung ausgeschlagen hatte und sich hartnäckig als Gefangener bezeichnete und andere Regierungen zu seiner Befreiung aufrief. Diese Verärgerung konnte ausgenutzt werden. Ebenso nützlich waren Attacken auf ausländische Mächte wie die Forderung, daß die Österreicher die vorwiegend italienischen Teile des Habsburger Reiches abtreten sollten. Schließlich waren die Regierungen zwischen 1871 und 1914 wiederholte Male versucht, koloniale Abenteuer zur Ablenkung von innenpolitischen Problemen einzusetzen.

Aufgrund dieses Vorgehens blieben dringende soziale und wirtschaftliche Probleme ungelöst. Die Angriffe auf die Kirche erzürnten alle katholischen Länder und machte jede Bereitschaft ihrerseits zunichte, Italien, das manches Mal des wirtschaftlichen oder diplomatischen Beistands dringend bedurfte, irgendwelche Hilfen zukommen zu lassen. Und die Attacken auf ausländische Mächte forderten zur Revanche heraus. Als im Jahre 1887 bekannt wurde, daß Italien – seit 1882 Mitglied des Dreibunds – jenen Vertrag unter Bedingungen erneuert hatte, die darauf hindeuteten, daß seine antifranzösischen Bestimmungen verschärft worden waren, brachen die Franzosen seit langem schwebende Handelsgespräche ab und leiteten einen Zollkrieg ein, dessen Auswirkungen sich beinahe über zehn Jahre hinweg bemerkbar machten. Infolge dieses Ereignisses fielen die italienischen Exporte um vierzig Prozent. Die Kürzung französischer Kredite bewirkte eine Finanzknappheit. Die Arbeitslosigkeit stieg jäh an, und das allgemeine soziale Elend führte zu schnell wachsenden Emigrationsquoten.

Die Auswirkungen des Zollkriegs spiegelten sich auch in einer weitverbreiteten Unzufriedenheit wider. Diese kam im Jahre 1898 in einer Reihe von blutigen Aufständen in allen größeren italienischen Städten zum Ausbruch und gipfelte in den „Maitaten" von Mailand, bei denen Straßenbahnwagen als Barrikaden aufgestellt wurden und die Straßenschlachten zwei Polizisten und achtzig Zivilpersonen das Leben kosteten. Aufgrund dieser Vorfälle wurde das Kriegsrecht verhängt, und in den beiden folgenden Jahren nahmen die Eingriffe des Königs und des Militärs in die Politik Ausmaße an, die die Existenz der parlamentarischen Institutionen aufs ernsteste bedrohten. Im Juni 1899 kündigte General Pelloux, den der König ohne jeden Versuch, das Parlament zu konsultieren, zum Premierminister ernannt hatte, beispielsweise an, er werde durch königliche Erlasse regieren, die seinen Vorhaben automatisch Gesetzeskraft verleihen würden. Diese alarmierende Wendung der Ereignisse brachte die Parlamentarier zumindest für den Augenblick zur Besinnung. Die sogenannte Radikale Linke (eine Reformpartei, die auf den Positivismus und die experimentelle Wissenschaft vertraute), die Republikaner (eine kleine Gruppe ergebener Mazzinisten) und die neue, im Jahre 1892 von Filippo Turati (1857–1932) gegründete Sozialistische Partei bildeten eine neue Koalition. Mit der zusätzlichen Unterstützung der gemäßigteren konstitutionellen Linken erzwang diese Union im Juni 1900 den Rücktritt Pelloux'. Dieses Ereignis fiel zusammen mit der Ermordung König Humberts durch einen Anarchisten, der Rache üben wollte für jene, die die Polizei in Mailand getötet hatte. Der ermordete König war ein Herrscher mit gefährlich absolutistischen Tendenzen gewesen. Von seinem Nachfolger, Viktor Emanuel III. (1900–1946), erwartete man, daß er stärker auf die Erfordernisse der Zeit eingehen würde.

Die neue Ära wurde als liberaler Frühling Italiens begrüßt, und es gab in der Tat hoffnungsvolle Anzeichen für eine politische Regeneration. Unter dem Veteranen Giuseppe Zanardelli (1826–1903) und dem aufsteigenden Star der italienischen Politik Giovanni Giolitti (1842–1928) wurde der Versuch eingeleitet, die verschiedenen Gruppen der alten „Sinistra" zu einer effektiven demokratisch-liberalen Partei umzuformen. Im Jahre 1900 rief Giolitti auf zu „einer Politik, die aufrichtig demokratisch ist", und er sprach von einer Revision des Steuersystems, einer Reform der Gesetzbücher und Reformmaßnahmen in der Landwirtschaft.

Zugleich zeichnete sich bei einem Teil der revolutionären Linken die Bereitschaft zu einer Politik ab, die konstruktiver war als die, zu der sie sich vorher bekannt hatten, und auf dem Gebiet der Sozialreform sogar zur Zusammenarbeit. Der Revisionismus erzielte Einbrüche in die marxistisch-sozialistische Gruppe, und Führer wie Turati schienen, soweit es Schlüsselprobleme betraf, zur parlamentarischen Zusammenarbeit bereit. Auch die Rechte schien für den neuen Geist nicht völlig unempfänglich. Im Jahre 1902 versuchten Sidney Sonnino (1847–1922) und Antonio Salandra (1853–1931) einen neuen patriotischen Konservatismus anzuregen, der sich auf den Glauben an eine starke Monarchie und eine starke Zentralregierung gründete, die bereit sein würde, soziale Ungerechtigkeiten zu beseitigen, und dennoch die extreme Linke bekämpfen würde.

Bei einer Konsolidierung dieser drei politischen Gruppen wäre das parlamentarische Leben Italiens mit aller Wahrscheinlichkeit wieder aufgelebt, ein gesunder Machtwechsel zwischen den Parteien hätte stattgefunden, und die schreiendsten nationalen Mißstände hätten behoben werden können. Statt dessen verfiel Italien bald wieder in die leere Akrobatik des „trasformismo". Die drei potentiell starken Koalitionsparteien lösten sich in hadernde Gruppen auf, und das Parlament wurde wieder zu einer gestaltlosen Masse, diesmal manipuliert von Giolitti, der von 1903 bis 1915 der unumstrittene Herrscher über die italienische Politik war.

Giolitti benutzte seine Macht zur Durchführung gewisser notwendiger Reformen. In den Jahren seiner Parlamentsdiktatur wurde das Wahlrecht auf alle Männer über dreißig Jahre ausgedehnt, Fabrikgesetze wurden verabschiedet, die Versicherungsgesellschaften und Eisenbahnen verstaatlicht, die Gewerkschaften legalisiert, landwirtschaftlichen Genossenschaften staatliche Unterstützungen gewährt und Tarifverhandlungen angeregt. Und nach 1900 kam dem Land ein wirtschaftlicher Aufschwung zugute, wenngleich dieser weniger auf die Wirtschaftspolitik der Regierung zurückzuführen war als vielmehr auf die Beendigung des Zollkrieges mit Frankreich. Trotz all dieser Leistungen aber machten die unehrenhaften Methoden in Wahlkämpfen und in der Kammer schließlich die Wirkung der Cavourschen „connubio" der 50er Jahre wieder zunichte. Sie brachten die Parteien der liberalen Mitte in Verruf und lösten das parlamentarische System auf, indem sie die extremistischen Parteien zu neuem Leben erweckten, die nun – dank Giolittis Wahlrechtsgesetzgebung – die Unterstützung der Massen gewinnen konnten.

In den letzten Jahren vor 1914 zeugte vieles von einem Anwachsen des Extremismus. Auf dem Kongreß der Sozialistischen Partei im Juli 1912 lehnte sich der linke Flügel gegen den Revisionismus auf und erklärte, die Demokratie sei ein bürgerliches Experiment, und der Sozialismus müsse zu seiner orthodoxen Forderung, sie zu zerstören, zurückkehren.

Unter den Intellektuellen der extremen Rechten wuchs das Interesse an den Theorien von Vilfredo Pareto (1848–1923) und Gaetano Mosca (1858–1941), die die Unzulänglichkeiten und Heucheleien des Giolittianismus schonungslos aufdeckten und etwa im Sinne Sorels nach einer neuen Elite riefen, die mit der Macht vertraut sei und die Gesellschaft aus ihrem materialistischen Morast herausführen würde. Gleichzeitig entstand im Jahre 1910 eine neue nationalistische Partei, die sich zu Monarchie, Antiparlamentarismus und Imperialismus bekannte. Ihr höchst freimütiger Führer, Enrico Corradini (1865–1931), sprach in seinen Reden die Themen an, die die faschistische Bewegung nach dem Krieg weiter ausführte: den heroischen Wert des Kampfes, die Bedeutungslosigkeit des Lebens des einzelnen, wenn die Sache der Nation auf dem Spiele stehe, das Erbe des antiken Rom für das moderne Italien, die Notwendigkeit der Unterordnung von Freiheits- und Gleichheitsprinzipien unter jene von Disziplin und Gehorsam und die aus einem gefahrvollen Leben erwachsende moralische Befriedigung.

Am Vorabend des Krieges kamen daher die zuversichtlichen Stimmen in der italienischen Politik, die gerade bei der Jugend ein offenes Ohr fanden, von den Extremisten auf der Rechten und der Linken, die durchweg die baldige Vernichtung eines Regimes ankündigten, das unfähig gewesen war, den Weg einer gangbaren Demokratie zu beschreiten, und dessen politische Prozesse nun von einer schleichenden Paralyse befallen schienen.

Vierzehntes Kapitel

Frankreich: Die geteilte Republik 1871–1914

Seit 1789 hatte Frankreich praktisch jede mögliche Regierungsform erlebt – eine Tatsache, die dem politischen Fortschritt Frankreichs einen ungesunden Relativismus verlieh. Sobald Härten oder Krisenzeiten eintraten, standen immer Parteigänger alter Regime bereit, die zu einem radikalen Umschwung aufriefen. Sie fehlten auch nach 1871 nicht. Dennoch sollte die Dritte Französische Republik, in militärischer Niederlage und Bürgerkrieg geboren, siebzig Jahre lang bestehen.

Die Nachwirkungen der Niederlage 1870–1878

Das Kriegsende und die Kommune. Als deutlich wurde, daß ein Sieg über Deutschland nicht mehr möglich war, wählte das französische Volk eine Nationalversammlung und bevollmächtigte sie damit zugleich, Friedensbedingungen auszuhandeln (s. S. 194). Diese Versammlung führte ihren Auftrag durch ihren gewählten Chef der Exekutive, Adolphe Thiers, aus, widmete sich dann dem Problem der Wiederherstellung der Ordnung im Lande und versuchte, den Verwaltungsapparat wieder in Gang zu setzen. Sie geriet unverzüglich in einen erbitterten Konflikt mit Paris.

Hierfür gab es mehrere Gründe. Das Volk von Paris, das gegen Deutschland gekämpft hatte, bis es durch Aushungerung zur Unterwerfung gezwungen worden war, reagierte auf die Niederlage empfindlicher, als es seiner Meinung nach die Provinzen taten, und empfand es als Demütigung, daß die Regierung auf die deutsche Forderung nach einem triumphalen Einzug in die Stadt eingegangen war. Zum anderen hatte Paris schon im September 1870 die Republik proklamiert, die Nationalversammlung aber nicht; und angesichts ihrer überwältigend monarchistischen Zusammensetzung schien sie dazu auch nicht geneigt. Die hierdurch erzeugte Spannung steigerte sich durch andere provokative Maßnahmen auf seiten der Versammlung. Im März 1871 schlug sie ihr Hauptquartier in Versailles auf – eine Entscheidung, die den Parisern als unverdiente Beleidigung sowie als bewußter Anschlag auf ihre finanziellen Interessen erschien. Noch schlimmer war die abrupte Aufkündigung der seit der Belagerung bestehenden Stundung von Zinsen, Schulden und Schuldscheinen und die Entscheidung der Versammlung, alle Zahlungen an Mitglieder der Nationalgarde einzustellen. Dieser letzte Zugriff war ein schmerzlicher Schlag für die Mehrheit der Pariser Arbeiter, die infolge der Belagerung und der anhaltenden Konjunkturerschütterungen arbeitslos waren und von ihrem Gardelohn leben mußten.

Diese Dinge bestärkten in Paris die Überzeugung, die Stadt selbst müsse die Initiative ergreifen, um die Nation für die Sache der Freiheit und der Republik zu einigen. Vorangetrieben wurde diese Idee von Aktivisten verschiedener Überzeugungen, die sich durch ihre Arbeit in politischen, während des Belagerungswinters organisierten Clubs zu Führern der Arbeiterschicht entwickelt hatten. Am 18. März 1871 beging die Versammlung einen Fehler, der ihnen zugute kam: sie entsandte eine Truppe der Kavallerie, um die Waffen aus dem Arsenal der Nationalgarde auf dem Butte Montmartre zu entfernen. In Paris kam es sofort zu einem Gewaltausbruch. Die Truppen wurden zurückgeschlagen und ihre Kommandeure getötet. Die Nationalgarde marschierte in die Stadtmitte und nahm das Rathaus ein. Die Streitkräfte der Regierung verließen Paris, und die tragische Episode der Kommune begann.

Da Karl Marx die Kommune in einer seiner brillantesten Flugschriften („Der Bürgerkrieg in Frankreich") zu einer Legende machen sollte, ist es wichtig zu erwähnen, daß sie mit der proletarischen Revolution, die er in „Das Kommunistische Manifest" vorausgesagt hatte, wenig gemeinsam hatte. Ihre Politik oder ihre Taktik hatte nichts Sozialistisches an sich. Ihre Führer – ein am 26. März gewählter Generalrat mit neunzig Mitgliedern, der die Tätigkeiten der Kommune leiten sollte – besaßen keine einigende Philosophie und auch keinen gemeinsamen Aktionsplan, ja, nicht einmal die Einsicht, daß ein solcher notwendig wäre. Geblendet durch die leichte Machtübernahme, unterließen sie Konsolidierungsmaßnahmen und verschwendeten statt dessen ihre Zeit darauf, ausgiebig der Geschichte ihre Reverenz zu erweisen. Nachem sie den Namen jener Kommune von Paris angenommen hatten, die Ludwig XVI. gestürzt hatte, schienen sie es für notwendig zu halten, die Imitation noch weiter zu treiben – indem sie den Revolutionskalender übernahmen, ein Regime der Tugend „à la Robbespierre" einsetzten (das Überfälle auf Cafés, die von „cocottes" der gehobenen Schichten aufgesucht wurden, und die Verhaftung ihrer Gönner, die sich im allgemeinen als britische Journalisten entpuppten, notwendig machte) und sich in Ergüssen neojakobinischer Eloquenz ergingen. Ihre einzige wirtschaftliche Maßnahme von einiger Bedeutung war die Wiedereinsetzung des Moratoriums für Zinsen und Schuldzahlungen und ihre einzige soziale Gesetzgebung die Abschaffung der Nachtarbeit in den Bäckereien. Sie schienen niemals – wie Engels später bedauernd feststellte – an die Übernahme der Bank von Frankreich gedacht oder realisiert zu haben, daß ihre gesamte Existenz an der Eroberung von Versailles hing, solange die Nationalversammlung noch ohne beeindruckende militärische Macht war.

Somit hatte Thiers Zeit, seine geschlagenen Streitkräfte zu sammeln und sie durch von Bismarck entlassene Kriegsgefangene und aus der Schweiz zurückgekehrte Internierte zu ergänzen. Anfang April hatte er 150000 Mann unter Waffen und ging direkt zur Offensive über. Selbst dies konnte die Kommune nicht zu durchgreifenden Maßnahmen bewegen. In der Tat geriet sie die beiden folgenden Monate hindurch, während die Streitkräfte der Regierung die Stadt eingeschlossen hielten, in ein zunehmendes Durcheinander. Die Befehlsgewalt ihrer Verteidigungskräfte wurde einer Reihe lebhafter, aber verantwortungsloser Führer übertragen. Thiers Belagerungsoperationen stießen auf keinen wirklichen Widerstand, und am 16. Mai drangen seine Truppen durch einen unverteidigten Abschnitt des Stadtwalls in Paris ein. An diesem Punkt jedoch setzte der eigentliche Widerstand ein. Gemäß ihrer revolutionären Tradition zogen sich die Arbeiter in ihre eigenen Quartiere zurück und kämpften verbissen mit Gewehr und Fackel. Der organisierte Widerstand endete erst am 28. Mai, als die letzten trotzenden Kommunarden – nachdem sie ihre Geiseln, einschließlich des Erzbischofs von Paris, erschossen hatten – unter dem Feuer von Regierungsgeschützen auf dem Friedhof von Père Lachaise starben.

Die Regierung übte erbarmungslose Rache. Jeder, der eine Uniform der Nationalgarde, Armeestiefel oder einen Mantel mit abgetrennter Schulterdekoration trug, wurde festgenommen und ohne Gerichtsverfahren erschossen, ebenso Männer, die auch nur im entferntesten eine Ähnlichkeit mit Anführern der Kommune hatten. Diesen Schnellexekutionen folgten Massenverfahren und Deportationen. Nach vorsichtiger Schätzung starben in der Woche nach Beendigung des Kampfes 20000 Männer. Fast 10000 weitere wurden durch Gerichtsverfahren bestraft. Erst 1879 setzte eine Amnestie dem Spuk der Kommune ein Ende und bewirkte die Freilassung der wegen Beteiligung Inhaftierten.

Die Exzesse der Kommune und ihre Liquidierung schockierten ganz Europa. Die Meinung des Mittelstands tendierte dahin, der von Thiers' Propagandisten verbreiteten Theorie Glauben zu schenken – daß die Ereignisse in Paris auf eine von der „International Workingmen's Association" (s. S. 231) gesteuerte Verschwörung zurückzuführen sei. Das Akzeptieren dieser Theorie erklärt unter anderem die in vielen Ländern virulente Opposition gegen den Sozialismus und andere Formen der Arbeiterorganisation. In Frankreich verschob sich hierdurch sowohl die Entwicklung einer Gewerkschaftsbewegung als auch die einer erfolgreichen Sozialistischen Partei um mindestens ein Jahrzehnt.

Thiers als Präsident. Im Jahre 1871 rundete Thiers eine vielseitige und widersprüchliche Karriere ab, die er während der politischen Unruhe vor der Revolution von 1830 begonnen hatte. Er war nie sehr beliebt gewesen, und seine Feinde bezichtigten ihn eines übermäßigen Ehrgeizes und der Unredlichkeit. Niemand aber hatte jemals seine Intelligenz und seine Energie in

Zweifel gezogen. Nun wurden diese Eigenschaften auf die äußerste Probe gestellt. Als Chef der Exekutive (ein Titel, der im August 1871 umgewandelt wurde in „Präsident der Französischen Republik"), war er berufen, die Politik eines vom Krieg und den Unruhen in Paris erschütterten Landes zu gestalten. In zwei Jahren erreichte er viel.

Den größten Dienst erwies er seinem Land vielleicht damit, daß er das Problem, das höchstwahrscheinlich neue Spaltungen bewirkt hätte, umging: die Frage einer definitiven Regierungsform. Thiers erkannte völlig richtig, daß es dringlichere Probleme gab, und er besaß genügend Prestige, um die Versammlung dazu zu bringen, sich auf die Befreiung von den deutschen Besatzungstruppen zu konzentrieren, die bis zur Zahlung der Kriegsentschädigung von fünf Milliarden Franken im Lande bleiben sollten. Bis September 1873, sechs Monate vor dem Fälligkeitstermin der letzten Rate, zahlte Thiers die gesamte Summe ab, indem er zwei große Schuldverschreibungen der Regierung in Umlauf brachte, die beide vom französischen Volk überzeichnet waren.

Der Abzug der deutschen Truppen brachte Frankreich wieder in eine gleichrangige Position unter den übrigen Mächten und wirkte sich ermutigend und einigend auf das Volk aus. Eine weitere, in dieselbe Richtung zielende Maßnahme stellte das Gesetz von Juli 1872 zur Reorganisation des Militärs dar, das jenes rasche Wiederaufleben der Streitkräfte bewirkte, das in Berlin in den Jahren 1874 und 1875 eine derartige Besorgnis auslöste (s. S. 209).

Während der Auseinandersetzung mit diesen Problemen ging aus bestimmten Lokalwahlen hervor, daß der Republikanismus mit der Kommune nicht erloschen war, sondern sich im Aufschwung befand. Für die monarchistische Mehrheit in der Nationalversammlung bedeutete dies, daß ein weiterer Aufschub der Frage der Regierungsform unratsam sein, und da sich Thiers nun selbst offen zum Republikanismus bekannte, mußte er gehen. Im Mai 1873 entzog die Versammlung dem Präsidenten ihr Vertrauen, und er trat zurück. Zu seinem Nachfolger wählte die Versammlung Marschall MacMahon, der durch die verlorene Schlacht von Sedan zum Sturz Napoleons III. beigetragen hatte, von dem aber offenbar eine Wiedergutmachung in der Form erwartet wurde, daß er Frankreichs leerem Thron einen neuen Souverän geben würde.

Das Scheitern des Royalismus. Die französischen Monarchisten waren jedoch mit drei Thronanwärtern konfrontiert: mit dem legitimistischen Thronanwärter des Hauses Bourbon, Graf von Chambord, Enkel Karls X., mit dem orleanistischen Kandidaten, Graf von Paris, Enkel Louis Philippes, und mit dem bonapartistischen Kandidaten, Sohn des verstorbenen Kaisers. Für den dritten dieser Thronanwärter ließ die Versammlung keine Sympathien erkennen; die Thronansprüche der beiden anderen aber hatten schon seit der

Wiederherstellung des Friedens langwierige und erschöpfende Verhandlungen ausgelöst. Im Laufe des Jahres 1873 wurde schließlich eine Regelung gefunden. Der Graf von Chambord erhielt die einstimmige Unterstützung der Monarchisten, und da er keine Erben hatte, wurde dem Grafen von Paris die anschließende Thronfolge versprochen.

Der Thronfolger verscherzte sich jedoch durch eine Reihe unüberlegter Maßnahmen sofort alle Sympathien. Die schlimmste darunter war, daß er das Lilienbanner der Bourbonen der dem französischen Volk liebgewordenen „tricouleur" vorzog. Und die Chance, die er vertat, sollte nicht wiederkehren. Das Land war der provisorischen Regierung und der Streitigkeiten über die Thronfolge müde. Eine allgemeine Unzufriedenheit in den Provinzen und eine zunehmende republikanische sowie bonapartistische Stimmung zwangen die Nationalversammlung, sich ernstlich der Aufgabe zuzuwenden, für die sie gewählt worden war, nämlich Frankreich eine neue Verfassung zu geben; und im Jahre 1875 verabschiedete sie eine Reihe grundlegender Gesetze.

Diese sahen vor, daß Frankreich hinfort durch ein Zweikammersystem regiert werden sollte: einen Senat mit 300 Mitgliedern, von denen ein Viertel von der derzeitigen Nationalversammlung auf Lebenszeit ernannt und der Rest durch Departement-Wahlmännergremien für die Dauer von neun Jahren gewählt werden sollte (die Ernennung auf Lebenszeit schaffte man im Jahre 1884 ab, und es wurden alle Senatoren für neun Jahre gewählt), und eine Deputiertenkammer, die durch allgemeines Wahlrecht der Männer für vier Jahre gewählt wurde. Die Kammer sollte das Kabinett und damit die Landespolitik durch ein ähnliches parlamentarisches Verfahren wie in England kontrollieren. Kammer und Senat konnten gemeinsame Sitzungen einberufen, um Verfassungsänderungen zu beschließen. Alle sieben Jahre sollten sie zusammentreten, um einen Präsidenten zu wählen. Dieser hohe Beamte erhielt das Recht, Gesetze einzubringen und sie nach ihrem Inkrafttreten bekanntzumachen, weiter das Begnadigungsrecht, die Befehlsgewalt über das Militär, das Recht zur Besetzung ziviler und militärischer Positionen und zur Auflösung der Kammer und Anordnung von Neuwahlen unter Zustimmung des Senats. Wie sich herausstellte, waren diese Vollmachten weniger realistisch, als sie erschienen.

Als sich die Nationalversammlung schließlich im Dezember 1875 auflöste und Neuwahlen abgehalten wurden, errangen die erklärten Republikaner in der Kammer eine starke Mehrheit, und im Senat verfehlten sie sie knapp. In den folgenden Jahren wurde dieser Teilsieg endgültig besiegelt, allerdings erst nach einer größeren Verfassungskrise.

Ihre Ursache lag im wesentlichen in der sich festigenden Überzeugung Marschall MacMahons, daß der Republikanismus den Ruin Frankreichs bedeute. Seine Ängste machten ihn im Frühjahr 1877 für Anregungen empfänglich, durch Manipulation der Wahlmännergremien in den Departements zu verhindern, daß die Republikaner den Senat eroberten. Da sein geschlossen republikanisches Kabinett dies nicht zugelassen hätte, zwang er es am 16. Mai 1877, ungeachtet der Tatsache, daß es das Vertrauen der Kammer besaß, zum Rücktritt. Dann ernannte er ein monarchistisches Kabinett unter dem Herzog von Broglie und forderte den Senat auf, seine Zustimmung zur Auflösung der Kammer zu geben, und der Senat kam dieser Aufforderung nach.

MacMahons Absicht war natürlich, sich ein Volksmandat zur Bestätigung seiner Autorität als Kammerpräsident zu sichern, und er war überzeugt, daß er es erhalten würde. Ebenso zuversichtlich war Broglie, der die Verfolgung der republikanischen Presse, die Entlassung von republikanischen Bürgermeistern, Stadträten, Beamten des öffentlichen Dienstes und Wahlbeamten, die Auflösung republikanischer Clubs und eine mächtige Propagandakampagne zugunsten von monarchistischen und klerikalen Kandidaten einleitete, um die Wahlergebnisse zu beeinflussen. MacMahon und Broglie versprachen sich einen Sieg. Jedoch sie kalkulierten die Macht Léon Gambettas nicht ein.

Gambetta war im Jahre 1870 die Seele des Widerstands gegen die Deutschen gewesen und hatte durch die Erhebung von Provinzialabgaben die Wiederaufnahme des Krieges und die Ehrenrettung Frankreichs nach der Niederlage von Sedan ermöglicht. In der Arbeiterschicht und im unteren Mittelstand war er beliebt wegen seiner warmen, impulsiven Art, seiner glänzenden Redegewandtheit und seiner bekannten Entschlossenheit, unerbittlich für die Wiedererlangung der verlorenen Provinzen zu kämpfen. Als entschiedener Anhänger einer demokratischen, auf der Unterstützung der Volksmassen Frankreichs basierenden Republik, war er entschlossen, MacMahons autoritäre Pläne zu durchkreuzen; er warf sich in den Wahlkampf von 1877, war unablässig auf Reisen und rief in seinen Reden zur Bildung eines vereinigten republikanischen Blocks auf, der sowohl die Anhänger Thiers' als auch die von Hugo und Blanc umfassen sollte. Als die Wahlen schließlich im Oktober 1877 abgehalten wurden, war sein Sieg unverkennbar; denn es war wieder eine solide republikanische Mehrheit in die Kammer eingekehrt. MacMahon mußte ein Kabinett akzeptieren, das ebenso republikanisch war wie jenes, das er entlassen hatte.

Ein Jahr später errangen die Republikaner in Senatswahlen eine Mehrheit. Dies machte die Niederlage MacMahons komplett, und seine Position wurde unhaltbar. Im Januar 1879 trat er zurück. Sein Nachfolger war Jules Grévy, ein aufrichtiger Republikaner.

Die Republik: Grundlegende Probleme

Jahre des Erfolgs 1879–1885. Die Republikaner feierten nun ihren Triumph, indem sie die Hauptstadt im Jahre 1880 wieder nach Paris verlegten, den

14. Juli, den Tag des Sturms auf die Bastille, zum Nationalfeiertag erhoben und die „Marseillaise" zur Nationalhymne erklärten. Diesen Maßnahmen folgte eine entscheidende Gesetzgebung, die die bürgerlichen Freiheiten des einzelnen garantierte, das Versammlungsrecht schützte, Einschränkungen der Pressefreiheit aufhob, die Lokalverwaltung der strikten Kontrolle der Zentralregierung entzog und die Gründung von Gewerkschaften erlaubte.

Wie ihre liberalen Kollegen in Belgien, England und Deutschland tendierten die Republikaner stark zum Antiklerikalismus, und diese Neigung war durch die politische Kampagne der französischen Bischöfe und Priester zugunsten von MacMahon verstärkt worden. Die Kammer griff daher auf zwei Bereiche aus und entzog sie der kirchlichen Kontrolle, die ihr schon immer ungerechtfertigt erschienen war. Im Jahre 1885 brachte sie wieder Scheidungsbestimmungen in den Zivilkode ein, und zwischen 1881 und 1885 führte sie eine umfassende Reform im Erziehungswesen durch, die den Einfluß der Kirche, den sie unter Napoleon III. ausgeübt hatte, mindern sollte.

Der Mann, der diese Gesetzgebung anregte und in der Kammer durchsetzte, war Jules Ferry (1832–1893), ein tüchtiger, zäher Staatsmann, der der festen Überzeugung war, daß die Jugend, insbesondere die bürgerliche – das Rückgrat der Republik in den folgenden Jahren –, vor dem klerikalen Einfluß geschützt werden müsse. Ferry eröffnete seine Kampagne mit einem Schachzug, der durch seine wiederholte Anwendung in der neueren Zeit zum klassischen Mittel geworden ist, um antiklerikale Bewegungen ins Leben zu rufen und die Kirchengegner zu einigen: er forderte die Vertreibung der Gesellschaft Jesu. Nachdem er diese im Jahre 1880 erreicht hatte, trieb er seine Sache weiter vorwärts, indem er Maßnahmen gegen katholische Schulen und Lehrorden ergriff und, was noch entscheidender war, die Gesetze entwarf, die den kostenlosen Grundschulbesuch der staatlichen Schulen vorsahen (1881) und die Grundschulerziehung in irgendeiner Schule zur Pflicht machten (1882). Diese Gesetze vergrößerten die Gesamtzahl der Schulbesucher und reduzierten das Analphabetentum auf unter zehn Prozent der Bevölkerung. Auch für Eltern, die die Gebühren für kirchliche Schulen aufbringen konnten, machten sie es attraktiv, ihre Kinder statt dessen auf staatliche Schulen zu schicken. Beide Entwicklungstendenzen minderten den beherrschenden Einfluß der Kirche auf die lesekundige Bevölkerung.

Die Erziehungsreformen waren vielleicht die dauerhaftesten Leistungen der ersten Phase der Geschichte der Republik; sie sollten andere konstruktive Tätigkeiten aber nicht völlig in den Schatten stellen. Im Transportwesen verdient z. B. das Werk Charles de Freycinets kurz Aufmerksamkeit. Freycinet (1828–1893) war ein ausgezeichneter Ingenieur und Verwaltungsfachmann, der Gambetta bei der Rekrutierung und Organisation der Widerstandsarmee im Jahre 1870 beigestanden hatte. Im Jahre 1878 legte er als Minister für Öffentliche Arbeiten einen gigantischen Plan vor, der den Ausbau der bestehenden Schienenwege, Kanäle, Straßen, Häfen und Neubauten in allen Bereichen beinhaltete. Freycinets umfassendes, systematisches Programm setzte den Prozeß in Gang, der das Schienennetz Frankreichs vor 1914 auf das Doppelte erweiterte. Es führte ebenfalls zur Standardisierung des französischen Kanalsystems, die Güterumladungen überflüssig machte, und zur Schiffbarmachung von Flüssen, die dadurch zu Verkehrsadern wurden. Aufgrund dieser Arbeiten verdoppelte sich die auf Binnenwasserwegen beförderte metrische Tonnage in den Jahren von 1886 bis 1913.

Auch in Übersee feierte die Republik in diesen Jahren, in denen die Fundamente für das neue französische Kolonialreich gelegt wurden, Triumphe. Der führende Kopf des Imperialismus in Frankreich war wiederum Jules Ferry. Er war es, der die Kammer veranlaßte, Kredite zur Unterstützung einer Kampagne zu bewilligen, die den Besitz von Tunis noch vor Ablauf des Jahres 1881 sicherstellte. Im Jahr darauf erlitt die Regierung einen Rückschlag, als Unruhen in Ägypten, an dem Frankreich seit einem Jahrhundert starkes Interesse nahm, die Briten zu einer einseitigen Intervention und schließlich zur Begründung eines Protektorats über das Land führten. Dieser Verlust wurde durch die Zugewinne in den Jahren 1883–1885 ausgeglichen, in denen Frankreich nicht nur in Indochina eindrang, Tonkin eroberte und Laos und Kambodscha zu seinem Protektorat machte, sondern auch den Hafen von Dakar ausbaute, Französisch-Äquatorialafrika gründete und die ersten Schritte zur Annexion Madagaskars unternahm.

Während diese unbestreitbaren Erfolge verbucht wurden, gewann die Republik an Größe und Zuversicht. Symbol für diesen neuen Geist war der Zustand von Paris, das Mitte der 80er Jahre die düstere Stimmung der Kommune überwand und in den Augen vieler zur intellektuellen und künstlerischen Hauptstadt und zum bedeutendsten Tummelplatz der Welt wurde.

Einige grundlegende Probleme. Dennoch war, bei aller kreativen Gesetzgebungsaktivität der frühen 80er Jahre und der Vitalität von Kunst und Wissenschaft, in Frankreich nicht alles in Ordnung. Der wirtschaftliche Fortschritt vollzog sich langsamer als in Britannien und Deutschland, und gerade die Tatsache, daß ein derartig hoher Prozentsatz französischer Ersparnisse (ein Drittel bis die Hälfte) im Ausland investiert wurde, war sowohl ein Zeichen als auch ein Grund für den Mangel an Vitalität und Fortschritt in der Wirtschaft. Relativ gesehen war Frankreichs industrielle Entwicklung nach 1870 nicht beeindruckend. Das durchschnittliche Industrieunternehmen war klein, und bis zum Jahrzehnt vor dem Krieg gab es nur wenige starke Konzentrationen in der Industrie.

Den größten Teil dieser Epoche hindurch blieb die französische Wirtschaft agrarisch ausgerichtet: noch 1914 lebte über die Hälfte der Bevölkerung in ländlichen Gebieten. Da die Bauernhöfe im allgemeinen klein waren, wirkte sich die in diesen Jahren allen westeuropäischen Ländern gemeinsame landwirtschaftliche Flaute nicht so stark aus; die großen Getreideproduzenten aber waren ebensowenig immun gegen die ausländische Konkurrenz und die fallenden Preise wie ihre Arbeiter. Auch der Weinhandel erlitt in diesem Zeitabschnitt einen schmerzlichen Schlag, dadurch daß die Reblaus (Phylloxeridae) in den 70er Jahren die Weinstöcke befiel. Bis zur Jahrhundertwende, als amerikanische Pfropfreise die Rebstöcke widerstandsfähiger machten, kämpfte die französische Weinindustrie um ihre Existenz, und zwar nicht nur gegen die Ungezieferplage, sondern auch gegen die italienische und spanische Konkurrenz.

Unter jedem Regime rufen wirtschaftliche Störungen Kritiker auf den Plan, die Republik aber war nicht nur auf wirtschaftlichem Gebiet der Kritik ausgesetzt. Nach der Mitte der 80er Jahre war das parlamentarische Leben Frankreichs von einer durchdringenden Anarchie gekennzeichnet, so daß energische Anführer sowie Versuche, eine Parteidisziplin durchzusetzen, mit tiefem Argwohn betrachtet wurden. In diesen Jahren vollzog sich innerhalb der Parteien ein stetiger Zersplitterungsprozeß. Der einzelne Abgeordnete neigte mehr und mehr dazu, sich über jegliche Konvention hinwegzusetzen, und das machte folgerichtige Maßnahmen oder ein systematisches Angehen politischer oder sozialer Probleme nahezu ebenso schwierig wie in Italien.

Es herrschte kein Mangel an Kritikern oder, in der Tat, offenen Regimefeinden. An erster Stelle standen die eingefleischten Antirepublikaner: die Aristokraten, der Klerus, die höhere Beamtenschaft und die Armee. Diese waren im allgemeinen Monarchisten, die alle vorherrschenden Tendenzen der Republik ablehnten – insbesondere deren Angriffe auf die Kirche, ihre offenkundige Empfänglichkeit für jüdische und freimaurerische Einflüsse und ihre mangelnde Würdigung der Bedeutung militärischer Stärke. Der klerikale Flügel dieser Gruppe hatte viele Sprecher, unter anderen derartig kompromißlose wie Louis Veuillot, den Herausgeber des katholischen Organs „L'Univers", der die Republik als unchristlich sowie unfranzösisch ablehnte, und Edouard Drumont, der im Jahre 1886 sein Werk „La France Juive" veröffentlichte und den Antisemitismus zu einer beachtlichen Kraft machte.

Das gesellschaftliche Zentrum dieser extrem rechten Opposition befand sich in bestimmten Salons auf dem Faubourg St. Germain. Es ist zu bezweifeln, daß der Faubourg aus sich heraus einen großen Einfluß auf die Politik hätte gewinnen können, doch er diente als Magnet für gesellschaftlich ehrgeizige Angehörige des gehobenen Mittelstands sowie für jene, die den Aufstieg der Arbeiterschicht fürchteten. Auf die Dauer erwies sich diese Verschmelzung aristokratischer und bürgerlicher Ideen und Reserven, die das Grundthema in Prousts „Auf der Suche nach der verlorenen Zeit" bildet, als eine Gefahr für die Republik.

Mit der rechten Opposition im Bunde, aber nicht völlig mit ihr verschmolzen, war die nationalistische Opposition, die sich aus all denen zusammensetzte, die der Überzeugung waren, das Hauptziel Frankreichs müsse die

Rache für die Niederlage von 1870 und den Verlust des Elsasses und Lothringens sein.

Die meisten dieser Nationalisten wären auch ohne das Problem der „revanche" Feinde der Republik gewesen, aber nicht alle. Es gab viele Franzosen, die nicht aufgrund ihrer politischen Orientierung oder ihrer gesellschaftlichen Tendenz Gegner der Republik waren, aber dennoch meinten, das, was sie für Mangel an patriotischem Geist in der Regierung hielten, spiegele einen alles erfassenden Materialismus und Relativismus wider, der den Ruin Frankreichs bedeute. Diese Menschen waren beunruhigt über Paul Bourgets Aufruf an die französische Jugend, mit dem er seinen Roman „Le Disciple" im Jahre 1889 einleitete. „Wir anderen", schrieb Bourget, „konnten niemals in Betracht ziehen, daß der Friede von 1871 alles für immer geregelt hätte . . . Wie gern möchte ich wissen, ob Du denkst wie wir! Wie gern möchte ich sicher sein, daß Du nicht bereit bist, auf das zu verzichten, was der geheime Traum, die tröstende Hoffnung eines jeden von uns war, selbst derjenigen, die nie darüber gesprochen haben!" Die Befürchtung, Frankreich könne unter dem Republikanismus seine Identität verlieren, machte aus vielen Franzosen potentielle Antirepublikaner.

Die Frage, ob die Arbeiterschicht als Feind oder als Anhänger der Republik gelten könne, war in den 80er Jahren noch problematisch. Auch die Rückkehr der ausgewiesenen Kommunarden im Jahre 1880 hatte die Wunden der Kommune nicht zu heilen vermocht. Die Unzufriedenheit mit den Arbeitsbedingungen, der langen Arbeitszeit und den niedrigen Löhnen löste zunehmend Unruhen in der Arbeiterschaft aus. Im Jahre 1884 brach im Kohlengebiet von Valenciennes ein Streik aus, bei dem es zu Gewaltausbrüchen kam und der Zola zu seinem besten Roman „Germinal" inspirierte, 1886 fanden in Decazeville und Vierzon weitere Streiks statt, und nach 1890 stieg die Anzahl der Arbeitsniederlegungen jäh an. Schließlich gewann der marxistische Sozialismus am Ende der 70er Jahre innerhalb der gebildeteren Arbeiterschicht an Einfluß. Marx' Schwiegersohn Paul Laforgue und andere förderten ihn durch die Übersetzung grundlegender Werke von Marx und Engels, und im Jahre 1879 gründete Guesde eine neue „Arbeiterpartei", die sich für marxistisch, revolutionär und selbständig (d. h. ablehnend gegenüber jeder Art von Zusammenarbeit mit den bestehenden bürgerlichen Parteien) erklärte.

Drei Krisen

Der Fall Boulanger. In den letzten fünfzehn Jahren des Jahrhunderts wurde die Republik durch drei Krisen auf eine harte Probe gestellt, in denen die oben aufgezählten Feinde das Regime zu stürzen versuchten. Die erste davon war das Ergebnis einer wachsenden Verzweiflung über die wirtschaftlichen Schwierigkeiten, den Führungsmangel in der Regierung, den Parteienhader und einige Rückschläge in den Kolonien, die ernster erschienen, als sie in Wirklichkeit waren. Sie nahm die Form von Forderungen nach einem starken Mann an, der die Unordnung im Inland beseitigen und Frankreich in einen siegreichen Krieg gegen Deutschland führen würde. Der Mann, der für diese Rolle geeignet schien, war General Georges Boulanger (1837–1891), der im Jahre 1886 als Kriegsminister bei der Armee durch eine Verbesserung der Zustände in den Kasernen und bei den Pariser Volksmassen durch seine glänzende Erscheinung und die Schönheit seines Rappen Tunis Popularität erlangt hatte. Es ist sehr wohl möglich, daß ihm der Umsturz hätte gelingen können, wenn seine Intelligenz und Courage ebenso groß wie sein Ehrgeiz gewesen wären. Sicherlich hatte er im Jahre 1887 eine Chance, als entdeckt wurde, daß der Schwiegersohn des Präsidenten Grévy seine Position verwendete, um Wahlen für die Ehrenlegion zu seinem persönlichen Vorteil zu beeinflussen. Dies war eine Entdeckung, die den Präsidenten im Dezember zum Rücktritt zwang. In den darauffolgenden Monaten hätte jederzeit ein Coup gelingen können, doch Boulanger schien den Weg zu bevorzugen, den Hitler Jahre später wählte, nämlich die Eroberung der Macht durch legale Mittel. Das ganze Jahr 1888 hindurch kandidierte er mit gleichbleibendem Erfolg um freigewordene Parlamentssitze. Dies aber gab lediglich der republikanischen Mitte Zeit, ihre gewohnten Unstimmigkeiten zu beenden und Schritte gegen ihn zu unternehmen. Im Frühjahr 1889, als er aufgefordert wurde, vor dem Senat zu erscheinen, weil er der Verschwörung gegen den Staat angeklagt war, verlor der General die Nerven und floh nach Belgien, wo er zwei Jahre später Selbstmord beging.

Das Scheitern des „Boulangisme" stärkte die Republik, indem es ihre Feinde diskreditierte und ihre Freunde einte. Es zeigte auch, daß die politischen Parteien, die den Anspruch erhoben, für die Arbeiterschicht zu sprechen, nicht derartig revolutionär waren und einem Kompromiß mit dem bürgerlichen Regime nicht so ablehnend gegenüberstanden, wie Guesde behauptete. Unter Führung von Paul Brousse, Joffrin und Benoit Malon war ein „Bund der Arbeitersozialisten Frankreichs" gegründet worden, um mögliche Reformen voranzutreiben. Während der Boulanger-Agitation gingen diese Possibilisten oder Opportunisten, wie sie schließlich genannt wurden, ein Bündnis mit der republikanischen Mitte ein und erklärten: „Wir sind bereit, den schwachen Kern unserer republikanischen Institutionen gegen militärische Bedrohungen zu verteidigen und zu bewahren. Es lebe die soziale Republik!"

Panama. Schien die Republik aus dem Fall Boulanger gestärkt hervorzugehen, so wurden ihre Gewinne vier Jahre später weitgehend zunichte gemacht. Seit den späten 70er Jahren war Ferdinand de Lesseps (1805–1894), der Erbauer des Suezkanals, mit einem Projekt zum Bau eines Kanals durch den Isthmus von Panama befaßt. Durch die unkluge Wahl des Baugebiets, die unrealistische Maschinenausrüstung und das schreckliche Unglück des Gelbfiebers hatte sich die Arbeit verzögert. Um zu verhindern, daß der Glaube an diesen Plan verloren ging, bedienten sich die Befürworter des Kanalbaues der Bestechung von Presse und Politikern. Die Wahrheit konnte aber nicht auf immer verschwiegen werden, und ihre Enthüllung mußte die korrupten Vertuschungsversuche an den Tag bringen. Genau das geschah im Jahre 1892 mit der Veröffentlichung einer Artikelserie in der Zeitung „La Libre Parole" von Edouard Drumont unter dem Titel „Die interne Geschichte von Panama".

Die schmutzige Wäsche, die daraufhin gewaschen wurde, konnte viele Franzosen nur zu der Überzeugung bringen, daß die parlamentarische Regierung bis in ihren Kern hinein verderbt sei und daß alle Politiker unaufrichtig seien. Dies und die Tatsache, daß viele der Manipulatoren dieser Gesellschaft Juden waren, wurde von Drumont ausgenutzt, und seine Artikel ermöglichten der extremen Rechten, die Republik mit Korruption, Ineffizienz und Steuerung durch das internationale Judentum gleichzusetzen. All dies sollte den Meinungskrieg während des Falles Dreyfus beeinflussen.

Die Dreyfus-Affäre. Im Oktober 1894 holte eine Putzfrau im Büro des deutschen Militärattachés in Paris einen zerrissenen und zerknitterten Zettel aus einem Papierkorb und schickte ihn an die Spionageabwehrabteilung (oder das „Deuxième Bureau") des französischen Generalstabs. Die dortige Prüfung ergab, daß es sich um eine Informationsliste über die französische Armee handeln mußte, die ihr unbekannter Autor den Deutschen zu verkaufen bereit schien. Man gelangte zu der Überzeugung, der Autor müsse ein französischer Generalstabsoffizier sein, der vor kurzem die Gelegenheit gehabt hatte, eine Reihe von französischen Militäranlagen zu besichtigen, Hauptmann Alfred Dreyfus.

Es gab keinen ersichtlichen Grund, warum Dreyfus ein Spion sein sollte. Als glänzender Offizier mit einer guten Führungsakte und als erster jemals zum französischen Generalstab zugelassener Jude war er glücklich verheiratet, finanziell unabhängig und ein glühender Patriot. Nach einem Gerichtsverfahren, das sich durch eine Reihe unbestätigter Zeugenaussagen auszeichnete und sich auf Dokumente stützte, die die Verteidigung nicht einsehen durfte, wurde er dennoch für schuldig befunden und zur militärischen Degradierung und zu lebenslänglicher Haft verurteilt.

Fast zwei Jahre später erhielt das „Deuxième Bureau" einen neuen Leiter, Oberst Georges Picquart, der entdeckte, daß auch weiterhin Geheimmaterial an die deutsche Botschaft verkauft wurde. Dies führte zu einer Untersuchung, die ihn zu der Überzeugung brachte, daß der wahre Schuldige ein Kommandeur Esterhazy sei, ein Offizier, dessen Neigung zu kostspieligen Vergnügungen und zwielichtigem Umgang bekannt war. Picquart forderte seine Vorgesetzten unverzüglich auf, Esterhazy zu verhaften und Dreyfus zu

32. Alfred Dreyfuß wird nach seiner Verurteilung im Januar 1895 im Hof der Kriegs-
schule in Paris degradiert

33. Die Kaiserproklamation zu Versailles 1871

rehabilitieren. Zu seiner Bestürzung erhielt er die Mitteilung, dies sei unmöglich; und als er darauf bestand, wurde er auf einen Posten in Algerien versetzt.

Bevor Picquart ging, sorgte er dafür, daß etwas von seinem Beweismaterial in die Hände von republikanischen Abgeordneten gelangte, die für ihre Integrität bekannt waren. Ihr Interesse und ihre Hilfe gab der von der Familie Dreyfus seit 1894 hartnäckig geführten Revisionskampagne neue Hoffnung. Es war nie leicht, sich für Dreyfus einzusetzen. Diejenigen, die es taten, mußten gegen Ausflüchte der Armee, bürokratischen Obstruktionismus und öffentliches Desinteresse ankämpfen. Doch dank der Bemühungen einer kleinen Gruppe von Abgeordneten, Zeitungsleuten und Intellektuellen – Männern wie Georges Clemenceau (1841–1929) und dem Romanschriftsteller Anatole France (1844–1924) – trat allmählich eine Wendung ein. Der Revisionsfall wurde durch eine Reihe von dramatischen Ereignissen im Jahre 1898 neu belebt. Am 11. Januar stellte die Armee mit einer Geste, die offensichtlich dazu dienen sollte, alle Zweifel an der Qualität des ursprünglichen Urteils zu zerstreuen, Esterhazy vor ein parteiisch zusammengesetztes Militärgericht, sprach ihn rasch von allem Verdacht frei und gratulierte ihm öffentlich. Am nächsten Tag wurde Picquart wegen Verleumdung des Namens Esterhazy verhaftet. Diese Ereignisse veranlaßten Emile Zola (1840–1902) dazu, der Presse einen offenen Brief unter dem Titel „J'accuse" zuzuleiten, in dem der Schriftsteller Dreyfus für unschuldig erklärte und das Verhalten der Armee als korrupt und republikgefährdend bezeichnete. Die Regierung erhob unverzüglich Anklage gegen Zola, der es für zweckmäßig hielt, das Land zu verlassen. Sein Handeln hatte den Fall Dreyfus in eine Angelegenheit von nationalem und internationalem Interesse verwandelt.

Der Widerstand der Armeehierarchie gegen eine Wiederaufnahme des Verfahrens und die anschließende Fälschung von Dokumenten und neuem Beweismaterial, um sie zu verhindern, läßt sich zum Teil damit erklären, daß sie nicht bereit war, einen Irrtum zuzugeben, und dies rational zu begründen versuchte mit der Argumentation, ein derartiges Eingeständnis würde sich zu einer Zeit der internationalen Spannungen auf das Ansehen der Armee schädlich auswirken. Für jeden, der an Gesetz und Moral glaubte, war diese Haltung unerklärlich.

Abgesehen davon empfanden es die Dreyfus-Anhänger als bezeichnend, daß gerade diejenigen mit äußerstem Nachdruck für die Ablehnung der Armee, den Fall wieder aufzurollen, eintraten, die während der Boulanger- und der Panama-Affäre die notorischsten Gegner der Republik gewesen waren: die Royalisten, die Anwohner des Faubourg, der höhere Klerus und die Antisemiten. Wenn immer der Fall erörtert wurde, wandten ihre Vertreter in der Deputiertenkammer obstruktionistische Taktiken an und unterbrachen Verfahren auf eine Art, die genügte, um die parlamentarische Regierung erneut in Mißkredit zu bringen. Außerhalb des Parlaments waren ihre Methoden noch gefährlicher: einer unter ihnen rief im September 1898 öffentlich zu einem Aufstand der Armee gegen die Republik auf.

Diese offene Drohung hatte eine tiefgreifende politische Wirkung; denn sie führte den von Jean Jaurès und Alexandre Millerand geführten sozialistischen Flügel zu der Überzeugung, daß eine politisch neutrale Haltung in dieser Krise unklug sei. Im Juni 1899 sprachen die parlamentarischen Sozialisten einem neuen Kabinett unter Führung von René Waldeck-Rousseau ihr Vertrauen aus, und Millerand nahm – als erster Sozialist in einer bürgerlichen Regierung – das Amt des Handelsministers an.

Infolge des Geständnisses und des Selbstmords eines der Hauptzeugen gegen Dreyfus und der anschließenden Flucht Esterhazys nach England annullierte der Kassationshof das ursprüngliche Urteil des Militärgerichts und ordnete ein neues Verfahren an. Die Richter machten wiederum eine Justiztravestie daraus, indem sie Beweismaterial, das eindeutig zugunsten von Dreyfus sprach, ausschlossen und ihn wieder für schuldig befanden, obschon diesmal „unter mildernden Umständen". Das Verfahren und die Verurteilung Dreyfus' zu zehn Jahren Gefängnis lösten erneut eine Welle der Erregung aus, die sich auch nicht legte, als der Präsident der Republik den Offizier, dem so lange übel mitgespielt worden war, begnadigte. Seine Anhänger verlangten nicht mehr und nicht weniger als eine volle Entlastung. Das aber erreichten sie erst im Jahre 1906, als die Regierung Dreyfus für völlig unschuldig erklärte, ihn wieder in die Armee aufnahm und zum Mitglied der Ehrenlegion machte.

Die Affäre hat Dutzende von großen Schriftstellern fasziniert und ging in die Literatur ein durch „Insel der Pinguine" von Anatole France, „Jean Santeuil" und „Auf der Suche nach der verlorenen Zeit" von Proust und „Jean Barois" von Roger Martin du Gard, um nur ein paar große Werke zu nennen. Dies ist nicht verwunderlich; denn überdeutlich brachte sie die Spaltung innerhalb der französischen Gesellschaft zum Ausdruck sowie die Ablehnung der republikanischen Institutionen, die noch lange andauerten, nachdem Dreyfus das Recht zugesprochen worden war, die Uniform seines Landes wieder zu tragen.

Die Vorkriegsjahre

Die Heeresreform. Es war nur natürlich, daß die erregten republikanischen Kräfte, gestärkt durch die Wahlen von 1902 und die weitere Kooperation der Sozialisten, zu einem Schlag gegen die Hauptverfolger von Dreyfus, die reaktionären Offiziere in der Armee, ausholen wollten. Diejenigen, deren Name während der Affäre an vorrangiger Stelle gestanden hatte, wurden nahezu sofort ausgeschlossen, und der Ruf, ein Sympathisant der Monarchisten oder des Klerus zu sein, wurde für einen Offizier zu einem ernstlichen Hindernis und kostete ihn oft seine Karriere.

Eine tiefgreifendere Folge des Falles Dreyfus für das Militär war eine Änderung im Rekrutierungssystem. Das Gesetz von 1872 hatte alle Franzosen einer fünfjährigen Wehrpflicht unterworfen, aber großzügige Befreiungen zugelassen. Ein Gesetz von 1889 hatte die Wehrdienstzeit auf drei Jahre gesenkt und die Ungleichheiten des vorherigen Gesetzes radikal verringert, so daß kein wehrfähiger Mann hoffen konnte, dem Wehrdienst völlig zu entgehen. Nun bestand der republikanische Block auf einer weiteren Senkung und der vollkommenen Gleichheit der Wehrdienstzeit. Und im Jahre 1905 wurde durch ein neues Rekrutierungsgesetz eine zweijährige Wehrdienstzeit faktisch ohne jegliche Befreiungsmöglichkeit festgelegt.

Diese Verkürzung der praktischen Ausbildungszeit und die gleichzeitige Liberalisierung des Disziplinarrechts der Armee sollte den beherrschenden Einfluß der Berufssoldaten auf die französische Jugend verringern und eine Unterminierung ihrer Werte durch reaktionäre Offiziere verhindern. Der Ausbruch der gefährlichen Marokkokrise in demselben Jahr (s. S. 345–346) und andere Anzeichen einer zunehmenden internationalen Spannung ließen jedoch einige Zweifel daran aufkommen, ob die Ausgangsposition für dieses neue Gesetz noch vertretbar sei. War es klug, den Wehrdienst zu einer Zeit zu verkürzen, da sich die französische Bevölkerung im Verhältnis zur deutschen verringerte und zu erwarten war, daß sich auch das jährliche Truppenkontingent verringern würde? War es klug, zu einer Zeit, als man wußte, daß die deutsche Armee ihre Pläne auf einen von bestens ausgebildeten Streitkräften durchgeführten Blitzkrieg („attaque brusque") gründete, die nationale Sicherheit von einer streng defensiven Strategie, ausgeführt durch eilig mobilisierte Reserven, abhängig zu machen? Mehr und mehr Menschen gelangten zu der Überzeugung, daß dies nicht vernünftig sei, und als sich die internationalen Beziehungen nach der Zweiten Marokkokrise (s. S. 352–353) weiterhin verschlechterten, führte die Kammer im Jahre 1913 die dreijährige Wehrdienstzeit wieder ein mit der Begründung, daß es notwendig sei, für eine Ausbildung zu sorgen, die Offensivoperationen ermögliche. Dies war jedoch keineswegs eine einstimmige Entscheidung, und viele Franzosen betrachteten die Armee aufgrund ihrer Erinnerungen an den Fall Dreyfus mit ernstem Argwohn.

Trennung von Staat und Kirche. Zu Beginn der 90er Jahre hatte sich Papst Leo XIII. bemüht, die katholische Kirche aus ihren royalistischen Bindungen zu lösen, und die Gläubigen durch den bedeutendsten Vertreter der Kirche Frankreichs, Kardinal Lavigerie, zur Anerkennung der Republik aufgerufen. Dieses sogenannte „Ralliement" hatte an den Untiefen des Falles Dreyfus Schiffbruch erlitten, und in den darauffolgenden Jahren mußte die Kirche für die prominente Rolle, die einige ihrer führenden Würdenträger in der Antirevisionismus-Kampagne gespielt hatten, bezahlen.

Im Jahre 1901 legte das Assoziationsgesetz fest, daß in Frankreich keine religiöse Vereinigung ohne besondere Genehmigung der Regierung bestehen durfte. Der Assumptionsorden, dessen Superior Dreyfus' erbittertster Gegner gewesen war, wurde sofort ausgewiesen, und andere erlitten das gleiche Schicksal. Tausende von Nonnen und Priestern mußten Frankreich verlassen. Noch ernster war der Versuch, dem Staat ein Erziehungsmonopol zu verschaffen durch die rigorose Anwendung eines Gesetzes von 1904, das die Beendigung jeder Lehrtätigkeit durch religiöse Orden innerhalb von zehn Jahren verfügte.

Seit dem Konkordat von 1802 zwischen Napoleon und dem Vatikan hatten Kirche und Staat in Frankreich immer in enger Verbindung gestanden. Im Jahre 1905 wurde das Konkordat aufgekündigt. Das Recht des Staates zur Stellenbesetzung und seine Verpflichtung zur Gehaltszahlung wurden für aufgehoben erklärt. Das Kircheneigentum blieb in der Verfügungsgewalt des Klerus, sollte aber von nun an durch gewählte religiöse Gremien der Pfarrei („associations culturelles") verwaltet werden. Die Weigerung Papst Pius' X., den Geistlichen die Befolgung dieses Gesetzes oder die Anerkennung der Autorität der „associations" zu erlauben, konnte die Regierung in ihrer Entschlossenheit, sich durchzusetzen, nicht erschüttern. Ein neues Gesetz von 1907 widerrief die zwei Jahre vorher angebotenen Privilegien, verringerte das zur Nutzung des Klerus bewilligte Eigentum und legte fest, daß die kostenlose Nutzung kirchlicher Gebäude für Gottesdienste nur noch auf der Basis örtlicher Vereinbarungen zwischen Geistlichen und zivilen Behörden möglich war. In jeder anderen Beziehung waren Kirche und Staat jetzt voneinander getrennt.

Die Politik in den letzten Friedensjahren. Politisch gesehen war die Republik in dem Jahrzehnt nach 1905 stabiler als zu irgendeinem Zeitpunkt seit 1871. Die Dreyfus-Affäre hatte die republikanischen Parteien der Mitte gestärkt und sie zu einer fruchtbaren Verbindung mit den Sozialisten geführt. Offiziell wurde dieser Bund im Jahre 1905 gelöst, als sich die verschiedenen sozialistischen Parteien Frankreichs zu einer einzigen zusammenschlossen, der Französischen Sektion der Arbeiter-Internationale (SFIO), und sich – unter ausdrücklicher Ablehnung der Politik der Zusammenarbeit mit bürgerlichen Regierungen – zu einer „Klassen- und revolutionären Partei" erklärten. Ihrem Temperament nach blieben die französischen Sozialisten jedoch zum größten Teil Revisionisten, und in Krisenzeiten unterstützten sie die Republik. Und konnten Sozialisten nicht in bürgerliche Kabinette eintreten, so war es doch *ehemaligen* Sozialisten möglich. Die republikanischen Parteien sollten durch Übertritte talentierte Führungspersönlichkeiten an sich ziehen.

Die neue Vitalität der republikanischen Mitte zeigte sich darin, daß neben den Führungspersönlichkeiten, die aus den sozialistischen Reihen herübergezogen wurden, auch andere emporkamen. Clemenceau hatte sich während der Affäre einen Namen gemacht, und die rechte Mitte fand einen neuen dynamischen Anführer in Raymond Poincaré (1860–1934), der im Jahre 1912 Präsident der Republik werden sollte.

Die Stärkung der Mitte bedeutete nicht, daß die Republikgegner ausgeschaltet waren. Zur Linken der Sozialisten setzten die Syndikalisten ihre Agitation durch die kleineren militanteren Gewerkschaften fort, und ihr berühmtester Ideologe, Georges Sorel, predigte die direkte Aktion. Auf der extremen Rechten suchten die Kräfte der Reaktion einen neuen Sammlungspunkt und fanden ihn in der als „Action Française" bekannten Bewegung, die aus der Dreyfus-Affäre entstanden war und ihren Anführer in Charles Maurras (1868–1952) gefunden hatte. Maurras, ein einflußreicher, eloquenter Publizist, wetterte gegen die Republik als Brutstätte der Freimaurerei, des Judentums, der Protestanten und Ausländer und rief zur Wiedereinsetzung eines Königs auf, der Frankreich wieder berühmt machen und der traurigen Komödie der Demokratie ein Ende bereiten würde.

Frankreich war nicht völlig frei von jener Schwäche, unter der Italien litt – einer Tendenz unter den jungen Leuten, des Systems überdrüssig zu werden und es ändern zu wollen. In der Popularität Maurras' und Sorels sowie in der Tatsache, daß die Bergsonsche Philosophie in Mode war, läßt sich ein weiterer Beweis für jenen Kult der Gewalt finden, den wir in diesem Zeitabschnitt auch in anderen Ländern festgestellt haben.

Fünfzehntes Kapitel

Das Deutsche Reich: Pseudokonstitutioneller Absolutismus 1871–1914

In einem Brief an den Münchner Ökonomen Lujo Brentano sprach Theodor Mommsen, der Historiker, der die großen Forschungen über Rom angestellt hat, bitter von dem pseudokonstitutionellen Absolutismus, unter dem sie lebten und den ihr rückgratloses Volk innerlich akzeptiert habe.

Eine bessere zusammenfassende Beschreibung des Deutschen Reiches könnte man kaum geben. In einem der Demokratie zustrebenden Europa blieb Deutschland ein Staat, in dem Entscheidungen über Lebensart und Freiheiten der Bürger weiterhin von Personen und Organen getroffen wurden, die nicht der Kontrolle des Parlaments oder des Volkes unterlagen. Und die große Mehrheit des Volkes lehnte sich gegen diesen Zustand nicht auf.

Bismarcks Deutschland 1871–1890

Die Verfassungsstruktur. Welche Maßstäbe man auch zugrunde legt, die im April 1871 verkündete Reichsverfassung war ein schwerfälliges unlogisches Dokument. Sie schuf eine Reichsregierung ohne ausreichende Verwaltungsorgane, die ihr eine Bedeutung gegeben hätten, einen Bundesstaat, der durch die Sonderstellung eines seiner Mitglieder daran gehindert wurde, wirklich föderalistisch zu sein, und ein parlamentarisches System, das durch die Einschränkungen seiner Zuständigkeiten unwirksam gemacht wurde.

Nach 1871 umfaßte das Reich Preußen, die Königreiche Bayern, Sachsen und Württemberg, achtzehn Kleinstaaten, drei freie Städte und das sogenannte Reichsland Elsaß-Lothringen. Die Verfassung übertrug dem Reich die Souveränität; das Erziehungs- und Polizeiwesen, die Gerichtshöfe, der größte Teil des Finanzwesens und vieles andere aber oblagen den Verwaltungsorganen der einzelnen Staaten. Selbst in der Außenpolitik behielten die süddeutschen Königreiche zumindest eine förmliche Unabhängigkeit. Sie verfügten jeweils über ihre eigene Armee, deren Offiziere ihr König ernannte, wenngleich sie in Kriegszeiten dem preußischen Oberbefehl unterstellt wurde. Es gab keine Reichsarmee; Nationalarmee war und blieb das preußische Heer.

Trotz der ihnen vorbehaltenen Rechte unterstanden alle Bundesstaaten auf die eine oder andere Art und Weise dem Staat Preußen. Der König von Preußen, der den Titel Deutscher Kaiser trug, ernannte den Reichskanzler und andere hohe Reichsbeamte. Er lenkte die Außenpolitik Deutschlands und ergriff durch seinen Kanzler jede innenpolitische Gesetzesinitiative. Er befehligte das Militär in Kriegszeiten, entschied über Krieg und Frieden, berief die beiden gesetzgebenden Organe ein und vertagte sie.

Im höheren gesetzgebenden Organ, dem sogenannten Bundesrat, zeigte sich die Überlegenheit Preußens gegenüber den anderen Staaten am deutlichsten. Der Bundesrat vertrat die Bundesstaaten und setzte sich aus von ihren Regierungen ernannten Delegierten zusammen. Die Anzahl der Vertreter aus den verschiedenen Ländern richtete sich nach deren relativer Größe und Macht; somit hatte Preußen von insgesamt 58 Stimmen (im Jahre 1911 wurde Elsaß-Lothringen zugelassen, wodurch sich die Gesamtzahl auf 61 erhöhte) siebzehn, Bayern sechs, Sachsen und Württemberg je vier und die übrigen Staaten noch weniger. Weiterhin war festgelegt, daß ohne preußische Zustimmung keine Änderung im Militär- und Zollwesen oder der Verbrauchssteuern und bei vierzehn Gegenstimmen im Bundesrat keine Verfassungsänderung beschlossen werden konnte. In der Tat konnte Preußen allein eine Verfassungsänderung verhindern.

Die Mitglieder des Reichstags, des Volksvertretungsorgans, wurden durch allgemeines Stimmrecht der Männer gewählt. Das Wahlberechtigungsalter betrug 25 Jahre. Der Reichstag hatte sehr viel weniger Vollmachten als das Unterhaus in Britannien und die zweite Kammer in Frankreich. Meistens wurde er in Angelegenheiten tätig, die ihm von der Regierung vorgelegt wurden. Er übte nur eine geringe Kontrolle über den Kanzler und seine Minister aus; denn der Kanzler mußte sich nur dem Kaiser gegenüber verantworten, und die untergeordneten Minister waren nur dem Kanzler verantwortlich.

Diese Merkmale dürfen jedoch nicht zu dem Schluß führen, daß der Reichstag ein unwichtiges Organ gewesen sei. Er setzte sich aus Vertretern zusammen, die vom deutschen Volk gewählt waren, und wurde daher von ihm mit kritischem Interesse beobachtet. Er bildete einen ausgezeichneten Resonanzboden für Ideen und Propaganda, und Bismarck empfand ihn als einen nützlichen Ort, um Stärke und Absichten Deutschlands kundzutun, wenn er die Meinung des Auslands beeindrucken wollte. Der Reichstag war ein unerläßliches Glied im Gesetzgebungsprozeß und überprüfte, debattierte und veränderte oder stimmte manchmal gegen Gesetze. Und da er die Macht hatte, Maßnahmen zu verzögern, und die Kontrolle über die Staatskasse ausübte (er stimmte über das Budget ab), war er theoretisch in der Lage, seine Befugnisse auszudehnen. In der Tat machte er sporadische Ansätze hierzu. Die Tatsache, daß reaktionäre Kräfte ständig für die Beschneidung der Vollmachten des Reichstags agitierten, zeigt, daß seine Autorität nicht unbedeutend war.

Gewiß war Bismarck nicht dieser Überzeugung. Er schätzte den Reichstag aufgrund seiner außenpolitischen Nützlichkeit, und auch in der Innenpolitik hielt er ihn als eine Art Einheitssymbol für eine brauchbare Waffe gegen die partikularistischen Kräfte. Außerdem hatte er persönliche Gründe, den Reichstag zu schätzen. Da dieser die Macht hatte, das Gesetzgebungsprogramm der Regierung hinauszuzögern und zu Fall zu bringen, mußte der Reichskanzler eine Persönlichkeit sein, die ihn zu beherrschen und zu manipulieren vermochte, um sichere Parlamentsmehrheiten zu erreichen. Solange Bismarck dies besser als irgend jemand anders bewerkstelligen konnte, fühlte er sich vor den heimlichen Attacken von Höflingen und Soldaten aus der direkten Umgebung des Kaisers, die ihn absetzen wollten, sicher.

Natürlich lehnte Bismarck alles, was einem echten parlamentarischen System wie dem in Britannien und Frankreich nahekam, ab. Und in ihrem Widerstand gegen Reformen kam ihm und seinen Nachfolgern eine weitere Eigenart des Verfassungssystems, die hier Erwähnung finden sollte, entgegen. Solange Preußen eine derartig starke Position im Reich hatte durch die Prärogative seines Königs, Preußens Gewicht im Bundesrat, und sein faktisches Machtmonopol, ausgeübt durch seine Armee, wurde die Reichspolitik zwangsläufig weitgehend durch die Wünsche der herrschenden Schicht Preußens bestimmt. Jene Schicht hatte dank des Dreiklassensystems, durch das der preußische Landtag gewählt wurde (s. S. 113), ihren feudal-konservativen Charakter behalten. Aufgrund dieser Tatsache konnte sich der Kanzler in dem sicheren Bewußtsein, daß er durch den preußischen Landtag und die preußische Delegation im Bundesrat unterstützt wurde, dem Drängen des Reichstags auf Reformen widersetzen. Der Schlüssel zu jeder Verfassungsreform in Deutschland lag in Preußen, und vor Kriegsausbruch war die Demokratisierung des preußischen Wahlrechts zum primären Ziel aller Reformer in Deutschland geworden.

Die Parteien. Von den 70er Jahren an bis zum Kriegsausbruch konzentrierte sich die organisierte politische Tätigkeit in Deutschland auf sechs bedeutende politische Parteien.

Auf der extremen Rechten stand die Deutsche Konservative Partei, die Partei des Preußentums, der Aristokratie und des Grundbesitzes, die ihren stärksten Rückhalt in den Gebieten östlich der Elbe fand. In ideologischer Hinsicht stand sie dem Liberalismus und der demokratischen Reform feindlich gegenüber und maß der Loyalität gegenüber dem Monarchen und dem Dienst am Staat einen hohen Wert bei. In wirtschaftlicher Hinsicht hegte sie keinerlei Sympathien und hatte wenig Verständnis für die Industrie, und obgleich sie ursprünglich vom Freihandel überzeugt war, ging sie, als die ausländische Getreidekonkurrenz einsetzte, zu einem leidenschaftlichen Protektionismus über. Da ihr Horizont eher auf Preußen begrenzt war, lag die eigentliche Stärke der Partei im preußischen Landtag. Sie war eine protestantische Partei, die mit Nachdruck betonte, die christlichen Grundlagen des Staates müßten erhalten bleiben. Im besten Falle führte dies die Konservativen zu einem echten Interesse an Sozialreformen. Im schlimmsten Falle führte es zu Ausbrüchen des Antisemitismus.

Ein Sproß der Konservativen war die sogenannte „Reichspartei" (in Preußen Freikonservative Partei genannt), die Gutsbesitzer und Industrielle in sich vereinte und die in der deutschen Geschichte so entscheidende Union von Roggen und Stahl verkörperte. Als Partei, die den nationalpolitischen Maßnahmen des Kanzlers ihre ungeteilte Unterstützung gewährte, schickte die Reichspartei viele ihrer Mitglieder in seine Kabinette und seinen auswärtigen Dienst. Die Gefolgschaft der Massen erlangte sie nie. Schließlich schloß sie sich wieder mit den Konservativen zusammen und trug so zur Erweiterung des Spektrums der sozialen und politischen Ansichten jener Partei bei.

Ungleich wichtiger war die katholische Zentrumspartei, die von ihrer Gründung im Jahre 1870 an die Unterstützung der Massen fand, obschon sie in Bayern und im Rheinland am stärksten vertreten war. Als erklärtermaßen konfessionelle Partei umfaßte das Zentrum immer einzelne und Gruppen unterschiedlicher politischer und sozialer Ansichten. Wenn nicht gerade die Selbständigkeit der katholischen Kirche in Deutschland oder die Frage der Freiheit in der religiösen Erziehung oder der Verteidigung der Rechte des Staates auf dem Spiel stand, so zeigte sich diese Partei zu einer größeren Handlungsfreiheit imstande als andere. Es lag aber eine innere Konsequenz in ihrer Haltung. Im allgemeinen war sie in ihrer Verteidigung der Tradition, der königlichen Prärogative und der hierarchischen Gesellschaftsstruktur sowie in allen Angelegenheiten der gesellschaftlichen Moral konservativ. Andererseits stand sie der verfassungsmäßigen Regierung, in der sie ein Mittel zum Schutz von Minderheitsgruppen gegen die übermäßige Zentralisierung staatlicher Macht sah, durchweg positiv gegenüber und war im Hinblick auf Sozialreformen progressiv.

Diese Partei war tiefgreifend beeinflußt durch die Lehren Adolf Kolpings, der in den 40er Jahren katholische Gesellenvereine zur Weiterbildung der Arbeiter gegründet hatte, und durch die von Bischof Wilhelm Emmanuel von Ketteler, der von 1850 an bis zu seinem Tode im Jahre 1877 die Notwendigkeit gepredigt hatte, die Mißstände des Kapitalismus durch Arbeitergenossenschaften, christliche Gewerkschaften und anderweitige Hilfen für die Armen zur Hebung ihres Lebensstandards zu bekämpfen.

Es gab zwei liberale Parteien. Die Nationalliberalen, die stärkste parlamentarische Partei im ersten Jahrzehnt des Reiches, hatten sich von der alten Fortschrittspartei, die im Verfassungskonflikt der 60er Jahre gegen Bismarck gekämpft hatte (S. 170–171), getrennt, und den Kanzler unterstützt. Als Vertreter des gebildeten, wohlhabenden Mittelstands und der höheren Bürokraten wiesen sie viele Gemeinsamkeiten mit den Liberalen in anderen Ländern auf und unterstützten die Zentralisierung, das „laissez faire"-Wirtschaftssystem, die Säkularisierung des nationalen Lebens, die verfassungsmäßige Regierung und den materiellen Fortschritt.

Die Liberalen auf der Linken, die sich noch Fortschrittspartei nannten, teilten einige dieser Ansichten (insbesondere über das „laissez faire"-System und die Ablehnung des Sozialismus), nahmen aber eine betontere antimilitaristische und antistaatliche Haltung ein und verliehen ihren Forderungen nach einer Erweiterung der parlamentarischen Regierung viel mehr Nachdruck. Ihr Anführer in den frühen Jahren des Deutschen Reiches war Eugen Richter, der das große Talent besaß, Bismarck in Wut zu versetzen. Nach seinem Tode wurde Friedrich Naumann sein Nachfolger. Er bemühte sich um eine Wiederbelebung des Liberalismus, indem er den Zusammenschluß mit den Sozialisten betrieb. Dies gelang nicht, und die Fortschrittlichen blieben eine schrumpfende Partei.

Schließlich setzte in den 70er Jahren das bemerkenswerte Wachstum der Sozialdemokratischen Partei ein, die sich vor 1914 zur größten Partei in Deutschland und zur größten Arbeiterpartei in Europa entwickelte. Ihr Charakter und ihre Tätigkeiten werden weiter unten erörtert.

Neben diesen gutorganisierten und relativ stabilen Organisationen gab es verschiedene Splitterparteien im Reichstag. Unter ihnen befanden sich die Elsässer und die Polen aus Posen, bei denen man im allgemeinen damit rechnen konnte, daß sie gegen die Regierung stimmten. Sie waren aber zu wenige, als daß sie ihr viele Unannehmlichkeiten hätten bereiten können. Es gab auch eine antisemitische Partei. Sie charakterisierte den Juden als eine fremde, subversive Kraft und stellte phantastische Rassentheorien auf, die eine durch den Kult, der mit der Wissenschaft betrieben wurde, leichtgläubig gemachte Öffentlichkeit beeindruckten. Die Antisemiten hatten vor 1914 weder parlamentarische noch andere Erfolge, aber ihre Propaganda übte wahrscheinlich einen beträchtlichen Einfluß auf das Unterbewußtsein der Deutschen aus.

Die Nationalliberale Periode und der Kulturkampf. In den ersten Jahren des neuen Reiches war es Bismarcks Ziel, den Einigungsprozeß durch die Begründung von Institutionen zu vollenden, die das Reich zu einer homogenen, erfolgreichen Nation machen würden. Er wollte die Vielfalt an Institutionen und den Provinzialismus an den Stellen einschränken, wo sie die politische und wirtschaftliche Leistungsfähigkeit des Reiches beeinträchtigen konnten. Da hierzu Gesetze erforderlich waren, hielt der Kanzler eine Zusammenarbeit mit der Partei für zweckmäßig, die im Reichstag über eine Mehrheit verfügte und dem Prinzip der Zentralisierung das größte Wohlwollen entgegenbrachte, der Nationalliberalen Partei. In dem Jahrzehnt von 1870 bis 1880 zeichneten in erster Linie die nationalliberalen Stimmen verantwortlich für das große konstruktive Gesetzgebungsprogramm, durch das Deutschland seine neuen Reichsverwaltungsorgane, ein einheitliches Münzwesen und

ein Handelsgesetzbuch für Gewerbe und Industrie, ein nationales Zivil-
und Strafrechtsverfahren, eine Reichsbank und ein Reichseisenbahnamt erhielt.

Aus der Zusammenarbeit zwischen den Nationalliberalen und dem Kanzler erwuchs jedoch eine unselige Kampagne gegen die katholische Kirche, die
das politische Leben in Deutschland bis zur Mitte der 80er Jahre empfindlich
störte. Der „Syllabus der Irrtümer" (1864) von Papst Pius IX., in dem dieser
„die Irrtümer des Liberalismus" verurteilte, hatte die Gemüter der europäischen Liberalen aller Schattierungen erregt. Insbesondere die deutschen Liberalen, einschließlich vieler Katholiken, waren erzürnt über das Dogma der
päpstlichen Unfehlbarkeit in Fragen des Glaubens und der Moral, das im Juli
1870 während des Krieges gegen Frankreich verkündet worden war. Bismarcks Motive waren vielschichtiger. Er war über den Zuwachs der Zentrumspartei verärgert, und wie gewöhnlich war sein Standpunkt durch außenpolitische Überlegungen beeinflußt. Ging Deutschland zur Offensive gegen den Vatikan über, so könnte es das Wohlwollen anderer liberaler, antiklerikaler Mächte erlangen und die Isolation des stärksten Anhängers des
Papsttums, Frankreichs (zu dieser Zeit war die französische Regierung noch
monarchistisch und stand dem Klerus positiv gegenüber), besiegeln. Dies
erschien um so notwendiger, als Bismarck, ohne direkten Beweis, offenbar
der Überzeugung war, das Papsttum versuche, eine katholische Koalition
gegen Deutschland anzuregen.

Bismarck war vielleicht zu jener Zeit – erschöpft durch die Mühen der
vergangenen zehn Jahre und in einem schlechten Gesundheitszustand – zu
klaren Gedankengängen nicht fähig. Im Jahre 1872 startete er im Reichstag
und in der preußischen Legislative einen Angriff gegen die Kirche. Wie in
anderen Ländern bedeutete die Ausweisung der Jesuiten den Startschuß für
die Kampagne. Es folgten eine Reihe von Gesetzen, die die Bischöfe ihrer
disziplinarischen Vollmachten beraubten, die kirchliche Erziehung der staatlichen Aufsicht unterstellten, die Zivilehe zur Pflicht machten, das Recht der
Kirche auf Selbstverwaltung aufhoben und religiöse Orden auflösten.

Der Papst reagierte mit dem Abbruch der diplomatischen Beziehungen zu
Preußen, und die deutschen Bischöfe erklärten geschlossen, daß Katholiken
diese Gesetze nicht befolgen könnten, ohne gegen ihren Glauben zu versto-
ßen. Anschließend führte die Kritik an den antikirchlichen Maßnahmen von
belgischen und französischen Kanzeln herunter im Jahre 1875 zu deutschen
Drohungen gegen Frankreich und zu einer Kriegspsychose (s. S. 209–210).
Doch Bismarcks Angriff auf die Kirche – den die Liberalen hochtrabend
„Kulturkampf" nannten – hatte zwei unvorhergesehene Folgen. Er erregte
die Protestanten nahezu ebensosehr wie die Katholiken und veranlaßte die
Konservative Partei, ihren Einfluß bei Hofe geltend zu machen gegen eine
Politik, die imstande schien, sich zu einem Angriff auf jede organisierte
Religion zu entwickeln. Zugleich bestärkte der Kulturkampf offenbar die

Anhänger des Zentrums in ihrer Loyalität, anstatt die Partei zu schwächen, so daß sie bei den Wahlen von 1877 ihre Position im Reichstag verbesserte. Dieses letztere Ergebnis reichte aus, um Bismarck davon zu überzeugen, daß sein Anti-Katholiken-Kreuzzug ein Fehlgriff gewesen war. Er hatte aber noch einen weiteren Grund, diese Politik fallen zu lassen. Er hatte beschlossen, seine Zusammenarbeit mit den Nationalliberalen zu beenden, und brauchte die Unterstützung der Konservativen und sogar des Zentrums.

Im Jahre 1877 hatten die Nationalliberalen Bismarck zu verstehen gegeben, daß ihre künftige Kooperation von Zugeständnissen seinerseits abhängig sei in Form von Ministerernennungen, Anerkennung der Stimme der Partei bei der Beschließung politischer Maßnahmen und anderen Dingen. Dies überzeugte Bismarck von der Notwendigkeit, sich nach einer breiteren parlamentarischen Unterstützung umzusehen, und ließ in ihm den Entschluß reifen, den Kräften nachzugeben, die eine protektionistische Handelspolitik forderten. Er hoffte, sich mit neuen Zöllen bei den Gutsbesitzern in der Konservativen Partei und den Industriellen in der Freikonservativen Partei beliebt zu machen sowie gleichzeitig die Nationalliberalen, von denen einige ihre Begeisterung für die Wirtschaftslehre der Manchester-Schule verloren, zu spalten. Er leitete Geheimverhandlungen mit den beiden konservativen Parteien ein; und um diese zu ermöglichen, ließ er von seiner Kampagne gegen den Katholizismus ab.

Der Tod Pius' IX. und die Nachfolge Papst Leos XIII. im Jahre 1878 erleichterten Bismarck den Richtungswechsel. Der neue Papst war weitaus versöhnlicher als sein Vorgänger. Der Prozeß der Aufhebung der antiklerikalen Gesetzgebung dauerte zehn Jahre, und die Situation, wie sie vor dem Kulturkampf bestanden hatte, wurde nie gänzlich wieder hergestellt; denn die Zivilehe und die staatliche Aufsicht über die kirchlichen Schulen blieben in Kraft. Der Großteil der Gesetzgebung aus den Jahren 1873–1875 aber wurde suspendiert und später aufgehoben. Die religiösen Orden, mit Ausnahme der Jesuiten, erhielten die Erlaubnis zur Rückkehr nach Deutschland, und die Beziehungen zwischen Kirche und Staat konnten schon im Jahre 1881 wieder als normal bezeichnet werden.

Bismarck und der Sozialismus. Die Sozialdemokratische Partei Deutschlands hatte ihren Ursprung in der Tätigkeit Ferdinand Lassalles (1825–1864) in den frühen 60er Jahren. Selbst nachdem sie sich zu einer marxistischen Partei erklärt hatte, konnte sie sich seinem Einfluß nie entziehen. Lassalle, der Sohn eines jüdischen Kaufmanns in Breslau, war berühmt geworden (oder berüchtigt, je nach dem Standpunkt) durch seine aufsehenerregenden Bemühungen um die Scheidung einer Gräfin von Hatzfeldt, deren Versuch, sich von ihrem Mann zu trennen, an einem ungerechten, überkommenen Rechtssystem scheiterte. Durch seine dramatischen Auftritte vor Gericht als ihr Rechtsbeistand und durch seine Gefangennahme wegen revolutionärer Agitation noch während des Verfahrens erwarb sich Lassalle einen landesweiten Ruf. Dieser veranlaßte eine Gruppe von Arbeitern in Leipzig, die im Jahre 1863 eine politische Vereinigung gründen wollten, an ihn heranzutreten mit der Bitte, ihnen bei der systematischen Darlegung ihrer sozialen Standpunkte behilflich zu sein.

Seine Antwort darauf bildete ein Arbeitsprogramm für die sozialistische Bewegung Deutschlands und machte ihn zu ihrem Führer, allerdings nicht für lange. In einer typisch romantischen Geste forderte Lassalle einen Rivalen zu einem Duell heraus und wurde im August 1864 tödlich verwundet. Sein Vermächtnis an die Arbeiterbewegung war sein „Offenes Antwortschreiben" an die Leipziger Gruppe. Im wesentlichen argumentierte er darin, daß wirtschaftlicher Druck und Gewerkschaftsaktivität allein sinnlos seien, daß sich Zugeständnisse der Arbeitgeber immer aufhöben durch die Wirksamkeit des Ehernen Lohngesetzes, das die Arbeiter auf dem bloßen Existenzminimum halte, und daß nur die organisierte politische Massenaktion mit dem Ziel, die staatliche Macht zu erobern, die Arbeiterklasse vor der kapitalistischen Ausbeutung bewahre. Ihr würde dies gelingen, weil sie die staatliche Unterstützung von Produktionsgenossenschaften und anderen Unternehmen im Interesse der Arbeiter sicherstelle. Die langfristigen wirtschaftlichen Ziele Lassalles wurden nie genau definiert und sind auch nicht von besonderer Bedeutung. Sein Beitrag zum deutschen Sozialismus war die nachdrückliche Betonung der politischen Aktion.

Der energischen Tätigkeit Lassalles in seinem letzten Lebensjahr gelang es, wie sein Kritiker Karl Marx zugab, eine Arbeiterbewegung wieder zu beleben, die seit 1848 eingeschlafen war. Dennoch wuchs der Allgemeine Deutsche Arbeiterverein, zu dessen Gründung er beigetragen hatte, sehr langsam. Und nach 1869 stellte sich ihr eine neue, von zwei Marx-Anhängern, August Bebel (1840–1913) und Wilhelm Liebknecht (1826–1900), gegründete Sozialdemokratische Arbeiterpartei entgegen. Erst nach dem Zusammenschluß der beiden Parteien im Jahre 1875 nahm der Sozialismus in Deutschland in beeindruckendem Maße zu.

Dies erregte die Besorgnis Bismarcks, der die Sozialisten nie einfach als eine neue politische Partei zu betrachten vermochte, sondern sie für Feinde seiner Lebensart und der Sicherheit seines Staates und daher für Gewohnheitsverbrecher hielt, gegen die man mit den erbarmungslosesten Mitteln vorgehen durfte. Im Mai 1878, nachdem ein geisteskranker Kesselflicker einen Mordanschlag auf den Kaiser verübt hatte, brachte Bismarck im Reichstag eine Gesetzesvorlage ein, die eine Reihe antisozialistischer Maßnahmen zum Inhalt hatte. Sie wurde mit großer Mehrheit abgelehnt; denn die meisten Nationalliberalen blieben ihrem erklärten Glauben an die politische Freiheit treu.

Einen Monat später wurde der Kaiser durch ein zweites Attentat ernstlich verwundet. Bismarck löste den Reichstag unverzüglich auf und berief Neuwahlen ein. Während der Wahlkampagne machte die Regierungspresse die sozialistische Politik für die Mordanschläge verantwortlich und startete beißende Angriffe auf die Nationalliberalen und die Fortschrittspartei wegen ihrer Absage an eine Gesetzesvorlage, die die Verwundung des Kaisers verhindert hätte. Die Fortschrittlichen verloren dreizehn Sitze und die Nationalliberalen 29. Als im Oktober 1878 eine neue antisozialistische Gesetzesvorlage eingebracht wurde, änderten die Fortschrittlichen ihren Standpunkt nicht, die gedämpften Nationalliberalen aber unterstützten sie auf Kosten ihrer Prinzipien.

Das Sozialistengesetz verbot alle Vereinigungen und Veröffentlichungen, die die bestehende soziale Ordnung zu untergraben versuchten oder „sozialistische Tendenzen" aufwiesen. Es räumte der Polizei derartig große Vollmachten ein, Verhöre, Verhaftungen und Ausweisungen vorzunehmen, daß als Sozialisten Verdächtigte den üblichen rechtlichen Schutz verloren, während ihre Partei zur Geheimorganisation werden mußte. Viele der Parteiführer waren gezwungen, das Land zu verlassen, andere wurden verhaftet. Die Parteipresse reduzierte sich auf wenige im Ausland gedruckte und über die Grenze geschmuggelte Zeitungen. Die Sozialistenführer genossen im Reichstag Immunität, konnten aber in der Öffentlichkeit keine Reden halten oder Kampagnen durchführen. Parteikongresse mußten in der Schweiz oder in Holland abgehalten werden.

Bismarck legte sich selten, weder bei seinen außen- noch bei innenpolitischen Maßnahmen, auf eine Linie fest, und seine Offensive gegen die Sozialisten bildete keine Ausnahme. Die repressiven Maßnahmen waren gekoppelt mit greifbaren Vorteilen, die dazu bestimmt waren, die Arbeiterschicht ihre Verbitterung über die Unterdrückung ihrer Organisation vergessen zu lassen. Im Jahre 1881 leitete der Kanzler ein Gesetzgebungsprogramm zur Sozialversicherung ein, das darauf abzielte, den besitzlosen Schichten zu beweisen, daß der Staat nicht nur eine notwendige, sondern auch eine Einrichtung zum Wohle aller sei. Diese revolutionären Gesetze erregten in der westlichen Welt weithin Interesse. Sie standen Modell für Lloyd Georges „National Insurance Act" von 1911 und für ähnliche Gesetzgebungen in anderen Ländern.

Bismarcks Kreuzzug gegen den Sozialismus war nicht erfolgreicher als sein Kampf gegen den Katholizismus. Nach anfänglichen Verlusten paßte sich die Sozialdemokratische Partei ihren neuen Arbeitsbedingungen an und wuchs stetig. In der Zeit des Sozialistengesetzes (1878–1890) stieg der nationale Stimmenanteil der Partei von 437158 auf 1427298 und ihre Vertretung im Reichstag von 9 auf 35 Sitze. In den folgenden zwölf Jahren erreichte sie insgesamt 4250401 Stimmen und 110 Sitze.

Der Sturz Bismarcks und sein Vermächtnis. Im weiteren Verlauf der 80er Jahre wurde es für Bismarck immer problematischer, Parlamentsmehrheiten zur

Unterstützung seiner politischen Maßnahmen zustande zu bringen. Sein Bruch mit den Nationalliberalen hatte diese Partei gespalten, jedoch mehr Mitglieder in die Opposition getrieben, als zu ihm herüberzuziehen vermocht. Das Zentrum war noch immer unversöhnt, und auf dessen Unterstützung konnte er nicht zählen. Die Sozialisten wurden immer stärker, und sie stimmten gegen alle Regierungsmaßnahmen. Da es schwieriger wurde, den Reichstag zu lenken, war es vielleicht nur natürlich, daß Bismarck von radikalen Lösungen dieses Problems träumte. In seinem letzten Amtsjahr fühlte er sich mehr und mehr von der Möglichkeit angezogen, die Verfassung zu revidieren und das allgemeine Wahlrecht, das sich als derartig schwer zu handhaben erwies, aufzuheben.

Dieser Gedankengang Bismarcks spielte bei seinem Sturz im Jahre 1890 gewiß eine Rolle. Im Jahre 1888 starb Kaiser Wilhelm I., und sein Nachfolger war sein Sohn Friedrich III. In diesen Herrscher hatte man die Erwartung gesetzt, daß er eine neue liberale Ära einleiten würde; doch zur Zeit seiner Thronbesteigung litt er bereits an Krebs. Er starb innerhalb von drei Monaten, und sein Sohn Wilhelm bestieg den Thron. Als unerfahrener, impulsiver junger Mann, der darauf brannte, der Welt sein Gepräge zu geben, brachte Wilhelm II. für die politischen Maßnahmen der Vergangenheit wenig Geduld auf und spürte keinerlei Verlangen, sich von Bismarck am Zügel führen zu lassen. Er kritisierte Bismarcks Außenpolitik wegen der Kompliziertheit der deutschen Bündnisse. Außerdem wollte er, um sich beliebt zu machen, von der antisozialistischen Gesetzgebung abgehen und ein soziales Reformprogramm einleiten. Zu seinem Entsetzen stellte er fest, daß Bismarck nicht nur die Absicht hatte, die Kampagne gegen den Sozialismus fortzusetzen, sondern daß er auch an eine Art Verfassungscoup dachte, der zu einem Volkswiderstand und zum Einsatz der Streitkräfte führen konnte. Als ihm zu Ohren kam, daß der Kanzler mit den Parteien verhandelte, um mit ihrer Hilfe die Einwände des Kaisers übergehen zu können, war Wilhelms Geduld erschöpft. Am 15. März 1890 fand eine heftige Unterredung zwischen ihm und dem Kanzler statt, und drei Tage später erfuhr die Welt, daß Bismarck gestürzt war.

Deutschland war unter Bismarcks Führung zweifellos zum mächtigsten Staat Europas geworden. Der Kanzler hatte jedoch gleichzeitig im Namen der nationalen Sicherheit im Parlament Taktiken angewandt, die zur Zersplitterung der liberalen Kräfte im Reichstag beitrugen, und rechtliche Methoden, die viele Deutsche dem Regime dauerhaft entfremdeten. In den 80er Jahren hatte er im preußischen Staatsdienst eine Säuberung von fortschrittlichen Elementen vorgenommen, die die traditionelle Unabhängigkeit der preußischen Bürokratie ernstlich gefährdete und die politische Konformität belohnte.

Von ihm ermutigt, hatte die Armee bewußt die Politik verfolgt, Posten ausschließlich durch Kandidaten aus dem gehobenen Mittelstand mit christlicher Religion, konservativer politischer Haltung und einer ebenso feudalistischen gesellschaftlichen Gesinnung, wie sie die Junker selbst hegten, zu besetzen. Dieses Auswahlverfahren ebenso wie Bismarcks Stellenbesetzung im zivilen Staatsdienst förderte die sogenannte „Feudalisierung des gehobenen Mittelstands", die jene Schicht ihrer Selbständigkeit und der ihr zustehenden Rolle beraubte, nämlich die Führung für den Großteil des Mittelstands zu übernehmen. Dem unteren Mittelstand wiederum wurde eine politische Randexistenz zugeteilt, gefangen zwischen der organisierten Arbeiterschicht und der neuen Feudal-Plutokratie, die sie beide ablehnte. Diese gesellschaftlichen Tendenzen waren auch in anderen Ländern außer Deutschland erkennbar, durch Bismarcks gesellschaftspolitische Maßnahmen aber wurden sie begünstigt.

Seine größte Leistung vollbrachte Bismarck auf dem Gebiet der Außenpolitik, wo sein hervorragendes diplomatisches Geschick nach 1870 zur Erhaltung des europäischen Friedens beitrug. Selbst hier jedoch war sein Vermächtnis an sein Land fragwürdig. Seine Nachfolger neigten dazu, den leidenschaftlichen Einsatz für die Interessen der Nation, das starke Verantwortungsbewußtsein und die bewundernswert perspektivische Sicht, die Bismarck zu einem großen Diplomaten machten, zu übersehen. Ihre Vorstellung von Bismarckscher Staatskunst war der „Realismus", den sie gleichzusetzen schienen mit Brutalität und schlechten Manieren.

Das Wilhelminische Deutschland 1890–1914

Der materielle und intellektuelle Fortschritt. Im Jahre 1871 noch vorwiegend agrarisch ausgerichtet, entwickelte sich Deutschland bis 1914 zu einer der drei größten Industrienationen der Welt, von deren Bevölkerung sechzig Prozent in städtischen Zentren lebten. Diese bemerkenswerte industrielle Entwicklung war durch den Sieg über Frankreich sowohl angetrieben als auch unterbrochen worden. Durch den Erwerb Elsaß-Lothringens verdoppelte Deutschland seine mechanische Textilindustrie und gelangte in den Besitz der Eisenerzvorräte und der reichen Pottaschevorkommen Lothringens. Die schnelle Zahlung der französischen Kriegsentschädigung löste hingegen eine Inflationsspirale aus, die zum Ausmaß des Zusammenbruchs in Deutschland zur Zeit der Weltwirtschaftskrise von 1873 beitrug.

Abgesehen von leichten Rückschlägen in den Jahren 1900–1901 und 1907, erholte sich die deutsche Industrie nach 1877 stetig und ohne Unterbrechung. Diese Entwicklung läßt sich schon an sehr wenigen Beispielen veranschaulichen. Dank der reichhaltigen Kohle- und Mineralvorkommen und eines guten Transportsystems besaß Deutschland bald die mächtigste Eisen- und Stahlindustrie in Europa. Die Entwicklung der Schwerindustrie wiederum ermöglichte Deutschland zwischen 1871 und 1914 die Erweiterung

seines Binneneisenbahnnetzes um das Dreieinhalbfache, die Errichtung einer
der größten Handelsflotten der Welt, die Ausweitung seiner Maschinenindustrie zu einer seiner größten Exportressourcen und den Aufbau der Rü-
stungsindustrie, die den Namen Krupp in aller Welt bekannt machte.
Auch die deutsche Elektro- und chemische Industrie stand an führender
Stelle in der Welt. Die Berliner Firma Siemens und Halske versorgte
Deutschland mit seinem ersten Telegraphennetz, der ersten elektrischen Eisenbahn und einem ausgedehnten Oberleitungssystem. Gleichzeitig gründete Emil Rathenau, der die deutschen Rechte an den elektrischen Lampen
von Thomas Edison im Jahre 1881 sicherstellte, die „Allgemeine Elektrizi-
täts-Gesellschaft" (AEG) und bewirkte eine rasche Massennachfrage nach
Elektroerzeugnissen. Der Fortschritt der chemischen Industrie war gekennzeichnet durch die gesteigerte Produktion an Pottasche, Schwefelsäure, Ka-
liumsalzen und Ammoniak und durch phänomenale Entwicklungen auf dem
Gebiet der synthetischen Farben, der photographischen Instrumente und der
pharmazeutischen Artikel.

Trotz des proportionalen Anstiegs der Stadtbevölkerung gegenüber der
Landbevölkerung blieb die Zahl der Einwohner auf dem Lande konstant,
und dank neuer Anbaumethoden und der Forschungen Justus Liebigs in der
Bodenchemie wuchs die Produktion bestimmter Getreidesorten in den 25
Jahren nach der Reichsgründung um gut fünfzig Prozent. Die Getreideproduzenten waren jedoch nur durch Schutzzölle gegenüber dem Ausland wett-
bewerbsfähig, und selbst diese konnten die Preise nicht stabil halten. Von
nun an reagierte die deutsche Landwirtschaft höchst empfindlich auf Bewegungen des Weltmarktes.

Die intellektuelle und künstlerische Vitalität Deutschlands entsprach in
diesen Jahren durchaus der Energie im wirtschaftlichen Bereich. Kein Land
der Welt vermochte sich mit seinem Können in den Naturwissenschaften zu
messen. In diesen Jahren machte August Kekulé seine Pionierforschungen in
der Chemie, Ludwig Helmholtz erfand das Ophthalmoskop und Gustav
Robert Kirchhoff das Spektroskop, Wilhelm Conrad Röntgen entdeckte die
radioaktiven Strahlen und Max Planck stellte die Quantentheorie auf, Ein-
stein machte die ersten Relativitätsstudien und Robert Koch (Tuberkulose,
Cholera, Schlafkrankheit), Paul Ehrlich (Syphilis) und Rudolph Virchow
(Pathologie) trieben die medizinische Forschung voran. Die Leistungen dieser Männer zogen Studenten aus aller Welt an deutsche Universitäten,
ebenso die Vorlesungen von Historikern wie Theodor Mommsen und Heinrich von Treitschke, von Philosophen wie Wilhelm Dilthey, Soziologen wie
Ferdinand Tönnies, Georg Simmel und Max Weber und Ökonomen wie
Adolf Wagner, Lujo Brentano und Werner Sombart. Das Werk dieser Wissenschaftler und die Methoden, die sie zur Vermittlung ihrer Lehre benutzten
(besonders das Seminar), übten auf das Universitätsleben in anderen Ländern
einen großen Einfluß aus.

In den schnell wachsenden deutschen Großstädten herrschte eine aktive intellektuelle Atmosphäre. Dies galt insbesondere für Berlin, dessen Bevölkerung von 774498 im Jahre 1870 auf über zwei Millionen im Jahre 1910 anstieg. Die nationale Hauptstadt bildete natürlich das Zentrum der politischen Aktivität und des lebhaftesten und vielfältigsten journalistischen Lebens in Deutschland. Berlin war auch eines der Musikzentren Europas, und in den 80er und 90er Jahren wurden jährlich etwa dreihundert Konzerte gegeben. Man konnte Johannes Brahms als Solisten im Meininger Orchester oder Richard Strauss bei der Aufführung seiner ersten Werke in der Berliner Philharmonie hören. Mit der Gründung der „Freien Bühne" im Jahre 1889, die sich der Moderne verschrieben hatte und die Werke Ibsens, Strindbergs und Björnsons sowie der neuen deutschen Dramatiker – Gerhart Hauptmann und Frank Wedekinds, des Vorläufers des Expressionismus – aufführte, war eine neue Theaterära eingeleitet worden.

Die anderen großen städtischen Zentren – Hamburg mit fast einer Million Einwohnern im Jahre 1914, Köln, Leipzig und Frankfurt – besaßen blühende Theater, Opernhäuser, Museen und Universitäten. Was die dritte Großstadt des Reiches anbetrifft, München mit seinen 650000 Einwohnern im Jahre 1914, so war sie, wie Thomas Mann in seiner Geschichte „Gladius Dei" schrieb, eine leuchtende Stadt mit farbenfrohen Plätzen und breiten Alleen, Barockkirchen und Springbrunnen, eine Stadt, die sich der Kunst verschrieben hatte, in der Linie, Dekoration und Form zu einem Kult geworden waren.

Dennoch waren diese Zeugnisse eines regen Kulturlebens vielleicht weniger beeindruckend, als sie zu sein schienen. Friedrich Nietzsche brandmarkte, was er als die eigentlichen Charakteristika des Zeitalters betrachtete – Mittelmäßigkeit, Vulgarität, Materialismus, Liebe zur Macht –, und ließ sich durch den wirtschaftlichen Wohlstand Deutschlands, von dem er meinte, er unterminiere den Willen des Volkes, oder von den Leistungen seiner Universitäten, wo das, was er als „den entgeistigenden Einfluß unseres jetzigen Wissenschafts-Betriebs" bezeichnete, vorherrschend war, nicht beeindrucken. „Die Macht", schrieb er in „Das Zwielicht der Idole" (1888) „verdummt".

Erschien dies als ein unnötig hartes Urteil über das Deutschland Bismarcks, so war es weniger hart gegenüber dem Wilhelms II. Der vorherrschende Stil der Wilhelminischen Epoche war der der grellen Zurschaustellung und des vulgären Protzes, der in architektonischen Monstrositäten wie der Siegesallee in Berlin, in dem Parvenuhaften und in der Unterwürfigkeit des ehemals selbstbewußten Mittelstands und in der Innen- und Außenpolitik des Wilhelminischen Reiches zum Ausdruck kam.

Die Politik unter Wilhelm II. Typisch für den Zeitgeist war der Kaiser selbst, von dem ein Mitglied einer der ältesten Familien Preußens eisig bemerkte:

„Er ist und bleibt ein Parvenu". Wilhelm II. hatte eine schnelle Auffassungs-
gabe, besaß aber wenig Bildung. Er bevorzugte den Umgang mit Bankiers
und Soldaten, und seine Lieblingsbeschäftigungen waren ausgedehnte Ver-
gnügungsfahrten auf luxuriösen Jachten und lärmende Gesellschaften, auf
denen grobe Scherze für hohe Kunst gehalten wurden. Er kultivierte eine
Geradlinigkeit, die in der praktischen Politik zu einem schrillen Prahlen mit
der Macht Deutschlands und zu einer außerordentlichen Arroganz in seinem
Umgang mit kleineren Staaten ausartete. Er wachte ängstlich über seine
Prärogative und war bemüht, sich auf jedem Gebiet der Politik seines Landes
zu behaupten, indem er, wie ein jüngerer Biograph schrieb, alle Fragen mit
offenem Munde anging.

In den ersten Jahren nach dem Sturz Bismarcks hoffte Wilhelm, wie wir
gesehen haben, den aufstrebenden Sozialismus durch ein umfassendes Sozial-
gesetzgebungsprogramm einzudämmen. Eine Redensart von Friedrich dem
Großen übernehmend, betrachtete er sich als „roi des gueux". Die Gründung von Schiedsgerichten zur Schlichtung von Arbeitskonflikten, die ge-
setzlichen Gesundheitsbestimmungen und Sicherheitsvorkehrungen in den
Fabriken, die Einschränkung von Kinderarbeit, die Errichtung eines Statisti-
schen Amtes für Arbeit und andere zwischen 1891 und 1894 verabschiedete
Gesetze minderten jedoch die Unterstützung nicht, die die Sozialistische
Partei von seiten des Volkes erfuhr, und der Kaiser war bald entmutigt.
Nachdem er in der Öffentlichkeit die Sozialisten als eine „verräterische
Bande" bezeichnet und Reden über die Wiedereinführung einer bestimmten
Form des Sozialistengesetzes gehalten hatte, widmete er in den späten 90er
Jahren seine Aufmerksamkeit ständig einer Frage, die er nun als das eigentli-
che Anliegen des Reiches betrachtete: der Suche nach Macht, die durch ein
forciertes Aufrüstungsprogramm, einschließlich der Errichtung einer Hoch-
seeflotte, den Erwerb eines Kolonialreiches und eine tatkräftige Außenpolitik
in allen Teilen der Welt verwirklicht werden sollte.

Diese Politik wurde in den 90er Jahren eingeleitet, zu einer Zeit, als
Deutschland über eine starke internationale Position und gute Beziehungen
zu den anderen Mächten verfügte. Um 1907 hatte sich all dies zum Schlech-
teren verändert, und Deutschlands neuer Kurs erregte den schlimmsten
Argwohn.

Der Absolutismus und das Versagen des Parlaments. Eine effektive Beschränkung
des kaiserlichen Willens hätte diese Entwicklung vielleicht abschwächen
können. Bismarck hatte seine Schwierigkeiten mit Wilhelm I. gehabt, letztlich aber immer die Politik in der Hand behalten und damit deren Beständig-
keit und Folgerichtigkeit garantiert. Keiner der Kanzler Wilhelms II. in der
Vorkriegszeit besaß diese Art von Bestimmtheit. Graf Leo von Caprivi
(1890–1894) und Fürst Chlodwig zu Hohenlohe-Schillingsfürst (1894–1900)
versuchten sich darin und scheiterten, während Bernhard von Bülow

(1900–1909) in seiner Art ebenso wilhelminisch war wie der Kaiser selbst. Bülows Politik war wie die Aufführung eines dramatischen Schauspiels, in dem er eine Hauptrolle spielte; er ergötzte sich an den schwülstigen Reden und theatralischen Posen, die durch Weltpolitik und Seemacht ermöglicht wurden. Seine Art, mit dem Kaiser umzugehen, war, ihm zu schmeicheln, was Wilhelm in seinen schlimmsten Angewohnheiten bestärkte. Theobald von Bethmann Hollweg (1909–1917) schließlich, ein gewissenhafter Mann mit großartigen Verwaltungsfähigkeiten, hatte auf dem Gebiet der Außenpolitik zu wenig Erfahrung, als daß er dem König gegenüber einen selbstsicheren, festen Standpunkt hätte vertreten können.

Eine der ernstesten Schwierigkeiten, der sich diese Minister gegenüber sahen, war die Art der Kompetenzverteilung in der Politik, so daß lebenswichtige Entscheidungen manchmal von keineswegs zuständigen Stellen getroffen wurden. Das Militär insbesondere war gelegentlich imstande, Entscheidungen zu treffen, die die Politik des Kanzlers und des Auswärtigen Amtes umkehrten oder sie ohne deren Wissen auf einen Handlungskurs festlegten, den sie normalerweise abgelehnt hätten. Der Generalstab der Armee machte Pläne für die Invasion Belgiens im Falle eines Krieges mit Frankreich und ging im Jahre 1909 Verpflichtungen gegenüber Österreich ein, die den Defensivcharakter des Zweibunds von 1879 (s. S. 216) veränderten, indem sie faktisch für jeden möglichen Fall Beistand versprachen.

Es war nicht nur das Militär, das sich in den politischen Entscheidungsprozeß einmischte. Der Kaiser setzte viel Vertrauen in seine persönlichen Adjutanten, die Chefs des zivilen und des militärischen Kabinetts, seine Reisebegleiter und andere Geheimkamarillas, die ihn ihrerseits ermutigten, einen unerwarteten Kurs einzuschlagen oder die politischen Taktiken zu ändern. Dem Einfluß dieser Kräfte auf die deutsche Politik unter Wilhelm II. kann gar nicht zu viel Gewicht beigemessen werden. Man braucht nur daran zu denken, daß Caprivi im Jahre 1894 weitgehend infolge von sorgfältig gegen ihn geplanten Komplotten abgesetzt wurde und daß die Entlassung Bethmann Hollwegs im Jahre 1917 in sehr ähnlicher Weise vorbereitet worden war.

Warum aber versuchten die parlamentarischen Reichsorgane nicht einzugreifen, insbesondere in dem Moment, als klar wurde, daß das politische Vorgehen Wilhelms II. nachteilig für den Staat war? Zum Teil liegt es darin begründet, daß sowohl der Reichstag als auch der Bundesrat sich unter Bismarck derartig daran gewöhnt hatten, dem Kanzler die Außenpolitik zu überlassen, daß sie zu einer beständigen wachsamen Kritik an dem außenpolitischen Vorgehen seiner Nachfolger nicht in der Lage waren. Überdies waren in jenen Organen einflußreiche Kräfte stark vertreten, die ein wirtschaftliches Interesse an der Welt- und Flottenpolitik der Regierung hatten.

Es ist für kein parlamentarisches Organ einfach, sich über die öffentliche Meinung hinwegzusetzen, und das Volk im Wilhelminischen Deutschland war stolz auf die deutsche Macht. Die Zentrumspartei, die Fortschrittlichen und die Sozialisten konnten sich zwar gelegentlich darauf einigen, Regierungsanträge auf Geldmittel für koloniale Unternehmungen abzulehnen, doch eine beträchtliche Mitgliederanzahl in all diesen Parteien befürwortete den Imperialismus und meinte, er sei für Deutschland von Vorteil.

Schließlich hätte das Zugeständnis der Kontrolle über den Kaiser eine Bereitschaft auf seiten des Parlaments erfordert, künftig die Verantwortung für alle Bereiche der Politik zu übernehmen. Es gibt keinerlei Hinweis darauf, daß die Mitglieder des Reichstags etwas derartiges wollten. Dies läßt sich zumindest aus einem Vorfall vor dem Krieg schließen.

Im Oktober 1908 veröffentlichte der Londoner „Daily Telegraph" ein Interview, in dem der Kaiser offenbar einige willkürliche offensive Bemerkungen über ausländische Mächte sowie die Behauptung vorgebracht hatte, die von den Briten im Burenkrieg eingesetzten Kriegspläne stammten von ihm. Die Briten nahmen dies im großen und ganzen gelassen auf, in Deutschland aber erregte es einen Sturm des Protests. Es wurden Forderungen laut nach einer Einschränkung der Prärogative des Kaisers in außenpolitischen Angelegenheiten. Hier ergab sich offensichtlich eine Chance für den Reichstag, einen kleinen Fortschritt auf die parlamentarische Regierung hin zu machen. Doch es wurde nichts unternommen. Wie Theodor Eschenburg schrieb: „... diese fassungslose Aufregung und der Hang zu rednerischen Übertreibungen, die der ganzen wilhelminischen Ära eigen ist, und das Fehlen eines konkreten politischen Zieles ließen die Reichstagsdebatte ... wirkungslos verpuffen."

Im Jahre 1914 war Deutschland trotz seiner konstitutionellen Formen noch ein absolutistischer Staat. Er blieb es, wie die zu Beginn dieses Kapitels zitierte Bemerkung Mommsens andeutet, weil die Mehrheit des deutschen Volkes mit dem Status quo zu sehr zufrieden war, als daß sie einen starken Drang verspürt hätte, ihn zu ändern. Erst als die gefährlichen Tendenzen der Wilhelminischen Politik zu Krieg und Niederlage Deutschlands beigetragen hatten, änderte sich diese selbstzufriedene Haltung.

Sechzehntes Kapitel

Österreich-Ungarn, die Balkanstaaten und die Türkei 1871–1914

Die Doppelmonarchie

...In seinem Roman „Der Mann ohne Eigenschaften" (1930) kommentierte Robert Musil das Chaos und die Ineffizienz der Politik in Österreich-Ungarn und die Geduld, mit der dessen Bürger diesen Zustand hinnahmen. Wenn eine der häufigen Katastrophen hereinbrach, so suchten sie nicht nach Schuldigen oder versuchten, die Verantwortung selbst zu übernehmen, sondern zuckten die Schultern und verwendeten „ein eigenartiges, nirgendwo sonst im Deutschen oder einer andern Sprache vorkommendes Wort ... es ist passiert". Die Doppelmonarchie, so schloß Musil, sei eine Heimat für Menschen, die die Genialität besäßen, die Dinge gelassen aufzunehmen, und wahrscheinlich sei das die Ursache des Untergangs gewesen.

Dies ist natürlich Satire, doch sie birgt einen wahren Kern. Das Österreichisch-ungarische Kaiserreich hatte viele Probleme. Zumindest einige davon hätten vielleicht gelöst werden können, wenn nicht auch noch so viele Menschen dagewesen wären, insbesondere in der Führungselite, die schwierigen Fragen mit Leichtfertigkeit, mangelnder Energie oder fehlender Phantasie begegneten. Zum Teil lag der Untergang der Habsburger Monarchie in der Haltung von Mitgliedern der regierenden Schicht begründet, wie zum Beispiel der des Außenministers Berchtold, von dem es heißt, er habe auf dem Höhepunkt der Krise von 1914 eine Note der britischen Regierung in sein Rennprogramm gelegt und dann vollkommen vergessen. In einem Gemeinwesen ist die Politik ein ernstes Geschäft, und man muß sich mit politischen Problemen, selbst wenn sie nicht gelöst werden können, energisch und sachverständig auseinandersetzen. Dies traf in Österreich-Ungarn allzu häufig nicht zu.

Großenteils rührten die Schwierigkeiten direkt vom Zentrum des politischen Lebens her. Kaiser Franz Joseph verfügte über die Macht, eine konstruktive Reform durchzuführen, es fehlte ihm aber die notwendige Willens- und Charakterstärke. Der Schriftsteller Karl Kraus nannte ihn eine „Unpersönlichkeit", die dennoch allen Institutionen ihren Stempel aufdrückte. „Ein Dämon der Mittelmäßigkeit", schrieb Kraus, „hatte unser Schicksal beschlossen."

Dieser Führungsmangel bedeutete, daß das ernsteste Problem der Monarchie, die Nationalitätenfrage, niemals wirklich angegangen wurde. Schon in den 70er Jahren deutete vieles darauf hin, daß sich die nichtdeutsche und nichtmadjarische Mehrheit der Habsburger Völker bei unveränderter Beibehaltung der Doppelmonarchie zunehmend der Krone entfremden würde. Falls die regierende Schicht sich dieser Gefahr bewußt war, so gab sie sich keine ernstliche Mühe, sie abzuwenden, und der Kaiser tat sein mangelndes Interesse an jeder echten Veränderung in dem Jahrzehnt vor Ausbruch des Ersten Weltkrieges dadurch kund, daß er von der Wahlrechtsreform in Ungarn absah.

Politik und Wirtschaft in Österreich. Gemäß dem Ausgleich von 1867 (s. S. 178–179) wurde die Regierung der Habsburger Monarchie auf drei getrennten Ebenen ausgeübt: der zwischenstaatlichen, der österreichischen und der ungarischen. Angelegenheiten des gesamten Reiches – Außenpolitik, Verteidigung und Reichsfinanzen – regelte ein gemeinsames Kabinett. Die inneren Angelegenheiten Österreichs und Ungarns lagen in den Händen autonomer Regierungen, die sich in ihrer Struktur und praktischen Ausübung derartig unterschieden, daß sie getrennt erörtert werden müssen.

In Österreich oblagen die regionalen Angelegenheiten in den siebzehn Provinzen den Landtagen, die in einem in Wien tagenden Reichsparlament vertreten waren. Dieses Organ hatte zwei Kammern, das Herrenhaus, das sich aus dynastischen Aristokraten, führenden Kirchenvertretern und anderen vom Kaiser ernannten Honoratioren zusammensetzte, und dem Nationalrat, dessen Mitglieder ursprünglich durch die Provinziallandtage, nach 1873 aber durch ein indirektes, dem Eigentum und der Bildung Vorrang gebendes System gewählt wurden. Das Parlament als Gesamtheit hatte in wichtigen Punkten der Staatsgeschäfte das Recht zur Zustimmung oder Ablehnung. Der Haushaltsplan mußte vom Nationalrat eingebracht werden, der auch das Recht hatte, die Minister zu befragen und zur Rechenschaft zu ziehen.

Die Minister wurden vom Kaiser ernannt und waren trotz ihrer verfassungsmäßigen Verantwortlichkeit gegenüber dem Nationalrat in Wirklichkeit vom Kaiser abhängig, der über ihren Verbleib im Amt entschied. Der Kaiser hatte auch das Recht zur Auflösung oder Suspendierung des Parlaments und außerhalb der Sitzungsperioden zur Verfügung von Erlassen, die volle Gesetzeskraft besaßen, vorausgesetzt daß sie keine grundlegenden Gesetze änderten und in der nächsten Parlamentssitzung gebilligt wurden.

In einer wesentlichen Hinsicht verlief die österreichische Politik parallel zur deutschen. Während des gesamten ersten Jahrzehnts nach Begründung der Doppelmonarchie war eine starke liberale Partei, die die Ansichten des durch die rapide Industrialisierung Österreichs und Böhmens emporgekommenen wohlhabenden Mittelstands vertrat, die dominierende Kraft. Ebenso wie ihr deutsches Pendant stand diese Partei für Konstitutionalismus, Zentralisierung und Verwaltungseffizienz im Interesse des kommerziellen Fortschritts ein und teilte das Vorurteil der Liberalen gegen den klerikalen Einfluß. Während der 70er Jahre, als man versuchte, die aus dem Ausgleich von 1867 resultierenden Probleme und die durch den wirtschaftlichen Zusammenbruch von 1873 ausgelösten Schwierigkeiten zu bewältigen, hielt die Krone es für zweckdienlich, sich um die parlamentarische Unterstützung der Liberalen zu bemühen. Die aus dieser Zusammenarbeit hervorgehende Gesetzgebung war beeindruckend: eine Verbesserung des Rechtsprechungsverfahrens, die Liberalisierung der Pressegesetze, die Aufhebung von Gesetzen zur Einschränkung der Rechte der Juden, Militärreformen und eine Reihe von Gesetzen zur Förderung des wirtschaftlichen Wachstums und zur Regelung der Staatsfinanzen. Gleichzeitig entzog man die Schulen der kirchlichen Kontrolle, der Religionsunterricht wurde freiwillig und die Zivilehe staatlich anerkannt.

Die liberale Ära endete jedoch abrupt im Jahre 1879, als der Kaiser verärgert war über die Kritik der Liberalen an den Ergebnissen des Berliner Kongresses, insbesondere an Österreichs Übernahme der Verwaltungskontrolle über Bosnien und die Herzegowina (s. S. 212). Franz Joseph beschloß, sich um eine andere Art von parlamentarischer Unterstützung zu bemühen, und zwar durch den Versuch, die Tschechen und andere abhängige Nationalitäten zu besänftigen. Für diese Aufgabe wählte er einen Jugendfreund, Graf Eduard Taaffe, einen Mann, der hinter einem Schleier von Leichtfertigkeit und Zynismus großes politisches Talent verbarg. Taaffe blieb von 1879 bis 1893 Ministerpräsident des Kaisers.

Die Beziehungen zwischen dem tschechischen und dem deutschen Volk sind als neuralgischer Punkt in der Zukunft Europas und in der Erhaltung des Weltfriedens bezeichnet worden. Diese Feststellung erhält eine tiefere Bedeutung, wenn man die Rolle der Tschechoslowakei in der Nachkriegswelt betrachtet. Es ist sicherlich zutreffend, daß das Scheitern einer Lösung des tschechischen Problems einer der wichtigsten Gründe für den Zusammenbruch des Kaiserreiches war. Nur bei einer Gelegenheit war Franz Joseph nahe daran, sich dieses Problems anzunehmen. Im Jahre 1871 versprach er Böhmen die gleiche Autonomie, die Österreich und Ungarn besaßen, und bereitete sich auf die Fahrt nach Prag zur Krönung zum König von Böhmen vor. Dieser Plan wurde verhindert durch die Unnachgiebigkeit der Deutschösterreicher, die um ihre bevorzugte Stellung bangten, und der Madjaren, die befürchteten, daß die Befreiung der Tschechen bei ihren eigenen nationalen Minderheiten eine Forderung nach ähnlichen Rechten anregen würde. Der Kaiser kapitulierte vor den Einwänden der Deutschen und der Ungarn, und die Tschechen verziehen ihm das nie.

Eine Zeitlang milderte Taaffe ihre Feindseligkeit, und es gelang ihm, sie in den sogenannten Eisernen Ring zu bringen, jenen Zusammenschluß von Klerikern, deutschen Konservativen, Slawen und Polen, den er als Ersatz für die liberale Partei begründete. Diese schlecht aufeinander abgestimmten Partner wurden durch Zugeständnisse an ihre besonderen Interessen zusammengeführt. In Galizien beispielsweise räumte man den Polen Privilegien gegenüber den Ruthenen ein, und in Carniola gestattete man den Slowenen, andere Nationalitäten zu unterdrücken. Was die Tschechen anbelangt, so erhielten sie ein neues Wahlrecht, das ihnen eine Mehrheit im böhmischen Landtag sowie eine stärkere Vertretung im Reichsparlament verlieh; und es erging eine neue Verordnung, die nunmehr von allen Beamten in Böhmen und Mähren die Abfassung von Urteilen in der Sprache des Bittstellers verlangte. Diese letzte Bestimmung entthronte die deutsche Sprache als alleinige Amtssprache. Sie wirkte sich für die deutschen Beamten, die nun Tschechisch lernen mußten, nachteilig aus und erhöhte die Anzahl der Tschechen im Staatsdienst.

Die langfristige Folge der Beschwichtigungspolitik Taaffes war lediglich ein Anwachsen der slawischen Opposition und damit eine Verschärfung des Nationalitätenproblems in einem Ausmaß, daß es nahezu der Kontrolle entglitt. Die gemäßigten Tschechen, die mit Taaffe zusammengearbeitet hatten, wurden durch die Jungtschechische Partei verdrängt, deren Anführer argumentierten, ihre Nationalität werde systematisch unterdrückt, und mit einem Staat, der die slawischen Völker verfolge, sei keine Zusammenarbeit möglich.

Auch die anderen Nationalitäten äußerten ihre Forderungen freimütiger, und die im Jahre 1848 unter den unterworfenen Völkern so weitverbreiteten panslawistischen Ideen nahmen intensivere Formen an. In der Tat begann ein neuer politischer Panslawismus die ältere Vorstellung von der Kulturgemeinschaft aller Slawen abzulösen oder zu ergänzen, der den Gedanken eines von österreichisch-ungarischer Herrschaft befreiten Bundes der slawischen Völker vertrat. Diejenigen, die sich diese Denkart zu eigen machten, blickten hilfesuchend auf Rußland und wurden durch die Schriften von russischen Theoretikern des Panslawismus, die von einer künftigen Emanzipation der Slawen durch jenes Land sprachen, ermutigt.

Taaffes politische Maßnahmen erregten auch die Deutschen in Böhmen und hatten Unruhen zur Folge, die die Regierung zwangen, Prag unter Kriegsrecht zu stellen, und schließlich den Rücktritt Taaffes durchsetzten. Die Opposition der Deutschen gegen seine Maßnahmen spiegelte sich auch in dem Aufstreben einer neuen, von Georg von Schönerer angeführten alldeutschen Bewegung wider, die die rassische Überlegenheit der Deutschen über die Slawen verkündete und zu einer Vereinigung der deutschen Provinzen Österreichs mit dem Hohenzollernreich aufrief.

Während der gesamten Amtszeit Taaffes hatte die alte liberale Partei, die immer noch die stärkste einzelne politische Gruppierung in Österreich war, die Opposition zu seiner Koalition gebildet. Die Stellung aber, die sie vor 1879 innegehabt hatten, erlangten die Liberalen nie wieder, und ebenso wie die liberalen Parteien in anderen Ländern wurden sie jetzt immer schwächer. In der Zeit der politischen Wirren nach dem Sturz Taaffes wurde ihre Macht ausgehöhlt durch wirtschaftliche Bewegungen und durch den Versuch der Regierung, die Agitation der Nationalitäten dadurch einzudämmen, daß das Wahlrecht auf Schichten ausgedehnt wurde, die stärker an sozialen Problemen als an der Frage der Nationalität interessiert waren. Diese Faktoren führten zur Entstehung von zwei Parteien, die den Liberalismus verdrängten und bis zum Untergang der unabhängigen Republik Österreich im Jahre 1938 in der österreichischen Politik eine bedeutende Rolle spielten.

Die erste dieser beiden war die Christlich-soziale Partei, eine merkwürdig ambivalente Gruppe, die es fertigbrachte, einige der fortschrittlichsten Sozialtheoretiker und einige der bigottesten Fanatiker Österreichs als Mitglieder zu vereinigen. Als katholische Partei, die besonders bei den städtischen Kleinbürgern Anklang fand, legten die Christlich-Sozialen großen Wert auf Demokratie, Sozialreform und eine aufgeklärte Politik in bezug auf das Nationalitätenproblem. Unter ihrem bedeutendsten Führer, Karl Lueger, unterstützten sie die erfolgreiche Bewegung für die Legalisierung der Gewerkschaften und die Einrichtung einer Unfall- und Krankenversicherung für Arbeiter und führten in Wien selbst ein Programm von städtischem Sozialismus durch, das dem Joseph Chamberlains in Birmingham (s. S. 239) nahekam.

Aber ebenso wie die ähnliche von Adolf Stoecker in Deutschland angeführte Bewegung verdankte auch die Christlich-soziale Bewegung Österreichs ihre ursprüngliche Massenunterstützung den Kräften des Antisemitismus, und dieser blieb immer ein wesentlicher Faktor in ihrer Politik. Eine der ersten Auswirkungen der Industrialisierung in Österreich war der Bankrott einer Reihe von kleinen Firmen und eine allgemeine Depression im selbständigen Handwerksgewerbe. Es war sehr einfach für die Handwerkerschicht, die Juden für ihre Schwierigkeiten verantwortlich zu machen, insbesondere angesichts der großen Rolle, die die Juden bei der Finanzierung der österreichischen Industrie spielten, und ihres auffallend hohen Anteils an den höheren Berufen, am kulturellen Leben der Hauptstadt und an der Presse. Die Anhänger Karl Luegers haben immer betont, er sei im Kern kein Antisemit gewesen. Doch er identifizierte sich derartig stark mit der antijüdischen Meinung, daß die liberale „Neue Freie Presse" im Jahre 1895, als sich zum ersten Mal die Möglichkeit für ihn ergab, Bürgermeister zu werden, zutiefst bedauerte, daß in diesem Falle Wien die einzige Großstadt der Welt sein werde, deren Regierung in den Händen antisemitischer Fanatiker liege.

Beiläufig mag angemerkt werden, daß Luegers Erfolg zwei Männer inspirierte, die größere Berühmtheit erlangen sollten. Der erste war Theodor Herzl, der im Jahre 1895 ein Pamphlet schrieb, das das bald als Zionismus bezeichnete Programm einleitete. Der zweite war ein junger Mann aus Linz, der sich ebenfalls entschloß die jüdische Frage als Leiter zur Macht zu benutzen, Adolf Hitler.

Nach Einführung des allgemeinen Wahlrechts der Männer im Jahre 1907 machte die Christlich-soziale Bewegung eine Wendung nach rechts und schloß sich mit den Konservativen zusammen. Inzwischen ermöglichte die Wahlberechtigung der Arbeiterschicht das Wachstum der Sozialdemokratischen Partei, die Viktor Adler schon früher neu organisiert hatte. Diese Gruppe übernahm allmählich die einstmals beherrschende Position der Christlich-Sozialen in Wien, deren Stärke nun im ländlichen Österreich lag und, solange das Kaiserreich bestand, in Galizien. Marxistisch inspiriert, unterhielt die Sozialdemokratische Partei enge Beziehungen zu den sozialistischen Parteien der Nachbarländer. Ebenso wie diese war sie durch den Revisionismus beeinflußt und befürwortete einen gemäßigten gesellschaftlichen Wandel durch parlamentarische Mittel. Sie unterstützte die einigende Kraft des Reiches, während sie gleichzeitig Konzessionen an die Nationalitäten forderte.

Die Agitation nationaler Gruppen im Parlament wurde durch die Einführung des allgemeinen Wahlrechts der Männer nicht eingedämmt, sondern aufgrund schwieriger wirtschaftlicher Probleme verstärkt. Die zum Schutz österreichischer und tschechischer Firmen gegen eine ruinöse deutsche und britische Konkurrenz und zum Schutz ungarischer Bauern gegen eine Schwemme russischer und amerikanischer Getreideüberschüsse eingeführten Zölle waren im allgemeinen wirksam. Bezahlt aber wurden sie in Form von höheren Preisen für Verbrauchsgüter durch die anderen Nationalitäten.

Das Königreich Ungarn. Auch im ungarischen Teil des Kaiserreiches hatte das politische Leben seinen Mittelpunkt im Parlament. Es setzte sich aus einer Magnaten- und einer Abgeordnetenkammer zusammen, von denen die letztere die Kontrolle über die Minister ausübte und die Gesetzesinitiative ergriff. Die Abgeordnetenkammer war keineswegs eine Volksversammlung; denn das Wahlrecht war außerordentlich stark eingeschränkt.

Von der fünfzehn Millionen umfassenden Bevölkerung Ungarns waren weniger als die Hälfte Madjaren; doch sie besaßen ein Monopol über die politische Macht, und durch das zentrale Parlament und die lokalen Institutionen beherrschten sie die nationalen Minderheiten nicht nur, sondern versuchten auch, sie zu assimilieren. Die einzige Ausnahme bildeten die Kroaten im südwestlichen Teil des Königreiches, an deren Dienste für das Kaiserreich aus dem Jahre 1848 man sich erinnerte und denen man einen eigenen Landtag, eigene Gerichtshöfe, Schulen, ein eigenes Polizeiwesen und einen separaten vierzig Mitglieder umfassenden Block in der zentralen Abgeordnetenkammer zugestand. Doch selbst die Kroaten sahen ihre Rechte im Laufe der Jahre beschnitten, und die anderen abhängigen Nationalitäten – die Rumänen, Slowaken und Serben – wurden einer erbarmungslosen Madjarisierungspolitik unterworfen. Bismarck sagte einmal, alle Madjaren seien entweder Husaren oder Juristen. Es war gewiß eine Mischung von Gewalt und

Legalität, mit der die Regierung versuchte, nationale Unterschiede zu verwischen und Zeitungen, Schulen und andere Institutionen, die die Sprache, die Kunst und die Sitten und Gebräuche der anderen Nationalitäten lebendig erhalten hätten, zu unterdrücken.

Im Laufe der Jahre begannen die Madjaren jedoch selbst, für die faktische Unabhängigkeit von Österreich zu agitieren. Die ersten Anzeichen hierfür traten auf, als Franz Kossuth, der Sohn des Helden von 1848, eine Unabhängige Partei gründete und Madjarisch als Sprache der ungarischen Regimenter der kaiserlichen und königlichen Armee forderte. Die ersten Jahre des neuen Jahrhunderts waren durch eine Reihe von Krisen zwischen der Krone und der Unabhängigkeitsbewegung gezeichnet. Seine größte Intensität erreichte der Kampf im Jahre 1905, als eine von Kossuth geführte Koalition einen derartig überwältigenden Sieg im Parlament davontrug, daß sie in der Lage schien, ihre Pläne in die Tat umzusetzen. In dieser Situation berief der Kaiser eine Notstandsregierung, die das allgemeine Wahlrecht der Männer anstelle des als Bollwerk der madjarischen Macht dienenden eingeschränkten Wahlrechts einzuführen drohte.

Hätte man diesen Plan durchgeführt, so wäre den abhängigen Nationalitäten vielleicht noch, verspätet, ein gewisses Maß an Gerechtigkeit widerfahren. Im Jahre 1906 aber erklärten sich die Koalitionsführer, verschreckt über die Aussicht eines neuen Wahlrechts, auch ohne die Heeresreform zur Amtsübernahme bereit, und Franz Joseph ließ die Pläne für ein allgemeines Wahlrecht in Vergessenheit geraten. Die Stürme der ungarischen Politik legten sich, und in der Wahl von 1910 wurde die Bewegung Kossuths durch eine neue, von Stefan Tisza (1861–1918) gegründete, der Erhaltung des Ausgleichs von 1867 verschriebene Partei besiegt.

Bei diesen Vorgängen jedoch hatte man die untertanen Nationalitäten wiederum außer acht gelassen. Indem er die Wahlrechtsreform fallenließ, vertat der Kaiser seine letzte Chance, die Macht der madjarischen Oligarchie zu brechen, und dieses Versäumnis machte die Auflösung seines Reiches unausweichlich.

Glanz und Verfall. Dies war natürlich nicht auf den ersten Blick zu erkennen. Der flüchtige Beobachter der österreichischen Politik war geneigt, nicht die versteckten Schwächen zu sehen, sondern den oberflächlichen Glanz des Habsburger Reiches. Dies galt insbesondere, wenn er die Reichshauptstadt besuchte; denn Wien war nie reizvoller oder anregender und fröhlicher als in den letzten Jahren vor dem Ersten Weltkrieg. Seit den 60er Jahren war seine Schönheit noch stärker betont worden, indem man die Reste des mittelalterlichen Stadtwalls abgerissen und statt dessen die majestätische Ringstraße, eine der schönsten Alleen der Welt, eine neue Brücke über die Donau und eine Reihe architektonischer Kunstwerke errichtet hatte: das neue Opernhaus, das österreichische Parlamentsgebäude von Theophil Hansen, das

Burgtheater von Karl Hasenauer und viele andere. In diesen prächtigen Gebäuden blühten Kunst und Literatur in Wien – vielleicht am herrlichsten die Musik, mit Komponisten wie Anton Bruckner, Gustav Mahler, Brahms, Hugo Wolf und Richard Strauß. Dank der Werke von Johann Strauß, Karl Millöcker („Der Bettelstudent" und „Gasparone") und Franz Lehar („Die lustige Witwe") wurde die Operette weithin als Wiener Spezialität angesehen.

Um die Jahrhundertwende kam eine starke neue Kunstrichtung auf, die Wiener Sezession genannt, die einige Aspekte des Expressionismus und des Surrealismus vorwegnahm. Und zwei Wiener Dramatiker dieser Epoche erlangten internationalen Ruhm: Arthur Schnitzler (1862–1931), der sein Publikum mit einer geschickten Mischung von Ironie und Sentimentalität unterhielt, aber auch zu beißenden Angriffen auf die Mißstände seiner Zeit fähig war („Professor Bernhardi" [1912] handelt von den Schwierigkeiten eines Arztes, der einem Priester die Erlaubnis zur Letzten Ölung einer Patientin verweigert, weil er ihr das Wissen um ihren bevorstehenden Tod ersparen will. Dieses Schauspiel war eine der wirksamsten Abhandlungen Schnitzlers über das Problem des Antisemitismus in Österreich. In seinem Roman „Der Weg ins Freie" [1908] behandelt er dieses Thema umfassender), und Hugo von Hofmannsthal (1874–1929), der die lyrischen Texte für Richard Strauss' Oper „Der Rosenkavalier" dichtete und auch mystische Dramen schrieb („Der Verrückte und der Tod", 1893; „Elektra", 1904; „Jedermann", 1911), die ihrer lyrischen Schönheit wegen bewundert wurden.

Die Universität Wien hatte einen weltweiten Ruf, besonders im Bereich der Medizin, in der sie sich durch die Pionierarbeit Theodor Billroths in der aseptischen Chirurgie und durch die Theodor Meynerts in der Hirnchirurgie auszeichnete. Die anderen Fakultäten waren kaum weniger hervorragend. Der Wissenschaftler aber, der wahrscheinlich stärker als irgendeiner seiner Wiener Zeitgenossen auf die europäische Denkweise einwirkte, war der Psychiater Sigmund Freud (1856–1939).

Inmitten dieser illustren Stadt stand das Schloß Belvedere, in dem der alternde Kaiser über eine Hofgesellschaft präsidierte, die immer noch zu den glänzendsten Europas gehörte. Hier wurde ganz deutlich, daß die Realitäten das Erscheinungsbild Lügen straften; denn unter der strahlenden Oberfläche gab es greifbare Beweise für die schwindende Vitalität und Leistungsfähigkeit. Sentimentale Wiener mögen Franz Joseph vielleicht jene Eigenschaften von Weisheit zuschreiben, die das Alter angeblich begleiten. Wie die Akte über die Nationalitätenfrage zeigt, besaß er sie nicht, und es gab nicht viele Hinweise darauf, daß die Dynastie sie nach seinem Tode offenbaren würde. Der einzige Sohn des Kaisers, Rudolf, war in eine außereheliche Liebesaffäre verwickelt und hatte sich und seine Geliebte im Jahre 1889 in Meyerling getötet – ein tragisches Ereignis, das als Thema unzähliger Sensationsbücher und verschiedener sentimentaler Filme gedient hat. Rudolfs rechtmäßiger

Thronfolger war der Neffe des Kaisers, Großherzog Franz Ferdinand, ein tüchtiger Soldat, dessen politische Fähigkeiten noch nicht erprobt waren. Auch die beiden Sparten des Staatsdienstes, auf die sich der Anschein von Einheit im Kaiserreich gründete, waren nicht so intakt, wie sie zu sein schienen. Die Bürokratie wurde manchmal als die beste Europas bezeichnet, aber – wie Musil schrieb – „sie empfand Genie und geniale Unternehmungssucht an Privatpersonen, die nicht durch hohe Geburt oder einen Staatsauftrag dazu privilegiert waren, als vorlautes Benehmen und Anmaßung". Was die Armee betrifft, so gab es Gründe, ihre Leistungsfähigkeit und selbst ihre Zuverlässigkeit anzuzweifeln. Der lange Streit um den Gebrauch der madjarischen Sprache in den ungarischen Regimentern hatte die innere Einheit und Moral geschwächt. Noch viel mehr Schaden richtete die Nachricht an, die im Mai 1913 durch die Zeitungen ging, daß Oberst Alfred Redl, Stabschef des Prager Corps der kaiserlichen und königlichen Armee seit über zehn Jahren als Spion für die Russen tätig gewesen war. Der Fall Redl erschütterte das Vertrauen der Öffentlichkeit in die Regierungsstruktur des Österreichisch-ungarischen Kaiserreiches vielleicht mehr als irgendein anderes Ereignis des Vorkriegsjahrzehnts, während er gleichzeitig dessen Ruf unter seinen Verbündeten beeinträchtigte.

Österreich und die Balkanstaaten. Alle internen Probleme Österreich-Ungarns wurden noch komplizierter durch die Beziehungen des Kaiserreiches zu den kleineren Staaten Südosteuropas, dem Türkischen Kaiserreich, das noch über nominelle Souveränitätsrechte in einigen dieser Staaten verfügte, und dem zaristischen Rußland. Die Abhängigkeit des Kaiserreiches von der Donau als Handelsweg bedeutete ein zwangsläufiges Interesse an der Politik Serbiens, Bulgariens und Rumäniens. Abgesehen von der Donau hatte Österreich nur durch den Besitz der Halbinsel Istrien am Kopf der Adria und der Küste Dalmatiens Zugang zum Meer. Deshalb fühlte sich die Habsburger Monarchie gezwungen, jede jugoslawische Bewegung zu verhindern, die die wirtschaftlichen und (angesichts der Bedeutung der dalmatischen Küste bei einer Auseinandersetzung mit Italien) strategischen Interessen des Kaiserreiches bedrohen würden.

Bis 1903 gab es trotz herzlicher österreichisch-serbischer Beziehungen in Österreich eine geistige Strömung, die die Ansicht vertrat, die Interessen Österreichs könnten nur durch eine Vereinigung aller Serben und Kroaten in Serbien, Montenegro, Dalmatien, Istrien, Bosnien, der Herzegowina und der ungarischen Provinz Kroatien-Slawonien in einem jugoslawischen Staat *innerhalb* der Habsburger Monarchie gewahrt werden, einem Staat, der in jeder Hinsicht auf derselben Grundlage beruhen sollte wie Österreich und das Königreich Ungarn. Dieser Plan wurde – ebenso wie derjenige, die Lage der Tschechen im Kaiserreich zu verbessern – von den Madjaren erbittert bekämpft und wäre wahrscheinlich allein an diesem Felsen gescheitert, auch

ohne daß ein Wechsel in der Dynastie im Jahre 1903 in Belgrad zu einer
Verschärfung des serbischen Chauvinismus Anlaß gegeben hätte. Mit der
Verschlechterung der Beziehungen zwischen Wien und Belgrad in den darauffolgenden Jahren schwand jeder Gedanke daran, die Serben auf freundschaftliche Art und Weise zu gewinnen, und die Habsburger Monarchie
suchte nach aggressiveren Mitteln zur Lösung der südslawischen Frage. Dies
trug zu jenem gefährlichen Zusammenstoß zwischen Österreich und Rußland im Jahre 1908 bei (s. S. 350–351), der die zum Weltkrieg und zum
Zusammenbruch des Österreichisch-ungarischen Kaiserreiches führenden
Ereignisse in Gang setzte.

Bevor wir jedoch mit der Geschichte dieser Ereignisse fortfahren, wird es
notwendig sein, einen kurzen Blick auf den Fortschritt und die Probleme der
Balkanländer seit dem Berliner Kongreß und – im nächsten Kapitel – auf den
Zustand und das politische Vorgehen des großen Rivalen Österreichs in
diesem Gebiet, des zaristischen Rußland, zu werfen.

Die Staaten Südosteuropas

Rumänien. Das moderne Rumänien war weitgehend durch den Krimkrieg
entstanden: denn der Kongreß von Paris am Ende jenes Konfliktes hatte das
frühere russische Protektorat über die türkischen Provinzen Moldau und
Wallachei aufgehoben und sie faktisch unabhängig gemacht. Innerhalb von
drei Jahren wurden sie unter der Führung eines energischen einheimischen
Fürsten, Oberst Alexander Cuza, vereinigt, der das neue autonome Fürstentum bis 1866 regierte. In diesem Jahr wurde Cuza abgesetzt und Prinz Carol
von Hohenzollern-Sigmaringen, einem Vetter Kaiser Wilhelms I. von
Deutschland, der Thron angeboten.

Direkt zu Beginn seiner langen Regierungszeit (1866–1914) berief Carol
eine Versammlung ein. Sie entwarf eine liberale Verfassung nach westlichem
Muster, die die Macht des Königs durch Ministerverantwortlichkeit gegenüber der Legislative einschränkte und ein durch das begrenzte Wahlrecht auf
der Grundlage des preußischen Dreiklassensystems gewähltes Zweikammer-
Parlament vorsah. Die Fiktion der türkischen Oberherrschaft wurde beibehalten, bis der Sultan und die anderen Mächte im Jahre 1878 in Rumäniens
Unabhängigkeit einwilligten. 1881 verkündete die rumänische Regierung,
daß der Staat künftig die Bezeichnung Königreich Rumänien und der Fürst
den Namen König Carol I. tragen würde.

Als vorwiegend agrarisches Land litt Rumänien unter den sozialen Unruhen, die mit einer ungerechten Grundbesitzverteilung verbunden sind, und
im Jahre 1907 fand ein großer Bauernaufstand statt, der die Regierung
zwang, eine Reihe von Reformmaßnahmen durchzuführen. Abgesehen davon gab es viele Zeichen des Fortschritts. Die Getreide- und Ölausfuhren

stiegen während der gesamten Regierungszeit Carols, erstere um das Dreifache, letztere noch weitaus stärker. Im Jahre 1866 besaß Rumänien noch keine einzige Eisenbahn; im Jahre 1914 verfügte es über ein Schienennetz von nahezu 2500 Meilen. Allgemein gesprochen, war es in kommerzieller Hinsicht das bedeutendste Balkanland, und um 1914 wuchs auch seine Industrie sehr rasch.

Ein Großteil des Staatseinkommens aus diesem Wachstum wurde leider für die für ein Land vom Umfang Rumäniens übermäßig große Armee und Marine aufgewendet. Aber Rumänien war ein ehrgeiziger Staat und hatte einen Grund zur Beschwerde. Seine Armeen hatten im Jahre 1877 Seite an Seite mit den Russen gekämpft. Rußland aber hatte nicht für nötig gehalten, es für diesen Beistand durch die Abtretung Bessarabiens zu belohnen, das die Rumänen aus ethnischen Gründen als ihr rechtmäßiges Territorium betrachteten. Auch an der Zukunft der rumänischen Untertanen der Habsburger Monarchie in Transsylvanien und der Bukowina besaß Rumänien ein vitales Interesse. Die Möglichkeit einer territorialen Auseinandersetzung mit einem oder mehreren seiner Nachbarn war immer gegeben.

Bulgarien. Da das bulgarische Volk gezwungen war, sich selbst aus dem Osmanischen Reich zu befreien, und sich nahezu sofort danach gegen Rußland zur Wehr setzen mußte, um nicht dessen reiner Satellitenstaat zu werden, war die politische Geschichte Bulgariens stürmisch verlaufen.

In den ersten Jahren nach der Absetzung Fürst Alexander von Battenbergs (s. S. 214–215) verfügte das Land glücklicherweise über einen mutigen und entschlossenen Staatsmann. Es war Stefan Stambulow, der Sohn eines Gaststättenbesitzers, der seine Ausbildung in Rußland erhalten hatte. Als Präsident der Nationalversammlung („Sobranje") führte er nach Alexanders Abdankung in der provisorischen Regierung den Vorsitz und war bei der Wahl Prinz Ferdinand von Sachsen-Coburgs zu dessen Nachfolger die treibende Kraft. In den ersten Regierungsjahren Ferdinands war Stambulow praktisch Diktator von Bulgarien. Er setzte seine Autorität ein, um die letzten Reste des russischen und türkischen Einflusses im Lande auszumerzen, den Bau von Schienenwegen und die Ausweitung des Handels zu fördern, eine Industrie ins Leben zu rufen, die bulgarische Armee zu modernisieren und die nationale Hauptstadt Sofia zu verschönern.

Der Konflikt mit Rußland in den späten 80er Jahren trieb Bulgarien in die Arme Österreich-Ungarns, zu dem es enge wirtschaftliche und nach der Thronbesteigung Ferdinands auch dynastische Bindungen hatte; denn der neue Fürst war Mitglied der Armee Josephs gewesen und jenem Herrscher in Treue verbunden. Gleichzeitig herrschte ein gespanntes Verhältnis zwischen Sofia und Belgrad, und nach 1903 verfolgte die österreichisch-ungarische Regierung ein gezieltes Programm, um Bulgarien gegen Serbien auszuspielen und es damit in seinen Forderungen nach einer Eindämmung des Wachstums Serbiens zu bestärken. Dies war eine gefährliche Politik, die Bulgarien schließlich in einen Kampf der Großmächte verwickelte, der noch gefährlicher war, als der, der es im Jahre 1887 bedroht hatte.

Serbien. Als autonomes Fürstentum seit dem zweiten Jahrzehnt des 19. Jahrhunderts hatte Serbien auf dem Berliner Kongreß im Jahre 1878 die vollständige Unabhängigkeit von der Türkei erlangt und proklamierte sich vier Jahre später zum Königreich. Aber dieser wachsenden Bedeutung entsprach kein eindeutiger Beweis von innerer Stärke und Vitalität. Die Regierung König Milan Obrenovićs war gekennzeichnet durch innenpolitische Unzufriedenheit, administrative Unfähigkeit und finanzielle Mißwirtschaft. Im Jahre 1885 beging Milan den Fehler, einen Krieg gegen die Bulgaren zu führen, der verheerende Folgen hatte. Dies ruinierte seinen Ruf vollständig; er blieb zwar noch vier Jahre lang im Amt, doch im Jahre 1889 zwang man ihn zur Abdankung.

Der neue Herrscher, Alexander I., war bei seiner Thronbesteigung erst dreizehn Jahre alt, und während der notwendig werdenden Regentschaft nahmen die Unruhen und die Aufsplitterung politischer Gruppen im Lande zu. Durch die Machtübernahme Alexanders im Jahre 1893 wurden sie noch zusätzlich gefördert; denn er erwies sich als ein impulsiver junger Mann, der zu autoritären Gesten tendierte. Im Jahre 1900 fegte er alle Einwände gegen eine unpolitische und unpopuläre Heirat, die für den Balkan nicht ungewöhnliche Folgen hatte, beiseite. 1903 wurden Alexander, seine Frau und einige ihrer Verwandten in Belgrad auf grausame Art und Weise ermordet und ihre verstümmelten Leichen zu den Fenstern des königlichen Palastes hinausgeworfen.

Dieser Aktion kam in der Geschichte Südosteuropas eine revolutionäre Bedeutung zu. Bis zu diesem Zeitpunkt waren die Beziehungen zwischen Serbien und dem Österreichisch-ungarischen Kaiserreich trotz gewisser territorialer Differenzen freundschaftlich gewesen. Beim Zusammenbruch der tollkühnen Offensive König Milans gegen Bulgarien im Jahre 1885 hatte eine österreichische Intervention die vollständige Vernichtung der serbischen Armee verhindert. Die beiden Länder hatten belebende und gewinnbringende Handelsbeziehungen unterhalten, und die Herrscherhäuser waren miteinander befreundet. Nun brachte der Mord in Belgrad jedoch die Dynastie der Karageorgewitschs in der Person Peters I. auf den Thron, und die serbische Politik nahm einen antiösterreichischen Charakter an. Dies ließ sich nicht so eindeutig auf König Peter zurückführen als vielmehr auf seinen Sohn, den künftigen König Alexander von Jugoslawien. Dieser tüchtige und intelligente junge Mann, Soldat und Patriot, war der Überzeugung, daß Serbien dazu bestimmt sei, Bosnien und die Herzegowina von der österreichischen Herrschaft zu befreien, sie Serbien anzugliedern und den serbischen und kroatischen Untertanen der Habsburger Monarchie zur Gleichberechtigung

zu verhelfen. Es gibt deutliche Hinweise darauf, daß Prinz Alexander die
mittels Agenten in Bosnien und Österreich auf jene Ziele hinarbeitenden
patriotischen Geheimbünde (die Schwarze Hand und andere) unterstützt hat.
Die Folgen dieser neuen politischen Orientierung machten sich von 1908 bis
1914 in ganz Europa bemerkbar (s. S. 356).

Griechenland. Auch das südlichste Balkanland, das Königreich Griechenland,
bot ein Bild der inneren Verwirrung, der Unzufriedenheit und des wachsenden Ehrgeizes, sich auszudehnen.

Die Großmächte waren bei der Grenzziehung in Griechenland nach dessen
erfolgreichem Freiheitskampf im Jahre 1833 so verfahren, daß viele Griechen
in Thessalien, Epirus und Makedonien unter türkischer Herrschaft blieben.
Die Verhandlungen der Regierung König Ottos I., eines bayerischen Prinzen, den die Mächte im Jahre 1832 als Souverän eingesetzt hatten (s. S. 37),
um Grenzveränderungen blieben erfolglos, und ein Versuch, die Zeit des
Krimkrieges, während dessen die Mächte abgelenkt waren, für gewaltsame
Grenzkorrekturen auszunutzen, endete mit einem Fiasko. Der dadurch erlit-
tene Prestigeverlust und die wirtschaftlichen Rückwirkungen nahmen Otto
den letzten Rest an Popularität, und im Jahre 1862, konfrontiert mit neuen
Volksaufständen, fühlte er sich gezwungen, im Ausland Sicherheit zu
suchen.

Nach einigen Schwierigkeiten fand man einen neuen Herrscher, Prinz
Wilhelm Georg von Dänemark. Er kam mit Geschenken zu den Griechen;
denn die britische Regierung hatte (vielleicht in der Hoffnung, seine Überle-
benschancen in einem politisch unsicheren Land zu erhöhen) beschlossen,
anläßlich seiner Ernennung die Ionischen Inseln, die seit 1815 unter britischer
Schutzherrschaft gestanden hatten, an Griechenland abzutreten. Die neue
Regierung begann mit einer Verfassungsrevision, die das allgemeine Wahlrecht für Männer einführte und die Minister des Königs einer alleinigen
Kammer mit bezahlten, für eine vierjährige Amtszeit bestellten Abgeordneten gegenüber verantwortlich machte. Man kann nicht sagen, daß dieser
Übergang von einer liberalen zu einer demokratischen Verfassung eine größere Stabilität bewirkte. Während der Regierungszeit Georgs I. (1863–1913)
gab es mehr als fünfzig verschiedene Kabinette. Finanzielle Schwierigkeiten,
bewirkt durch die Einführung neuer Sozialeinrichtungen, ein vielleicht zu
ehrgeiziges Programm für öffentliche Arbeiten und hohe Militärausgaben,
vergrößerten die Probleme des Staates.

Wie auch andere Balkanländer verfügte Griechenland aufgrund seiner territorialen Ziele über ein hohes Militärbudget. Das Land war mit der Abtretung der Ionischen Inseln oder dem Erwerb eines Drittels von Epirus im
Jahre 1881 und des größten Teils von Thessalien nicht zufrieden. Das Ziel
aller griechischen Patrioten und insbesondere der Ethniké Hetaireia (Nationale Vereinigung), eines im Jahre 1894 gegründeten Geheimbunds, der die

Regierung zur Durchbrechung der von den Großmächten auferlegten Beschränkungen anspornte und in den ersehnten Territorien Vereinigungsbe-
wegungen förderte, war der Erwerb der restlichen Teile jener Provinzen
sowie Makedoniens und der Insel Kreta.

In den Jahren 1885 und 1886, als Bulgarien Ostrumelien erwarb sowie
Serbien im Krieg besiegte und als auf dem Balkan große Veränderungen
bevorzustehen schienen, mobilisierte die griechische Regierung ihre Streitkräfte und drohte mit einem Angriff auf die Türkei, wurde aber durch eine
Großmachtblockade zurückgehalten. Zehn Jahre später, als sich die Christen
auf Kreta in einem Aufstand gegen die türkische Verwaltung erhoben und
ihre Vereinigung mit Griechenland erklärten, kamen griechische Seestreit-
kräfte den Rebellen zur Hilfe, und irreguläre griechische Truppen fielen in
Thessalien ein, entschlossen, Griechenlands türkische Gebiete zu befreien. Im
April 1897 erklärte der Sultan Griechenland den Krieg, schlug dessen Land-
streitkräfte innerhalb von dreißig Tagen in die Flucht und drohte Athen
einzunehmen.

Die Türkei und die Balkanländer. Im Laufe des 19. Jahrhunderts war das Os-
manische Reich Schritt für Schritt gezwungen worden, den Forderungen
seiner nationalen Minderheiten nachzukommen und Territorien aufzugeben,
die es einst als eine zwar nicht anerkannte, aber sehr reale europäische Macht
auftreten ließen. Gegen Ende des Jahrhunderts umfaßten die türkischen Besitzungen in Europa nur noch einen Gebietsgürtel, der sich vom Bosporus
und der Straße der Dardanellen westlich über Thrakien, den verbliebenen
Teil Rumeliens und Makedonien bis Albanien und Epirus und zu den
Gewässern des Adriatischen Meeres erstreckte. Außerdem verfügte die
türkische Regierung über einen Rechtstitel auf die Provinz Bosnien und
Herzegowina, die im Jahre 1878 unter österreichische Verwaltung gelangt
waren.

Es war zu erwarten, daß diese Territorien nicht mehr lange unter türkischer Herrschaft bleiben würden. Die türkische Regierung war seit Generationen durch verwaltungsmäßige Unfähigkeit und Korruption gekennzeichnet und hatte auf Ermahnungen der Großmächte und ihre nachdrücklichen
Forderungen nach Reformen in keiner Weise reagiert. Und die Zahl derer,
die nach den türkischen Besitzungen in Europa trachteten, war unerquicklich
groß.

Zur Bestürzung der Staatsmänner des Balkans, der Habsburger Monarchie
und Rußlands zeigten sich im Jahre 1908 jedoch Hinweise darauf, daß die
Türkei im Begriff sein könnte, sich aktiv an der Südosteuropapolitik zu
beteiligen. Im Juli dieses Jahres übernahm eine revolutionäre Partei, die sich
„Jungtürken" nannte, die Regierung in Konstantinopel, nachdem es ihr zunächst gelungen war, die Unterstützung der Armee zu gewinnen. Der des-
potische Sultan Abd ul Hamid II. wurde zur Billigung von Verfassungsände-

rungen gezwungen, die die Umformung der Türkei in einen liberalen Staat versprachen.

Der Enthusiasmus, mit der diese Revolution begrüßt wurde, schien eine Straffung der Reichsverwaltung, eine energischere Behauptung der türkischen Rechte (z. B. in Bosnien) und vielleicht sogar eine Kampagne zur Wiedererlangung verlorener Rechte und Territorien anzukündigen. Genau diese Möglichkeit ließ die Balkanstaaten und die Großmächte, die in Südosteuropa vitale Interessen verfolgten, hellhörig werden.

Siebzehntes Kapitel

Das zaristische Rußland 1871–1914

In „Der Kirschgarten" von Anton Tschechow äußert der „ewige Student" Trofimow am Ende des Zweiten Aktes Gedanken, die das Publikum bei der Erstaufführung in Moskau im Januar 1904 tief bewegt haben müssen: „Wir sind um mindestens zweihundert Jahre zurückgeblieben; wir haben nichts, einfach gar nichts, keine bestimmte Einstellung zur Vergangenheit; wir philosophieren nur, klagen über Langweile oder trinken Schnaps. Es ist ja so klar: Um ein Leben in der Gegenwart zu beginnen, müssen wir vorerst unsere Vergangenheit sühnen und mit ihr Schluß machen; und sühnen können wir sie nur durch Leid, nur durch außerordentliche, unablässige Arbeit."

Gedanken wie diese waren von russischen Intellektuellen seit den 60er Jahren immer wieder vorgetragen worden. Für jeden, dessen Horizont über die Grenzen seines eigenen Landes hinausging, war es offenkundig, daß Rußland im Hinblick auf den materiellen Fortschritt und die Entwicklung seiner politischen Institutionen gegenüber den größeren Nationen der westlichen Welt zurückgeblieben war. Diese Erkenntnis beherrschte das Denken der Mehrheit der politisch bewußten Russen und führte zur Unzufriedenheit mit den bestehenden Zuständen. Im großen und ganzen teilten sich die Befürworter von Reformen in drei Hauptgruppen.

Die erste wollte wirtschaftliche und soziale Verbesserungen durch Erlasse des Zaren oder administrative Maßnahmen ohne fundamentale Veränderung des politischen oder sozialen Systems. Die zweite Gruppe setzte sich aus Universitätsprofessoren, Beamten, Angehörigen der freien Berufe und Vertretern der wachsenden kapitalistischen Schicht zusammen, die glaubten, Rußland müsse die liberalen Länder Westeuropas nachahmen und durch eine progressive Ausweitung der politischen Rechte eine allmähliche Reform erreichen. Die dritte und am wenigsten homogene Gruppe bestand aus Revolutionären mit verschiedenen Programmen, von denen die meisten darin übereinstimmten, daß der Bruch mit der Vergangenheit gewaltsam vollzogen werden müsse.

Der politische Einfluß der organisierten Reaktion und die Teilnahmslosigkeit der Massen steuerten zur Niederlage oder Verzögerung der von den ersten beiden Gruppen verfochtenen Reformarten und schließlich zur Diskreditierung derjenigen bei, die sie befürworteten. Dies bedeutete, daß mehr und mehr Menschen im Laufe der Jahre zu der Überzeugung gelangten, daß

eine wirklich radikale Reformation der Bedingungen in Rußland unumgänglich sei.

Wirtschaftliche Bedingungen

Das Agrarproblem. Nichts zeigt die Rückständigkeit Rußlands verglichen mit
dem westlichen Standard deutlicher als das Hinterherhinken seiner Landwirtschaft während des gesamten hier erörterten Zeitabschnitts. Das grundlegende Problem war die ländliche Übervölkerung; es wurde aber durch
andere Dinge verschärft. Das Land hätte weitaus mehr Menschen ernähren
können, wenn man nach dem Dekret zur Befreiung der Bauern von der
traditionellen Gemeindeorganisation in der Landwirtschaft abgegangen wäre
(s. S. 190). Die Gemeinden hielten an der Dreifelderwirtschaft fest, was bedeutete, daß ein Drittel des Gemeindelandes immer brach lag. Auch fehlende
Sachkenntnis der Bauern und das Versäumnis der Regierung, über intensive
Ackerbaumethoden zu informieren und genügend Kredite bereitzustellen,
um Maschinen und Düngemittel für den kleinen Landbesitzer erschwinglich
zu machen, verhinderten die Steigerung der Produktionskapazität des Bodens. Der Ertrag blieb daher gleich, während sich die Bevölkerung vermehrte.

Einzelnen Bauern war es natürlich möglich, ihren Besitz durch Landkauf
oder -pachtung zu vergrößern. Diese Alternative konnten sich jedoch nur
sehr wenige leisten, und die Regierung erweiterte die Kreditmöglichkeiten
nur sehr langsam. Die große Masse der Bauern lebte weiterhin unter einer
ständig drückender werdenden Armut in den Gemeinden.

Die Regierung war sich des Elends der ländlichen Massen immer bewußt
und machte sporadische Versuche, es zu lindern – durch Senkung der Grund-
und Kopfsteuern, gelegentliche Moratorien für die Ablösungszahlungen und
ähnliches. Doch bis zum Kabinett P. A. Stolypins (1905–1911) waren die
Reformen eher beschönigend als grundlegend, zum Teil weil die Regierung
befürchtete, durch übermäßige Großzügigkeit gegenüber den Bauern den
landbesitzenden Adel vor den Kopf zu stoßen.

Die Industrie und die Arbeiterschaft. Im Gegensatz zur Landwirtschaft ließ die
russische Industrie in diesem Zeitabschnitt unbestreitbare Anzeichen des
Wachstums erkennen, obgleich sie nicht solche Größenverhältnisse erreichte,
daß sie die landwirtschaftliche Übervölkerung zu senken vermocht hätte.
Die deutlichsten Zugewinne verzeichneten die Textil- und die eisenverarbei-
tende Industrie. Das Wachstum der letzteren wurde durch den raschen Eisenbahnbau der 70er Jahre angeregt. Einer der Hauptgründe für die Entwicklung der bedeutenden neuen Kohlen- und Eisenindustrie im Donez-
Becken und für das Aufstreben neuer Industriezentren wie Ekaterinoslaw
und Rostow am Don war die Nachfrage nach Stahlschienen und Eisenrä-

dern. Ein weiteres Industriegebiet von zunehmender Bedeutung war das um Baku in den Ölfeldern des Kaukasus.

Weniger zögernd als bei der Behandlung landwirtschaftlicher Probleme verhielt sich die Regierung, wenn es um die Unterstützung der Industrie ging. Durch Subventionen verschiedener Art an Privatfirmen trieb sie den Eisenbahnbau voran. Die metallverarbeitende Industrie wurde durch staatliche Aufträge und hohe Zölle für die Waren ausländischer Konkurrenten unterstützt. Schließlich kamen der Industrie die Maßnahmen des Grafen S. J. Witte (1849–1915) zugute, der von 1892 bis 1903 Finanzminister war. Witte versuchte systematisch, Kapital nach Rußland zu ziehen. Er erhob Zölle, um das Staatseinkommen zu erhöhen und ausreichende Goldreserven anzulegen, so daß Rußland den Goldstandard annehmen und dadurch seine internationale Finanzposition stärken konnte. Ab 1897 etwa floß ausländisches Kapital ins Land. Um 1900 unterstützten französische und belgische Investoren die Entwicklung von Schwerindustrien in der Ukraine, und 269 ausländische Firmen waren in Rußland tätig, um ihm bei der Förderung seiner Mineral- und Ölvorkommen behilflich zu sein und neue Industrien wie die Elektrotechnik und die chemische Industrie in Gang zu bringen. Am Ende der Amtszeit Wittes stand Rußland mit seiner Roheisenproduktion vor Frankreich an vierter Stelle und mit seiner Stahlproduktion an fünfter Stelle der Welt. Nach einer sowjetischen Berechnung (dies ist umso beeindruckender, als sowjetische Schriftsteller den Reformen Wittes im allgemeinen kritisch gegenüberstehen) verdoppelte sich die gesamte Industrieproduktion während seiner Amtsperiode.

Dieser Fortschritt wurde mit neuen sozialen und politischen Problemen bezahlt. Wie in anderen Ländern tendierte die industrielle Organisation zu umfassenden kapitalistischen Unternehmen; und das Aufkommen solcher Großindustrien führte zwangsläufig zum Untergang handwerklicher Industrien. In den Gebieten, in denen das Handwerk neben dem bäuerlichen Einkommen Erwerbsquelle war, trug das zu den Komplikationen des Agrarproblems bei. Zugleich herrschten in den neuen kapitalistischen Unternehmen ähnliche Bedingungen wie in England in den 20er und in Frankreich in den 40er Jahren des 19. Jahrhunderts. Die Fabrikarbeiter mußten vierzehn bis sechzehn Stunden pro Tag bei so niedrigen Löhnen arbeiten, daß das Geld zum Unterhalt ihrer Angehörigen nicht ausreichte und auch Frauen und Kinder in den Fabriken und Bergwerken arbeiten mußten. Über einen sehr langen Zeitraum hinweg gab es keine Fabrikaufsicht, keine Hygienevorschriften oder Sicherheitsbestimmungen.

Den Arbeitern stand kein Mittel zur Verfügung, um sich gegen diese Bedingungen und den stetigen Rückgang ihres Realeinkommens zu schützen. Sie befanden sich in einer wirtschaftlichen Notlage, die daraus resultierte, daß sich das Wachstum der Industrie nicht schnell genug vollzog, um mit der steigenden Anzahl der landlosen und stellenhungrigen Bauern Schritt zu halten; solange das Angebot an Arbeitern die Nachfrage überstieg, konnten die Fabrik- und Bergwerksbesitzer die Löhne ihrer Arbeiter auf das bloße Existenzminimum drücken. Bis in die 80er Jahre hinein hatte die Regierung nur ein theoretisches Interesse an den Klagen der Arbeiterschaft.

Während den englischen Gewerkschaften durch die Regierung Disraeli eine neue Freiheitscharta gewährt wurde, legte das russische Strafgesetz im Jahre 1875 eine Reihe schwerer Strafen für jeden fest, der Vereinigungen organisierte, die den Haß zwischen Arbeitgebern und Arbeitnehmern schüren könnten. Die Definition solcher Organisationen war so weit gefaßt, daß selbst rein wohltätige Vereine darunter fielen. Obgleich bestimmte Sparten des Staatsdienstes, insbesondere das Finanzministerium, der Überzeugung waren, daß eine aufgeklärtere Politik den Arbeitsfrieden und eine höhere Produktion bewirken würde, kooperierte die Regierung mit antigewerkschaftlichen Unternehmern nach dem Grundsatz, daß Gewerkschaften eine politische Gefahr für das Regime darstellten. Häufig wurden Truppen eingesetzt, um Unruhen niederzuschlagen, und Agenten in die Fabriken eingeschleust, um illegale Organisationsversuche auszuspionieren oder Agitatoren zu ermitteln.

Obwohl es keine legalen Organisationen gab, waren Streiks keine Seltenheit. Ein ernster Streik in der Textilindustrie Moskaus im Jahre 1885 veranlaßte die Regierung zur Verabschiedung eines Gesetzes, das das Recht des Unternehmers, bei Disziplinvergehen Geldstrafen zu erheben, einschränkte; erneute Arbeitsniederlegungen in demselben Industriezweig in den Jahren 1896 und 1897 hatten Wittes Arbeitergesetzgebung zur Folge. Zwei Jahre später geriet Rußland in eine allgemeine wirtschaftliche Depression, die sich besonders in der Metall- und Ölindustrie bemerkbar machte. Die Folge war, daß es häufiger zu Streiks kam und daß deren Charakter sich änderte. Nach 1900 schlossen die Ziele der Arbeiter immer politische Forderungen ein. Ihre Streiks waren oft kurz und nicht dazu bestimmt, wirtschaftliche Konzessionen zu erkämpfen, sondern sollten als Demonstration gegen das Regime dienen.

Der Außenhandel. Rußlands Anteil am Welthandel ging über vier Prozent nicht hinaus und lag damit nicht wesentlich höher als in der ersten Hälfte des 19. Jahrhunderts. Die auffälligste Entwicklung in der Handelsstruktur war die stetige Steigerung der Getreideexporte. In den Jahren 1836 bis 1840 machte das Getreide nur fünfzehn Prozent des Gesamtwertes der russischen Exporte aus, nach 1871 aber etwa fünfzig Prozent. Diese starke Abhängigkeit vom Getreidehandel hatte Auswirkungen außerhalb des rein wirtschaftlichen Bereichs, insbesondere auf dem Gebiet der Außenpolitik. Um die Jahrhundertwende, während einer Periode der schweren wirtschaftlichen Depression in Rußland, verabschiedete die deutsche Regierung ein Zollgesetz, das das russische Getreide vom deutschen Markt faktisch ausschloß.

Diese Maßnahme stärkte das im Jahre 1894 (s. S. 341–342) geschlossene französisch-russische Bündnis.

Die politischen Entwicklungen

Die letzten Jahre Alexanders II. Am 4. April 1866 verübte ein junger Mann namens D. V. Karakozow einen Mordanschlag auf Alexander II. Sein Schuß bildete für die Regierung ein Signal, von der seit dem Krimkrieg in der offiziellen Politik verfolgten Reformtendenz abzugehen, eine Tendenz die das Dekret zur Befreiung der Bauern, die Errichtung von „Zemstvos" und die Reorganisation des Rechtsprechungssystems zur Folge gehabt hatte (s. S. 189–191). Eine gewisse Reformtätigkeit wurde fortgesetzt, so z. B. in den 70er Jahren, als der Kriegsminister D. A. Miliutin eine grundlegende Umgruppierung im gesamten Militärsystem vornahm und damit den Grundstein für die moderne russische Armee legte.

Die Militärreformen bildeten jedoch eine Ausnahme, zu der sich die Regierung aufgrund der unverkennbaren Überlegenheit der westlichen Armeen gezwungen sah. In Angelegenheiten, die für die Staatssicherheit weniger lebenswichtig waren, setzte eine zunehmend reaktionäre Tendenz ein. Dies gilt beispielsweise für das Erziehungswesen, in dem die akademische Freiheit an den Universitäten unter Graf Dimitrij Tolstoj, dem Erziehungsminister von 1866 bis 1880, faktisch aufgehoben wurde. Gleichzeitig beschnitt Tolstoj die naturwissenschaftlichen Fächer in den Lehrplänen der höheren Schulen und setzte eine Gewichtsverlagerung zugunsten von Sprachen, Literatur, Geschichte, Geographie, Religion und anderen Fächern durch, die er politisch und moralisch für harmloser zu halten schien.

Diese Maßnahmen wurden als ein Versuch angesehen, die russische Jugend gegen die neuen Erkenntnisse abzuschirmen, und erregten weithin Unwillen. Zu einer Zeit, in der das Land Wissenschaftler von Weltruf hervorbrachte – D. I. Mendelejew (1843–1901) in der Chemie, I. I. Metschnikow (1845–1916) in der Biologie, I. P. Pawlow (1849–1936) in der Physiologie – machten sie es diesen großen Wissenschaftlern schwer, Studenten zu finden und auszubilden. Auf merkwürdige Art und Weise war dies der Zukunft der russischen Wissenschaft wahrscheinlich eher förderlich als nachteilig. Hugh Seton-Watson schrieb, Tolstojs Vorgehen habe die russischen Intellektuellen in ihrer Überzeugung bestätigt, daß nur die naturwissenschaftliche Ausbildung fortschrittlich sei. Dies hatte weitreichende Rückwirkungen, nicht zuletzt auf das intellektuelle Leben der Sowjetunion.

Tolstojs Maßnahmen wurden vom Zar energisch unterstützt. In seinen späteren Amtsjahren geriet Alexander mehr und mehr unter den Einfluß der Ultrakonservativen, die ihn in der Überzeugung bestärkten, daß innerhalb der Jugend des Landes „destruktive Auffassungen" um sich griffen und daß eine revolutionäre Bewegung das Regime bedrohe. Diese Gruppe war schockiert über die als Nihilismus bezeichnete Weltanschauung – einen übertriebenen Realismus, der alle traditionellen Werte verwarf und das Recht auf Individualität und die Überlegenheit des menschlichen Verstandes betonte. Ihre Anhänger nahmen, ebenso wie die deutschen und französischen Studenten im Zeitabschnitt von 1815 bis 1830, (wie Kropotkin uns mitteilt) „eine gewisse äußere Rohheit als Protest gegen die sanfte Freundlichkeit ihrer Väter" an; doch der Nihilismus konnte kaum als eine Kraft angesehen werden, die die politische Stabilität zu gefährden vermocht hätte.

Von größerer Bedeutung war die Lehre des Populismus, deren Anhänger generell eine soziale Revolution für notwendig hielten und die die Ansicht vertraten, man brauche den Hochkapitalismus nicht abzuwarten, sondern könne sie auf der Grundlage des russischen Systems des Landbesitzes durch die Gemeinde erreichen; auch glaubten sie, die Bauernschaft stehe als treibende Kraft hinter einem revolutionären Umsturz. Allerdings bestand unter den frühen Populisten nur wenig Übereinstimmung im Hinblick auf Taktik und Programm, und in den 60er und den frühen 70er Jahren tendierte die Bewegung zu Formlosigkeit, Idealismus und mangelhaftem Realismus. Die Populisten begingen den Fehler, den Bauern zu idealisieren und Wunder von ihm zu erwarten, und sie ließen außer acht, daß er zu sehr verroht war, um ihre Botschaft zu verstehen.

Hätte die Regierung den Dingen ihren Lauf gelassen, so wäre die Bewegung vielleicht ein totgeborenes Kind gewesen. Aber polizeiliche Verfolgung und Massengerichtsverfahren gegen Agitatoren erhielten sie lebendig. Die Populistenführer begannen Methoden anzuwenden, die vorher von Sergej Netschajew und Peter Tkačev verfochten worden waren. Netschajew, ein früherer Anhänger Bakunins und Führer eines kurzlebigen Geheimbundes in den 60er Jahren des 19. Jahrhunderts, hatte den Einsatz des Terrors als Mittel zur Förderung revolutionärer Ziele betont und schließlich durch die kaltblütige Ermordung eines Bundesmitglieds, das des später sogenannten Abweichlertums verdächtigt wurde, die Bedeutung der Revolutionsdisziplin auf dramatische Weise demonstriert. (Dieser Mord diente als Thema für Dostojewskijs Roman „Die Dämonen"). Der als Vorläufer Lenins geltende Tkačev lehrte, daß der Erfolg von Revolutionen weniger von der Aktion der Massen abhänge, als vielmehr von der Vision und Entschlossenheit einer revolutionären Elite. In den späten 70er Jahren gingen die Populisten zu Geheimtätigkeit und Terrorismus über und befürworteten insbesondere den politischen Mord, um auf die Notwendigkeit der Revolution aufmerksam zu machen und die Unterstützung der Massen zu erzielen. Der Zar selbst wurde zur begehrtesten Zielscheibe, und die „Der Volkswille" genannte Vereinigung scheint mindestens sieben Mordanschläge auf ihn organisiert zu haben. Im März 1881 hatte sie schließlich Erfolg. Bei der Rückkehr Alexanders II. von einer Militärparade in St. Petersburg wurde eine Bombe in seinen Wa-

gen geworfen, die diesen zerstörte, ohne den Zaren zu verletzen. Wenige
Augenblicke später, als er neben dem Wrack stand, explodierte zu seinen
Füßen eine zweite Bombe, und er starb innerhalb von wenigen Stunden.

Die Zeit der Reaktion 1881–1905. Die Täter wurden gejagt und erhängt, ihre
Organisationen zerschlagen und die revolutionäre Bewegung für eine Generation unschädlich gemacht. Die darauffolgenden Jahre waren Jahre der Reaktion. In „Die Dämonen" von Dostojewskij sagt Hauptmann Lebiadkin:
„Würde ich den Versuch machen, meine Haut für ein Trommelfell zu
hinterlassen, beispielsweise dem Akmolinschen Infanterieregiment, bei dem
ich die Ehre hatte, meine militärische Laufbahn zu beginnen, damit auf dieser
Trommel täglich vor dem Regiment die russische Nationalhymne getrom-
melt werde, dann hätte man das für Liberalismus gehalten ... Man würde
meine Haut verbieten ..."
Dies ist eine repräsentative Schilderung der Atmosphäre unter Alexander III. (1881–1894), einem einfachen, gewissenhaften Herrscher mit festem
Willen und ungeschmälert konservativen Ansichten. Seine politischen Prinzipien werden gewöhnlich in den Worten Orthodoxie, Autokratie und Nationalismus zusammengefaßt.
Von den Ministern Alexanders III. verdienen nur drei Erwähnung. Die
bedeutendste Persönlichkeit in seiner Regierung war Konstantin Pobedonoszew (1827–1907), Oberprokuror des Heiligen Synods, d. h. Laienvorsitzen-
der des Regierungsorgans der russisch-orthodoxen Kirche. Als Gegner aller
westlichen Ideen vertrat er mit besonderer Vehemenz die Überzeugung, daß
eine freie Presse die Wurzel allen Übels sei und daß Parlamente nur den
Interessen ihrer Mitglieder dienten. Sein Ideal war eine Regierung der strikt
zentralisierten Autokratie.
Die politischen Maßnahmen Pobedonoszews wurden meisterhaft sekun-
diert durch den ehemaligen Erziehungsminister, Tolstoj, der im Jahre 1882
Innenminister wurde und unverzüglich ein Programm einleitete, das die
bereits ungeheuer strenge Pressezensur noch verschärfte, die Reste akademi-
scher Freiheit zunichte machte und Bibliotheken und Lesesäle unter strikte
Aufsicht stellte. Die allgemeine Erziehungspolitik oblag nun Graf Delianow,
dem Erziehungsminister von 1882 bis 1897. Insbesondere die Prinzipien der
Grundschulerziehung waren darauf ausgerichtet, gesellschaftliche Mobilität
zu verhindern.
Alexander III. starb im Oktober 1894 an einer Nierenentzündung. Sein
Tod bewirkte keine Entspannung dieser Atmosphäre der Verfolgung und
der Gesinnungskontrolle. Die politische Philosophie des neuen Souveränen,
Nikolaus II. (1894–1917), unterschied sich nicht wesentlich von der seines
Vaters. Allerdings fehlten ihm die Standhaftigkeit und Entschlossenheit
Alexanders. Nikolaus war immer ein Werkzeug in der Hand stärkerer Per-
sönlichkeiten: in den ersten zehn Jahren seiner Regierungszeit waren dies

Pobedonoszew sowie militärische Ratgeber, die eine dynamische Außenpolitik verfolgten und hinter dem verhängnisvollen Abenteuer im Fernen Osten
standen; in späteren Jahren waren es seine Frau und deren Günstlinge, insbesondere der Mönch Gregorij Rasputin. Eines hatten alle gemeinsam, die
Einfluß auf Nikolaus ausübten, den Wunsch nämlich, daß er nichts tue, um
den vorherrschenden Absolutismus zu mildern.

Reformer und Revolutionäre. Die Thronbesteigung durch den neuen Zaren
führte nicht nur zu einer Belebung der politischen Aktivität unter den Verfechtern der Revolution, sondern auch unter den gemäßigten liberalen Gruppen, die seit dem Tode Alexanders II. relativ zurückhaltend gewesen waren.
In den „Zemstvos" wurden Hoffnungen auf liberale Reformen wach, und
führende Persönlichkeiten in diesen lokalen Regierungsorganen begannen,
eine Erweiterung ihrer Kompetenzen und die Errichtung einer Art Zentralorganisation zu fordern, die in der nationalen Regierung eine gewisse Rolle
spielen könnte. Der Zar machte mit diesen Vorschlägen kurzen Prozeß, und
als „Zemstvo"-Führer eine feste Organisation auf nationaler Ebene zu errichten versuchten, wurden deren Sitzungen polizeilich verboten. Dennoch
dienten die „Zemstvos" weiterhin als Forum für liberale Meinungsäußerungen.

Die ebenfalls innerhalb der ersten Regierungsjahre Nikolaus' wiederauflebende revolutionäre Opposition setzte sich aus zwei Hauptorganisationen
zusammen, von denen die erste die Russische Sozialdemokratische Arbeiterpartei war. Die Ursprünge dieser Partei gingen auf die 80er Jahre zurück, als
Georg Plechanow (1857–1918), ein ehemaliger Populist, in die Schweiz emigriert war und eine sozialistische Organisation unter dem Namen „Arbeiterbefreiung" gegründet hatte. Plechanow übernahm die wesentlichen Grundsätze des Marxismus und betonte, Rußland müsse den Kapitalismus durchmachen, bevor es auf einen Übergang zum Sozialismus hoffen könne. Er
lehnte das Vertrauen der Populisten in die bäuerlichen Massen ab und rief zur
Gründung einer disziplinierten Arbeiterpartei auf. Plechanows schriftsterlische Begabung trug zur breiten Streuung des marxistischen Gedankenguts
bei (Lenin sagte einmal, er habe es allein fertiggebracht, „eine ganze Generation russischer Marxisten heranzuziehen"), und um die Mitte der 90er Jahre
gab es allein in St. Petersburg zwanzig marxistische Gruppen. Da sie im
Untergrund operieren mußten, waren sie nicht sehr erfolgreich. Ihr erster
Kongreß im Jahre 1898 in Minsk zur Erörterung der Organisation einer
Partei auf nationaler Ebene war nur schwach besucht, und es wurden sehr
bald mehrere Delegierte verhaftet. Danach verlagerte sich die Führung des
russischen Sozialismus notwendigerweise auf den „Bund der russischen Sozialdemokraten im Ausland". Unter diesen Exilrussen vollzogen sich die
entscheidenden doktrinären Entwicklungen der nächsten Jahre. Sie planten
den zweiten, 1903 in Brüssel (und London) abgehaltenen Parteikongreß.

Diese Konferenz ist heute in erster Linie in Erinnerung aufgrund einer –
die Geschichte des Weltsozialismus verändernden – Meinungsverschiedenheit zwischen einer von einem älteren Mitarbeiter Plechanows, J. O. Martow, geführten Gruppe und einer anderen Gruppe, geleitet von dem brillantesten der jüngeren Führer, Lenin (1870–1924).

Der zweite Sohn eines Schulinspektors in Simbirsk an der Wolga, Lenin,
der mit richtigem Namen Wladimir Iljich Uljanow hieß, war im Jahre 1887,
als sein älterer Bruder wegen Komplizenschaft in einem Mordkomplott gegen den Zaren verhaftet und erhängt wurde, zu einem unerbittlichen Gegner
des zaristischen Regimes geworden. Die Teilnahme an einem Studentenpro-
test an der Universität Kazan einige Jahre später setzte seiner offiziellen
Ausbildung ein Ende. Er führte seine Studien dennoch fort und bestand seine
juristischen Examina ohne Universitätsausbildung. Dann aber geriet er unter
den Einfluß der Schriften Plechanows und widmete sich dem Studium des
Marxismus und der Basis-Arbeit in einem Lesezirkel in St. Petersburg, dessen Ziel die Indoktrination der Arbeiterklasse war. Dies führte schließlich zu
Schwierigkeiten mit der Polizei, zur Verhaftung und zu drei Jahren Exil in
Sibirien. Nach seiner Freilassung gelang es ihm, sich den Weg ins Ausland zu
bahnen. Er wurde einer der ersten Herausgeber der Parteizeitung „Iskra"
(Der Funke), und seine Schriften trugen ihm bald die Anerkennung eines
Plechanow ebenbürtigen Theoretikers ein.

Während des Streits mit Martow auf dem Kongreß von 1903, in dem es
großenteils um die Parteiorganisation ging, gab eine momentane Stimmenmehrheit Lenin die Gelegenheit, seine Fraktion Bolschewiken (oder Mehr-
heitler) zu nennen. Seine Gegner wurden automatisch die Menschewiken
(oder Minderheitler). Die Namen setzten sich fest, und mit der Zeit verhärte-
ten sich die augenblicklichen Meinungsverschiedenheiten zu prinzipiellen
Unterschieden. Beide Gruppen hielten an den Grundlehren des Marxismus
fest, beide blieben dem Umsturz des Zarentums verpflichtet, und beide
glaubten in Übereinstimmung mit Plechanow, daß dem Untergang des Za-
renregimes eine Periode der bürgerlich-demokratischen Regierung folgen
müsse, bevor sich der Sozialismus durchsetzen könne. Während aber die
Bolschewiken die Ansicht vertraten, diese Periode der bürgerlichen Herrschaft müsse eine reine Übergangsphase sein, in der die Partei das Proletariat
und die Bauernschaft zur letzten Revolution antreiben würde, tendierten die
Menschewiken zu der Überzeugung, daß dies eine lange Periode der wirklichen Zusammenarbeit zwischen bürgerlichen und sozialistischen Parteien
sein müsse. Die Menschewiken kamen den revisionistischen Parteien Westeuropas näher, als sie zugaben.

Eine zweite wesentliche Meinungsverschiedenheit hing mit der Parteiorganisation, zusammen. Wie Lenin in seinem brillanten Pamphlet „Was tun?"
im Jahre 1902 geschrieben hatte, glaubte er, die sozialistische Bewegung
müsse von einer Elite von professionellen Revolutionären geführt werden,

da die Masse der Arbeiter ihren revolutionären „élan" verlieren und in den Sumpf des Reformismus abgleiten würde. Übersetzt in die Sprache der Organisation, beinhaltete dies eine kleine zentralisierte und disziplinierte Partei, der kein Mitglied ohne bestimmte Aufgaben angehörte. Martow protestierte in Brüssel, er wolle keine Partei, deren Mitglieder auf ihr Recht zu denken verzichteten; und die Menschewiken argumentierten immer für eine Partei, die nicht nur professionellen Revolutionären geöffnet sei, sondern allen Arbeitern und Intellektuellen, die an ihre Ziele glaubten. Auf die Dauer trug Lenins Standpunkt den Sieg davon.

Doch der Triumph des Bolschewismus lag noch in weiter Ferne. Innerhalb der wiederbelebten revolutionären Bewegung der ersten Regierungsjahre Nikolaus' II. fand der Marxismus einen mächtigen Konkurrenten im Populismus, der die Gründung der Sozialrevolutionären Partei in den ersten fünf Jahren des neuen Jahrhunderts anregte. Die Sozialrevolutionäre hatten viele Überzeugungen mit den Sozialdemokraten gemeinsam. Ihre wesentlichen Unterschiede lagen darin, daß sie den Bauern eine größere Bedeutung beimaßen, bereitwillig der Überzeugung anhingen, der Sozialismus werde direkt auf den Umsturz der Monarchie folgen, und daß sie stärkeres Vertrauen in die Wirksamkeit des politischen Terrorismus setzten.

Die Revolution von 1905. Während des wirtschaftlichen Rückgangs von 1899 bis 1903 lösten Fabrikschließungen innerhalb der Arbeiterschicht große Not aus, und bevor sich das Land von den Auswirkungen dieser Depression vollständig erholen konnte, hatte eine leichtsinnige Regierungspolitik im Fernen Osten zu einem Krieg mit Japan geführt (s. S. 339). Dieser machte die Mobilisierung von Reserven aus ländlichen Gebieten notwendig, wodurch die landwirtschaftliche Produktion und Verteilung gestört wurde. Die einhellig schlechten Frontnachrichten hätten es der Regierung, selbst bei ernsthaftem Versuch, schwer gemacht, diese Härten zu rechtfertigen. Infolgedessen entwickelten alle Oppositionsgruppen eine unbändige Aktivität. Am spektakulärsten war sie unter den Sozialrevolutionären, die zwischen 1901 und 1904 ein Terrorprogramm durchführten, in dessen Verlauf sie zwei Provinzialgouverneure, einen Erziehungsminister und zwei Innenminister töteten. Die Sozialdemokraten beschränkten sich größtenteils auf die Propaganda unter den Fabrikarbeitern. Was die liberale Bewegung angeht, die ihren Mittelpunkt in den „Zemstvos" hatte, so erweiterten sich ihre Mitgliederzahlen, und sie gründete eine Auslandsorganisation und eine Zeitung, die wagemutig zur Beendigung der Autokratie und zur Einführung einer konstitutionellen Monarchie aufrief. Im Herbst 1904 hielten die Liberalen in St. Petersburg und Moskau Bankette ab.

Zu Beginn des neuen Jahres explodierte die aufgestaute Spannung. Im Januar 1905 wurden in St. Petersburg mehrere Fabriken, die Tausende von Arbeitern beschäftigten, durch einen Streik lahmgelegt. Am Sonntag, den

9. Januar, schlossen sich viele dieser Arbeiter einem Protestmarsch zum Winterpalais an. Wie gewöhnlich handelte die Regierung argwöhnisch und in Panikstimmung. Truppen blockierten den Marsch und eröffneten dann das Feuer auf die Reihen, töteten und verwundeten Hunderte von Menschen und sorgten dafür, daß der Tag als „blutiger Sonntag" in Erinnerung blieb.

In der Hauptstadt brach unverzüglich ein Generalstreik aus, der auf Moskau, Saratow, Ekaterinoslaw und auf die größten Städte Polens und der baltischen Provinzen übergriff. Bauernrevolten breiteten sich rasch aus, und im Juni organisierten sich die Bauern in einem Verband. Sowohl Arbeiter als auch gebildete Städter gründeten neue Organisationen. Erschüttert durch die Rückschläge im Krieg, gerieten auch die Streitkräfte in den Bann der Revolution.

Als seine Welt um ihn herum einzustürzen schien, handelte der Zar zögernd und unentschlossen. Seine Absicht versichernd, daß er eine beratende Versammlung „der ehrenwertesten Menschen" einberufen werde, machte er gleichzeitig deutlich, daß die meisten Intellektuellen und Arbeiter vom Wahlrecht ausgeschlossen bleiben würden. Diese Haltung ermutigte zu neuen ländlichen und städtischen Unruhen sowie zu Eisenbahner- und Universitätsstreiks und einem weiteren Generalstreik in der Hauptstadt. Im Oktober wurde in St. Petersburg der erste Arbeiterrat gebildet, der für die städtische Selbstverwaltung zu agitieren begann. Angesichts der sich häufenden Nöte, erwog der Zar ernstlich eine Militärdiktatur, ließ sich aber schließlich durch seine Ratgeber dazu bewegen, statt dessen das sogenannte Oktobermanifest bekanntzugeben. Dieses Dokument sah eine Erweiterung der Grundfreiheiten vor, kündigte die Einberufung einer nationalen legislativen Versammlung, oder „Duma", an, die durch ein sehr viel weitergehendes Wahlrecht gewählt werden sollte, als es vorher definiert worden war, und reorganisierte den Ministerrat nach westlichen Prinzipien.

Dieses Dekret, das die Umwandlung des autokratischen Rußland in eine konstitutionelle Monarchie zu kennzeichnen schien, machte die Einigkeit der Revolutionsbewegung zunichte, und ihr Feuer erlosch. Die öffentliche Meinung wandte sich gegen die Radikalen, und dies ermutigte die Polizei, im Dezember den St. Petersburger Arbeiterrat aufzulösen. Dies führte zu Sympathiestreiks und Demonstrationen in Rostow und Moskau, die jedoch bald unterdrückt waren.

Das Verfassungsexperiment. Nach Wiederherstellung einer relativen Ordnung wurde bald deutlich, daß durch die Revolution sehr wenig gewonnen war und daß zumindest für den Augenblick keine Möglichkeit bestand, irgend etwas daran zu ändern. Von 1906 bis 1914 schienen sich alle Stärke und Einigkeit auf seiten der Reaktion zu konzentrieren. Die Linke war hoffnungslos gespalten. Die liberalen Kräfte teilten sich auf in die konstitutionellen Demokraten, oder Kadetten, die ein höheres Maß an parlamentarischer

Macht wollten, und die Oktobristen, die sich mit dem Manifest des Zaren zufrieden gaben. Die Sozialdemokraten verstrickten sich in interne Fehden, und die Sozialrevolutionäre gingen völlig auf in neuen Komplotten gegen einzelne Personen. Adel, Grundbesitzer, Kirche, Bürokraten, Soldaten und panslawistische Patrioten aber organisierten sich in einer „Union des russischen Volkes", um den Zaren in seinem Widerstand gegen weitere Konzessionen und in der Wiedereroberung des im Oktober abgetretenen Terrains zu bestärken.

Der Zar war für diese Art von Einflüsterungen sehr zugänglich, und innerhalb von drei Jahren hatte er die meisten seiner Versprechungen ihrer Bedeutung beraubt. Bevor die erste „Duma" zusammentrat, hatte er per Erlaß ein zweites parlamentarisches Organ konstituiert – einen Reichsrat, dessen Mitglieder weitgehend ernannt wurden und der allen Gesetzen zustimmen mußte, bevor sie zur Billigung an den Zaren weitergeleitet werden konnten. Als die „Duma" sich unter großer Mehrheit der Kadetten versammelte, fand sie sich mit der Ankündigung des Zaren konfrontiert, daß bestimmte „organische Gesetze" von ihrer Beratung ausgeschlossen, die militärische Prärogative des Souveränen unantastbar und die Verfügungsgewalt des Parlaments über die Staatskasse durch die Vollmacht der Regierung, notfalls ohne Etat zu handeln, eingeschränkt seien. Der Zar stellte sich dem Versuch der Kadetten, eine wirkliche Ministerverantwortlichkeit durchzusetzen, unerbittlich entgegen, löste schließlich nach zwei Monaten die „Duma" auf und erklärte, er sei „grausam enttäuscht", daß ihre Mitglieder „sich in Sphären jenseits ihrer Zuständigkeit verirrt" hätten. Während der Sitzungsperiode der zweiten „Duma" von März bis Juni 1907 verhaftete die Regierung tatsächlich – unter offenkundiger Verletzung der parlamentischen Rechte – sechzehn Mitglieder wegen revolutionärer Tätigkeit. Überdies wurde das Wahlrecht nach dieser ergebnislosen Sitzungsperiode durch Erlaß drastisch beschnitten.

Durch die Auswahl fähiger Minister und ihre Bevollmächtigung, die schlimmsten administrativen und wirtschaftlichen Mißstände zu beheben, hätte der Zar die katastrophalen Auswirkungen vielleicht vermeiden können. Doch gerade in diesen Jahren wuchs der Einfluß Rasputins, und jeder, der die Gunst des Mönchs gewinnen oder erkaufen konnte, war ungeachtet seiner Befähigung geeignet, in ein hohes Amt eingesetzt zu werden.

Nikolaus' fähigster Minister in diesem Zeitabschnitt war P. A. Stolypin, Ministerpräsident von 1906 bis 1911. Seine Position verdankte er der Niederschlagung von Bauernaufständen in Saratow im Jahre 1905 in seiner Eigenschaft als dortiger Provinzialgouverneur und seinem Ruf als Nationalist und Konservativer; er war aber kein blinder Reaktionär, sondern zeigte sich imstande, mit liberalen Elementen in der „Duma" zusammenzuarbeiten, wenn immer sich die Gelegenheit dazu ergab. Stolypins erstes Jahr als Ministerpräsident war überwiegend mit der Jagd auf Terroristen und der Zerschlagung revolutionärer Zellen ausgefüllt. Sein erbarmungsloses Vorgehen läßt sich wahrscheinlich aus der Tatsache herleiten, daß Sozialrevolutionäre im August 1906 seine Sommerresidenz in die Luft gesprengt und dabei 32 Menschen getötet und 22 weitere, darunter seinen Sohn und seine Tochter, verletzt hatten. Danach verwandte er all seine Energie auf landwirtschaftliche Reformen und versuchte, die Einführung moderner Produktionsmethoden zu fördern. Im Jahre 1906 wurden eine Reihe von Gesetzen verabschiedet, die die Beschränkungen, unter denen die Bauern in den Landgemeinden litten, verringerten, ihnen die Loslösung von der Gemeinde erleichterten und die Neuverteilung von Gemeindeland zugunsten einer Konsolidierung verstreuter Parzellen förderten. Etwa ein Zehntel der Ländereien des europäischen Rußland wurden bis 1915 zusammengelegt und erzielten dadurch Produktionssteigerungen; und 2,5 Millionen Familien hatten sich von den Gemeinden gelöst, um selbständige Bauern zu werden. Die russische Landwirtschaft war im Jahre 1914 immer noch rückständig, aber Stolypins Reformen kennzeichneten den ersten bedeutsamen Schritt vorwärts seit dem Dekret zur Bauernbefreiung.

Es war charakteristisch für das Regime, daß Stolypin von Reaktionären angegriffen wurde. Im Jahre 1911 ging das Gerücht um, daß er bald entlassen werde. Statt dessen wurde er bei einem Theaterbesuch in Kiew im September desselben Jahres von einem Sozialrevolutionär, der gleichzeitig Polizeispion war, erschossen. Danach unternahm die Regierung nur noch wenige Versuche, die bestehenden Mißstände zu beseitigen. In einer Atmosphäre der ungemilderten Reaktion begann Rußland noch einmal, sich in ausländischen Abenteuern jener Art zu ergehen, die 1905 beinahe zu einer Katastrophe geführt hatten und im Jahre 1917, als die militärische Niederlage eine größere Revolution als im Jahre 1905 auslöste, wirklich verheerend enden sollten.

Die abhängigen Nationalitäten

Die Russifizierung. Rußland unterstanden ebenso viele Nationalitäten wie dem österreichisch-ungarischen Kaiserreich und es behandelte sie nicht besser. Neben denen, die sich als Russen bezeichnen konnten, gab es Ukrainer und Weißrussen, Polen, Deutsche, Litauer, Letten, Esten, Rumänen, Armenier, verschiedene türkische und mongolische Stämme, etwa fünf Millionen Juden und die Finnen. Die allgemeine Politik gegenüber diesen Völkern, insbesondere nach dem Tode Alexanders II., der ihrer Kultur und ihren Sitten etwas Achtung entgegengebracht hatte, zielte darauf ab, ihnen die russische Denkweise und Sprache aufzuzwingen. Eine bewußte Russifizierungspolitik richtete sich z. B. unter Alexander III. gegen die Deutschen in den baltischen Provinzen. Ähnlich gingen dieser und der nachfolgende Herrscher im Falle der Armenier, der Wolgatataren, der Georgier und anderer Nationalitäten vor, und im allgemeinen wurde die Russifizierung in den Gebieten, in denen nationalistische oder revolutionäre Parteien auftraten, intensiviert.

Eine auffallende Ausnahme bildeten die Juden; denn es wurde jede Anstrengung unternommen, um ihre wirkliche Assimilierung zu verhindern. Man hatte sie lange auf die Gebiete Polen und Litauen beschränkt. Alexander erließ zwar eine Reihe von Dekreten zur Lockerung dieser Einschränkung, doch sein Nachfolger hob sie wieder auf. Im zaristischen ebenso wie unter anderen tyrannischen Regimen wurde die Schikanierung der Juden zum Sicherheitsventil für die Leidenschaften des Volkes und zu einem Mittel, um die Massen von anderen Klagegründen abzulenken. Hieraus erklärt sich die in den 90er Jahren rasch zunehmende Emigration der Juden, insbesondere in die Vereinigten Staaten.

Polen. Nach der Niederwerfung des Aufstands von 1863 (s. S. 172 u. 182) war die russische Politik in Polen darauf ausgerichtet, Revolutionszentren zu zerschlagen und potentielle Dissidentengruppen zu schwächen. In Verfolgung dieses Zieles unterdrückte die Regierung die Warschauer Universität, russifizierte Schulen, Gerichtshöfe, Eisenbahnen und Banken und legte das Dekret zur Bauernbefreiung großzügig aus in der Hoffnung, dadurch die nationalistische Schicht der polnischen Grundbesitzer zu schwächen. Im darauffolgenden Zeitabschnitt spielte der Adel in der polnischen Politik eine geringere Rolle; nun aber wurde der Nationalismus von Gruppen aus dem Mittelstand verkündet, der durch die rasche Entwicklung der polnischen Industrie in dieser Epoche emporkam. Die bedeutendste wurde die Nationaldemokratische Partei. In Roman Dmowski hatte sie einen Führer, dessen Lehren einen tiefgreifenden Einfluß auf jene ausübte, die in den Kriegsjahren den Weg zur Freiheit Polens bahnten. Die Wahlreform von 1907 bewirkte eine starke Verringerung der polnischen Vertretung in der „Duma". Diese Maßnahme verstärkte den Wunsch, mit Rußland zu brechen.

Finnland. Im Jahre 1809 hatte Rußland Finnland erworben; bis zum Ende der Regierungszeit Alexanders II. aber blieb der Staat ein Großherzogtum mit eigener Verfassung und eigenem Parlament, eigener Armee, eigener Währung und eigenem Postwesen. Mit dem Aufkommen der Reaktion in Rußland im Jahre 1883 und dem wachsenden spezifisch russischen Nationalismus waren diese Rechte gefährdet. Alexander III. unternahm die ersten Schritte zu einer Russifizierung der finnischen Institutionen. Der eigentliche Wendepunkt in den russisch-finnischen Beziehungen aber trat im Jahre 1899 ein, als ein Dekret des Zaren festlegte, daß Gesetze, die sowohl Finnland als auch das übrige Zarenreich betrafen, der Oberaufsicht des russischen Staatsrates unterliegen und der finnische Landtag diesbezüglich nur noch beratende Funktionen haben sollte. Danach erfolgte die Einverleibung des finnischen Postsystems durch Rußland, die Auflösung der finnischen Armee und ein

Dekret, welches die Finnen zum Wehrdienst in russischen Einheiten verpflichtete.

Das finnische Volk widersetzte sich diesen Angriffen auf seine Autonomie mit der höchst wirksamen Taktik des passiven Widerstandes. Dieser und die Wirren der Revolution von 1905 erzwangen den Widerruf der offensiven Erlasse. Es war jedoch nur ein zeitweiliger Aufschub. Ebenso wie im Falle Polens nahm Stolypin die Russifizierungspolitik wieder auf. Um 1914 wurde deutlich, daß die russische Regierung den Finnen die Autonomie nehmen wollte, und diese Erkenntnis bestimmte Finnlands Verhalten in den letzten Phasen des Weltkrieges.

Achtzehntes Kapitel

Die Imperiale Expansion 1871–1914

Das Zeitalter des Imperialismus

Die Beweggründe. Im ersten Dreiviertel des 19. Jahrhunderts zeigten nur wenige der europäischen Staaten großes Interesse an dem Erwerb von Territorien außerhalb Europas, und wenn in Afrika oder Asien neue Kolonien gegründet wurden, so war dies nicht immer auf eine bewußte Politik zurückzuführen und erfuhr nur selten Unterstützung im Volk. Dies galt selbst für Großbritannien, das aus den Kriegen des 18. Jahrhunderts und aus dem Konflikt mit Napoleon mit der größten Ansammlung von Kolonien hervorgegangen war, die die Welt je gesehen hatte. Die Engländer, die sich überhaupt über diese Gebiete Gedanken machten, waren eher verärgert über die aus dem Besitz entstehenden Militär- und Verwaltungskosten und pessimistisch hinsichtlich der Möglichkeit, sie so lange zu behalten, bis diese Ausgaben sich rentiert hätten. Was die anderen europäischen Staaten betrifft, so erschöpften sich ihre Energien zum größten Teil in innenpolitischen Problemen und Reibungen mit ihren direkten Nachbarn, und das Problem der Expansion außerhalb Europas lag zu fern, um starkes Interesse zu wecken.

All dies begann sich in den späten 70er Jahren des 19. Jahrhunderts zu ändern; die 80er und 90er Jahre waren eine Periode, in der der Aufbau eines Weltreiches von allen größeren Mächten als Politik akzeptiert und von der öffentlichen Meinung mit einem auf alle Schichten und Wirtschaftszweige übergreifenden Eifer unterstützt wurde.

Zweifelsohne spielten wirtschaftliche Faktoren bei der wachsenden imperialistischen Aktivität eine bedeutende Rolle. Die zunehmende Vervollkommnung der europäischen Industrie, die Erweiterung der Produktionskapazität und die Akkumulation überschüssigen Kapitals brachten in allen großen Nationen einzelne Gruppen zu der Überzeugung, daß die Erschließung neuer Märkte, neuer Rohstoffquellen und neuer Gebiete für Kapitalinvestitionen notwendig sei. Sie tendierten dahin, kolonialpolitische Maßnahmen zu befürworten und, soweit sie politischen Einfluß hatten, diese voranzutreiben. Die Härten der 70er und 80er Jahre bestärkten sie in ihrer Meinung und veranlaßten andere Gruppen, ihre Ansichten über die Bedeutung von Kolonien zu revidieren. Im Jahre 1870 überreichte beispielsweise eine Arbeiterdelegation Königin Victoria eine Bittschrift, in der argumentiert wurde, die überseeischen Besitzungen Britanniens könnten zur Linderung der Not im

Mutterland beitragen, wenn die Regierung die Auswanderung der Arbeitslosen bezahlen würde. Schließlich erregte die allgemeine Rückkehr zum wirtschaftlichen Protektionismus in allen Freihandelsländern die Befürchtung, der Bereich, in dem sie gewinnbringend Handel treiben könnten, verkleinere sich stetig, falls sie sich nicht durch eine Art britisches Konzept einer „imperialen Föderation" oder durch die Aneignung der reichsten verbliebenen unabhängigen Gebiete der Welt schützen würden, bevor die protektionistischen Mächte sie erwarben.

Die Tatsache, daß Gruppen mit solchen Interessen oder solchen Ideen und Befürchtungen existierten, beweist natürlich nicht, daß wirtschaftliche Faktoren den Imperialismus ausgelöst haben. Die Behauptung des britischen Liberalen J. A. Hobson in einer im Jahre 1902 erschienenen berühmten Studie, daß die internationale Finanzwelt die richtungweisende Kraft in der imperialistischen Außenpolitik gewesen sei, bedeutete eine übermäßige Vereinfachung und Verzerrung der Geschichte, wie Hobson selbst Jahre später kleinlaut zugab. Lenins Behauptung in seinem brillanten Essay „Der Imperialismus als höchstes Stadium des Kapitalismus" (1917), daß kapitalistische Staaten imperialistisch werden müßten, einfach weil sie kapitalistisch seien, stellte eine Überbewertung des wirtschaftlichen Faktors in der Politik dar und läßt sich nicht durch konkrete Beweise belegen.

Wenn man darauf besteht, daß es Interessengruppen waren, die den Imperialismus ausgelöst haben, so kann man gewiß sagen, daß Missionsgesellschaften häufig keine weniger bedeutende Rolle spielten als Finanzkreise. Einer der stärksten Bestimmungsfaktoren sowohl der britischen als auch der französischen Politik im tropischen Afrika war z. B. die Bewegung gegen die Sklaverei, die von protestantischen sowie katholischen Kongregationen unterstützt wurde. Dieses Anliegen erfuhr durch die heroische Arbeit Dr. David Livingstones, der fast zwanzig Jahre lang den Urwald durchwanderte und Beweismaterial für die Tätigkeiten arabischer Sklavenjäger sammelte, seine Dramatisierung.

Selbst wenn die Regierungen zur Rechtfertigung ihrer Maßnahmen in Kolonialgebieten wirtschaftliche Argumente anführten, so geschah dies manches Mal nur deshalb, weil es auf diese Art und Weise einfacher erschien, Unterstützung zu erlangen, als durch eine offene Darlegung der politischen und strategischen Gründe für ihr Vorgehen. Im Falle der Ausdehnung der britischen Herrschaft auf Njassaland zögerte Lord Salisbury, der sie aus schwerwiegenden politischen Gründen anstrebte, die Maßnahmen absichtlich solange hinaus, bis es ihm gelang, das Interesse britischer Geschäftskreise durch anregende Artikel in „The Times" über die kommerziellen Vorteile zu wecken. Von einem beherrschenden Einfluß in der Diplomatie des Imperialismus weit entfernt, mußten Geschäftskreise oft zur Unterstützung der Regierungspolitik überredet oder gezwungen werden.

Tatsächlich wird einem, je gründlicher man sich mit dem Imperialismus dieses Zeitabschnitts befaßt, immer klarer, daß die Staatsmänner, die die Politik der Großmächte leiteten, den imperialistischen Kurs nur unter beiläufiger Beachtung wirtschaftlicher Faktoren einschlugen. Sie standen viel unmittelbarer unter dem Einfluß gegenseitigen Argwohns und der Furcht vor einer künftigen Katastrophe – Empfindungen, die durch die psychologische Atmosphäre in den Jahren nach dem französisch-preußischen Krieg verstärkt wurden. Im Sog jenes Konflikts war der Welt die Bedeutung von Macht bewußt geworden und hatte die Vorstellung Fuß gefaßt, daß große Staaten die Achtung ihrer Nachbarn nur dann erlangen konnten, wenn sie wie große Staaten handelten und einen sichtbaren Beweis ihrer Machtreserven erbrachten.

Sir John Seeley wies in seinem 1883 veröffentlichten, enorm populären Buch „The Expansion of England" auf das Wachstum Rußlands und der Vereinigten Staaten hin und warnte davor, daß sie Staaten wie Frankreich und Deutschland innerhalb von fünfzig Jahren vollständig in den Schatten stellen würden und daß Großbritannien das gleiche Schicksal ereilen werde, wenn das britische Volk sein Land weiterhin als „lediglich einen europäischen Staat" ansehe. Ein ähnliches Argument war in Frankreich bereits von Leroy-Beaulieu angeführt worden, der feststellte, daß die koloniale Expansion für sein Land „eine Angelegenheit auf Leben und Tod" sei und daß es, falls Frankreich sich in Afrika nicht zu einer starken Macht entwickle, nur eine Frage der Zeit sei, bis es auf die Position Griechenlands oder Rumäniens zurückgedrängt werde. Die gleichen Gedanken wurden in Deutschland geäußert, und während der Marokkokrise im Jahre 1905 wollten einige Persönlichkeiten in der Regierung tatsächlich als ersten Schritt auf eine effektive imperiale Politik hin einen Krieg gegen Frankreich führen (s. S. 345–346).

Diese Zukunftsängste wurden von den meisten Mächten geteilt, und das beschleunigte den Aneignungsprozeß und machte ihn wahlloser. Außerdem konnten die Regierungen Europas ihre Mittelsmänner nicht immer kontrollieren. Sie waren, mit Lord Salisburys Worten, oft „Männer mit Energie und starkem Willen, zeichneten sich aber wahrscheinlich nicht durch eine großartige Selbstbeherrschung aus ... und versuchten, die Vorherrschaft der Nation, für die sie leidenschaftlich kämpften, durch Mittel zu erlangen, die fortwährend in Gewalt ausarten mußten."

Mit diesen Worten ist der Menschenschlag, der sich als Wegbereiter des Imperialismus betätigte, treffend beschrieben: Männer wie der deutsche Forscher Carl Peters, der in den 80er Jahren als noch nicht Dreißigjähriger ein Gebiet von 60000 Quadratmeilen in Ostafrika erforschte und durch Vertrag mit Eingeborenenhäuptlingen erwarb; oder jene eigenartige Mischung von einem Patrioten, Visionären und Geschäftsmann, Cecil Rhodes (1853–1902). Als Sohn eines Geistlichen, der aus Gesundheitsgründen nach Afrika geschickt worden war, machte Rhodes in den Diamantengebieten von Kimberley ein Vermögen. Danach war er sein Leben lang bestrebt, in Afrika „die

Macht Englands auszudehnen". Rhodes glaubte ebenso wie Peters nicht selten, er kenne die wahren Interessen seines Landes besser als seine Regierung, und war nicht abgeneigt, diese unter Druck zu setzen. Er hat seinem Land hervorragende Dienste erwiesen, trägt aber einen großen Teil der Verantwortung für den Burenkrieg.

Die Popularität des Imperialismus. Die imperialistische Politik war innerhalb der Arbeiterschicht ebenso populär wie unter den wirtschaftlichen Gruppen, die auf jeden Fall einen direkteren Gewinn aus ihr zogen. Man mag daraus schließen, daß die Theorie über die atavistische Kraft des Imperialismus, die die versteckte Kampfeslust und Herrschsucht anspreche, zutrifft. Einfacher läßt sich diese Massenpopularität vielleicht damit erklären, daß etwas Aufregendes und emotional Befriedigendes in das Leben der Menschen eindrang, die auf die düsteren, häßlichen Industriestädte beschränkt waren. Die Entdeckung, daß die Massen für die Anziehungskraft des Imperialismus emotional empfänglich waren und davon überzeugt werden konnten, daß der Imperialismus ihnen wirtschaftliche Vorteile brachte, bildete für bestimmte Regierungen ein weiteres Motiv, sich auf den Kurs der Expansionspolitik zu begeben. In Ländern, in denen die Möglichkeit einer sozialistischen Revolution gegeben war, tendierte die herrschende Schicht dahin, eine dynamische Kolonialpolitik als möglicherweise wirksame Ablenkungstaktik zu betrachten.

War es abgesehen davon wirklich zutreffend, wie Kritiker des Imperialismus behaupteten, daß die Arbeiterschicht durch den Imperialismus nichts zu gewinnen hatte und daß das Geld, das für Kolonialexpeditionen aufgewendet wurde, besser in Sozialreformen im Mutterland angelegt gewesen wäre? Die Gewerkschaften glaubten dies offenbar nicht, sondern neigten eher zu der Ansicht, daß der Imperialismus der gesamten Wirtschaft und den darin Beschäftigten zugute komme. Im Einklang mit den Gewerkschaften unterstützte der revisionistische Flügel der Sozialistischen Partei generell den Imperialismus. So betonte Bernstein (s. S. 234–235) z. B. die humanitären Aspekte des Kolonialismus, räumte aber auch ein, das Proletariat als künftiger Erbe der Bourgeoisie habe ein Interesse an einer vernünftigen geographischen Expansion der Nation. Der anerkannte Führer der Sozialdemokratischen Partei Deutschlands, August Bebel, fügte in seiner Kritik am deutschen Vorgehen während der Marokkokrise im Jahre 1905 hinzu, es verstehe sich von selbst, daß die Interessen des deutschen Außenhandels geschützt werden müßten; und während der Zweiten Marokkokrise im Jahre 1911 sagte er, die größte Garantie für den Frieden sei die Verbreitung internationaler Investitionen.

Die Volksbegeisterung für den Imperialismus und ihre Verstärkung durch die Sensationspresse, die die blutrünstigsten Einzelheiten aus den Kolonialkriegen veröffentlichte, beunruhigten die Moralisten und machten sie gegenüber der Kolonialpolitik zunehmend kritischer. Im Jahre 1906 startete die Zentrumspartei erbitterte Angriffe gegen die deutsche Politik in Südwestafrika wegen ihres brutalen und inhumanen Vorgehens gegen die Herreros. Im Jahre 1902 machte G. P. Gooch in England geltend, der Imperialismus entziehe der herrschenden Moral den Boden, indem er die Überzeugung verbreite, daß die üblichen Moralmaßstäbe bei der kolonialen Expansion keine Gültigkeit hätten, die internationale Animosität verstärke, die Eingeborenenbevölkerung ausbeute und den Krieg verherrliche.

In der Tat forderte der Imperialismus einen Großteil dieser Kritik heraus und verstärkte im Laufe der Zeit auf bedrückende Art und Weise den Argwohn und die Reibungen zwischen den Großmächten. Während aber die Anklage der Brutalität und Ausbeutung nicht zurückgewiesen werden kann, muß andererseits an Tausende von Missionaren und Kolonialverwaltern erinnert werden, die bemüht waren, derartige Mißbräuche zu bekämpfen, und die versuchten, den Eingeborenenmassen eine gute Regierung, Erziehung, materielle Besserstellung und das Heil der Religion zu vermitteln. Der Missionsgeist, der diese Männer antrieb, ist oft Gegenstand zynischer Belustigung gewesen; ohne ihn und seine segensreiche Wirkung aber wären die Völker Afrikas und Asiens nicht in der Lage gewesen, den heutigen Status sich selbst regierender Nationen zu erlangen.

Der Verlauf des Imperialismus

Afrika. Einer der Schlüssel zum Verständnis der Probleme der neuen afrikanischen Nationen des 20. Jahrhunderts ist die Kürze der Zeitspanne zwischen dem Ende ihrer Isolation von der modernen Welt und der Anerkennung ihrer Souveränität. Noch in den 80er Jahren war der größte Teil Afrikas auf keiner Landkarte eingezeichnet und frei von fremden Eindringlingen. Dann kam der weiße Mann und hatte innerhalb von zwanzig Jahren nahezu das gesamte Afrika in abhängige Gebiete eingeteilt. Die traumatischen Einflüsse der fortgeschrittenen Zivilisation auf die primitive Stammesgesellschaft haben noch heute Rückwirkungen – genauso freilich wie andere Aspekte des afrikanischen Imperialismus, z. B. die vollkommene Mißachtung der Stammesgrenzen bei den Grenzziehungen durch die Erbauer der Weltreiche.

Zu Beginn der 70er Jahre beschränkte sich die Kenntnis Afrikas weitgehend auf den nördlichen Rand, der mit Ausnahme des französischen Algerien nominell noch zum Osmanischen Reich gehörte, und das Hochland der heutigen Südafrikanischen Union, wo die Briten Stützpunkte hatten und wo im Transvaal holländische Bauerngemeinden (die Buren) angesiedelt waren. Außerdem gab es verschiedene Küstenansiedlungen, insbesondere in Westafrika, wo sich die Briten und Franzosen im Senegal und am Niger niedergelassen hatten und wo auch kleine spanische Besitzungen lagen; in Ostafrika und auf seinen angrenzenden Inseln, wo Muslim-Araber unter der lockeren Souveränität des Sultans von Maskat Handelsniederlassungen besaßen; in Mosambik und Angola, wo portugiesische Händler seit Jahrhunderten tätig waren. Die Kenntnisse über das Innere waren jedoch dürftig und ungenau. Eine Beschleunigung des Expansionstempos zeichnete sich schon in den 70er Jahren ab. Während seiner Amtszeit als Premierminister festigte Disraeli die britische Position in Afrika. In Ägypten gelang es ihm im Jahre 1875, dem Khedive die Aktien der Suezkanalgesellschaft abzukaufen, und er leitete auch die Verhandlungen ein, die zur englisch-französischen Aufsicht über das ägyptische Finanzwesen führten. Diese Schritte deuteten auf die Wichtigkeit des Verbindungsweges über Ägypten nach Indien hin und führten unweigerlich zu der Maßnahme, die Gladstone im Jahre 1882 ergriff, als eine Eingeborenenbewegung gegen den Khedive rebellierte und Alexandria einnahm. Die Briten bombardierten sofort den Hafen, landeten Truppen zur Eroberung Kairos und zwangen dem Khedive einen britischen Ratgeber auf, dessen „Rat" bezüglich notwendiger Reformen befolgt werden mußte.

Auch in Südafrika wurde Disraeli tätig. Hier führte er einen Krieg gegen die Zulus, um den Übergriffen jener stolzen und energischen Nation Einhalt zu gebieten. Er verkündete auch die formale Annexion der Republik Transvaal (1877). Doch vier Jahre später brachten die Buren britischen Streitkräften bei Majuba Hill eine derartig entscheidende Niederlage bei, daß Gladstone unter etwas undurchsichtiger Anerkennung der Unabhängigkeit Transvaals Frieden schloß.

Ebenso wie die Maßnahmen Disraelis hatte ein anderes Ereignis der 70er Jahre weitreichende Folgen. Im Jahre 1876 berief König Leopold II. von Belgien eine Konferenz der Mächte zur Erörterung afrikanischer Probleme ein unter besonderer Bezugnahme auf „Mittel zur Öffnung des Inneren des Kontinents für Handel, Industrie und wissenschaftliche Unternehmungen der zivilisierten Welt". Alle größeren Mächte Europas nahmen daran teil, und die Konferenz gründete eine Internationale Afrikanische Gesellschaft zur Förderung der Erforschung und Zivilisierung Afrikas, für die ihre Mitglieder reichliche Geldmittel zeichneten. Diese internationale Gesellschaft war nie sehr effektiv, aber ihre Gründung diente als Signal für eine enorme Freisetzung an imperialistischer Energie.

Das Tempo bestimmte der König von Belgien. Er finanzierte jetzt eine Reihe von Expeditionen, die Henry Stanley ins Kongobecken unternahm, wo er Verträge mit Eingeborenenhäuptlingen über die Ausbeutung ihrer Territorien abzuschließen begann. Stanley handelte angeblich im Namen der Gesellschaft, wurde aber im allgemeinen als Mittelsmann Leopolds angesehen, und seine Erfolge regten andere Mächte zum Wettbewerb an.

Schon 1884, keine zehn Jahre nach Leopolds Konferenz, war die Rivalität so stark geworden, daß man die Einberufung einer neuen internationalen Konferenz über afrikanische Probleme für zweckmäßig hielt. Auf diesem

Treffen in Berlin von November 1884 bis Februar 1885 mußte zunächst ein Bündel umstrittener Ansprüche im Kongobecken geregelt werden, da Stanleys dortige Verträge von den Portugiesen und den Briten angefochten wurden. Schließlich wurde der Internationalen Afrikanischen Gesellschaft das Anrecht auf den größten Teil des Kongobeckens zugesprochen, unter der Bedingung, daß es als freier, neutraler Staat organisiert werde, der den Freihandel gestatte und die Sklaverei verbiete. Da Leopold II. die Gesellschaft finanzierte, schenkte er dem internationalen Charakter, den man dem Kongo verliehen hatte, kaum Beachtung, sondern betrachtete ihn als sein persönliches Eigentum und erklärte im Jahre 1889 seine Absicht, ihn bei seinem Tode dem Königreich Belgien zu vererben.

Die Berliner Konferenz regte die europäische Tätigkeit in Afrika weiterhin an, indem sie den Handel auf dem Kongo und dem Niger erleichterte, das internationale Recht auf die praktische Formel reduzierte, daß jede Macht durch Besetzung und Bekanntgabe dessen gegenüber den anderen Mächten in Afrika Territorium erwerben könne; am stärksten aber wirkte sich vielleicht die erhöhte Werbung für die Chancen, die sich auf dem Kontinent boten, aus.

Zwischen 1885 und 1894 dehnten die Briten ihre Herrschaft über Nigeria auf das Landesinnere aus und stießen gleichzeitig vom Kap der Guten Hoffnung über Betschuanaland, Rhodesien und Njassaland bis an die Grenzen des Kongo vor. Im Jahre 1890 sicherten sie sich durch Vertrag mit der deutschen Regierung Caprivi Sansibar und andere Territorien und traten die von der deutschen Marine langersehnte Nordseeinsel Helgoland an Deutschland ab. Caprivi hatte wenig Interesse an Afrika; doch die erbitterten Angriffe der Presse auf den Vertrag von 1890 und die Tatsache, daß Kaiser Wilhelm II. bald die Notwendigkeit einer aktiveren Afrikapolitik beschied, deuteten auf eine starke imperialistische Stimmung in Deutschland hin.

Die Hoffnung britischer Kolonialenthusiasten, daß ihr Land eines Tages einen durchgehenden Gebietsstreifen vom Kap der Guten Hoffnung bis zur Nilmündung beherrschen würde, zerschlug sich augenblicklich durch den Vertrag von 1890, der eine gemeinsame Grenze zwischen Belgisch-Kongo und Deutsch-Ostafrika zog und damit einem weiteren Fortschreiten Britanniens nach Norden einen Riegel vorschob. Ein zweites Hindernis bildete der Sudan. Seit den 80er Jahren hatte sich jener große territoriale Block, der sich am Oberlauf des Nils entlang zog, in den Händen des als Mahdi bekannten religiösen Propheten befunden. Im Jahre 1884 schickte die Regierung Gladstone den „chinesischen" General Gordon, einen Don Quichotte-haften idealistischen Soldaten, der im Fernen Osten sein Geschick bewiesen hatte, das Vertrauen der Eingeborenenführer zu gewinnen, in den Sudan, um dortige englische Garnisonen zu verlegen. Gordon wurde in Khartum eingeschlossen und im Januar 1885 zusammen mit 11000 britischen und ägyptischen Soldaten niedergemetzelt.

Andere Nationen waren ebenso energisch wie die Briten. Die Franzosen drängten am Ubangi entlang in die Region des Tschadsees vor und schmolzen gleichzeitig ihre Ansiedlungen im Senegal, an der Elfenbeinküste und in Guinea zu einem großen Französisch-westafrikanischen Reich zusammen, das sich im Inneren bis Timbuktu erstreckte. Verlief die englische Expansion im wesentlichen nordsüdlich, so wurde in den 90er Jahren deutlich, daß die französische in erster Linie ostwestlich verlief und daß die Franzosen ein ebenso starkes Interesse am Sudan und am oberen Nil hatten wie die Engländer.

In der Tat hatten die europäischen Mächte bis 1894 einen so großen Teil Afrikas erworben, daß die lockeren, einfachen Bestimmungen der Berliner Konferenz von 1884 bis 1885 untauglich wurden. Es war nicht mehr möglich, Gebiete einfach zu besetzen und dies bekanntzugeben. Die Territorien, die noch nicht als Besitz der einen oder der anderen Macht anerkannt waren, waren entweder Gegenstand umstrittener Ansprüche oder befanden sich in den Händen von Eingeborenenbewegungen. Es hatten bereits viele territoriale Auseinandersetzungen unter den Mächten stattgefunden, und zumindest drei von ihnen hatten schon militärische Rückschläge durch Eingeborenen-Bewegungen erlitten: die Briten bei Majuba und Khartum, die Italiener infolge eines schlechtgeplanten Abstechers in die abessinische Politik in Dogali im Jahre 1887 und die Franzosen auf Madagaskar, der großen Insel an der Südostküste Afrikas.

Der Pazifik und Asien. Das Sammeln von Inseln im Pazifischen Ozean wurde zu einer ebenso beliebten Beschäftigung wie die Annexion afrikanischer Kolonien. Die Initiative wurde manchmal von Geschäftsleuten oder Missionaren und manchmal von den Regierungen selbst ergriffen; denn die Inseln waren häufig wertvoll als Kohlestationen oder als strategische Stützpunkte. Von den Mächten, die während des ersten Teils des Jahrhunderts im Pazifik Inseln besaßen, bewiesen Großbritannien, Holland und Frankreich immer noch einen großen Appetit, Spanien aber zeigte so wenig Energie, daß es bis zum Ende des Jahrhunderts all seine Besitzungen verloren hatte. Die aktivsten Neulinge waren Deutschland und die Vereinigten Staaten.

Mit einem gesunden Strategiebewußtsein ausgestattet, waren die Briten in erster Linie an den natürlichen Zugängen nach Australien interessiert – Neuguinea und den Salomon-Inseln – und an den Möglichkeiten für Flottenstützpunkte, die sich auf den Fidschi-Inseln ergaben. Die Aneignung der letztgenannten Inselgruppe war einer der ersten imperialistischen Coups Disraelis. Neuguinea erwies sich andererseits für die Holländer als attraktiv, die damit ihre bereits ausgedehnten Besitzungen auf Borneo, Celebes und den Molukken-Inseln ergänzen wollten; auch die Deutschen zeigten Interesse an dieser großen Insel, und 1885 wurde sie unter Holland, Großbritannien und Deutschland aufgeteilt.

Der französische Imperialismus im Pazifik hatte mit der Annexion Tahitis im Jahre 1880 begonnen, und in den folgenden Jahren besetzte Frankreich die Gesellschafts-Inseln, die Marquesas-Inseln und die Tuamotu-Inseln. Spektakulärer waren die französischen Eroberungen auf dem asiatischen Festland. Im Falle Deutschlands war es umgekehrt. Neben seinem Anteil an Neuguinea erwarb Deutschland den Bismarck-Archipel, die Marschall-Inseln und später, durch Kauf von Spanien, die Karolinen und die Marianen. (Die deutschen Käufe erfolgten weitgehend auf die katastrophale Niederlage Spaniens im spanisch-amerikanischen Krieg. Im Anschluß an jene Niederlage annektierten die Vereinigten Staaten, die bereits vorher durch Erwerb der Hawaii-Inseln zu einer Pazifikmacht aufgestiegen waren, die Philippinen.) Schließlich teilten die Vereinigten Staaten und Deutschland nach einer gefährlichen Auseinandersetzung die Samoa-Inseln untereinander auf.

Auf dem asiatischen Festland vollzog sich der Fortschritt des europäischen Imperialismus ebenso ungestüm und wettbewerbsmäßig wie auf den Inseln, die Einsätze aber waren höher und die Gefahren größer. Die britische Politik wurde beispielsweise weitgehend durch das Anliegen bestimmt, Indien vor möglichen Angriffen durch andere Mächte zu schützen, insbesondere vor Rußland, dessen schnelle Vorstöße in Turkistan und Belutschistan in den 60er Jahren (s. S. 189) Besorgnisse um die Sicherheit der indischen Nordwestgrenze ausgelöst hatten. Eine direkte Reaktion auf die Furcht vor Rußland war der Versuch Disraelis, vor der mutmaßlich bedrohten Grenze ein schützendes „Glacis" zu errichten, indem er dem zögernden Emir von Afghanistan im Jahre 1879 unter Anwendung von Gewalt ein Protektorat aufzwang. Dies führte zu einer Reihe von afghanischen Kriegen und beschwor die Gefahr eines englisch-russischen Krieges herauf.

Östlich von Indien stießen die ins heutige Indochina vordringenden Franzosen auf die in Burma stetig vordringenden Briten. Zwischen diesen wachsenden Blöcken europäischen Territoriums lag das unabhängige Königreich Siam. Die Franzosen schienen entschlossen, es in eine untergeordnete Position zu zwingen; denn im Jahre 1893 entsandten sie Flotteneinheiten nach Bangkok, um Konzessionen am Mekong durchzusetzen. Nach der heftigen Reaktion der Briten entschieden sich die Franzosen gegen ein weiteres Vordringen. Die Streitigkeiten zwischen den beiden Nationen in diesem Gebiet wurden drei Jahre später in einem englisch-französischen Abkommen beigelegt.

Während sich diese Ereignisse abspielten, bahnte sich eine neue Phase an: die Europäer suchten in das weitverzweigte, desorganisierte, aber enorm reiche Kaiserreich China vorzudringen. Die Initiative ergriffen die Mächte Rußland und Japan.

Die japanischen Inseln waren bis zur Mitte des 19. Jahrhunderts gegen die Einflüsse der westlichen Welt ebenso abgeschirmt wie das Innere Afrikas, besaßen allerdings ein weitaus höheres Kulturniveau. Die Öffnung japanischer Häfen für amerikanische Schiffe und Geschäftsleute in den 50er Jahren des 19. Jahrhunderts kennzeichnete den Beginn japanischer Beziehungen zur westlichen Welt und des Wetteiferns mit ihr. Innerhalb von zwanzig Jahren war die Feudalstruktur des Staates zerstört. Japan wurde bald mit modernen Einrichtungen ausgestattet wie Eisenbahnen, einem staatlichen Erziehungssystem, einem modernen Gesundheitswesen, Volkszeitungen, dem europäischen Kalender, Gesetzesbüchern sowie einem Rechtsprechungsverfahren; und im Jahre 1889 wurde eine Verfassung eingeführt, die eine Zweikammer-Legislative vorsah.

Leider ahmte Japan auch den europäischen Militarismus und Imperialismus nach. Kein Land war von den preußischen Erfolgen der Jahre 1866 und 1870 tiefer beeindruckt und schneller bei der Hand, das preußische Militärsystem zu übernehmen, als Japan. Den Ausgleich zur Errichtung einer modernen Armee bildete die Entwicklung einer modernen Flotte unter sachverständiger Hilfe der Briten und der Amerikaner.

Der Imperialismus entwickelte sich in Japan zu einer vorherrschenden Ideologie, vielleicht weniger, weil es der westlichen Mode entsprach, als vielmehr, weil Japan ein kleines Land mit einer sehr großen Bevölkerung war. Das nächstgelegene begehrenswerte Expansionsgebiet war Korea, ein Land, das unter Zersplitterung der Parteien und innenpolitischer Unordnung litt, in dem sowohl China als auch Japan Anrechte auf eine politische Oberherrschaft geltend machten. Im Jahre 1893 beschwor der Ausbruch innerer Unruhen in Korea eine gemeinsame chinesisch-japanische Intervention herauf, die zu einem Konflikt zwischen den Verbündeten und schließlich zu einem Krieg ausartete. Die Japaner drangen in die Mandschurei und auf die Halbinsel Liaotung ein, stürmten Port Arthur, eroberten Weihaiwei, vernichteten die Flotte der Chinesen in der Schlacht am Yalu und drohten in ihre Hauptstadt Peking einzudringen. Aufs äußerste demoralisiert, ergaben sich die Chinesen. Die Bedingungen zur Beilegung des Konflikts beinhalteten eine hohe Kriegsentschädigung, die Abtretung Formosas, der Pescadores-Inseln und der Halbinsel Liaotung mit ihrem Stützpunkt Port Arthur an Japan und die Anerkennung der Unabhängigkeit Koreas, was gleichbedeutend war mit dessen Öffnung für die Vorherrschaft Japans.

Diese Bedingungen riefen Rußland auf den Plan. In offiziellen Kreisen in St. Petersburg war immer eine politische Richtung vertreten gewesen, die die wahren Interessen Rußlands in einer Expansion im Fernen Osten sah. Von dieser Gruppe konnte man in den 90er Jahren nicht erwarten, daß sie Japans Position in Korea, in gefährlicher Nähe der russischen Basis von Wladiwostok (1860 erworben), oder auf der Halbinsel Liaotung, die den Weg in die mandschurische Provinz öffnete, gleichmütig mit ansehen würde. Die Russen hatten im Jahre 1891 mit dem Bau einer transsibirischen Eisenbahn nach Wladiwostok begonnen und hofften, von den Chinesen die Erlaubnis zu bekommen, mandschurisches Territorium zu durchqueren, wenn nicht gar, sie zur völligen Abtretung der Provinz an Rußland bewegen zu können. Dies wäre unmöglich, sobald sich die Japaner dort festgesetzt hätten.

Daraufhin entschloß sich die russische Regierung in der Erwartung, die japanischen Bedingungen herunterschrauben zu können, zum Eingreifen in die Verhandlungen zwischen China und Japan. Mit Unterstützung ihres neuen Verbündeten, Frankreichs (über das französisch-russische Bündnis s. S. 342), und Deutschlands beharrten sie auf dem Standpunkt, die Abtretung der Halbinsel Liaotung an Japan stelle eine ständige Bedrohung des chinesischen Friedens dar und mache zugleich die Unabhängigkeit Koreas illusorisch; sie müsse annulliert werden. Die Japaner gaben mit unterdrückter Empörung nach.

Alle Interventionsmächte, Rußland voran, beanspruchten nun ihre Belohnung von China. Mit einer Reihe von genau festgelegten Abtretungen und finanziellen Vereinbarungen wurde Rußland in den Jahren 1895/96 das Recht eingeräumt, nicht nur eine Eisenbahnlinie durch die nördliche Mandschurei nach Wladiwostok zu verlegen, sondern auch von Harbin nach Süden auf die Halbinsel Liaotung. Weiterhin erhielten die Russen als Gegenleistung für die Bürgschaft für die chinesischen Kriegsentschädigungen Aufsichtsvollmachten über das chinesische Finanzwesen und das Recht, eine Kommissionsbank zu errichten, die Russisch-chinesische Bank, die ihnen bei der wirtschaftlichen Entwicklung der Mandschurei eine Vorrangstellung verlieh.

Frankreich wurde durch die Erlaubnis, eine Eisenbahnlinie von Annam in nördlicher Richtung bis nach China hinein zu unterhalten, und durch wertvolle Bergbaukonzessionen in den Provinzen Jünnan, Kwangsi und Kwantung belohnt. Die Entschädigung Deutschlands wurde hinausgezögert; die Ermordung von zwei Missionaren in der Provinz Schantung im Jahre 1897 aber lieferte Wilhelm II. einen Vorwand zur Entsendung von Flotteneinheiten in chinesische Gewässer – eine Demonstration der Stärke, die die chinesische Regierung veranlaßte, seiner anschließenden Forderung nach einem Pachtvertrag über 99 Jahre für den Hafen Kiautschou und einem faktischen Protektorat über die gesamte Halbinsel Schantung nachzukommen. Dies wiederum veranlaßte die Russen im März 1898 zu einem weiteren Vorstoß, nämlich die Chinesen zu bedrängen, ihnen Port Arthur über einen Zeitraum von 25 Jahren zu verpachten.

Der schnell wachsende Einfluß Rußlands erzeugte Spannungen, die gegen Ende des Jahrhunderts in einer größeren Explosion in China ihren Höhepunkt erreichten.

Der Nahe Osten. Schließlich sollte der Imperialismus im Nahen Osten unter besonderem Hinweis auf den Versuch Deutschlands, sich im Türkischen Kaiserreich und den angrenzenden Gebieten eine beherrschende Wirtschaftsposition zu sichern, erwähnt werden.

Seit den 50er und 60er Jahren des 19. Jahrhunderts waren durchgehend deutsche Missionare und Lehrer in Anatolien und Mesopotamien tätig gewesen, und seit den 70er Jahren wurden auch deutsche Bank- und Handelsinteressen innerhalb des Türkischen Reiches durch Agenten vertreten. Sie alle waren vom Wohlstand der Türkei beeindruckt, und einige darunter taten ihr Bestes, ihn anzuzapfen – indem sie z. B. eine Eisenbahn planten, die letztlich von Berlin über Konstantinopel nach Bagdad führen sollte. Ursprünglich war man nicht davon ausgegangen, daß es ein ausschließlich deutscher Durchbruch sein sollte; dies aber änderte sich, als Wilhelm II. zu einem erklärten Imperialisten wurde. Im Jahre 1898 stattete der Kaiser dem Sultan in Konstantinopel einen Besuch ab, und im darauffolgenden Zeitabschnitt drängte die Regierung die deutschen Banken, ihre Eisenbahnplanungen fortzusetzen, aber von ihren Vorstellungen bezüglich eines internationalen Konsortiums abzugehen.

Derartige offen erklärte Absichten störten die Briten und die Russen, die um eine Vorrangstellung in Persien rivalisierten. Das gleiche bewirkte die Schnelligkeit, mit der die Deutschen die Gunst der türkischen Regierung erlangten und dann eine beherrschende Position in der Finanzwelt und dem Wirtschaftsleben der Türkei sowie bei der Entwicklung ihres Militärs gewannen. Der deutsche Imperialismus im Nahen Osten hatte tiefgreifende Auswirkungen auf die diplomatischen Beziehungen Europas.

Der Höhepunkt des Imperialismus

Europäische Niederlagen: Spanien. Zwischen 1895 und 1905 erreichte die Begeisterung für die imperialistische Expansion ihren Höhepunkt und begann abzuklingen. Je höher die Wellen des Expansionismus schlugen, desto größer wurde der Konkurrenzkampf. Nun setzten innerhalb eines Zeitraums von zehn Jahren eine Reihe von schweren Krisen und Rückschlägen ein, die sich auf die öffentliche Meinung ernüchternd auswirkten. Die gewaltigen Verluste spanischer Garnisonen durch aufständische Eingeborenenbewegungen sowohl auf Kuba als auch auf den Philippinen und der schließliche Verlust dieser Territorien an die Vereinigten Staaten waren kaum dazu angetan, die Begeisterung im spanischen Volk für den Imperialismus zu fördern. Ähnliche Schocks erlebten Italien, Frankreich, Großbritannien, Rußland und Deutschland.

Die italienische Niederlage in Adowa. Der Mann, der die italienische Politik in dem Jahrzehnt nach 1887 beherrschte und der sein Herz an die Rache für die italienische Niederlage von Dogali in Abessinien in jenem Jahr hängte, war Francesco Crispi. Seit Beginn seiner Amtszeit mischte er sich in die verworrene Politik des abessinischen Kaiserreiches ein, und im Jahre 1889 gewährte er einem erfolgreichen Thronanwärter, einem Stammeshäuptling namens Menelik von Schoa, dem der französische Dichter Rimbaud einst als Waffenschmuggler gedient hatte, seine Unterstützung. Die Italiener veranlaßten Menelik als Gegenleistung für ihre Hilfe zur Unterzeichnung des Vertrages von Uccialli, und Crispi behauptete anschließend, dieser mache Abessinien zum Protektorat Italiens. Er kommandierte italienische Truppen zur Besetzung von Territorien landeinwärts von Massawa ab und proklamierte im Jahre 1890 eine neue italienische Kolonie am Roten Meer namens Eritrea.

Weder Menelik noch die Küstenhäuptlinge waren bereit, diese italienischen Ansprüche zu tolerieren. In den Jahren von 1893 bis 1895 gab es immer wieder Scharmützel zwischen italienischen Einheiten und örtlichen Gruppen und Verhandlungen zwischen Menelik und den Derwischen des Sudan, die angesichts italienischer Übergriffe auf ihr Gebiet empört waren. Crispi seinerseits scheint daraus geschlossen zu haben, daß die Zeit zur Eroberung ganz Abessiniens gekommen sei, schenkte aber weder den Warnungen seiner Soldaten, noch ihren Forderungen nach mehr Männern, Munition und Vorräten Beachtung. Sein unsinniges Verhalten beschwor schließlich ein Debakel herauf. Im März 1896 waren 6000 Italiener in Adowa von einer Übermacht abessinischer Streitkräfte und denen der Derwische umgeben und wurden buchstäblich zerrissen.

Die englisch-französische Kraftprobe. Adowa bewirkte eine Art Kettenreaktion. Die Niederlage der Italiener hinterließ im Sudan eine tobende und triumphierende Armee von Derwischen und Abessiniern, deren Existenz den Briten in Ägypten weitaus bedrohlicher erschien als alles andere, was sie seit dem Tode von General Gordon im Jahre 1885 erlebt hatten. Sir Herbert Kitchener wurde beauftragt, mit einer englisch-ägyptischen Streitmacht von 20000 Mann nilaufwärts zu marschieren, um die Macht der Derwische zu brechen. In einer mörderischen Schlacht am Zusammenfluß von Nil und Atbara vernichtete Kitchener eine Armee von Derwischen und rückte auf ihre Hauptstadt Khartum, 200 Meilen südlich, vor. Seinen Streitkräften schloß sich das 21. Lancer-Regiment an, in dem sich ein junger Leutnant namens Winston Churchill befand, der den entscheidenden Sieg der erstklassigen britischen Einheiten über die 60000 Mann starke Armee von Derwischen später beschrieb.

„Disziplin und Maschinenausrüstung triumphierten über die höchst verzweifelte Tapferkeit, und nach einem fürchterlichen Blutbad, in dem sicherlich über 20000 Mann niedergemetzelt wurden, die in Haufen und Schwaden ‚wie Schneewehen‘ auf dem Erdboden verstreut waren, löste sich die Truppenansammlung der Derwische in Überreste und Spuren auf und strömte in die phantastischen Wunder der Wüste.“

Nun konnten die Briten, ohne Angriffe der Eingeborenen fürchten zu müssen, zum Oberlauf des Nils vorrücken. Dieses Ziel aber hatten sie mit

34. Russische Bauern aus der Region Orel in der zweiten Hälfte des 19. Jahrhunderts

35. Der Boxeraufstand: Die Erstürmung der großen Stadtmauer von Peking durch eine interalliierte Streitmacht

36. Der Burenkrieg: Buren-Kämpfer mit einer Krupp-Schnellfeuerkanone

den Franzosen gemeinsam, die noch verbittert waren über die britische Besetzung Ägyptens und hofften, sie würden ihre Rivalen zwingen können, die ägyptische Frage wieder aufzurollen. Lange bevor Kitchener seine Befehle erhalten hatte, das Problem der Derwische zu lösen, hatte die französische Regierung eine Expedition unter Hauptmann Marchand beauftragt, von Französisch-Kongo aus zum oberen Nil vorzurücken; und eine andere Expedition, unter Hauptmann Clochette, sollte von Ostafrika aus losmarschieren und sich ihm dort anschließen. Clochette starb unterwegs, und seine Expedition kehrte um. Marchand aber erreichte den Nil mit 150 Mann und hißte Ende September 1898 die französische Flagge in Faschoda. Einige Tage später trafen die siegreichen Kolonnen Kitcheners aus dem Norden ein, und ihr Befehlshaber forderte die Franzosen höflich, aber bestimmt auf, die, wie er behauptete, als britisch anerkannte Einflußsphäre unverzüglich zu räumen. Die Franzosen hatten keine wirkliche Alternative zur Kapitulation, und ihr neuer Außenminister, Théophile Delcassé, ein Realist, erkannte dies. Er sah ein, daß ein Konflikt mit Großbritannien keinem nützlichen Zweck dienen, sondern nur den Deutschen zugute kommen würde.

Der Burenkrieg. Die Überwindung der Faschodakrise bewirkte bei den Briten eine überschwengliche, exaltierte Stimmung, und diese brachte sie ein Jahr später in Südafrika in eine schwierige Situation, die sich für sie schließlich demütigender erwies als die Erfahrungen der Franzosen. Zur Erklärung des Vorfalls müssen wir uns in Erinnerung rufen, daß die Briten im Jahre 1877 versucht hatten, ihren Kontrollanspruch über die Buren im Transvaal zu behaupten. Jener frühere Konflikt war durch ein undurchsichtiges Abkommen beigelegt worden, das die Buren als Zugeständnis der Unabhängigkeit auslegten, die Briten aber als ein Übereinkommen betrachteten, daß der Transvaal zum Britischen Empire gehöre und in auswärtigen und sonstigen Angelegenheiten der britischen Aufsicht unterstehe.

In den späten 80er Jahren wurde im Transvaal Gold entdeckt, und es war bald offenkundig, daß die Vorkommen zu den größten der Welt zählten. Diese Entdeckung führte zu einer gewaltigen Invasion von Ausländern, oder „Uitlanders", wie die Buren sie nannten. Die von einem energischen und gebieterischen Staatsmann namens Paul Krüger geführte Burenregierung fühlte sich gezwungen, den „Nachzüglern" politische Beschränkungen aufzuerlegen, damit sie in der lokalen Politik nicht die Oberhand gewännen. Gleichzeitig versuchte die Regierung, der wirtschaftlichen und finanziellen Kontrolle der Kapkolonie, der alle Ausfallslinien der Eisenbahn des Transvaal gehörten, zu entgehen, indem sie eigene Schienenwege nach Lorenzo Marques im portugiesischen Mosambik baute und Geschäftsleuten anderer europäischer Länder, vornehmlich Deutschlands, wertvolle Wirtschaftskonzessionen erteilte.

Dies reizte die Politiker des Kaps und insbesondere Cecil Rhodes. Ihm und anderen erschien das Verhalten der Burenregierung provokativ und ihre Behandlung der britischen Untertanen im Transvaal untragbar. Die Vergeltungsschläge nahmen im Jahre 1895 die Form einer schlecht geplanten Invasion des Transvaal durch einen von Dr. Leander Starr Jameson angeführten Abenteurertrupp an. Diese Angelegenheit, von der sich die britische Regierung sofort distanzierte, erregte internationales Aufsehen und beschwor ein persönliches Telegramm Kaiser Wilhelms II. von Deutschland zur Ermutigung der Burenregierung herauf. Die Botschaft des Kaisers mit ihrer Implikation, daß der Transvaal ein unabhängiger Staat sei, der das Recht habe, andere Mächte um Beistand zu ersuchen, erfüllte die Briten mit tiefer Empörung, bestärkte aber die Buren in ihrer diskriminierenden Politik gegenüber den „Uitlanders". Dies führte zu britischen Behauptungen, Krüger beabsichtige, die Briten aus ganz Südafrika zu vertreiben und einen großen Burenstaat zu errichten. In Verhandlungen im Jahre 1899 verlangten die Briten, daß ihre Untertanen zufriedengestellt und ihnen das Wahlrecht zugestanden werden solle. Die Buren weigerten sich, und nach weiteren unergiebigen Gesprächen brach im Oktober 1899 zwischen den Briten auf der einen und dem Transvaal und dem Oranjefreistaat auf der anderen Seite ein Krieg aus.

Es war ein Konflikt, in dem sich die Briten keinen guten Ruf erwarben. Um 60000 Buren zu besiegen, brauchten die Briten 350000 Soldaten und mußten bis zum Jahre 1902 unter schweren Menschenverlusten und noch größeren finanziellen Aufwendungen kämpfen. Schließlich waren sie so klug, die Besiegten mit Nachsicht zu behandeln und den Buren ein hohes Maß an Selbstregierung zuzubilligen. Damit ermöglichten sie die Akte von September 1909, die den Transvaal, den Oranjefreistaat, die Provinz Natal und die Kapprovinz zur Südafrikanischen Union zusammenschloß.

Der russisch-japanische Krieg. Noch vor Beendigung des Südafrikakrieges waren die seit langem wachsenden Spannungen im Fernen Osten in Gewalt ausgeartet. Die Erbitterung angesichts europäischer Übergriffe hatte in China bestimmte nationalistische Vereinigungen entstehen lassen, die als Boxer bekannt wurden (abgeleitet von dem Namen, den sie sich gaben, der als „rechtmäßige harmonische Fäuste" frei übersetzt wurde). Die Boxer hatten sich der Vertreibung der Ausländer aus China verschrieben und leiteten im Frühjahr und Sommer des Jahres 1900 ein Terrorprogramm ein, unter dem reihenweise Europäer getötet und die Legationen in Peking zwei Monate lang belagert wurden, bis eine Hilfsexpedition japanischer, russischer, deutscher, französischer, britischer und amerikanischer Truppen eintraf und den Frieden wiederherstellte.

Während des Boxeraufstands waren Tausende von russischen Soldaten in die Mandschurei eingeschleust worden, die sich im folgenden Zeitabschnitt hartnäckig weigerten, sie zu verlassen. Auf Proteste der chinesischen Regierung reagierten sie ausweichend. Die Russen schienen zum Bleiben entschlossen – eine Aussicht, die insbesondere Großbritannien und Japan beunruhigte.

Aufgrund der Komplikationen in Afrika waren die Briten nicht in der Lage, im Fernen Osten entscheidende Schritte gegen Rußland zu unternehmen; sie wollten aber zumindest die Russen (und Rußlands Verbündeten, Frankreich) davon überzeugen, daß jeglicher Übergriff auf den britischen Einflußbereich auf Widerstand stoßen würde. Das versuchten sie mit einer diplomatischen Geste zu erreichen. Im Jahre 1902 schlossen sie ein Bündnis mit Japan, das im Falle der Verwicklung des einen Partners in einen Krieg mit zwei anderen Mächten gegenseitige Hilfe vorsah. Das Abkommen war von Bedeutung, weil es mit der langen Tradition Britanniens, in Friedenszeiten keine Bündnisse zu schließen, brach, und hatte in der Politik des Fernen Osten recht schicksalhafte Folgen. Es gewährte den Japanern die fundierte Sicherheit gegen eine Intervention anderer Mächte für den Fall, daß sie einen Krieg gegen Rußland begannen, und es ermutigte sie, darauf zu bestehen, daß Rußland durch Räumung der Mandschurei die Integrität Chinas anerkennen solle. Diese Forderung wurde im Jahre 1903 mehrere Male wiederholt und ebensohäufig von den Russen abgelehnt. In der Zwischenzeit trafen die Japaner Kriegsvorbereitungen.

Am Abend des 8. Februar 1904 versenkten japanische Torpedoboote im Hafen von Port Arthur einen Teil der russischen Schwadron im Fernen Osten. Am folgenden Morgen drangen japanische Truppen in Korea und auf der Halbinsel Liaotung ein. Die russische Armee war keineswegs auf einen Krieg gegen gut ausgerüstete, begeisterte Streitkräfte vorbereitet. In einer Reihe von Schlachten in der Nähe von Mukden erlitt sie schwere Niederlagen. Anfang des Jahres 1905 waren die russischen Truppen aus der Mandschurei vertrieben, ihre Flotte war außer Gefecht gesetzt und Port Arthur in die Kapitulation gezwungen worden.

Ein verzweifelter Versuch der Russen, jene Basis zu befreien, indem sie eine weitere Flotte dorthin entsandten, endete mit einem verheerenden Fehlschlag: die mit überalterten Schiffen ausgestattete Streitmacht wurde im Mai 1905 in der Meerenge von Tsuschima vernichtet. Diese Schlacht kennzeichnete ein ruhmloses Ende der imperialistischen Laufbahn des zaristischen Rußland im Fernen Osten.

Die Rückkehr nach Europa. Deutschland erfuhr in diesen Jahren, in denen der Imperialismus seinen Höhepunkt erreichte, keine vergleichbar vernichtenden Rückschläge wie Großbritannien und Rußland, es blieb aber keineswegs verschont, wie sein erfolgloser Versuch im Jahre 1905, in der Marokkopolitik mit Frankreich zu konkurrieren, zeigte (s. S. 345–346). Abgesehen davon erregten die für die Politik Wilhelms II. in Afrika und im Fernen Osten charakteristische Einschüchterungstaktik und die nicht seltenen Erpressungsversuche gegenüber anderen Staaten in bezug auf koloniale Konzessionen die Empörung der anderen Mächte und beeinflußten ihr späteres Verhalten in der Diplomatie zum Nachteil Deutschlands.

Um 1905 war das große Zeitalter des Imperialismus vorüber, und das großartige, von Bismarck geschaffene europäische Sicherheitssystem war zusammengebrochen. Das Gleichgewicht der Mächte befand sich in einem derartig prekären Zustand, daß jeder diplomatische Zwischenfall ein größeres Feuer entfachen konnte.

Neunzehntes Kapitel

Die internationale Politik und der Kriegsausbruch 1890–1914

Die Revolution in der Diplomatie 1890–1907

Das französisch-russische Bündnis. Das gefährdete Gleichgewicht Europas, auf das am Schluß des vorangegangenen Kapitels angespielt wurde, war das Resultat einer diplomatischen Revolution, die Frankreich aus der von Bismarck bewerkstelligten Isolation herausführte und die europäischen Länder in zwei große Koalitionen teilte. Diese Revolution hatte ihren Ursprung in der aufsehenerregenden Entscheidung der deutschen Regierung, die nach Bismarcks Entlassung im Jahre 1890 einen grundlegenden Bestandteil seines diplomatischen Systems verwarf: die enge Verbindung mit Rußland, die mit kurzen Unterbrechungen seit 1813 aufrechterhalten und erst kurz zuvor durch den Rückversicherungsvertrag von Juni 1887 bestätigt worden war. Im Jahre 1890 wurde den Russen mitgeteilt, der Vertrag könne nicht erneuert werden.

Die Beweggründe, die den Kaiser seinen neuen Kanzler und den neuen Außenminister, Caprivi und Marschall, beide unerfahren in der Außenpolitik, zu diesem Schritt trieben, waren gemischt. Die Komplexität von Bismarcks diplomatischem System bereitete ihnen aufrichtig Sorgen. Sie wollten die offensichtliche Unvereinbarkeit ihrer Vertragsverpflichtungen gegenüber Österreich-Ungarn mit denen gegenüber Rußland aus dem Wege räumen. Zugleich befand sich die englisch-deutsche Kooperation im Jahre 1890 auf dem Höhepunkt, und im deutschen Auswärtigen Amt gab es Männer, die der Meinung waren, sie sei ernstlich gefährdet, wenn die entschieden antirussisch orientierte britische Regierung von der Existenz des Rückversicherungsvertrages erführe. Zweifellos spielten auch persönliche Motive bei dieser Entscheidung eine Rolle. Der Kaiser und Baron Holstein, der einflußreichste Ratgeber des Auswärtigen Amtes, waren eindeutig darauf bedacht, durch einen Kurswechsel ihre Unabhängigkeit von den Bismarckschen Ideen zu demonstrieren. Schließlich war Holsteins Standpunkt durch eine starke Abneigung gegen Rußland beeinflußt.

Nachdem sie die Regierung Caprivi nicht zu einer Änderung ihrer Entscheidung zu bewegen vermocht hatte, wandte sich die russische Regierung an Frankreich. Die Deutschen waren der irrigen Auffassung, Absolutismus und Republikanismus seien nicht miteinander vereinbar. Im Sommer 1891 tauschten die französische und die russische Regierung Noten aus, in denen sie im Falle einer Friedensbedrohung die gegenseitige Konsultation beschlossen. Ein Jahr später wurde diese Vereinbarung auf Betreiben Frankreichs durch ein Militärabkommen ergänzt, das die gemeinsame Mobilmachung verlangte, falls eine der Parteien in einen Krieg mit einem Mitglied des Dreibunds verwickelt würde, und gegenseitige Hilfe festlegte, falls einer der Partner von Deutschland angegriffen würde. Am 4. Januar 1894 wurde der Vertrag schließlich ratifiziert, und Frankreich und Rußland waren Verbündete.

Die Allianz war natürlich nicht unbedingt endgültig. Sowohl in Deutschland als auch in Rußland waren wichtige Gruppen der Überzeugung, daß die Verbindung zwischen ihren beiden Ländern wiederhergestellt werden müsse. Dennoch ist es bezeichnend, daß schon im Jahre 1892 eine entscheidende staatliche Stelle zu folgern schien, die französisch-russische Verbindung sei von Dauer. Deutsche Kriegspläne waren immer von der Annahme ausgegangen, daß ein größerer Krieg vermutlich in einen Zweifrontenkrieg ausarten würde, in dem Deutschland aber zunächst im Osten angreifen würde. Als Graf Schlieffen im Jahre 1892 Chef des deutschen Generalstabs wurde, stellte er die Angriffsordnung in den deutschen Kriegsplänen um, offenbar davon ausgehend, Frankreich sei nun derartig eng mit Rußland verbunden, daß *jeder* Krieg in Osteuropa auch Frankreich mit einbeziehen werde und mit dessen Vernichtung beginnen müsse.

Das Ende der britischen Isolation. Wie wir gesehen haben, war einer der Gründe Deutschlands für die Nichterneuerung des Rückversicherungsvertrages das Bestreben, eine Schwächung der vielversprechend erscheinenden englisch-deutschen Entente zu vermeiden. In beiden Ländern gab es einflußreiche Leute, die England und Deutschland als natürliche Verbündete betrachteten. Dies war die Überzeugung Lord Salisburys, des konservativen Premierministers, und für Joseph Chamberlain stellte es eine Glaubensangelegenheit dar. In Deutschland hegten weite Teile der Gesellschaft den ebenso starken Wunsch nach einer Zusammenarbeit mit den Briten, doch die deutsche Haltung gegenüber Britannien war immer ambivalent. Wilhelm II. z. B., ein Enkel Königin Victorias, bewunderte die Briten, wollte aber gleichzeitig „ihnen zeigen", daß Deutschland ihnen keineswegs unterlegen war. Die widersprüchliche Haltung des Kaisers spiegelte sich in der deutschen Außenpolitik wider und hatte unglückliche Folgen.

Paul Hatzfeldt, deutscher Botschafter in London in den 90er Jahren, versuchte sein Außenministerium davon zu überzeugen, daß eine funktionsfähige Entente mit den Briten eine gewisse Rücksichtnahme auf britische Interessen und Wünsche bedinge. Diese Ermahnung schien sich die deutsche Regierung nie zu Herzen zu nehmen. In Kolonialangelegenheiten schien sie der Ansicht, durch eine wenig subtile Erpressungstaktik Territorium erlangen zu können. Die Briten, seit langem daran gewöhnt, daß ihnen die Franzosen im Wege standen, machten in den 90er Jahren die Entdeckung, daß, wenn immer sie ihre Besitzungen in Afrika oder im Pazifik auszudehnen hofften, mit aller Wahrscheinlichkeit die Deutschen auftauchten und eine Entschädigung verlangten.

Die unerbetene Einmischung der Deutschen in die Südafrikapolitik zur Zeit des Jamesonüberfalls (s. S. 338) war noch undiplomatischer. Ihre Sympathiebekundung für die zur Schlacht gerüsteten Buren war so betont herzlich, daß für Whitehall die Annahme begründet schien, die Deutschen könnten eine Art Intervention in Erwägung ziehen. Auch über die gleichzeitige Inangriffnahme des Bagdadbahn-Plans war man in London verärgert, und allmählich setzte sich dort die Meinung durch, Deutschland beabsichtige, sich den britischen Interessen in allen Teilen des Erdballs entgegenzustellen.

Bei allen Ungereimtheiten war die Entscheidung zum Bau einer Kriegsflotte der alarmierendste Schritt der Deutschen. Im Jahre 1896 verkündete Wilhelm II. in einer Rede vor der Kolonialgesellschaft, Deutschlands Zukunft liege auf dem Meer. Großadmiral Tirpitz, die treibende Kraft hinter dem Programm, stellte fest, es sei notwendig, eine Flotte aufzustellen, die zwischen Helgoland und der englischen Küste kampffähig sei, und er machte deutlich, daß sein Ziel eine bewaffnete Flotte sei, die vielleicht zwei Drittel der britischen ausmache und sicherlich so groß sein müsse, daß britische Versuche, sie in Kriegszeiten zu zerstören, riskant seien.

Es gab natürlich keinen Grund, warum Deutschland nicht eine Flotte aufstellen sollte. Für die Macht mit dem größten Heer Europas war es jedoch unvernünftig, als Seemacht ernstlich mit Britannien in Konkurrenz treten zu wollen und dann noch zu erwarten, Britannien werde ein Bündnis mit ihr eingehen. Männer wie Holstein aber scheinen geglaubt zu haben, Britannien sei eine absteigende Macht (aufgrund seiner Darbietung im Burenkrieg), die, konfrontiert mit einem möglichen Krieg gegen Rußland, Verbündete dringender denn je brauche und der als einzige Möglichkeit ein Bündnis mit Deutschland bleibe. Wenn nun Deutschland weiterhin Druck ausübe, sei Britannien bereit, ein Abkommen teuer zu bezahlen. Hieraus erklärt sich das ständige geschickte Ausweichen der Deutschen zwischen 1899 und 1902 gegenüber britischen Versuchen, Fühlung über ein Bündnis aufzunehmen.

Nur in einer Hinsicht hatten die Deutschen recht: die Briten waren beunruhigt über den Gang der Weltereignisse und bereit, ihre frühere Isolation durch diplomatische Abkommen zu modifizieren. Doch die Briten hatten eine größere Auswahl an Bündnispartnern, als man in Berlin vermutete. Nachdem die Faschodakrise die ägyptische Frage als akutes Problem ausgeräumt hatte, gab es nirgendwo in der Welt mehr einen unüberwindlichen Interessenkonflikt zwischen Frankreich und Großbritannien, und trotz der fortbestehenden Abneigung zwischen den beiden Völkern gab es bestimmte Probleme, in denen sich eine völlige Übereinstimmung anbahnte. Wenn

auch aus anderen Gründen, so begannen die Franzosen sich über die Fernost-
politik Rußlands ebenso zu beunruhigen wie die Briten. Die Briten befürchteten russische Übergriffe in China. Die Franzosen machten sich um zwei
Dinge Sorgen: erstens, daß Frankreich durch die Inanspruchnahme Rußlands
im Fernen Osten dessen Unterstützung in der Nähe entzogen werde, und
zweitens, daß im Fernen Osten ein englisch-russischer Krieg ausbrechen und
Rußland dort französische Hilfe erwarten könne. In dieser letzteren Befürchtung wurden sie durch den Bündnisabschluß zwischen Großbritannien und
Japan im Jahre 1902 (s. S. 339) bestärkt.

Delcassé und die englisch-französische Einigung. In Frankreich war es der im
Jahre 1898 zum Außenminister ernannte Théophile Delcassé, der sich der
Gefahren des von Rußland gesteuerten Kurses für Frankreich am ehesten
bewußt war. Delcassé hing der Überzeugung an, die Hauptsorge eines jeden
französischen Staatsmannes müsse Frankreichs Beziehung zu Deutschland
sein, und das erstrebenswerteste Ziel der französischen Politik sei die
Wiedererlangung des Elsasses und Lothringens. Er war nicht geneigt, französische Energien auf unnütze Kriege in der Ferne zu verschwenden.

Beim Aufbau der diplomatischen Position Frankreichs hatte Delcassé bereits einen entscheidenden Erfolg zu verbuchen. Er zeigte sich dem italienischen Wunsch nach einem Handelsabkommen zur Beendigung des im Jahre
1887 begonnenen Zollkrieges (s. S. 258) aufgeschlossen und willigte im Jahre
1898 ein. Als Gegenleistung erhielt er die ausdrückliche Anerkennung des
Vorrangs französischen Einflusses in Marokko (Delcassé versicherte seinem
Gegenüber, Frankreich werde sich in Tripoli nicht einmischen, und erfüllte
damit einen sehnlichen Wunsch der Italiener) sowie einige wichtige Zusiche-
rungen im Hinblick auf die Mitgliedschaft Italiens in jenem offenkundig
antifranzösischen Zusammenschluß, dem Dreibund. In einer Reihe von Noten erklärten die Italiener zwischen 1900, dem Jahr der Erneuerung des Dreibunds, und 1902, Italien werde neutral bleiben, falls Frankreich „das Ziel
einer direkten oder indirekten Aggression" werde oder selbst wenn Frankreich „sich infolge einer direkten Provokation gezwungen sehen sollte, in
Verteidigung seiner Ehre und Sicherheit die Initiative zu einer Kriegserklärung zu ergreifen". Diese Geheimerklärungen bedeuteten, daß die Begeisterung Italiens für den Dreibund den Nullpunkt erreicht hatte und daß Frankreich im Falle eines Krieges mit Deutschland an dieser Flanke keinen Angriff
zu befürchten brauchte.

Dies war ermutigend für Delcassé. Es blieb aber die Bedrohung im Fernen
Osten, wo Rußland weiterhin seine gefährliche Politik verfolgte. Eine Annä-
herung zwischen London und Paris würde, so hoffte Delcassé, nicht nur die
Gefahr einer Verwicklung Frankreichs in einen fernöstlichen Krieg aus dem
Wege räumen, sondern könnte sogar die Möglichkeit eines solchen Krieges
ausschalten, indem sie ein Abkommen zwischen Frankreichs Verbündeten,

Rußland, und Britanniens neuem Verbündeten, Japan, förderte. Auf jeden Fall sondierte Delcassé die Situation in London und stieß bei der Regierung und bei Hofe auf starke Resonanz. In der Tat bestärkte ein warm aufgenommener gegenseitiger Staatsbesuch zwischen dem neuen Souveränen Englands, Edward VII., und dem Präsidenten der Republik die Diplomaten in der Annahme, daß kein Grund mehr bestehe, die öffentliche Meinung zu fürchten. Zwischen Juli 1903 und April 1904 erarbeiteten sie eine umfassende Regelung der Differenzen.

Das Abkommen von 1904 setzte gewissen Streitigkeiten in Siam und Neufundland ein Ende und sah Grenzkorrekturen in Westafrika vor; seine wichtigsten Bestimmungen aber betrafen Ägypten und Marokko. Die französische Regierung erkannte verspätet das britische Protektorat über Kairo an und erklärte, sie werde die Briten in Ägypten nicht behindern. Die britische Regierung ihrerseits erkannte Marokko als französische Einflußsphäre an. Weiterhin erklärten sich die Briten in Geheimartikeln einverstanden, im Falle eines Autoritätsverlustes des Sultans keinerlei Einwände gegen von den Franzosen für angemessen erachtete Maßnahmen zu erheben unter der Voraussetzung, daß Nordmarokko mit seiner Atlantikküste nicht an Frankreich, sondern an Spanien gehe. Diese letzte Bestimmung war von strategischen Überlegungen diktiert.

Die größere Tragweite dieses Abkommens lag darin, daß es den Anfang einer englisch-französischen Zusammenarbeit in anderen Fragen und den ersten Schritt zum Bündnis zwischen den beiden Westmächten im Ersten Weltkrieg kennzeichnete.

Die Erste Marokkokrise. Die Deutschen, die unter der neuen Entente am meisten leiden sollten, reagierten auf die aus dieser entstehenden Zusammenarbeit potentiell drohende Gefahr nur langsam. Sie waren immer noch gefangengenommen von der Vision eines englisch-russischen Krieges, in den Frankreich verwickelt würde. Erst nach Ablauf eines Jahres protestierten sie gegen das englisch-französische Abkommen, soweit es Marokko betraf. Am 31. März 1905 landete Wilhelm II. in Tanger und rühmte, durch begeisterte Volksmengen von Eingeborenen fahrend, den Sultan als unabhängigen Herrscher. Gleichzeitig verlangte die deutsche Regierung die Aufhebung des Marokko-Abkommens.

Hier ist wiederum nur schwer zu verstehen, was die Deutschen sich von einer Intervention erhofften. Es ist gut möglich, daß sie es selbst nicht wußten. Gewiß herrschte keine echte Einigkeit unter den führenden Persönlichkeiten in der deutschen Regierung. Der deutsche Generalstabschef Graf Schlieffen war der Ansicht, Deutschlands Machtposition verschlechtere sich allmählich, und er hätte eine Gelegenheit, diesen Prozeß durch einen siegreichen Krieg gegen Frankreich zu beenden, begrüßt. Das Jahr 1905 war für diesen Zweck ideal: Schlieffen hatte gerade die endgültige Revision seines

Kriegsplanes abgeschlossen, und Rußland, erschöpft durch seine Niederlage im Fernen Osten, war keineswegs in der Lage, seinem Verbündeten zur Hilfe zu kommen. Im Auswärtigen Amt teilte Holstein Schlieffens Befürchtungen im Hinblick auf die Zukunft, und auch er hätte eine Machtprobe mittels Waffen begrüßt. Es spricht einiges dafür, daß er in Marokko eine Provokation plante, die Frankreich entweder zum Einlenken unter demütigenden Bedingungen zwingen oder zu einem Krieg reizen sollte, in dem es dann gemäß Schlieffens Plänen vernichtend geschlagen würde.

Falls dies Holsteins geheime Absicht war, so wollte oder wagte er sie weder dem Kanzler, Fürst Bülow, zu eröffnen, der das Vorgehen in Marokko, was Deutschland auch immer damit erreichen würde, als reine Großtuerei und Erpressung betrachtete, noch dem Kaiser, der über die gesamte Angelegenheit nervös wurde und keineswegs geneigt war, um Marokko einen Krieg zu führen. Angesichts der tiefgreifenden Meinungsverschiedenheiten zwischen Holstein, Bülow und Wilhelm II. wird die Inkonsequenz der deutschen Politik verständlich.

Anfangs hatte die Heftigkeit der deutschen Intervention die französische Regierung schockiert und erschreckt. Delcassé versuchte zwar seine Regierungsfreunde zu überzeugen, daß jegliche Bereitschaft, sich Konzessionen abzwingen zu lassen, die Briten vor den Kopf stoßen würde, er hatte jedoch keinen Erfolg damit. Im Juni 1905 trat er zurück. Die Deutschen hatten sich schon lange an dem Mann rächen wollen, der im Jahre 1902 Italien demoralisiert hatte, und der Sturz Delcassés bedeutete für sie einen überwältigenden Sieg. Nun schien die Möglichkeit gegeben, daß die Franzosen ihnen alle Forderungen erfüllen würden. Zur Zeit der ursprünglichen Intervention hatte die deutsche Regierung jedoch beharrlich beteuert, ihr Ziel sei die Vertagung der Marokkofrage auf eine internationale Konferenz. Diese Forderung konnte sie jetzt nicht zurückziehen.

Vor Beginn der Konferenz in Algeciras im Jahre 1906 hatte sich der Standpunkt der französischen Regierung verhärtet. In England waren durch einen Regierungswechsel die Liberalen an die Macht gekommen und hatten Sir Edward Grey ins Außenministerium berufen. Grey war weitaus stärker als sein Vorgänger davon überzeugt, daß die Deutschen versuchten, die Vorherrschaft über Europa zu erlangen, und daß es wichtig sei, dies durch eine engere Bindung an Frankreich zu verhindern. Dank dieser Haltung gingen die Franzosen und die Briten daher mit dem Entschluß in die Konferenz von Algericas, ihr ursprüngliches Marokko-Abkommen aufrechtzuerhalten. Die Deutschen machten alles, was ihnen an erreichbaren Zielen noch verblieben war, durch eine großtuerische Verhandlungstaktik zunichte. Eine wesentliche Änderung der ursprünglichen Marokko-Regelung wurde nicht erreicht, und der anfängliche Sieg der deutschen Diplomatie endete als Niederlage. Sowohl Schlieffen als auch Holstein traten zu Beginn des Jahres 1906 von ihrem Amt zurück.

Die Gründung der Tripelentente. Die englisch-französische Entente wurde bald durch ein Abkommen zwischen Großbritannien und Rußland erweitert. Das bahnbrechende Ereignis hierfür war die Niederlage Rußlands im Fernen Osten, und zwar aus einer Reihe von Gründen. Erstens wollte Rußland seine Position im Fernen Osten soweit wie möglich retten und war ängstlich um Beistand in den Verhandlungen mit Japan bemüht. Britannien war Japans Verbündeter, und ein Abkommen mit ihm konnte von Vorteil sein. Britannien unterhielt auch enge Beziehungen zu Frankreich, was – zu einer Zeit, da Rußland die finanzielle Hilfe Frankreichs nötiger brauchte denn je zuvor – als zusätzlicher Grund für eine neue Annäherung an die Briten erschien. Drittens erwog die russische Regierung zur Ablenkung der öffentlichen Meinung von inneren Mißständen bereits eine Wiederaufnahme ihrer Vorstoßpolitik auf dem Balkan und wollte keinesfalls auf ähnlichen Widerstand stoßen wie im Jahre 1887. Schließlich strebten die Russen stärker als je zuvor eine Kooperation mit Mächten an, die entschlossen waren, deutsche Ambitionen zu vereiteln; denn sie empfanden Empörung darüber, daß die Deutschen während des Krieges mit Japan in einem dem russischen Interessengebiet am Persischen Golf gefährlich nahen Bereich aktiv geworden waren.

Die Briten erwiderten den Wunsch der Russen nach freundschaftlichen Beziehungen. Im Jahre 1906 schickten die Briten einen ihrer erfahrensten Diplomaten, Sir Arthur Nicolson, nach St. Petersburg. In direkter Zusammenarbeit mit dem russischen Außenminister Iswolski befaßte sich Nicolson mit den drei Gebieten der Welt, in denen die englisch-russischen Reibungen am gefährlichsten gewesen waren: Afghanistan und Tibet, die beide eine Bedrohung der britischen Sicherheit in Indien darstellten, und Persien. Im August 1907 wurde das Abkommen schließlich ratifiziert. Beide Mächte kamen überein, sich aus Tibet herauszuhalten, und während Rußland sich bereit erklärte, Afghanistan als britische Einflußsphäre zu betrachten, willigten die Briten ein, nichts zur Veränderung der dort bestehenden politischen Situation zu unternehmen. Was Persien betrifft, so teilten sie es unter Betonung ihrer Absicht, die Unabhängigkeit jenes Landes zu wahren, und unter der Zusicherung, die Handelsrechte anderer Nationen zu respektieren, in drei Zonen ein. Den Briten wurde das faktische Protektorat über die südlichste Zone zuerkannt, die den Eingang zum Persischen Golf beherrschte und Zugang nach Afghanistan und Indien bot. Die nördliche Zone fiel an die Russen als deren Einflußbereich, und zwischen beiden wurde eine große Zone neutral belassen. Sie kamen stillschweigend überein, Deutschland aus ganz Persien auszuschließen.

Das englisch-russische Abkommen bietet ein weiteres Beispiel für die Willkür der imperialistischen Mächte, sobald es um entwicklungsmäßig zurückgebliebene Länder ging. Seine größere Bedeutung lag darin, daß es, obwohl es weder in England noch in Rußland beliebt war und dem gegenseitigen Argwohn und der Abneigung der beiden Regierungen gegeneinander keineswegs ein Ende setzte, beiden so wesentliche Vorteile brachte, daß sie überzeugt waren, die Fortsetzung der Kontakte sei notwendig. Schon vor Ratifizierung des Abkommens mit Britannien wurde Rußland in einem Geheimabkommen mit Japan ein Einflußbereich in der Mandschurei zugestanden, und in Paris nahm man seine finanziellen Ersuchen entgegenkommender auf. Den Briten gewährleistete es eine Verringerung der Reibungsflächen mit Rußland, und sie konnten auf die Kooperation der Russen bei der Behinderung des deutschen Bagdadbahn-Plans zählen. Abgesehen davon schuf das englisch-russische Abkommen die Grundlage für eine aufeinander abgestimmte diplomatische Zusammenarbeit zwischen Britannien, Frankreich und Rußland. Die im Jahre 1890 begonnene Revolution in der Diplomatie war nun vollendet, und als Gegengewicht zum Dreibund war die Tripelentente ins Leben gerufen worden.

Der Weg zum Krieg 1907–1914

Neue Tendenzen. Die Reduktion der europäischen Politik auf diesen einfachen Dualismus ging einher mit drei gefährlichen Tendenzen. Erstens schien es viel wichtiger geworden zu sein, Verbündete zu besitzen, und viel schädlicher, sie zu verlieren, als jemals zuvor. In dem Bestreben, ihre Bündnisse zu stärken, büßten die Mächte an Handlungsfreiheit ein. Aus demselben Grund war es der Koalition nicht länger möglich, ihre Mitglieder zurückzuhalten oder zu disziplinieren, da das Mittel der Beistandsverweigerung aus Furcht vor einem Treuebruch nicht mehr tauglich war.

Zweitens fand eine allgemeine Rüstungssteigerung statt, die natürlich nur die Ängste, durch die sie hervorgerufen wurde, schürte. Zwischen 1900 und 1910 hatten sich die Heeres- und Marinebudgets der europäischen Mächte bereits bedeutend erhöht, obwohl gerade in diesen Jahren ein beträchtliches Volskinteresse an einer Rüstungsbeschränkung vorhanden war. In den Jahren 1899 und 1907 hatten in Den Haag zwei internationale Friedenskonferenzen zur Erörterung der Möglichkeit einer internationalen Rüstungskontrolle stattgefunden. Aber in dem Jahrzehnt, in dem diese Treffen veranstaltet wurden, erhöhte Deutschland sein Heeresbudget um ein Fünftel, Rußland um zwei Drittel, Italien um die Hälfte, Frankreich um ein Drittel, Österreich-Ungarn um ein Viertel und Großbritannien um ein Drittel; die deutschen Flottenberechnungen stiegen um das Dreifache, die britischen um mehr als ein Drittel. Und dies war nichts im Vergleich zu den Erhöhungen im Zeitraum von 1910 bis 1914, während dessen die deutschen und die österreichischen Heeresausgaben sich noch einmal verdoppelten und alle anderen Länder hohe Investitionen an Schiffen, Waffen und Bataillonen vornahmen.

Eine dritte, mit dieser letzten eng verbundene Tendenz war die wachsende

Einflußnahme des Militärs auf die Festlegung der Politik. In allen Ländern wurden die Heeres- und Marineoffiziere von der politischen Führung häufiger konsultiert und aufmerksamer angehört, und auf bestimmten Gebieten der Politik verdrängten manchmal starke Persönlichkeiten des Militärs die zivile Autorität: Großadmiral Tirpitz gelang es in diesen kritischen Jahren, alle Vorschläge des Auswärtigen Amtes zu einer Flotteneinigung mit Großbritannien erfolgreich zu bekämpfen.

Angesichts der Mobilität des modernen Krieges und der gewaltigen Anzahl an Menschen, die darin zum Einsatz kamen, war es für alle Generalstäbe unerläßlich, eingehende Pläne für eventuelle Kriege aufzustellen, und es war nur natürlich, daß sie dem Plan für den Krieg, den sie für höchst wahrscheinlich hielten, die größte Sorgfalt angedeihen ließen. Bei dessen Ausarbeitung erlagen sie leicht der Vorstellung, daß jede Abweichung von den projizierten Operationen verheerende Auswirkungen haben würde. Wie vernichtend dies für die Handlungsfreiheit einer Regierung sein konnte, veranschaulicht der Schlieffen-Plan. Als die Welt im Jahre 1914 an der Schwelle des Krieges stand, traf ein Bericht in Berlin ein, daß Britannien möglicherweise neutral bleibe, wenn Deutschland Frankreich nicht angreife. Der Kaiser gab seinem Stabschef zu verstehen, daß es daher für Deutschland von Vorteil sein könne, zunächst Rußland anzugreifen. Es wurde ihm mitgeteilt, daß ein derartiger Schritt unmöglich sei und ein Abgehen von dem Plan, den auslösenden Angriff gegen Frankreich einzuleiten, zu diesem späten Zeitpunkt zu einer Katastrophe führe. Der deutsche Kriegsplan war derartig starr geworden, daß die Regierung faktisch nicht imstande war, einen anderen Weg zu beschreiten als den vorgeschriebenen. Die Regierung war sogar gebunden, zu Beginn belgisches Territorium zu verletzen – eine Maßnahme, durch die sich Deutschland mit Sicherheit die Sympathien der Neutralen verscherzen würde, von der die Soldaten aber wiederum sagten, sie sei zwingend.

Schließlich war natürlich abzusehen, daß Soldaten, die ihr Leben darauf verwandten, die Verschiebung der Machtverhältnisse in Europa zu erforschen, in Momenten, da sie glaubten, ihre Pläne und ihre Stärke seien allen möglichen Feindkombinationen überlegen, auf Maßnahmen drängten. Eines der gefährlichsten Merkmale der Krisen von 1907 bis 1914 war die Tatsache, daß immer einflußreiche Soldaten zur Stelle waren, die den Krieg für den zu bevorzugenden Kurs hielten, da Abwarten auf lange Sicht verhängnisvoll sein könne.

Die besorgniserregende Abhängigkeit der Mächte von ihren Bündnissen, die Tendenz, ihren verantwortungsloseren Partnern nachzugeben, das ständig beschleunigte Wettrüsten und der außerordentliche Einfluß des Militärs auf politische Beschlüsse waren um so gefährlicher, als der Mehrheit der Bürger ihre Tragweite im großen und ganzen nicht bewußt war, und selbst wenn sie sie überblickten, waren sie machtlos, etwas dagegen zu unternehmen. In den Jahren von 1907 bis 1914, als der diplomatische Mechanismus versagte, erwiesen sich alle organisierten Gruppen der zivilisierten Gesellschaft – Kirchen, Gewerkschaften, politische Parteien – als ebenso unzulänglich wie die Diplomaten selber. Die Art und Weise, wie sie von den Kräften der Gewalt übermannt wurden, ist in dem großartigen Roman „Sommer 1914" von Roger Martin du Gard bewundernswert dargestellt.

Die bosnische Krise. Die unerbittlich zum Weltkrieg führende Kette von Krisen nahm ihren Ursprung in einem Treffen zwischen dem österreichischen Außenminister Graf Aehrenthal und dem russischen Außenminister Alexander Iswolski auf einem Landgut bei Buchlau in der Steiermark. Iswolski, der kurz zuvor das englisch-russische Abkommen geschlossen hatte, brannte auf neue Triumphe und wünschte insbesondere die Öffnung der Meerenge des Bosporus und der Straße der Dardanellen für russische Kriegsschiffe, so daß die Schwarzmeerflotte Zugang zum Mittelmeer erhielte. Aehrenthal strebte die Annexion der seit 1878 von Österreich verwalteten türkischen Provinzen Bosnien und Herzegowina an und betrachtete diese Annexion als den ersten Schritt einer Politik der Einkreisung und Vernichtung Serbiens. Die vorausgegangene Revolution in der Türkei (s. S. 307), die der militanten patriotischen Jungtürken-Partei zur Macht verholfen hatte, drohte ihre Pläne zu durchkreuzen. Die Veränderung im politischen Klima in Konstantinopel war der Hauptgrund für das Treffen in Buchlau.

In ihren Gesprächen kamen die beiden Außenminister überein, jeweils die Pläne des anderen zu unterstützen. Dabei gingen sie offenbar davon aus, daß keine andere Macht ernstliche Einwände erheben würde, wenn ihre Regierungen die Absicht verkündeten, den Status Bosniens und der Meerengen zu verändern, obgleich ein derartiger Schritt die Verletzung von Vertragsverpflichtungen mit sich bringen würde. Sie kamen stillschweigend überein, ihre Pläne gleichzeitig bekanntzugeben. Doch Iswolski fragte anscheinend nicht nach dem Zeitpunkt. In jenem Versäumnis lag der Keim vieler künftiger Schwierigkeiten.

Nachdem er Buchlau verlassen hatte, verfolgte Iswolski einen gemächlichen Kurs nach Westen, um die anderen Hauptstädte auf die bevorstehende Bekanntmachung vorzubereiten. Als er am 3. Oktober in Paris eintraf, wurde er durch ein Telegramm von Aehrenthal unangenehm überrascht, das besagte, die Umstände erforderten, daß Österreich unverzüglich handele. Die feindselige internationale Reaktion auf die Bekanntmachung Österreichs deutete darauf hin, daß gegen jede erneute Verletzung des Vertragsrechts heftige Einwände erhoben würden. Eine Veränderung am Bosporus mit Zustimmung der anderen Mächte stand auch außer Frage, wie Iswolski erfuhr, als er das Thema in London aufgriff.

Unter dem Einfluß dieser unerfreulichen Schocks und der Entdeckung, daß die Maßnahme Österreichs in Rußland auf ebenso erbitterte Empörung stieß wie in Serbien, leugnete Iswolski, der seine Kollegen über sein Vorgehen in Buchlau nicht unterrichtet hatte, daß er der Annexion zugestimmt habe, und bestand darauf, daß Buchlau lediglich einen Meinungsaustausch dargestellt habe. Er bezeichnete die Maßnahme Österreichs als eine flagrante Verletzung der schriftlich niedergelegten Abmachungen und verlangte die Einberufung einer internationalen Konferenz, um die österreichischen Zugewinne für ungültig zu erklären.

Sein unsinniges Verhalten war der Grund für die Krise von 1908. Die Serben, die bereits außer sich waren über den Verlust von Provinzen, die sie seit langem als ihr Eigentum betrachteten, wurden durch panslawistische Agitationen in Rußland und durch Iswolskis ungezügelte Reaktion in dem Glauben bestärkt, Rußland würde sie unterstützen; und sie begannen Maßnahmen vorzubereiten. Die Österreicher sandten Truppen an die serbische Grenze. Um der inneren Moral der Tripelentente willen beschied die britische Regierung, daß sie Iswolski zur Hilfe kommen müsse. Nachdem ein gewisses Zeremoniell durchgeführt worden war, damit Iswolskis Gesicht gewahrt bliebe, versuchten sie, eine Regelung zu treffen, durch die die Serben mit einer finanziellen Entschädigung abgespeist würden.

Dieser Kompromiß hätte möglicherweise funktionieren können, hätten die Deutschen sich nicht ebensosehr veranlaßt gesehen, ihrem Verbündeten beizustehen. Sie waren über Aehrenthal ebensowenig begeistert wie die Briten über Iswolski; denn der österreichische Außenminister hatte sie nicht konsultiert, und die Annexion Bosniens hatte die Türken, mit denen die Deutschen freundschaftliche Beziehungen anknüpfen wollten, in Empörung versetzt. Dennoch fühlten sich die Deutschen zum Handeln gezwungen, aus Gründen, die Bülow in Worten ausdrückte, die vieles darüber aussagen, wie die Bündnistreue in den Jahren vor 1914 die Oberhand über die Vernunft gewann:

„Bei der Bedeutung, die die leitenden österreichisch-ungarischen Kreise ihrem Schritt beilegen, würde unser Bündnis mit dem Nachbarstaat zweifellos erschüttert werden und einen unheilbaren Riß erhalten, wenn wir in dieser Frage uns als unzuverlässige Freunde erwiesen und uns nicht loyal an die Seite von Österreich-Ungarn stellen. Eine zweideutige ... in diesem Falle würde man uns nicht vergessen."

Im März 1909 schlug Bülow eine Lösung der bosnischen Krise vor, die auf jede internationale Konferenz verzichtete und die Sache der Österreicher unterstützte. Als Iswolski zögerte, darauf einzugehen, verfiel Bülow in eine rücksichtslose Direktheit. Er sagte: „Euere pp. wollen ... Herrn Izwolski in bestimmter Form sagen, daß wir eine präzise Antwort – ja oder nein – erwarten; jede ausweichende, verklausulierte oder unklare Antwort würden wir als eine Ablehnung betrachten. Wir würden uns dann zurückziehen und den Dingen ihren Lauf lassen." Angesichts dieser kaum verhüllten Drohung gab Iswolski klein bei, und die Krise war beendet.

Dennoch hatte sie ernste Folgen. Sie erregte in ganz Europa Argwohn gegenüber der österreichischen Politik und hinterließ den Eindruck, Deutschland sei stärker daran interessiert, seine Macht zu demonstrieren, als der Sache des Friedens zu dienen. Indirekt stärkte sie die Tripelentente, indem sie die russische Regierung stärker in deren Abhängigkeit brachte. Die schlimmste Folge war die, daß sie den Weg zu einer Ära von Balkankriegen ebnete. Iswolski widmete sich nun mit hartnäckiger Ausdauer der Rache an Österreich. Er bestärkte die Serben darin, den Verlust Bosniens lediglich als einen zeitweiligen Rückschlag zu betrachten, und stellte Mittel für eine fortgesetzte großserbische Propaganda zur Verfügung. Er führte Delcassés Werk in Italien einen Schritt weiter, indem er im Oktober 1909 in Racconigi ein Geheimabkommen mit den Italienern schloß, das Konsultationen über Balkanangelegenheiten und eine russische Unterstützung der Politik Italiens in Tripoli vorsah. Angesichts dieser politischen Maßnahmen und ihrer Folgen war sein Prahlen im Jahre 1914 gewissermaßen berechtigt: „Dies ist *mein* Krieg, *mein* Krieg!"

Agadir. Es ist überzeugend argumentiert worden, eine der wesentlichsten Kriegsursachen sei das Versagen des Kaisers und des Kanzlers in den letzten Vorkriegsjahren gewesen, die deutsche Politik zu lenken und zu beherrschen. Nach der „Daily Telegraph"-Affäre im Jahre 1908 (s. S. 293) neigte der Kaiser zur Nachgiebigkeit gegenüber seinen militärischen Befehlshabern. Nach dem Sturz Bülows im Jahre 1909 schien auch das Amt des Kanzlers einiges von seiner Autorität einzubüßen. Insbesondere in der Außenpolitik war der neue Kanzler, Theobald von Bethmann Hollweg, unerfahren und tat sich schwer, diejenigen, die über Erfahrung verfügten oder behaupteten, sie zu besitzen, unter Kontrolle zu halten.

Aus diesen Umständen erklärt sich wahrscheinlich die schlecht geplante Intervention Deutschlands in die Angelegenheiten Marokkos im Jahre 1911. Diese war weitgehend das Geistesprodukt des neuen Außenministers, Alfred von Kiderlen-Wächter, eines eigenwilligen „Kerls", der das Ultimatum Bülows von 1909 an Rußland aufgesetzt hatte. Im Sommer des Jahres 1911 demonstrierte er lediglich, wie weit er dieser Charakteristik gerecht zu werden vermochte. Infolge von Unruhen in Marokko hatten die Franzosen, vermutlich zum Schutz der dort lebenden Ausländer, Truppen nach Fez geschickt. Mit dieser Maßnahme überschritt Frankreich seine in Algeciras definierten Rechte, die Regierung aber hatte argumentiert, sie sei dringend notwendig, und selbst die Deutschen sähen keinen Grund zum Einspruch, da ihre wirtschaftlichen Interessen durch ein separates französisch-deutsches Abkommen von 1909 geschützt seien. Die Franzosen irrten. Im Juli 1911 entsandte Kiderlen ohne vorherige Warnung das deutsche Kanonenboot „Panther" in den marokkanischen Hafen Agadir.

Diese Drohgebärde – anders konnte es kaum verstanden werden – schokkierte Europa und stellte es vor ein Rätsel. Was wollten die Deutschen ei-

37. England: Szenen im Lande nach Ausbruch des Weltkrieges 1914

38. Deutschland: Einmarsch der Truppen nach der Mobilmachung 1914

39. Weltkrieg 1914/1915: Überfall auf Belgien (Karikatur)

gentlich? Wahrscheinlich wußten es die Deutschen selber nicht. Kiderlen scheint der Überzeugung gewesen zu sein, eine kriegerische Demonstration werde die Franzosen aus Angst zu einem Angebot treiben. Als das nicht eintrat, war er verwirrt und geriet in Verlegenheit. Da er aber irgend etwas tun mußte, verlangte er als Entschädigung für die tatsächlichen und die geplanten Zugewinne der Franzosen in Marokko die Abtretung des gesamten Französisch-Kongo an Deutschland.

Diese Forderung erschien derartig übertrieben, daß die Franzosen sie als bloßen Vorwand für eine militärische Aktion betrachteten, während die Briten folgerten, daß die Deutschen in Wirklichkeit auf etwas anderes abzielen müßten – vielleicht einen Flottenstützpunkt an der Atlantikküste Marokkos. Der Außenminister, Lord Grey, gab dem deutschen Botschafter behutsam zu verstehen, Britannien erwarte, konsultiert zu werden, was immer von nun an geschehen würde. Kiderlen war dickfellig genug zu versuchen, dies zu umgehen. Das bewirkte eine noch stärkere Unruhe bei den Briten und führte zu einer Rede des Schatzkanzlers, David Lloyd George, die nahezu ebenso drohend war wie der „Panthersprung". Mit aller verfügbaren Leidenschaft beschuldigte Lloyd George Deutschland, es erwarte, daß Großbritannien seinen Einfluß in einer für seine Interessen lebenswichtigen Angelegenheit aufgebe; und er fügte hinzu, die Wahrung des Friedens um diesen Preis sei eine untragbare Demütigung.

Der Einwurf der nationalen Ehre erhob diesen verworrenen Disput auf die Ebene einer echten Gefahr für den Frieden. Bestärkt durch die Haltung der Briten, verhärtete sich die französische Position im Hinblick auf mögliche Konzessionen zur Unnachgiebigkeit, und die Deutschen hatten sich viel zu weit eingelassen, als daß sie hätten klein beigeben können, ohne für ihre Bemühungen etwas aufzuweisen zu haben. Schließlich bedurfte es aller Geschicklichkeit Greys und eines besonderen Vorsprechens der Russen in Paris, um eine Einigung herbeizuführen. Die Franzosen erhielten freie Hand in Marokko und die Deutschen Tausende von Hektar afrikanischen Wüstenlandes.

Die Konsolidierung der Bündnisse. Die gefährdete Balance zwischen Krieg und Frieden im Jahre 1911 schockierte die Gemäßigten sowohl in Britannien als auch in Deutschland. In England wuchs das Unbehagen über Krisen, die durch französische und russische Indiskretionen heraufbeschworen wurden; in Deutschland mehrten sich die Klagen über die politischen Auswirkungen des Flottenprogramms, das Tirpitz wiederum erweitern wollte. Wäre es nicht klug, sich um eine englisch-deutsche Einigung zu bemühen?

Es zeigte sich bald, daß ein derartiges Arrangement kaum zu erzielen war. Im Februar 1912 fuhr Lord Haldane, der britische Kriegsminister, nach Berlin, um zu erkunden, ob irgendein Abkommen möglich sei. Tirpitz, der während Haldanes Besuch in Berlin die dominierende Persönlichkeit zu sein schien, machte deutlich, daß das Flottenprogramm nicht einem diplomatischen Abkommen geopfert werden könne und daß selbst Abänderungen von der Bereitschaft Britanniens abhingen, im Falle eines deutschen Krieges mit Frankreich neutral zu bleiben. Dem britischen Außenministerium erschien ein verbindliches Neutralitätsversprechen unklug. Einige Wochen lang wurden unregelmäßige Verhandlungen geführt, in denen aber kein Abschluß erzielt wurde. Unterdessen hatte Tirpitz in Berlin erreicht, was er wollte. Mit der Verabschiedung seiner Flottenvorlage durch den Reichstag war die letzte Chance für eine englisch-deutsche Entspannung verstrichen.

Statt dessen wandten sich beide Länder wieder ihren Verbündeten zu und vertieften ihre Beziehungen zu ihnen – Deutschland durch vertraulichere Stabsgespräche mit den Österreichern, Britannien durch Schritte zu einem Bündnis mit Frankreich. Im November 1912 genehmigte Grey nicht nur ausdrücklich die Fortsetzung der englisch-französischen Stabsgespräche, sondern versicherte den Franzosen auch, „falls eine der beiden Regierungen ernstlich Anlaß haben sollte, einen unprovozierten Angriff durch eine dritte Macht zu befürchten, so sollte sie unverzüglich mit der anderen erörtern, ob beide Regierungen gemeinsam handeln sollten." Dies war zwar nicht die unzweideutige Garantie, die die Franzosen sich gewünscht hätten, aber es war nicht weit davon entfernt.

Tripoli und die Balkankriege. Eine der schicksalhaftesten Folgen der Agadirkrise war, daß sie trotz aller gegenteiligen Beteuerungen der Franzosen in Italien die Befürchtung aufkommen ließ, diese könnten bald in Tripoli einmarschieren, falls man ihnen dort nicht zuvor käme. Noch bevor sich der Wirbel um Marokko gelegt hatte, setzte die italienische Regierung daher die türkische Regierung von der Absicht in Kenntnis, ihre „Protektion" über Tripoli auszudehnen. Als die Türken diese Mitteilung zurückwiesen, erklärte Italien den Krieg und drang im September 1911 in Tripoli ein.

Das italienische Vorgehen veranlaßte die Balkanländer wiederum zu der Befürchtung, Österreich könne aus der Verwirrung der Türkei Nutzen ziehen und deren letzten europäischen Besitzungen an sich reißen. Eiligst setzten sie Iswolskis Pläne vollkommen in die Tat um. Im März 1912 schlossen Bulgarien und Serbien ein Bündnis, in dem sie sich gegenseitige Hilfe im Falle eines Angriffs versprachen, Zusammenarbeit bei der Abwehr von Versuchen seitens der Großmächte, Balkanterritorium zu erwerben, und die Verfolgung einer gemeinsamen Politik gegenüber der Türkei. Innerhalb weniger Monate hatten sich Griechenland und Montenegro diesen Artikeln angeschlossen, und der Balkanbund war gegründet. Im Oktober 1912 leiteten die vier Balkanmächte einen konzertierten Angriff auf türkische Streitkräfte in Europa ein und hatten diese innerhalb von wenigen Monaten bis zu den Meerengen zurückgedrängt. Dann wandten sie sich der angenehmen Aufgabe der Verteilung der Siegesbeute zu.

Dies erwies sich als schwierig. Zum einen intervenierten die beiden Großmächte, die das stärkste Interesse am Balkan hatten: Österreich, um zu verhindern, daß Serbien einen Zugang zum Adriatischen Meer erwarb, und
Rußland, um darauf zu bestehen, daß Serbien und Montenegro ein solcher
Zugang bewilligt würde. Diese und andere explosive Territorialfragen mußten auf einer internationalen Konferenz in London erörtert werden. Sie löste
das Adria-Problem, indem sie ein unabhängiges Albanien schuf und Serbien
durch Territorium im Inneren entschädigte. Im Mai 1913 war der Friede
wiederhergestellt. Er dauerte genau einen Monat. Ein plötzlicher Angriff
Bulgariens auf Serbien löste einen zweiten Krieg aus, in dem der Aggressor
durch seine ehemaligen Verbündeten, denen die Rumänen und die Türken
zur Hilfe kamen, seiner vor kurzem erworbenen Gebiete beraubt wurde.

In beiden Konflikten blieb der Friede zwischen den Großmächten durch
die Kooperation Großbritanniens und Deutschlands gewahrt. Diese fruchtbare Zusammenarbeit aber sollte nicht anhalten. Am Ende der Balkankriege
übten die Österreicher Kritik an Deutschland wegen seines Versäumnisses,
sie zu unterstützen, und beschuldigten es offen der Verantwortung für die
gefährliche Stärkung Serbiens. Auf ähnliche Art und Weise machten die
Russen die Briten für die Gründung Albaniens verantwortlich, das Serbien
den Weg zum Meer versperrte, und kritisierten Frankreich, weil es nichts
unternommen habe, um diese unglückliche Regelung zu unterbinden. Die
erbitterten Anklagen dieser Mächte führten zu einem Unbehagen auf seiten
ihrer diplomatischen Partner und zu deren Widerstreben, ihre Geduld durch
neue Enttäuschungen auf die Probe stellen zu lassen.

Dieses Zögern, die verantwortungslosesten Mitglieder der Familie der
Nationen weiterhin zurückzuhalten, war in Anbetracht von zwei verwandten Fakten doppelt verhängnisvoll. Das erste war, daß sich sowohl in der
österreichischen als auch in der russischen Regierung jetzt Männer in der
Führung befanden, die meinten, es müsse bald Klarheit geschaffen werden,
ob der österreichische oder der russische Einfluß dominiere. Das zweite war,
daß die serbische Regierung mit ihren umfangreichen Zugewinnen während
der Balkankriege nicht zufrieden war. Nach Beendigung der Feindseligkeiten im August 1913 sagte ihr Ministerpräsident unverblümt: „Die erste
Runde ist gewonnen; nun müssen wir uns auf die zweite vorbereiten, gegen
Österreich."

Die endgültige Krise. Während des Frühjahrs 1914 trieben alle Nationen ihre
Kriegsvorbereitungen voran und veranlaßten ihre Parlamente, Mittel zur
Militärerweiterung zu bewilligen. Diese Aktivität brachte ganz Europa einen
weiteren Schritt näher an die Schwelle des Krieges; denn sie führte zu jener
Art von ausführlichen Berechnungen, in denen Soldaten sich zu ergehen
pflegen und die in unserer Zeit nicht unbekannt sind. Die Experten der
Mittelmächte waren nun, angesichts des geplanten russischen und französi-

schen Programms, überzeugter denn je, daß das Pendel gegen sie ausschlug. Für sie im Dreibund, so bemerkte der österreichische Feldmarschall Conrad von Hötzendorf gegenüber dem deutschen Militärattaché, gebe es nur zwei Möglichkeiten, entweder sofort loszuschlagen oder ihre Rüstung entsprechend zu verstärken, und vom militärischen Standpunkt aus sei die erstere bei weitem die korrektere von beiden. Das einzige, was Conrad zurückzuhalten schien, war die Sorge darüber, daß Österreich vielleicht eine lange Zeit allein gegen Rußland durchstehen müßte, bevor Deutschland ihm zur Hilfe käme. Im Mai erfuhr er jedoch, daß der deutsche Stabschef, der jüngere Moltke, gleichgesinnt war und daß dessen Pläne, die sich auf die von Schlieffen gründeten, einen Vorstoß nach Westen vorsahen. Damit würde Frankreich innerhalb von sechs Wochen ausgeschaltet, und es würde der Einsatz aller Kräfte Deutschlands gegen Rußland folgen. Moltke war offenbar der Überzeugung, daß Britannien auf seiten Frankreichs eingreifen, seine Intervention aber unwirksam bleiben und den Plan nicht stören würde.

Conrad hatte nicht viel Zeit, über diese Information nachzudenken. Am 28. Juni 1914 erschoß ein junger serbischer Patriot namens Gavrilo Princip in der bosnischen Stadt Sarajewo den österreichischen Thronfolger Erzherzog Franz Ferdinand und seine Gattin. Es wurde später nachgewiesen, daß Princip und seine Mittäter die idealistischen Werkzeuge eines Oberst Dragutin Dimitrijević waren, des Leiters des Nachrichtendienstes vom serbischen Generalstab und führenden Kopfes in der patriotischen Vereinigung der Schwarzen Hand, der den Mord kaltblütig geplant hatte. Obgleich dies alles in Wien nicht bekannt war, hatte die dortige Regierung nun den schon lange ersehnten Vorwand für Schritte gegen Serbien.

Am 23. Juli schickte die österreichische Regierung ein Ultimatum an Belgrad, in dem sie die serbische Regierung der Mittäterschaft bei dem Mord beschuldigte und eine Reihe von Forderungen darlegte, die Serbien bei vollständiger Erfüllung faktisch seiner Unabhängigkeit beraubt hätten. Der russische Außenminister Sasonow, der den Serben geraten hatte, alles in ihrer Macht Stehende zu tun, um die Österreicher zu besänftigen, war entsetzt und platzte gegenüber dem österreichischen Botschafter mit den Worten heraus: „Dies bedeutet einen europäischen Krieg. Sie setzen Europa in Flammen!"

Die Härte der österreichischen Bedingungen war kein Versehen. Sowohl die Österreicher als auch die Deutschen waren zu dem Schluß gekommen, eine Aktion gegen Serbien sei zwingend. Als die serbische Regierung das Ultimatum mit der Zusage wesentlicher Konzessionen gegenüber ihren Forderungen beantwortete, bezeichneten die Österreicher diese daher als unbefriedigend und erklärten am 28. Juli den Krieg. Die endgültige Krise war eingetreten.

Es fällt schwer, die Schlußfolgerung zu vermeiden, daß die Diplomaten beim Einbruch der Krise einem Defätismus erlagen. Sie unternahmen zwar alle Schritte, um den Frieden zu retten, waren aber nur mit halbem Herzen bei der Sache. Im August 1914 waren es die Soldaten, die Energie und Willenskraft besaßen, und zwar insbesondere in Berlin und in Wien. Die Nachricht, daß Deutschland bei einem Angriff auf Frankreich nicht mit britischer Neutralität rechnen könne, schockierte Bethmann Hollweg, und er machte nun den schwachen und verspäteten Versuch, die Österreicher zurückzuhalten. Für die deutschen Soldaten jedoch gab es kein Zurück. Am 30. Juli schickte Moltke, nachdem er erfahren hatte, daß in Rußland eine Teilmobilisierung eingesetzt hatte, ohne den Kaiser oder den Kanzler zu informieren, ein Telegramm nach Wien, in dem er Conrad drängte, sofort mobilzumachen und die derzeitigen Kompromißangebote Greys abzulehnen. Er fügte hinzu, der Krieg sei nun eine Bedingung für das Überleben Österreichs. „Für Österreich-Ungarn zur Erhaltung Durchhalten des europäischen Krieges letzte Mittel. Deutschland geht unbedingt mit." Als Conrad Außenminister Berchtold von diesem Telegramm in Kenntnis setzte, sagte Berchtold, der Bethmanns Einwände angehört hatte, unmutig: „Das ist gelungen! Wer regiert in Berlin?"

Die Antwort lautete, daß die Soldaten regierten. Am selben Tag (31. Juli), an dem Österreich Moltkes Rat folgte und gegen Rußland mobilmachte, schickten die Deutschen ein Ultimatum an St. Petersburg mit der Forderung, alle Kriegsmaßnahmen zu stoppen. Ohne den Russen Zeit zu geben, über eine Antwort nachzudenken, erklärten sie am 1. August den Krieg. Die Starrheit des deutschen Kriegsplanes verlangte nun die schnellstmögliche Einleitung von Feindseligkeiten – und zwar im Westen Europas anstatt auf dem Balkan. Über den Vorschlag des Kaisers, daß man die Operationen zumindest vorübergehend auf die russische Front beschränken könne, hinweggehend, besorgte Moltke die Entsendung eines Ultimatums an Frankreich und einer Note an Belgien, die freien Durchgang für deutsche Truppen forderte. Als dieser abgelehnt wurde, erfolgte am 3. August automatisch die deutsche Kriegserklärung, und die Invasion Belgiens begann. Diese Maßnahme befreite Lord Grey von der Aufgabe, dem Unterhaus das Ausmaß seiner diplomatischen Verpflichtungen gegenüber Frankreich zu erklären, und ermöglichte es ihm, die Forderung nach einer englischen Intervention mit dem Schutz der traditionellen Interessen Englands zu begründen. Am 4. August befanden sich Britannien und Deutschland im Krieg.

Die Verantwortung. Scheint auf den letzten Seiten die Verantwortung Österreich-Ungarns und Deutschlands für das Kriegstreiben in Europa betont zu werden, so sollte doch nicht vergessen werden, daß dieser Vorwurf auch die anderen Mächte trifft. Der Vorfall, der die endgültige Krise auslöste, war ein von Agenten der serbischen Regierung geplantes Verbrechen; die aggressive Politik der Serben erfolgte zumindest teilweise aufgrund einer Ermutigung durch die Russen; der Wagemut der Russen, eine provokative Politik auf seiten der Serben zu fördern, war teilweise auf das Versäumnis der britischen und der französischen Regierung zurückzuführen, ihnen adäquate Beschränkungen aufzuerlegen; und die Gründe für dieses Versäumnis lagen in denselben Ängsten, die die Urteilsfähigkeit der deutschen und der österreichischen Regierung beeinträchtigten. Wie auch immer über die relative Schuld der Mächte entschieden wird, es ist eindeutig, daß keine der Mächte die volle Verantwortung für den Krieg trägt und daß keine von ihnen völlig schuldlos ist.

Im größeren Rahmen gesehen, kann der Kriegsausbruch als eine Widerspiegelung jener Tendenzen betrachtet werden, die wir in den Jahren nach 1871 in der innenpolitischen Geschichte der europäischen Staaten vorgefunden haben. Die Aufteilung Europas in zwei Waffenlager nach 1907 entsprach im großen und ganzen dem Polarisierungsprozeß, der sich in der Innenpolitik vollzog und Land für Land in zwei extreme Fraktionen teilte. Und nun im Jahre 1914 gelangte die Idealisierung der Macht, die so viele Bereiche des europäischen Denkens und der europäischen Aktivität charakterisierte, zur Vollkommenheit. Europa beschloß sein Jahrhundert des Fortschritts mit einer Orgie der Gewalt, von der es sich nie wieder erholte.

Abbildungsverzeichnis

Bibliographie

Die von Klaus Schumann zusammengestellte Auswahlbibliographie verzeichnet hauptsächlich Werke deutschsprachiger Autoren zu den einzelnen Kapiteln des Buches.

Allgemeine Werke zum 19. und 20. Jahrhundert

Åberg, Alf: Irland – Insel des Unfriedens; Hintergründe und Zusammenhänge der heutigen Situation – Eine Dokumentation der jüngeren Geschichte Irlands (= 1801–1971); Hamburg 1972

Andics, Hellmut: Österreichische Geschichte 1804–1975 von der Gründung des Kaiserreiches bis zur Gegenwart in 4 Bänden; Wien 1976

Aubin, Herrmann / Zorn, Wolfgang: u. a: Handbuch der europäischen Wirtschafts- und Sozialgeschichte – Band 2: Borchardt / Brusatti / Conze / Fischer u. a.: Das 19. und 20. Jahrhundert; Paderborn 1976

Beckett, James Camlin: Geschichte Irlands; Stuttgart 1977

Birke, Ernst: Frankreich und Ostmitteleuropa im 19. Jahrhundert; Köln 1960

Böhme, Helmut: Prolegomena zu einer Wirtschafts-und Sozialgeschichte in Deutschland im 19. und 20. Jahrhundert; Frankfurt 1976

Bogyay, Thomas v.: Grundzüge der Geschichte Ungarns; Darmstadt 1973 (2)

Bohnenblust, Ernst: Geschichte der Schweiz; Zürich 1974

Bosl, Karl (Hrsg.): Handbuch der Geschichte der böhmischen Länder, Bände I–IV; Stuttgart 1966 ff.

Bossle, Lothar / Hornung, Klaus / Mergl, Georg: Blick vom Olymp – Griechenland heute: Geschichte, Wirtschaft, Staat und Gesellschaft; Stuttgart 1973

Botz, Gerhard / Hautmann, Hans / Konrad, Helmut (Hrsg.): Geschichte und Gesellschaft – Festschrift für Karl Rudolf Stadler zum 60. Geburtstag (= Geschichte Österreichs im 19. und 20. Jahrhundert); Wien 1974

Bull, Edvard: Sozialgeschichte der norwegischen Demokratie; Stuttgart 1969

Conze, Werner: Sozialgeschichte der Familie in der Neuzeit Europas; Stuttgart 1976

Duda, Herbert: Vom Kalifat zur Republik – Die Türkei im 19. und 20. Jahrhundert; Wien 1948

Dürrenmatt, Peter: Schweizer Geschichte, 2 Bände; Zürich 1976

Gerhardt, Martin: Norwegische Geschichte; Bonn 1963 (2.)

Gogolak, Ludwig v.: Beiträge zur Geschichte des slowakischen Volkes, Bände 2 und 3; München 1969 und 1972

Halecki, Oskar: Geschichte Polens; Frankreich 1963

Hallmann, Hans: Neugriechenlands Geschichte 1820–1948; Bonn 1949

Hantsch, Hugo: Geschichte Österreichs, Band 2: 1648–1918; Wien 1968 (4.)

Hellmann, Manfred / Zernack, Klaus (Hrsg.): Handbuch der Geschichte Rußlands Band 1–3; Stuttgart 1976

Hildebrandt, Horst (Hrsg.): Die deutschen Verfassungen des 19. und 20. Jahrhunderts; Paderborn 1970

Hintze, Otto: Gesammelte Abhandlungen zur allgemeinen Verfassungsgeschichte, Band 1–3; Göttingen 1964 ff.

Hösch, Edgar: Geschichte der Balkanländer; Stuttgart 1968

Hofmann, Werner: Ideengeschichte der sozialen Bewegungen im 19. und 20. Jahrhundert; Berlin 1974

Huber, Ernst Rudolf: Deutsche Verfassungsgeschichte seit 1789, Bände 1–5; Stuttgart 1969 ff.

Huber, Ernst Rudolf / Huber, Wolfgang: Staat und Kirche im 19. und 20. Jahrhundert; Berlin 1973 und 1976

Huber, Wolfgang / Schwerdtfeger, Johannes (Hrsg.): Kirche zwischen Krieg und Frieden – Studien zur Geschichte des deutschen Protestantismus; Stuttgart 1976

Imhof, Arthur Erwin: Grundzüge der nordischen Geschichte; Darmstadt 1970

Iser, Wolfgang / Schalk, Fritz (Hrsg.): Dargestellte Geschichte der europäischen Literatur des 19. Jahrhunderts; Frankfurt 1970

Jablonowski, Horst / Kaiser, Friedhelm: Rußland, Polen und Deutschland – Gesammelte Aufsätze; Köln / Wien 1972

Jacob, Ernst G.: Grundzüge der Geschichte Portugals und seiner Überseeprovinzen; Darmstadt 1969

Jutikkala, Eino: Geschichte Finnlands; Stuttgart 1976

Kjersgaard, Erik: Eine Geschichte Dänemarks; Kopenhagen 1974

Kluke, Paul: Außenpolitik und Zeitgeschichte – Ausgewählte Aufsätze zur englischen und deutschen Geschichte des 19. und 20. Jahrhunderts; Wiesbaden 1974

Kluxen, Kurt: Geschichte Englands; Stuttgart 1976

Kofler, Leo: Zur Geschichte der bürgerlichen Gesellschaft; Neuwied 1976 (6.)

Lanczkowski, Günter: Religionsgeschichte Europas; Freiburg 1971

Lukács, Georg: Zerstörung der Vernunft, Bände 1–3; Neuwied 1973 f.

Maas, Walther: Polen und seine Nachbarn 1815–1966; Braunschweig 1967

Mann, Golo: Deutsche Geschichte im 19. und 20. Jahrhundert; Frankfurt 1976 (11.)

Meyer, Enno: Grundzüge der Geschichte Polens; Darmstadt 1969

Nohlen, Dieter: Spanischer Parlamentarismus im 19. Jahrhundert; Heidelberg 1970

Pönicke, Herbert: Die wirtschaftliche und soziale Entwicklung Europas im 19. Jahrhundert; Paderborn 1976

Preller, Hugo: Geschichte Englands; Berlin 1954

Rauch, Georg v.: Geschichte der baltischen Staaten; München 1977

Renn, Ludwig: Vom alten und neuen Rumänien; Ostberlin 1952

Scheck, Werner: Geschichte Rußlands; München 1977

Schieder, Theodor: Nationale und übernationale Gestaltungskräfte in der Geschichte des europäischen Ostens; Krefeld 1954

ders. (Hrsg.): Handbuch der europäischen Geschichte Band 6: Albertini / Born / Jäschke / Kellenbenz u. a: Europa im Zeitalter der Nationalstaaten und der europäischen Weltpolitik bis zum I. Weltkrieg; Stuttgart 1978

Schnabel, Franz: Deutsche Geschichte im 19. Jahrhundert, 8 Bände; Freiburg 1965 f.

Schönbrunn, Günter: Das Bürgerliche Zeitalter 1815–1914; in: Leutemann, Wolfgang (Hrsg): Geschichte in Quellen; München 1978

Seidlmayer, Michael: Geschichte Italiens; Stuttgart 1962

Setzer, Hans: Wahlsystem und Parteienentwicklung in England 1832–1948; Frankfurt 1943

Sieburg, Heinz Otto: Geschichte Frankreichs; Stuttgart 1975

Stadtmüller, Georg: Geschichte Südosteuropas; München 1976 (2.)

Westphalen, Ludger v.: Geschichte des Antisemitismus in Deutschland im 19. und 20 Jahrhundert; Stuttgart o. J. (Quellen- und Arbeitshefte zur Geschichte und Politik)

Weyer, Adam: Die Kirche und die soziale Frage im 19. Jahrhundert; Göttingen 1974

Die Großmächte und die Politik des Gleichgewichts 1815–1848

Andics, Erzsébet: Metternich und die Frage Ungarns; Budapest 1973

Berding, Helmut: Napoleonische Herrschafts- und Gesellschaftspolitik im Königreich Westfalen 1807–1813; Göttingen 1973

Berglar, Peter: Metternich, Kutscher Europas, Arzt der Revolutionen; Göttingen 1973

Bonjour, Edgar: Die Gründung des Schweizer Bundesstaates; Basel 1948

Boogmann, Johann Christian: Die Suche nach der nationalen Identität – Die Niederlande 1813–1848; Wiesbaden 1968

Botzenhardt, Manfred (Hrsg.): Die deutsche Verfassungsfrage 1812–1815; Göttingen 1968

Cremer-Swoboda, Thordis: Der griechische Unabhängigkeitskrieg; Augsburg 1974

Dard, Émile: Napoleon und Talleyrand; Gießen / Berlin 1938

Dyroff, Hans-Dieter: Der Wiener Kongreß 1814/1815 – Die Neuordnung Europas; München 1966

Fehrenbach, Elisabeth: Traditionale Gesellschaft und revolutionäres Recht – Die Einführung des Code Napoléon in den Rheinbundstaaten; Göttingen 1974

Ferrero, Guglielmo: Wiederaufbau – Talleyrand in Wien 1814/15; Bern 1950

Franqué, Wolfgang v.: Luxemburg, die belgische Revolution und die Mächte; Bonn 1933

Gill, Arnon: Die polnische Revolution 1846; München / Wien 1974

Hahlweg, Werner: Preußische Reformzeit und revolutionärer Krieg; Berlin / Fft. 1962

Hartan, Friedrich: Clemens Fürst v. Metternich in Selbstzeugnissen und Bilddokumenten; Reinbek 1977

Haupt, Heinz G. (Hrsg.): Sozialökonomische und politische Voraussetzungen der Julirevolution 1830; Göttingen 1971

Hederer, Oswald / Seidl, Wolf: Bayern in Griechenland – Ausstellung aus Anlaß des 100. Todestages von König Otto I. von Griechenland; München 1967

Hömig, Klaus-Dieter: Der Reichsdeputationshauptschluß vom 25. Februar 1803 und seine Bedeutung für Staat und Kirche; Tübingen 1969

Ibbeken, Rudolf: Preußen 1807–1813; Köln / Berlin 1970

Kamnitzer, Heinz: Wider die Fremdherrschaft – Betrachtungen zur Geschichte der Befreiungskriege; Berlin 1962

Kissinger, Henry A.: Großmachtdiplomatie – Von der Staatskunst Castlereaghs und Metternichs; Düsseldorf 1962

Kleßmann, Eckart (Hrsg.): Napoleons Rußlandfeldzüge in Augenzeugenberichten; München 1972

Kleßmann, Eckart (Hrsg.): Die Befreiungskriege in Augenzeugenberichten; München 1973

Kleßmann, Eckart (Hrsg.): Deutschland unter Napoleon in Augenzeugenberichten; München 1976

Koppen, Wilhelm: Deutsche gegen Deutschland – Geschichte des Rheinbundes; Hamburg 1936

Kuhn, Annette: Die Kirche im Ringen mit dem Sozialismus 1803–1848; München 1965

Maurois, André: Napoleon in Selbstzeugnissen und Bilddokumenten; Reinbek 1966

Muralt, Anton v.: Die Julirevolution und die Regeneration in der Schweiz; Zürich 1948

Prokesch-Osten, Anton v.: Geschichte des Abfalls der Griechen vom Türkischen Reich im Jahr 1812 und der Gründung des Hellenistischen Königreiches; Wien 1970 (Neudruck)

Rie, Robert: Der Wiener Kongreß und das Völkerrecht; Bonn 1957

Schefold, Dian: Volkssouveränität und repräsentative Demokratie in der Schweizer Regeneration; Basel / Stuttgart 1966

Seide, Gernot: Regierungspolitik und öffentliche Meinung im Kaisertum Österreich anläßlich der polnischen Novemberrevolution 1830/31; Wiesbaden 1971

Sieburg, Heinz Otto: Napoleon und Europa; Köln 1971

Spiel, Hilde (Hrsg.): Der Wiener Kongreß in Augenzeugenberichten; München 1978

Stüber, Fritz: Die deutsche Erhebung 1813/15; Wien 1964

Troll, Thaddäus: Romantik in Europa; Würzburg 1975

Vallotton, Henry: Metternich – Napoleons großer Gegenspieler; München 1976

Wilharm, Irmgard: Die Anfänge des griechischen Nationalstaates 1833–1843; München / Wien 1973

2. Die östlichen Mächte: Der Absolutismus und seine Grenzen

Arnold, Robert F. (Hrsg.): Der österreichische Vormärz; Darmstadt 1973

Baumann, Kurt (Hrsg.): Das Hambacher Fest 27. 5. 1832, Männer und Ideen; Speyer 1957

Bloesch, Bernd: Das „Junge Deutschland" in seinen Beziehungen zu Frankreich; Bern 1974 (Neudruck)

Boberach, Heinz: Wahlrechtsfragen im Vormärz – Die Wahlrechtsanschauungen im Rheinland 1815–1849 und die Entstehung des Dreiklassen-Wahlrechts; Düsseldorf 1959

Boldt, Hans: Deutsche Staatslehre im Vormärz; Düsseldorf 1962

Brand, Otto / Wilhelm Klüver: Geschichte Schleswig-Holsteins; Kiel 1949

Conze, Werner: Die preußische Reform unter Stein und Hardenberg; Stuttgart 1968

Conze, Werner (Hrsg.): Staat und Gesellschaft im deutschen Vormärz 1815–1848; Stuttgart 1970 (2.)

Estermann, Alfred (Hrsg.): Politische Avantgarde 1830–1840 – Eine Dokumentation zum „Jungen Deutschland"; Frankfurt 1972

Fenske, Hans (Hrsg.): Vormärz und Revolution 1840–1849; Darmstadt 1976

Fischer, Wolfram: Der Staat und die Anfänge der Industrialisierung in Baden 1800–1850; Berlin 1962

Gackenholz, Friedrich: Die Vertretung der Universitäten auf den Landtagen des Vormärz; Freiburg 1974

Giercke, Julius v. und Gierke, Otto v.: Die erste Reform des Freiherr vom Stein – Edikt vom 9. Oktober 1807; Die Steinsche Städteordnung; Darmstadt 1957 (Nachdruck)

Hammacher, Klaus (Hrsg.): Universalismus und Wissenschaft im Werk und Wirken der Brüder Humboldt; Frankfurt 1976

Heggen, Alfred: Erfindungsschutz und Industrialisierung in Preußen 1793–1877; Göttingen 1975

Henning, Hansjoachim: Sozialgeschichtliche Entwicklungen in Deutschland von 1815–1860; Paderborn 1977

Hensel, Cécile: Hardenberg und seine Zeit – Zum 150. Todestag des preußischen Staatskanzlers am 26. 11. 1972; Berlin 1972

Herre, Franz: Freiherr vom Stein – Sein Leben und seine Zeit; Köln 1973

Hofmann, Hans Hubert: König Ludwig I. von Bayern: seine Krisen; München 1974

Hubatsch, Walter: Stein-Studien – Die preußischen Reformen des Reichsfreiherrn Karl vom Stein zwischen Revolution und Restauration; Köln / Berlin 1975

Kircher, Walter S.: Adel, Kirche und Politik in Württemberg 1830–1851; Göppingen 1973

Kiszling, Rudolf: Fürst Felix zu Schwarzenberg, der politische Lehrmeister Kaiser Franz Josephs; Graz / Köln 1952

Klein, Ernst: Von der Reform zur Restauration – Finanzpolitik und Reformgesetzgebung des preußischen Staatskanzlers K. A. v. Hardenberg; Berlin 1965

Koopmann, Helmut: Das „Junge Deutschland" – Analyse seines Selbstverständnisses; Stuttgart 1970

Kueck, Hans: Die „Göttinger Sieben", ihre Protestaktion und ihre Entlassung im Jahre 1837; Berlin 1934

Kutz, Martin: Deutschlands Außenhandel von der Französischen Revolution bis zur Gründung des Zollvereins; Wiesbaden 1974

Leontovitsch, Victor: Geschichte des Liberalismus in Rußland; Frankfurt 1957

Liebeschütz, Hans / Paucker, Arnold (Hrsg.): Das Judentum in der deutschen Umwelt 1800–1850; Tübingen 1977

Obermann, Karl: Deutschland von 1815–1849 – Von der Gründung des Deutschen Bundes bis zur bürgerlich demokratischen Revolution; Ostberlin 1961

Oncken, Hermann / Saemisch, F. E. M. (Hrsg.): Vorgeschichte und Begründung des deutschen Zollvereins 1815–1834, Akten der Staaten des Deutschen Bundes und der europäischen Mächte, Bände 1–3; Berlin 1934

Ostadal, Hubert: Die Kammer der Reichsräte in Bayern im Vormärz; München 1968

Pöls, Werner (Hrsg.): Deutsche Sozialgeschichte Band I: Dokumente und Skizzen 1815–1870; München 1976

Rauscher, Anton: Deutscher Katholizismus und Revolution im frühen 19. Jahrhundert; Paderborn 1975

Rosenberg, Hans: Politische Denkströmungen im deutschen Vormärz; Göttingen 1972

Schneider, Reinhold: Der Traum des Eroberers – Zar Alexander; Wiesbaden 1951

Schondorff, Joachim (Hrsg.): Karl August Varnhagen von Ense und Friedrich Fürst Schwarzenberg: Tagebücher 1835–1860; München 1960

Schütz, Eberhard: Die europäische Allianzpolitik Alexanders I. und der griechische Unabhängigkeitskampf 1820–1830; Wiesbaden 1975

Seidel, Friedrich: Das Armutsproblem im deutschen Vormärz bei Friedrich List; Köln 1971
Seybold, Gerhard: Württembergs Industrie und Außenhandel vom Ende der Napoleonischen Kriege bis zum Deutschen Zollverein; Stuttgart 1975
Stekl, Hannes: Österreichs Aristokratie im Vormärz; München 1973
Strich, Fritz: Deutsche Klassik und Romantik; München 1965 (5.)
Thielen, Peter Gerrit: Karl August v. Hardenberg 1750–1822, eine Biografie; Köln / Berlin 1967
Wendler, Eugen: Friedrich List – Leben und Wirken in Dokumenten; Reutlingen 1976
Winter, Eduard: Romantismus, Restauration und Frühliberalismus im österreichischen Vormärz; Wien 1970
Zelinsky, Bodo: Russische Romantik; Köln 1975

3. Frankreich: Die Restauration und die Juli-Monarchie

Campenhausen, Axel v.: Staat und Kirche in Frankreich; Göttingen 1962
Corral, Luis Diéz del: Doktrinärer Liberalismus – Guizot und sein Kreis; Neuwied 1964
Dru, Alexander: Erneuerung und Reaktion, die Restauration in Frankreich 1800–1830; München 1967
Freund, Dorrit: Alexis de Tocqueville und die politische Kultur der Demokratie; Bern / Stuttgart 1974
Hahn, Karl: Föderalismus – die demokratische Alternative; eine Untersuchung zu P. J. Proudhons sozialrepublikanisch-föderativem Freiheitsbegriff; München 1975
Heintz, Peter: Die Autoritätsproblematik bei Proudhon – Versuch einer immanenten Kritik; Köln 1956
Hoeges, Dirk: François Goizot und die französische Revolution; Bonn 1973
Kraft, Johannes: Prinzipien Talleyrands in der Außen- und Innenpolitik; Bonn 1958
Krömer, Wolfram: Die französische Romantik; Darmstadt 1975
Mayer, Jacob Peter: Alexis de Tocqueville – Analytiker des Massenzeitalters; München 1972
Negt, Oskar: Strukturbeziehungen zwischen den Gesellschaftslehren Comtes und Hegels; Frankfurt 1964
Rahn, Rudolf (Hrsg.): Talleyrand – Portrait und Dokumente; Tübingen 1949
Salomon, Gottfried (Hrsg.): Proudhon und der Sozialismus; Berlin 1920
Strasser-Bertrand, Otto E.: Die evangelische Kirche in Frankreich; Göttingen 1975

4. Großbritannien: Gesellschaftliche Unruhe und Gesellschaftlicher Kompromiß 1815–1848

Bundholz, Emil: Die englischen Gewerkschaften – Organisationstypen, Zielsetzungen, Kampfesweisen von der Gründung bis zur Gegenwart; Köln 1961
Engelhard, Werner Wilhelm: Robert Owen und die sozialen Reformbestrebungen seit Beginn der Industrialisierung; Bonn 1972
Friedell, Egon: Thomas Carlyle – 5 Essays; München 1953

Hutt, Allen / Gollan, John: Die Gewerkschaftsbewegung in Großbritannien; Hamburg / Berlin 1977 (= 1800–1974)

Kedenburg, Jürgen: Teleologisches Geschichtsbild und theokratische Staatsauffassung im Werke Thomas Carlyles; Heidelberg 1960

Kraus, Oskar: Der Machtgedanke und die Friedensidee in der Philosophie der Engländer Bacon und Bentham; Leipzig 1926

Leopold, Werner: Religiöse Wurzel von Carlyles literarischer Wirksamkeit; Walluf 1922

Recktenwald, Claus: Adam Smith, sein Leben und Werk; München 1976

Schlüter, Hermann: Die Chartisten-Bewegung – Ein Beitrag zur sozialpolitischen Geschichte Englands; New York 1916

Schubel, Friedrich: Englische Literaturgeschichte der Romantik und des Victorianismus; Berlin 1972 (2.)

Tingsten, Herbert: Königin Victoria und ihre Zeit; München 1975

Wocker, Karl Heinz: Königin Victoria; Düsseldorf 1976

5. Die Revolutionen von 1848

Allhoff, Dieter W.: Rhetorische Analyse der Reden und Debatten des ersten deutschen Parlaments von 1848/49; München 1975

Baumgart, Franzjörg: Die verdrängte Revolution – Darstellung und Bewertung der Revolution von 1848 in der deutschen Geschichte vor dem I. Weltkrieg; Düsseldorf 1976

Botzenhart, Manfred: Deutscher Parlamentarismus in der Revolutionszeit; Düsseldorf 1977

Burian, Peter: Die Nationalitäten in „Cisleithanien" und das Wahlrecht der Märzrevolution 1848/49; Wien 1962

Endres, Robert: Revolution in Österreich 1848; Wien 1947

Hock, Wolfgang: Liberales Denken im Zeitalter der Paulskirche; Münster 1957

Houtos, Elémer: Ungarn 1848 und 1956 – zwei Revolutionen, zwei Konterrevolutionen, ein Ausgleich; Bern 1969

Ilse, Leopold F.: Geschichte der deutschen Bundesversammlung, insbesondere ihres Verhaltens zu den deutschen Nationalinteressen; 3 Bände; Hildesheim 1971 f. (Neudruck)

Jessen, Hans (Hrsg.): Die deutsche Revolution 1848/49 in Augenzeugenberichten; München 1973

Keinemann, Friedrich: Preußen auf dem Weg zur Revolution – Die Provinziallandtags- und Verfassungspolitik Friedrich Wilhelms IV. von der Thronbesteigung bis zum Erlaß des Patents vom 3. Februar 1847 – Ein Beitrag zur Vorgeschichte der Revolution von 1848; Hamm 1975

Kuhn, Annette: Die französische Revolution 1848; München 1975

Marx, Julius: Die wirtschaftlichen Ursachen der Revolution 1848 in Österreich; Wien 1965

Mellach, Kurt: 1848 – Protokolle einer Revolution; München 1968

Nifontov, A S.: Rußland im Jahre 1848; Berlin 1954

Obermann, Karl: Die ungarische Revolution von 1848/49 und die demokratische Bewegung in Deutschland; Budapest 1971

Obermann, Karl (Hrsg.): Flugblätter der Revolution – Eine Flugblattsammlung zur Geschichte der Revolution 1848 in Deutschland; München 1972

Rothfels, Hans: 1848 – Betrachtungen im Abstand von 100 Jahren; Darmstadt 1972

Stadelmann, Rudolf: Soziale und politische Geschichte der Revolution 1848; München 1973

Steinert, Heinz / Treiben, Hubert: Die Revolution und ihre Theorien: Frankreich 1848, Marx, v. Stein, Tocqueville im aktuellen Vergleich; Opladen 1975

Vossler, Otto: Die Revolution von 1848 in Deutschland; Frankfurt 1974

Wollstein, Günter: Das „Großdeutschland" der Paulskirche; Düsseldorf 1977

6. Der Zusammenbruch des Konzerts und der Krimkrieg

Baumgart, Winfried: Der Friede von Paris 1856 – Studien zum Verhältnis von Kriegsführung, Politik und Friedensbewahrung; München 1972

Borries, Kurt: Preußen im Krimkrieg; 1853–1856; Stuttgart 1930

Eckart, Fritz: Die deutsche Frage und der Krimkrieg; Berlin 1931

Gujolz, Peter: Die Schweiz und der Krimkrieg 1853–1856; Basel / Stuttgart 1965

Häussler, Hans Joachim: Das Ende der ersten deutschen Flotte – Ein Beitrag zur Geschichte der Zollvereinskrise 1852, der Reaktion und des Flottengedankens; Berlin 1937

Heudtlass, Willi: Henry Dunant – Gründer des Roten Kreuzes, Urheber der Genfer Konvention – Eine Biografie in Dokumenten; Stuttgart 1962

Hoffmann, P.: Die diplomatischen Beziehungen zwischen Württemberg und Bayern im Krimkrieg und bis zum Beginn der italienischen Krise (1853–1858); Stuttgart 1963

Leugyel, Thomas: Die Ungarn und der Krimkrieg; Budapest 1938

Treue, Wilhelm: Der Krimkrieg und die Entstehung der modernen Flotte; Göttingen 1954

Unckel, Bernhard: Österreich und der Krimkrieg – Studien zur Politik der Donaumonarchie 1852–1856; Husum 1969

Wagner, Fritz: Cavour und der Aufstieg Italiens im Krimkrieg; Stuttgart 1940

7. Frankreich: Das zweite Kaiserreich

Arnold, Helmut: Schreibweise und Funktion der ultramontanen Tradition in Frankreich 1848–1851 – Zur Kritik der Ideologie des bürgerlichen Ausnahmezustandes; Bern / Frankfurt 1975

Berl, Heinrich: Napoleon III. – Demokratie und Diktatur; Stuttgart 1953

Böhner, Bert: Frankreich zwischen Republik und Monarchie in der Bismarckzeit; Kallmünz 1966

Esslinger, Elisabeth: Kaiserin Eugenie und die Politik des II. Kaiserreiches; Stuttgart 1932

Euler, Heinrich: Napoleon III. – Versuch einer Deutung; München 1972

Fischer, Mechthild: Mittelklase als politischer Begriff in Frankreich seit der Revolution; Göttingen 1974

Geuss, Herbert: Bismarck und Napoleon III.; Köln 1959

Hellwig, Fritz: Der Kampf um die Saar 1860–1870; Beiträge zur Rheinpolitik Napoleons III.; Leipzig 1934

Lamberti, Anton: Die Bündnispolitik Napoleons III. gegen Preußen in den Jahren vor 1870; Würzburg 1939

Lucius, P. Ernst: Bonaparte und die protestantischen Kirchen Frankreichs; Tübingen 1903

Marx, Karl: Der 18. Brumaire des Louis Napoléon Bonaparte; Berlin 1946

Meyer, Werner: Demokratie und Cäsarismus – Konservatives Denken in der Schweiz zur Zeit Napoleons III.; Bern / Frankfurt 1965

Michaelis, Herbert: Die Einigung Italiens – Triumph und Verhängnis Napoleons III.; München / Wien 1960

Pechau, Hermann: Louis Blanc als Wegbereiter des modernen Sozialismus; Jena 1929

8. Die Vereinigung Italiens

Geißler, Hans: Garbibaldis propagandistischer Kampf um die öffentliche Meinung in Italien (1848–1860); Würzburg 1939

Goetz, Walter: Das Werden des italienischen Nationalgefühls; München 1939

Kramer, Hans: Österreich und das Risorgimento; Wien 1963

Montanari, Mario: Die geistigen Grundlagen des Risorgimento; Köln / Opladen 1963

Portner, Ernst: Die Einigung Italiens im Urteil liberaler deutscher Zeitgenossen; Bonn 1959

Saager, Adolf: Guiseppe Mazzini – die Tragödie eines Idealisten; Zürich 1935

Steger, Klara: Der proletarische Charakter der italienischen Romantik und die Literatur des Risorgimento; Bonn 1952

Thersen, Émile: Giuseppe Garibaldi; Berlin 1969

Wichterich, Richard: Giuseppe Mazzini – der Prophet des neuen Italiens; Berlin 1937

9. Die deutsche Frage 1850–1866

Balser, Frolinde: Social-Demokratie 1848/49–1863; die erste deutsche Arbeiterorganisation nach der Revolution, 2 Bände; Stuttgart 1965 (2.)

Birker, Karl: Die deutschen Arbeiterbildungsvereine 1840–1870; Berlin 1972

Böhme, Helmut: Probleme der Reichsgründungszeit 1848–1879; Köln 1968

Brandt, Otto: England und die schleswig-holsteinische Frage 1848–1850; Flensburg 1927

Craig, Gordon A.: Königgrätz; Bergisch-Gladbach 1977

Eisfeld, Gerhard: Die Entstehung der liberalen Parteien in Deutschland 1858–1870; Bonn 1969

Frauendienst, W.: Das Jahr 1866, Preußens Sieg, die Vorstufe des Deutschen Reiches; Göttingen 1966

Gerlach, Ernst L. v.: Von der Revolution zum Norddeutschen Bund – Politik und Ideengut der preussischen Hochkonservativen 1848–66 (aus dem Nachlaß von Ernst Ludwig v. Gerlach) Göttingen 1970

Kirzl, Gernot: Staat und Kirche im bayerischen Landtag zur Zeit Max II. 1848–1864; München 1974

Lange, Karl: Bismarck und die norddeutschen Kleinstaaten im Jahre 1866; Berlin 1930

Langewiesche, Dieter: Liberalismus und Demokratie in Württemberg zwischen Revolution und Reichsgründung; Düsseldorf 1974

Martenson, S.: Württemberg und Rußland im Zeitalter der deutschen Einigung 1856–1870; Göppingen 1970

Oswald, Josef: Die wirtschaftliche Entwicklung des Großherzogtums Luxemburg innerhalb des deutschen Zollvereins 1842–1872; Esch 1921

Schieder, Theodor u. a.: Entscheidungsjahr 1866; Bonn 1966

Schmidt, Jochen: Bayern und das Zollparlament, Politik und Wirtschaft in den letzten Jahren vor der Reichsgründung 1866–1870; München 1973

Schoeps, Hans Joachim: Der Weg ins deutsche Kaiserreich; Berlin 1970

Schoeps, Hans Joachim: Von Olmütz nach Dresden 1850/51 – ein Beitrag zur Geschichte der Reformen am Deutschen Bund; Stuttgart 1972

Schwarz, Wolfgang: Hamburgische Verfassungskämpfe in der Reaktionszeit 1850–1852; Heidelberg 1974

Srbik, Heinrich Ritter von: Quellen zur deutschen Politik Österreichs 1859–1866; Stalling 1934

Toury, Jacob: Soziale und politische Geschichte der Juden in Deutschland 1847–1871; Düsseldorf 1977

Weinmann, Arthur: Die Reform der württembergischen Innenpolitik in den Jahren vor der Reichsgründung 1866–1870; Göppingen 1971

Wentzcke, Paul: Heinrich v. Gagern, Vorkämpfer für deutsche Einheit und Volksvertretung; Göttingen 1957

Winkler, Heinrich August: Preußischer Liberalismus und deutscher Nationalstaat; Studien zur deutschen Fortschrittspartei 1861–66; Tübingen 1964

Zechlin, Egmont: Die deutsche Einheitsbewegung; Frankfurt 1967

10. Die Reorganisation Europas 1866–1871

Alter, Peter: Die irische Nationalbewegung zwischen Parlament und Revolution; München 1971

Dietrich, Richard (Hrsg.): Europa und der Norddeutsche Bund; Berlin 1968

Eckinger, Karl: Lord Palmerston und der Schweizer Sonderbundskrieg; Berlin 1938

Eyck, Erich: Gladstone; Zürich 1938 (2.)

Faber, Karl G.: Die nationalpolitische Publizistik Deutschlands von 1866–1871. 2 Bände; Düsseldorf 1963

Gillessen, Günther: Lord Palmerston und die Einigung Deutschlands – die englische Politik von der Paulskirche bis zu den Dresdener Konferenzen 1848–1851; Husum 1961

Hensel, Cécile: Der unbekannte deutsche Staat – Der Norddeutsche Bund 1867–1871; Ausstellung des Geheimen Staatsarchivs Preußischer Kulturbesitz vom 6. X. 1970–29. I. 1971; Berlin-Dahlem 1970

Heuss-Burckart, Ursula: Gladstone und das Problem der Staatskirche; Zürich o. J.

Kutsch, Ruth: Queen Victoria und die deutsche Einigung; Berlin 1938

Lamer, Reinhard J.: Der englische Parlamentarismus in der deutschen politischen Theorie im Zeitalter Bismarcks 1857–1890; Husum 1963

Sommervell, David C.:Disraeli und Gladstone – Versuch einer Doppelbiografie; Berlin 1926

Viehbrock, Helmut (Hrsg.): Gladstone, Chamberlain und Bülow – Rhetorik und Weltpolitik; eine interdisziplinäre Untersuchung politischer Reden; Wiesbaden 1974

11. Die Großmächte und das Gleichgewicht der Kräfte 1871–1890

Bußmann, Walther: Die auswärtige Politik des Deutschen Reiches unter Bismarck 1871–1890; Stuttgart 1970

Fleischhauer, Eckart: Bismarcks Rußlandpolitik im Jahrzent vor der Reichsgründung und ihre Darstellung in der sowjetischen Historiographie; Köln 1976

Hasler, August B.: Pius IX. (1846–1878), päpstliche Unfehlbarkeit und I. Vatikanisches Konzil; Dogmatisierung und Durchsetzung einer Ideologie; Stuttgart 1977

Hillgruber, Andreas: Bismarcks Außenpolitik; Freiburg 1972

Maiwald, Serge: Der Berliner Kongreß und das Völkerrecht – Die Lösung des Balkanproblems im 19. Jahrhundert; Stuttgart 1948

Novotny, Alexander: Quellen und Studien zur Geschichte des Berliner Kongresses 1878; Graz / Köln 1957

Puntila, Lauri Adolf: Bismarcks Frankreichpolitik; Göttingen 1971

Schmieden, Hugo: Recht und Staat in den Verlautbarungen der katholischen Kirche seit 1870; Bonn 1961

Schüssler, Wilhelm: Bismarck und England; Potsdam 1944

Wehler, Hans U.: Bismarck und der Imperialismus; München 1976

Winkler, Martin: Bismarcks Bündnispolitik und das europäische Gleichgewicht; Stuttgart 1964

12. Entwicklung des Kapitalismus und die Verbreitung des Sozialismus 1871–1914

Abendroth, Wolfgang: Sozialgeschichte der europäischen Arbeiterbewegung; Frankfurt 1975

Adler, Max: Staatsauffassung des Marxismus; Darmstadt 1973

Bakunin, Michail: Gesammelte Werke, 3 Bände; Berlin 1975

Bernstein, Eduard: Die Voraussetzungen des Sozialismus und die Aufgaben der Sozialdemokratie; Ostberlin 1977

Bischoff, Joachim (Hrsg.): Marxismus und Staat – Einführung in die marxistische Staatstheorie; Berlin 1977

Braunthal, Julius: Geschichte der Internationale, 3 Bände; Hannover 1961

Busch, Otto / Fischer, Wolfram / Herzfeld, Hans: Industrialisierung und Europäische Wirtschaft im 19. Jahrhundert, ein Tagungsbericht; Berlin 1976

Cipolla, Carl (Hrsg.): Europäische Wirtschaftsgeschichte, Band III: Die industrielle Revolution; Band IV: Die Entwicklung der industriellen Gesellschaften; Stuttgart / New York 1976

Colletti, Lucia: Bernstein und der Marxismus der II. Internationale; Frankfurt 1971

Conze, Werner: Möglichkeiten und Grenzen der liberalen Arbeiterbewegung in Deutschland; Das Beispiel Schulze-Delitzsch; Heidelberg 1965

Deppe, Frank / Fülberth, Georg u. a.: Geschichte der deutschen Gewerkschaftsbewegung; Köln 1977

Deutschkron, Inge / Heine, Fritz: Die Internationale – Aus ihrer Geschichte, aus ihrer Politik, aus ihrer Arbeit; Hannover 1964

Dlubek, Rolf (Hrsg.): Die I. Internationale in Deutschland (1864–1872) – Dokumente und Materialien; Ostberlin 1964

Dowe, Dieter: Bibliographie zur Geschichte der deutschen Arbeiterbewegung, sozialistischer und kommunistischer Bewegung bis 1863; Bonn 1977

Engels, Friedrich: Die Entwicklung des Sozialismus von der Utopie zur Wissenschaft; Berlin 1946

Enzensberger, Hans Magnus: Gespräche mit Marx und Engels; Frankfurt 1973

Ernemann, Rudolf: Karl Marx 1818–1968; Mensch, Werk, Wirkung; Auswahl aus der neueren Literatur; Dortmund 1968

Fleischer, Helmut: Marxismus und Geschichte; Frankfurt 1975

Grebing, Helga: Geschichte der deutschen Arbeiterbewegung; München 1974

Herbst, Ludolf: Die I. Internationale als Problem der deutschen Politik in der Reichsgründungszeit; Göttingen 1975

Herre, Günther: Verelendung und Proletariat bei Karl Marx; Düsseldorf 1973

Hirsch, Helmut: Freiheitsliebende Rheinländer – Neue Beiträge zur deutschen Sozialgeschichte: Friedrich Engels, Ferdinand Lassalle u. a.; Düsseldorf / Wien 1977

Holzheuer, Walter: Karl Kautskys Werk als Weltanschauung – ein Beitrag zur Ideologie der Sozialdemokratie vor dem I. Weltkrieg; München 1972

Huch, Ricarda: Bakunin und die Anarchie; Frankfurt 1972

Kocka, Jürgen: Unternehmer in der deutschen Industrialisierung; Göttingen 1975

Köllmann, Wolfgang: Die industrielle Revolution – Quellen zur Sozialgeschichte Großbritanniens und Deutschlands im 19. Jahrhundert; Stuttgart o. J. (Quellen und Arbeitshefte zur Geschichte und Politik)

Kramer, Dieter: Reform und Revolution bei Marx und Engels; Köln ca. 1975

Leidigkeit, Karl-Heinz: Wilhelm Liebknecht und August Bebel in der deutschen Arbeiterbewegung 1862–1869; Berlin 1957

Lösche, Peter: Der Bolschewismus im Urteil der deutschen Sozialdemokratie 1903–1926; Berlin 1967

Lösche, Peter: Anarchismus; Darmstadt 1977

Marx, Karl / Engels, Friedrich / Lenin, W. I.: Über die Diktatur des Proletariats; Köln 1976

Marx, Karl / Friedrich Engels / Lenin, W. I.: Zur politischen Ökonomie des Kapitalismus; Berlin 1977

Paschen, Joachim (Hrsg.): Die soziale Bewegung – aus Leben und Politik der Arbeiter in Deutschland 1830–1917; Frankfurt 1976

Prucha Milan / Thomas, Rüdiger: Marx und die Folgen – Studien zur Rezeptionsgeschichte des marxistischen Denkens; Mainz 1975

Raddatz, Fritz: Karl Marx, der Mensch und seine Lehre; München 1977

Ritter, Gerhard: Arbeiterbewegung, Parteien und Parlamentarismus; Göttingen 1976

Schleifstein, Josef: Zur Geschichte und Strategie der Arbeiterbewegung; Frankfurt 1975

Schmidt, Alfred: Emanzipatorische Sinnlichkeit – Ludwig Feuerbachs anthropologischer Materialismus; München 1973

Schraepler, Ernst: Quellen zur Geschichte der sozialen Frage in Deutschland, 2 Bände; Göttingen 1960 und 1964 (2.)

Schraepler, Ernst: August Bebel – Sozialdemokrat im Kaiserreich; Göttingen 1966

Schulz, Ursula (Hrsg.): Die deutsche Arbeiterbewegung in Augenzeugenberichten 1848–1919; München 1977

Stegmann, Franz: Der soziale Katholizismus und die Mitbestimmung in Deutschland vom Beginn der Industrialisierung bis 1933; Paderborn 1974

Strutynski, Peter: Die Auseinandersetzungen zwischen Marxisten und Revisionisten in der deutschen Arbeiterbewegung um die Jahrhundertwende; Köln 1976

Thies, Erich: Ludwig Feuerbach; Darmstadt 1976

Uexküll, Gösta v.: Ferdinand Lassalle in Selbstzeugnissen und Bilddokumenten; Reinbek 1974

Wehler, Hans U.: Bibliografie zur modernen deutschen Sozialgeschichte 18.–20. Jahrhundert; Göttingen 1976

Weiss, Andreas: Die Diskussion über den Historischen Materialismus in der deutschen Sozialdemokratie 1891–1918; München 1965

Zetkin, Clara: Zur Geschichte der proletarischen Frauenbewegung in Deutschland; Ostberlin 1958

13. Vom Liberalismus zur Demokratie: Der politische Fortschritt in Westeuropa 1871–1914

Arbeitsgruppe für Geschichte der Arbeiterbewegung (Hrsg.): Schweizerische Arbeiterbewegung – Dokumente zu Lage, Organisation und Kämpfen der Arbeiter von der Frühindustrialisierung bis zur Gegenwart; Zürich 1975

Bünger, Siegfried: Friedrich Engels und die britische sozialistische Bewegung, 1881–1895; Berlin 1962

Halperin, Vladimir: Joseph Chamberlain, der Mann und sein Werk; Zürich 1942

Lademacher, Horst: Die belgische Neutralität als Problem der europäischen Politik 1830–1914; Bonn 1971

Palmade, Guy: Das bürgerliche Zeitalter in: Fischer Weltgeschichte Band 27; Frankfurt 1975

Röpke, Wilhelm: Das Kulturideal des Liberalismus; Frankfurt 1947

Schmidt, Martin / Schwaiger, Georg: Kirchen und Liberalismus im 19. Jahrhundert; Göttingen 1976

Schmitz, Oscar: Die Kunst der Politik – Benjamin Disraeli; Berlin 1911

Schneider, Hans: Geschichte des Schweizerischen Bundesstaates 1848–1918; Stuttgart 1931

Die Schweizer Bundesversammlung 1848–1910, 2 Bände; München 1966

14. Frankreich: Die geteilte Republik 1871–1914

Bloch, Charles: Die III. französische Republik-Entwicklung und Kampf einer parlamentarischen Demokratie; Stuttgart 1972

Brand, Urs: Jean Jaurés, Fackelträger einer Idee; Stuttgart 1974

Daus, Ronald: Zola und der Französische Naturalismus; Stuttgart 1976

Droz, Jacqes: Einfluß der deutschen Sozialdemokratie auf den französischen Sozialismus 1871–1914; Wiesbaden 1973

Engelberg, Ernst: Die Pariser Kommune 1871 – Schöpferkraft der Massen und wissenschaftliche Theorie: Ostberlin 1971

Epting, Karl: Frankreichs goldene Jahre: La Belle Epoque; Stuttgart 1962

Geigenmüller, Ernst: Briand, Tragik des großen Europäers; Bonn 1959

Kommune, Pariser 1871, Berichte und Dokumente von Zeitgenossen; Frankfurt 1970

Krause, Fritz: Pariser Commune 1871; Frankfurt 1971

Kundel, Erich (Hrsg.): Karl Marx / Friedrich Engels: Tagebuch der Pariser Kommune; Frankfurt 1971

Richter, Werner: Frankreich, von Gambetta zu Clémenceau; Zürich 1946

Roloff, Gustav: Frankreichs Wiederaufstieg zur Weltmacht und zum Empire; Berlin / Leipzig 1935

Rothschild, Walther: Glück u. Elend des Generals Boulanger; Berlin 1931

Rummel, Fritz: Clémenceau; Lübeck 1935

Schulze-Wilde, Harry: Jean Jaurés, Fackelträger einer Idee; Stuttgart 1974

Siebert, Ferdinand: Aristide Briand 1862–1932 – ein Staatsmann zwischen Frankreich und Europa; Stuttgart 1973

Sieburg, Friedrich: Chateaubriand, Tyrannei und Tugend; München 1976

Swoboda, Helmut (Hrsg.): Die Pariser Commune; München 1971

Thalheimer, Siegfried: Recht und Gerechtigkeit – Ein Beitrag zur Geschichte des Falles Dreyfuss; München 1969

Vigilans: Der Kulturkampf in Frankreich – geschichtliche Darstellung und kritische Würdigung; Colmar 1924

Ziebura, Gilbert: Léon Blum, Theorie und Praxis einer sozialistischen Republik Berlin 1963

Zürrer, Werner: Die Nahostpolitik Frankreichs und Rußlands 1891–98; München 1970

15. Das deutsche Reich: Pseudokonstitutioneller Absolutismus 1871–1914

Angermann, Erich / Bosl, Karl / Bußmann, Walter / Deuerlein, Ernst u. a.: Reichsgründung 1870/71 – Tatsachen, Kontroversen, Interpretationen – 16 historische Studien; Stuttgart 1970

Bartel, Horst u. a.: Der „Sozialdemokrat" 1879–1890 – Ein Beitrag zur Rolle des Zentralorgans im Kampf der revolutionären Arbeiterbewegung gegen das Sozialistengesetz; Ostberlin 1975

Becker, Josef: Liberaler Staat und Kirche in der Ära von Reichsgründung und Kulturkampf; Mainz 1973

Binder, Hans O.: Reich u. Einzelstaaten während der Kanzlerschaft Bismarcks 1871–1890; Tübingen 1971

Bismarck, Otto v.: Aus seinen Schriften, Briefen, Reden und Gesprächen – herausgegeben von Hanno Helbling; Zürich 1976

Borscheid, Peter: Naturwissenschaft, Staat und Industrie in Baden 1848–1914; Stuttgart 1976

Deuerlein, Ernst (Hrsg.): Gründung des Deutschen Reiches in Augenzeugenberichten
– Düsseldorf 1970

Eckart, Günther: Industrie und Politik in Bayern 1900–1919; Berlin 1976

Freyberg, Jutta v. / Fülberth, Georg / Harrer, Jürgen u. a.: Geschichte der deutschen
Sozialdemokratie 1863–1975; Köln 1977

Gafert, Karin: Die soziale Frage in Literatur und Kunst des 19. Jahrhunderts; 2 Bände;
Kronberg 1973

Gall, Lothar: Das Bismarck-Problem in der Geschichtsbeschreibung nach 1945; Köln
1971

Geis, Robert: Der Sturz des Reichskanzlers Caprivi; Berlin 1930

Gladen, Albin: Geschichte der Sozialpolitik in Deutschland; Wiesbaden 1974

Gutsche, Willibald: Aufstieg und Fall eines kaiserlichen Reichskanzlers; Theobald v.
Bethmann-Hollweg, ein politisches Lebensbild; Berlin 1973

Hacker, Rupert (Hrsg): Ludwig II. von Bayern in Augenzeugenberichten; München
1972

Hartau, Friedrich: Wilhelm II; Reinbek 1978

Kaltenstadler, Wilhelm: König Ludwig II. v. Bayern und Bismarck 1871–1886; persönliche Beziehungen zwischen Ludwig II. und Bismarck nach der Reichsgründung; München 1971

Körner, Hans M.: Staat und Kirche in Bayern 1886–1918; Mainz 1977

Lill, Rudolf: Die Wende im Kulturkampf – Leo XIII, Bismarck und die Zentrumspartei 1878–1880; Tübingen 1973

Lindt, Andreas: Friedrich Naumann und Max Weber – Theologie und Soziologie im
Wilhelminischen Deutschland; München 1973

Martini, Fritz: Deutsche Literatur im Bürgerlichen Realismus; Stuttgart 1974

Matthias, Erich / Pikart, Eberhart (Hrsg): Die Reichstagsfraktion der deutschen Sozialdemokratie 1898–1918; Düsseldorf 1962

Morsey, Rudolf: Die oberste Reichsverwaltung unter Bismarck 1867/1890; Münster
1967

Mosse, Ernst / Paucker, Arnold (Hrsg.): Juden im Wilhelminischen Deutschland
1890–1914; Tübingen 1976

Pöls, Werner: Sozialistenfrage und Revolutionsfurcht in ihrem Zusammenhang mit
den angeblichen Staatsstreichplänen Bismarcks; Husum 1960

Rall, Hans: König Ludwig II und Bismarcks Ringen um Bayern 1870/71; unter Aus-
wertung unbekannter englischer, preußischer und bayerischer Quellen; München
1973

Rauh, Manfred: Föderalismus und Parlamentarismus im Wilhelminischen Reich; der
Bundesrat 1890–1909; Düsseldorf 1977

Reiß, Gunter: Literaturgeschichte des Kaiserreiches; Kronberg 1977

Ritter, Gerhard A.: Das deutsche Kaiserreich 1871–1914, ein historisches Lesebuch;
Göttingen 1975

Ritter, Gerhard A. / Kocka, Jürgen (Hrsg.): Deutsche Sozialgeschichte Band II: Dokumente u. Skizzen 1870–1914; München 1977

Rosenberg, Hans: Große Depression und Bismarckzeit; Berlin 1976

Saul, Klaus: Staat, Industrie u. Arbeiterbewegung im Kaiserreich; Wiesbaden 1974

Scheuer, Helmut (Hrsg): Naturalismus – Soziale Dichtung und bürgerliches Engagement; Stuttgart 1974

Schneider, Ludwig M.: Die populäre Kritik an Staat u. Gesellschaft in München 1886–1914; München 1975

Schüssler, Wolfgang: Wilhelm II., Schicksal und Schuld; Göttingen 1970

Stern, Fritz: Gold und Eisen, Bismarck und sein Bankier Bleichröder; Berlin 1978

Stribrny, Wolfgang: Bismarck und die Politik nach seiner Entlassung 1890–1898; Paderborn 1977

Stürmer, Michael: Regierung und Reichstag im Bismarck-Staat 1871–1890; Düsseldorf 1975

Stürmer, Michael: Das kaiserliche Deutschland – Politik und Gesellschaft 1870–1918; Frankfurt 1976

Vondung, Klaus (Hrsg.): Das wilhelminische Bildungsbürgertum – zur Sozialgeschichte seiner Ideen; Göttingen 1976

Weber, Christoph: Kirchliche Politik zwischen Rom, Berlin und Trier 1876–1888 – die Beilegung des preußischen Kulturkampfes; Mainz 1970

Wehler, Hans U: Krisenherde des Kaiserreiches 1871–1918; Göttingen 1970

Zmarzlik, Hans G.: Bethmann-Hollweg als Reichskanzler 1909–1914; Düsseldorf 1957

16. Österreich-Ungarn, die Balkanstaaten und die Türkei bis 1871–1914

Bindreiter, Uta: Die diplomatischen und wirtschaftlichen Beziehungen zwischen Österreich-Ungarn und Rumänien in den Jahren 1875–1888; Wien 1976

Haselsteiner, Horst: Die Serben und der Ausgleich – Zur politischen u. staatsrechtlichen Stellung der Serben Südungarns in den Jahren 1860–1867; Wien / Köln 1976

Hellwing, Isac A.: Der konfessionelle Antisemitismus im 19. Jahrhundert in Österreich; Salzburg 1972

Hoffmann, Alfred (Hrsg.): Österreich-Ungarn als Agrarstaat – Wirtschaftswachstum und Agrarverhältnisse in Österreich im 19. Jahrhundert; München 1977

Horváth, Zoltan: Die Jahrhundertwende in Ungarn – Geschichte der zweiten Reformgeneration 1896–1914; Neuwied 1966

Illyés, Gyula: Sándor Petöfi – ein Lebensbild; Berlin / Weimar 1971

Kiszling, Rudolf: Die Kroaten – Der Schicksalsweg eines Südslawenvolkes; Graz / Köln 1956

Köpeczi, Béla (Hrsg.): Sándor Petöfi – Rebell oder Revolutionär? Petöfi im Spiegel seiner Tagebuchaufzeichnungen, Briefe, Streitschriften und Gedichte; Budapest 1973

Kohn, Hans: Die Slawen und der Westen – Die Geschichte des Panslawismus; Wien 1956

Lehmann, Helmut / Lehmann, Silke: Das Nationalitätenproblem in Österreich 1848–1918; Göttingen 1974

Matis, H.: Österreichische Wirtschaft 1848–1913; Berlin 1972

Miersch, Klaus Jürgen: Die Arbeiterpresse der Jahre 1869–1889 als Kampfmittel der österreichischen Sozialdemokraten; Wien 1970

Mommsen, Hans: Die Sozialdemokratie und die Nationalitätenfrage im habsburgischen Vielvölkerstaat 1867–1907; Wien 1963

Novotny, Alexander: Franz Joseph I. an der Wende vom alten zum neuen Europa; Göttingen 1968

Omrčanin, Ivo: Diplomatische und politische Geschichte Kroatiens; Neckargmünd 1968

Reisnitz, Johann Albrecht v.: Belgrad – Berlin, Berlin – Belgrad 1866–1871; München / Berlin 1936

Roth, Alfred: Vladimirescu und die Orientpolitik – Der Beginn der nationalrumänischen Entwicklung u. die Haltung der Anrainergroßmächte Rußland, Österreich u. Türkei 1821–1822; Leipzig 1943

Schanderl, Hans: Die Albanienpolitik Österreichs-Ungarns und Italiens 1877–1908; München 1971

Schinner, Walter: Der österreichisch-italienische Gegensatz auf dem Balkan und an der Adria von seinen Anfängen bis zur Dreibundkrise 1875–1896; Stuttgart 1934

Sexau, Richard: Kaiser Franz Joseph I. von Österreich – Monarch, Staatsmann, Mensch; Augsburg 1958

Sokol, Hans: Der alte Kaiser Franz Joseph I. vom Berliner Kongreß bis zu seinem Tode; Graz / Köln 1955

Toth, Adalbert: Parteien und Reichstagswahlen in Ungarn 1848–1892; München 1973

Veiter, Theodor: Die Italiener in der österreichisch-ungarischen Monarchie; München 1965

Walter, F. / Steinacker, H.: Die Nationalitätenfrage im alten Ungarn und die Südostpolitik Wiens; München 1959

Weber, Johann: Eötvös und die ungarische Nationalitätenfrage; München 1966

Wendel, Hermann: Bismarck und Serbien im Jahre 1866; Berlin 1927

Zeguč, Ivan: Die nationalpolitischen Bestrebungen der Karpato-Ruthenen 1848–1914; München 1965

17. Das zaristische Rußland 1871–1914

Anweiler, Oskar: Die Rätebewegung in Rußland 1905–1914; Leiden 1958

Badaev, Aleksej E.: Die Bolschewiki in der Reichsduma; Ostberlin 1957

Beyrau, Dietrich: Russische Orientpolitik und die Entstehung des Deutschen Kaiserreiches 1866–1870/71; Wiesbaden 1974

Böhning, Peter: Die nationalpolnische Bewegung in Westpreußen 1815–1871; Marburg 1973

Enzensberger, Hans Magnus (Hrsg.): Alexander Herzen – die gescheitere Revolution, Denkwürdigkeiten aus dem 19. Jahrhundert; Frankfurt 1977

Fischer, Alexander: Russische Sozialdemokratie und bewaffneter Aufstand im Jahre 1905; Wiesbaden 1967

Jelavich, Barbara: Rußland 1852–1875 – aus den Berichten der Bayerischen Gesandtschaft in St. Petersburg; Wiesbaden 1963

Ludwig, Marianne: Der polnische Unabhängigkeitskampf von 1863 und die Schweiz; Basel / Stuttgart 1968

Martiny, Albrecht: Parlament, Staatshaushalt und Finanzen in Rußland vor dem I. Weltkrieg; Der Einfluß der Duma auf die russische Finanz- und Haushaltspolitik 1907–1914; Bochum 1977

Massie, Robert K.: Nikolaus u. Alexander: Die letzten Romanows und das Ende des zaristischen Rußland; Frankfurt 1968

Meyer, Enno: Deutschland u. Polen 1772–1914; Stuttgart o. J. (Quellen und Arbeitshefte zur Geschichte und Politik)

Paléologue, Maurice: Wilhelm II. und Nikolaus II.; Bern 1947

Pipes, Richard: Rußland vor der Revolution – Staat und Gesellschaft im Zarenreich; München 1977

Radczun, Günter: Es begann an einem Sonntag – Zur Revolution von 1905 bis 1907 in Rußland; Ostberlin 1974

Rauch, Georg v.: Rußland im Zeitalter des Nationalismus und Imperialismus 1856–1917; München 1961

Reissner, Eberhard: Alexander Herzen in Deutschland; Berlin 1963

Scheibert, Peter (Hrsg.): Die russischen politischen Parteien von 1905–1917; ein Dokumentationsband; Darmstadt 1972

Scheibert, Peter: Die russische Agrarreform von 1861; Köln 1974

Schmidt, Wolf-Heinrich: Nihilismus und Nihilisten; Untersuchung zur Typisierung im russischen Roman der zweiten Hälfte des 19. Jahrhundert; München 1974

Strobel, Georg W.: Quellen zur Geschichte des Kommunismus in Polen 1878–1918; Köln 1968

Stupperich, Robert: Jurij Samarin und die Anfänge der Bauernbefreiung in Rußland; Wiesbaden 1969

18. Die imperiale Expansion 1871–1914

Albertini, Rudolf v.: Europäische Kolonialherrschaft 1880–1940; Göttingen 1975

Ansprenger, Franz: Kolonisierung und Entkolonisierung in Afrika; Stuttgart o. J. (Quellen und Arbeitshefte zur Geschichte und Politik)

Baumgart, Winfried: Der Imperialismus – Idee und Wirklichkeit der englischen u. französischen Kolonialexpansion 1880–1914; Wiesbaden 1975

Baumgart, Winfried: Imperialismus 1890–1914; Berlin 1975

Bleckmann, Albert: Das französische Kolonialreich und die Gründung neuer Staaten; Köln 1969

Bley, Helmut: Kolonialherrschaft und Sozialstrukturen in Deutsch-Südwestafrika 1894–1914; Hamburg 1968

Carnevin, Robert: Geschichte der deutschen Kolonisation; Goslar 1974

Christmann, Helmut: Kolonialgeschichte; München 1975

Fieldhouse, David K.: Die Kolonialreiche seit dem 18. Jahrhundert; Band 29 der Fischer-Weltgeschichte; Frankfurt 1972 (2.)

Höpfl, Heinz: Geschichte Englands und des Commonwealth; Frankfurt 1978 (2.)

Holl, Karl / List, Günther: Liberalismus und imperialistischer Staat – Der Imperialismus als Problem liberaler Parteien 1890–1914; Göttingen 1975

Kettenbach, Hans W.: Lenins Theorie des Imperialismus; Köln 1965

Koch, Hansjoachim: Der Sozialdarwinismus – seine Genese und sein Einfluß auf das imperialistische Denken; München 1973

Kossatz, Heinz: Untersuchungen über den französisch-englischen Weltgegensatz im Faschoda-Jahr 1898; Breslau 1934

Kröll, Ulrich: Die Internationale Buren-Agitation 1899–1902; Münster 1973

Ludwig, Walther: Frankreichs Haltung zur deutschen Kolonialpolitik vom Marokko-vertrag 1911 bis zum Versailler Diktat; Würzburg 1940

Mayer, Wolfgang: Penetration und Transformation in Französisch-Westafrika; eine historische Studie zum Problem der Unterentwicklung; Frankfurt / Bern 1977

Mommsen, Wolfgang (Hrsg.): Imperialismus – seine geistigen, politischen und wirtschaftlichen Grundlagen; Hamburg 1974

Mommsen, Wolfgang: Imperialismustheorien – Überblick über die neueren Imperialismus-Interpretationen; Göttingen 1977

Nussbaum, Manfred: Vom „kolonialen Enthusiasmus" zur Kolonialpolitik der Monopole – Zur deutschen Kolonialpolitik unter Bismarck, Caprivi, Hohenlohe; Berlin 1962

Schlesinger, Rudolf: Die Kolonialfrage in der kommunistischen Internationale; Köln 1970

Schmid-Egner, Peter: Kolonialismus und Faschismus – Eine Studie zur historischen u. begrifflichen Genesis faschistischer Bewußtseinsformen am deutschen Beispiel; Gießen 1975

Simon, Werner: Die britische Militärpolitik in Indien und ihre Auswirkungen auf den britisch-indischen Finanzhaushalt 1878–1910; Wiesbaden 1974

Wehler, Hans U.: Bibliographie zum Imperialismus; Göttingen 1977

Weinberger, Gerda: An den Quellen der Apartheid; Studien über koloniale Ausbeutungs- und Herrschaftsmethoden in Südafrika und die Zusammenarbeit des deutschen Imperialismus mit den burischen Nationalisten 1902–1914; Berlin 1975

19. Die internationale Politik und der Kriegausbruch 1890–1914

Alberti, Marie: Italiens Dreibundpolitik 1870–1896; München 1928

Bach, August: Poincaré und der Kriegsausbruch 1914; Berlin 1929

Becker, Willy: Fürst Bülow und England 1897–1909; Greifswald 1929

Bley, Helmut: Bebel und die Strategie der Kriegsverhütung 1904–1913; eine Studie über Bebels Geheimkontakte mit der britischen Regierung; Göttingen 1975

Eschmann, Ernst Wilhelm: Der Aufstieg Italiens zur Großmacht u. zum Imperium; Von 1871 bis zum Kriegseintritt gegen die Westmächte; Berlin 1941

Fellner, Fritz: Europäische Diplomatie vor dem I. Weltkrieg; München 1965

Graufeld, Helge: Der Dreibund nach dem Sturz Bismarcks; Lund 1962

Haupt, Georges: Programm und Wirklichkeit; die internationale Sozialdemokratie vor 1914; Neuwied 1970

Haverkamp, Heinrich: Die Bewährung der Entente Cordiale im ersten Jahr ihres Bestehens; Stuttgart 1937

Jakobs, Peter: Das Werden des französisch-russischen Zweibundes 1890–1914; Wiesbaden 1968

Köhler, Wilhelm: Revanche-Idee u. Panslawismus; Belgische Gesandtschaftsberichte zur Entwicklungsgeschichte des Zweibundes; Berlin 1924

Meinecke, Friedrich: Geschichte des deutsch-englischen Bündnisproblems 1890–1901; München 1972 (Nachdruck)

Monger, George: Ursachen und Entstehung der englisch-französisch-russischen Entente 1900–1907; Darmstadt 1972

Moritz, Albrecht: Das Problem des Präventivkrieges in der deutschen Politik während der ersten Marokkokrise; Bern / Frankfurt 1974

Raabe, Ingrid: Beiträge zur Geschichte der diplomatischen Beziehungen zwischen Frankreich und Österreich-Ungarn 1908–1912; Wien 1971

Rathmann, Erich: Die Balkanfrage 1904–1908 und das Werden der Tripelentente; Halle/Saale 1932

Schröder, Karsten: Parlamente und Außenpolitik in England 1911–1914, dargestellt an der englischen Deutschlandpolitik von der Agadirkrise bis 1914; Göttingen 1974

Schüssler, Wilhelm: Die Daily-Telegraph-Affaire; Fürst v. Bülow, Kaiser Wilhelm II. und die Krise des II. Reiches 1908; Göttingen 1952

Senz, Ingomar: Die nationale Bewegung der ungarländischen Deutschen vor dem I. Weltkrieg zwischen Alldeutschen und ungarischer Innenpolitik; München 1977

Winzen, Peter: Bülows Weltmachtkonzept – Untersuchungen zur Frühphase seiner Außenpolitik 1897–1901; Boppard 1977

Personenregister